MEYERS
TASCHEN
LEXIKON
Band 7

MEYERS
TASCHEN
LEXIKON

in 12 Bänden

Herausgegeben und bearbeitet
von Meyers Lexikonredaktion

Band 7: Lav–Mum

B.I.-Taschenbuchverlag
Mannheim · Leipzig · Wien · Zürich

Redaktionelle Leitung:
Dr. Joachim Weiß

Redaktion:
Sabine-Walburga Anders,
Dipl.-Geogr. Ellen Astor,
Ariane Braunbehrens, M. A.,
Ursula Butzek,
Dipl.-Humanbiol. Silke Garotti,
Dr. Dieter Geiß,
Jürgen Hotz, M. A.,
Dr. Erika Retzlaff,
Barbara Schuller,
Marianne Strzysch

Bildredaktion:
Gabriela Horlacher-Zeeb,
Ulla Schaub

Die Deutsche Bibliothek – CIP-Einheitsaufnahme
Meyers Taschenlexikon: in 12 Bänden / hrsg. und bearb. von
Meyers Lexikonredaktion. [Red. Leitung: Joachim Weiß.
Red.: Sabine-Walburga Anders ...]. – [Ausg. in 12 Bd.]. –
Mannheim; Leipzig; Wien; Zürich: BI-Taschenbuchverl.
ISBN 3-411-12201-3
NE: Weiß, Joachim [Red.]
[Ausg. in 12 Bd.]
Bd. 7. Lav–Mum. – 1996
ISBN 3-411-12271-4

Als Warenzeichen geschützte Namen sind durch
das Zeichen ® kenntlich gemacht. Etwaiges Fehlen dieses Zeichens
bietet keine Gewähr dafür, daß es sich um einen nicht geschützten
Namen handelt, der von jedermann benutzt werden darf.

Das Wort MEYER ist für Bücher aller Art für den Verlag
Bibliographisches Institut & F. A. Brockhaus AG
als Warenzeichen geschützt.

Alle Rechte vorbehalten
Nachdruck, auch auszugsweise, nicht gestattet
© Bibliographisches Institut & F. A. Brockhaus AG, Mannheim 1996
Satz: Grafoline T·B·I·S GmbH, L.-Echterdingen
Druck: Klambt-Druck GmbH, Speyer
Bindearbeit: Röck Großbuchbinderei GmbH, Weinsberg
Papier: 80 g/m², Eural Super Recyclingpapier matt gestrichen
der Papeterie Bourray, Frankreich
Printed in Germany
Gesamtwerk: ISBN 3-411-12201-3
Band 7: ISBN 3-411-12271-4

Lava

Lava [italien.], Gesteinsschmelze (Magma), die an der Erdoberfläche erstarrt. Aus einer dünnfl. Schmelze entsteht *Fladen-L.* mit glatter Oberfläche, seilartig gedrehte *Strick-L.* oder auch aufgetürmte *Schollen-L.* Bei mittlerer Viskosität entsteht die wie Schlacke aussehende *Brocken-L.* Bei zähfl. Schmelze bilden sich Halden von *Block-L.* Bei untermeer. Ergüssen wird die heiße L. vom Meerwasser abgeschreckt, es bilden sich rundl. Formen mit einer Kruste aus vulkan. Glas *(Kissenlava).*
Laval [la'val], **1)** Gustaf de, *Orsa 9. 5. 1845, † Stockholm 2. 2. 1913, schwed. Ingenieur frz. Abstammung. Entwickelte die nach ihm ben. Dampfturbine mit axialer Einströmung und die Laval-Düse (↑Düse).
2) Pierre, *Châteldon bei Thiers 26. 6. 1883, † Paris 15. 10. 1945 (hingerichtet), frz. Politiker (parteilos). 1931/32 und 1935/36 Min.-Präs., 1934–36 Außen-Min.; 1940 in der sog. Vichy-Regierung stellv. Min.-Präs., im Dez. 1940 verhaftet, 1942 auf dt. Pressionen hin zum Min.-Präs. ernannt; 1944 im Exil, 1945 ausgeliefert und wegen Kollaboration zum Tode verurteilt.
Laval [frz. la'val], frz. Dép.-Hauptstadt an der Mayenne, 50400 E. Bed. Kirchen, u. a. roman. Kathedrale (1150–60, 14.–19. Jh.); Notre-Dame-d'Avénières (1140–70), Notre-Dame-des-Cordeliers (14., 15., 17. Jh.). Altes Schloß (v. a. 14./15. Jh.) mit roman. Kapelle (11. Jh.), Neues Schloß im Renaissancestil (1540), Alte Brücke (13. Jh.).
Lavant, Christine, eigtl. C. Habernig, geb. Thonhauser, *Großedling (heute zu Wolfsberg [Kärnten]) 4. 7. 1915, † ebd. 7. 6. 1973, österr. Schriftstellerin. Schrieb Lyrik (»Der Pfauenschrei«, 1962) und Erzählungen (»Nell«, 1969).
Lavanttal, Talschaft im östl. Kärnten, zw. Saualpe und Koralpe.
Lavater, Johann Kaspar, *Zürich 15. 11. 1741, † ebd. 2. 1. 1801, schweizer. ev. Theologe, Philosoph und Schriftsteller. Bekanntschaft mit Herder, Goethe und Hamann; Begründer der Physiognomik, Hauptwerk: »Physiognom. Fragmente zur Beförderung der Menschenkenntnis und Menschenliebe« (1775–78); auch religiöse Gedichte, Epen, bibl. Dramen.
Lavendel [italien.] (Lavandula), Gatt. der Lippenblütler mit 26 Arten im Mittelmeergebiet, auf den Kanar. Inseln und in Vorderindien; bekannt sind der *Echte L. (Kleiner Speik),* bis 60 cm, und der *Große Speik (Narde),* 30–40 cm hoher Halbstrauch. Beide werden zur Gewinnung von L.- und Speiköl angebaut.
La Venta [span. la 'βenta], Ruinenstätte auf einer Anhöhe im Küstentiefland von Mexiko; um 1000 v. Chr. als Kultstätte gegr.; Ausgrabungen seit 1938; bed. Fundstätte der *La-Venta-Kultur,* Hauptausprägung der kulturellen Manifestationen der ↑Olmeken.
Laveran, Alphonse [frz. la'vrã], *Paris 18. 6. 1845, † ebd. 28. 5. 1922, frz. Bakteriologe. Arbeitete hauptsächlich über Malaria und Trypanosomenkrankheiten (insbes. afrikan. Schlafkrankheit); erhielt für die Entdeckung des Malariaerregers (1880) den Nobelpreis für Physiologie oder Medizin (1907).

Lava.
Oben: Fladenlava ◆
Unten: Brockenlava

lavieren

Lawine. Staublawine

Ernest Orlando Lawrence

lavieren [niederl.], **1)** *seemännisch:* durch schwieriges Fahrwasser hindurchmanövrieren; *übertragen:* sich aus Schwierigkeiten herauswinden. **2)** *Malerei:* aufgetragene Farben verwischen.

Lavigerie, Charles Martial Allemand [frz. laviʒri], * Huire bei Bayonne 31. 10. 1825, † Algier 25. 11. 1892, frz. kath. Theologe und Kardinal (seit 1882). Erzbischof von Algier und Karthago; gründete 1868 die Missionsgesellschaft der ↑Weißen Väter; Vorkämpfer der Antisklavereibewegung.

Lavoisier, Antoine Laurent de [frz. lavwaˈzje], * Paris 26. 8. 1743, † ebd. 8. 5. 1794 (hingerichtet), frz. Chemiker. Durch seine Elementaranalysen einer der Begründer der neuzeitl. Chemie; schuf eine einheitl., die Verbrennung, Kalzination und Atmung umfassende Theorie, die die bisher geltende Phlogistontheorie durch die richtige Deutung der Oxidation als Sauerstoffaufnahme ersetzte; definierte die Begriffe Element, Säure, Base und Salz neu; während der frz. Revolution guillotiniert.

Law, John [engl. lɔː], ≈ Edinburgh 21. 4. 1671, † Venedig 21. 3. 1729, schott. Finanzreformer und Nationalökonom. Gründete 1716 in Paris eine Bank (später Staatsnotenbank) und reorganisierte 1719 die frz. Überseehandelskompanien; 1720 Generalkontrolleur der Finanzen; sein Versuch, die Staatsschuld durch Papiergeldüberfluß zu mindern, führte 1720 zur ersten Papiergeldinflation.

Law and order [engl. ˈlɔː ənd ˈɔːdə »Gesetz und Ordnung«], polit. Schlagwort für den Ruf nach Bekämpfung von Kriminalität und Gewalt durch harte Gesetzes- und Polizeimaßnahmen.

Lawine [lat.-rätoroman.], an Gebirgshängen plötzlich niedergehende große Schnee- und Eismassen, in Form von Schneebrett-, Lockerschnee-, Staub- und Eislawinen. Ihr Abgehen wird u. a. verursacht durch eine Lösung des Zusammenhalts der Schneedecke infolge zu großen Gewichts der Schneemassen oder Wasserdurchtränkung des Schnees (v. a. zur Zeit der Schneeschmelze), durch menschl. Einflüsse (Skifahren) sowie Schallwellen. Zum Schutz vor L. werden Hänge mit sog. Bannwald aufgeforstet, Schutzwälle, -mauern und -zäune, Stütz- und Ablenkverbauungen sowie Überdachungsbauwerke über Verkehrswegen (L.galerien) errichtet.

Lawrence [engl. ˈlɔrəns], **1)** D[avid] H[erbert], * Eastwood bei Nottingham 11. 9. 1885, † Vence bei Nizza 2. 3. 1930, engl. Schriftsteller. Längere Aufenthalte in New Mexico, Italien, Südfrankreich; Gegenstand seiner Romane ist v. a. die erot., sexuelle Emanzipation (u. a. »Söhne und Liebhaber«, 1913; »Liebende Frauen«, 1920; »Lady Chatterley«, 1928, in Großbrit. erstmals ungekürzt 1960), auch Erzählungen, Gedichte, Reisebücher und Essays (u. a. »Pornographie und Obszönität«, 1929). **2)** Ernest Orlando, * Canton (S. Dak.) 8. 8. 1901, † Palo Alto (Calif.) 27. 8. 1958, amerikan. Physiker. Entwickelte 1929/30 das Zyklotron, mit dessen Hilfe die Herstellung einer Vielzahl künstl. Radioisotope gelang; 1939 Nobelpreis für Physik. **3)** T[homas] E[dward], gen. Lawrence of Arabia (L. von Arabien), * Tremadoc (Wales) 15. 8. 1888, † Moreton bei Dorchester 19. 5. 1935 (Motorradunfall), brit. Archäologe und Schriftsteller. Organisierte im 1. Weltkrieg als brit. Agent den Aufstand der Araber gegen die Türken; unterstützte 1919 in Ver-

Leasing

sailles wie 1920/21 im brit. Kolonialamt vergebl. die arab. Forderung nach Unabhängigkeit; danach Soldat in Indien; schrieb »Die sieben Säulen der Weisheit« (1926; über den Araberaufstand). **4)** Sir (seit 1815) Thomas, *Bristol 13. 4. 1769, † London 7. 1. 1830, engl. Maler. Porträtist des engl. Hofes und des Hochadels.
Lawrence of Arabia [engl. 'lɔrəns əv ə'reɪbjə] ↑Lawrence, T[homas] E[dward].
Lawrencium [lo'rɛntsiʊm; nach E. O. Lawrence] (Laurentium), chem. Symbol **Lr** (früher **Lw**), radioaktives, metall. chem. Element; Actinoid; Ordnungszahl 103.
lax [lat.], nachlässig, unbekümmert.
Laxans [lat.] (Laxativum, Laxativ), mildes Abführmittel.
Laxness, Halldór Kiljan, eigtl. Guðjónsson, *Reykjavík 23. 4. 1902, isländ. Schriftsteller. Schildert in eigenwilligem Satzbau und spontaner Sprache das isländ. Volksleben; 1955 Nobelpreis für Literatur. – *Werke: Salka Valka* (R., 2 Teile, 1931/32), Islandglocke (R.-Trilogie, 1943–46), Atomstation (R., 1948).
Layout [engl. 'leɪaʊt, leɪ'aʊt], im *graph. Gewerbe* die Text- und Bildgestaltung einer Seite bzw. eines Buches.
Lazarett [italien.], Militärkrankenhaus; als *Feld-L.* zur direkten Versorgung der kämpfenden Truppe.
Lazaristen (eigtl. Congregatio Missionis, Abk. CM), kath. Ordensgemeinschaft, 1625 von Vinzenz von Paul (daher auch *Vinzentiner*) für Seelsorge und Priesterausbildung gegründet.
Lazarus, neutestamentl. Personenname: 1. *L. von Bethanien,* der nach Joh. 11, 1–44 von Jesus wieder zum Leben erweckte Bruder der Martha und Maria von Bethanien. – 2. *Der arme L.* in dem Gleichnis Luk. 16, 19–31, der als Aussätziger starb.
Lazise [italien. lat'tsi:ze], italien. Gem. am O-Ufer des Gardasees, Venetien, 5500 E. Erhalten sind die mittelalterl. Stadtmauer und die Scaligerburg (13. Jh.).
Lazulith [mittellat.-roman./griech.] (Blauspat), himmelblaues bis bläulichweißes monoklines Mineral (Mg, Fe)Al$_2$[OH|PO$_4$]$_2$; Mohshärte 5 bis 6, Dichte 3,1–3,4 g/cm^3.
lb, Einheitenzeichen für ↑Pound.
l. c., Abk. für ↑loco citato.

LCD [Abk. für engl. liquid crystal display], svw. Flüssigkristallanzeige (↑Flüssigkristalle).
ld, Funktionszeichen für den Duallogarithmus (↑Logarithmus).
LD, Abk. für ↑Letal dosis.
Lea, weibl. Gestalt des AT, durch Betrug Labans die erste Frau Jakobs.
Leaching [engl. 'liːtʃɪŋ] (Bioleaching), Bez. für ein Verfahren zur Anreicherung von Metallen (z. B. aus minderwertigen Erzen) mit Hilfe von Mikroorganismen; auch als *bakterielle Laugung* bezeichnet.
Leakey, Louis [engl. 'liːkɪ], *Kabete (Kenia) 7. 8. 1903, † London 1. 10. 1972, brit. Paläontologe, Anthropologe und Ethnologe. Machte zus. mit seiner Frau Mary (*1913) und seinem Sohn Richard (*1944) bed. prähistor. Funde und Forschungen in Kenia und Tansania.
Lean, David [engl. liːn], *Croydon (heute zu London) 25. 3. 1908, † London 16. 4. 1991, brit. Filmregisseur. Drehte u. a. »Oliver Twist« (1948), »Die Brücke am Kwai« (1957), »Lawrence of Arabia« (1962), »Doktor Schiwago« (1965), »Reise nach Indien« (1984).
Leander, griech. Sagengestalt, ↑Hero und Leander.
Leander, Zarah [Stina], geb. Hedberg, *Karlstad 15. 3. 1907, † Stockholm 23. 6. 1981, schwed. Filmschauspielerin und Sängerin. Im nat.-soz. Deutschland 1936–45 erfolgreicher Star der Ufa, u. a. »Zu neuen Ufern« (1937), »Die große Liebe« (1942); bis 1949 Auftrittsverbot.
Lean production [liːn prəˈdʌkʃn, engl. »entschlackte Produktion«] (Lean management), in der jap. Kraftfahrzeugindustrie entwickelte Form der »schlanken« Arbeitsorganisation, die v. a. durch Gruppenarbeit in flachen Hierarchien bei straffer Projektorganisation und Automatisierung des Materialflusses zu einer erhebl. Senkung der Zeit- und Kostenaufwandes in Entwicklung und Produktion führen kann.
Lear [liːr; engl. lɪə] (Leir), sagenhafter britann. König; Titelheld von Shakespeares »King Lear« (entst. zw. 1603 und 1606).
Leasing ['liːzɪŋ; engl. 'liːsɪŋ], besondere Vertragsform der Vermietung von Ind.-Anlagen, Investitions- und Konsumgütern durch die Produzenten (direktes L.)

Lazulith.
Blaue Kristalle

Halldór Kiljan Laxness

Zarah Leander

Le Bel

oder durch L.gesellschaften (indirektes L.); Betriebe können die L.raten steuerlich absetzen.

Le Bel, Achille [frz. lɔ'bɔl], *Pechelbronn (Elsaß) 21. 1. 1847, † Paris 6. 8. 1930, frz. Chemiker. Entdeckte 1874 unabhängig von J. H. van't Hoff den Zusammenhang zw. asymmetr. Kohlenstoffatom und opt. Drehung.

Leben, Daseinsform aller Organismen, ein komplexes System von Eigenschaften. Typ. *Merkmale des Lebendigen* sind: Stoffwechsel, Fortpflanzungsvermögen, Vererbung und Veränderbarkeit des Erbguts (Mutationsfähigkeit), ferner Wachstum, Reizbarkeit, Bewegung, Individualität (Lebewesen als gut von der Umwelt abgegrenzte Gebilde), Aufbau aus einer oder mehreren Zellen, Vorhandensein bestimmter Strukturen innerhalb der Zellen, Ablauf bestimmter biochem. Reaktionen. Voraussetzung für die Aufrechterhaltung des L. in seiner hohen Komplexität ist, daß der Organismus als offenes System in ständigem Stoff- und Energieaustausch (Fließgleichgewicht) mit seiner Umgebung steht. Viren haben keinen eigenen Stoffwechsel, ihre Zugehörigkeit zu den Lebewesen (Mikroorganismen) wird nach heutiger Definition verneint. – L. ist nur unter bestimmten Bedingungen (Umwelt) möglich, die jedoch sehr unterschiedlich sein können (z. B. Temperatur von −50 bis +70 °C). L. auf anderen Himmelskörpern *(extraterrestrisches L.)* ist hoch wahrscheinlich; die Annahme außerird. Zivilisationen wird sehr skeptisch diskutiert.

Der *Anfang des Lebens* auf der Erde ist nicht genau zu datieren. Anzunehmen ist, daß L. vor etwa 3–4 Milliarden Jahren in der Uratmosphäre (enthielt v. a. Wasserstoff sowie einfache Kohlenstoff-, Stickstoff-, Sauerstoff- und Schwefelverbindungen wie Methan, Ammoniak, Wasserdampf, Kohlenmonoxid, Schwefelwasserstoff u. a., jedoch zunächst keinen freien Sauerstoff) unter der Einwirkung verschiedener Energieformen (insbes. durch die UV-Strahlung der Sonne, elektr. Entladungen und hohe Drücke) entstanden ist. Die Forschungsergebnisse der Molekularbiologie haben zu einem grundlegenden Verständnis der L.erscheinungen geführt. Zu Beginn des L. entstanden zuerst kleine, später größere Moleküle. Diese lagerten sich zu einfachen, dann zu komplizierteren Verbindungen und Molekülketten zusammen. Danach entstanden Makromoleküle wie Proteine und Nukleinsäuren (DNS und RNS). Diese Stoffe müssen jedoch in geordneter Weise zusammenwirken (Selbstorganisation) und sich stetig vermehren (Autokatalyse). – Die Formenmannigfaltigkeit des Lebens wird durch die Evolutionstheorie erklärt.

Künstliches Leben: Im Labor können Gene durch synthet. Aufbau der diesen zugrundeliegenden Nukleinsäuresequenzen künstlich erzeugt werden, jedoch ist man weit davon entfernt, das umfangreiche Genom eines Lebewesens auf diese Weise zu erstellen. Vollständige Individuen können dadurch erzeugt werden, daß man die Zellkerne von Körperzellen in entkernte Eizellen transplantiert. Dadurch lassen sich erblich ident. Kopien von Lebewesen (Klone) in beliebiger Anzahl herstellen. *Religion:* Von einem göttl. Ursprung des L. wird allgemein ausgegangen, es wird oft mit L.trägern identifiziert, z. B. mit dem Atem, dem Blut oder dem Wasser. Vielfach sublimiert sich diese Vorstellung zur Annahme einer »Seele«. Sie gilt meist als Teilhabe am ewigen L. der Götter und ist dadurch selbst unsterblich. Dieser Glaube führt zur Ausbildung verschiedener Mythen und Glaubenslehren über ein L. nach dem Tod und zum weitverbreiteten Totenkult. *Philosophie:* Von den Philosophen wurde L. als göttl. Prinzip oft mit Seele (bei Aristoteles als Entelechie verstanden, als etwas, das sein Ziel in sich selbst hat und deshalb Selbstsein, Selbstbewegung ist) oder Geist identifiziert. Mechanistischen Auffassungen (↑Mechanismus), die Lebewesen als durch natürl. Gesetze entstanden und im Extremfall nur noch als kunstvoll und zweckmäßig geschaffene Automaten betrachten (R. Descartes, J. de la Mettrie), steht der ↑Vitalismus gegenüber, der L. als von der anorgan. Natur unabhängige Kraft begreift, die zwar materielle Voraussetzungen hat, von diesen aber nicht erklärt werden kann. Weiterhin gibt es versch. Auffassungen, die zw. diesen beiden Positionen angesiedelt sind. In der Gegenwart hat sich die Erforschung des L.-

Lebensmittelrecht

Problems zum großen Teil in die naturwiss. Einzeldisziplinen verlagert. – Die *Ethik* erkennt dem L. fast durchweg die Eigenschaft eines Wertes zu; die Unantastbarkeit des menschl. L. erscheint weitgehend als Grundforderung des Naturrechts. – L. zählt zu den elementaren Menschenrechten und ist in Deutschland als Recht auf L. und körperl. Unversehrtheit auch Grundrecht (GG Art. 2, Abs. 2).

Lebende Steine, Gatt. der Eiskrautgewächse mit mehr als 70 Arten in S- und SW-Afrika; sukkulente, meist polsterartig wachsende Wüstenpflanzen mit zu geschlossenen Körperchen verwachsenen Blattpaaren (ähneln Kieselsteinen).

lebendgebärend (vivipar), lebende Junge zur Welt bringend; im Unterschied zu eierlegenden Tieren.

Leben-Jesu-Forschung, in der *Theologie* die seit der Aufklärung zunächst von ev. Theologen betriebene wiss. Erforschung des Lebens des histor. Jesus. Am Anfang der L.-J.-F. steht die Evangelienkritik H. S. Reimarus' (1778). Die L.-J.-F. des 19. Jh. ist v. a. mit den Arbeiten D. F. Strauß' und B. Bauers verbunden. In populärer Form zusammengefaßt hat E. Renan die Ergebnisse der L.-J.-F. des 19. Jh. (»Das Leben Jesu«, 1863). A. Schweitzer kam in seiner Geschichte der L.-J.-F. (1906) zu dem Schluß, daß eine Darstellung des histor. Jesus unmöglich sei. Die moderne (auch kath. und jüd.) Jesusforschung betrachtet die Quellenlage als für die wiss. Erforschung der Person Jesu grundsätzlich ausreichend.

Lebensdauer, 1) *allg.:* Zeitspanne zw. Geburt und Tod eines Lebewesens. **2)** *Physik:* charakterist. Größe in statistisch sich ändernden physikal. Systemen; gibt den Zeitraum an, in dem das System im statist. Mittel unverändert existiert.

Lebenserwartung, in der *Bevölkerungsstatistik* Anzahl der Jahre, die ein Mensch bei bestimmtem Alter und Geschlecht in einer bestimmten Bevölkerung durchschnittl. erleben wird. In vielen Ind.-Ländern liegt die L. bei der Geburt mittlerweise um die 70 Jahre bei Männern und zw. 75 und 80 Jahren bei Frauen. Die *Sterbetafel* gibt an, wieviel Personen des gleichen Alters das nächsthöhere Alter wahrscheinl. erleben werden.

Lebensgemeinschaft, 1) ↑Biozönose. **2)** ↑eheähnliche Gemeinschaft.

Lebenshaltungskosten, in der amtl. Statistik die bei der Berechnung des Preisindexes der Lebenshaltung ermittelten Ausgaben; zugrunde gelegt wird ein sog. *Warenkorb*, der aus einer nach Menge und Struktur gleichbleibenden Kombination von Gütern und Dienstleistungen gebildet wird, um Änderungen der L. unabhängig von Änderungen der Konsumgewohnheiten messen zu können.

Lebenshilfe, im weitesten Sinn alle Hilfestellungen, die gegeben werden, um einen Mitmenschen zu befähigen, sein Leben zu bewältigen (z. B. soziale Unterstützung, Bildungsangebote, psychol. Beratung wie Ehe- und Erziehungsberatung oder die umfassende Betreuung älterer Menschen); v. a. die Unterstützung Behinderter, deren sich z. B. die »Bundesvereinigung L. für geistig Behinderte e. V.« (gegr. 1958, Geschäftsstelle: Marburg) annimmt.

Lebenslauf (Curriculum vitae), kurze schriftl. Darstellung des eigenen Lebens- und Ausbildungsverlaufs (v. a. bei Bewerbungen).

Lebenslinie, Furche der Innenhand, die nach der Handlesekunst eine individuelle Lebensdauer anzeigen soll; in der Anthropologie svw. *Daumenfurche*.

Lebensmittel, nach den Definitionen des L.gesetzes alle Stoffe, die dazu bestimmt sind, in rohem oder zubereitetem Zustand gegessen oder getrunken zu werden; nach ihrer Herkunft lassen sie sich in tier. und pflanzl. Erzeugnisse unterteilen.

Lebensmittelchemie, Teilgebiet der Chemie, das sich mit Zusammensetzung und ernährungsphysiolog. Eigenschaften, den Veränderungen bei Zubereitung, Lagerung, Konservierung und der Ermittlung von Verfälschungen und Verderbnisvorgängen der Lebensmittel beschäftigt.

Lebensmittelfarbstoffe, natürl. und synthet. Farbstoffe, die zum Färben von Lebensmitteln zugelassen sind. ↑E-Nummern.

Lebensmittelrecht, Gesamtheit der Vorschriften zum Schutz der Verbraucher vor Gesundheitsgefährdung durch nicht einwandfreie Lebensmittel und vor Täuschung durch nachgemachte

Lebensraum

Georg Leber

Julius Leber

oder verfälschte Lebensmittel. Außer den ↑Lebensmitteln fallen unter diese Vorschriften *Zusatzstoffe* (Farben, Fremdstoffe, Konservierungsmittel), *Tabakerzeugnisse, kosmet. Mittel* und *Bedarfsgegenstände* (z. B. Lebensmittelverpackungen, Spielwaren, Bekleidungsgegenstände, Reinigungsmittel). Verstöße gegen lebensmittelrechtl. Vorschriften sind mit Strafe oder Bußgeld bedroht.

Lebensraum, 1) *Biologie:* ↑Biotop.
2) *Geopolitik:* seit etwa 1870 polit. Begriff, der zur Begründung territorialer Expansion diente; spielte eine wichtige Rolle in den faschist. Bewegungen zw. den Weltkriegen.

Lebensstandard, die dem Einkommen (der Kaufkraft) und den Bedürfnissen des einzelnen oder eines Volkes entsprechende Art der Befriedigung der Lebensbedürfnisse; in der *Marktforschung* ein ideeller Bedarfsfaktor gemäß den Wünschen der Verbraucher.

Lebensversicherung, Individualversicherung zur Abdeckung des in der Ungewißheit über die Lebensdauer begründeten Risikos, insbes. im Zusammenhang mit der Absicherung von Sparvorgängen. Die Versicherungsleistung wird als einmalige (steuerfreie) Kapitalzahlung, als Rente oder als Rente und Kapitalzahlung geleistet. Versicherungsarten: *kurzfristige Risikoversicherung* zur Absicherung eines Kreditgebers, von Hypotheken, Bauspardarlehen usw.; *reine (lebenslängl.) Todesfallversicherung* mit Versicherungsleistung beim Tode des Versicherten; *Erlebensfallversicherung* mit Versicherungsleistung nur bei Erleben des vereinbarten Termins (Leibrente- und Pensionsversicherung); *abgekürzte (gemischte) L.* auf den Todes- oder Erlebensfall, bei die Leistung auf jeden Fall entweder mit dem Tode des Versicherten oder nach dem vereinbarten Termin fällig wird (häufigste Art; Hinterbliebenen- und Altersversorgung); *Versicherung mit festem Auszahlungstermin* v. a. als *Aussteuer- und Ausbildungsversicherung*.

Leber, 1) Georg, * Obertiefenbach (Rhein-Lahn-Kreis) 7. 10. 1920, dt. Politiker (SPD). 1957–66 Vors. der IG Bau, Steine, Erden; 1966–72 Bundesverkehrs-, 1972–78 Bundesverteidigungs-Min.; 1979–83 Vize-Präs. des Bundestages.
2) Julius, * Biesheim (Elsaß) 16. 11. 1891, † Berlin 5. 1. 1945 (hingerichtet), dt. Politiker (SPD). 1933–37 KZ- und Gefängnishaft; in engem Kontakt zum Kreisauer Kreis an den Vorbereitungen zum 20. Juli 1944 beteiligt und als Innen-Min. im Kabinett Goerdeler vorgesehen; am 4. 7. 1944 verhaftet, am 20. 10. 1944 zum Tode verurteilt.

Leber (Hepar), größte Drüse des menschl. Organismus (beim erwachsenen Menschen rd. 1,5 kg schwer). Sie liegt in der Bauchhöhle unter dem Zwerchfell und füllt die ganze rechte Zwerchfellkuppel aus. Sie ist durch eine Furche in einen größeren rechten und einen kleineren linken L.lappen geteilt, die wiederum aus *Leberläppchen* bestehen. Am unteren rechten L.lappen liegt die Gallenblase. Durch die Pfortader gelangt das gesamte venöse Blut aus den Verdauungsorganen mit den im Darm resorbierten Nahrungsstoffen, außerdem das mit den Abbaustoffen der zugrunde gegangenen roten Blutkörperchen beladene Blut der Milz in die Leber.
Die L. nimmt eine zentrale Stelle im Stoffwechsel ein. Neben der Sekretion von Galle dient die L. der Verarbeitung und z. T. der Speicherung der Nahrungsstoffe, bes. von Glykogen, Eiweiß und Vitaminen. Ferner ist die L. an der Entgiftung und Ausscheidung toxischer Stoffwechselendprodukte oder von außen zugeführter Stoffe maßgeblich beteiligt.

Leberatrophie (Leberdystrophie), Atrophie (Schwund) des Lebergewebes infolge eines Hungerzustands, auszehrender Krankheiten und im Alter (braune L.) oder infolge tox. Leberzellschädi-

Leber.
Rückansicht der unteren Leberfläche

Gallenblase mit versorgenden Blutgefäßen

Lebowa

gung mit ausgedehnten Lebernekrosen, Gelbsucht, Schmerzen im Oberbauch, Erbrechen, Verwirrtheit und Koma (akute gelbe L.).
Leberbalsam (Ageratum), Korbblütler-Gatt. mit über 30 Arten in N- und S-Amerika; z. T. beliebte Beetpflanzen.
Leberblümchen (Hepatica), Gatt. der Hahnenfußgewächse mit sechs Arten in Eurasien und im atlant. N-Amerika; in Deutschland in Laubwäldern das blaublühende, geschützte *Echte Leberblümchen*.
Leberdystrophie, svw. ↑Leberatrophie.
Leberegel, Gruppe von Saugwürmern, die erwachsen v. a. in Gallengängen der Leber von Wild- und Haustieren, z. T. auch des Menschen, leben. Am bekanntesten sind: *Großer L.*, 3–4 cm lang, Eier werden mit dem Kot ausgeschieden; bei Regen oder Überschwemmungen gelangt die daraus schlüpfende Larve in Gewässer, wo sie sich in Wasserschnecken einbohrt, in der die zweite (Redien) und dritte Larvengeneration (Zerkarien) entsteht; letztere kapseln sich in Pflanzen ein, von wo sie vom Endwirt aufgenommen werden (bei Haustieren können sie Egelfäule hervorrufen); *Kleiner L.* (Lanzettegel), etwa 1 cm lang, Endwirt v. a. Schafe.
Leberentzündung (Hepatitis), entzündl. Erkrankung der Leber mit Schädigung und Funktionseinschränkung der Leberzellen. L. können im Gefolge anderer Erkrankungen auftreten sowie durch Viren verursacht werden. Zu den durch Viren hervorgerufenen L. gehören: 1. *infektiöse L.* (Virushepatitis, epidem. Gelbsucht) durch Virus A, meldepflichtig. Die Übertragung erfolgt bes. durch Schmier- oder Schmutzinfektion, durch infiziertes Wasser, verunreinigte Nahrungsmittel; 2. *hämatogene L.* (homologer Serumikterus, Transfusions-L., Spritzen-L.), hervorgerufen durch das Virus B; 60–160 Tage nach der Ansteckung, die nur durch direkten Kontakt mit infektiösem Blut (z. B. durch Bluttransfusion, verunreinigte Spritzen) erfolgen kann, kommt es zum Ausbruch der L.; Anzeichen sind Abgeschlagenheit, Übelkeit, Brechreiz, Appetitlosigkeit, Verdauungsstörungen, Abneigung gegen Alkohol, Fett und Nikotin, Gelenkbeschwerden und

Leberblümchen. Echtes Leberblümchen (Höhe bis 15 cm)

dumpfe Schmerzen unter dem rechten Rippenbogen. Hauptsymptom ist die ↑Gelbsucht. Gegen die durch das Virus B verursachte L. steht seit 1982 eine aktive Schutzimpfung zur Verfügung.
Leberfleck, angeborenes oder anlagebedingtes, bräunl. bis schwarzbraunes Hautmal infolge fleckenförmiger Anhäufung des Hautfarbstoffs.
Lebermoose (Hepaticae), mit rd. 10 000 Arten weltweit verbreitete Klasse der Moose; einheimisch u. a. das *Brunnenlebermoos*.
Leberschrumpfung, svw. ↑Leberzirrhose.
Lebertran (Oleum Jecoris), aus der Leber von Heilbutten oder Dorschen gewonnenes Öl von gelbl. Farbe, mit hohem Anteil an ungesättigten Fettsäuren und Vitamin A, E und D; medizin. Anwendung u. a. bei Rachitis.
Leberverfettung, svw. ↑Fettleber.
Leberzirrhose (Leberschrumpfung), chronisch fortschreitende Erkrankung der Leber, die durch eine Vermehrung des Leberbindegewebes gekennzeichnet ist und so die Leberfunktion beeinträchtigt. Als Ursachen einer Leberzirrhose kommen in erster Linie chron. Alkoholmißbrauch und/oder Fehl- und Mangelernährung, jedoch auch Leberentzündung, erbl. Stoffwechselstörungen u. a. in Betracht.
Lebowa, ehemaliges Homeland der Nord-Sotho im N von Transvaal, Republik Südafrika, 21 300 km^2, 1,83 Mio. E, Hauptstadt Lebowakgomo. – Erhielt 1969 innere Autonomie; ab 1972 ein sich selbst regierendes Territorium.

Leberbalsam. Ageratum houstonianum

1987

Lebrun

Le Corbusier. Skizze, die Le Corbusiers Proportionssystem »Modulor« verdeutlicht

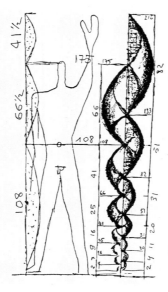

Lebrun [frz. ləˈbrœ̃], **1)** Albert, * Mercy-le-Haut bei Longwy 29. 8. 1871, † Paris 6. 3. 1950, frz. Politiker. Letzter Präs. der Dritten Republik (1932–40).
2) Charles François, * Saint-Sauveur-Lendelin bei Saint-Lô 19. 3. 1739, † Saint-Mesmes bei Meaux 16. 6. 1824, frz. Politiker. Als Präs. des Rates der Fünfhundert (1796–99) unterstützte L. Napoléon Bonapartes Staatsstreich und wurde von ihm zum 3. Konsul berufen.
3) Élisabeth ↑Vigée-Lebrun, Élisabeth.
Le Brun (Lebrun), Charles [frz. ləˈbrœ̃], * Paris 24. 2. 1619, † ebd. 12. 2. 1690, frz. Maler. Generalinspekteur der königl. Sammlungen, Hofmaler, seit 1668 Rektor der Akademie; leitete die Ausstattung der königl. Schlösser im Stil des ↑Louis-quatorze, u. a. allegor. Gestaltungen im Louvre und in Versailles.
Lec, Stanisław Jerzy [poln. lɛts], * Lemberg 6. 3. 1909, † Warschau 7. 5. 1966, poln. Schriftsteller. 1941–43 im KZ, nach Flucht Partisan; v. a. Aphorismen und Epigramme, u. a. »Unfrisierte Gedanken« (1957, 2. Zyklus 1964).
le Carré, John [frz. ləkɑˈre], eigtl. David John Moore Cornwell, * Poole bei Bournemouth 19. 10. 1931, engl. Schriftsteller. Erfolgreiche Spionageromane, u. a. »Der Spion, der aus der Kälte kam« (R., 1963), »Das Rußland-Haus« (R., 1988).
Lecce [italien. ˈlettʃe], italien. Prov.-Hauptstadt im südl. Apulien, 101 500 E. Univ.; Museen, Staatsarchiv; Handelszentrum. Bed. sind die Kirchen Santi Nicola e Cataldo (1180 ff.), Santa Croce (1549–1695) und Santa Maria del Rosario (1691–1728). Röm. Amphitheater; Schloß und Triumphbogen (beide 16. Jh.).
Lech, rechter Nebenfluß der Donau, entfließt dem Formarinsee in Vorarlberg, mündet bei Donauwörth, 248 km lang.
Lechfeld, Schotterebene zw. dem Lech und der Wertach, südl. von Augsburg, Bayern. – In der *Schlacht auf dem L.* (10.–12. 8. 955) besiegte Otto I., d. Gr., die Magyaren (Ende der Ungarneinfälle).
Lechner, Leonhard, * im Etschtal um 1553, † Stuttgart 9. 9. 1606, dt. Komponist. Schüler von O. di Lasso; schrieb v. a. Motetten und Villanellen.
Lechtaler Alpen, Teil der Nördl. Kalkalpen in Tirol und Vorarlberg, in der Parseierspitze 3 036 m hoch.
Lecithine, svw. ↑Lezithine.
Leck [niederdt.], undichte Stelle in der Außenhaut eines Schiffes oder einer Behälterwand.
Leckage [lɛˈkaːʒə] (Coulage), **1)** Gewichtsverlust flüssiger Waren durch Verdunsten, Aussickern u. a.; auch svw. Leck.
2) *Kerntechnik:* Anteil der Neutronen, der den Reaktorkern eines Kernreaktors verläßt, ohne eine Kernspaltung hervorgerufen zu haben.
Lecksuchgerät (Lecksucher, Lecksuchmassenspektrometer), auf dem Prinzip des Massenspektrometers beruhendes Gerät zum Auffinden von Undichtigkeiten in Hochvakuumanlagen.
Leclair, Jean-Marie [frz. ləˈklɛːr], gen. L. l'Aîné, * Lyon 10. 5. 1697, † Paris 22. oder 23. 10. 1764 (ermordet), frz. Violinist und Komponist. Schrieb v. a. Violinmusik.
Le Clézio, Jean-Marie Gustave [frz. ləkleˈzjo], * Nizza 13. 4. 1940, frz. Schriftsteller. Schreibt v. a. zivilisationskrit., z. T. autobiograph. Romane. –

John le Carré

Werke: Das Protokoll (1963), Der Krieg (1970), Der Goldsucher (1985), Onitsha (1991).

Leconte de Lisle, Charles Marie [frz. ləkɔ̃tdəˈlil], eigtl. C. M. Lecomte, *Saint-Paul auf Réunion 22. 10. 1818, † Voisins-le-Bretonneux bei Paris 18. 7. 1894, frz. Dichter. Gilt als der bedeutendste Vertreter der literar. Gruppe des »Parnasse«.

Le Corbusier [frz. ləkɔrbyˈzje], eigtl. Charles Édouard Jeanneret-Gris, *La Chaux-de-Fonds 6. 10. 1887, † Roquebrune-Cap-Martin bei Nizza 27. 8. 1965, frz.-schweizer. Architekt, Städteplaner und Maler. Le C. entwarf ideale Städtebauprojekte mit einer klaren Trennung der Funktionszonen. Mit seinen ersten Bauten schuf er die Grundlagen eines neuen Wohnhaustyps (u. a. in der Weißenhofsiedlung in Stuttgart, 1927), ließ die kub. Baukörper auf Betonstützen (Piloti) ruhen und lockerte die herkömml. Stockwerkabfolge auf. Bed. Einfluß hatte sein Entwurf für das Erziehungsministerium in Rio de Janeiro (1936). Mit seiner Unité d'Habitation in Marseille (1947–52) setzte sich ein von skulpturellen Formen durchsetzter monumentaler Stil durch (Brutalismus). Höhepunkt seines skulpturalen Bauens ist die Wallfahrtskirche Notre-Dame in Ronchamp (1952–55).

LED [Abk. für engl. **l**ight **e**mitting **d**iode »lichtemittierende Diode«], svw. Leuchtdiode (↑Lumineszenzdiode).

Leda, Gestalt der griech. Mythologie. Mutter von Helena, Klytämnestra und der Dioskuren; Helena und Polydeukes stammen von Zeus, der sich L. in Schwanengestalt genähert hat.

Leder, aus tier. Haut durch Gerben hergestelltes Produkt. Für die Umwandlung der Haut in den lederartigen Zustand sind v. a. die beim Gerbprozeß ablaufenden Vorgänge verantwortlich, bei denen die von Haaren, Oberhaut und Unterhaut befreite L.haut der Einwirkung von Gerbstoffen ausgesetzt wird.
↑Lederherstellung.

Lederberg, Joshua [engl. ˈleɪdəbəːg], *Montclair (N. J.) 23. 5. 1925, amerikan. Mikrobiologe. Durch Kreuzung von Bakterienstämmen wies L. in Zusammenarbeit mit E. L. Tatum die geschlechtl. Fortpflanzung von Bakterien nach; erhielt zus. mit G. W. Beadle und Tatum 1958 den Nobelpreis für Physiologie oder Medizin.

Lederhaut ↑Haut.

Lederherstellung, die Verarbeitung von tier. Häuten bis zum fertigen Leder. Die *Konservierung* der Tierhäute erfolgt meist durch Einsalzen. In der Wasserwerkstatt werden die konservierten Häute durch Wässern (Weichen) in den Zustand der »grünen« Haut zurückversetzt (Weichdauer je nach Hautart 1–4 Tage); dabei werden Verunreinigungen und Konservierungsmittel entfernt; Chemikalien verhindern eine bakte-

Lederherstellung

Le Corbusier. Wallfahrtskirche Notre-Dame in Ronchamp (1952–55)

Joshua Lederberg

Le Corbusier. Wohneinheit der Unités d'habitation in Marseille (1947–52)

1989

Lederman

Leon Max Lederman

Lê Đuc Tho

Tsung Dao Lee

Yuan Tseh Lee

rielle Zersetzung der Häute. Danach erfolgt die *Haarlockerung* und *-entfernung.* Die häufigste Methode ist das Kälken, eine Haarlockerung mit einer natriumsulfidhaltigen Kalksuspension, dem sog. Äscher. Eine weitere Methode der Haarentfernung bes. bei dünnen Häuten ist das Schwöden, bei dem man einen mit Natriumsulfid vermischten Kalkbrei auf die Fleischseite der Häute aufträgt. Das eigentl. Enthaaren geschieht mit Haareisen (Schabeisen), das Entfleischen (Entfernung der Unterhaut von der Lederhaut) mit dem Scherdegen. Beim Entkälken werden Kalkreste durch eine Säurebehandlung entfernt. Unter dem Beizen versteht man eine Behandlung mit proteolyt. Enzymen, durch die eine weitere Auflockerung des Kollagens erzielt wird. Beim anschließenden Streichen (Glätten, Reinmachen) werden Haarreste u. a. entfernt.
Die *Gerberei* umfaßt neben der eigentl. Gerbung (d. h. Umwandlung in Leder mit Hilfe von Gerbstoffen) auch die Färbung und Fettung sowie die Trocknung der Leder. Zu den wichtigsten Gerbverfahren zählt die pflanzl. Gerbung (d. h. mit pflanzl. Gerbstoffen; heute vielfach mit synthet. Gerbstoffen; u. a. für Schuhleder), die mineral. Gerbung (u. a. für Ober-, Bekleidungs-, Handschuhleder) und die Fettgerbung (für Wildleder, Bekleidungsleder).

Lederman, Leon Max [engl. 'leɪdəmæn], * New York 15. 7. 1922, amerikan. Physiker. Arbeiten zur Elementarteilchenphysik; erhielt zus. mit J. Steinberger und M. Schwartz für die Entwicklung der Neutrinostrahlung-Methode und den Nachweis der Paarstruktur der Leptonen durch die Entdeckung des Myon-Neutrinos den Nobelpreis für Physik 1988.

Ledru-Rollin, Alexandre Auguste [frz. lədryɔ'lɛ̃], eigtl. A. A. Ledru, * Paris 2. 2. 1807, † Fontenay-aux-Roses bei Paris 31. 12. 1874, frz. Politiker (Republikaner). Anwalt der Linken in den polit. Prozessen von 1834/35; 1849–70 im Londoner Exil; erreichte nach 1871 als Abg. die Einführung des allg. Wahlrechts.

Lê Đuc Tho [vietnames. le duk θɔ; frz. lədyk'to], * 14. 10. 1911, † Hanoi 13. 10. 1990, vietnames. Politiker. 1930 Gründungs-Mgl. der KP Indochinas, 1941 des Vietminh; 1955–86 Mgl. des Politbüros und (ab 1960) des Sekretariats der KP; 1968–73 nordvietnames. Hauptunterhändler bei den Pariser Vietnamverhandlungen; erhielt 1973 (zus. mit H. A. Kissinger) den Friedensnobelpreis, den er ablehnte.

Led Zeppelin, 1968 in London gegr. brit. Rockgruppe um Jimmy Page (* 1944), John Paul Jones (* 1946), John Bonham (* 1948, † 1980) und Robert Plant (* 1948); 1982 endgültig aufgelöst.

Lee [engl. li:], **1)** Robert Edward, * Stratford (Va.) 19. 1. 1807, † Lexington (Va.) 12. 10. 1870, amerikan. General. Führte im Sezessionskrieg die Truppen der Konföderierten zu bed. Erfolgen, unterlag jedoch bei Gettysburg (Juli 1863); kapitulierte 1865 bei Appomattox.
2) Tsung Dao, * Schanghai 24. 11. 1926, amerikan. Physiker chin. Herkunft. Sagte 1956 gemeinsam mit C. N. Yang die später experimentell bestätigte Nichterhaltung der Parität bei der schwachen Wechselwirkung (insbes. beim Betazerfall) voraus; erhielt hierfür 1957 zus. mit Yang den Nobelpreis für Physik.
3) Yuan Tseh, * Hsinchu (Taiwan) 29. 11. 1936, amerikan. Chemiker chin. Herkunft. Erhielt 1986 zus. mit D. R. Herschbach und J. C. Polanyi den Nobelpreis für Chemie für grundlegende Forschungen auf dem Gebiet der chem. Reaktionskinetik.

Lee, die dem Wind abgewandte Seite. – Ggs. Luv.

Leeds [engl. li:dz], engl. Stadt in den Pennines, 712 000 E. Univ.; Theater. V. a. Textil-Ind., Maschinen- und Flugzeugmotorenbau. Got. Kirche Saint John (1632–34), klassizist. Rathaus (19. Jh., mit großer Konzerthalle).

Leergewicht, Gewicht des betriebsfertigen, vollbetankten Kfz samt Ausrüstungsteilen (z. B. Ersatzrad, Wagenheber).

Leergut, Verpackungsmittel wie Flaschen, Kisten, Kanister zur mehrmaligen Verwendung.

Leerlauf, unbelasteter Zustand einer im Betrieb befindl. Maschine.

Leerlaufhandlung, in der *Verhaltensforschung* der ziel- und sinnlos erscheinende Ablauf einer Instinkthandlung ohne

Legalitätsprinzip

Vorliegen einer entsprechenden Reizsituation (Auslöser).

Leer (Ostfriesland), Kreisstadt an der Mündung der Leda in die Ems, Ndsachs., 30 500 E. Handels- und Gewerbeort; Hafen. Häuser des 17./18. Jh., die Waage (1714) und das Rathaus (19. Jh.) prägen das Stadtbild. – Entstand um die gegen 800 gegr. Kirche des Missionars Liudger.

Leeuwarden [niederl. 'le:wardə], Prov.-Hauptstadt im Marschengebiet der nördl. Niederlande, 85 200 E. Fries. Museum, Museum javan. und chin. Kunst; Handelszentrum; Hafen. Grote Kerk (12. Jh., nach 1492 erneuert); Kanzlei, Statthalterhof und Alte Waage (alle 16. Jh.), Stadthaus (1715); Bürgerhäuser des 17. und 18. Jh. an den Grachten. – 1524–80 Sitz der habsburg. Statthalter, 1584–1747 der Statthalter aus dem Hause Nassau-Diez.

Leeuwenhoek, Antonie van [niederl. 'le:wənhu:k], *Delft 24. 10. 1632, □ebd. 26. 8. 1723, niederl. Naturforscher. Entdeckte mit Hilfe selbstkonstruierter Mikroskope u. a. die Infusorien (1674), Bakterien (1676) und Spermien (1677) sowie die roten Blutkörperchen (1673/74).

Leeward Islands [engl. 'li:wəd 'aɪləndz] ↑Antillen.

Lefebvre [frz. lə'fɛ:vr], 1) François Joseph, Herzog von Danzig (seit 1807), *Rufach (Elsaß) 25. 10. 1755, † Paris 14. 9. 1820, frz. Marschall (seit 1804). General der frz. Revolutionsarmee, unterstützte als Gouverneur von Paris 1799 Napoléon Bonapartes Staatsstreich.
2) Marcel, *Tourcoing bei Lille 29. 11. 1905, † Martigny 25. 3. 1991, frz. kath. Theologe. Seit 1955 Erzbischof von Dakar; gründete als Kritiker der Reformen des 2. Vatikan. Konzils 1970 in Freiburg im Üechtland die traditionalist. Internat. Priesterbruderschaft des Hl. Pius X.; 1976 von Papst Paul VI. als Bischof suspendiert; weihte 1988 vier Priester seiner Bruderschaft ohne päpstl. Zustimmung zu Bischöfen und exkommunizierte damit nach kath. Kirchenrecht sich selbst und die Geweihten.

Lefèvre [frz. lə'fɛ:vr], Pierre, frz. Theologe, ↑Favre, Pierre.

Lefèvre d'Estaples, Jacques [frz. ləfɛvrəd'tapl] ↑Faber, Jacobus.

Leeuwarden

Lefkas (Leukas), 1) griech. Stadt an der N-Spitze der Insel Lefkas, 6 400 E. Reste der Stadtmauer und des Theaters (wohl 230–167); Festung gegenüber L. (13. und 17./18. Jh.). – Im 7. Jh. v. Chr. gegründet.
2) eine der Ion. Inseln, 303 km², bis 1 158 m hoch, Hauptort Lefkas.

Le Fort, Gertrud Freiin von [lə'fo:r], *Minden 11. 10. 1876, † Oberstdorf 1. 11. 1971, dt. Schriftstellerin. In ihrer Prosa gestaltete sie religiöse und histor. Themen, u. a. »Das Schweißtuch der Veronika« (R., 1. Teil 1928, 1946 u. d. T. »Der röm. Brunnen«; 2. Teil 1946: »Der Kranz der Engel«), »Die Letzte am Schafott« (Nov., 1931), »Das Schweigen« (Legende, 1967).

Lefze, weidmänn. Bez. für die Lippe des Raubwildes und des Hundes.

leg., Abk. für ↑legato.

Legalität [lat.], die Gesetzmäßigkeit, die Übereinstimmung staatl. oder privaten Handelns mit dem geltenden positiven Recht (Verfassung, Gesetze, sonstige Rechtsvorschriften). Die Bindung aller staatl. Gewalt an das geltende Recht ist wesentl. Bestandteil des Rechtsstaats.

Legalitätsprinzip, im Strafverfahren der Grundsatz, daß die Strafverfolgungsbehörden bei Verdacht einer Straftat von Amts wegen (auch ohne Anzeige oder Antrag) zu ermitteln haben.

Leeuwarden
Stadtwappen

Legasthenie

Fernand Léger,
Frau mit Blumen
(1922; Düsseldorf,
Kunstsammlung Nordrhein-Westfalen)

Legasthenie [lat./griech.] (Lese-Rechtschreib-Schwäche), Schwäche im Erlernen des Lesens und orthograph. Schreibens bei vergleichsweise durchschnittl. oder sogar guter Allgemeinbegabung des Kindes; äußert sich v. a. in der Umstellung und Verwechslung einzelner Buchstaben oder ganzer Wortteile.

Legat [lat.], **1)** im antiken Rom Gesandter in diplomat. Mission; im militär. Bereich Gehilfe des Oberbefehlshabers.
2) in der kath. Kirche päpstl. Gesandter.
Legat [lat.], Zuwendung einzelner Vermögensgegenstände; Vermächtnis.
legato [italien.] (ligato), Abk. leg., musikal. Vortrags-Bez.: gebunden; in der Notation durch einen Bogen angezeigt (Ggs. *staccato*).
Legende [lat.], **1)** *allg.*: volkstüml. Vers- oder Prosaerzählung, urspr. über das Leben von Heiligen, auch von sagenhaften Wundern. Die ältesten L. finden sich bereits in apokryphen Evangelien und Apostelgeschichten. Die beliebteste mittelalterl. Sammlung war die lat. »Legenda aurea« (vor 1264) des Jacobus a Voragine. Die ältesten volkssprachl. Heiligendichtungen stammen aus dem 9. Jh.; im 11. Jh. entstehen L.erzählungen, z. B. das †Annolied. Auch die höf. Epiker griffen L.stoffe auf, so Heinrich von Veldeke (»Sankt Servatius«), Hartmann von Aue (»Der arme Heinrich«), Konrad von Würzburg (»Alexius«). Vor 1300 entstanden bed. gereimte Sammlungen, u. a. das »Passional« und das »Väterbuch«. Mit der Reformation trat das Interesse an der L. zurück. – Als literar. Gattung wurde sie seit der Romantik wieder produktiv gemacht, u. a. von G. Keller (»Sieben L.«, 1872).
2) *Numismatik*: die Schriftbestandteile im Gepräge: Umschrift (am Rand umlaufend), Auf- oder Inschrift, Randschrift.
3) *Kartographie*: Zeichenerklärung auf [Land]karten.
Léger [frz. leˈʒe], **1)** Fernand, *Argentan 4. 2. 1881, † Gif-sur-Yvette (bei Paris) 17. 8. 1955, frz. Maler und Graphiker. Gelangte von kubist. Formvorstellungen zu geometr. Abstraktionen (z. B. »Die Kartenspieler«, 1917, Otterloo, Rijksmuseum Kröller-Müller; 1920 Zus.arbeit mit Le Corbusier. Den großen Figurengruppen des späten Werks (»Die große Parade«, 1954, New York, Guggenheim-Museum) sind große Farbbänder und -kreise zugeordnet.
2) Marie-René-Alexis [Saint-Léger], frz. Lyriker, †Saint-John Perse.
Legeröhre (Legebohrer, Legestachel), länglich-röhrenförmiges Organ am Hinterleib vieler weibl. Insekten, durch das Eier abgelegt werden.
Leggins [ˈlegɪns; engl.], **1)** ledernes, einer Hose ähnl. Kleidungsstück nordamerikan. Indianer.
2) in der Mode Strumpfhose ohne Fuß.
Legien, Karl, *Marienburg (Westpr.) 1. 12. 1861, † Berlin 26. 12. 1920, dt. Gewerkschaftsführer. 1890 Mitbegrün-

der und Vors. der Generalkommission der Gewerkschaften Deutschlands, 1919 des ADGB; 1913 Mitbegründer und Präs. des Internat. Gewerkschaftsbundes; leitete 1920 den Generalstreik gegen den Kapp-Putsch.
legieren [italien.], **1)** *Chemie:* eine ↑Legierung herstellen.
2) *Kochen:* Suppen oder Soßen binden.
Legierungen [italien.], metall. Werkstoffe aus zwei oder mehreren Metallen und oft noch zusätzl. Nichtmetallen (z. B. Kohlenstoff, Bor, Silicium) in unterschiedl. Zusammensetzung. Die Herstellung von L. erfolgt u. a. durch Zusammenschmelzen und -gießen, durch Pressen oder Sintern, durch Eindiffundieren von Legierungszusätzen z. B. in das Grundmetall, seltener durch Zersetzung von Metallverbindungen.
Legion [lat.], **1)** röm. Truppenverband; in 30 Manipel und 60 Zenturien gegliedert; bestand aus 4000–6000 Fußsoldaten, 300 Reitern und Troß.
2) selbständiges Truppenkontingent aus fremdländ. Freiwilligen, meist Überläufern, Emigranten bzw. Abenteurern (↑Fremdenlegion).
Legionärskrankheit, besondere, atypisch verlaufende Form der Lungenentzündung; Erreger ist das Bakterium Legionella pneumophila. Die Infektion (in 15–20% der Fälle mit tödl. Ausgang) vollzieht sich durch Einatmung des v. a. durch Aerosole von Klimaanlagen und Kühltürmen sowie durch Warmwasserleitungen verbreiteten Bakteriums. – Die L. wurde 1976 in den USA entdeckt, als es nach einem Kriegsveteranentreffen in Philadelphia (Pa.) zu epidem. Erkrankungen kam.
Legion Condor, im Span. Bürgerkrieg (1936–39) auf seiten Franco Bahamondes eingesetzte dt. Streitkräfte (bis zu 5500 Mann), bombardierte u. a. Guernica. Ihr Einsatz diente der Erprobung neuer Waffen und Kampftechniken.
Legislative [lat.], gesetzgebende Gewalt (↑Gesetzgebung).
Legislatur [lat.] (Legislation), Gesetzgebung, gesetzgebende Körperschaft; *Legislaturperiode,* Zeitraum der Tätigkeit eines Parlaments (Wahlperiode).
legitim [lat.], rechtmäßig, gesetzlich anerkannt.
Legitimationspapiere [lat./dt.], Urkunden (z. B. Garderobenmarke, Ge-

päckschein, Sparbuch), bei denen der Schuldner an jeden, der sie vorlegt, mit befreiender Wirkung leisten kann.
Legitimität [lat.], in *Staatsrecht* und *Politikwiss.* die Rechtmäßigkeit eines Staates und seines Herrschaftssystems durch Grundsätze und Wertvorstellungen, im Unterschied zur formalen Gesetzmäßigkeit *(Legalität).*
Legnano [leɲ'ɲa:no], italien. Stadt nw. von Mailand, 49700 E. Kirche San Magno (1518), erzbischöfl. Palais (13. Jh.), Kastell (16. und 17. Jh.). – In der *Schlacht von L.* (29. 5. 1176) Sieg des Lombardenbundes über Friedrich I. Barbarossa.
Leguane (Iguanidae) [karib.-span.-niederl.], Fam. der Echsen mit über 700 etwa 10 cm bis über 2 m langen Arten v. a. in Amerika; oft lebhaft gefärbt und mit auffallenden Körperanhängen.
Leguminosen [lat.], svw. ↑Hülsenfrüchtler.
Legwespen (Legimmen, Schlupfwespen, Terebrantes), weltweit verbreitete, über 60000 Arten umfassende Gruppe der Taillenwespen; Legebohrer der Weibchen dient nur als Eilegeapparat.
Lehár, Franz ['le:har, le'ha:r, ungar. 'leha:r], *Komorn 30. 4. 1870, † Bad Ischl 24. 10. 1948, österr.-ungar. Komponist. Erfolgreicher Vertreter der Wiener Operette, u. a. »Die lustige Witwe« (1905), »Der Zarewitsch« (1927), »Das Land des Lächelns« (1929).
Le Havre [lə 'a:vr], Hafenstadt in der Normandie, an der Seinemündung, Frankreich, 197200 E; Schiffbau, Erdölraffinerien, chem., Textil-Ind.; Erdölleitung nach Paris.
Lehen ↑Lehnswesen.
Lehm, durch Eisenverbindungen gelb bis bräunl. gefärbter kalkarmer Ton.
Lehmann, 1) Karl, *Sigmaringen 16. 5. 1936, dt. kath. Theologe. 1968–71 Prof. für Dogmatik in Mainz, 1971–83 in Freiburg im Breisgau; seit 1983 Bischof von Mainz; seit 1987 Vors. der Dt. Bischofskonferenz.

Karl Lehmann

Le Havre
Stadtwappen

Leguane. Grüner Leguan (Länge bis 1,6 m)

Lehmbruck

2) Lotte, verh. Krause, *Perleberg 27. 2. 1888, † Santa Barbara (Calif.) 26. 8. 1976, dt.-amerikan. Sängerin (Sopran). 1914–33 Wiener Staatsoper, 1934–45 an der Metropolitan Opera (New York), danach Konzertsängerin; bed. Wagner- und Strauss-Interpretin.
3) Wilhelm, *Puerto Cabello (Venezuela) 4. 5. 1882, † Eckernförde 17. 11. 1968, dt. Schriftsteller. Thema seiner kunstfertigen, stark auf die Nachkriegszeit wirkenden Lyrik ist die realistisch erfaßte, ins Magische gesteigerte Natur und die Beziehung des Menschen zu ihr. – *Werke:* Weingott (R., 1921), Der grüne Gott (Ged., 1942), Dichtung als Dasein (Essays, 1956).

Lehmbruck, Wilhelm, *Meiderich (heute zu Duisburg) 4. 1. 1881, † Berlin 25. 3. 1919 (Selbstmord), dt. Bildhauer und Graphiker. Arbeitete 1910–14 in Paris. Seine meist überlängt-feingliedrigen Figuren tragen stark sinnbildhaft-allegor. Züge, u. a. »Emporsteigender Jüngling« (Bronze, 1913/14; New York, Museum of Modern Art), »Der Gestürzte« (Steinguß, 1915/16; Duisburg, Wilhelm-Lehmbruck-Museum).

Wilhelm Lehmbruck. Weiblicher Torso (1910/11)

Lehmwespen (Eumeninae), weltweit verbreitete Unter-Fam. der Faltenwespen mit rd. 3500 etwa 1–3 cm langen, einzeln lebenden Arten; bauen Brutnester aus Lehm.

Lehmwespen. Oben: Pillenwespe ♦ Unten: Lehmzellen, im Vordergrund geöffnet, mit Ei und Raupen (Larvenfutter)

Lehn, Jean-Marie, *Rosheim (Elsaß) 30. 9. 1939, frz. Chemiker. Erhielt 1987 zus. mit C. J. Pedersen und D. J. Cram für die Entwicklung und Verwendung von Molekülen mit strukturspezif. Wechselwirkung hoher Selektivität den Nobelpreis für Chemie.

Lehnbildung (Lehnprägung), Neubildung eines Wortes nach dem Vorbild einer anderen Sprache.

Lehnswesen, Grundlage des abendländ. †Feudalismus, dessen Staats- und Gesellschaftsordnung auf dem Verhältnis von *Lehnsleuten* und *Lehnsherrn (Lehnsverband)* beruhte. Grundkomponenten des im 8. Jh. im Fränk. Reich entstandenen L. waren im wesentlichen ein dingl. (Benefizium) und ein persönl. (Vasallität) Element. In der *Vasallität* verschmolzen die keltoroman. Kommendation (Einlegen der Hände in die des Herrn als Zeichen der Ergebung) und der Treuebegriff der german. Gefolgschaft, der Lehnsherrn und Lehnsmann gleichermaßen verpflichtete. Das Benefizium wurde im *Lehen* (lat. Feudum) zur Belehnung mit einer Sache (Land, Amt) oder einem Recht auf Lebenszeit (später erblich) umgestaltet, die den Vasallen zu Dienst und Treue, den Lehnsherrn zu Schutz und Schirm verpflichteten. In der *Lehnspyramide* trennten die *Kronvasallen (Lehnsfürsten)* als unmittelbare Lehnsmänner des Königs/Kaisers diesen von den *Aftervasallen* (Ministeriale, Dienstmannen) und den Untertanen. Während des Hoch-MA konnten die engl. und frz. Könige ihre direkte Herrschaft über die *Untervasallen* durchsetzen. Im Hl. Röm. Reich kam es hingegen zur Ausbildung von Landesherrschaften mit Verfügungsgewalt über alle Lehen im eigenen Machtbereich *(Lehnshoheit).* Entsprechend der Verlehnungszeremonie hießen die Lehen der weltl. Fürsten *Fahnlehen,* die der geistl. *Zepterlehen.* Mit der Verdrängung der Ritter- durch Söldnerheere und dem Eindringen Bürgerlicher in die Verwaltung verlor das L. seit dem Ausgang des MA an Bedeutung, bestand in Deutschland aber z. T. bis 1918 fort.

Lehnwort, aus einer anderen Sprache übernommenes *(entlehntes)* Wort, das sich in Aussprache und/oder Schreibweise und/oder Flexion der übernehmenden Sprache angepaßt hat, z. B. *Mauer* aus lat. *murus.* Die Abgrenzung zw. L. und †Fremdwort ist oft nicht eindeutig.

Lehramt, 1) in öffentl. Schulen die Stelle eines beamteten Lehrers an

Grund-, Haupt-, Real- und Sonderschulen oder des Studienrats an Gymnasien, Gesamtschulen, berufl. Schulen. 2) (kirchl. L.) nach *kath.* Verständnis die auf dem 1. Vatikan. Konzil definierte Lehr- und Jurisdiktionsgewalt, die Jesus Christus seiner Kirche in den Personen der Apostel und ihrer Nachfolger übertrug. Träger des kirchl. L. sind das Bischofskollegium in Übereinstimmung mit dem Papst und der Papst allein (↑Unfehlbarkeit).

Lehrdichtung (lehrhafte Dichtung, didakt. Dichtung), Literatur, die Wissen bzw. moral., philosoph. u. a. Grundsätze vermittelt; zum Grenzbereich der L. gehören u. a. Fabel, Parabel, Legende, Spruchdichtung. Die ältesten erhaltenen L. sind Hesiods »Theogonie« und die »Werke und Tage« sowie in der röm. Literatur im 1. Jh. v. Chr. Lukrez' »De rerum natura«, Vergils »Georgica« und Horaz' »Ars poetica«. Auch in den mittelalterl. volkssprachl. Literaturen findet sich eine Fülle von gereimten Stände-, Minne- und Morallehren, von moral. Spruchsammlungen, Sittenspiegeln, Tischzuchten, Kalendern, Koch-, Schach-, Wahrsage- und Traumbüchern, ferner von naturkundl. Darstellungen. Weite Wirkung hatten in der dt. Literatur des 18. Jh. u. a. die L. von Barthold Hinrich Brockes (* 1680, † 1747) und A. von Haller. Schillers philosoph. Gedichte, u. a. »Der Spaziergang« (1795), und Goethes »Metamorphose der Pflanzen« (1799) gehören ebenso zur L. wie im 20. Jh. etwa die Lehrstücke B. Brechts.

Lehre, 1) *allg.*: Lehrmeinung, wiss. System.
2) *Berufsbildung:* früher für Ausbildungsverhältnis (↑Ausbildungsberufe).
3) *Meßtechnik:* festes oder auf bestimmte Werte einstellbares Meßmittel zum Prüfen der Maße und Formen von Werkstücken auf Einhaltung vorgegebener Toleranzen.

Lehrer, Berufs-Bez. für die Unterrichts- und Erziehungstätigkeit, i. d. R. an einer Schule als Träger eines ↑Lehramtes. Die Volksschul-L. entstammten bis ins 19. Jh. dem Handwerk, dem Soldatenstand oder niederen kirchl. Diensten (Küster); eine reguläre staatl. Ausbildung gab es erst mit dem preuß. Generallandschulreglement von 1763. Eine eigenständige Gymnasiallehrerbildung erfolgte in Deutschland erstmals am 1787 gegr. gymnasialen L.-Seminar in Berlin und wurde im 19. Jh. Aufgabe der Universität; die nachuniversitäre zweijährige Referendarzeit und die Ausbildung an Studienseminaren mit abschließendem (zweiten) Staatsexamen entwickelte sich zw. 1924 und 1931. Nach 1945 wurde die Reifeprüfung und die akadem. Ausbildung für alle L. verbindlich; das Studium erfolgt seitdem an pädagog. Hochschulen oder Gesamthochschulen, seit 1964 differenziert in Grundschul- und Hauptschullehrer-Studiengänge. Die Kultusministerkonferenz einigte sich zwar 1970 grundsätzlich auf das Stufenlehrerprinzip, wonach die L. nicht für bestimmte Schultypen ausgebildet werden, sondern für Jahrgangsstufen, d. h. Primarstufe (Klasse 1–4) und Sekundarstufe I (Klasse 5–10) und Sekundarstufe II (Klasse 11–13); dieses Konzept wurde jedoch v. a. in NRW und Bremen aufgegriffen. Für Realschul-L. und Sonderschul-L. bestehen eigene Studiengänge.

Lehrerverbände, freiwillige Zusammenschlüsse von Lehrern mit staatl. Lehrbefähigung, wobei reine Fachverbände von Interessenverbänden zu unterscheiden sind. Die meisten Interessenverbände (z. B. der Dt. Philologenverband e. V., der Bundesverband der Lehrer an berufl. Schulen e. V. und der Verband Dt. Realschullehrer sind (als Landesverbände) Mgl. im Dt. Beamtenbund, der mitspracheberechtigtes Organ bei beamtenrechtl. Regelungen ist. Die größte Lehrerorganisation ist die Gewerkschaft Erziehung und Wissenschaft (GEW).

Lehrling ↑Auszubildender.
Lehrpfade, Wanderwege, die sich mit Hilfe von Schautafeln einem naturwissenschaftl., forstkundl., landwirtschaftl. oder kulturhistor. Thema widmen.
Lehrplan, Auswahl und Abfolge der Lehrinhalte einer Schulart.
Lehrstuhl, öffentl. Amt im staatl. Hochschulwesen, dessen Inhaber Beamtenstatus haben.
Lehrverpflichtung, 1) *ev. Kirchenrecht:* die Verpflichtung der Pfarrer und Religionslehrer, den christl. Glauben entsprechend dem Bekenntnis ihrer Kirche zu verkündigen.

Lehrwerkstätten

2) *kath. Kirchenrecht:* auch *Lehrzucht,* die rechtl. Bindung an die lehramtl. Aussagen.

Lehrwerkstätten, für Ausbildungszwecke eingerichtete Werkstätten in Großbetrieben.

Lehrzuchtverfahren (Lehrbeanstandung), in den *ev. Kirchen* Maßnahme (durch ein Spruchkollegium) zur Abwehr von abweichenden Lehren.

Lei (Ley), mundartliche Bez. für Schiefer, Stein, Fels (z. B. Loreley, Erpeler Ley).

Leib Christi, im NT der gekreuzigte und auferstandene Leib, Mittel bzw. Zentrum des Heils. In der neutestamentl. Abendmahlsüberlieferung und in den christl. Kirchen Bez. für das Brot der Abendmahlsfeier (↑Hostie); in der kath. Theologie Bez. für Kirche (Corpus Christi mysticum).

Leibeigenschaft, eine von der Sklaverei grundsätzlich unterschiedene bäuerl. Unfreiheit (persönl. Abhängigkeit vom *Leibherrn;* Abgabe- und Dienstpflicht bei relativer Eigentumsfähigkeit) vom MA bis zur ↑Bauernbefreiung. Bereits in der 1. Entwicklungsphase der L. (9. bis Ende des 12. Jh.) flossen Leib- und Grundherrschaft zusammen, wobei die von den *Hörigen* (Grundholden) – die an den Boden gebunden waren bzw. sich als Freie in den Schutz des Grundherren begeben hatten – unterschiedenen *Leibeigenen* den Hörigen in ihrer sozialen Stellung teils sehr nahe kamen. Sozialer Aufstieg war möglich durch Freilassung, im dt. Bereich durch den persönl. Sonderdienst (↑Ministerialen). Die 2. Entwicklungsphase (13.–15. Jh.) war zunächst durch eine Lockerung der L. gekennzeichnet, bedingt v. a. durch die Auflösung der Fronhofsverfassung. Im dt. SW hingegen vollzog sich, um den Rückgang der grundherrl. Einnahmen auszugleichen, eine Neubildung von L., die zur histor. Bez. L. im 14. Jh. führte. Kauf oder Veräußerung eines Leibeigenen bezogen sich zwar nicht auf dessen leibl. Person, sondern auf das Recht, von ihm fixierte Abgaben zu beziehen. Dies führte nichtsdestoweniger zur Angleichung von leib- und nichtleibeigenen Bauern. Die neugebildete L. wurde zwar ein v. a. moral. Element des Aufbegehrens im Bauernkrieg, doch bestand sie in den einzelnen Typen dt. Grundherrschaft im Spät-MA und in der frühen Neuzeit keineswegs durchgehend. Demgegenüber entstand seit dem 15. Jh. durch Beseitigung der Sonderrechte aus der dt. Ostsiedlung im ostelb. Deutschland, in Böhmen, Polen und Ungarn auf der Basis der Gutsherrschaft die aus bäuerl. Schollengebundenheit entwickelte *Erbuntertänigkeit,* die im Extremfall bis in die Nähe sklav. Knechtschaft führen konnte. Sie wurde bereits in der polit. Aufklärung als eigtl. *Real-L.* interpretiert.

Die russ. L., seit der 2. Hälfte des 16. Jh. im Zuge der Ausbildung des Dienstadels entstanden, war erbl. Verfügungsrecht eines (meist adligen) Herrn bzw. des Staates oder der Kirche, uneingeschränkt gegenüber dem Gut, eingeschränkt (d. h. ohne Tötungsrecht) gegenüber dem Leibeigenen.

Leibeshöhle, der Hohlraum zw. den einzelnen Organen des tier. und menschl. Körpers. Die *primäre* L. ist die Furchungshöhle (Blastozöl) des Blasenkeims. Die *sekundäre* L. (Zölom) ist von einem Epithel ausgekleidet. Sie wird von den Ausführgängen der Ausscheidungs- und Geschlechtsorgane sowie des Verdauungssystems durchbrochen. Die L. der Säugetiere und des Menschen wird durch das Zwerchfell in Brust- und Bauchhöhle geteilt.

Leibesübungen, planmäßig betriebene körperl. Übungen zur Erhaltung oder Steigerung der phys. und psych. Leistungsfähigkeit. ↑Sport.

Leibesvisitation, Durchsuchung einer Person (↑Durchsuchungsrecht).

Leibgarde, Truppe urspr. zum persönl. Schutz eines Fürsten, später zu bes. Diensten bei Hofe.

Leibholz, Gerhard, *Berlin 15. 11. 1901, † Göttingen 19. 2. 1982, dt. Jurist. 1951–71 Richter am Bundesverfassungsgericht; zahlr. grundlegende Veröffentlichungen zur Rechtsgeschichte und zu verfassungsrechtl. Fragen.

Leibl, Wilhelm, *Köln 23. 10. 1844, † Würzburg 4. 12. 1900, dt. Maler. Vertreter des Realismus; versammelte 1870 in München den L.-Kreis um sich (u. a. W. Trübner, C. Schuch, zeitweilig auch H. Thoma); hielt detailgetreu das bäuerl. Leben Oberbayerns fest, u. a. »Drei Frauen in der Kirche« (1878–81; Hamburg, Kunsthalle).

Gerhard Leibholz

Leibnitz, österr. Bez.-Hauptstadt 30 km südl. von Graz, 6500 E. Urspr. roman., spätgot. umgebaute Stadtpfarrkirche; nahebei Schloß Seggau (v. a. nach 1500) und die spätbarocke Wallfahrtskirche Frauenberg (1766).

Leibniz, Gottfried Wilhelm Frhr. von (seit 1713), * Leipzig 1. 7. 1646, † Hannover 14. 11. 1716, dt. Philosoph und Mathematiker. Universalgelehrter; verband seine mathemat.-naturwiss. Erkenntnisse mit der Theologie seiner Zeit (v. a. im Versuch einer Lösung des Problems der ↑Theodizee). Er entwarf das Programm einer Idealsprache *(Leibnizsche Charakteristik),* deren Zeichen jeden Begriff eindeutig und in allen Beziehungen zu anderen Begriffen charakterisieren sollen, begründete die Differential- und Integralrechnung und entwickelte das binäre Zahlensystem (↑Dualsystem). In seiner »Monadologie« (1714) nahm L. als Grundelemente der Welt unendl. viele individuelle seel. Kraftzentren, die ↑Monaden, an, die nicht von sich aus ineinanderwirken, sondern durch ↑prästabilierte Harmonie von Gott her verbunden sind. In seiner »Theodizee« (1710) wollte L. beweisen, daß die bestehende Welt die beste aller mögl. Welten sei. – L. war um die Wiedervereinigung der christl. Kirchen und um die Errichtung wiss. Akademien bemüht.

Leibniz-Regel [nach G. W. Leibniz], mathemat. Lehrsatz: Wenn die Absolutbeträge der Glieder einer alternierenden Reihe eine monotone Nullfolge bilden, so ist die Reihe konvergent.

Leibrente, meist Geldrente, die einem anderen auf dessen Lebenszeit regelmäßig zu leisten ist.

Leibung ↑Laibung.

Leicester, Robert Dudley [engl. ˈlɛstə], Earl of (seit 1564), * 24. 6. 1532 (?), † Cornbury bei Oxford 4. 9. 1588, engl. Offizier. Favorit Königin Elisabeths I.; 1586/87 Oberbefehlshaber der Hilfstruppen, mit denen England die Niederlande gegen Spanien unterstützte.

Leicester [engl. ˈlɛstə], engl. Stadt nö. von Coventry, 278000 E. Verwaltungssitz der Gft. Leicestershire; Univ.; archäolog. Museum, Theater; traditionelle Wirk- und Strickwarenindustrie. Kathedrale (12./13. und 19. Jh.), Guildhall (14. Jh.); Burgruine (11. Jh. ff.).

Leichtbaustoffe

Leich, Großform des mhd. Liedes, die auf das frz. ↑Lai zurückgeht; u. a. von Walther von der Vogelweide, Tannhäuser, Ulrich von Lichtenstein.

Leichenöffnung, das Öffnen des Körpers eines Verstorbenen zur Untersuchung der Körperorgane. Eine L. kann mit Einverständnis der Anverwandten aus medizin. Gründen erfolgen *(Sektion)* oder bei Verdacht auf das Vorliegen einer Straftat von jurist. Seite angeordnet werden *(Obduktion).*

Leichenschändung, an einer Leiche vorgenommene Unzucht.

Leichenschau, Untersuchung einer Leiche zur Feststellung des Todes und/oder der Todesursache.

Leichenstarre ↑Totenstarre.

Leichtathletik, Sportarten, die sich aus den natürl. Bewegungsformen des Menschen entwickelt haben: Gehen, Laufen, Springen, Werfen und Stoßen.

Leichtbau (Leichtbauweise), Bauweise im Fahrzeug- und Maschinen- sowie im Brücken- und Hochbau unter Verwendung von Leichtmetallen oder sog. Leichtbaustoffen.

Leichtbaustoffe, Bau- und Werkstoffe mit Dichten unter $1 g/cm^3$; auch Bez. für aus L. geformte Platten und Steine. L. bestehen aus leichten, porösen anorgan. (Bims, Blähton, Hochofenschlacke, Kieselgur u. a.) und organ.

Leibnitz. Säulenarkaden an der Hofseite von Schloß Seggau (17. Jh.)

Leicester Stadtwappen

Gottfried Wilhelm von Leibniz

Leichtmetalle

Leierantilopen. Korrigum (Schulterhöhe bis 1,4 m)

Lein. Flachs

Materialien (Kork, Torf u. a.), auch aus geschäumten Stoffen (Gasbeton, Schaumstoffe u. a.), Gips, Holzwolle, Glas-, Mineralwolle, mit mineral. Bindemitteln gebundene Holzspänen.
Leichtmetalle, Metalle mit einer Dichte unter 4,5 g/cm^3 (Alkali-, Erdalkalimetalle, Aluminium, Magnesium, Titan, Beryllium).
Leichtöl (Rohbenzol), Fraktion der Steinkohlenteerdestillation; Brenn- und Heizöl.
Leichtwasserreaktor, ein mit leichtem Wasser als Kühlmittel und Moderator arbeitender ↑Kernreaktor, z. B. Druckwasser-, Siedewasser- und Heißdampfreaktor.
Leideform ↑Passiv.
Leiden ['lɑrdən; niederl. 'lɛidə], niederl. Stadt am Alten Rhein, 107 900 E. Univ., königl. Institut für ostind. Sprach-Wiss., Anthropologie und Geographie, mehrere Museen, botan. Garten (gegr. 1587); Markt- und Versorgungszentrum. Kirchen des 14. Jh.: Sint-Pieterskerk und die Sint-Pancraskerk; ehem. Tuchhalle (1639/40; jetzt Museum); ehem. Pesthaus (1658–61); Waage (17. Jh.); Burg (im Kern 11. Jh.).
Leidener Flasche [nach der Stadt Leiden] (Kleistsche Flasche), techn. Ausführung eines Zylinderkondensators.
Leidenfrost-Phänomen [nach dem dt. Mediziner Johann Gottlieb Leidenfrost, *1715, †1794], Erscheinung, die auftritt, wenn eine Flüssigkeit einen Gegenstand berührt, dessen Temperatur höher ist als die Siedetemperatur der Flüssigkeit. Zw. Flüssigkeit und Unterlage bildet sich eine Dampfschicht, die die Benetzung verhindert; z. B. Wassertropfen auf heißer Herdplatte.
Leier [griech.] 1) ↑Sternbilder (Übersicht).
2) Oberbegriff für Musikinstrumente mit Schallkörper und zwei Jocharmen, die das als Saitenhalter dienende Joch tragen. Zu den L. gehören u. a. ↑Crwth, ↑Kithara und ↑Lyra.
Leierantilopen (Halbmondantilopen), Gatt. der Kuhantilopen in den Steppen und Savannen Afrikas; mit meist leierförmig geschwungenem Gehörn; u. a. *Bläßbock* (1,4–1,6 m lang, 85–110 cm schulterhoch), *Buntbock* (etwa 1 m schulterhoch), *Topi* (etwa 1,2 m schulterhoch) und *Sassaby* (bis 1 m schulterhoch).
Leif Eriksson (Erikson) [norweg. 'lɛif], *um 970, †um 1020, norweg. Seefahrer. Sohn Erichs des Roten; gelangte um 1000 an die O-Küste N-Amerikas (Labrador); gilt als erster europ. Entdecker Amerikas.
Leigh, Vivien [engl. li:], eigtl. Vivian Mary Hartley, *Darjeeling (Indien) 5. 11. 1913, †London 8. 7. 1967, engl. Schauspielerin. 1940–60 ∞ mit L. Olivier; internat. bekannt u. a. durch die Filme »Vom Winde verweht« (1939), »Endstation Sehnsucht« (1951), »Die Kameliendame« (1961).
Leiharbeitsverhältnis, entgeltl. Überlassung eines Arbeitnehmers (mit dessen Zustimmung) für maximal drei aufeinanderfolgende Monate durch seinen Arbeitgeber zur Arbeitsleistung im Betrieb eines anderen Arbeitgebers, ohne daß das Arbeitsverhältnis mit dem Verleiher gelöst wird.
Leihe, vertragsmäßige, unentgeltl. Gestattung des Gebrauchs einer Sache mit der Verpflichtung zur Rückgabe.
Leihmutter, Frau, die stellvertretend für eine andere Frau deren Kind austrägt und ihr das Kind nach der Geburt überläßt; im medizinischen Sinne nur, wenn die Leihmutter mit dem Kind nicht genetisch verwandt ist. In der BR Deutschland gilt das Adoptionsvermittlungs-Ges. i. d. F. vom 27. 11. 1989, wonach die Vermittlung von L. unter Strafe gestellt wird.

Leiningen

Leime, kolloidale, urspr. wasserlösl. Klebstoffe, deren Klebwirkung auf organ. Stoffen wie Eiweiß, Gelatine (Glutin), Weizenkleber, Stärke oder Zellulosederivate beruht. *Kaltleim* bindet bei normaler Temperatur, *Warmleim* bei 50–80 °C und *Heißleim* bei 100–160 °C ab. Zusätze von Härtern vermindern die Abbindetemperatur oder leiten das Aushärten ein. *Tier-L.* auf Kollagenbasis haben nur noch geringe Bedeutung. *Stärke-* und *Dextrin-L.* werden v. a. für Papiersäcke, Etiketten und Briefumschläge verwendet. *Synthet. L.* sind die Kunstharz-L., z. B. aus Harnstoffharzen hergestellt. L. werden insbesondere zum Kleben von Holz und Papier verwendet.

Leimkraut, Gatt. der Nelkengewächse mit über 400 weltweit verbreiteten Arten; einheimisch u. a. der *Taubenkropf* (Aufgeblasenes L., bis 1 m hoch).

Lein (Linum), Gatt. der Leingewächse mit rd. 200 Arten in den subtrop. und gemäßigten Gebieten der Erde; einheimisch u. a. der *Alpenlein*, bis 30 cm hoch, mit hellblauen Blüten; wirtschaftlich wichtig ist der *Flachs* (Echter L.), einjährig, 30–120 cm hoch, Samen *(Leinsamen)* öl- und eiweißhaltig. Aus den Bastfasern des *Gespinst-L.* werden bis 70 cm lange Flachsfasern gewonnen (werden zu Leinen verarbeitet), aus den Samen des Öl-L. das Leinöl.

Leinberger, Hans, *Landshut (?) zw. 1480 und 1485, † ebd. nach 1530, dt. Bildhauer. 1513–30 in Landshut nachweisbar; der Donauschule nahestehend. – *Werke:* Hochaltar der ehem. Stiftskirche St. Kastulus (Moosburg, Sankt Martin, um 1513–15), Maria mit dem Kind (Landshut, Sankt Martin, um 1520), Hl. Georg (Münchener Frauenkirche, um 1520).

Leine, linker Nebenfluß der Aller, 241 km lang.

Leinebergland, Teil des Niedersächs. Berglandes an der mittleren Leine.

Leinegraben, 40 km langer, 8 km breiter Teil der Mittelmeer-Mjösen-Zone in Niedersachsen.

Leinen (Leinengewebe), Gewebe in Leinwandbindung, Kette und Schuß aus reinen Flachsfasergarnen (Leinwandgarnen); beim *Halb-L.* ist die Kette aus Baumwolle; bes. dichte, feinfädige L.gewebe werden als *Fein-L.* bezeichnet, grobe als *Bauernleinen.*

Leimkraut.
Oben: Taubenkropf ♦
Unten: Stengelloses Leimkraut (Höhe 1 bis 4 cm)

Leinfelden-Echterdingen, Große Kreisstadt in Baden-Württemberg, auf den Fildern, südl. an Stuttgart anschließend, 35 200 E. Spielkartenmuseum; Elektro-Ind., Spielkartenfabrik, Orgelbau, internat. ✈. – 1975 Zusammenlegung der Stadt Leinfelden mit der Gem. Echterdingen.

Leingewächse (Linaceae), Pflanzen-Fam. der Zweikeimblättrigen mit etwa 25 Gatt. und rd. 500 Arten von den Tropen bis in die gemäßigten Zonen; viele Zier- und Nutzpflanzen.

Leiningen, ehem. Gft. und gräfl. Fam. (seit Ende des 11. Jh. nachgewiesen) im Wormsgau (später auch u. a. im Elsaß und in Lothringen). 1317 Teilung in eine ältere Linie, 1467 in weibl. Linie fortgeführt (*L.-Westerburg),* und eine jüngere Linie, die 1467 die Gft. Dagsburg erhielt (seither *L.-Dagsburg);* 1560 Teilung in die Linien *L.-Dagsburg-Falkenburg* und *L.-Dagsburg-Hardenburg* (1779 in den Reichsfürstenstand erhoben), die 1803 ein neuerrichtetes (1806 Baden unterstelltes) rechtsrhein. Ft. um Amorbach erhielt.

1999

Leinkraut.
Gemeines Leinkraut
(Höhe 20–60 cm)

Leipzig
Stadtwappen

Leinkraut

Leinkraut (Frauenflachs), Gatt. der Rachenblütler mit rd. 150 Arten auf der Nordhalbkugel; einheim. u. a. das an Dämmen, auf Dünen und Äckern häufige *Gemeine Leinkraut*.
Leino, Eino [finn. 'lɛinɔ], eigtl. Armas E. Leopold Lönnbohm, *Paltamo 6. 7. 1878, †Tuusula 10. 1. 1926, finn. Schriftsteller. Übersetzte u. a. Dante, Goethe und Schiller; bed. Vertreter der neuromant. finn. Lyrik.
Leinöl, Öl aus Leinsamen, verwendet für Firnisse, Ölfarben, Linoleum; auch Speiseöl.
Leinsdorf, Erich, *Wien 4. 2. 1912, †Zürich 11. 9. 1993, amerikan. Dirigent österr. Herkunft. 1938–43 Dirigent an der Metropolitan Opera in New York, danach v. a. Gastdirigent.
Leinster [engl. 'lɛnstə], histor. Prov. in SO-Irland.
Leinwandbindung ↑Bindung.
Leip, Hans, *Hamburg 22. 9. 1893, †Fruthwilen (Kt. Thurgau) 6. 6. 1983, dt. Schriftsteller. Schrieb Romane (»Jan Himp und die kleine Brise«, 1934), Erzählungen (»Am Rande der See«, 1967), Dramen, Hörspiele und Lyrik (u. a. das Lied »Lili Marleen«).
Leipzig, Stadt in der Leipziger Tieflandsbucht, 507 800 E. Univ., TH u. a. Hochschulen; Dt. Buch- und Schriftmuseum; Dt. Bücherei; Oper, mehrere Theater, Gewandhausorchester, Thomanerchor; Zoo, botan. Garten; Eisenbahnknotenpunkt (größter Kopfbahnhof Europas). Wichtigster Ind.-zweig ist der Maschinenbau; zahlr. Verlage; Messestadt, u. a. Buchmesse, Leipziger Messe und internat. Pelzauktion.
Bauten: Bei dem Wiederaufbau nach dem 2. Weltkrieg entstanden zahlr. große Verwaltungs-, Geschäfts- und Wohnbauten, histor. Bauten wurden wiederhergestellt. Mittelpunkt ist der Markt mit dem Alten Rathaus (Neubau 1556 ff. im Renaissancestil, jetzt Stadtgeschichtl. Museum) und der Alten Waage (nach 1555). Nahebei liegen die got. Nikolaikirche (12. bis 16. Jh., Inneres 1784–97 klassizistisch umgestaltet) und die Thomaskirche (got. Hallenkirche, 14./15. Jh.). Hervorzuheben sind die Alte Börse (1678–87), das Romanushaus (1701–04), das Gohliser Schlößchen (erbaut 1755/56 im Dresdner Barockstil; heute Bacharchiv), der Neubau des Gewandhauses (1977–81 als Nachfolgebau des 1943 zerstörten Neuen Gewandhauses, 1882–84).
Geschichte: Im 12. Jh. Marktsiedlung, Stadtrecht zw. 1161/70. Anfang des 14. Jh. endgültige Eingliederung in das wettin. Territorium. Durch kaiserl. und päpstl. Privilegien für die Jahrmärkte entwickelte sich L. zu einem bed. Handelszentrum. Bis Mitte des 18. Jh. erreichte auch das Kunst- und Kulturleben europ. Bedeutung. Seit dem späten 17. Jh. zunehmende Bed. des Rauchwaren-, Musikalien- und v. a. Buchhandels und Buchdrucks. Mit dem Bau eines sächs.-dt. Eisenbahnnetzes mit L. als Zentrum setzte gegen Mitte des 19. Jh. eine rege Industrialisierung ein. L. wurde ein Zentrum der dt. Arbeiterbewegung (F. Lassalle, A. Bebel, W. Liebknecht). Die *Völkerschlacht bei L.* (16.–19. 10. 1813) war die Entscheidungsschlacht des Herbstfeldzugs 1813 der Befreiungskriege (Sieg der verbündeten Armeen über Napoleon I.; Einnahme von L. und Gefangennahme König Friedrich Augusts I. von Sachsen; Napoleon entkam). Die Montagsdemonstrationen in L. (September 1989 bis März 1990) trugen wesentlich zum Sturz des SED-Regimes und zur Herbeiführung der dt. Einheit bei.
Leipziger Disputation, theol. Streitgespräch 1519 zw. Karlstadt, J. Eck und M. Luther, dessen Hauptthema die Bedeutung des Papstamtes war.
Leipziger Messe, älteste und lange Zeit bedeutendste internat. Messe; entstanden um 1165, privilegiert 1507 von Kaiser Maximilian I.; im 19. Jh. Wandlung von der Waren- zur Mustermesse.
Leipziger Mission, eigtl. Ev.-Luth. Mission zu Leipzig, dt. luth. Missionsgesellschaft; 1836 gegr.; Tätigkeit in S-Indien, O-Afrika und Neuguinea, wo selbständige luth. Kirchen entstanden.
Leipziger Tieflandsbucht, in die dt. Mittelgebirgsschwelle eingreifender Teil des Norddt. Tieflandes.
Leiris, Michel [frz. lɛ'ris], *Paris 20. 4. 1901, †Saint-Hilaire (bei Paris) 30. 9. 1990, frz. Schriftsteller. Schrieb autobiograph. Literatur, u. a. »Mannesalter« (1939); auch Lyrik (»Ondes«, 1988).
Leis [gekürzt aus: ↑Kyrie eleison], geistl. Refrainlieder des dt. MA, die mit »Kyrieleis« abgeschlossen wurden.

Leistungsgrad

Leipzig. Fassadenseite des Alten Rathauses; 1556 unter Leitung von Hieronymus Lotter begonnen

Leishmaniosen (Leishmaniasen) [laɪʃ...; ben. nach dem brit. Tropenarzt Sir William Boog Leishman, *1865, † 1926], durch Flagellaten der Gatt. Leishmania verursachte langwierige, wiederkehrende Krankheiten, die nach Übertragung durch Stechmücken beim Menschen als Erkrankungen der Haut (↑Orientbeule), der Schleimhäute und der Eingeweide (*viszerale L.*, ↑Kala-Azar) auftreten.

Leiste (Leistenbeuge), bei Säugetieren und beim Menschen der seitl. Teil der Bauchwand am Übergang zum Oberschenkel der hinteren Extremitäten. In der L. verläuft der *Leistenkanal*, der beim Mann den Samenstrang, bei der Frau das Mutterband enthält.

Leisten, Fußnachbildung aus Holz oder Eisen zur Schuhherstellung und -reparatur.

Leistenbruch ↑Bruch.

Leistung, 1) *Physik:* Formelzeichen *P*, der Quotient aus der verrichteten Arbeit *W* und der dazu benötigten Zeit *t*, also $P = W/t$. Für die mechan. L. gilt

$$P = \frac{F \cdot s}{t} \cos \alpha$$

(*F* Kraft, *s* Weg, *α* Winkel zw. Kraft- und Wegrichtung). Die elektr. L. eines Gleichstromes ist bestimmt durch: $P = U \cdot I$ (*U* Spannung, *I* Stromstärke). SI-Einheit der L. ist das ↑Watt.
2) *allg.:* Grad einer körperl., geist. und psych. Beanspruchung sowie deren Ergebnis.
3) *Betriebswirtschaftslehre:* das Ergebnis der betrieblichen Tätigkeit, der entstandene Wertzugang (L. als Ggs. zu den Kosten).
4) *Zivilrecht:* 1. der Gegenstand eines Schuldverhältnisses; 2. die zweckgerichtete bewußte Vermehrung fremden Vermögens.

Leistungsbilanz, kontenmäßige Gegenüberstellung der zusammengefaßten Werte der Sachgüter- und Dienstleistungstransaktionen zw. der in- und allen ausländ. Volkswirtschaften im Laufe einer bestimmten Periode.

Leistungsgesellschaft, Industriegesellschaft, in der die materiellen und sozialen Chancen, die soziale Anerkennung und Bewertung sowie die sozialen Positionen nach der erbrachten individuellen Leistung vergeben werden.

Leistungsgewicht (Leistungsmasse), der Quotient aus dem Gewicht (der Masse) eines Motors bzw. Kfz der Nennleistung des Motors; SI-Einheit kg/kW (früher in kg/PS). Das L. ist u. a. ein Maß für die erreichbare Beschleunigung.

Leistungsgrad, das Verhältnis zw. einer effektiven Ist-Leistung und einer als Bezugsgröße dienenden Soll-Leistung als Vergleichsmaßstab.

Leistungsklage

Leistungsklage (Verurteilungsklage), eine Klageart, bei welcher der Kläger die Verurteilung des Beklagten zu einer Leistung (Tun, Unterlassen, Dulden) anstrebt.
Leistungsort, Ort, an dem die Leistungshandlung aus einem Schuldverhältnis zu erbringen ist (ungenau *Erfüllungsort*); er kann vertragl. bestimmt werden.
Leistungsschutz, der rechtl. Schutz, den bestimmte wiss., techn., organisator. oder künstler. Leistungen auf Grund des Urheberrechtsgesetzes genießen.
Leistungsverwaltung, im materiellen Sinne die staatl. und kommunale Betätigung auf dem Gebiet der Daseinsvorsorge (z. B. Straßenbau, Gesundheitswesen); im organisator. Sinne die Gesamtheit der staatl. und kommunalen Einrichtungen, die Aufgaben der L. im materiellen Sinne erfüllen.
Leistungszeit, Zeitpunkt, zu dem ein Schuldverhältnis zu erfüllen ist.
Leitartikel, kommentierender Beitrag an bevorzugter Stelle in einer Zeitung oder Zeitschrift zu wichtigen aktuellen Themen.
Leitbündel (Gefäßbündel), strangförmig zusammengefaßte Verbände des Leitgewebes bei höheren Pflanzen. Sie stellen ein verzweigtes Röhrensystem dar und durchziehen den ganzen Pflanzenkörper. Ihre Aufgabe ist der Transport von Wasser und den darin gelösten Nährsalzen; auch Festigungsfunktion. Die beiden in den L. vorkommenden Gewebearten sind *Sieb-* und *Gefäßteil*. Der Siebteil *(Bastteil, Phloem)* besteht aus lebenden, langgestreckten, unverholzten Siebzellen mit siebartig durchbrochenen Querwänden; in ihm verläuft der Transport der in den Blättern gebildeten organ. Stoffe zu den Zentren des Verbrauchs. Der Gefäßteil *(Holzteil, Xylem)* besteht aus toten, langgestreckten, verholzten Zellen; in ihm wird das von den Wurzeln aufgenommene Wasser sproßaufwärts geleitet.
leitende Angestellte, bes. Arbeitnehmergruppe, die unternehmens- oder betriebswichtige Tätigkeiten im wesentlichen weisungsfrei ausübt. Kriterien sind u. a. selbständige Einstellung und Entlassung von Arbeitnehmern, Generalvollmacht oder -prokura.
Leiter, ein Stoff oder Körper, der – im Ggs. zu einem Isolator – den elektr. Strom leitet. Je nach Ladungsträgern spricht man von *Elektronenleitern* (bei den meisten Metallen) oder von *Ionenleitern* (bei Elektrolyten oder Salzschmelzen).
Leitfähigkeit, 1) ↑Wärmeleitfähigkeit. 2) (spezifische elektr. L., Konduktivität) Kehrwert des spezif. elektr. Widerstandes, material- und temperaturabhängige Eigenschaft eines elektr. Leiters. Mit der L. steigt der bei einer vorgegebenen Spannung fließende Strom.
Leitfossilien, für einen bestimmten Zeitabschnitt der Erdgeschichte charakterist. Fossilien.
Leith [engl. li:θ] ↑Edinburgh.
Leitha, rechter Nebenfluß der Donau, entsteht aus den Quellflüssen Schwarza und Pitten in Österreich, mündet in Ungarn, 180 km lang.
Leithagebirge, Ausläufer der Zentralalpen im östl. Österreich, im Sonnenberg 483 m hoch.
Leitisotop ↑Indikatormethode.
Leitmotiv, musikwiss. Begriff für ein zentrales Motiv einer Oper (R. Wagner, R. Strauss, A. Berg) oder eines programmat. Instrumentalwerkes (u. a. H. Berlioz), das in symbolisierender Funktion ständig wiederkehrt. – In der Literatur wird die leitmotivische Erzähltechnik seit Goethes »Wahlverwandtschaften« (1809) v. a. von der Romantik bevorzugt; im 20. Jh. von Bed. u. a. bei T. Mann und v. a. im lateinamerikan. Roman.
Leittier, das ranghöchste, führende Alttier in Herden mit Rangordnung.
Leitton, ein Ton, der durch seine harmon. oder melod. Bedeutung zur Auflösung in einen anderen Ton strebt. L.

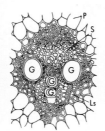

Leitbündel. Schematischer Querschnitt durch ein (kollaterales) Leitbündel (Maissproß); G Gefäß des Xylems, S Siebteil, P Parenchym, Ls Le tbündelscheide

Le Mans

und Zielton sind stets einen Halbtonschritt voneinander entfernt.
Leitung, 1) *allg.*: das verantwortl. Leiten (einer Gruppe, Firma, eines Orchesters u. a.).
2) *Elektrotechnik*: (Elektrizitäts-L.) der Durchgang von elektr. Ladungsträgern und damit eines elektr. Stromes durch Materie.
3) *Physik*: (elektr. L.) draht- oder röhrenförmiger metall. Leiter zur Übertragung elektr. Energie bzw. elektr. Signale.
Leitwährung, Währung, die im internat. Geld- und Kapitalmarkt weit verbreitet ist, möglichst frei konvertierbar ist und auch in Gold umgewechselt werden kann.
Leitwerk ↑Flugzeug.
Leitwert (elektrischer L.), der Kehrwert des elektr. Widerstandes.
Leitzahl (Blitzleitzahl), Zahlenwert, der die Leistungsfähigkeit einer Blitzlichtquelle kennzeichnet.
Leitzins, von der nat. Notenbank festgesetzter Zinssatz für Refinanzierungskredite an Geschäftsbanken; i. d. R. der Diskontsatz (↑Diskont) und der Lombardsatz (↑Lombardgeschäft). Der L. beeinflußt das allg. Zinsniveau. Für Habenzinsen wird z. T. der Spareckzins (Zinssatz für Spareinlagen mit gesetzl. Kündigungsfrist) als L. betrachtet.
Lęk, 72 km langer schiffbarer Flußarm im Rheindelta.
Lektion [lat.], in den christl. Gottesdiensten die Schriftlesung, auch übertragen auf die gelesenen [Bibel]abschnitte. – Im 16. Jh. wird das Wort in die Schulsprache übernommen: Behandlung eines bestimmten Lehrstoffs bzw. der Lehrstoff selbst; übertragen: Zurechtweisung.
Lektionar [lat.], Lesepult.
Lęktor [lat.], **1)** *christl. Kirchen*: im christl. Gottesdienst der Laie, der die bibl. Lesungen vorträgt.
2) *Verlagswesen*: Beruf bes. in Verlagen. Der L. begutachtet Manuskripte, veranlaßt gegebenenfalls Umarbeitungen, macht Vorschläge für Buchprojekte.
3) *Hochschulwesen*: Lehrkraft an wiss. Hochschulen für prakt. Übungsaufgaben.
Lekythos [griech.] ↑Vasenformen.
Le Locle [frz. lə'lɔkl], Bezirkshauptort im schweizer. Kt. Neuenburg, im Kettenjura, 12 000 E. Uhrenindustrie. Barocke Pfarrkirche mit spätgot. Turm (16. Jh.); Château des Monts (18. Jh.) mit Uhrensammlung.
Leloir, Luis [frz. lə'lwaːr], *Paris 6. 9. 1906, †Buenos Aires 3. 12. 1987, argentin. Biochemiker frz. Herkunft. Entdeckte die Rolle der Zuckernukleotide bei der Biosynthese der Kohlenhydrate; erhielt dafür 1970 den Nobelpreis für Chemie.
Lelouch, Claude [frz. lə'luʃ], *Paris 30. 10. 1937, frz. Filmregisseur. Drehte u. a. »Ein Mann und eine Frau« (1966), »Ein Hauch von Zärtlichkeit« (1979), »Allein zu zweit« (1979), »Die Zeit des Verbrechens« (1988).
Lelystad, niederl. Stadt an der W-Küste des Polders Ostflevoland, Verwaltungssitz der neuen Prov. Flevoland, 58 400 E. – 1958 gegründet.
Lem, Stanisław [*Lemberg 12. 9. 1921, poln. Schriftsteller. Schreibt neben philos., literar. und kybernet. Essays, Hör- und Fernsehspielen v. a. utop. Romane und Erzählungen, u. a. »Der Planet des Todes« (R., 1951), »Solaris« (R., 1961), »Lokaltermin« (R., 1982).
Lemaitre, Jules [frz. lə'mɛtr], *Vennecy bei Orléans 27. 4. 1853, †Tavers bei Orléans 5. 8. 1914, frz. Schriftsteller. War v. a. ein einflußreicher Theaterkritiker und Essayist; auch Dramen und Erzählungen.
Lemaître, Abbé Georges [frz. lə'mɛtr], *Charleroi 17. 7. 1894, †Löwen 20. 6. 1966, belg. Astrophysiker. Entwickelte das Modell eines expandierenden Weltalls (1927) und die Hypothese vom »Urknall«.
Lemanische Republik ↑Waadt (Geschichte).
Léman, Lac [frz. lakle'mã], frz. für ↑Genfer See.
Le Mans [frz. lə'mã], frz. Stadt am Zusammenfluß von Sarthe und Huisne, 147 700 E. Verwaltungssitz des Dép. Sarthe; archäolog., städt. und Automuseum; Autorennstrecke; Ind.standort. Ruinen der galloröm. Stadtmauer (3. und 4. Jh.); roman. Kathedrale (11./12. Jh.) mit got. Chor; bed. Renaissancehäuser. – Das kelt. *Suindunum* war Hauptstadt der Cenomanen, später bis Gft. Maine; seit dem 4. oder 5. Jh. Bischofssitz; Stadtrecht im 12. Jahrhundert.

Luis Leloir

Stanisław Lem

2003

Lembeck

Lemuren. Katta (Kopf-Rumpf-Länge 50 cm; Schwanzlänge 50 cm)

Lemminge. Berglemming (Länge bis 15 cm)

Lemberg Stadtwappen

Lembeck, münsterländ. Wasserschloß in der Gem. Dorsten, NRW (v. a. Ende des 17. Jh.), Michaelskapelle (1726) von J. C. Schlaun.
Lemberg (russ. Lwow), Gebietshauptstadt im W der Ukraine, 790 000 E. Univ., mehrere Hochschulen und Museen. Uspenski-Kathedrale (17. Jh.), die röm.-kath. Kathedrale (14./15. Jh.), die Armen. Kirche (14.–20. Jh.). – Um 1250 als Festung gegen die Mongolen gegr.; seit dem 13./14. Jh. bed. Handels- und Handwerkszentrum; Magdeburger Stadtrecht. 1353 an Polen; 1772 an Österreich (bis 1918 Hauptstadt Galiziens); 1918/19 poln., 1939 sowjet.; unter der dt. Besetzung (1941–44) Deportation und Vernichtung der Juden (1936: 110 000 von 361 000 E); 1944 von der Roten Armee zurückerobert; Vertreibung der poln. Bevölkerung (1936: 180 000).
Lemberg, mit 1 015 m höchster Berg der Schwäbischen Alb.
Lemberger ↑Rebe (Rebsorten, Übersicht).
Lemercier, Jacques [frz. ləmɛr'sje], *Pontoise bei Paris um 1585, † Paris 4. 6. 1654, frz. Baumeister. Schöpfer der Kuppel der Pariser Kirche Val-de-Grâce (1646 ff.).
Lemgo, Stadt im Lipper Bergland, NRW, 39 900 E. Fachhochschule; u. a. Holzverarbeitung. Got. Hallenkirchen, u. a. Sankt Nikolai in der Altstadt und Sankt Marien in der Neustadt; Rathaus (v. a. 15.–17. Jh.). – Gegen Ende des 12. Jh. als befestigte Stadt gegr.; 1245 Stadtrecht.
Lemma [griech.], Stichwort in einem Nachschlagewerk (Lexikon, Wörterbuch).
Lemminge [dän.], Gattungsgruppe der Wühlmäuse, kleine, bodenbewohnende Nagetiere Eurasiens und Nordamerikas. Die skandinav. *Berg-L.* unternehmen nach period. alle 3–4 Jahre auftretenden Massenvermehrungen Wanderungen (infolge Nahrungsknappheit), bei denen viele den Tod finden.
Lemmon, Jack [engl. 'lɛmən], *Boston 8. 2. 1925, amerikan. Filmschauspieler. Spielte u. a. in »Manche mögen's heiß« (1959), »Das Appartement« (1960), »Das Mädchen Irma la Douce« (1963), »Das China Syndrom« (1979), »Short Cuts« (1993).
Lemniskate [griech.-lat.], ebene algebraische Kurve in Form einer liegenden Acht.
Le Moyne (Le Moine), François [frz. lə'mwan], *Paris 1688, † ebd. 4. 6. 1737 (Selbstmord), frz. Maler. Spätbarocke Deckengemälde im Schloß von Versailles.
Lemuren [lat.] (Makis, Lemuridae), formenreiche Fam. der Halbaffen auf Madagaskar; 16 Arten von rd. 10–50 cm Körperlänge mit etwa 12–70 cm langem Schwanz. Zu den L. gehört die Unter-Fam. *Makis* mit den Gatt. *Halbmakis* und *Wieselmakis.* Die Gatt. *Echte Makis* (Fuchsaffen) hat sechs bis etwa 50 cm lange Arten, u. a. der *Katta,* der *Vari* und der *Mohrenmaki* (Akumba).
Lemuren [lat.] (Larven), bei den Römern im Ggs. zu den segensreichen Laren und Penaten böse Spuk- und Quälgeister.
Lena [russ. 'ljɛnɐ], Strom in Sibirien, entspringt im Baikalgebirge, mündet in die Laptewsee, 4 400 km lang; große Wasserstandsschwankungen; im Unterlauf Mitte Juni–Mitte Okt. eisfrei.
Lenai [griech.], svw. Mänaden (↑Dionysos).
Le Nain [frz. lə'nɛ̃], drei frz. Maler, in Werkstattgemeinschaft (in Paris) arbeitende Brüder: *Antoine,* *Laon um 1588, † Paris 25. 5. 1648; *Louis,* *Laon um 1593, † Paris 23. 5. 1648; *Mathieu,* *Laon 1607, † Paris 20. 4. 1677. Sie schufen Einzel- und Gruppenporträts in fläm. Tradition, in grauen und braunen

Tönen gehaltene bäuerl. Genrebilder sowie mytholog. und bibl. Darstellungen. – *Werke:* Bauernmahlzeit (1642), Familienversammlung (1642), Tric-Trac-Spieler (1642; alle Paris, Louvre).

Lenard, Philipp, *Preßburg 7. 6. 1862, † Messelhausen (heute zu Lauda-Königshofen) 20. 5. 1947, dt. Physiker. Arbeiten zum Mechanismus der Phosphoreszenz und der Natur der Kathodenstrahlung; seine Experimente zum Photoeffekt waren die Grundlage der Einsteinschen Lichtquantenhypothese. L. war einer der Hauptgegner der Relativitätstheorie und als Antisemit Initiator einer »dt. Physik«. Nobelpreis für Physik 1905.

Lenau, Nikolaus, eigtl. Nikolaus Franz Niembsch, Edler von Strehlenau, *Csatád (Ungarn; heute Lenauheim, Rumänien) 13. 8. 1802, † Oberdöbling (heute zu Wien) 22. 8. 1850, österr. Dichter. Stand u. a. mit F. Grillparzer, F. Raimund und dem Schwäb. Dichterkeis in Verbindung; ging 1832 nach Nordamerika, kehrte 1833 zurück; ab 1844 in einer Nervenheilstätte. Schrieb romant. Lyrik (u. a. »Schilflieder« und »Waldlieder«); seine episch-dramat. Werke, u. a. »Die Albigenser« (1842), sowie die Fragmente »Faust« (1836) und »Don Juan« (im Nachlaß) stehen den freiheitl. Anschauungen des Jungen Deutschland nahe.

Lenbach, Franz von (seit 1882), *Schrobenhausen 13. 12. 1836, † München 6. 5. 1904, dt. Maler. Schüler von K. von Piloty in München; Karriere als Porträtmaler (tonigbrauner Hintergrund).

Lenclos, Ninon de [frz. lã'klo], eigtl. Anne de L., *Paris 10. 11. 1620, † ebd. 17. 10. 1705, frz. Kurtisane. Persönlichkeit, deren Pariser Salon Treffpunkt bed. Literaten war (Scarron, Molière, La Rochefoucauld).

Lende, bei Säugetieren und beim Menschen der hinterste bzw. unterste Teil des Rückens beiderseits der Lendenwirbelsäule.

Lenggries, aus 50 Ortschaften bestehende Gem. an der Isar, Bayern, 8300 E. Sommerfrische, Wintersportplatz.

Lenin, Wladimir Iljitsch ['le:ni:n, russ. 'ljenin], eigtl. W. I. Uljanow, *Simbirsk 22. 4. 1870, † Gorki bei Moskau 21. 1. 1924, russ. Politiker. Veranlaßt durch die Hinrichtung seines Bruders Alexander (1887 wegen Beteiligung an der Vorbereitung eines Attentats auf Zar Alexander III.) nahm L. bereits während seines Jurastudiums Verbindung zur revolutionären Bewegung auf, die er in Petersburg ab 1893 nach kurzer Anwaltstätigkeit zus. mit seiner späteren Frau und engen Mitarbeiterin Nadeschda Konstantinowna Krupskaja (*1869, † 1939) fortsetzte. 1897–1900 nach O-Sibirien verbannt, schrieb er dort »Die Entwicklung des Kapitalismus in Rußland« (1899). 1900–05 und 1907 bis 1917 in der Emigration (Deutschland, Großbrit., Schweiz), gründete L. 1900 mit G. Plechanow und L. Martow die sozialdemokrat. Zeitung »Iskra« (»Der Funke«). Darin und v. a. in seiner theoret. Schrift »Was tun? Brennende Fragen unserer Bewegung« (1902) entwickelte er sein Konzept von der führenden Rolle der Kaderpartei, das 1903 die Spaltung der russ. Sozialdemokratie in die Menschewiki und die von ihm geführten Bolschewiki hervorrief. Nach dem Scheitern der Revolution 1905–07, während der er sich in Rußland aufgehalten hatte, arbeitete er im erneuten Exil an der Weiterentwicklung des marxist. Philosophie und der Imperialismustheorie. 1912 setzte er die Konstituierung der Bolschewiki als eigenständige Partei durch und begann mit der Herausgabe der Parteizeitung »Prawda« (»Wahrheit«). Ab 1914 agitierte L. unablässig gegen den 1. Weltkrieg, den er als Beginn der allg. Krise des Kapitalismus deutete. In der Februarrevolution 1917 in Rußland sah L. die Möglichkeit, »den Krieg in einen Bürgerkrieg zu verwandeln«, um so die proletar. Revolution herbeizuführen. Nach seiner Rückkehr (mit dt. Hilfe) über Deutschland (16. 4. 1917) verkündete er in den Aprilthesen ein radikales Aktionsprogramm mit massenwirksamen Parolen (»Frieden um jeden Preis!«, »Alle Macht den Sowjets!«). Im Juli 1917 floh er nach Finnland, nachdem eine von den Bolschewiki getragene Revolte gescheitert war; dort entwickelte er in »Staat und Revolution« (1917) eine kommunist. Staatstheorie (»Diktatur des Proletariats«). Nach dem Erfolg der Bolschewiki in dem von Trotzki vorbereiteten Auf-

Lenin

Philipp Lenard

Nikolaus Lenau (Ausschnitt aus einem Gemälde)

Wladimir Iljitsch Lenin

Lenin, Pik

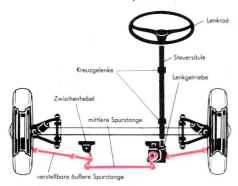

Lenkung. Schematische Darstellung des Lenkgestänges eines Personenkraftwagens

stand (↑Oktoberrevolution) am 25. 10. 1917 (nach dem in Rußland geltenden Julianischen Kalender; nach dem Gregorianischen Kalender 7. 11.) wurde L. als Vorsitzender des Rats der Volkskommissare (1917–24) Regierungschef Sowjetrußlands bzw. (nach ihrer Gründung 1922) der UdSSR. Gegen starken innerparteilichen Widerstand setzte er den Frieden von Brest-Litowsk durch; danach schuf er die Grundlagen für die Zentralisierung der Macht in einer kleinen Führungsgruppe der KP (1919 Gründung des Politbüros und Sekretariats des ZK der KPdSU, 1921 Verbot der Fraktionsbildung), ging mit harten Maßnahmen gegen die Opposition vor und ersetzte 1921 den »Kriegskommunismus« durch die Neue Ökonomische Politik (NEP). Ab 1922 mußte er sich wegen schwerer Krankheit zunehmend aus den Regierungsgeschäften zurückziehen und konnte den Aufstieg des von ihm kritisierten Stalin nicht mehr verhindern.

Lenin, Pik, mit 7134 m höchster Berg des Transaltaigebirges, vergletschert.

Leninabad [russ. lınina'bat] ↑Chudschand.

Leninakan [russ. lınina'kan] ↑Kumajri.

Leningrad ↑Sankt Petersburg.

Leninismus ↑Marxismus–Leninismus.

Lenkflugkörper, meist militär. Zwecken dienende Flugkörper, deren Bewegungsbahn durch Fern- oder Eigenlenkung in gewünschter oder vorgegebener Weise beeinflußt werden kann; überwiegend mit Eigenantrieb; z. B. Fernlenkwaffen (↑Cruise-Missile), Köderflugkörper sowie Aufklärungs- und Zieldarstellungskörper.

Lenkung, Vorrichtung an nicht schienengebundenen Fahrzeugen zum Ändern der Fahrtrichtung. Einspurfahrzeuge besitzen eine bes. einfache Lenkeinrichtung, bei der die mit dem Vorderrad verbundene Gabel drehbar gelagert ist. Zweispurfahrzeuge weisen in der Regel lenkbare Vorderräder auf. Die *Achsschenkel-L.* ist bei Kfz am häufigsten: Die Räder einer Achse schwenken jeweils um einen Achsschenkelbolzen (↑Fahrwerk). Beim Drehen des *Lenkrades* wird die Drehbewegung über eine *Lenkstange* oder *Steuersäule* auf das *Lenkgetriebe* und weiter über *Lenkstock* und *Lenkhebel* auf die Räder übertragen. Bei der *Zahnstangen-L.* ist das Ende der Lenksäule mit einem Ritzel verbunden, das in eine Zahnstange eingreift. Die *Schnecken-L.* besteht aus einem mit der Lenkstange verbundenen Schneckengewinde. Bei der *hydraulischen Lenkung (Servo-L.)* wird die vom Fahrer aufgebrachte Lenkkraft durch Öldruck verstärkt. Mehrachsige Anhänger haben überwiegend eine *Drehschemel-Lenkung.* Die starre Achse ist mit den Federn in einem Gestell angeordnet, das über eine Zapfen- oder Drehkranzführung drehbar mit dem Anhängergestell verbunden ist.

Lennestadt, Stadt im Sauerland, NRW, 26 700 E. Abbau von Baryt und Pyrit. Roman. Hallenkirche (13. Jh.) und Karl-May-Freilichtbühne im Ortsteil Elspe.

Lenngren, Anna Maria, geb. Malmstedt [-stɛd], schwed. Schriftstellerin, *Uppsala 18. 6. 1754, † Stockholm 8. 3. 1817; geißelt in klassisch gewordenen Satiren und Epigrammen, die meist anonym in der Presse (v. a. in »Stockholms posten«) erschienen, menschl. Schwächen.

Le Nôtre, André [frz. lə'no:tr], *Paris 12. 3. 1613, † ebd. 15. 9. 1700, frz. Gartenbaumeister. Schöpfer des »Frz. Gartens«: 1653–60 Vaux-le-Vicomte, 1664 ff. Jardin des Tuileries, Clagny (1674 ff.), Marly (1677 ff.) und v. a. Versailles (1663–88).

Lenya, Lotte ['lɛnja], *Wien 18. 10. 1900, † New York 27. 11. 1981, österr.

Lotte Lenya

Leo

Schauspielerin und Sängerin. In erster Ehe verheiratet mit K. Weill; emigrierte 1933 über Paris in die USA; bes. bekannt als Interpretin der Lieder von Brecht/Weill.

Lenz, 1) Hermann, *Stuttgart 26. 2. 1913, dt. Schriftsteller. Kennzeichnend für seine stark autobiographisch geprägten Romane (»Nachmittag einer Dame«, 1961, zur Trilogie weitergeführt: »Im inneren Bezirk«, 1970, und »Constantinsallee«, 1980; »Verlassene Zimmer«, 1966; »Seltsamer Abschied«, 1988; »Herbstlicht«, 1992) ist der Wunsch nach Bewahrung einer abgeklärten, leisen, stillen Welt. Georg-Büchner-Preis 1978.
2) Jakob Michael Reinhold, *Seßwegen (Lettland) 12. 1. 1751, † Moskau 24. 5. 1792, dt. Dichter. Begegnete 1771 in Straßburg Goethe; kam 1776 nach Weimar, wurde aber bereits 1777 nach Differenzen mit Goethe und der Hofgesellschaft ausgewiesen; führte seit 1781 ein unstetes Wanderleben in der Schweiz und in Rußland; starb völlig verarmt in Moskau; verband als Dramatiker des Sturm und Drang, u. a. »Der Hofmeister« (1774) und »Die Soldaten« (1776), Sozialkritik mit realist. Psychologie; sensible Lyrik. G. Büchner setzte ihm mit der Novelle »Lenz« (1835) ein Denkmal.
3) Siegfried, *Lyck (Ostpreußen) 17. 3. 1926, dt. Schriftsteller. International bekannt wurde L., Mgl. der »Gruppe 47«, durch den Roman »Deutschstunde« (1968), in dem parabelhaft dt. Verhalten im Nat.-Soz. gedeutet wird. Zeitnähe, ein wiederkehrendes autobiograph. Moment, die Beschäftigung mit Schuld und Verfolgung, das Erlebnis von Einsamkeit und Versagen und die Frage nach der Anpassung des Individuums an die gesellschaftl. Verhältnisse kennzeichnen seine Werke; charakteristisch sind Stoffe, Motive und Personen der masur. und norddt. Heimat. 1988 Friedenspreis des Börsenvereins de Dt. Buchhandels. – *Weitere Werke:* Es waren Habichte in der Luft (R., 1951), So zärtlich war Suleyken (En., 1955), Heimatmuseum (R., 1978), Exerzierplatz (R., 1985), Das serb. Mädchen (En., 1987), Die Klangprobe (R., 1990), Die Auflehnung (R., 1994).

Lenz, dichter. für Frühling.

Lenzburg, Bezirkshauptort im schweizer. Kt. Aargau, 7 600 E. Schloß (11. bis 15. und 17. Jh.), Rathaus und Stadtkirche (beide 17. Jh.), röm. Theater (1964 entdeckt). – 1306 Stadtrecht; 1803 zum Kt. Aargau.

Lenzerheide (amtl. L./Lai), schweizer. Wintersportplatz und Sommerfrische südlich von Chur, 1 453 m ü. M., im gleichnamigen Hochtal, Kt. Graubünden.

Lenzmonat (Lenzing), alter Name (aus der Liste Karls d. Gr.) für den März.

Lenzsche Regel, ein von Heinrich Lenz (*1804, † 1865) 1834 gefundenes Gesetz zur elektromagnet. Induktion: Die induzierte Spannung ist stets so gerichtet, daß das Magnetfeld des durch sie verursachten Stromes der Induktionsursache entgegenwirkt.

Leo, Name von Päpsten:
1) Leo I., der Große, hl., *in Tuszien, † Rom 10. 11. 461, Papst (seit 29. 9. 440). Erreichte die Unabhängigkeit des Primatsanspruchs des röm. Bischofs von staatl. Zustimmung, womit das altkirchl. Primatsbewußtsein seinen ersten Höhepunkt erreichte. – Fest: 10. November.
2) Leo III., hl., † 12. 6. 816, Papst (seit 27. 12. 795). Krönte 800 Karl d. Gr. in der Peterskirche zum Röm. Kaiser und erneuerte damit das Röm. Kaisertum. – Fest: 12. Juni.
3) Leo IX., hl., *Egisheim (Elsaß) 21. 6. 1002, † Rom 19. 4. 1054, vorher Brunc Graf von Egisheim und Dagsburg, Papst (seit 12. 2. 1049). Führte die kluniazens. Reform zum Sieg und leitete die

Lenzburg. Blick auf das Schloß, eine der größten Höhenburgen der Schweiz (11. Jh. ff.)

Siegfried Lenz

2007

Leo

gregorian. Reform ein; legte den Grund für das Kardinalskollegium als Leitungsorgan der Gesamtkirche. – Fest: 19. April.
4) Leo X., *Florenz 11. 12. 1475, † Rom 1. 12. 1521, vorher Giovanni de' Medici, Papst (seit 11. 3. 1513). Mäzen der Künste. Der Ablaßhandel zur Finanzierung des Neubaus der Peterskirche gab Anlaß zum Hervortreten M. Luthers 1517.
5) Leo XIII., *Carpineto 2. 3. 1810, † Rom 20. 7. 1903, vorher Vincenzo Gioacchino Pecci, Papst (seit 20. 2. 1878). Ihm gelang die Beendigung des Kulturkampfes im Dt. Reich. In zahlr. Rundschreiben behandelte er kirchl., wiss., polit. und soziale Fragen (z. B. »Rerum novarum«, 1891, erste päpstl. Sozialenzyklika).
Leo [lat.] ↑Sternbilder (Übersicht).
Leo Baeck Institute [engl. 'liːoʊ 'bɛk 'ɪnstɪtjuːt], 1954 in Jerusalem gegr. wiss. Einrichtung zur Förderung von Forschungen über die Geschichte des dt.sprachigen Judentums; weitere Niederlassungen in New York und London.
Leo-Baeck-Preis [...bɛk...], seit 1956 jährlich vom Zentralrat der Juden in Deutschland verliehener Preis für Verdienste um die Förderung von Humanität im Sinne von L. Baeck.
Leoben, österr. Bezirkshauptstadt an der oberen Mur, Steiermark, 28 900 E. Montan-Univ., Museum, Stadttheater (1790/91). Eisenhüttenwerk im Stadtteil *Donawitz*. Spätgot. Kirche Maria en Waasen (Chor 14. Jh.), ehem. Jesuitenkirche (1660–65); im Stadtteil *Göss* Stiftskirche (14. und 16. Jh.) mit frühroman. Krypta (11. Jh.) und Bischofskapelle (13. Jh.) des ehem. Benediktinerinnenstifts. – 904 war *Liupina* Zentrum einer Gft.; zw. 1261 und 1280 Anlage einer neuen Stadt.
Leochares, griech. Bildhauer des 4. Jh. v. Chr. Beteiligt am Skulpturenschmuck des Mausoleums von Halikarnassos (360–340); Zuweisung: Apoll vom Belvedere (Vatikan).
Leo Hebräus (Jehuda Leone, Leone Ebreo), eigtl. J[eh]uda León Abravanel (Abarbanel), *Lissabon um 1460, † Neapel nach 1523, portugies.-jüd. Arzt, Philosoph und Dichter. Vertreter des ↑Neuplatonismus; Hauptwerk: »Dialoghi d'amore« (um 1502).

Leo Minor [lat.] ↑Sternbilder (Übersicht).
Leon, Name von byzantin. Herrschern:
1) Leon I., der Große, *in Thrakien um 400, † Konstantinopel 3. 2. 474, Kaiser (seit 457). Vermutl. erster vom Patriarchen von Konstantinopel gekrönter Kaiser.
2) Leon III., der Syrer, *Germanikeia (Syrien) um 675, † Konstantinopel 18. 6. 741, Kaiser (seit 717). 717/718 und 740 Siege über die Araber; Beginn des Bilderstreites.
3) Leon V., der Armenier, † Konstantinopel 25. 12. 820 (ermordet), Kaiser (seit 813). Siege über Bulgaren und Araber; erneutes Aufflammen des Bilderstreites.
4) Leon VI., der Weise, *Konstantinopel um 865, † ebd. 12. 5. 912, Kaiser (seit 886). Er veranlaßte die Sammlung der Gesetze des Oström. Reiches (Basilika).
León, Fray Luis de, *Belmonte (Cuenca) 1527 oder 1528, † Madrigal de las Altas Torres (Ávila) 23. 8. 1591, span. Schriftsteller. 1572–76 durch die Inquisition eingekerkert; bed. Lyriker und Prosaist der span. Renaissancedichtung.
León, 1) span. Prov.hauptstadt am N-Rand der Meseta, 137 400 E. Nahrungsmittel- und chem. Ind., Tonwarenherstellung. Roman. Stiftskirche (11. und 12. Jh.) mit dem »Pantheon der Könige«, got. Kathedrale (13. bis 15. Jh.) mit spätgot. Kreuzgang; Renaissancekloster San Marcos (1513 begonnen); Palast Casa de los Guzmanes (16. Jh.). – 68 n. Chr. Sitz eines röm. Prokurators; 910–1230 Hauptstadt des Kgr. León.
2) nicaraguanische Dep.hauptstadt am Pazifik, 101 000 E. Univ.; Handelszentrum. Kolonialzeitl. Stadtbild; Kathedrale (18. Jh.). – 1610 gegr.; bis 1852 Hauptstadt von Nicaragua.
Leonardo da Vinci [italien. -'vintʃi], *Vinci bei Florenz 15. 4. 1452, † Château de Cloux (heute Clos-Lucé) bei Amboise 2. 5. 1519, italien. Maler, Bildhauer, Baumeister, Zeichner und Naturforscher. Bei Verrocchio in Florenz ausgebildet; 1482–99 am Hof des Herzogs Ludovico il Moro (Ludwig von Mailand); kehrte über Mantua und Venedig nach Florenz (1500–06) zurück; ging (auf Einladung des frz. Statthalters) nach Mailand, 1513 nach Rom und 1516

Leonardo da Vinci
(Selbstbildnis, Rötelzeichnung; Mailand, Pinacoteca Ambrosiana)

Leonberg

an den Hof König Franz' I. von Frankreich. – Neben Wandgemälden (»Abendmahl«, 1495–97; Mailand, Santa Maria delle Grazie) schuf L. berühmte Bildnisse (»Dame mit Hermelin«, um 1485, Krakau, Museum Narodowe; »Mona Lisa«, um 1503–06, Paris, Louvre) und Andachtstafeln (»Verkündigung«, 1479 bis 1481, Florenz, Uffizien; »Madonna mit Nelke«, München, Alte Pinakothek; »Madonna Benois«, um 1480, Sankt Petersburg, Eremitage; »Felsgrottenmadonna«, nach 1483, Louvre; »Anna selbdritt«, 1501–07, Louvre). Entwurf blieb die »Anbetung der Könige« (um 1481, Uffizien), der »Hl. Hieronymus« (nach 1483, Vatikan. Sammlungen). Zerstört wurde die »Anghiari-Schlacht« (Wandgemälde für das Rathaus in Florenz, 1504–06, in Kopien überliefert). Sein Weltruhm als Maler gründet auf seiner psycholog. Genialität, dem weichen Halblicht (»sfumato«) und der Synthese von Freiheit und klass. Ausgewogenheit. Als Bildhauer beschäftigte sich L. in Mailand mit zwei monumentalen Reiterstandbildern (Skizzen und Bronzemodelle eines sich aufbäumenden Pferdes). Eine Vielzahl von Entwürfen für Garten- und Schloßanlagen, Kirchen, Befestigungen, Kanäle, mehrgeschossige Straßen belegen seine Tätigkeit auf architekton. Gebiet. Einige der skizzierten Bauideen aus den letzten Jahren wurden bei der Errichtung des Schlosses Chambord verwendet. Von seiner Universalität zeugen v. a. auch seine Zeichnungen (in Silberstift, Feder, Kreide, Kohle, Rötel oder Tusche), die der Linkshänder in Spiegelschrift kommentierte; sie beziehen sich nicht nur auf vollendete oder geplante Werke in Malerei, Plastik und Architektur, sondern weisen L. als Wegbereiter einer empir. Naturforschung auf dem Gebiet der Anatomie, Botanik, Zoologie, Geologie, Hydrologie, Aerologie, Optik und Mechanik aus. In prakt. Anwendung aufgefundener Gesetzmäßigkeiten konstruierte er Pumpen, Brennspiegel, Fallschirme, Kräne, Schleudern; seine Landkarten der Toskana sind Dokumente der modernen Kartographie. Ziel der schriftl. Aufzeichnungen war eine umfassende Lehre von den Urgesetzen der Natur, eine Art großangelegter Kosmologie.

Leonardo da Vinci. Mona Lisa (1503–06; Paris, Louvre)

Leonberg, Stadt im westlichen Großraum von Stuttgart, Baden-Württemberg, 43 100 E. Gotische Pfarrkirche (13./14. Jh.); Fachwerkbauten, u. a. Rathaus (1482); Schloß (16. Jh.). – Seit 1248 Stadt; 1457 Tagungsort des ersten örtlich sicher bestimmbaren württemberg. Landtags.

Leonberger (Schulterhöhe 65–80 cm)

Leonberger

Wolfgang Leonhard

Wassily Leontief

Leopard
(Körperlänge bis 1,5 m; Schwanzlänge etwa 1 m)

Leonberger, zu den Doggen zählende dt. Hunderasse (Schulterhöhe 85 cm); Wach- und Begleithunde. – Abb. S. 2009.
Leoncavallo, Ruggiero, * Neapel 23. 4. 1857, † Montecatini 9. 8. 1919, italien. Opernkomponist. Hauptvertreter der verist. Oper; bed. v. a. »Der Bajazzo« (1892).
Leone, Sergio, * Rom 3. 1. 1929, † ebd. 30. 4. 1989, italien. Filmregisseur. Internat. bekannt v. a. durch Italo-Western; drehte u. a. »Für eine Handvoll Dollar« (1964), »Spiel mir das Lied vom Tod« (1968), »Es war einmal in Amerika« (1984).
Leonhard, 1) Rudolf, * Lissa (heute Lezno) 27. 10. 1889, † Berlin (Ost) 19. 12. 1953, dt. Schriftsteller. Vater von Wolfgang L.; beteiligte sich aktiv an der Novemberrevolution; Lyriker, Dramatiker, Erzähler und Essayist.
2) Wolfgang, * Wien 16. 4. 1921, dt. Publizist. 1933 mit seiner Mutter Emigration nach Schweden, 1935 in die UdSSR; ab 1945 Mitarbeiter W. Ulbrichts; lebt seit 1951 in der BR Deutschland; schrieb u. a. »Die Revolution entläßt ihre Kinder« (1955), »Dämmerung im Kreml« (1984).
Leonidas, ✕ an den Thermopylen 480 v. Chr., spartan. König (seit 488) aus dem Geschlecht der Agiaden. Fiel 480 bei der Verteidigung der Thermopylen gegen eine pers. Übermacht unter Xerxes I.
Leonow, Leonid Maximowitsch [russ. lʲɪˈɔnəf], * Moskau 31. 5. 1899, † ebd. 8. 8. 1994, russ. Schriftsteller. Verband gesellschaftspolit. Thematik und psycholog. Analyse, u. a. in »Der Dieb« (R., 1927) und »Der russ. Wald« (R., 1953).
Leontief, Wassily [engl. lɪˈɔntɪəf], * Sankt Petersburg 5. 8. 1906, amerikan. Wirtschaftswissenschaftler russ. Herkunft. Sein Lebenswerk ist die Ausarbeitung und Anwendung der ↑Input-Output-Analyse. 1973 Nobelpreis für Wirtschaftswissenschaften.
Leopard [griech.-lat.] (Panther), etwa 1–1,5 m lange (mit Schwanz bis 2,5 m messende), überwiegend dämmerungs- und nachtaktive, meist allein jagende Großkatze bes. in Steppen, Savannen, Regenwäldern, auch Hochgebirge Afrikas, SW- und S-Asiens; Fell oberseits fahl- bis rötlichgelb, unterseits weißlich, mit schwarzen Flecken, aber auch völlig schwarze Exemplare *(Schwarzer Panther);* wegen seines Fells stark verfolgt.
Leopardi, Giacomo Graf, * Recanati 29. 6. 1798, † Neapel 14. 6. 1837, italien. Dichter. Gilt als der größte italien. Lyriker nach F. Petrarca; u. a. »Gedanken aus dem Zibaldone« (Prosa, 1817–32), »Gesänge« (Ged., 1831).
Leopold, Name von Herrschern:
Hl. Röm. Reich: **1) Leopold I.,** * Wien 9. 6. 1640, † ebd. 5. 5. 1705, König von Ungarn (seit 1655) und Böhmen (seit 1656), Kaiser (seit 1658). Zweiter Sohn Kaiser Ferdinands III.; Beteiligung an gegen die Frz. Reunionspolitik Ludwigs XIV. gerichteten Allianzen, die jedoch für Kaiser und Reich ungünstig endeten. Nach zwei Türkenkriegen (1663/64 und 1683–99) Begründung des österr. Aufstiegs zur europ. Großmacht und Durchsetzung der Oberhoheit über Ungarn (1687) und Siebenbürgen (1691).
2) Leopold II., * Wien 5. 3. 1747, † ebd. 1. 5. 1792, als L. I. Groß-Hzg. von Toskana (seit 1765), Kaiser (seit 1790). Umfassende Reformen in Wirtschaft und Verwaltung; z. T. Aufhebung der Reformen seines Bruders Joseph II.; Ausgleich mit Preußen (1790); in der Frz. Revolution Bündnis mit Preußen zum Schutz der frz. Monarchie (1792).
Anhalt-Dessau: **3) Leopold I.,** gen. **der Alte Dessauer,** * Dessau 3. 7. 1676, † ebd. 9. 4. 1747, Fürst (seit 1693), Feldmarschall im preuß. Dienst. Führte in seinem Regiment den Gleichschritt ein; erfolgreich im Span. Erbfolgekrieg und im 2. Nord. Krieg.
Belgien: **4) Leopold I.,** * Coburg 16. 12. 1790, † Laeken (heute zu Brüssel) 10. 12. 1865, König (seit 1831). Nach

der Revolution in Brüssel zum König der Belgier gewählt; Sicherung der belg. Neutralität.
5) Leopold II., *Brüssel 9. 4. 1835, †Laeken (heute zu Brüssel) 17. 12. 1909, König (seit 1865). 1885 Souverän des in seinem Auftrag gegr. Kongostaates (↑Zaire).
6) Leopold III., *Brüssel 3. 11. 1901, †ebd. 25. 9. 1983, König (1934–44 und 1950/51). Kapitulierte 1940 vor der dt. Armee und lebte bis Juni 1944 auf Schloß Laeken (heute zu Brüssel); bis 1945 in dt. Kriegsgefangenschaft, danach im Exil; im Aug. 1950 verzichtete er zugunsten seines Sohns Baudouin auf den Thron.
Hohenzollern-Sigmaringen: **7) Leopold**, *Krauchenwies bei Sigmaringen 22. 9. 1835, †Berlin 8. 6. 1905, Fürst. Seine Annahme der span. Thronkandidatur (1870) wurde Anlaß zum Dt.-Frz. Krieg.
Österreich (Babenberger): **8) Leopold III., der Heilige**, *Melk um 1075, †15. 11. 1136 (auf der Jagd), Markgraf (seit 1095). Gründete 1133 das Augustiner-Chorherrenstift Klosterneuburg und das Kloster Heiligenkreuz; 1485 heiliggesprochen (Fest: 15. Nov.). 1163 zum österr. Landespatron erklärt.
Léopoldville [leɔpɔlt'vɪl] ↑Kinshasa.
LEP [Abk. für engl. Large Electron Positron Storage Ring »großer Elektron-Positron-Speicherring«], ringförmiger Teilchenbeschleuniger von 27 km, mit dem energiereiche Elektronen und Positronen zur Kollision gebracht werden können.
Lepanto, alter italien. Name für Naupaktos (am nw. Ufer des Golfs von Korinth). – Hier siegte die venezian.-span. Flotte unter Juan de Austria am 7. 10. 1571 über die osman. Flotte.
Lepidolith [griech.], zartrotes, weißes oder graues Glimmermineral, chem. $KLi_2Al[(F,OH)_2Al_{0,5}Si_{3,5}O_{10}]$; Mohshärte 2–3, Dichte 2,8–2,9 g/cm^3; wichtiger Lithiumrohstoff.
Lepidoptera, svw. ↑Schmetterlinge.
Lepidus, Marcus Aemilius, *um 90, †13 oder 12 v. Chr., Triumvir. Wurde 46 Konsul; schloß 43 mit Antonius und Oktavian das 2. Triumvirat; 40 erhielt er Afrika als Prov.; 36 durch Oktavian seines Amtes enthoben.

Lerchen

Leporellofalzung [nach dem Buch des Dieners Leporello in Mozarts Oper »Don Giovanni«], harmonikaartiggefaltete Bilderbücher, Landkarten.
Lepra [griech.] (Aussatz, Hansen-Krankheit), chron. bakterielle Infektionskrankheit des Menschen mit vorwiegendem Befall der Haut und/oder des peripheren Nervensystems, die zu Verunstaltungen des Körpers führt. Die Übertragung des Erregers Mycobacterium leprae erfolgt nur bei langdauerndem, unmittelbarem Kontakt mit L.kranken, vermutl. durch Tröpfchen- oder Schmierinfektion; die Inkubationszeit beträgt 9 Monate bis 15 Jahre. Auftreten der L. bes. in den Tropen und Subtropen; die Behandlung der L. (Diaminopdiphenylsulfon, Thiambutosin, auch Corticoide) ist langwierig, u. U. lebenslang; eine strenge Isolierung der Kranken ist nicht mehr üblich.
Leptis Magna, Ruinenstätte östlich von Al Chums, Libyen. Um 700 v. Chr. von Phönikern gegr., seit 46 v. Chr. bed. röm. Stadt. Ausgegraben wurden mehrere Foren mit Basiliken und Tempeln, Hadriansthermen (126/127), Prachtstraße zum Hafen, Amphitheater. Von Vandalen besetzt (455–533), im 7. Jh. versandet.
lepto..., Lepto... [griech.], Bestimmungswort in Zusammensetzungen mit der Bed. »schmal, klein«.
leptomorph ↑Körperbautypen.
Lepton [griech.] (Mrz. Lepta), kleinste griech. Münze (= $^1/_{100}$ Drachme).
Leptonen [griech.] ↑Elementarteilchen.
leptosom [griech.] ↑Körperbautypen.
Le Puy [frz. lə'pɥi], frz. Stadt im Zentralmassiv, 24 100 E. Verwaltungssitz des Dép. Haute-Loire; Textil-Ind.; Wallfahrtsort. Auf zwei die Stadt überragenden Felsen die Kirche Saint-Michel d'Aiguilhe (11. Jh.) und eine Marienstatue (19. Jh.); Kathedrale (12. Jh.) mit schwarzer Madonna.
Lerchen (Alaudidae), mit Ausnahme S-Amerikas weltweit verbreitete Fam. finken- bis drosselgroßer, meist unauffällig gefärbter Singvögel mit rd. 70 Arten in baumarmen Landschaften; Bodenvögel, die ihren Gesang häufig im steil aufsteigenden Rüttelflug vortragen. In M-Europa kommen u. a. vor: *Feld-L.* (etwa 18 cm groß) und *Hauben-L.* (etwa 17 cm groß;

Lerchen. Oben: Feldlerche ◆ Unten: Haubenlerche

Lerchensporn

Gotthold Ephraim Lessing. (Ölgemälde von Georg Oswald May; um 1767; Halberstadt, Gleimhaus)

Michail Jurjewitsch Lermontow

unterscheidet sich von der Feld-L. v. a. durch die hohe, spitze Haube); *Heide-L.* (etwa 15 cm groß).
Lerchensporn, Gatt. der Mohngewächse mit rd. 300 Arten, v. a. in Eurasien und in N-Amerika; einheim. u. a. der *Hohle L.* (Erdapfel, Hohlwurz; 10–35 cm hoch).
Lérida ↑Lleida.
Lermontow, Michail Jurjewitsch ['lɛrmɔntɔf, russ. 'ljɛrmɐntɐf], *Moskau 15. 10. 1814, † (im Duell) Pjatigorsk 27. 7. 1841, russ. Dichter. Offizier; zweimal strafweise in den Kaukasus versetzt. L. ist der Hauptvertreter der russ. Romantik nach Puschkin; in Technik und Thematik (Stilisierung der Sehnsucht) war Byron Vorbild. Sein Hauptwerk, der Roman »Ein Held unserer Zeit« (1840), eröffnet die Reihe der russ. realist. Romane, in denen die psycholog. Analyse zu scharfer Gesellschaftskritik wird; daneben auch Dramen und Lyrik (»Der Dämon«, 1841).
Lernäische Hydra ↑Herakles.
Lernen, das Aneignen von Wissen und Kenntnissen bzw. das Einprägen in das Gedächtnis. Das L. beinhaltet v. a. auch den Vorgang, im Laufe der Zeit durch Erfahrungen, Einsichten o. ä. zu Einstellungen und Verhaltensweisen zu gelangen, die von Bewußtsein und Bewußtheit bestimmt sind.
Lernet-Holenia, Alexander, *Wien 21. 10. 1897, † ebd. 3. 7. 1976, österr. Schriftsteller. Schrieb v. a. Romane und Erzählungen. – *Werke:* Die Abenteuer eines jungen Herrn in Polen (R., 1931), Das Halsband der Königin (R., 1962), Die Geheimnisse des Hauses Österreich (R., 1971).
Lernmittelfreiheit, Grundsatz, daß an öffentl. Schulen Lernmittel (v. a. Schulbücher) dem Schüler kostenlos zur Verfügung gestellt werden.
Leroux, Gaston [frz. ləˈru], *Paris 6. 5. 1868, † Nizza 15. 4. 1927, frz. Schriftsteller. Schrieb v. a. Kriminalromane, u. a. »Das Phantom der Oper« (1910; danach das Musical von A. Lloyd Webber, 1986).
Lesage (Le Sage), Alain René [frz. ləˈsaːʒ], *Sarzeau bei Vannes 8. 5. 1668, † Boulogne-sur-Mer 17. 11. 1747, frz. Schriftsteller. Verfaßte Komödien und Romane, u. a. »Gil Blas von Santillana« (4 Bde., 1715–35), angelegt nach dem Vorbild des span. Schelmenromans.
Lesbe, salopp für *Lesbierin*, weibl. Homosexuelle.
lesbische Liebe [nach der Insel Lesbos mit Bezug auf Sappho, die hier lebte] ↑Homosexualität.
Lesbos, griech. Insel vor der O-Küste Kleinasiens, 1 630 km², bis 968 m hoch, Hauptort Mytilene. – Seit dem 4. Jt. v. Chr. besiedelt, im 11./10. Jh. von Griechen besetzt (Äolier), meist unter fremder Herrschaft. Kam 1912 an Griechenland.
Lese-Rechtschreib-Schwäche, Abk. LRS, ↑Legasthenie.
Leskow (Lesskow), Nikolai Semjonowitsch, Pseud. N. Stebnizki, *Gorochowo (Gouvernement Orel) 16. 2. 1831, † Petersburg 5. 3. 1895, russ. Schriftsteller. Gilt als Meister der Kurzform (»Lady Macbeth von Mzensk«, E., 1865) mit Wirkung auf die spätere russ. Erzählprosa; wurde über Rußland hinaus bekannt durch den Roman »Die Klerisei« (1872), der ersten bed. Darstellung des Lebens der russ. Geistlichkeit.

Lessing

Lesotho, Staat in Afrika, vollständig von der Republik Südafrika umgeben. **Staat und Recht:** Konstitutionelle Monarchie; *Verfassung* von 1993. *Staatsoberhaupt* ist der Monarch, der nur repräsentative Funktionen hat. Die *Exekutive* liegt bei der Regierung unter dem Min.-Präs. Die *Legislative* liegt beim Parlament (65 auf 5 Jahre gewählte Mgl.). *Parteien:* Basotho National Party und Basotho Congress Party.
Landesnatur: L. ist überwiegend ein Hochland. Die höchste Erhebung, der Thaba Ntlenyana (3 482 m), liegt in den Drakensbergen an der O-Grenze des Landes. Es herrscht durch die Höhenlage (durchschnittl. 2 000 m) gemäßigtes subtrop. Klima. Weit verbreitet sind Gasländer und ausgedehnte Torfmoore.
Bevölkerung: Fast die gesamte Bevölkerung gehört den Sotho der Südbantu-Gruppe an. Rd. 85 % der E sind Christen.
Wirtschaft, Verkehr: In der Landwirtschaft werden Mais, Weizen, Gerste, Hirse und Hülsenfrüchte angebaut und Schafe, Ziegen, Rinder und Schweine gehalten. An Bodenschätzen werden Diamanten abgebaut. Über eine Stichbahn ist die Hauptstadt an das südafrikan. Eisenbahnnetz angeschlossen. Von 2 742 km Straßen sind 311 km asphaltiert. Wichtigster ✈ bei Maseru.
Geschichte: Ab 1868 als *Basutoland* brit. Protektorat; 1964 innere Autonomie, seit 1966 als Kgr. L. (konstitutionelle Monarchie) unabhängig. Nach dem Sturz der Regierung im Jan. 1986 durch einen Militärputsch wurde die exekutive und legislative Gewalt auf König Moshoeshoe II. übertragen. Ein Machtkampf zw. dem König und dem Militärrat endete im Febr. 1990 mit einer Beschränkung des Königtums auf rein repräsentative Funktionen; im Nov. 1990 erklärte der Militärrat unter J. Lekhanya den Regenten für abgesetzt, die Versammlung der Stammesführer proklamierte den ältesten Sohn König Moshoeshoes, Letsie III., zum neuen König. Lekhanya stürzte im April 1991 durch einen Militärputsch um E. Ramaema. Im Juli 1992 kehrte Moshoeshoe II. aus dem Exil zurück. Nach den ersten demokrat. Wahlen seit zwei Jahrzehnten im März 1993 wurde N. Mokhele Min.-Präs.; dessen Absetzung und die Auflösung des Parlaments durch Letsie III. wurden 1994 von Unruhen begleitet. 1995 löste Moshoeshoe II. seinen Sohn als König ab; nach seinem Tod († 15. 1. 1996) wurde Letsie III. wieder König.

Lesseps, Ferdinand Marie Vicomte de, *Versailles 19. 11. 1805, † La Chênaie bei Châteauroux 7. 12. 1894, frz. Diplomat und Ingenieur. Initiator und Leiter (1859–69) des Suezkanalbaus; begann 1879 mit dem Bau des Panamakanals, scheiterte jedoch.

Lessing, 1) Doris, *Kermanschah (Iran) 22. 10. 1919, engl. Schriftstellerin. Wuchs in Rhodesien auf; lebt seit 1949 in England; schreibt gesellschaftskrit. und psycholog. Romane und Kurzgeschichten, bes. über Probleme in Afrika. – *Werke:* Afrikan. Tragödie (R., 1950), Kinder der Gewalt (R.-Zyklus, 5 Bde., 1952–69), Das goldene Notizbuch (R., 1962), Canopus im Argos. Archive (R.-Zyklus, 5 Bde., 1979–82), Das fünfte Kind (R., 1988), Rückkehr nach Afrika (R., 1992).
2) Gotthold Ephraim, *Kamenz 22. 1. 1729, † Braunschweig 15. 2. 1781, dt. Schriftsteller und Kritiker. Nach dem Studium der Theologie, Philologie und Medizin in Leipzig (1746–48) lebte L. mit Unterbrechungen in Berlin und arbeitete als freier Schriftsteller sowie als Hg. und Mitarbeiter u. a. bei der späte-

Staatsflagge

Lesotho

Fläche:	30 355 km²
Einwohner:	1,836 Mio.
Hauptstadt:	Maseru
Amtssprachen:	Sotho, Englisch
Nationalfeiertag:	4. 10.
Währung:	1 Loti (M) = 1 000 Lisente (s)
Zeitzone:	MEZ + 1 Std.

Staatswappen

1970 1992 1970 1992
Bevölkerung   Bruttosozial-
(in Mio.)   produkt je E
               (in US-$)
☐ Stadt   Land ☐

Bevölkerungsverteilung 1992

☐ Industrie
☐ Landwirtschaft
☐ Dienstleistung

Bruttoinlandsprodukt 1992

Lesskow

Doris Lessing

ren Vossischen Zeitung und in der mit F. Nicolai und M. Mendelssohn gegr. Zeitschrift »Briefe die neueste Literatur betreffend«. 1760–65 war L. Sekretär des preuß. Kommandanten in Breslau. 1767 ging er als Dramaturg an das neugegr. Dt. Nationaltheater in Hamburg. Nach dem Zusammenbruch dieses Unternehmens nahm er Ende 1769 die Berufung als Bibliothekar in Wolfenbüttel an. 1776 erfolgte die Eheschließung mit Eva König (* 1736, † 1778).
L. gilt als hervorragender Vertreter der Ideale und Aktivitäten der Aufklärung und wird als literar. Wegbereiter der Emanzipation des Bürgertums verstanden. Er befreite, in origineller Interpretation der aristotel. Gattungslehre, die dt. Dichtung aus ihrer Abhängigkeit von frz. Mustern, rechtfertigte Shakespeares bis dahin weitgehend unverstandene Werke vor dem künstler. Gewissen seiner Zeit und wurde damit zum Wegbereiter der Klassik wie einer dt. Nationalliteratur überhaupt. Seine Theorien über Drama und Schauspielkunst (»Hamburger Dramaturgie«, 1767–69) und über die bildende Kunst (»Laokoon oder Über die Grenzen der Malerei und Poesie«, 1766; »Wie die Alten den Tod gebildet«, 1769) beeinflußten die Kunstauffassung und -ausübung der Klassik entscheidend. Als Dichter erwarb sich L. frühen Ruhm mit anakreont. Liedern und durch im Stil der sächs. Typenkomödie verfaßte Stücke. 1755 wurde »Miß Sara Sampson«, das erste bed. dt. bürgerl. Trauerspiel, uraufgeführt. 1759 veröffentlichte er seine wegen der Abhandlungen zur Fabeltheorie bedeutsamen »Fabeln«. Das Lustspiel »Minna von Barnhelm« (1767) kennzeichnet die Wende zur Charakterkomödie. In dem 1771 erschienenen Trauerspiel »Emilia Galotti« gestaltete L. den Ggs. zw. der Gewissensfreiheit des einzelnen und seiner gleichzeitigen Entscheidungs- und Handlungsabhängigkeit auf Grund sozialer Verhältnisse. Nachdem L. 1774–77 als »Fragmente eines Wolfenbüttelschen Ungenannten« H. S. Reimarus' Kritik der christl. Offenbarungsreligion vom Standpunkt einer auf Vernunft begründeten »natürl.« Religion veröffentlicht und sich gegen die Angriffe der luth. Orthodoxie in seinen Streitschriften »Anti-Goeze«

(1778/79) verteidigt hatte, verfaßte er nach deren Verbot 1779 das dramat. Gedicht »Nathan der Weise«, mit dem er in der Form der fünffüßigen Jamben Zeugnis für Humanität, Vernunft und Toleranz (zw. den Weltreligionen) ablegte. In engem Zusammenhang mit diesen Idealen stehen die geschichtsphilosoph. Schrift »Die Erziehung des Menschengeschlechts« (1780) und die staats- und gesellschaftskrit. Freimaurerdialoge »Ernst und Falk« (2 Tle., 1778–80).
3) **Theodor**, * Hannover 8. 2. 1872, † Marienbad 30. 8. 1933 (ermordet), dt. Publizist und Kulturphilosoph. Vertrat einen pragmat. Sozialismus (u. a. Gleichberechtigung der Frau, Völkerverständigung); unterzog in »Europa und Asien« (1916) die techn. Zivilisation einer radikalen Kritik.

Lesskow, Nikolai Semjonowitsch †Leskow, Nikolai Semjonowitsch.

Lesung, Beratung von Gesetzesentwürfen und Haushaltsvorlagen in den Parlamenten. Gesetzesentwürfe sowie der Entwurf des Haushaltsgesetzes und des Haushaltsplans werden im Dt. Bundestag in drei L., völkerrechtl. Verträge sowie Haushalts- und Finanzvorlagen dagegen in nur zwei L. beraten. In der 1. L. kann eine allg. Aussprache (*Generaldebatte*) stattfinden, an die sich die Ausschußüberweisung anschließt. Das Kernstück der 2. L. ist die Einzelberatung und Beschlußfassung über jede selbständige Bestimmung der Vorlage; Änderungsanträge sind zulässig. An die 2. Lesung schließt sich in der Regel unmittelbar die 3. Lesung an, die mit der Schlußabstimmung über die Vorlage endet.

letal [lat.], tödlich, zum Tode führend.
Letaldosis, Abk. **LD,** diejenige Menge einer schädigenden Substanz bzw. Strahlung, die (an Tieren getestet) zum Tode führt. Eine Indexzahl (z. B. LD_{50}) gibt die, meist auf das Körpergewicht bezogene, Giftmenge an, bei der 50% der Versuchstiere sterben.

Letalfaktor, durch eine Gen-, Genomoder Chromosomenmutation entstandene, krankhafte Erbanlage, die zum Ausfall einer lebenswichtigen Funktion und daher bereits in der Entwicklung zum Tode des betroffenen Lebewesens führt.

Lettland

L'État c'est moi [frz. le'ta sɛ'mwa »der Staat bin ich«], angebl. Ausspruch Ludwigs XIV., kennzeichnet die Identifizierung von Herrscher und Staat im Zeitalter des Absolutismus.

Lethargie [griech.], Zustand hochgradiger Interesselosigkeit.

Lethe [griech. »Vergessen«], in der griech. Mythologie Fluß oder Quelle in der Unterwelt, woraus die Seelen der Verstorbenen Vergessen trinken.

Letten, Bez. für rote und grünl. kalkarme, sandhaltige Tone.

Letter [lat.-frz.], Druckbuchstabe; auch svw. Drucktype.

Lettgallen, histor. Prov. im SO Lettlands, Hauptstadt Dünaburg. – 1224 vom Dt. Orden erobert, 1561 an Polen-Litauen, 1772 an Rußland, 1920 lett. Provinz.

Lettisch, zur Gruppe der baltischen Sprachen gehörende Sprache der Letten; wird in lat. Schrift (mit Zusatzzeichen) geschrieben.

Lettland (lettisch Latvija), Staat in NO-Europa, grenzt im W an die Ostsee, im N an den Rigaischen Meerbusen und an Estland, im O an Rußland, im SO an Weißrußland, im S an Litauen.

Staat und Recht: Republik; *Verfassung* von 1922 (seit 1993 wieder in Kraft). *Staatsoberhaupt* ist der vom Parlament gewählte Parlamentspräsident. Die *Exekutive* liegt beim Min.-Rat unter Leitung des Min.-Präs. *Legislativorgan* ist das Parlament (100 auf 2½ Jahre gewählte Abg.). Mehrparteiensystem.

Landesnatur: L. liegt im NW der glazial geformten Osteurop. Ebene. Neben Grundmoränen bestimmen Endmoränenzüge mit kuppigen Höhen und eingelagerten Seen (Lubanas-, Reznassee) die Oberfläche. Im W zergliedern auf der Halbinsel Kurland breite Schmelzwassertäler die Kurländ. Höhen (bis 184 m ü. M.). Östl. der zentrallett. und Semgaller Ebene erreichen die Livländ. Höhen 311 m, im SO die Lettgall. Höhen 289 m ü. M. Entlang der wenig gegliederten Ostseeküste erstreckt sich eine 10–40 km breite Küstenebene.

Bevölkerung: 53% der Bewohner sind Letten, 34% Russen, 4% Weißrussen, 3% Ukrainer, 2% Polen und 1% Litauer. Die Gläubigen gehören größtenteils der ev.-luth. Kirche an, etwa ¼ der kath. Kirche.

Lettland

Fläche:	64500 km²
Einwohner:	2,679 Mio.
Hauptstadt:	Riga
Amtssprache:	Lettisch
Nationalfeiertag:	18. 11.
Währung:	1 Lats (Ls) = 100 Santims
Zeitzone:	MEZ + 1 Std.

Wirtschaft, Verkehr: Anbauprodukte der Landwirtschaft sind Futterpflanzen, Getreide, Kartoffeln, Flachs, Gemüse und Zuckerrüben. Bed. hat die Hochseefischerei. Außer Torf (früher wichtigster Energieträger), Kalkstein, Ton und Sanden besitzt L. keine Bodenschätze. Wichtigste Ind.zweige sind der Landmaschinen-, Diesel- und Elektromotoren-, Elektrogeräte- und Fahrzeugbau und die traditionsreiche Textilindustrie. Das Verkehrsnetz umfaßt 31800 km asphaltierte Autostraßen, ein Eisenbahnnetz 2380 km, das schiffbare Flußnetz 347 km (bes. die Unterläufe von Düna und Kurländ. Aa). Internat. ✈ in Riga.

Geschichte: Bis zum Ende des 1. Weltkrieges hatten die Letten kein eigenes nat. Staatswesen; ihre Siedlungsgebiete waren im MA Teil Livlands. Die Liven, Selen, Kuren und Semgaller wurden seit 1180 missioniert und im 13. Jh. vom Schwertbrüderorden bzw. (ab 1237) vom Dt. Orden unterworfen. 1561 geriet L. unter poln. Herrschaft. Seit Ende des 18. Jh. gehörte es zum russ. Zarenreich; 1801 wurden †Kurland, †Livland und †Lettgallen zu einem russ. Generalgouvernement vereinigt. Eine aus Emigranten gebildete lett. Sowjetregierung proklamierte im Dez. 1918 ein unabhängiges L. und ließ große Teile des Landes durch bolschewist. lett. Schüt-

Lettland

Staatsflagge

Staatswappen

1970 1992 / 1970 1992
Bevölkerung (in Mio.) / Bruttosozialprodukt je E (in US-$)

☐ Stadt ☐ Land

Bevölkerungsverteilung 1992

☐ Industrie
☐ Landwirtschaft
☐ Dienstleistung

Bruttoinlandsprodukt 1992

2015

Lettner

zendivisionen besetzen. Der von den Deutschen unterstützten Nationalregierung, die bereits am 18. Nov. 1918 die Republik L. ausgerufen hatte, gelang es erst 1919 mit Hilfe ausländ. Freiwilligenverbände, die Kontrolle über den größeren Teil L. zu gewinnen. Die erneute Unabhängigkeitserklärung vom Mai 1920 wurde von der Sowjetregierung im Rigaer Abkommen vom Aug. 1920 akzeptiert. Die Grenzen wurden nach der Sprachgrenze festgesetzt; L. umfaßte Kurland, das südl. Livland und Lettgallen. Der über eine tolerante Minderheitengesetzgebung verfügende Staat erlebte eine intensive kulturelle und wirtsch. Blüte, die auch durch den Staatsstreich im Mai 1934 und das anschließende autoritäre Regime unter K. Ulmanis nicht unterbrochen wurde. Im Dt.-Sowjet. Nichtangriffspakt vom 23. Aug. 1939 wurde L. dem Einflußbereich der Sowjetunion überlassen, die im Okt. 1939 von L. den Abschluß eines Beistandspaktes erzwang und dieses am 5. Aug. 1940 als Lett. SSR ihrem Territorium einverleibte. Nach dem Wahlsieg der 1988 gebildeten Volksfront für die Unabhängigkeit L. im April 1990 proklamierte das lett. Parlament am 4. 5. 1990 die Souveränität, setzte Teile der lett. Verfassung von 1922 wieder in Kraft und wählte den Vors. der Volksfront, A. Gorbunow, zum Parlamentspräsidenten; am 3. 3. 1991 erbrachte eine Volksbefragung eine eindeutige Mehrheit für eine demokrat. und unabhängige Republik Lettland. Nachdem im Zusammenhang mit dem Staatsstreich gegen M. Gorbatschow am 19. 8. 1991 kurzzeitig sowjet. Truppen in die Hauptstadt Riga einmarschiert waren, setzte L. am 21. 8. seine Unabhängigkeitserklärung in Kraft, die von Rußland und der Sowjetunion akzeptiert wurde. Nach den Parlamentswahlen 1993 wurde G. Ulmanis zum Staatsoberhaupt gewählt. Die letzten russ. Truppen verließen L. 1994. Bei den Parlamentswahlen 1995 lösten die rechtsradikale »Volksbewegung für L.« und die linksorientierte »Demokrat. Partei Saimnieks« die bisherige Regierungspartei »Lett. Weg« als stärkste polit. Kraft ab.

Lettner [lat.], Lese- oder Sängerbühne (aus Stein) in mittelalterl. Kirchen (etwa seit dem 12./13. Jh.), überwiegend in Kloster- und Stiftskirchen sowie Bischofskirchen; sondert das Laienschiff vom Klerikerchor; vor dem L. meist ein Altar, in Frankreich zwei seitl. Altäre.

Lettow-Vorbeck, Paul von ['lɛto], *Saarlouis 20. 3. 1870, † Hamburg 9. 3. 1964, dt. General. 1913 Kommandeur der Schutztruppe von Kamerun, 1914–18 von Dt.-Ostafrika; 1920 wegen Teilnahme am Kapp-Putsch verabschiedet.

letzte Ölung ↑Krankensalbung.
letztwillige Verfügung ↑Testament.
Leu, Hans, d. J., *Zürich um 1490, ✕ am Gubel bei Zug 24. 10. 1531, schweizer. Maler und Zeichner. Landschaftszeichnungen, Gemälde, Risse für Glasfenster.
Leu [griech.], dichter. für Löwe.
Leubus (poln. Lubiąż), niederschles. Ort östlich von Liegnitz, Polen. 3 km entfernt das ehem. Zisterzienserkloster L., das im MA und im 17./18. Jh. kultureller Mittelpunkt Schlesiens war.
Leuchtanregung, svw. ↑Lumineszenz.
Leuchtbakterien, Gruppe hauptsächlich im Meer lebender gramnegativer, begeißelter Bakterien, die ein bläulichgrünes Leuchten (u. a. Meeresleuchten) verursachen.
Leuchtboje ↑Leuchtfeuer.
Leuchtdichte, photometr. Größe zur Bewertung des Helligkeitseindrucks, den eine leuchtende Fläche hervorruft; definiert als der Quotient aus der Lichtstärke einer gleichmäßig leuchtenden Fläche und der Größe dieser Fläche.
Leuchtdiode, svw. ↑Lumineszenzdiode.
Leuchte, Vorrichtung zur Aufnahme von künstl. Lichtquellen (z. B. Lampen) und zur besseren Verteilung des von den Lichtquellen abgestrahlten Lichts. *Sichtleuchten* haben insbes. Signalfunktion (Verkehrsampel, Leuchtfeuer), *Formleuchten* stellen Zeichen oder Buchstaben dar *(Leuchtschrift).*
Leuchtenberg, Eugène de Beauharnais, Herzog von (seit 1817), *Paris 3. 9. 1781, † München 21. 2. 1824, Adoptivsohn Napoleons I. (seit 1807). Sohn der Kaiserin Joséphine aus erster Ehe; 1813 Befehlshaber der frz. Armee in Deutschland; erhielt 1817 die bayer. Land-Gft. Leuchtenberg mit dem Ft. Eichstätt als Standesherrschaft.

Leuk

Leuchtfarben, svw. ↑Leuchtstoffe.
Leuchtfeuer (Feuer), Orientierungshilfen im Luft- und v. a. im Seeverkehr, die die Bestimmung des Standortes, das Navigieren in Küstennähe bzw. den Landeanflug ermöglichen. Die L. unterscheiden sich durch die Farbe (z. B. *grün:* Steuerbord, rechts, frei; *rot:* Backbord, links, Gefahr, geschlossen), durch Kennung *(Funkel-L., Blitz-L., Blink-L., Fest-L.)* und durch ihre Träger *(Feuerschiff, Leuchtturm, -bake, -tonne, -boje).*
Leuchtgas ↑Stadtgas.
Leuchtkäfer (Lampyridae), mit rd. 2000 Arten weltweit verbreitete Fam. etwa 8–25 mm großer Käfer; Larven und Vollinsekten haben Leuchtorgane unterseits des Hinterleibs. In M-Europa kommen drei Arten vor, deren Imagines etwa um Johannis (24. Juni) erscheinen *(Johanniskäfer):* u. a. der *Große L.* (11–18 mm lang) und der *Kleine L.* (8–10 mm lang). Die flugunfähigen Weibchen werden (wie die leuchtfähigen Larven) als *Johanniswürmchen (Glühwürmchen)* bezeichnet.
Leuchtkrebse (Euphausiacea), mit rd. 90 Arten in allen Meeren verbreitete Ordnung bis 8 cm langer, garnelenförmiger Krebse; Hauptbestandteil des ↑Krills.
Leuchtmittel, zur Geländebeleuchtung oder Übermittlung von Signalen verwendete Mittel: v. a. pyrotechn. Leuchtsätze enthaltende *Leucht- und Signalpatronen,* die mit einer *Leuchtpistole* verschossen als *Leuchtkugeln* sichtbar sind.
Leuchtorgane (Photophoren), durch Chemilumineszenz selbst lichterzeugende oder über das Vorhandensein von Leuchtbakterien zur Lichtquelle werdende Organe vieler Tiefseefische und einiger Insekten, die Beutetiere oder Geschlechtspartner anlocken oder Feinde abschrecken sollen.
Leuchtröhre, röhrenförmige Niederdruck-Gasentladungslampe mit unbeheizten Elektroden (im Ggs. zur ↑Leuchtstofflampe); Lichtfarbe je nach Gasfüllung (Neon rotes Licht, Neon mit Quecksilber blaues Licht).
Leuchtschirm, mit Leuchtstoffen beschichteter Auffangschirm zur Sichtbarmachung von elektromagnet. (z. B. Röntgenstrahlung bei der Röntgendurchleuchtung) oder Korpuskularstrahlung (z. B. Elektronenstrahl in der Fernsehbildröhre).
Leuchtstoffe (Leuchtfarben), Stoffe, die absorbierte Strahlung als sichtbares Licht abstrahlen *(Lumineszenz).* Nichtnachleuchtende L. *(fluoreszierende L.)* werden z. B. in Fernsehbildschirmen, *nachleuchtende L. (phosphoreszierende L.)* zur Markierung von Lichtschaltern verwendet. Selbstleuchtende L. werden durch zugefügte radioaktive Stoffe zum Leuchten angeregt (Radium in Zinksulfid für Leuchtzifferblätter). *Optische Aufheller* sind organ. L., die ultraviolettes Licht absorbieren und als sichtbares blaues Licht abstrahlen; vielfach in Waschmitteln enthalten.
Leuchtstofflampen, Edelgas und Quecksilberdampf enthaltende, röhrenförmige Gasentladungslampen mit Leuchtstoffinnenbeschichtung, die die bei der Quecksilber-Niederdruckentladung erzeugte UV-Strahlung in sichtbares Licht umwandelt. Die Lichtausbeute der L. beträgt etwa das dreifache, die Lebensdauer etwa das 7,5fache einer Glühlampe.
Leuchtturm, Seezeichen in Form eines hohen Turmes mit einem starken Leuchtfeuer an der Spitze, der an Land oder auch im Wasser an für die Navigation wichtigen Punkten steht und durch Form, Farbgebung und Lichtkennung identifizierbar ist. Sein Licht (Glühlampe oder Lichtbogen) wird durch Fresnellinsen und/oder Spiegelsysteme stark gebündelt.
Leucin (Leuzin, 2-Amino-4-methylpentansäure), α-Aminoisopronsäure), Abk. Leu, essentielle ↑Aminosäure.
Leuenberger Konkordie, eine von Vertretern luther., ref. und unierter Kirchen 1973 in Leuenberg (bei Basel) beschlossene Übereinkunft, die Unterschiede der kirchl. Lehre nicht mehr als kirchentrennend zu begreifen (Kanzel- und Abendmahlsgemeinschaft); die L. K. versteht sich als zwischenkirchl. Konsens (vorbereitet 1947–67 durch Konsensthesen), der verschiedene Bekenntnisse bestehen läßt; bisher stimmten 76 (davon zwei außereurop.) Kirchen zu.
Leuk, schweizer. Bezirkshauptort im Kt. Wallis, 3000 E. Rathaus (ehem. Wohnturm, 1534 umgebaut); spätgot. Pfarrkirche. Nördl. von L. das Thermalbad Leukerbad.

Leuchtkäfer.
Weibchen (oben) und Männchen des Kleinen Leuchtkäfers

Levkoje. Zuchtform von *Matthiola incana*

Rita Levi-Montalcini

Wilhelm Leuschner

Leukämie

Leukämie [griech.] (Leukose, volkstümlich Blutkrebs), bösartige Erkrankung des die weißen Blutkörperchen bildenden Gewebes in Knochenmark, Milz und Lymphknoten bei Mensch und Haustieren. Die beiden Formen der L., die *Knochenmarks-L.* (myeloische L.) wie auch die *Milz-Lymphknoten-L.* (lymphat. L.), kommen als akute oder chron. Erkrankungen vor. Akute L. sind bei Kindern häufiger. Dabei treten oft unreife weiße Blutkörperchen (Leukozyten) ins Blut über. Gleichzeitig besteht ein Mangel an roten Blutkörperchen und Blutplättchen. Die chron. Knochenmark-L. kommt fast ausschließlich bei Erwachsenen vor. Die Anzeichen einer L.erkrankung sind zunächst meist uncharakteristisch (Müdigkeit, Schwäche, Reizbarkeit, Leistungsabfall). Im Blutbild fällt eine Vermehrung der weißen Blutkörperchen auf. Da die zahlenmäßig vermehrten weißen Blutkörperchen nicht voll funktionsfähig sind, treten oft Infekte hinzu, die von den weißen Blutkörperchen nicht abgewehrt werden können und so schließlich zum Tode führen. – Jede L.form kann heute medikamentös (u. a. mit Zytostatika und Interferon) oder durch Knochenmarktransplantation behandelt werden.

Leukas ↑Lefkas.

Leukipp von Milet, griech. Philosoph der 2. Hälfte des 5. Jh. v. Chr. Erster Vertreter des ↑Atomismus.

leuko..., Leuko..., leuk..., Leuk... [griech.], Bestimmungswort von Zusammensetzungen mit der Bedeutung »weiß, glänzend«.

Leukozyten [griech.] ↑Blut.

Leuktra, antiker Name einer Ebene (Ortschaft?) in S-Böotien; berühmt durch den Sieg (371 v. Chr.) der von Epaminondas geführten Thebaner über die Spartaner.

Leuna, Ind.-Stadt an der Saale, Sa.-Anh., 9 400 E. Chemiekombinat.

Leuna-Werke AG, eines der größten dt. Chemieunternehmen, Sitz Leuna; Herstellung von Düngemitteln, Kunststoffen, Erdölprodukten. 1916 als *Ammoniakwerk Merseburg GmbH* von der BASF gegr.; ab 1925 zu 75 % in Besitz der IG Farbenindustrie AG, kriegswichtig bes. die Produktion von Stickstoff und dem synthet. Leuna-Benzin (aus Kohlehydrierung); 1945 enteignet, ab 1951 VEB (bis 1989 unter dem Namen *L. »Walter Ulbricht« VEB*), seit 1990 AG. Die Raffinerie wurde 1992 zus. mit der Minol AG und den Hydrierwerken Zeitz an ein dt.-frz. Konsortium, bestehend aus Société Nationale Elf Aquitaine, Thyssen Handelsunion AG und Dt. SB Kauf AG, verkauft.

Leuschner, Wilhelm, * Bayreuth 15. 6. 1890, † Berlin 29. 9. 1944 (hingerichtet), dt. Gewerkschafter und Politiker (SPD). 1928–33 hess. Innen-Min.; stand als Leiter gewerkschaftl. Widerstandsgruppen in Kontakt zum Kreisauer Kreis; nach dem 20. Juli 1944 zum Tode verurteilt.

Leutenegger, Gertrud, * Schwyz 7. 12. 1948, schweizerische Schriftstellerin. Schreibt Lyrik und Prosa.

Leutheusser-Schnarrenberger, Sabine, * Minden 26. 7. 1951, dt. Politikerin (FDP). Juristin; 1992–96 Bundes-Min. der Justiz.

Leutkirch im Allgäu, Stadt im Alpenvorland, Bad.-Württ., 20 370 E. U. a. Textil-Ind. und Käsereien. Spätgot. kath. Stadtpfarrkirche (16. Jh.); Barockrathaus (18. Jh.); Reste der mittelalterl. Stadtbefestigung. – 848 erstmals erwähnt, 1240 staufisch, 1293 Stadtrecht, 1397 reichsunmittelbar.

Leuwerik, Ruth, * Essen 23. 4. 1926, dt. Schauspielerin. Star des dt. Nachkriegsfilms; u. a. »Königl. Hoheit« (1953), »Die Trapp-Familie« (1956).

Levante [lat.-italien.], Bez. für die Länder und Küsten des östl. Mittelmeers.

Le Vau, Louis [frz. lə'vo], * Paris 1612, † ebd. 11. 10. 1670, frz. Baumeister. Einer der Schöpfer des frz. Repräsentationsstils während der Epoche Ludwigs XIV.; 1655 erhielt er die Bauleitung am Louvre (u. a. Südflügel), 1661 die Bauleitung von Versailles; Schloß Vaux-le-Vicomte (1656–61), Collège des Quatre Nations in Paris (1662 ff.; heute Institut de France).

Levée en masse [frz. ləveã'mas »Massenerhebung«], erstmals 1793 vom frz. Nat.konvent und Wohlfahrtsausschuß durchgeführtes allg. militär. Aufgebot für alle 18–25jährigen Ledigen.

Levellers [engl. 'lɛvlɔz »Gleichmacher«], 1645–49 in England während der Puritanischen Revolution aufgetretene Gruppe, die vollkommene bürgerl. und religiöse Freiheit forderte (radikale Untergruppe: *Diggers*). Viele L. wandten sich später den *Quäkern* zu.

Leverkusen ['leːvər...], Stadt in der nördl. Kölner Bucht, NRW, 161 000 E. Theater; Standort der chem. Großindustrie. Mittelpunkt der modernen City ist das Forum (1966–69); in L.-Schlebusch Schloß Morsbroich (18./19. Jh.) mit Museum für moderne Kunst. – 1930 ben. nach der 1862 in *Wiesdorf* gegr. Ultramarinfabrik Leverkusen; 1975 mit *Opladen* und *Bergisch Neukirchen* zusammengeschlossen.

Levi, 1) Carlo, *Turin 29. 11. 1902, † Rom 4. 1. 1975, italien. Schriftsteller. Arzt; schrieb u. a. einen subtilen Roman über das Leben in Lukanien (»Christus kam nur bis Eboli«, 1945). **2)** Primo, *Turin 31. 7. 1919, † ebd. 11. 4. 1987 (Selbstmord), italien. Schriftsteller. Wurde 1944 nach Auschwitz deportiert; sein Werk ist in Auseinandersetzung mit der Verfolgung und Vernichtung der Juden der Trauer über die Deformierbarkeit des Menschen gewidmet; schrieb Prosa (»Ist das ein Mensch?«, 1947; »Atempause«, 1963), Erzählungen und Romane (»Das period. System«, 1975; »Wann, wenn nicht jetzt«, 1982).

Leviathan [hebr.], im AT Bez. für: 1. den Chaosdrachen der Urzeit; 2. Ägypten.

Levi-Montalcini, Rita ['lɛːvi-...'tʃiːni], *Turin 22. 4. 1909, italien.-amerikan. Biologin. Erhielt (zus. mit S. Cohen) 1986 den Nobelpreis für Physiologie oder Medizin für die Entdeckung von Wachstumsfaktoren.

Levin, Rahel ['leːviːn, le'viːn] ↑Varnhagen von Ense, Rahel.

Levine, James [engl. lə'vaɪn], *Cincinnati 23. 6. 1943, amerikan. Dirigent und Pianist. Seit 1973 Chefdirigent der Metropolitan Opera in New York, seit 1983 auch deren künstler. Leiter.

Leviratsehe (Levirat) ↑Ehe.

Lévi-Strauss, Claude Gustave [frz. leviˈstroːs], *Brüssel 28. 11. 1908, frz. Ethnologe. Entwickelte die ethnolog. Methode des ↑Strukturalismus weiter. – *Werke:* Strukturale Anthropologie (1958), Das wilde Denken (1962), Mythologica (4 Tle., 1964–71).

Levitation [lat.], vermeintliche Aufhebung der Schwerkraft, freies Schweben eines Körpers im Raum.

Leviten, 1) im AT die Tempeldiener aus dem Stamm Levi. **2)** in der kath. Liturgie bis 1972 Assistenten des Priesters beim feierl. Hochamt (L.amt). – Die Redewendung »jemandem die Leviten lesen«, d. h. »jemanden zur Rede stellen«, bezieht sich auf das Vorlesen der Vorschriften für Priester und Subdiakone.

Levitikus [hebr.] (Leviticus), das 3. Buch Mose (3. Mos.), das vorwiegend kult. (»levit.«) Bestimmungen enthält.

Levkoje [griech.], Gatt. der Kreuzblütler mit rd. 50 Arten, v. a. im östl. Mittelmeergebiet; Zierpflanzen.

Lewin, Kurt ['leːviːn, le'viːn], *Mogilno bei Gnesen 9. 9. 1890, † Newtonville (Mass.) 12. 2. 1947, amerikan. Psychologe dt. Herkunft. Emigrierte 1933; einer der Begründer der Gruppenpsychologie.

Lewis [engl. 'luːɪs], **1)** Carlton, *Birmingham (Ala.) 1. 6. 1961, amerikan. Leichtathlet. Olympiasieger 1984 über 100 und 200 m, im Weitsprung und mit der 4 x 100 m-Staffel, 1988 über 100 m und im Weitsprung, 1992 im Weitsprung und mit der 4 x 100 m-Staffel. **2)** Clive Staples, Pseud. C. Hamilton, *Belfast 29. 11. 1898, † Oxford 22. 11. 1963, engl. Schriftsteller und Literaturwissenschaftler. Verfaßte neben wiss. Arbeiten und religiösen Schriften phantast. Romane und Kinderbücher. **3)** Edward B., *Wilkes-Barre (Pa.) 20. 5. 1918, amerikan. Genetiker. Erhielt für die Entdeckung spezif. Entwicklungskontrollgene und deren Funktionsweise 1995 mit E. Wieschaus und C. Nüsslein-Volhard den Nobelpreis für Medizin oder Physiologie. **4)** Gilbert Newton, *Weymouth (Mass.) 25. 10. 1875, † Berkeley (Calif.) 23. 3. 1946, amerikan. Physikochemiker. Arbeiten zur Thermodynamik, zur homöopolaren Bindung und über die ↑Säure-Base-Theorie. **5)** Jerry, eigtl. Joseph Levitch, *Newark (N. J.) 16. 3. 1926, amerikan. Filmkomiker. 1949–57 Zusammenarbeit mit D. Martin; auch Regisseur. **6)** John [Aaron], *La Grange (Ill.) 3. 5. 1920, amerikan. Jazzmusiker (Pianist und Komponist). Gründete 1952 mit M. Jackson das »Modern Jazz Quartet«. **7)** Sinclair, *Sauk Center (Minn.) 7. 2. 1885, † Rom 10. 1. 1951, amerikan.

Claude Gustave Lévi-Strauss

Jerry Lewis

Sinclair Lewis

W. Arthur Lewis

Romancier. Schrieb v. a. satir. Romane über die amerikan. Mittelklasse. Nobelpreis für Literatur 1930. – *Werke:* Die Hauptstraße (R., 1921), Babbitt (R., 1922), Dr. med. Arrowsmith (R., 1925), Elmer Gantry (R., 1927), Sam Dodsworth (R., 1929).
8) Sir W[illiam] **Arthur,** *Saint Lucia 23. 1. 1915, † Barbados 15. 6. 1991, brit. Nationalökonom. Erhielt für seine Arbeiten zur Entwicklungsökonomie 1979 zus. mit T. W. Schultz den Nobelpreis für Wirtschaftswissenschaften.
Lewis with Harris [engl. ˈluːɪs wɪð ˈhærɪs], nördlichste und mit 2135 km² größte Insel der Äußeren Hebriden, Schottland.
Lex [lat.] (Mrz. Leges), **1)** im antiken Rom z. Z. der Republik ein von den Magistraten, v. a. den Konsuln, der Volksversammlung zur Abstimmung vorgelegtes Gesetz, das nach dem antragstellenden Magistrat benannt wurde. **2)** seit dem Früh-MA das geschriebene Recht im Ggs. zum mündl. überlieferten Gewohnheitsrecht; heute auch ein aus einem bestimmten Anlaß ergangenes Gesetz, wobei i. d. R. der Name des Antragstellers oder des Betroffenen hinzugefügt wird.
Lexem [griech.], kleinste Einheit des Wortschatzes, die die begriffl. Bed. trägt.
Lexikographie [griech.], Aufzeichnung und Erklärung des Wortschatzes einer Sprache oder mehrerer Sprachen oder der Begriffsinventare von Sachgebieten in Form von Wörterbüchern.
Lexikologie [griech.], Bereich der Sprachwiss., der sich mit dem Wortschatz einer Sprache beschäftigt, und zwar mit der Herkunft, der morpholog. Zusammengehörigkeit (Wortbildung) und den inhaltl. Zusammenhängen der Wörter untereinander.
Lexikon [griech.], **1)** *allg.:* nach Stichwörtern geordnetes Nachschlagewerk für alle Wissensgebiete (↑Enzyklopädie) oder für ein bestimmtes Sachgebiet. **2)** *Sprachwissenschaft:* Gesamtheit der Wörter (Lexeme) einer Sprache.
Ley, Robert, *Niederbreidenbach (heute Nümbrecht bei Waldbröl) 15. 2. 1890, † Nürnberg 25./26. 10. 1945 (Selbstmord), dt. Politiker (NSDAP). Chemiker; 1925 Gauleiter im Rheinland; 1934 Reichsorganisationsleiter; vollzog am 2. 5. 1933 die Gleichschaltung der Gewerkschaften, leitete danach die Dt. Arbeitsfront.
Leyden [niederl. ˈlɛidə], **1)** Gerhaert van ↑Gerhaert von Leiden, Nicolaus. **2)** Lucas van ↑Lucas van Leyden.
Leyland [engl. ˈleɪlənd], engl. Ind.-Ort nördl. von Liverpool, Gft. Lancashire, 26 600 E. Bed. Automobilindustrie.
Leyster [niederl. lɛistər], Judith, ≈ 28. 7. 1609, ▢ Hemstede 18. 2. 1660, niederl. Malerin. Schülerin von F. Hals, in dessen unmittelb. Nachf. sie Halbfigurenbilder von allegor. Bedeutung schuf.
Lezithine [griech.] (Lecithine), fettähnl. Stoffe, bei denen zwei Hydroxylgruppen des Glycerins mit langkettigen Fettsäuren (z. B. Ölsäure, Palmitinsäure), die dritte Hydroxylgruppe über Phosphorsäure mit Cholin, einer starken organ. Base, verestert sind. Die L. sind wichtige Bestandteile menschl., tier. und pflanzl. Zellen, bes. der biolog. Membranen.
lf, internat. Abk. für engl. low frequency (↑Langwellen).
lfd., Abk. für laufend.
lfdm (lfd. m.), Abk. für laufende Meter.
lg, Funktionszeichen für den dekad. ↑Logarithmus.
LH, Abk. für Luteinisierungshormon (↑Geschlechtshormone).
Lhasa, Hauptstadt der Autonomen Region Tibet, China, in einem Becken des Transhimalaya, 343 000 E. Mittelpunkt einer Oase, der ehem. Palastburg des bis 1959 in L. residierenden Dalai Lama, überragt (urspr. 7. Jh., heutige Gestalt 17. Jh.).
L'hombre [ˈlõːbər] ↑Lomber.
Lhotse, Gipfel im Himalaja, Nepal, 8571 m hoch.
Li, chem. Symbol für ↑Lithium.
Lianen [frz.] (Kletterpflanzen), Bez. für an anderen Gewächsen emporklimmende Pflanzen. Man unterscheidet: *Spreizklimmer* (Brombeere, Kletterrose), *Wurzelkletterer* (Efeu), *Rankenpflanzen* (Wein, Erbse), *Schlingpflanzen* (Hopfen, Bohne).
Liaodong, gebirgige Halbinsel in der südl. Mandschurei, zw. dem Golf von Liaodong und der Koreabucht (China).
Liaoning [chin. li̯auniŋ], Prov. in NO-China, 146 000 km², 39,98 Mio. E, Hauptstadt Shenyang.

Libanon

Lias [frz.-engl.], unterste Abteilung des Jura.

Libanon, Gebirge in Vorderasien, erstreckt sich küstenparallel durch den Staat Libanon, im Kurnat As Sauda 3088 m hoch; niederschlagsreich, oberhalb 2800 m Höhe z. T. ganzjährig Schnee; ehemals bewaldet, heute nur noch Waldreste.

Libanon, Staat in Asien, grenzt im N und O an Syrien, im S an Israel und im W an das Mittelmeer.

Staat und Recht: Republik, deren Regierungssystem auf einer Verteilung der Funktionen im Staat unter die Religionsgemeinschaften gründet; *Verfassung* von 1926 (mehrfach ergänzt, zuletzt 1990). Staatsoberhaupt ist der Präs. (christl. Glaubens), der für 6 Jahre vom Parlament gewählt wird (sofortige Wiederwahl unzulässig). Zusammen mit dem Ministerrat, dessen Vors. immer sunnit. Muslim ist, übt er die *Exekutive* aus. *Legislativorgan* ist die Nationalversammlung (128 Mgl. für 4 Jahre gewählt; je zur Hälfte Christen und Muslime, Parlamentspräs. immer schiit. Muslim). Die *Parteien* sind in »Blöcken« zusammengeschlossen. Wichtigste sind die christl. Phalange, die Nationalliberale Partei und die Partei des Sozialist. Fortschritts.

Landesnatur: Aus einer schmalen Küstenebene steigt das Land rasch zum Gebirgszug des Libanon auf und erreicht im N 3088 m Höhe. Der Libanon fällt steil zur Bikasenke (10–15 km breit) ab. Östlich dieser Senke reicht das Staatsgebiet bis auf die Höhe des Antilibanon und Hermon. Es herrscht mediterranes Klima. Die ursprünglich dichte Bewaldung (Kiefer, Eiche, Zeder) ist fast völlig vernichtet. Macchien und Gariguen haben sich ausgebreitet.

Bevölkerung: Typisch für den L. ist die große Zahl der Glaubensgemeinschaften. Etwa 25 % der Bevölkerung sind Maroniten, 21 % Sunniten, 32 % Schiiten, etwa 7 % griech.-orth. Christen. Außerdem leben in L. noch etwa 160 000 Drusen und etwa 300 000 Palästinaflüchtlinge.

Wirtschaft, Verkehr: 50 % der Erwerbstätigen arbeiten in der Landwirtschaft. Angebaut werden Bananen, Zitrusfrüchte, Zuckerrohr, Getreide und Gemüse. An den Berghängen werden Öl-, Feigen- und Mandelbäume und Reben gepflanzt. Vor dem Bürgerkrieg waren Textil-, Nahrungsmittel- und Holz-Ind. die wichtigsten Ind.zweige. Das Eisenbahnnetz hat eine Länge von 417 km, das Straßennetz von 7700 km. Wichtigster Hafen und internat. ⚓ ist Beirut.

Geschichte: Im Altertum entstanden hier Handelsstädte der Phöniker. 1516–1918 unter osman. Herrschaft; 1864 auf Betreiben Frankreichs Einsetzung eines christl. Gouverneurs; 1918 zus. mit Syrien frz. Völkerbundmandat. 1920 schuf Frankreich das Gebiet L. in seinen heutigen Grenzen, mit einer geringen Mehrheit christl. Einwohner. Nach Besetzung durch alliierte Truppen 1941 Unabhängigkeitserklärung, erst 1944 jedoch Aufhebung des Mandats und 1946 Räumung. Am 1. Israel.-Arab. Krieg 1948/49 nur nominell beteiligt, mußte L. zahlr. Palästinaflüchtlinge aufnehmen. Zunehmende arab. Nationalismus verstärkte in der Folgezeit die Spannungen zw. den prowestl. Christen und den arab.-nationalist. Muslimen. Die Guerillatätigkeit der Palästinenser von libanes. Gebiet aus bewirkte israel. Vergeltungsschläge. Die Palästinenser erhielten einen exterritorialen Status. Ab 1975 kam es wiederholt zu schweren Auseinandersetzungen

Libanon

Fläche:	10 452 km²
Einwohner:	2,838 Mio.
Hauptstadt:	Beirut
Amtssprache:	Arabisch
Nationalfeiertag:	22. 11.
Währung:	1 Libanes. Pfund (L£) = 100 Piastres (P. L.)
Zeitzone:	MEZ + 1 Std.

Staatsflagge

Staatswappen

1970 1992 1970 1991
Bevölkerung Bruttosozialprodukt je E
(in Mio.) (in US-$)
☐ Stadt   Land ☐

Bevölkerungsverteilung 1992

☐ Industrie
☐ Landwirtschaft
☐ Dienstleistung

Bruttoinlandsprodukt 1987

Willard Frank Libby

Libau

zw. Christen und Muslimen (vorwiegend palästinens. Freischärler) v. a. in S-Libanon; ab April 1976 Eingreifen syr. Truppen im Norden (Beirut); Bruch innerhalb der libanes. Streitkräfte entsprechend ihrer polit.-konfessionellen Zusammensetzung. Eine 1976 eingerichtete arab. Interventionsstreitmacht konnte Kämpfe zw. verfeindeten Palästinensergruppen nicht verhindern; v. a. war sie im S einflußlos, wo Israel 1978 massiv zugunsten der christl. Milizen eingriff. Auf Ersuchen der libanes. Regierung entsandten die UN eine Friedenstruppe dorthin. Im Febr. 1980 zogen die syr. Truppen aus Beirut ab; im Sommer 1982 wurde die PLO aus Beirut gewaltsam durch israel. Truppen vertrieben. Der zum Präs. gewählte Führer der christl. Milizen B. Gemayel wurde am 14. 9. 1982 ermordet; daraufhin besetzten israel. Truppen das von der PLO geräumte W-Beirut. Die wenig später von Phalangisten verübten Massaker in zwei Beiruter Palästinenserlagern lösten Kritik an der israel. Besatzungspolitik aus. Am 23. 9. wurde B. Gemayels Bruder Amin Staatspräsident. Anfang 1984 drängten insbes. drus. und schiit. Milizen Gemayel in die Defensive, als die libanes. Armee zerfiel und die multinat. Truppen sich aus L. zurückzogen. Versöhnungskonferenzen der verfeindeten Parteien tagten 1983 und 1984 in der Schweiz ohne Erfolg. In das durch den Rückzug der Israelis (bis Juni 1985) entstandene Machtvakuum drängte v. a. die schiit. Amal-Miliz. Im Juni 1986 begannen Verhandlungen über den Abzug aller Milizen aus den umkämpften Stadtteilen Beiruts, die jedoch erfolglos blieben. Im Febr. 1987 rückten syr. Truppen in W-Beirut ein. Gemayel übergab nach Ablauf seiner regulären Amtszeit sein Amt provisorisch an den (christl.) Oberbefehlshaber der Armee, M. Aoun. Die im Nov. 1989 von Teilen des Parlaments vorgenommene Wahl R. Muawads und nach dessen Ermordung E. Hrawis zum neuen Präs. und dessen Auftrag zur Regierungsbildung an S. al-Hoss akzeptierte Aoun nicht. Den Zustand der Doppelpräsidentschaft beendete im Okt. 1990 die mit Hilfe syr. Militärs erzwungene Kapitulation Aouns. Mit der Verfassungsreform vom Aug. 1990, dem Friedensschluß der rivalisierenden schiit. Milizen Hisbollah und Amal sowie dem Abzug aller Milizen aus Beirut und Süd-L. im Nov./Dez. 1990 wurde bis Mai 1991 offiziell der Bürgerkrieg beendet. Der 1991 verabschiedete syrischlibanes. Kooperationsvertrag machte L. praktisch zu einem Protektorat Syriens. Bis Juli 1991 übernahmen die Truppen der Reg. alle ehemals drus. und christl. Stellungen sowie den bisher von der PLO kontrollierten S (Entwaffnung der PLO). Die Parlamentswahlen von 1992 wurden wegen der Präsenz syr. Streitkräfte von Christen (Maroniten) und Drusen boykottiert; die Schiiten errangen die Mehrheit.

Libau, Stadt an der Ostsee und am Libauer See, Lettland, 108 000 E. Eisfreier Hafen, Seebad. – 1253 als Hafen des Dt. Ordens erwähnt; 1560 an das Hzgt. Kurland; 1795 russ.; Ende des 19. Jh. zum Kriegshafen ausgebaut.

Libby, Willard Frank [engl. 'lɪbɪ], *Grand Valley (Colo.) 17. 12. 1908, †Los Angeles 8. 9. 1980, amerikan. Physiker und Chemiker. Entdeckte und entwickelte die Kohlenstoff-14-Methode (↑Altersbestimmung); Nobelpreis für Chemie 1960.

Libellen [lat.] (Wasserjungfern, Odonata), weltweit verbreitete Insektenordnung mit rd. 3700 Arten (davon 79 in M-Europa); 1–13 cm lang, räuberisch am Wasser lebend, die Larven im Wasser. Die vier häutigen Flügel sind starr. Zu den *Groß-L.* gehören 25 einheim. Arten, u. a. *Mosaik-* und *Flußjungfern, Segel-, Heide-* und *Smaragd-L.* Zu den meist langsam fliegenden *Klein-L.* gehören die *Pracht-L., Schön-* und *Teichjungfern* und die als Vollinsekten überwinternden *Winterlibellen.*

liberal, freiheitlich gesinnt; vorurteilsfrei für die Autonomie des Individuums eintretend. ↑Liberalismus.

Liberal Democrats [engl. 'lɪbərəl deməˈkræts] ↑Social and Liberal Democratic Party.

Liberal-Demokratische Partei (LDP), polit. Partei konservativer Ausrichtung in Japan; stellte 1955–93 die Ministerpräsidenten.

Liberalisierung [lat.], die Befreiung von einschränkenden Vorschriften.

Liberalismus [lat.-frz.], Staats-, Wirtschafts- und Gesellschaftsauffassung,

die die Freiheit des einzelnen Menschen im Sinne der freien Entfaltung der Persönlichkeit als grundlegende Norm menschl. Zusammenlebens ansieht. Die geistesgeschichtl. Wurzeln des L. liegen im neuzeitl. Individualismus (Renaissance), in der Aufklärung sowie im Neuhumanismus und Idealismus. Zur Entwicklung des L. trugen u. a. J. Locke, J. S. Mill, Montesquieu, D. Diderot, J.-J. Rousseau und I. Kant bei. – Begrifflich unterscheidet man zw. dem *polit. L.* und dem *wirtschaftl. L.* Ziel des polit. L. ist der Verfassungs- und Rechtsstaat (Grundsatz der ↑Gewaltentrennung) und die Regierungsform der parlamentar. Demokratie, in der die Bürger im Rahmen eines allg., gleichen, geheimen und freien Wahlrechts ein Parlament wählen, das in ihrer Vertretung polit. Entscheidungen fällt. Gesellschaftlich gilt das Prinzip der Toleranz und der Chancengleichheit. Der *wirtschaftl. L.* erhielt seine klass. Begründung durch A. Smith, D. Ricardo und J. S. Mill und fand seinen Ausdruck im 19. Jh. in der Forderung nach Gewerbefreiheit, freiem Wettbewerb, Freihandel und in seiner extremsten Form im Manchestertum. Staatseingriffe, wie sie für den Merkantilismus typisch sind, lehnt der klass. L. ab; künstl. Produktionsbeschränkungen (z. B. das Zunftsystem) gelten ebenso als Fesseln wie Zollbarrieren. Die soziale Frage kann nach Einschätzung des L. nur durch Selbsthilfe der Betroffenen und durch Verbesserung des Bildungswesens gelöst werden. Unter Berücksichtigung der prakt. Erfahrungen zeigt sich der wirtschaftl. L. des 20. Jh. als Neoliberalismus, dessen wirtschaftstheoret. Grundlagen weitgehend der Freiburger Schule entstammen.
Geschichte: Als frühe Verwirklichung des L. gelten die Bill of Rights (1688) in England, dann die Verfassung der USA von 1787 und die Erklärung der Menschen- und Bürgerrechte in der Frz. Revolution von 1789. Die liberalen Parteien spielten in allen Parlamenten des 19. Jh. eine bed. Rolle. In Deutschland entstanden ab 1815 liberale Gruppen, die bes. in der Revolution 1848 an Gewicht gewannen. Der Gegensatz zw. Demokraten und Liberalen wurde in der Verfassungsfrage deutlich: Die Demokraten forderten eine nur parlamentarisch zu beschließende Verfassung; die Liberalen strebten eine Vereinbarung zw. Parlament und Fürsten an. Die von Demokraten und gemäßigten Liberalen 1861 gegr. Dt. Fortschrittspartei in Preußen zerbrach schließlich am Ggs. in der nat. Frage. Die 1867 gegr. Nationalliberale Partei stellte die nat. Einigung vor die innenpolit. Freiheit und verständigte sich mit Bismarck. Die Dt. Fortschrittspartei vereinigte sich 1884 mit den Sezessionisten (Liberale Vereinigung), die sich aus Protest gegen Bismarcks Schutzzollpolitik 1880 von der Nationalliberalen Partei getrennt hatten, zur Deutschen Freisinnigen Partei, die sich 1893 in die Freisinnige Volkspartei und die Freisinnige Vereinigung (1903 verstärkt durch F. Naumanns Nationalsozialen Verein) spaltete. 1910 schlossen sich beide freisinnigen Gruppen mit der Dt. Volkspartei (DtVP) zur Fortschrittl. Volkspartei zusammen. Deren Erbe setzte nach 1918 die Dt. Demokrat. Partei (DDP; seit 1930 Dt. Staatspartei) fort, während die Dt. Volkspartei (DVP) an die Nationalliberale Partei anknüpfte. Mit der 1948 gegr. Freien Demokrat. Partei (FDP) gelang die Zusammenfassung von Rechts- und Linksliberalen in einer Organisation.
Liberal Party [engl. 'lɪbərəl 'pɑːtɪ], aus der Gruppe der Whigs Mitte des 19. Jh. hervorgegangene brit. polit. Partei; vertrat v. a. industrielle und mittelständ. Interessen; nach dem 1. Weltkrieg durch die Labour Party in den Hintergrund gedrängt; 1988 mit der Social Democratic Party zu den Social and Liberal Democrats zusammengeschlossen.
Liberia, Staat in Afrika, grenzt im NW an Sierra Leone, im N an Guinea, im O an die Elfenbeinküste, im SW an den Atlant. Ozean.
Staat und Recht: Präsidiale Republik; *Verfassung* von 1986. Der Friedensvertrag zw. den Bürgerkriegsparteien vom 25. 7. 1993 etablierte u. a. eine Koalitionsreg., die freie Wahlen vorbereiten soll; daneben amtiert ein fünfköpfiger Staatsrat als oberstes Staatsorgan.
Landesnatur: An die 550 km lange Küste schließt sich eine unterschiedlich breite Küstenebene an, die wiederum stufenförmig zu einem Plateau- und

2023

Liberia

Staatsflagge

Staatswappen

Libero

Liberia

Fläche:	111 369 km²
Einwohner:	2,751 Mio.
Hauptstadt:	Monrovia
Amtssprache:	Englisch
Nationalfeiertag:	26. 7.
Währung:	1 Liberian. Dollar (Lib$) = 100 Cents (c)
Zeitzone:	MEZ − 1 Std.

Hügelland ansteigt. Die höchste Erhebung liegt im Nimba (1 384 m) nahe der Grenze zu Guinea. L. hat subäquatoriales Klima mit einer Regenzeit (Juni bis Okt.). Das Land ist überwiegend mit trop. Regenwald bedeckt.

Bevölkerung: Neben den rd. 24 000 Nachkommen ehem. schwarzer Sklaven aus Amerika v. a. Sudanide. Die meisten Liberianer sind Anhänger traditioneller Religionen.

Wirtschaft, Verkehr: Wichtigster Zweig der Landwirtschaft ist die Kautschukgewinnung. Außerdem gibt es Kakao-, Kaffee- und Ölbaumplantagen. Die Forstwirtschaft verfügt über riesige Wälder. Abgebaut wird Eisenerz, gewaschen werden Gold und Diamanten. Wichtigste Häfen sind Monrovia und Buchanan. Internat. ✈ bei Monrovia.

Geschichte: 1822 entstanden östlich von Kap Mesurado und entlang der Pfefferküste Siedlungen freigelassener amerikan. schwarzer Sklaven. Am 26. 7. 1847 erfolgte die Proklamation der unabhängigen Republik. Bis weit ins 20. Jh. lebten die Americo-Liberianer praktisch nur von amerikan. Unterstützung. Versuche Präs. Tubmans (1944 bis 71), die Rivalität zw. den Eingeborenen und den Nachkommen der Americo-Liberianer, die die polit. und wirtschaftl. Schlüsselstellungen innehaben, zu beseitigen, führten zu keinem vollen Erfolg. 1978 fand die erste Konferenz der 1974 in New York gegr. Oppositionsgruppe Progressive Alliance of L. (PAL) in dem traditionellen Einparteienstaat (True Whig Party) statt; auf anhaltende Unruhen (April 1979 Demonstrationen der PAL gegen Reispreiserhöhungen) verkündete Präs. W. R. Tolbert (1971–80) das Ausnahmerecht. 1980 putschte das Militär unter S. K. Doe, der die Verfassung aufhob und nach der Ermordung Tolberts als erster eingeborener Liberianer Staatsoberhaupt wurde. Aus den Wahlen 1985 ging Doe als Sieger hervor. Im Dez. 1989 begann ein blutiger Bürgerkrieg zw. Truppen Does und Rebellen der National Patriotic Front unter C. Taylor; im Sept. 1990 wurde Doe gefangengenommen und ermordet. In der Folgezeit versank L. trotz des Eingreifens einer Friedenstruppe der westafrikan. Wirtschaftsgemeinschaft im Chaos eines Bürgerkrieges. 1993 und 1994 zeichnete sich mit dem wiederholten Abschluß eines Waffenstillstands und Friedensabkommens, eines Abkommens über Wahlen und der Bildung einer Übergangsregierung eine Einigung zw. den Hauptgegnern ab, die jedoch von einem Wiederaufflammen der Kämpfe begleitet wurden.

Libero [italien.], im *Fußball* der Abwehrspieler, der ohne direkten Gegenspieler zur Sicherung der eigenen Abwehr beiträgt, sich aber auch in den Angriff einschaltet.

Libertas [lat.], im antiken Rom die als Göttin verehrte polit. Freiheit; seit 238 v. Chr. Tempel auf dem Aventin; erscheint häufig auf kaiserzeitl. Münzen.

Liberté, Égalité, Fraternité [frz. liber'te, egali'te, fraterni'te »Freiheit, Gleichheit, Brüderlichkeit«], das Losungswort der Frz. Revolution.

Libido [lat.], auf sexuelles Erleben gerichteter psych. Antrieb; einer der Zentralbegriffe der psychoanalyt. Triebtheorie, u. a. S. Freuds.

Li Bo [chin. libɔ] (Li Po, Li T'ai-po, Li Tai-peh), * in Sichuan 701, † bei Nanking 762, chin. Lyriker. Gilt neben Du Fu als der bedeutendste chin. Lyriker; neben Naturschilderungen Gedichte gegen soziale Ungerechtigkeit; vom Taoismus beeinflußt.

Libra [lat.] ↑Sternbilder (Übersicht).
Library of Congress [engl. 'laɪbrərɪ əv 'kɒŋgrɛs] (Kongreßbibliothek), die Nationalbibliothek der USA in Washington (D. C.). 1800 als Parlamentsbibliothek gegr., seit 1897 Nationalbibliothek, Zentralbibliothek und (seit dem 2. Weltkrieg) nat. Informationszentrum.
Libretto [italien.], Textbuch von Opern o. ä.; Szenarium eines Balletts o. ä.
Libreville [frz. librə'vil], Hauptstadt der Republik Gabun, am N-Ufer des Gabun-Ästuars, 350 000 E. Verwaltungs- und Kulturzentrum des Landes; Univ., Schule für medizin. Hilfskräfte, kath. Lehrerseminar; Nationalmuseum. Hafen; internat. ✈. – 1849 für befreite afrikan. Sklaven gegründet.
Libussa (tschech. Libuše), sagenhafte Gründerin Prags, Ahnherrin der Przemysliden.
Libyen, Staat in Afrika, grenzt im N an das Mittelmeer, im O an Ägypten, im SO an Sudan, im S an Tschad und Niger, im W an Algerien, im NW an Tunesien.
Staat und Recht: Sozialist. Arab. Volksrepublik; *Verfassung* von 1977. Staatsoberhaupt ist der Generalsekretär des Allg. Volkskongresses. *Exekutivorgan* ist das Allg. Volkskomitee, die *Legislative* liegt beim Allg. Volkskongreß (rd. 2700 Mgl.). Staats*partei* ist die Arab. Sozialist. Union.
Landesnatur: L. reicht von der Küste des Mittelmeers bis in die zentrale Sahara. Vom Küstenbereich steigt das Land zu einer Plateaulandschaft an, die durch Schichtstufen gegliedert ist. Über die Schichtstufen erheben sich im S die Zeugenberge (bis 2 285 m). Allgemein ist das Land weitgehend mit Sand-, Kies- und Steinwüsten bedeckt. Das Küstengebiet hat mediterranes, der S semiarides bis arides Klima. In den Gebirgen finden sich Reste mediterranen Baumbestands.
Bevölkerung: An der Küste leben v. a. Araber, im Hinterland Berber, im Fessan Tuareg und Tubu sowie negride Stämme. 90% der überwiegend muslim. Bevölkerung leben im Küstenbereich.
Wirtschaft, Verkehr: Nur ein geringer Teil des Landes kann landwirtschaftlich genutzt werden: Ölbaumhaine, Zitrus- und Mandelbaumkulturen, Rebflächen. In den Oasen finden sich Dattelpalmhaine und intensiver Gartenbau. Die Nomaden besitzen große Schaf-, Ziegen- und Kamelherden. Wichtigster Wirtschaftszweig ist die Erdöl- und Erdgaswirtschaft (90% der Staatseinnahmen; Vorkommen im Syrtebecken). Der Eisenbahnverkehr wurde 1965 eingestellt. Es gibt rd. 12 000 km Straßen und 14 000 km Pisten. Wichtigste Häfen sind Tripolis, Tobruk und Bengasi. Internat. ✈ Tripolis und Bengasi.
Geschichte: 8./7. Jh. v. Chr. phönik. Gründung in Tripolis (Sabratha, Oea, Leptis Magna) und griech. Gründungen in der Cyrenaika, u. a. von Kyrene. 46 v. Chr. wurde Tripolis, 96 v. Chr. die Cyrenaika röm.; seit 395 zw. West- und Ostrom. Reich geteilt; 643 Einfall der Araber; 1551 osman. Herrschaft in Tripolis. Nach dem Italien.-Türk. Krieg (1911/12) an Italien. Im 1. Weltkrieg vertrieb die einflußreiche Senussi-Bruderschaft die Italiener; erst das faschist. Italien konnte die Senussi besiegen (1923–31). 1934 faßten die Italiener Tripolis, Cyrenaika und Fessan als Kolonie L. zusammen; italien. Prov. 1939. 1943 wurden nach harten Kämpfen zw. Achsenmächten und Alliierten Cyrenaika und Tripolis britisch, der Fessan frz. besetzt. Die unabhängige konstitu-

Libyen

Libyen

Staatsflagge

Libyen

Fläche:	1 759 540 km²
Einwohner:	4,875 Mio.
Hauptstadt:	Tripolis
Amtssprache:	Arabisch
Nationalfeiertag:	1.9.
Währung:	1 Libyischer Dinar (LD.) = 1000 Dirhams
Zeitzone:	MEZ + 1 Std.

Staatswappen

1970 1992   1970 1989
Bevölkerung   Bruttosozial-
(in Mio.)   produkt je E
                (in US-$)

☐ Stadt   Land ☐

Bevölkerungsverteilung 1992

☐ Industrie
☐ Landwirtschaft
☐ Dienstleistung

Bruttoinlandsprodukt 1990

2025

Georg Christoph Lichtenberg

tionelle Monarchie (seit 1951) unter Idris I. wurde durch den Militärputsch vom 1. 9. 1969 unter Oberst Gaddhafi gestürzt; Gaddhafi betrieb fortan eine Politik der Islamisierung und des panarab. Nationalismus (Fusionspläne mit mehreren arab. Staaten scheiterten). 1970 wurden fast alle Italiener ausgewiesen, die ausländ. Erdölgesellschaften, Banken und Versicherungsgesellschaften verstaatlicht. Im Nov. 1976 wurde die Arab. Volksrepublik auf der Grundlage des Korans ausgerufen. Gaddhafi, ab 1969 Oberbefehlshaber der Streitkräfte und Staatschef (1970–72 zugleich Regierungschef), ab 1977 als Generalsekretär des Allg. Volkskongresses Staatsoberhaupt, trat im März 1979 zurück, bestimmte jedoch als »Revolutionärer Führer« weiterhin die Politik. Eine Kette von Terroranschlägen, in die das libysche Regime verwickelt schien, führte im April 1986 zu einem amerikan. Luftangriff auf die Städte Bengasi und Tripolis. Nachdem L. seine Herrschaft über den Nordteil des Tschad gesichert hatte, zog es sich im Sept. 1987 aus dem Nachbarstaat zurück. Seit April 1992 gelten gegen L. UN-Sanktionen (v. a. Luftverkehrs- und Waffenbargo), um so die Auslieferung mutmaßl. Attentäter zu erzwingen, die 1988 ein amerikan. Verkehrsflugzeug über dem brit. Ort Lockerbie zerstört haben sollen. 1994 trat L., einem Urteil des Internat. Gerichtshofs in Den Haag entsprechend, den zw. L. und Tschad umstrittenen Aouzou-Streifen an Tschad ab.

Libysche Wüste, nö. Teil der Sahara (Libyen, Ägypten, Republik Sudan), mit weit auseinanderliegenden Schichtstufen, bis 1 892 m hoch; extrem trockenes Klima, nur in Oasen bewohnbar.

Lic., Abk. für **lic**entiatus (↑Lizentiat).

Lich, hess. Stadt am N-Rand der Wetterau, 11 200 E. Brauerei. Spätgot. Marienkirche; Schloß (urspr. Wasserburg, 14. Jh.); Wohnbauten (15. bis 18. Jh.). Im Ortsteil *Arnsburg* bed. Reste eines Zisterzienserklosters. – 788 erstmals erwähnt, 1300 Stadtrecht.

Lichen [griech.] (Knötchenflechte), akute oder chron. Hauterkrankung unbekannter Ursache, die mit knötchenförmigen Ausschlägen verbunden sind.

Lichenes [griech.], svw. ↑Flechten.

Licht, der sichtbare Bereich der von der Sonne u. a. Strahlungsquellen ausgehenden elektromagnet. Strahlung, in der *Physik* definiert als der Wellenlängenbereich zw. 400 nm (Blau) und 700 nm (Rot); dies entspricht Frequenzen der Größenordnung $3 \cdot 10^{14}$ Hz. *Ultraviolett* (UV; Wellenlänge unter 400 nm) und *Infrarot* (IR; Wellenlänge über 700 nm) schließen sich an. L. hat seinen Ursprung im atomaren Bereich. Beim Übergang »angeregter« Elektronen in energetisch tiefer liegende Zustände (»Bahnen«) wird die Energiedifferenz in Form von L. ausgestrahlt. L., das aus mehr oder weniger intensitätsgleichen Wellen aller Wellenlängen aus dem sichtbaren Bereich besteht, wird vom Auge als *weißes Licht* wahrgenommen. L. breitet sich wie alle elektromagnet. Wellen im Vakuum mit Lichtgeschwindigkeit aus. Die ungestörte Ausbreitung erfolgt geradlinig; *Lichtstrahlen* entsprechen dabei der Ausbreitungsrichtung der Wellenflächen. Trifft L. bei seiner Ausbreitung auf die Trennfläche zweier Medien (z. B. Vakuum–Glas, Luft–Wasser), dann zeigen sich Erscheinungen wie Beugung, Brechung, Interferenz, Polarisation und Reflexion. Diesen Erscheinungen stehen Effekte gegenüber, die sich nicht mit der *Wellennatur,* sondern nur mit der *Quantennatur (Teilchennatur)* des L. erklären lassen (z. B. Photoeffekt). Die Energie des L. ist auf »*Lichtkorpuskeln*« *(Lichtquanten, Photonen)* atomarer Dimension »konzentriert«. Photonen kann sowohl eine Masse als auch ein Impuls zugeordnet werden. Beide Eigenschaften des L. – Welle oder Korpuskel – existieren gleichberechtigt nebeneinander und werden als *Welle-Teilchen-Dualismus* bezeichnet.

Lichtausbeute, der Quotient aus dem von einer künstl. Lichtquelle abgestrahlten Lichtstrom und der von ihr aufgenommenen Leistung. Einheit: Lumen/Watt (lm/W); bei Glühlampen 9 bis 20, bei Leuchtstofflampen 30 bis 70, bei Natriumdampflampen 120 bis 150 lm/W.

Lichtbogen ↑Bogenentladung.

Lichtdruck (Strahlungsdruck), in der *Physik* der von Lichtquanten beim Auftreffen auf eine Fläche ausgeübte Druck.

lichtelektrischer Effekt, svw. ↑Photoeffekt.

Lichtwark

Lichtempfindlichkeit ↑Empfindlichkeit.
Lichtenberg, Georg Christoph, *Ober-Ramstadt 1. 7. 1742, † Göttingen 24. 2. 1799, dt. Physiker und Schriftsteller. Vertreter der dt. Aufklärung von universaler Bildung; vielseitiger Naturwissenschaftler, Forschung bes. auf dem Gebiet der experimentellen Physik (Entdeckung der L.-Figuren, auf einer bestäubten Isolierstoffplatte sichtbar gemachte Spuren einer Büschelentladung); berühmt durch ironisch-geistvolle Aphorismen (»Sudelbücher«, daraus »Aphorismen«, hg. 1902–08).
Lichtenstein, 1) Alfred, *Berlin 23. 8. 1889, ⚔ Vermandovillers bei Reims 25. 9. 1914, dt. Dichter. Frühexpressionist. Lyriker und Erzähler.
2) Roy, *New York 27. 10. 1923, amerikan. Maler und Graphiker. Einer der Hauptvertreter der ↑Pop-art in den USA.
Lichterfest ↑Chanukka.
Lichtgeschwindigkeit, diejenige Geschwindigkeit, mit der sich Licht oder allg. eine elektromagnet. Welle ausbreitet. Für die Ausbreitung im leeren Raum (*Vakuum-L.* c_0) gilt: $c_0 = 299 792,458$ km/s.
Lichtgriffel (Lichtstift), in der *Datenverarbeitung* verwendete stiftförmige Vorrichtung, die an ihrer Spitze einen Photodetektor enthält; auf dem Bildschirm eines Datensichtgeräts dargestellte Daten können mit dem L. in bestimmter (programmierter) Weise beeinflußt (ausgewählt, getilgt, verändert) werden.
Lichtjahr, in der *Astronomie* verwendete Längeneinheit, Einheitenzeichen Lj; die Entfernung, die das Licht in einem trop. Jahr zurücklegt: 1 Lj = 9,4605 Billionen km = 0,3066 pc (Parsec). Der erdnächste Fixstern (Proxima centauri) ist 4,3 Lj von der Erde entfernt.
Lichtleiter ↑Glasfaseroptik.
Lichtmaschine, elektr. Generator, der in einem [Kraft]fahrzeug die zur Versorgung der elektr. Anlagen und zur Aufladung der Batterie erforderl. Energie liefert. Die *Gleichstrom-L.* ist ein Nebenschlußgenerator mit Eigenerregung, bei dem die Gleichrichtung des induzierten Wechselstroms im Kollektor erfolgt. Bei der *Drehstrom-L. (Wechselstrom-L., Alternator)* wird der Wechselstrom in den im Ständer eingelassenen Ständerwicklungen erzeugt; die Gleichrichtung erfolgt

in sechs in Brückenschaltung angeordneten Halbleiterdioden.
Lichtmeß (Mariä L., Mariä Reinigung), volkstüml. Bez. für das Fest der Darstellung Jesu im Tempel (2. Febr.), abgeleitet von der Kerzenweihe und Lichterprozession der Tagesliturgie.
Lichtmessung, svw. ↑Photometrie.
Lichtnelke, Gatt. der Nelkengewächse mit 35 Arten in der nördl. gemäßigten und arkt. Zone; bekannt sind u. a.: *Brennende Liebe* (bis 1 m hohe Staude, Zierpflanze); *Kuckucks-L.* (20–90 cm hoch); *Jupiterblume* (bis 50 cm hoch).
Lichtpause ↑Kopierverfahren.
Lichtquanten ↑Photonen.
Lichtsatz ↑Setzerei.
Lichtscheu (Photophobie), Abwehrreaktion gegen helles Licht infolge erhöhter Blendungsempfindlichkeit z. B. bei entzündl. Erkrankungen des Auges.
Lichtschranke, photoelektron. Einrichtung zum Auslösen von Warn-, Zähl-, Kontroll- oder Steuergeräten: Ein auf eine Photozelle fallender gebündelter Lichtstrahl ruft bei Unterbrechung eine Änderung des Photozellenstroms hervor, wodurch z. B. eine Alarmvorrichtung ausgelöst wird.
Lichtsinn, die Fähigkeit der Tiere und des Menschen, Lichtreize mit Hilfe von L. zellen bzw. L. organen wahrzunehmen. L. zellen können über die ganze Körperoberfläche verteilt oder in den L. organen (Augen) konzentriert sein.
Lichtstärke, 1) *Photometrie:* Quotient aus dem Lichtstrom, der von einer Lichtquelle in den Raumwinkel ausgestrahlt wird, und der Größe dieses Raumwinkels selbst.
2) *Optik:* Anfangsöffnung (größte Blende) eines Objektivs.
Lichttechnik, auf den Grundlagen der physikal. und der physiolog. Optik aufbauendes Teilgebiet der Technik, das sich mit der Lichtmessung und -bewertung, den Methoden der Lichterzeugung und der Beleuchtung befaßt.
Lichttonverfahren (Lichtsteuerverfahren, Lichttonaufzeichnung[sverfahren])
↑Film.
Lichtwark, Alfred, *Reitbrook (heute zu Hamburg) 14. 11. 1852, † Hamburg 13. 1. 1914, dt. Kunsthistoriker. 1886 bis 1914 Direktor der Hamburger Kunsthalle; führender Vertreter der Kunsterziehungsbewegung.

Lichtnelke.
Brennende Liebe

Lichtwellenleiter

Trygve Lie

Rolf Liebermann

Max Liebermann
(Selbstporträt,
Ausschnitt aus einer
Lithographie; 1912)

Karl Liebknecht

Lichtwellenleiter, svw. Lichtleiter (↑Glasfaseroptik).
Lichtwert (Belichtungswert), Abk. **LW**, in der *Photographie* Zahlengröße, die gleichwertige Blenden-Belichtungszeit-Kombinationen kennzeichnet; LW 13 entspricht Bl. 11–1/60 s; Bl. 8–1/125 s; Bl. 5,6–1/250 s; Bl. 4–1/500 s.
Licinius, Valerius Licinianus, *in der Präfektur Illyricum um 250, † Thessalonike (heute Saloniki) 325 (hingerichtet), röm. Kaiser (seit 308). 311 nach Auseinandersetzungen mit Maximinus Herrscher über die illyr. Präfektur; verband sich mit Konstantin I., d. Gr. (313 Mailänder Edikte); sein Machtstreben führte nach dem Tod des Maximinus zum Krieg gegen Konstantin (wohl bereits ab 314); 324 vernichtend geschlagen.
Lid ↑Auge.
Lidar ['liːdar; engl. 'laɪdaː, Abk. für (Coherent) **l**ight **d**etecting **a**nd **r**anging »Entdecken und Entfernungsmessen mit (kohärentem) Licht«] (Colidar), Verfahren bzw. Gerät zur Rückstrahlortung von Objekten bzw. zur Sondierung der Atmosphäre mittels Laserstrahlen. Ein Laserstrahl wird auf das zu untersuchende Objekt gerichtet und die Intensität der reflektierten oder zurückgestreuten Strahlung photoelektr. gemessen. L. erlaubt die Ortung kleinster Partikel (z. B. Dunst, Rauchfahnen) in der Atmosphäre.
Lidice [tschech. 'lidjitsɛ], Ort westlich von Prag, nach der Ermordung R. Heydrichs am 10. 6. 1942 als Vergeltungsmaßnahme von Gestapo, SS und SD dem Erdboden gleichgemacht; etwa 190 männl. Einwohner wurden erschossen, die Frauen in das KZ Ravensbrück gebracht, wo 52 von 195 umkamen, 98 Kinder wurden zum Zweck der »Eindeutschung« in SS-Lager deportiert. 1946 wurde der Ort wiederaufgebaut.
Lido [italien.] ↑Küste.
Lie, Trygve, *Grorud bei Oslo 16. 7. 1896, † Geilo 30. 12. 1968, norweg. Politiker. 1946–52 erster Generalsekretär der UN.
Liebeneiner, Wolfgang, *Liebau i. Schles. 6. 10. 1905, † Wien 28. 11. 1987, dt. Schauspieler und Regisseur. ∞ mit H. Krahl; 1942–45 Produktionsleiter der Ufa. Filme: u. a. »Der Mustergatte« (1937).

Liebermann, 1) Max, *Berlin 20. 7. 1847, † ebd. 8. 2. 1935, dt. Maler und Graphiker. Hauptvertreter des dt. Impressionismus; lebte ab 1884 in Berlin, zahlr. Aufenthalte in Holland; ab 1898 Präs. der Berliner Sezession, 1920–33 Präs. der Preuß. Akademie der Künste; schuf Strand- und Dünenlandschaften, Gartenbilder und Porträts.
2) Rolf, *Zürich 14. 9. 1910, schweizer. Komponist. 1959 Intendant der Staatsoper Hamburg, 1972–80 Intendant der Pariser Oper, 1985–88 der Hamburgischen Staatsoper; komponierte in freier Zwölftontechnik u. a. Opern, Orchester- und Kammermusik sowie Vokalwerke.
Liebig, Justus Freiherr von (seit 1845), *Darmstadt 12. 5. 1803, † München 18. 4. 1873, dt. Chemiker. Begründete den Laboratoriumsunterricht an Hochschulen; bed. Arbeiten auf dem Gebiet der organ., techn., analyt., physiolog. und landwirtschaftl. Chemie (setzte Mineraldüngung durch).
Liebknecht, 1) Karl, *Leipzig 13. 8. 1871, † Berlin 15. 1. 1919, dt. Politiker. Sohn von Wilhelm L.; Rechtsanwalt; ab 1900 Mgl. der SPD (linker Flügel); MdR 1912–17, lehnte 1914 als einziger Abg. die Kriegskredite ab; 1916 wegen seiner Opposition gegen den Burgfrieden aus der Fraktion ausgeschlossen, nach einer Antikriegsdemonstration wegen Hochverrats zu Zuchthaus verurteilt (1918 begnadigt); einer der Gründer und Führer des Spartakusbundes; proklamierte am 9. 11. 1918 in Berlin (erfolglos) die »Freie sozialist. Republik« und beteiligte sich an der Gründung der KPD; mit Rosa Luxemburg nach Teilnahme am Januaraufstand 1919 von Freikorpsoffizieren ermordet.
2) Wilhelm, *Gießen 29. 3. 1826, † Berlin 7. 8. 1900, dt. Politiker. Nahm an der Märzrevolution 1848 teil; danach im Exil (enge Verbindung zu Marx und Engels); gründete 1869 mit A. Bebel die Sozialdemokrat. Arbeiterpartei; 1867 bis 70 Abg. im (Norddt.) Reichstag, seit 1874 MdR; beeinflußte als Redakteur des sozialdemokrat. »Vorwärts« entscheidend die geistige Entwicklung der dt. Sozialdemokratie.
Liebstöckel, Gatt. der Doldenblütler mit drei Arten in Kleinasien; als Gewürzpflanze kultiviert wird das *Maggi-*

kraut (1–2 m hoch, sellerieartig riechend).

Liechtenstein, Staat in Europa, grenzt im O an Österreich, im S und W an die Schweiz.
Staat und Recht: Konstitutionelle Erbmonarchie; *Verfassung* von 1921. *Staatsoberhaupt* ist der Fürst; die *Exekutive* liegt bei der von ihm auf Vorschlag des Landtages ernannten Regierung. *Legislativorgan* ist der Landtag (30 Mgl. für 4 Jahre gewählt). *Parteien:* Fortschrittl. Bürgerpartei, Vaterländ. Union, Freie Liste.
Landesnatur: L. umfaßt den westl. Kamm der Rätikonkette, das obere und mittlere Saminatal und den östl. Teil des unteren Alpenrheintals. Klima mild.
Bevölkerung: Rd. $1/3$ der Bevölkerung besitzt eine ausländ. Staatsangehörigkeit. Etwa 88% der E sind Katholiken.
Wirtschaft, Verkehr: Wichtiger als der Ackerbau sind Viehhaltung und Milchwirtschaft. Die Metallverarbeitung, der Apparatebau und die Textil-Ind. sind eng mit der Schweiz verbunden. Bed. sind Briefmarkenverkauf und Fremdenverkehr. Das Straßennetz hat eine Länge von 250 km. Die Eisenbahnlinie von Buchs nach Feldkirch wird von den Österr. Bundesbahnen betrieben.
Geschichte: 1719 Reichs-Ft., 1806–14 Mgl. des Rheinbundes, 1815–66 des Dt. Bundes; 1818 landständ. Verfassung, 1862 konstitutionelle Monarchie; 1918 Anschluß an die Schweiz, die L. auch diplomatisch vertritt; 1973 neues Wahlsystem mit Kandidatenproporz, 1984 Einführung des Frauenstimmrechts auf Landesebene. 1984 übernahm Erbprinz Hans Adam die Regierungsgeschäfte und 1989, nach dem Tod des Fürsten Franz Joseph II. (Nov. 1989), als Fürst Hans Adam II. die vollständige Herr-

Liebstöckel
(Höhe bis 2 m)

Lieferung

Staatsflagge

Liechtenstein

Fläche:	160 km²
Einwohner:	28 000
Hauptstadt:	Vaduz
Amtssprache:	Deutsch
National- **feiertag:**	15. 8.
Währung:	1 Schweizer Franken (sfr.) = 100 Rappen (Rp.)
Zeitzone:	MEZ

Staatswappen

schaft. Nach einer Volksabstimmung wurde L. zum 1. 5. 1995 Mgl. des EWR.
Lied, zum Singen bestimmter Text, meist aus mehreren gleichgebauten und gereimten Strophen. Das L. umfaßt die verschiedensten Typen: nach der Entstehung unterscheidet man Volks-L. und Kunst-L., nach seinem Inhalt geistl.-religiöse L. (Marien-, Kirchen-, Prozessions-L.) und weltl. L. (Liebes-, Natur-, histor.-polit. L.), nach seiner gesellschaftl. Zuordnung höf., Stände-, Studenten-, Vaganten-, Soldaten-, Kinder-L. oder nach der Art des Vortrags Chor-, Tanz-, Solo-, Klavierlied. Als Melodie zeigt das L. seine Sprachnähe in der gleichmäßigen Gliederung des musikal. Gestalt. L. bezeichnet auch balladeske und im ep. Sprechgesang vorgetragene Dichtung (z. B. das Helden-L.). Als mündlich überlieferter Gesang gehört das Volks-L. mit seinen vielen Sonderformen (Arbeits-L., Soldaten-L. usw.) allen Zeiten und Völkern an; das Kunst-L. entwickelte sich in Europa seit dem MA im Anschluß an die lat. Strophendichtungen (Hymnus und Sequenz).
Liedertafel, Name des von C. F. Zelter 1809 in Berlin gegr. Männergesangvereins.
Lieferung, die Übergabe einer gekauften Sache an den Käufer.

Justus von Liebig

Lilie.
Tigerlilie

Lieferungsbedingungen

Lieferungsbedingungen (Lieferbedingungen), Vereinbarungen, die bei Kauf- oder Werkverträgen zw. Käufer und Verkäufer getroffen werden und Einzelheiten der Vertragsabwicklung festlegen.
Liège [frz. ljɛːʒ], frz. Name für ↑Lüttich.
Liegenschaft, svw. unbewegliche Sache (Grundstück).
Liegnitz (poln. Legnica), Stadt an der Katzbach, Polen, 104 200 E. U. a. Textil-Ind., Kupferhütte. Piastenschloß (13., 15. und 16. Jh.), Peter-und-Pauls-Pfarrkirche (1333 ff.), ehemalige Franziskanerkirche (1294 ff. und 1714–27), Glogauer Tor (15. Jh.), Rathaus (1737 bis 41). – 1163 Mittelpunkt eines piast. Teil-Ft., 1241 auf der *Wahlstatt bei Liegnitz* Niederlage eines dt.-poln. Ritterheeres unter Hzg. Heinrich II. von Niederschlesien (✕) gegen das Reiterheer Batu Khans.
Lienz ['liːɛnts], Bezirkshauptstadt von Osttirol, Österreich, an Isel und Drau, 12 000 E. Got. Stadtpfarrkirche Sankt Andreas (v. a. 15. Jh.), außerhalb auf hohem Fels Schloß Bruck (13.–16. Jh.) mit spätgot. Burgkapelle und Museum, 4 km östlich Reste der röm. Stadt *Aguntum*. – 1271–1500 Sitz der »vorderen« Gft. Görz.
Lienzer Dolomiten ['liːɛntsər] ↑Gailtaler Alpen.
Liestal, Hauptort des schweizer. Halbkantons Basel-Landschaft (seit 1832) und des Bezirkes Liestal, 12 800 E. Staatsarchiv, Kantonsmuseum (im Alten Zeughaus aus dem 17. Jh.); u. a. Textil-Ind., Maschinenbau. Roman.-got. Kirche (11. und 13. Jh.), Rathaus (16. Jh.) mit spätgot. Fassade.
Lietz, Hermann, *Dumgenevitz (auf Rügen) 28. 4. 1868, † Haubinda (heute Westhausen bei Hildburghausen) 12. 6. 1919, dt. Pädagoge. Führender Vertreter der dt. Reformpädagogik; Gründer der ersten Landerziehungsheime.
Lievens, Jan [niederl. 'liːvəns], *Leiden 24. 10. 1607, † Amsterdam 4. 6. 1674, niederl. Maler und Graphiker. 1625–32 in Leiden in enger Arbeitsgemeinschaft mit Rembrandt.
Lifar, Serge, *Kiew 2. 4. 1905, † Lausanne 16. 12. 1986, russ.-frz. Tänzer und Choreograph. Einer der brillantesten Solotänzer; kam 1923 zu S. Diaghilew nach Paris, ab 1929 Ballettmeister, später auch Choreograph, u. a. an der Pariser Grand Opéra.
Life [engl. laɪf »Leben«], amerikan. Illustrierte, erschien 1936–72; begr. von Henry R. Luce (*1898, † 1967); 1978 als Monatszeitschrift neu begründet.
Life and Work [engl. 'laɪf ənd 'wəːk »Leben und Arbeit«] ↑ökumenische Bewegung.
LIFO [Abk. für engl. Last in/First out], in der Datenverarbeitung das Speicherprinzip, nach dem die zuletzt eingegebene Information als erste ausgegeben wird.
Lift [engl.], Fahrstuhl.
Liften [engl.], operatives Entfernen altersbedingter Falten im Gesicht.
Liga [lat.-span.], **1)** *Geschichte:* 1. fürstl., seit der Reformationszeit v. a. kath. Bündnisse (L. von Cambrai, Heilige L.), v. a. die 1609 gegen die prot. Union unter Führung Bayerns gebildete *kath. L.,* die eigtl. Machtstütze des Kaisers zu Beginn des Dreißigjährigen Krieges; 1635 aufgelöst; 2. nat. und internat. Zusammenschlüsse mit polit. oder weltanschaul. Zielsetzung, u. a. Arab. L., L. für Menschenrechte, L. der Nationen (Völkerbund), Muslimliga.
2) *Sport:* Spielklasse, Wettkampfklasse, in der Vereinsmannschaften, die sich qualifiziert haben, zusammengefaßt sind. Höchste Spielklasse in vielen Sportarten in Deutschland ist die *Bundesliga.*
Ligabue, Antonio, eigtl. Laccabue, *Zürich 18. 12. 1899, † Gualtieri bei Parma 27. 5. 1965, schweizer.-italien. Maler. Lebte zeitweise völlig mittellos in Italien; seine [Selbst]porträts und Tierbilder zählen zu den bedeutendsten Werken naiver Kunst.
Liga für Menschenrechte, 1898 in Paris im Verlauf der ↑Dreyfusaffäre gegr. Verband; seit 1922 internat. Föderation mit pazifist. und allg. humanitären Zielen; heutiger Sitz London. 1919 entstand die Deutsche L. f. M. e. V. (1933 verboten; 1945 neu gegr., Sitz Berlin).
Ligament [lat.], ein sehniges Band (Anatomie).
Ligand [lat.] ↑Koordinationsverbindungen.
Ligasen [lat.] (Synthetasen), Enzyme, die die Verknüpfung von Molekülen bewirken.

Liga für Menschenrechte

Liliengewächse

Ligatur [lat.], 1) *Drucktechnik:* Verbindung zweier Buchstaben zu einem Zeichen auf einer Drucktype, z. B. æ für ae.
2) *Musik:* die Bindung mehrerer Noten zu einer Notengruppe in der Mensuralnotation; das Binden zweier Noten gleicher Tonhöhe durch einen Haltebogen zur Darstellung von Synkopen.

Ligeti, György, * Tîrnăveni (Siebenbürgen) 28. 5. 1923, österr. Komponist ungar. Herkunft. Emigrierte 1956; lebte 1959–69 meist in Wien, wurde 1973 Prof. für Komposition an der Hamburger Musikhochschule; entwickelte u. a. die *Klangflächenkomposition* (u. a. »Atmosphères«, 1961). Sein umfangreiches Werk umfaßt neben Orchesterwerken, Kammer- und Chormusik und dem »Requiem« (1963–65) auch sog. Mimodramen sowie absurdes Musiktheater (»Le Grand Macabre«, 1974–76).

Ligne, Charles Joseph Fürst von [frz. liɲ], * Brüssel 23. 5. 1735, † Wien 13. 12. 1814, österr. Feldmarschall (seit 1808) und Diplomat. Kämpfte u. a. im Siebenjährigen Krieg; Diplomat in Rußland; hinterließ einen umfangreichen Briefwechsel mit Friedrich d. Gr., Katharina II., Voltaire, Rousseau, Goethe und Wieland.

Lignin [lat.] (Holzstoff), neben der Zellulose wichtigster Holzbestandteil, der bei Einlagerung in die pflanzl. Zellwände deren Verholzung *(Lignifizierung)* bewirkt.

Ligurer, vorindogerman. Volk in S-Frankreich und Oberitalien; im 6.–4. Jh. v. Chr. durch Etrusker und Kelten auf das Gebiet der Meeralpen und den Ligur. Apennin zurückgedrängt; 187–175 Unterwerfung durch Rom.

Ligurien, norditalien. Region am Ligur. Meer, 5 416 km², 1,702 Mio. E, Hauptstadt Genua.
Geschichte: In röm. Zeit *Liguria;* unter Augustus als 9. Region eingerichtet; Anfang des 11. Jh. wurde Genua führende Macht. 1797 richtete Napoléon Bonaparte die *Ligurische Republik* ein (bis 1805); 1815 als Hzgt. Genua zum Kgr. Sardinien.

Ligurische Alpen, italien. Gebirgslandschaft im westl. Ligurien, bis 2 651 m hoch.

Ligurischer Apennin, italien. Gebirgslandschaft im nördl. Ligurien und südl. Piemont, bis 1 799 m hoch.

Ligurisches Meer, Teil des westl. Mittelmeers, zw. Korsika und den Küsten Frankreichs und Italiens.

Liguster [lat.] (Rainweide), Gatt. der Ölbaumgewächse mit rd. 50 Arten, v. a. im östl. Asien; immer- oder sommergrüne Sträucher; z. T. für Zierhecken kultiviert; einheimisch ist der *Gemeine L.* (bis 5 m hoch; weiße Blüten und schwarze Beeren).

Likasi, Stadt im südl. Shaba, Zaire, 194 500 E. Größtes Bergbau- und Ind.-Zentrum Shabas (Kupfer und Uran).

Likör (Liqueur) [lat.-frz., eigtl. »Flüssigkeit«], süßes Dessertgetränk mit mindestens 30 Vol.-% Alkohol (Ausnahme: Eierlikör) und 220 g/l Extraktgehalt (Fruchtextrakte oder äther. Öle).

Liktoren [lat.], im antiken Rom Amtsdiener; schritten den höheren Magistraten mit den ↑Faszes voran.

Likud, 1973 gebildeter israel. Parteienblock (Cherut, Liberale Partei, Freies Zentrum, Staatspartei, Shlomzion); 1977–1992 Regierungspartei in verschiedenen Koalitionen; Vors. ist seit 1993 Benjamin Netanyanu (*1949).

Lilie (Lilium) [lat.], Gatt. der L.gewächse mit rd. 100 Arten in der gemäßigten Zone der Nordhalbkugel; Zwiebelpflanzen. Bekannte Arten: *Feuer-L.,* in den Alpen und höheren Mittelgebirgen; geschützt; *Madonnen-L.* (Weiße L.), bis 1,5 m hoch, im östl. Mittelmeergebiet bis SW-Asien; *Türkenbund* (Türkenbund-L.), bis 1 m hoch, in Mittelgebirgen und übrigen Eurasiens; geschützt; *Tiger-L.,* bis 1,5 m hoch, in China und Japan. – In der *Heraldik* stilisierte L.blüte; seit dem 12. Jh. im Wappen der Könige von Frankreich.

Liliencron, Detlev von [...kro:n], eigtl. Friedrich Adolf Axel Freiherr von L., * Kiel 3. 6. 1844, † Alt-Rahlstedt (heute zu Hamburg) 22. 7. 1909, dt. Dichter. Schrieb impressionist. Lyrik (»Gedichte«, 1889) und Novellen (»Letzte Ernte«, 1909), auch Dramen und Romane.

Lilienfeld, niederösterr. Bezirkshauptstadt südl. von Sankt Pölten, 3 300 E. Spätroman.-frühgot. Stiftskirche (barockisiert, Kreuzgang 13. Jh.) u. a. Reste des 1202 gegr. Zisterzienserklosters.

Liliengewächse (Liliaceae), Pflanzen-Fam. der Einkeimblättrigen mit über 200 Gatt. und rd. 3 500 Arten.

Liguster. Beerenfrüchte (oben) und Blütenstand des Gemeinen Ligusters (unten; Höhe bis 5 m)

Detlev von Liliencron

2031

Lilienthal

Otto Lilienthal

Lilienthal, Otto, * Anklam 23. 5. 1848, † Berlin 10. 8. 1896, dt. Ingenieur und Flugpionier. Aerodynam. Untersuchungen des Vogelflugs; unternahm in Gleitflugzeugen, die er zus. mit seinem Bruder Gustav L. (* 1849, † 1933) konstruierte, ab 1891 Gleitflüge.

Liliput, fiktives Land der Zwerge in J. Swifts Roman »Des Capitains Lemuel Gulliver Reisen ...«; danach die Bez. *Liliputaner* für bes. klein gewachsene Menschen.

Lilith, weibl. altisrael. Dämon. Nach rabbin. Tradition die erste Frau Adams, die ihn verließ und zum Dämon wurde.

Lilje, Johannes (Hanns), * Hannover 20. 8. 1899, † ebd. 6. 1. 1977, dt. luth. Theologe. 1944 als Mitarbeiter der Bekennenden Kirche inhaftiert; 1947 in Lund Mitbegründer des Luth. Weltbundes, 1952–57 dessen Präs.; 1947–71 Bischof der Ev.-luth. Landeskirche Hannovers; 1955–69 leitender Bischof der VELKD.

Lille [frz. lil], frz. Stadt in Flandern, 174 000 E. Verwaltungssitz des Dép. und der Region Nord; Univ., Kunstmuseum, Theater, Oper, Mittelpunkt des Ballungsraums L.-Roubaix-Tourcoing, ein Zentrum der fläm. Textilind. Spätgot. Kirchen Saint-Maurice und Sainte-Catherine; Zitadelle (17. Jh.), Alte Börse im Renaissancestil, Pariser Tor (1682–95), modernes Univ.-Klinikum (1936–53). – Im 12. Jh. eine der bedeutendsten Städte Flanderns (Stadtrecht 1127); 1667/68 von Ludwig XIV. eingenommen, von Vauban zur Festung ausgebaut; 1713 endgültig französisch.

Lille
Stadtwappen

Lille. Pariser Tor (1682 ff.)

Lillehammer, Hauptstadt des norweg. Verw.-Geb. Oppland, am N-Ende des Mjøsensees, 22 100 E. Freilichtmuseum. Austragungsort der Olymp. Winterspiele 1994.

Lillo, George [engl. ˈlɪləʊ], * London 4. 2. 1693, † ebd. 3. 9. 1739, engl. Dramatiker. Schrieb das erste bürgerl. Trauerspiel (»Der Kaufmann von London, oder Begebenheiten George Barnwells«, 1731).

Lilly, John [engl. ˈlɪlɪ] ↑ Lyly, John.

Lilongwe, Hauptstadt von Malawi, 186 800 E. Handelszentrum eines Agrargebiets; internat. ✈.

Lilybaeum ↑ Marsala.

Lima, Hauptstadt Perus und des Dep. Lima, am Río Rímac, städt. Agglomeration 6,4 Mio. E. 13 Univ., TH u. a. Hochschulen, Nationalarchiv, -bibliothek, Museen, Theater. Wichtigstes Handels- und Ind.-Zentrum Perus; internat. ✈.

Stadtbild: Kathedrale (1598–1624; mit Mumie von F. Pizarro); Basilika San Francisco (1657–74); Torre-Tagle-Palast (um 1735).

Geschichte: 1535 durch F. Pizarro gegr.; 1542 bis 1821 Hauptstadt des Vize-Kgr. Peru; im Salpeterkrieg 1881 bis 83 von der chilen. Armee besetzt.

Liman [griech.-türk.-russ.] ↑ Küste.

Limassol, Stadt an der zentralen S-Küste Zyperns, 137 000 E. Hafen. – L. ist die Nachfolgesiedlung des 8 km weiter östlich gelegenen antiken *Amathus.*

Limba [afrikan.], das gelb- bis grünlichbraune Holz eines bis 25 m hohen Langfadengewächses.

Limbach, Jutta, * Berlin 27. 3. 1934, dt. Politikerin (SPD) und Juristin. Ab 1971 Prof. in Berlin; 1989–94 Senatorin für Justiz in Berlin; seit 1994 Richterin und Präs. am Bundesverfassungsgericht.

Limburg, Brüder von [niederl. ˈlɪmbʏrx], Paul, Herman und Jan (eigtl. Malouel), * Nimwegen zw. 1375 und 1385, † Bourges 1416 (an der Pest?), niederl.-burgund. Miniaturisten. Schöpfer berühmter Stundenbücher (u. a. »Les très riches heures du Duc de Berry«, 1413–16, Chantilly, Musée Condé). In der Verbindung der Tradition niederl.-burgund. Buchmalerei mit italien. Vorbildern (v. a. Giotto und den Sienesen) legten sie die Grundlage für die niederl. Malerei des 15. Jahrhunderts.

Limburg, 1) Bistum, Suffragan von Köln (seit 1930); errichtet 1821 als Suffragan von Freiburg.
2) [niederl. 'lɪmbʏrx] Prov. in den sö. Niederlanden, 2208 km², 1,07 Mio. E, Verwaltungssitz Maastricht. *Geschichte:* Das Hzgt. L. fiel 1288 an Brabant; im Westfäl. Frieden 1648 zw. Spanien und den Generalstaaten, 1839 zw. Belgien und den Niederlanden geteilt; als Hzgt. L. auch Mgl. des Dt. Bundes.
3) [niederl. 'lɪmbʏrx] (frz. Limbourg) Prov. in NO-Belgien, 2422 km², 711000 E, Hauptstadt Hasselt.

Limburg a. d. Lahn, hess. Kreisstadt an der Lahn, 30200 E. Museen; Priesterseminar; u. a. Metallverarbeitung. Die von den Isenburgern im 13. Jh. errichtete Burg und der Dom des 1821 gegr. Bistums (nach 1211 an der Stelle der alten Kirche des 910 errichteten Kollegiatstiftes Sankt Georg) bilden eine eindrucksvolle Baugruppe über der Stadt mit ihren zahlr. Stein- und Fachwerkbauten (16./17. Jh.); got. Stadtkirche (14. Jh.), Lahnbrücke (1315 ff.). Im Ortsteil *Dietkirchen* roman. ehem. Stiftskirche (11./12. Jh.).

Limburger Becken, von der unteren Lahn durchflossene Senke zw. dem Taunus im S und dem Westerwald im N.

Limbus [lat. »Saum, Rand«], **1)** *kath. Dogmatik:* Ort bzw. Zustand der Verstorbenen, die nicht in den Himmel, in der Hölle oder ins Fegefeuer sind; gilt u. a. für ungetauft verstorbene Kinder; heute von den meisten Theologen abgelehnt.
2) *Mathematik:* Gradkreis, Teilkreis an Winkelmeßinstrumenten.

Limerick, Stadt am Shannon, Irland, 60700 E. Verwaltungssitz der Gft. Limerick; Handelszentrum, drittgrößte Ind.-Stadt des Landes; Hafen; nahebei ✈ Shannon Airport. Burg (13. und 15. Jh.), anglikan. Kathedrale (1142 bis 80). – Bis zum Ende des 10. Jh. Hauptstadt eines Wikingerkönigreichs.

Limerick, urspr. engl. Versgedicht in fünf Zeilen (nach dem Schema aabba) mit grotesker Wendung (Nonsensvers).

Limes [lat. »Grenzweg, Grenze, Grenzwall«], **1)** in der röm. Kaiserzeit die befestigte Reichsgrenze; seit dem 1. Jh. n. Chr. angelegt; im 2. und 3. Jh. ausgebaut (Befestigung mit Palisaden, Wällen, Wachttürmen und Kastellen); seit der Zeit Mark Aurels immer häufiger überrannt. – Der *niedergerman. L.* bestand aus einer Reihe von Befestigungen am Rheinufer. Der *obergerman. L.,* von der Mündung des Vinxtbaches (zw. Bad Hönningen und Rheinbrohl) nach Einbeziehung von Taunus und Wetterau mainaufwärts bis zur Linie Wörth a. Main–Bad Wimpfen führend, wurde unter Antoninus Pius auf die Linie Miltenberg–Lorch vorgeschoben; sein Verlauf ist v. a. im Taunus noch gut zu erkennen. Der *rät. L.* verlief an der Linie Lorch–Gunzenhausen–Eining. ↑Hadrianswall.
2) *Mathematik:* svw. ↑Grenzwert.

Limette [frz.] (Limone, Limonelle), eiförm. Frucht einer in feuchten Tropengebieten kultivierten Zitruspflanze; Gewinnung von Saft und äther. Ölen.

Limfjord [dän. 'limfjo:r] ↑Jütland.

Limit [lat.-frz.-engl.], Grenze, die nicht über- bzw. unterschritten werden darf, z. B. Preisgrenze; im *Sport* Mindestleistung.

Limmat, rechter Nebenfluß der Aare, 140 km lang, entspringt als *Linth* in den Glarner Alpen, durchfließt den Walen- und Zürichsee (danach L. gen.), mündet bei Baden.

Limnimeter [griech.] (Limnograph), Pegel zum Messen und Aufzeichnen des Wasserstandes.

Limnologie [griech.], Teilgebiet der Biologie; befaßt sich mit den Süßgewässern und deren Organismen.

Limnos (Lemnos), griech. Insel im nördl. Ägäischen Meer, 476 km², bis 430 m hoch, Hauptort Mirina.

Limoges [frz. li'mɔ:ʒ], frz. Stadt an der Vienne, 144100 E. Hauptstadt der Region Limousin und des Dép. Haute-Vienne; Univ.; Porzellanmuseum; u. a. Porzellanmanufakturen. Got. Kathedrale (1273 ff.) und Kirchen Saint-Michel-des-Lions (14.–16. Jh.) und Saint-Pierre-du-Queyroix (12.–16. Jh.); Brücken (13. Jh.).

Limone [pers.-arab.], **1)** svw. Zitrone (↑Zitronenbaum).
2) svw. ↑Limette.

Limousin [frz. limu'zɛ̃], frz. Region im nw. Zentralmassiv, 16942 km², 722900 E, Hauptstadt Limoges.

Limousine [...mu...; frz.], Pkw mit geschlossenem Verdeck.

Johannes Lilje

Lima
Stadtwappen

Jutta Limbach

Limpopo

Lindau. Hafeneinfahrt mit Leuchtturm, dahinter die Stadt mit dem Mangturm (um 1200) in der Bildmitte

Charles Lindbergh

Abraham Lincoln

Limpopo, Fluß in Afrika, entspringt am Witwatersrand (Republik Südafrika), mündet sw. von Xai-Xai (Moçambique) in den Ind. Ozean, rd. 1 600 km lang; im Mittellauf Grenze zw. Südafrika und Botswana bzw. Simbabwe.

Lin Biao (Lin Piao), * Hwangan (Prov. Hebei) 5. 12. 1907, † 13. 9. 1971 (Flugzeugabsturz), chin. Politiker. 1946 Oberkommandierender der Roten Armee, besiegte die Heere der Guomindang (1945–49); 1959 Verteidigungs-Min.; in der Kulturrevolution auf der Seite Mao Zedongs; 1968 stellv. Partei-Vors.; stellte sich 1970 gegen dessen Idee der »permanenten Revolution«; am 8. 9. 1971 gescheiterter Staatsstreichversuch; kam bei dem Versuch, sich in die UdSSR abzusetzen, ums Leben.

Lincke, Paul, * Berlin 7. 11. 1866, † Clausthal-Zellerfeld 3. 9. 1946, dt. Komponist. Hauptvertreter der Berliner Operette, u. a. »Frau Luna« (1899; darin u. a. »Das ist die Berliner Luft«).

Lincoln, Abraham [engl. 'lɪŋkən], * Hodgenville (Ky.) 12. 2. 1809, † Washington 15. 4. 1865 (ermordet), 16. Präs. der USA (1861–65). Anwalt; 1834–42 Mgl. der Volksvertretung in Illinois, 1847–49 Kongreß-Abg. in Washington; schloß sich 1856 der neugegründeten Republikan. Partei an. Seine Wahl zum Präs. war das Signal für die von der Abschaffung der Sklaverei wirtschaftlich bedrohten Südstaaten zur Sezession von den USA. Im Sezessionskrieg gab L. durch seine Entschlossenheit und durch den Machtzuwachs der Exekutive dem Präsidentenamt neues Gewicht. Nach der Kapitulation General Lees veröffentlichte er ein Wiederaufbauprogramm (↑Reconstruction). L. wurde von dem Rassenfanatiker John Wilkes Booth (* 1839, † 1865) im Theater erschossen.

Lincoln [engl. 'lɪŋkən], **1)** Stadt in O-England, 76 700 E. Verwaltungssitz der Gft. Lincolnshire; v. a. Maschinenbau. Got. Kathedrale (11.–14. Jh.), zehneckiges Kapitelhaus (um 1225); Saint Mary's Guildhall (1180/90), mittelalterl. Tore, aus der Römerzeit Reste der Stadtmauer und der sog. Newportbogen. – 47 n. Chr. röm. Legionslager, 877 eine der dän. »Fünfburgen«, 940 engl. Besitz.

2) Hauptstadt des Staates Nebraska, USA, 183 100 E. 2 Univ.; Handelszentrum, Ind.-Standort. State Capitol (1922–32).

Lincoln Center for the Performing Arts [engl. 'lɪŋkən 'sentə fɔː ðə pəˈfɔːmɪŋ 'ɑːts »Lincoln-Zentrum für die darstellenden Künste«], Kulturzentrum in New York (Manhattan); umfaßt u. a. eine Konzerthalle (1962 eröffnet), das New York State Theatre (1964), das Vivian Beaumont Theatre (1965) und die neue Metropolitan Opera (1966).

Lind, 1) Jakov, eigtl. J. Landwirt, * Wien 10. 2. 1927, österr. Schriftsteller. Bekannt durch seine grotesk-absurde Erzählungssammlung »Eine Seele aus Holz« (1962).

Linearbeschleuniger

2) Jenny, verh. Goldschmidt, *Stockholm 6. 10. 1820, † Malvern Hills bei Worcester 2. 11. 1887, schwedische Sängerin (Sopran). Opern, Oratorien, Lieder; gefeiert als »schwedische Nachtigall«.

Lindau (Bodensee), Kreisstadt am SO-Ufer des Bodensees, Bayern, 24500 E. Stadtmuseum, Reichsstädtische Bibliothek; u. a. Maschinenbau; Hafen mit Leuchtturm und Denkmal (bayer. Löwe). In der auf einer Insel liegenden Altstadt u. a. ehem. Sankt-Peters-Kirche (11. Jh.), ev. Stadtkirche (1180 ff.; spätgot. und barock umgebaut), kath. Pfarrkirche (1748–51 erneuert); Altes Rathaus (1422–36; umgestaltet); Wohnbauten des 16. und 17. Jh., Reste der Stadtbefestigung (12.–15. Jh.). – Erste Nennung des Reichsklosters 882; vor 1216 Stadt, unter Rudolf I. Reichsstadt, 1805 an Bayern.

Lindbergh, Charles [engl. 'lɪndbəːg], *Detroit 4. 2. 1902, † auf Maui (Hawaii) 26. 8. 1974, amerikan. Flugpionier. 1927 erster Alleinflug von New York nach Paris in 33 1/2 Stunden.

Linde, Carl von (seit 1897), *Berndorf (heute Thurnau bei Kulmbach) 11. 6. 1842, † München 16. 11. 1934, dt. Ingenieur und Industrieller. Entwickelte 1876 eine mit Ammoniak als Kältemittel arbeitende Kältemaschine; 1895 Herstellung von flüssiger Luft, ab 1901 Produktion von flüssigem Sauerstoff und Stickstoff.

Linde (Tilia), Gatt. der Lindengewächse mit rd. 30 meist formenreichen Arten in der nördl. gemäßigten Zone; bis 40 m hohe, z. T. bis 1000 Jahre alt werdende, sommergrüne Bäume; Holz für Schnitz- und Drechslerarbeiten geeignet; Blüten werden für den schweißtreibenden *Lindenblütentee* verwendet. In M-Europa verbreitete Arten: *Sommer-L.* (Großblättrige L.), mit breit eiförmiger Krone; *Winter-L.*, bis 25 m.

Lindegren, Erik, *Luleå 5. 8. 1910, † Stockholm 31. 5. 1968, schwed. Lyriker. Führender Vertreter der schwed. Lyrik der 1940er Jahre.

Lindemann, Ferdinand von, *Hannover 12. 4. 1852, † München 6. 3. 1939, dt. Mathematiker. Bewies die Transzendenz der Zahl π und damit die Unmöglichkeit der zeichner. Darstellung der Quadratur des Kreises.

Lindenberg, Udo, *Gronau (Westf.) 17. 5. 1946, dt. Rockmusiker (Schlagzeuger und Sänger). Wurde seit 1972 mit seinem »Panik-Orchester« zum Vorreiter für Rocksongs mit dt. Texten, die in schnoddrigem Jargon Witz und soziales Engagement zeigen.

Lindenfels, hess. Stadt im Odenwald, 4900 E. Heilklimat. Kurort. Burgruine (12. Jh., 14.–16. Jh.); z. T. erhaltene Stadtbefestigung (15. Jh.) mit Toren.

Lindengewächse (Tiliaceae), Pflanzenfam. mit 45 Gatt. und mehr als 400 meist trop. Arten; hauptsächlich Bäume.

Linder, Max [frz. lɛ̃'dɛːr], eigtl. Gabriel Maximilien Leuville, *Saint-Loubès bei Bordeaux 16. 12. 1883, † Paris 30. 10. 1925, frz. Schauspieler und Regisseur. Komiker des Stummfilms, beeinflußte den Stil C. Chaplins.

Linderhof ↑Ettal.

Linde-Verfahren [nach C. von Linde], ein Verfahren zur Verflüssigung von Luft u. a. Gase unter Ausnutzung des Joule-Thomson-Effektes.

Lindgren, Astrid, geb. Ericsson, *Näs bei Vimmerby 14. 11. 1907, schwed. Schriftstellerin. Hatte großen Erfolg mit Kinderbüchern, bes. mit der Pippi-Langstrumpf-Serie (1945–48) und den Büchern um Kalle Blomquist (1946 bis 53). 1978 Friedenspreis des Börsenvereins des Dt. Buchhandels. – *Weitere Werke:* Wir Kinder aus Bullerbü (1947), Michel in der Suppenschüssel (1963), Ferien auf Saltkrokan (1964), Die Brüder Löwenherz (1973), Ronja Räubertochter (1981).

Lindisfarne [engl. 'lɪndɪsfɑːn] ↑Holy Island.

Lindner, Richard, *Hamburg 11. 11 1901, † New York 16. 4. 1978, amerikan. Maler dt. Herkunft. 1933 Emigration nach Paris, 1941 in die USA; schuf u. a. mit den Mitteln der Pop-art grobstrukturierte, oft wie aus Maschinenteilen zusammengesetzte Figuren, die Identitätslosigkeit ausdrücken.

Lindsay, Vachel [engl. 'lɪndzɪ], *Springfield (Ill.) 10. 11. 1879, † ebd. 5. 12. 1931 (Selbstmord), amerikan. Dichter. Populärer Bänkelsänger und Rezitator.

linear [lat.], geradlinig; eindimensional.

Linearbeschleuniger ↑Teilchenbeschleuniger.

Astrid Lindgren

Carl von Linde

Lincoln Stadtwappen

Linde. Sommerlinde; rechts: Zweig mit Blüten ♦ Links: Früchte

lineare Programmierung

Linköping. Südportal des Doms

lineare Programmierung, svw. lineare ↑Optimierung.
Linearmotor (Wanderfeldmotor), ein elektr. Antriebsmotor, bei dem (im Unterschied zu den rotierenden elektr. Maschinen) sich der eine Motorteil unter dem Einfluß elektromagnet. Kräfte gegenüber dem anderen geradlinig verschiebt, so daß ein Vortrieb bzw. eine geradlinige Bewegung erzeugt wird. Wegen der berührungslosen Kraftübertragung erscheinen L. als Antriebsmittel für Magnetschwebebahnen bes. geeignet, wobei der Sekundärteil meistens als Fahrschiene ausgebildet ist.
Linearschrift, die Weiterentwicklung einer Bilderschrift, in der die urspr. figürl. Formen sich nicht aufgelöst haben, sondern nur mit einfachen Strichen gezeichnet sind. Bekannt sind die L. auf Kreta: *Linear A* aus mittel- und spätminoischer Zeit (noch nicht endgültig entziffert); *Linear B* aus spätminoisch-myken. Zeit (seit dem 15. Jh. v. Chr.) auf Kreta (Palast von Knossos) und dem griech. Festland.
Line Islands [engl. 'laɪn 'aɪləndz], Bez. für eine Reihe von Inseln im zentralen Pazifik beiderseits des Äquators.
Linga [Sanskrit], symbol. Darstellung des männl. Gliedes als Kultbild in Indien; gilt als Symbol Shivas.

Carl von Linné

Lingen, Theo, eigtl. Theodor Schmitz, *Hannover 10. 6. 1903, † Wien 10. 11. 1978, dt.-österr. Schauspieler. Ab 1948 am Wiener Burgtheater; bekannter Komiker des dt. Sprachraums; zahlr. Filmrollen.
Lingen (Ems), Stadt im Kreis Emsland, Ndsachs., an Ems und Dortmund-Ems-Kanal, 49 500 E. U. a. Erdölraffinerie, Elektrostahlwerk; Hafen am Dortmund-Ems-Kanal. Ref. Kirche (1770) mit spätgot. Chor und roman. W-Turm; Rathaus (barock umgebaut) mit spätgot. Staffelgiebel.
Lingualpfeife (Zungenpfeife), neben der ↑Labialpfeife verwendete Orgelpfeifenart; der den Ton erzeugende Luftstrom wird durch eine schwingende Zunge aus Metall periodisch unterbrochen.
Linguistik [lat.], i. w. S. Bez. für den Gesamtbereich der ↑Sprachwissenschaft; i. e. S. Bez. für die moderne Sprachwissenschaft, die v. a. Theorien über die Struktur der (gesprochenen) Sprache erarbeitet und empirisch nachweisbare Ergebnisse anstrebt.
Linie [lat.], **1)** *Mathematik:* ein (abstraktes) eindimensionales geometr. Grundgebilde ohne Querausdehnung.
2) *Militärwesen:* 1. taktisch die in gleichmäßigen Abständen nebeneinander aufgestellte Truppe (Ggs. Kolonne); 2. in der Heeresorganisation früher die Truppen des stehenden Heeres gegenüber der Landwehr.
3) *Straßen- und Luftverkehr, Schiffahrt:* eine regelmäßig befahrene bzw. beflogene Verkehrsverbindung.
Linienriß, zeichner. Darstellung der Form eines Schiffes durch Schnitte in verschiedenen Ebenen; u. a. *Längsriß* (Schnitte parallel der Mittellängslinie), *Wasserlinienriß* (parallel zur Wasserlinie).
Linienschiff, 1) *Schiffahrt:* Handelsschiff (Fähre, Fahrgastschiff, Frachtschiff), das in der Linienfahrt eingesetzt wird.
2) *Militärwesen:* schwerstes Kriegsschiff vom 17. Jh. bis zum 1. Weltkrieg.
Linientaufe (Äquatortaufe), ulkigderbe »Reinigungs«bräuche, denen Mgl. einer Schiffsbesatzung (auch Passagiere) unterzogen werden, die erstmals den Äquator passieren.
Liniment [lat.] (Linimentum), dickflüssiges, salbenart. Gemisch aus Seife, Fetten und Alkoholen mit Arzneimittelzusätzen.

Linse

Linse. Lens culinaris (Höhe 30–50 cm); a Hülsenfrucht und Samen

Linke (die Linke), aus der nach 1814 übl. Sitzordnung (in Blickrichtung des Präs.) der frz. Deputiertenkammer übernommene Bez. für die »Bewegungsparteien«, die auf eine Veränderung der polit.-sozialen Verhältnisse hinwirken.

Linköping [schwed. ˈlintɕoːpiŋ], Hauptstadt des Verw.-Geb. Östergötland in M-Schweden, 117 800 E. Univ., TH, Museen; u. a. Flugzeug- und Automobilbau. Roman.-spätgot. Domkirche (13.–15. Jh.), Schloß (vor 1500).

Linkseindeutigkeit ↑Eindeutigkeit.

Linkshändigkeit, bevorzugter Gebrauch der linken Hand, bedingt durch stärkere funktionelle Differenzierung der rechten Gehirnhälfte; kommt bei etwa 5 % der Menschen vor.

Linna, Väinö, *Urjala 20. 12. 1920, † Kangasala 21. 4. 1992, finn. Schriftsteller. Schrieb u. a. den (auch verfilmten) Roman »Kreuze in Karelien« (1954).

Linné, Carl von (seit 1762, bis dahin C. Linnaeus), *Hof Råshult bei Stenbrohult 23. 5. 1707, † Uppsala 10. 1. 1778, schwed. Naturforscher (Mediziner und Biologe). Einer der Gründer der Schwed. Akademie der Wiss.; seine erstmals 1735 erschienene Abhandlung »Systema naturae« ist die Grundlage der modernen biolog. Systematik. Basis seiner Klassifikation waren die Geschlechtsorgane (Staub- und Fruchtblätter) der Pflanzen (Einführung der

Symbole ♂ und ♀); stellte erstmals den Menschen als Homo sapiens in die Ordnung »Herrentiere« (neben den Schimpansen und den Orang-Utan).

Linolensäure [lat./dt.], dreifach ungesättigte essentielle Fettsäure.

Linoleum [lat.], elast. Belagstoff (v. a. für Fußböden), bei dem eine Belagmasse u. a. aus Kork- oder Holzmehl, Farbstoffen, Harzen und aus Linoxyn aufgepreßt wurde.

Linolsäure [lat./dt.] (Leinölsäure, 9,12-Octadecadiensäure), doppelt ungesättigte essentielle Fettsäure, bes. reichl. im Sonnenblumenöl und Olivenöl enthalten; senkt den Cholesterinspiegel des Blutes.

Linolschnitt [lat./dt.], dem Holzschnitt verwandte Hochdrucktechnik (seit dem frühen 20. Jh.), bei der die Zeichnung in eine weiche Linoleumplatte geschnitten wird.

Linotype ® [ˈlaɪnotaɪp; engl.] ↑Setzerei.

Lin Piao ↑Lin Biao.

Linse, wickenähnl. Schmetterlingsblütler; alte Kulturpflanze aus dem Orient;

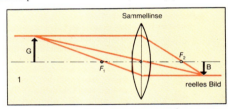

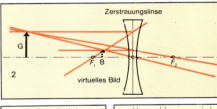

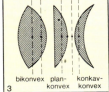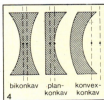

Linsen 1). Strahlengang und Entstehung eines Bildes bei einer Konvexlinse (**1**) und einer Konkavlinse (**2**); G Gegenstand, B Bild, F1, F2 Brennpunkte; Konvexlinsen (**3**), Konkavlinsen (**4**)

Fritz Albert Lipmann

Linz Stadtwappen

Linsen

einjähriges, 30–50 cm hohes Kraut; die Samen ergeben gekocht ein eiweiß- und kohlenhydratreiches Gemüse.
Linsen, 1) *Optik:* lichtdurchlässige Körper, die durch Brechung des Lichts eine opt. Abbildung vermitteln können. Sie sind meist von Kugelflächen begrenzt *(sphär. L.), Konvex-L.* sind in der Mitte dicker als am Rand, *Konkav-L.* in der Mitte dünner als am Rand. Ist das L.material optisch dichter als die Umgebung (z. B. Glas-L. in Luft), dann wirken Konvex-L. als *Sammel-L.* und Konkav-L. als *Zerstreuungs-L.;* bei Sammel-L. vereinigen sich parallel zur opt. Achse einfallende Strahlen nach Durchgang durch die L. in einem Punkt der opt. Achse, dem *Brennpunkt;* sein Abstand vom L.mittelpunkt wird als *Brennweite* bezeichnet. Bei Zerstreuungs-L. verlaufen parallel zur opt. Achse einfallende Strahlen nach Durchgang durch die L. so, als ob sie von einem Punkt der opt. Achse, dem *Zerstreuungspunkt (virtueller Brennpunkt),* ausgingen. – Abb. S. 2037.
2) *Teilchenoptik:* (Elektronen-L.) ↑Elektronenmikroskop.
Linsentrübung, svw. grauer Star (↑Starerkrankungen).
Linth, Oberlauf der ↑Limmat.
Linz, Landeshauptstadt von Oberösterreich, im Winkel zw. Donau und Traun, 203 000 E. Univ., mehrere Hochschulen, Priesterseminar, Museen, Landestheater. U. a. Vereinigte Österr. Eisen- und Stahlwerke, Chemiewerk; Donauhafen.
Stadtbild: Martinskirche (im Kern frühes 8. Jh.) auf dem Römerberg, ehem. Deutschordenskirche (18. Jh.), Jesuitenkirche (Alter Dom; 17. Jh.), ehem. Minoritenkirche (Umbau im Rokokostil), Landhaus (16. Jh.) mit Laubenhof sowie Planetenbrunnen (1582), barockes Rathaus (1658 ff.) mit spätgot. Erker (1513), Bischofshof (1721–26).
Geschichte: In röm. Zeit Kastell mit Zivilsiedlung; bajuwar. Gräberfeld des 2. Hälfte des 7. Jh.; 1236 als Stadt bezeichnet; Sitz des Hauptmanns ob der Enns; ab 1785 Bischofssitz.
Linzer Programm, 1) 1882 in Linz aufgestelltes Programm der deutschnationalen Bewegung.
2) 1926 beschlossenes Parteiprogramm der österr. Sozialdemokratie, das für den Fall einer faschist. Machtübernahme Gewaltanwendung vorsah.
Lioba (Leoba, Leobgytha), hl., * Wessex um 710, † Schornsheim bei Alzey 782, engl. Benediktinerin. Verwandt mit dem hl. Bonifatius, der sie nach Deutschland rief; Äbtissin des Klosters Tauberbischofsheim. – Fest: 28. September.
Lions International [engl. ˈlaɪənz ɪntəˈnæʃənəl] (offiziell: The International Association of Lions Clubs; Lions, Abk. für **L**iberty, **I**ntelligence, **O**ur **N**ation's **S**afety), 1916 in Illinois gegr. Kluborganisation; karitativ tätig, um internat. Verständigung bemüht; Hauptsitz: Oak Brook (Ill.).
Lipämie [griech.], erhöhter Fettgehalt des Blutes.
Lipari, italien. Insel nö. von Sizilien, mit 37,6 km² größte der Lipar. Inseln, bis 602 m ü. M., Hauptort Lipari (Thermalquellen).
Liparische Inseln (Äolische Inseln), italien. Inselgruppe vulkan. Ursprungs nö. von Sizilien, insgesamt 117 km². – Seit dem Spätpaläolithikum besiedelt; 252 v. Chr. den Karthagern von den Römern entrissen (wichtiger Flottenstützpunkt).
Lipasen [griech.], Enzyme, die Fette in Glycerin und Fettsäuren spalten (Hydrolasen).
Lipchitz, Jacques [frz. lipˈʃits], eigtl. Chaim Jacob, * Druskieniki (heute Druskininkai, Litauen) 22. 8. 1891, † auf Capri 26. 5. 1973, frz.-amerikan. Bildhauer litauischer Herkunft. Lebte ab 1909 in Paris, 1941 Emigration in die USA; schuf bed. kubist. Plastiken, später organ. Formen.
Li Peng, * Chengdu 1928, chin. Politiker. Ingenieur; ab 1981 Min.; seit 1982 im ZK der KPCh, seit 1985 im Politbüro, seit 1987 in dessen Ständigem Ausschuß; seit 1987 Min.-Präs.; zusammen mit Deng Xiaoping verantwortlich für die blutige Niederschlagung der Studentenunruhen im Mai/Juni 1989.
Lipezk [russ. ˈlipɪtsk], russ. Gebietshauptstadt am Woronesch, 456 000 E. PH, polytechn. Hochschule, Theater; Hütten-Ind.; Kurort (Schlammbäder, Mineralquellen). – Gegr. im 13. Jh., Ende des 13. Jh. durch Tataren zerstört; seit 1779 Stadt.
Lipica [slowen. ˈliːpitsa], slowen. Ort östlich von Triest; Lipizzanergestüt.

Lipide [griech.], Sammelbez. für Fette und fettähnl. Substanzen; Vorkommen in pflanzl. und tier. Organismen.

Lipizzaner, Warmblutpferd, hervorgegangen aus dem Andalusier, dem Karstpferd und eingekreuztem Arab. Vollblut; Prüfung und Auslese der Hengste seit 1735 in der Span. Reitschule in Wien; etwa 1,60 m schulterhoch, breite Brust, kurze, starke Beine; meist Schimmel.

Lipmann, Fritz Albert, *Königsberg 12. 6. 1899, † Poughkeepsie (N.Y.) 24. 7. 1986, amerikan. Biochemiker dt. Herkunft. Arbeitete über B-Vitamine und Enzyme; entdeckte das Koenzym A und dessen Rolle im Zitronensäurezyklus; 1953 erhielt er (zus. mit Sir H. A. Krebs) den Nobelpreis für Physiologie oder Medizin.

lipo..., Lipo... [griech.], Bestimmungswort in Zusammensetzungen mit der Bedeutung »Fett...«, »fetthaltig«.

Lipochrome [...'kro...; griech.], svw. ↑Karotinoide.

Lipoide [griech.], lebenswichtige fettähnl. Stoffe, die mit den Fetten zu den ↑Lipiden zusammengefaßt werden.

lipophil, sich in Fetten, Ölen u. a. fettähnl. Substanzen leicht lösend. – Ggs. *lipophob*.

Lipoproteide (Lipoproteine), zusammengesetzte Eiweißstoffe, die neben der Proteinkomponente auch Lipide enthalten.

Lippe, ehemaliges westfäl. Adelsgeschlecht und Territorium. 1528/29 Erhebung der 1113 erstmals bezeugten Edelherren in den Reichsgrafenstand. Nach 1613 Teilung in die Gft. *L.-Detmold* (1627 Abzweigung der Nebenlinie *L.-Biesterfeld*), *L.-Brake* (1709 erloschen) und *L.-Alverdissen* (ab 1643 *Schaumburg-L.*). Die Grafen von L.-Detmold wurden 1789 in den Reichsfürstenstand erhoben. Das Ft., 1905 Erbfolge der Linie L.-Biesterfeld, bestand bis 1918.

Lippe, rechter Nebenfluß des Niederrheins, 228 km lang.

Lippe, 1) *Anatomie:* paarige, bewegl., drüsenreiche, stark durchblutete weiche Verdickung oder paarige Hautfalte am Mundrand bes. bei Menschen und Säugetieren.
2) *Botanik:* Teile der ↑Lippenblüte.

Lippenbär, bis 1,7 m langer, schwarz- und langhaariger, nachtaktiver Bär in den Wäldern Vorderindiens und Ceylons; mit weit vorstreckbaren Lippen.

Lippenblüte, für die Lippenblütler charakterist. Blüte, deren verwachsener, häufig zweilippiger Kelch eine langröhrige Krone mit einer aus zwei Blättern verwachsenen Oberlippe und einer dreiteiligen Unterlippe umgibt.

Lippenblütler (Labiaten, Labiatae, Laminaceae), weltweit verbreitete Pflanzenfam. mit rd. 200 Gatt. und über 3 000 Arten; meist Kräuter oder Stauden mit Lippenblüten.

Lippenlaute ↑labial.

Lippenlaute

Lippenblütler. Lippenblüte der Taubnessel; von oben: Ansicht von vorn; Längsschnitt; Blütendiagramm

Lippenpfeife

Lippfische. Meerjunker (Länge 20 cm)

Lippenpfeife, svw. ↑Labialpfeife.
Lipper Bergland, Teil des westl. Weserberglands, bis 497 m hoch.
Lippfische (Labridae), Fam. Barschartiger Fische, einige cm bis fast 3 m lang, mit über 600 Arten, v. a. an Korallenriffen und Felsküsten warmer und gemäßigter Meere; im Atlantik und an der Adria der bis 25 cm lange *Meerjunker* (Pfauenfederfisch).
Lippi, 1) Filippino, *Prato 1457 (?), †Florenz 18. 4. 1504, italien. Maler. Sohn des Fra Filippo L.; Schüler Botticellis; Fresken (Strozzi-Kapelle in Santa Maria Novella, Florenz, 1502); lyr. Andachtsbilder und Gemälde.
2) Fra Filippo, *Florenz um 1406, †Spoleto 8. oder 10. 10. 1469, italien. Maler. Schüler von Masaccio; 1452–66 in Prato (Fresken in der Chorkapelle des Domes), ab 1466 in Spoleto (Fresken in der Apsis des Domes); auch Altarbilder (u. a. Madonna mit Kind, 1452, Florenz, Palazzo Pitti).
Lippisch, Alexander Martin, *München 2. 11. 1894, †Cedar Rapids (Ia.) 11. 2. 1976, amerikan. Flugzeugkonstrukteur dt. Herkunft. Entwickelte Segelflugzeuge, Gleiter und das erste Deltaflügelflugzeug der Welt; konstruierte 1943 die Me 163 (erstes dt. Raketenflugzeug; 1 003 km/h).
Lippmann, Gabriel [frz. lip'man], *Hollerich (Luxemburg) 16. 8. 1845, †auf See 12. 7. 1921, frz. Physiker. Entwickelte ein Verfahren zur Photographie in natürl. Farben unter Ausnutzung der Interferenz stehender Lichtwellen (praktisch bedeutungslos); Nobelpreis für Physik 1908.
Lipponen, Paavo, *Turtola 23. 4. 1941, finn. Politiker (Sozialdemokrat. Partei). Journalist; 1983–87 und seit 1991 Abg. im Reichstag; seit 1993 Partei-Vors.; seit 1995 Ministerpräsident.
Lipps, Theodor, *Wallhalben bei Landstuhl 28. 7. 1851, †München 17. 10.

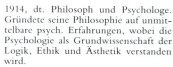

1914, dt. Philosoph und Psychologe. Gründete seine Philosophie auf unmittelbare psych. Erfahrungen, wobei die Psychologie als Grundwissenschaft der Logik, Ethik und Ästhetik verstanden wird.
Lippstadt, Stadt im Kreis Soest, NRW, im südl. Teil der Westfäl. Bucht an der Lippe, 62 600 E. Elektro-, Holzind.; Heilbad im Stadtteil *Bad Waldliesborn*. Große Marienkirche (1222 geweiht), Ruine der Kleinen Marienkirche (13. Jh.). Im Ortsteil Cappel roman. Stiftskirche (12. Jh.).
Lips, Joest, niederl. Philologe, ↑Lipsius, Justus.
Lipscomb, William Nunn [engl. 'lɪpskəm], *Cleveland (Ohio) 9. 12. 1919, amerikan. Chemiker. Arbeiten über ↑Borane; 1976 Nobelpreis für Chemie.
Lipsius, Justus [niederl. 'lɪpsiːys], eigtl. Joest Lips, *Overijse bei Brüssel 18. 10. 1547, †Löwen 23. 3. 1606, niederl. klass. Philologe. Einer der besten Kenner der Altertums-Wiss. (Ausgabe der Werke Tacitus' [1574]); seine Fürstenlehre bestimmte die Herrschaftspraxis des Absolutismus.
Liquidation [lat.], **1)** *Recht:* Abwicklung der laufenden Geschäfte, abschließende Befriedigung der Gläubiger und Verwertung und Verteilung des Vermögens einer Personengesellschaft oder Kapitalgesellschaft, eines Vereins oder einer Genossenschaft nach Auflösung oder Verlust der Rechtsfähigkeit (Abwicklungsfirma, Firmenzusatz: i. L. »in Liquidation«). Keine Liquidation findet statt, wenn über das Vermögen das Konkursverfahren eröffnet worden ist. Die L. wird durch *Liquidatoren (Abwickler)* durchgeführt. Nach Abschluß der Liquidation ist das Erlöschen der Firma (des Vereins, der Genossenschaft) von ihnen zur Eintragung in das Handelsbzw. das sonst entsprechende Register anzumelden.
2) *allg.:* Kostenrechnung freier Berufe.
Liquidität [lat.], Zahlungsfähigkeit eines Unternehmens, d. h. die Fähigkeit, den Zahlungsverpflichtungen jederzeit nachzukommen (Ggs. Zahlungsunfähigkeit).
Liquor [lat.], in der *Anatomie* seröse Flüssigkeit bestimmter Körperhohlräume.

William Nunn Lipscomb

Friedrich List

Lira [italien.] (Mrz. Lire), Abk. **Lit**, Währungseinheit in Italien; 1 Lit = 100 Centesimi (Cent.).

Lisboa [portugies. liʒ'βoɐ] ↑Lissabon.

Liselotte von der Pfalz ↑Elisabeth Charlotte (Orléans).

Lisieux [frz. li'zjø], frz. Stadt in der Normandie, 24 900 E. Kunstmuseum; metallverarbeitende, chem. u. a. Ind., Cidreherstellung. Frühgot. Kathedrale (12.–15. Jh.); die Basilika Sainte-Thérèse (1929–52) ist die zweitwichtigste frz. Wallfahrtskirche (↑Theresia vom Kinde Jesu).

LISP [von engl. list processing language], höhere Programmiersprache v. a. für Probleme der künstl. Intelligenz. Sie beruht auf den Basisstrukturen Reihung, Iteration und Rekursion; die Operationen werden in poln. Notation geschrieben.

Lispeln, meist durch Zahn-Kiefer- bzw. Bißanomalien verursachte Sprechstörung mit falscher Aussprache der Zischlaute.

Liss, Johann (Jan Lys), * im Land Oldenburg um 1597, † Venedig um 1629/30, dt. Maler des Frühbarock. Lernte und arbeitete in Haarlem, Rom (Caravaggio) und Venedig; Darstellungen in reicher Farbigkeit, u. a. »Tod der Kleopatra« (um 1626–28, München, Alte Pinakothek).

Lissabon (portugies. Lisboa), Hauptstadt Portugals, am Mündungstrichter des Tejo, 812 000 E. sechs Univ. (die älteste gegr. 1290), TU (gegr. 1931), Nationalarchiv und -bibliothek, Gulbenkianstiftung mit Kunstsammlung u. a. Museen, Nationaltheater, Oper, botan. Garten, Zoo. Die Ind. ist v. a. im O und NO der Stadt angesiedelt; Straßen- und Eisenbahnbrücke über den Tejo; internat. ✈. **Stadtbild:** Unterhalb vom Kastell São Jorge (maur. Ursprungs) Altstadt (Alfama) mit roman.-got. Kathedrale (1147 begonnen) und der 1590 ff. erbauten Spätrenaissancekirche São Vicente de Fora. Die anschließende, nach dem Erdbeben von 1755 regelmäßig angelegte Unterstadt *(Cidade Baixa)* ist Geschäfts- und Bankenzentrum. In der Oberstadt Kirche São Roque (16. Jh.) und die Kirchenruine Do Carmo. Im Vorort *Belém* ehem. Hieronymitenkloster mit Hallenkirche (1499–1571); am Tejoufer die

Lissabon. Torre de Belém im Stadtviertel Belém

Torre de Belém (1515–21) und das Denkmal der Entdeckungen (1960). **Geschichte:** Bereits phönik. und karthag. Handelsplatz *(Alis Ubbo),* unter röm. Herrschaft (205 v. Chr. bis 407 n. Chr.) *Olisippo,* dann Munizipium *Felicitas Iulia;* unter westgot. (ab 5. Jh.) und maur. Herrschaft (ab 715/16) wichtige Festung; 1147 von König Alfons I. von Portugal erobert, hieß nun *Lixboa* (später Lisboa); ab 1260 Residenzstadt; im 14./15. Jh. einer der wichtigsten und reichsten Handelsplätze Europas. Das Erdbeben von 1755 zerstörte über die Hälfte der Stadt.

Lissitzky, El [...ki], eigtl. Lasar Markowitsch Lissizkij, * Potschinok (Gebiet Smolensk) 22. 11. 1890, † Moskau 30. 12. 1941, russ. Maler, Graphiker und Architekt. In Kontakt mit K. Malewitsch, der Stijl-Gruppe und dem Bauhaus leistete El L. einen bed. Beitrag zur konstruktivist. Kunst: Bildkompositionen (»Prouns«) und ganze Rauminstallationen (»Prounraum« 1923), auch Architekturprojekte und typograph. Gestaltungen.

List, Friedrich, * Reutlingen 6. 8. 1789, † Kufstein 30. 11. 1846 (Selbstmord), dt. Volkswirtschaftler und Politiker. Als Verfechter dt. zollpolit. Einigung geriet er in Ggs. zur württemberg. Regierung, verlor seine Professur in Tübingen

Lissabon Stadtwappen

List

Franz Liszt

(1817–20) und wurde zu Festungshaft verurteilt, jedoch gegen das Versprechen, in die USA auszuwandern, freigelassen. 1832 kehrte er als amerikan. Konsul nach Deutschland zurück und wurde zum Vorkämpfer des Eisenbahnbaus in Deutschland und zum Verfechter des Dt. Zollvereins. Mit seiner »Theorie der produktiven Kräfte«, die er der klass. »Theorie der Werte« entgegensetzte, wurde L. zum Vorläufer der histor. Schule [der Nationalökonomie]; Hauptwerk: »Das nationale System der polit. Ökonomie« (1841).

List, Gem. an der N-Spitze der Insel Sylt, Schlesw.-Holst., 3300 E. Seebad, Fischereihafen; Fährverkehr zur dän. Insel Röm.

Lister, Joseph, Baron L. of Lyme Regis (seit 1897) [engl. 'lɪstə], *Uptonhouse bei London 5. 4. 1827, †Walmer bei Dover 10. 2. 1912, britischer Chirurg. Begründer der antiseptischen Wundbehandlung.

Liszt, Franz von (seit 1859) [lɪst], *Raiding (heute Raiding-Unterfrauenhaid bei Oberpullendorf) 22. 10. 1811, †Bayreuth 31. 7. 1886, ungar.-dt. Pianist und Komponist. Feierte als virtuoser Pianist Triumphe in ganz Europa; lebte 1835–39 mit der Gräfin Marie d'Agoult (drei Kinder, darunter Cosima, ∞ mit H. von Bülow und R. Wagner) zusammen, ab 1848 in Weimar (Hofkapellmeister) mit der Fürstin Caroline von Sayn-Wittgenstein; seit 1861 in Rom (erhielt 1865 die niederen Weihen [»Abbé L.«]); wechselte später seinen Wohnsitz zw. Rom, Weimar und Budapest; schuf die Gattung der sinfon. *Dichtung* (u. a. »Les préludes«, 1848; »Heldenklage«, 1850; »Hungaria«, 1854), revolutionierte die Klaviertechnik (u. a. Konzerte, Fantasien, Totentanz, »Années de pèlerinage«, »Ungar. Rhapsodien«) und war mit seinen Orchesterwerken (Sinfonien »Faust«, 1854; »Dante«, 1855) wegweisend für das 20. Jahrhundert.

Li T'ai-po, chin. Lyriker, †Li Bo.

Litanei [griech.], Wechselgebet, bei dem die Anrufungen des Vorbeters mit gleichbleibenden Antworten der Gemeinde (»Erhöre uns«, »Bitte für uns«) beantwortet werden. Luther gestaltete 1529 die Allerheiligen-L. in eine heiligenlose L. um.

Litani (al-L.), Fluß in Libanon, entspringt westlich von Baalbek, mündet nördlich von Sur in das Mittelmeer, 145 km lang.

Litauen (litauisch Lietuva), Staat in NO-Europa, grenzt im W an die Ostsee, im N an Lettland, im O und SO an Weißrußland, im S an Polen und Rußland (Gebiet Kaliningrad).

Staat und Recht: Republik; *Verfassung* von 1992. *Staatsoberhaupt* ist der ist der direkt auf 5 Jahre gewählte Staatspräsident. *Exekutivorgan* ist die Regierung unter Leitung des Min.-Präs. Als *Legislative* fungiert das Parlament (Seimas, 141 auf 4 Jahre gewählte Abg.). Wichtigste *Parteien* sind die Demokrat. Arbeiterpartei (aus dem reformer. Flügel der ehem. KP hervorgegangen) und die Volksbewegung Sajudis.

Landesnatur: Im W des durch eiszeitliche Moränenwälle bestimmten Reliefs erheben sich die Schamaitischen Höhen bis 234 m ü. M., der SO wird vom seenreichen Baltischen Landrücken (in L. bis 287 m ü. M.) eingenommen und von den litauischen Hauptströmen Memel und Neris in tiefen, windungsreichen Tälern durchschnitten. Im zentralen Teil liegt die z. T. versumpfte Mittellitauische Tiefebene (35/40 m–80/90 m ü. M.). Der etwa 100 km lange und 15–20 km breite Küstenstreifen geht im S in die z. T. sumpfige Niederung an der unteren Memel über. Vor der südl. Küste liegt der litauische Anteil am Kurischen Haff und an der Kurischen Nehrung.

Bevölkerung: 80% der Bevölkerung sind Litauer, 9% Russen, 7% Polen, daneben weitere Minderheiten. Die Gläubigen gehören überwiegend der röm.-kath. Kirche an.

Wirtschaft, Verkehr: Im Vordergrund der Landwirtschaft steht die Schweine- und Rinderhaltung; Anbauprodukte sind Futterpflanzen, Getreide, Kartoffeln, Zuckerrüben, Flachs und Gemüse. Neben der begrenzten Küstenfischerei wird Hochseefischerei betrieben. Die einst profilbestimmende Nahrungsmittel- und Textil-Ind. wurde nach 1945 von den Zweigen des Maschinenbaus und der Elektrotechnik abgelöst. Das Verkehrsnetz umfaßt ein 1 990 km langes Eisenbahnnetz und 33 100 km Straßen. Das Binnenwasserstraßennetz ist

628 km lang (Schiffahrt auf Memel, Neris und auf den Traikaseen westlich von Wilna). Internat. ✈ in Wilna.
Geschichte: Etwa zu Beginn des 9. Jh. nahmen die von Slawen aus ihrem urspr. Siedlungsraum an der oberen Oka und Wolga verdrängten balt. Litauer das Gebiet des heutigen L. in Besitz. Fürst Mindaugas einigte um 1240 das in zahlr. Klein-Ft. zersplitterte L.; Großfürst Gedymin annektierte Teile Rußlands und unterstellte Minsk und Witebsk seiner Oberhoheit. Zum Schutz gegen den Dt. Orden schloß Großfürst Jagello eine Union mit Polen, ließ sich taufen und erhielt nach Heirat mit der poln. Thronerbin Hedwig 1386 die poln. Königskrone. In der Schlacht von Tannenberg (1410) besiegte das vereinigte poln.-lit. Heer den Dt. Orden. Mit der 3. Teilung Polens 1795 kam der Hauptteil des lit. Siedlungsgebietes an Rußland, das Gebiet um Suwałki wurde preußisch (bis 1807). Die brutale Russifizierungspolitik bewirkte die Entstehung einer lit. Nationalbewegung. 1905 erhielt L. einen eigenen Landtag. Angeregt durch die dt. Besatzungsmacht (ab 1915), erklärte L. sich 1918 für unabhängig. 1923 wurde das Memelland besetzt. 1926 beendete der Staatsstreich A. Smetonas' die demokrat. Entwicklung; das Land geriet unter den Min.-Präs. A. Voldemaras und J. Tūbelis zur rechtsgerichteten Diktatur. Der Dt.-Sowjet. Grenz- und Freundschaftsvertrag vom Sept. 1939 teilte L. der sowjet. Interessensphäre zu; am 15.6. 1940 wurde ganz L. russisch besetzt und nach Ausrufung der Litauischen SSR (21. 7. 1940) am 3. 8. 1940 der Sowjetunion angegliedert. Den Judenverfolgungen der dt. Besatzungsorgane (1941–44) folgten nach der Rückkehr der Roten Armee massive Deportationen der lit. Intelligenz. Die ersten freien Parlamentswahlen im Febr. 1990 erbrachten einen überwältigenden Erfolg der Volksfront Sajudis; das Parlament wählte am 11. 3. 1990 den Vors. der Sajudis, V. Landsbergis, zu seinem Präsidenten. Am selben Tag erklärte sich L. als erste sowjet. Unionsrepublik zu einem souveränen Staat (Umbenennung in Republik L. auf der Grundlage ihrer Vorkriegsverfassung). Die Weigerung des litauischen Parlaments, diesen Unabhängigkeitsbeschluß zurückzunehmen, zog wachsende Spannungen mit Moskau nach sich (Wirtschaftsblockade gegen L. bis Juli 1990, blutige Zusammenstöße sowjet. Truppen mit der Bevölkerung der Hauptstadt im Jan. 1991, Angriffe der sowjet. Sondereinheit OMON auf lit. Zoll- und Grenzstationen ab Mai 1991). Der Durchbruch zur staatl. Souveränität gelang L. erst nach dem Scheitern des Staatsstreiches gegen M. Gorbatschow im Aug. 1991. Im Febr. 1993 wurde der Führer der ehem. litauischen KP, A. Brasauskas, zum Staats-Präs. gewählt; seine Partei stellt seit 1992 auch die Parlamentsmehrheit. Im Aug. 1993 verließen die letzten russ. Truppen das Land.
Litauisch, zur Gruppe der balt. Sprachen gehörende Sprache der Litauer: Niederlitauisch oder Schemaitisch im NW und Hochlitauisch oder Aukschtaitisch im S und SO Litauens. Die Schriftsprache beruht auf dem hochlitauischen Dialekten, sie wird in lat. Schrift (mit Zusatzzeichen) geschrieben.
Liter [griech.-lat.-frz.], Einheitenzeichen **l,** meist bei Flüssigkeiten verwendeter Name für die Volumeneinheit Kubikdezimeter: $1 l = 1/1000 m^3 = 1 dm^3$. Vielfache und Teile des L.: *Dekaliter* (dal; 10 l), *Hektoliter* (hl; 100 l), *Deziliter* (dl; $1/10$ l), *Zentiliter* (cl; $1/100$ l), *Milliliter* (ml; $1/1000$ l).

Liter

Litauen

Staatsflagge

Litauen

Fläche:	62 500 km²
Einwohner:	3,755 Mio.
Hauptstadt:	Wilna
Amtssprache:	Litauisch
National-feiertag:	16.2.
Währung:	1 Litas (LTL) = 100 Centas
Zeitzone:	MEZ + 1 Std.

Staatswappen

Bevölkerung Bruttosozial-
(in Mio.) produkt je E
(in US-$)

Bevölkerungsverteilung
1992

Bruttoinlandsprodukt
1992

Literal

Theodor Litt

Literal [engl. 'lɪtərəl], in der *elektron. Datenverarbeitung* eine Konstante, die sich während des Programmablaufes nicht ändert. Sie ist in ihrem Inhalt nicht durch eine Bereichsdefinition festgelegt und hat auch keinen Datennamen.
literar..., Literar... [lat.], Bestimmungswort in Zusammensetzungen mit der Bedeutung »Literatur...«.
Literatur [lat.], in einem grundlegenden Sinn jeder auf der Basis eines (Schrift-)Zeichensystems festgehaltene und damit lesbare Text, im Ggs. zur lediglich mündl. Überlieferung. L. wird i. w. S. für alle Schriftwerke, i. e. S. für belletrist. Texte (Dichtung) bzw. kultur- und geistesgeschichtl. Texte, in einem speziellen Sinn für fachbezogene Texte (Fach-L.) verwendet. Die *belletrist. L.* umfaßt die Gattungen der Lyrik, Epik, Dramatik und Essayistik. Die Gesamtheit der L. eines Volkes bzw. einer bestimmten Sprache bezeichnet man als *Nationalliteratur,* während die *Weltliteratur* die Werke umfaßt, die über die Grenzen der Nationen und Zeitalter hinaus Bedeutung erlangt haben.
Literaturwissenschaft, umfassende Bez. für jede Art von wiss. Auseinandersetzung mit Literatur, oft nur als nicht näher bestimmtes Synonym für eine der an den Nationalsprachen orientierten Philologien (z. B. Germanistik, Romanistik) oder als deren Oberbegriff gebraucht; auch allgemeiner programmat. Begriff einer Wissenschaftsdisziplin, deren Gegenstand der gesamte Prozeß der Texterstellung, textl. Ausformung, Verbreitung, Rezeption, Wirkung und Bewertung von Literatur ist, v. a. auch in ihrem Bezug zu Wirklichkeit und Gesellschaft sowie zu deren Wert- und Tradierungssystemen (z. B. Geschichte, Religion, Philosophie).
Literleistung ↑Hubraum.
Litfaßsäule, Anschlagsäule für die Außenwerbung; erstmals 1855 in Berlin von dem Drucker Ernst Litfaß (*1816, †1874) und dem Zirkusdirektor Ernst Jacob Renz (*1815, †1892) aufgestellt.
lith..., Lith... ↑litho..., Litho...
Lithium [griech.], Symbol **Li**, chem. Element aus der I. Hauptgruppe des Periodensystems; Ordnungszahl 3; relative Atommasse 6,941; Schmelztemperatur 180,54 °C; Siedetemperatur 1 347 °C. Das silberweiße, weiche, sehr reaktive Alkalimetall ist das leichteste Metall überhaupt (Dichte 0,534 g/cm³). Es reagiert mit Wasser unter Wasserstoffentwicklung zu *L.hydroxid;* bei Entzündung verbrennt es mit intensiv rotem Licht zu *L.oxid.* L. kommt in Form von Silicat- und Phosphatmineralen (Spodumen) vor. Gewonnen wird es durch Schmelzelektrolyse aus L.chlorid. Techn. Bedeutung hat L. als Legierungszusatz und in der Kern- und Reaktortechnik als Neutronenabsorber, Kühlflüssigkeit und Moderator. Die Verbindung von L. (insbes. des Isotops Li 6) mit Deuterium (*L.deuterid,* LiD) ist Ausgangssubstanz bei der Kernfusion (erstmals 1953 in sowjet. Wasserstoffbomben verwendet).
litho..., Litho..., lith..., Lith... [griech.], Bestimmungswort von Zusammensetzungen mit der Bedeutung »[Ge]stein«.
Lithoglyptik, svw. ↑Steinschneidekunst.
Lithographie, 1) *Graphik:* (Litho, Steindruck) Flachdruckverfahren, bei dem die Zeichnung mit fetthaltiger Kreide oder lithograph. Tusche (aus Fett, Wachs und Lampenruß) auf feinporige Kalksteinplatten aufgetragen wird. Der kohlensaure Kalk des Steins wird an diesen Stellen zu farbspeicherndem und wasserabstoßendem fettsaurem Kalk, nur diese Stellen drucken, während die mit Gummiarabikumlösung abgedichteten zeichnungsfreien Partien des Steins nach Anfeuchten keine Farbe annehmen. Für die Farb-L. verwendet man mehrere Platten nacheinander. – 1796/97 entdeckte A. Senefelder die L.; ihr künstler. Durchbruch erfolgte bei E. Delacroix, T. Géricault, F. de Goya. Bevorzugtes Feld der L. wurde dann die Karikatur (H. Daumier). Die Farb-L. als Plakatdruck etablierte H. de Toulouse-Lautrec. In Deutschland wurde die L. von den Expressionisten aufgegriffen (O. Mueller, E. Nolde, E. Kirchner), eine neue Blütezeit erfuhr sie in Frankreich v. a. durch Picasso. 2) *Elektronik:* ↑Photolithographie.
Lithosphäre, im Schalenbau der Erde die obersten 100 km. Die Lithosphäre umfaßt sowohl die Erdkruste als auch die obersten Teile des Erdmantels, von der Festigkeit her eine Einheit bildend, die auf der Asthenosphäre verschiebbar ist.

Litoměřice [tschech. ˈlitɔmjɛrʒitsɛ] (dt. Leitmeritz), Stadt an der Elbe, Tschech. Republik, 24 800 E. Bischofssitz; Dom St. Stephan (17. Jh.), Allerheiligen-Stadtkirche (1235, barock umgestaltet); Renaissancerathaus mit Stadtmuseum. – 1227 Stadtrecht.
Litoral [italien.-lat.], Uferregion eines Gewässers; auch das küstennahe Meeresgebiet.
Litschibaum [chin./dt.], Gatt. der Seifenbaumgewächse mit zwei Arten in S-China; in den Tropen als Obstbaum kultiviert; Früchte (*Litschipflaume, Zwillingspflaume,* Lychee) pflaumengroß, Fruchtfleisch schmeckt erdbeerähnlich.
Litt, Theodor, *Düsseldorf 27. 12. 1880, † Bonn 16. 7. 1962, dt. Philosoph und Pädagoge. Im Zentrum seiner wissenschaftstheoret. Entwürfe (↑Wissenschaftstheorie) stand die Geistes-Wiss. und ihre method. Grundlegung; v. a. Beiträge zur Kulturphilosophie und philosoph. Anthropologie. – *Werke:* Individuum und Gemeinschaft (1918), Freiheit und Lebensordnung (1962).
Little Bighorn River [engl. ˈlɪtl ˈbɪghɔːn ˈrɪvə], rechter Nebenfluß des Bighorn River im südl. Montana, USA. – Am L. B. R. wurde am 25. 6. 1876 eine Abteilung der US-Kavallerie unter General George Armstrong Custer (*1839, †1876) von Indianern unter Führung von Crazy Horse und Sitting Bull völlig vernichtet; heute Nationalfriedhof und -denkmal.
Little-Krankheit [engl. ˈlɪtl; nach dem brit. Chirurgen William John Little, *1810, †1894], Sammel-Bez. für die verschiedenen (bes. angeborenen doppelseitigen) Formen der zerebralen Kinderlähmung auf Grund embryonaler Entwicklungsstörungen bzw. frühkindl. Schädigungen der motor. Nervenbahnen des Gehirns; typisch sind Gehstörungen.
Little Nemo [engl. ˈlɪtl ˈneməʊ], 1905–11 und 1924–27 als Zeitungsbeilage erschienene, vom Jugendstil beeinflußte Comicserie von Winsor McCay (*1871, †1934): der kleine Nemo erlebt phantast. Abenteuer in einer surrealist. Traumwelt.
Little Richard [engl. ˈlɪtl ˈrɪtʃəd], eigtl. Richard Penniman, *Macon (Ga.) 25. 12. 1935, amerikan. Rockmusiker (Sänger). Ab Mitte der 1950er Jahre Einfluß auf Soulsänger und brit. Popmusikgruppen.
Little Rock [engl. ˈlɪtl ˈrɔk], Hauptstadt des Staates Arkansas, USA, am Arkansas River, 175 800 E. Univ. L. R. liegt im Zentrum des bedeutendsten Bauxitvorkommens der USA. – 1957/58 Schauplatz heftiger Auseinandersetzungen um die Gleichberechtigung der schwarzen Bevölkerung.
Liturgie [griech.], im christl. Sprachgebrauch Bez. für Form und Inhalt des christl. Kultes (Gottesdienst); neben Verkündigung und Dienst am Nächsten einer der wesentl. Lebensvollzüge der Kirche. Theologisch läßt sich L. umschreiben als der durch Jesus Christus im Hl. Geist vermittelte Dialog zw. Gott und der versammelten Gemeinde. – In der *kath. Kirche* wird sie vollzogen in der Feier der Eucharistie und der Sakramente, in der Wortverkündigung und im Stundengebet, im Gedenken der Heilsereignisse und in den Gedenktagen von Glaubenszeugen. In den *Ostkirchen* bezeichnet L. den eucharist. Gottesdienst, der sich aus der L. der Katechumenen (Wortgottesdienst) und der L. der Gläubigen mit den Höhepunkten Anaphora und Kommunion zusammensetzt. Die *reformator. L.* betont gegenüber dem mittelalterl. Traditionen den Gemeinschaftscharakter der L. und die zentrale Stellung der Verkündigung des Wortes Gottes (Einführung der Volkssprache).

Lithographie. Henri de Toulouse-Lautrec. »Sitzender weiblicher Clown« (1896)

Litschibaum. Litschipflaume

liturgische Bewegung

liturgische Bewegung, neuzeitl. Bemühungen in der kath. Kirche, die Gemeinde aktiv am Vollzug der Liturgie zu beteiligen. 1909 begann man, liturg. Texte in den Landessprachen zu publizieren. Die l. B. wurde 1913/14 von akadem. Kreisen um die Abtei Maria Laach aufgegriffen und dann von der kath. Jugendbewegung verbreitet. Gesamtkirchlich wurde die l. B. mit dem 2. Vatikan. Konzil (1962–65) zur vollen Wirkung gebracht.

liturgische Bücher, in den christl. Kirchen die offiziellen Zusammenstellungen der Texte, Noten und Anweisungen für den Gottesdienst. – In den *ev. Kirchen* ist die ↑Agende das liturg. Buch, in der anglikan. Kirche das Common Prayer Book.

liturgische Farben, in der *kath. Kirche* die seit karoling. Zeit je nach Fest bzw. Zeit des Kirchenjahres wechselnden Farben der liturg. Gewänder und Tücher: weiß (als Lichtfarbe; bei Herren- und Marienfesten), rot (Symbolik des Blutes und Feuers; Pfingsten, Leiden Christi, Märtyrerfeste), violett (Buße und Trauer; Fastenzeiten vor Weihnachten und Ostern), schwarz (Karfreitag und Messen für Verstorbene, z. T. abgeschafft), rosa (die Sonntage Gaudete und Lätare), grün (für alle Sonntage außerhalb der Festkreise). Nach dem 2. Vatikan. Konzil besteht die Möglichkeit, die l. F. der in anderen Kulturkreisen vorherrschenden Farbsymbolik anzupassen. – In den *ev. Kirchen* ist als Kleidung ein schwarzer Talar üblich; als Bekleidung von Kanzel und Altar haben sich durchgesetzt: weiß (alle Christusfeste), rot (Pfingsten, Apostel- und Märtyrerfeste), violett (Advents- und Passionszeit, Buß- und Bettage), schwarz (Karfreitag, Karsamstag, Trauertage), grün (alle übrigen Tage).

liturgische Sprache, die Kultsprache der christl. Gottesdienste.

Litvak, Anatole, *Kiew 10. 5. 1902, † Neuilly-sur-Seine 15. 12. 1974, amerikan. Filmregisseur russ. Herkunft. Seit 1929 in Deutschland; emigrierte 1937 in die USA; drehte u. a. »Mayerling« (1936), »Entscheidung vor Morgengrauen« (1950), »Lieben sie Brahms?« (1960).

Litze [lat.], **1)** *Elektrotechnik:* ein aus dünnen Einzeldrähten bestehender, biegsamer elektr. Leiter.

2) *Textilwesen:* Band zum Einfassen oder Besetzen.

Liudger ['liːʊtgɐr, 'luːtgɐr] (Ludger), hl., *in Friesland um 742, † Billerbeck 26. 3. 809, Bischof, Missionar Frieslands und Westfalens. 804 erster Bischof von Münster; Klostergründungen. – Fest: 26. März.

Liudolfinger (Ludolfinger, Ottonen), sächs. Adels- und dt. Herrschergeschlecht, regierte von der Wahl Heinrichs I. (919) bis zum Tod Heinrichs II. (1024).

Liu Shaoqi (Liu Shao-ch'i), *in der Prov. Hunan 1899 (?), † Kaifeng 12. 11. 1969 (im Gefängnis), chin. Politiker. 1945–68 stellv. Partei-Vors.; ab 1958 Vors. des Nat. Volkskongresses; 1969 aus der KPCh ausgeschlossen; 1980 rehabilitiert.

Liutizen (Lutizen, Wilzen), Bund westslaw. Stämme (bis Anfang des 12. Jh.), führend im Aufstand von 983 gegen die dt. Herrschaft.

Liutprand ['liːʊtprant, 'luːɪt...] (Luitprand), † 744, König der Langobarden (ab 712). Unterwarf große Teile Italiens.

Liutprand (Liudprand, Luitprand) **von Cremona** ['liːʊtprant, 'luːɪt...], *Pavia (?) um 920, † um 972, Bischof von Cremona (seit 961). Seine Werke (u. a. eine Geschichte Ottos d. Gr.) sind trotz ihrer Subjektivität die wichtigsten Quellen für die Geschichte Italiens im 10. Jh.

live [engl. laɪf], als Direktsendung übertragen; persönlich anwesend.

Liven, südl. Zweig der Ostseefinnen, größtenteils in Letten und Esten aufgegangen.

Liverpool, Robert Banks Jenkinson, Earl of (seit 1808) [engl. 'lɪvəpuːl], *London 7. 6. 1770, † ebd. 4.12. 1828, brit. Politiker. Verhinderte als Premier-Min. (1812–27) eine Wahlreform und die Emanzipation der Katholiken.

Liverpool [engl. 'lɪvəpuːl], Stadt in England, an der Mündung des Mersey in die Irische See, 463 000 E. Verwaltungssitz der Metropolitan County Merseyside; Universität, Museum, Theater. Bedeutendes Handels-, Industrie- und Versicherungszentrum, Importhafen mit Containerumschlag; Passagierverkehr mit Irland und Amerika. Anglikan. neugot. Kathedrale, kath. Kathedrale (beide 20. Jh.); bed. auch Speke Hall (15. Jh.), Old Blue coat Hospital (1717); Rat-

Liverpool
Stadtwappen

Ljubljana

haus (18. Jh.), Saint George's Hall (19. Jh.). – 1207 Stadtrecht; Aufschwung um 1700, Sklavenhandel; mit Beginn der Dampfschiffahrt nach Amerika seit dem 19. Jh. einer der wichtigsten Häfen der Erde.

Livia Drusilla, *58 v. Chr., † 29 n. Chr., röm. Kaiserin. 3. Frau des Augustus (seit 38), Mutter von Tiberius und Drusus d. Ä. (aus erster Ehe).

Livingstone, David [engl. 'lıvıŋstən], *Blantyre bei Glasgow 19. 3. 1813, † Chitambo (Sambia) 1. 5. 1873, brit. Missionar und Forschungsreisender. Durchquerte 1849–56 als erster Forscher S-Afrika von W nach O (u. a. Entdeckung der Victoriafälle 1855).

Livingstonefälle [engl. 'lıvıŋstən] ↑Kongo (Fluß).

Living Theatre [engl. 'lıvıŋ 'θɪətə »lebendes Theater«], 1951 von Julian Beck (*1925, † 1985) und seiner Frau Judith Malina (*1926), Schülern von E. Piscator, in New York gegr. avantgardist. Theaterkollektiv; seit 1961 Europatourneen, u. a. »Paradise now« (1968); auch Arbeit in Brasilien; bewirkte die Entstehung zahlr. Theatertruppen in Europa und den USA.

Livius, Titus, *Patavium (heute Padua) 59 v. Chr., † ebd. 17 n. Chr., röm. Geschichtsschreiber. Schrieb eine röm. Geschichte in 142 Büchern (»Ab urbe condita libri«), nur teilweise erhalten.

Livland, histor. Landschaft (N-Teil in Estland, S-Teil in Lettland), zw. Rigaischem Meerbusen, Düna und Peipussee. – In dem von finn. Liven bewohnten Land gründete Bischof Albert I. von Riga 1202 zus. mit dt. Rittern den Schwertbrüderorden, der nach verlustreichen Kämpfen mit den Liven 1237 im Dt. Orden aufging. Der Landmeister in L. errichtete 1561 das weltl. Hzgt. Kurland; das eigtl. L. nördlich der Düna fiel an Polen, 1629 an Schweden, 1710/21 an Rußland; nach dem 1. Weltkrieg unter Lettland und Estland geteilt.

Livorno, italien. Prov.-Hauptstadt an der ligur. Küste, Toskana, 167 000 E. Museen, Gemäldegalerie, Meerwasseraquarium, Zahlr. Ind.-Betriebe; Handels-, Passagier-, Marine- und Fischereihäfen. Dom und alte Festung (beide 16. Jh.), südlich die Wallfahrtskirche Santuario di Montenero (1345–1575, 1721 erneuert).

Livre [frz. li:vr; lat.], 1) alte frz. Gewichtseinheit; als Pariser Markgewicht 489,506 g, als Apothekergewicht 367,129 g; von 1818 bis 1839 (bzw. 1861) 1 L. [usuelle] = 500 g.
2) frz. Rechnungsmünze zu 20 Sous bis zur Einführung des Franc 1795.

Livre d'heures [frz. livrə'dœ:r] ↑Stundenbücher.

Livree [frz.], uniformartige Dienerbzw. Dienstkleidung; z. B. im Hotelgewerbe.

Liwadija, Schwarzmeerkurort an der S-Küste der Krim, Ukraine. Palast des Zaren (1865; heute Sanatorium). – L. war 1945 Tagungsort der ↑Jalta-Konferenz.

Lizentiat [lat.], Abk. Lic. bzw. Liz., akadem. Grad; im MA Universitätsgrad mit Lehrbefugnis.

Lizenz [lat.], 1) *Wirtschaft:* die vom Urheber oder Inhaber eines Patents, Gebrauchsmusters, Sortenschutzes oder eines sonstigen Nutzungsrechts erteilte Erlaubnis, sein Recht, meist gegen eine *L.gebühr,* ganz oder teilweise zu benutzen. Die L. kann hinsichtlich Art, Umfang, Menge, Gebiet der Verbreitung oder Zeit der Ausübung beschränkt werden.
2) *Sport:* die einem Berufssportler (z. B. Boxer, Fußballspieler, Rennfahrer) durch seinen Verband erteilte Erlaubnis zur berufl. Ausübung des betreffenden Sportart; auch die Erlaubnis, im Amateursport als Kampf- und Punktrichter tätig zu sein.

Lizenzausgabe, Buchausgabe auf Grund einer bes. Ermächtigung durch den berechtigten Verleger.

Lj, Einheitenzeichen für ↑Lichtjahr.

Ljubimow, Juri Petrowitsch, *Jaroslawl 17. 9. 1917, russ. Regisseur. 1964–83 und wieder seit 1989 Leiter und Chefregisseur des Moskauer Taganka-Theater; nach seiner Ausbürgerung (1984) zahlr. Inszenierungen in Westeuropa.

Ljubljana (dt. Laibach), Hauptstadt Sloweniens, an der oberen Save, 300 000 E. Kultur- und Wirtschaftszentrum Sloweniens, Univ., Museen, Oper. Messestadt; ✥. Zahlr. barocke Sakral- und Profanbauten: u. a. Dom, Franziskanerkirche, Kreuzherrenkirche, erzbischöfl. Palais, Rathaus von 1718; ehem. Palais Auersperg (17. Jh.). – Um 34 v. Chr. röm. Kolonie. 1144 erstmals als Laibach

David Livingstone

Livorno
Stadtwappen

Ljubljana
Stadtwappen

2047

Lkw

Paul Löbe

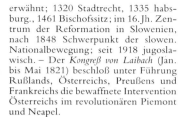

erwähnt; 1320 Stadtrecht, 1335 habsburg., 1461 Bischofssitz; im 16. Jh. Zentrum der Reformation in Slowenien, nach 1848 Schwerpunkt der slowen. Nationalbewegung; seit 1918 jugoslawisch. – Der *Kongreß von Laibach* (Jan. bis Mai 1821) beschloß unter Führung Rußlands, Österreichs, Preußens und Frankreichs die bewaffnete Intervention Österreichs im revolutionären Piemont und Neapel.
Lkw (LKW), Abk. für **L**ast**k**raft**w**agen.
Llano Estacado [engl. 'lɑːnoʊ ɛstə'kɑː-doʊ] (Staked Plain), semiaride Hochfläche im nw. Texas und östl. New Mexico, Teil der Great Plains; Erdöl-, Erdgasvorkommen.
Llanos ['lja:nɔs, span. 'janɔs; lat.], Bez. für trop. und subtrop., baumarme bis baumlose Ebenen in den wechselfeuchten Tropen Lateinamerikas, v. a. aber für die des Orinokotieflands, die *L. del Orinoco*, verbunden mit der für diese typ. Vegetation aus Grasland und Savannen.
Lleida [katalan. 'ʎɛjda] (span. Lérida), span. Prov.-Hauptstadt am Segre, 111 500 E. Alte Kathedrale im roman.-got. Übergangsstil (13. Jh.), klassizist. Neue Kathedrale (18. Jh.), Rathaus (13. Jh.). – Bei dem antiken *Ilerda* schlug Cäsar 49 v. Chr. das Heer des Pompejus.
Llewellyn, Richard [engl. luː'ɛlɪn], eigtl. R. Dafydd Vivian L. Lloyd, *Saint David's bei Milford-Heaven 8. 12. 1906, †Dublin 28. 11. 1983, walis. Schriftsteller. Schrieb Romane v. a. über walis. Bergarbeiterfamilien; u. a. »So grün war mein Tal« (1939), »Den Sternen nah« (1979).
Lloyd [engl. lɔɪd], **1)** Harold, *Burchard (Nebr.) 20. 4. 1893, †Los Angeles-Hollywood 8. 3. 1971, amerikan. Schauspieler. Wurde durch Filme wie »Ausgerechnet Wolkenkratzer« (1923), »Harold Lloyd, der Sportstudent« (1925) einer der bekanntesten Komiker des amerikan. Stummfilms.
2) Richard Dafydd Vivian Llewellyn, walis. Schriftsteller, ↑Llewellyn, Richard.
Lloyd George, David [engl. 'lɔɪd 'dʒɔːdʒ], Earl L.-G. of Dwyfor (seit 1945), *Manchester 17. 1. 1863, †Llanystumdwy (Wales) 26. 3. 1945, brit. liberaler Politiker. Seit 1890 Abg. im Unterhaus; kompromißloser Vertreter des walis. Nationalismus, Gegner des Burenkrieges und der Empire-Schutzzölle; als Handels-Min. (1905–08) und Schatzkanzler (1908–15) Motor der Reformpolitik (u. a. Einführung der Sozialversicherung); 1915/16 Kriegs-Min.; 1916–22 Premier-Min. einer konservativ-liberalen Koalition (bis Kriegsende mit quasidiktator. Stellung). Im Versailler Vertrag gelang ihm die Milderung der alliierten territorialen Friedensbedingungen gegenüber Deutschland, 1921 eine Teillösung der ir. Frage.
Lloyd's [engl. lɔɪdz; nach dem Londoner Kaffeehaus von Edward Lloyd (*1633, †1713), in dem sich Schiffsversicherer trafen] (L. Underwriters Association), Vereinigung engl. Einzelversicherer zum börsenmäßigen Betrieb von Versicherungsgeschäften aller Art, insbes. auf dem Gebiet der Seeversicherung, zur Schiffsklassifikation und -registrierung (»L. Register of Shipping«).
Lloyd Webber [engl. 'lɔɪd 'wɛbə], Sir (seit 1992) Andrew, *London 22. 3. 1948, engl. Komponist. Erlangte Welterfolge mit der Rockoper »Jesus Christ Superstar« (1971) sowie den Musicals »Evita« (1978), »Cats« (1982; nach T. S. Eliot), »Starlight Express« (1984), »Das Phantom der Oper« (1986; nach G. Leroux), »Aspects of Love« (1989), »Sunset Boulevard« (1993).
Llull, Ramón [span. ʎul] ↑Lullus, Raimundus.
lm, Einheitenzeichen für ↑Lumen.
ln, Funktionszeichen für natürl. ↑Logarithmus.
Lob [engl.], Ball im Tennis, Badminton und Volleyball, der weich und hoch über den Gegner hinweggeschlagen wird.
Lobatschewski, Nikolai Iwanowitsch, *Nischni Nowgorod (heute Gorki) 1. 12. 1792, †Kasan 24. 2. 1856, russ. Mathematiker. Entwickelte ab 1826 unabhängig von C. F. Gauß und János Bolyai (*1802, †1860) das erste System einer nichteuklid. Geometrie.
Löbau, Kreisstadt im Lausitzer Bergland, Sachsen, 18 400 E. Spätroman. Kirche Sankt Nikolai (im 19. Jh. stark verändert), Sankt Johannis (15. Jh.); barockes Rathaus (1711) mit Laubengang. – Um 1220 in planmäßiger Anlage als Handelsplatz gegründet.
Lobby ['lɔbi; engl.], **1)** im parlamentar. Sprachgebrauch die Wandelhalle im Parlament (urspr. im brit. Unterhaus),

David Lloyd George

wo die Abg. mit Außenstehenden verhandeln können.
2) die Gesamtheit der *Lobbyisten*, d. h. der Interessenvertreterverbände, die versuchen, auf Politiker Einfluß zu nehmen *(Lobbyismus).*
Löbe, Paul, *Liegnitz 14. 12. 1875, † Bonn 3. 8. 1967, dt. Politiker (SPD). 1919 Vize-Präs. der Weimarer Nationalversammlung; 1920–24 und 1925 bis 32 Reichstags-Präs.; 1933 und (nach dem 20. 7.) 1944 inhaftiert; 1948/49 Mgl. des Parlamentar. Rates; 1949–53 MdB.
Lobelie [nach dem fläm. Botaniker Matthias Lobelius, *1538, † 1616] (Lobelia), Gatt. der Glockenblumengewächse mit über 350 Arten in den gemäßigten und wärmeren Zonen; eine bekannte Zierpflanze ist die Art *Blaue Lobelie.*
Lobito [portugies. luˈβitu], Hafenstadt in Angola, 60 000 E. Ausgangsort der Benguelabahn.
Locarno [italien. loˈkarno], Bezirkshauptort im schweizer. Kt. Tessin, am N-Ende des Lago Maggiore, 14 300 E. Bed. Kirchen sind u. a. San Francesco (14. und 16. Jh.), San Vittore in Muralto (aus karoling. Zeit, 17. und 19. Jh.); über L. die Wallfahrtskirche Madonna del Sasso (17. Jh.), Schloß (v. a. 15./16. Jh.).
Locarnopakt [italien. loˈkarno] (Locarnoverträge), am 16. 10. 1925 in Locarno abgeschlossener Sicherheitspakt zw. Deutschland und den Westmächten. Im Hauptvertrag (Westpakt, Rheinpakt) verzichteten Deutschland, Belgien und Frankreich auf eine gewaltsame Revision der dt.-belg. und der dt.-frz. Grenzen; eine entsprechende Garantie für die O-Grenze (»Ostlocarno«) verhinderte Stresemann. Mit Polen und der ČSR schloß Deutschland Schiedsverträge ab.
Locatelli, Pietro Antonio, *Bergamo 3. 9. 1695, † Amsterdam 30. 3. 1764, italien. Violinist und Komponist. Schüler Corellis; einer der bedeutendsten Violinvirtuosen seiner Zeit; komponierte u. a. Concerti grossi, Konzerte und Sonaten für Violine.
Loccum, ehemalige Zisterzienserabtei, ↑Rehburg-Loccum.
Lochband, svw. ↑Lochstreifen.
Lochkamera ↑Camera obscura.
Lochkarte (Maschinenlochkarte), zur Dateneingabe in der elektron. Datenverarbeitung (EDV) verwendeter Datenträger in Kartenform. Ziffern (0–9) werden durch eine einzelne Lochung, Buchstaben und Sonderzeichen durch Lochkombinationen verschlüsselt, weitgehend durch magnet. Datenträger verdrängt.
Loch Lomond [engl. lɔk ˈloʊmənd], mit 71 km² größter See Schottlands, nw. von Glasgow.
Lochner, Stephan, *Meersburg (?) um 1400, † Köln 1451, dt. Maler. Hauptmeister der Kölner Schule, 1442–51 in Köln nachweisbar. Ausgangspunkte für alle Zuschreibungen sind der urspr. für

Lobelie.
Männertreu (Höhe bis 25 cm)

Locarno.
Wallfahrtskirche Madonna del Sasso, 1616 geweiht; im Hintergrund die Nordspitze des Lago Maggiore

Loch Ness

Stefan Lochner. Anbetung der Könige; Mitteltafel des Dreikönigsaltars (um 1442; Köln, Dom)

die Ratskapelle in Köln bestimmte und 1809 im Dom aufgestellte »Dreikönigsaltar« (»Dombild«, um 1442), das einzige (durch Dürer) beglaubigte Werk, und die »Darbringung im Tempel« (1447 datiert; Darmstadt, Hess. Landesmuseum). Idealität und weltabgewandte Anmut des Schönen Stils vermittelt die »Rosenhagmadonna« (um 1448; Köln, Wallraf-Richartz-Museum).

Loch Ness [engl. lɔk 'nɛs], langgestreckter schott. See im Glen More, 65 km², bis 230 m tief; angeblich Vorkommen eines *Nessie* gen. Seeungeheuers.

Lochstreifen (Lochband), in der Fernschreib-, Datenverarbeitungs- und Steuerungstechnik verwendete maschinell lesbare Datenträger. Die Zeichen werden als Lochkombination (bis zu fünf Löcher beim Fünfercode oder 5-Kanal-L.) quer zur Laufrichtung in den Papierstreifen gestanzt, nur noch selten verwendet.

Lochzirkel (Innentaster), Instrument zum Kontrollieren von Bohrungen.

Locke, John [engl. lɔk], * Wrington bei Bristol 29. 8. 1632, † Oates (Essex) 28. 10. 1704, engl. Philosoph. Anhänger der Glorreichen Revolution; bekleidete Staatsämter, z. T. zus. mit I. Newton; lebte auf Grund aktiver polit. Betätigung 1672–75 in Frankreich, 1683–89 in den Niederlanden im Exil; begründete den engl. ↑Empirismus. Als Erfahrungsquellen galten ihm nur Sinneswahrnehmung und Selbstbeobachtung. In seiner Staatslehre erhob L. Gleichheit, Freiheit und Recht auf Unverletzlichkeit von Person und Eigentum zu obersten Rechtsgütern und trat für die Trennung von Legislative und Exekutive ein. Damit prägte er nicht nur das polit. Programm des Liberalismus, sondern auch die amerikan. Unabhängigkeitserklärung von 1776 sowie den Verfassungsstaat als solchen entscheidend mit. Für die Erkenntnistheorie bedeutsam ist sein Hauptwerk »Versuch über den menschlichen Verstand« (1690).

Lockheed Aircraft Corp. [engl. 'lɔkhiːd 'ɛəkrɑːft kɔːpə'reɪʃən], amerikan. Unternehmen der Luft- und Raumfahrt-Ind., Sitz Burbank (Calif.), gegr. 1932.

Lockstoffe (engl. attractants), natürl. oder synthet. Duftstoffe (Sexualduftstoffe, Ester, äther. Öle u. a.), durch die man Schädlinge anlockt, um sie durch Giftstoffe oder in Fallen vernichten zu können.

loco [lat.], kaufmännisch für: vorrätig.

loco citato [lat.], Abk. **l. c.**, am angeführten Ort (Stelle eines Buches).

Lod, Stadt 20 km sö. von Tel Aviv-Jaffa, Israel, 38 500 E. Internat. ✈ Ben Gurion Airport. Georgskirche (12. Jh.; 1870 z. T. wiederhergestellt), angrenzende Moschee mit Bauteilen des byzantin. Vorgängerbaues. – L. ist das antike *Lydda*.

Loden, Streichgarnware in Leinwand- oder Köperbindung; wasserabstoßend imprägniert.

Lodge, Henry Cabot [engl. lɔdʒ], *Nahant (Mass.) 5. 7. 1902, † Beverly (Mass.) 27. 2. 1985, amerikan. Politiker (Republikaner). 1953–60 Chefdelegierter der USA bei den UN; 1963/64 und 1965–67 Botschafter in Süd-Vietnam, 1968/69 in der BR Deutschland; 1969 Chefdelegierter bei den Pariser Vietnamverhandlungen.

Lodi, italien. Stadt an der Adda, Lombardei, 42 500 E. Archäolog. Museum, Pinakothek; Nahrungsmittel-Ind., Majolikafertigung. Dom (12. Jh.), im Innern barockisiert; Renaissancekirche Incoronata (1488 ff.). – Der *Friede von L.* (9. 4. 1454) zw. Mailand und Venedig schuf ein polit. Gleichgewicht in Italien. In der *Schlacht von L.* wurden am 10. 5. 1796 die Österreicher von Napoléon Bonaparte geschlagen.

Łódź [poln. uutɕ] (dt. Lodz [lɔtʃ]), Hauptstadt der poln. Woiwodschaft Łódź, 150 km sw. von Warschau, 851 000 E. Univ., TH, Museen, Theater; botan. Garten. Textilindustrie. – Ł. gehörte 1793–1807 zu Preußen, dann zum Hzgt. Warschau, ab 1815 zu Rußland (Kongreßpolen). Als Ind.zentrum 1892 Schauplatz des 1. allg. Streiks in Polen, 1905 eines Arbeiteraufstands. Ł. gehörte 1939–45 als *Litzmannstadt* zum Reichsgau Wartheland; im Ghetto der Stadt wurden schätzungsweise 300 000 Juden ermordet.

Loerke, Oskar [ˈlœrkə], *Jungen bei Marienwerder 13. 3. 1884, † Berlin 24. 2. 1941, dt. Lyriker. Wirkte mit seinen formstrengen, von intensiver Bildlichkeit, Musikalität und myth. Zügen geprägten Gedichten, u. a. »Gedichte« (1916, 1929 u. d. T. »Pansmusik«), »Der Wald der Welt« (1936), wegbereitend für die Naturlyrik; auch Romane, Erzählungen und Essays.

Loest, Erich [løst], *Mittweida (Sachsen) 24. 2. 1926, dt. Schriftsteller. 1957 bis 64 als Regimekritiker in der DDR inhaftiert; ging 1981 in die BR Deutschland; schreibt v. a. Romane, u. a. »Schattenboxen« (1973), »Es geht seinen Gang oder Mühen in unserer Ebene« (1978), »Der vierte Zensor« (1984), »Fallhöhe« (1989), »Der Zorn des Schafes. Aus meinem Tagewerk« (Autobiographie, 1990), »Katerfrühstück« (1992).

Loewe, [ˈløːvə], **1)** Carl, *Löbejün bei Halle/Saale 30. 11. 1796, † Kiel 20. 4. 1869, dt. Komponist. Vertonte etwa 400 Balladen (u. a. »Erlkönig«, »Heinrich der Vogler«); daneben sechs Opern, 17 Oratorien, zwei Sinfonien.
2) Frederic, eigtl. Friedrich Löwe, *Wien 10. 6. 1904, † Palm Springs 14. 2. 1988, amerikan. Komponist österr. Herkunft. Komponierte v. a. Musicals, u. a. »My fair Lady« (1956).

Loewi, Otto [ˈløːvi], *Frankfurt am Main 3. 6. 1873, † New York 25. 12. 1961, dt.-amerikan. Physiologe und Pharmakologe. Entdeckte 1921, daß die Übermittlung von Nervenimpulsen zu Erfolgsorganen (Muskeln und Drüsen) auf chem. Weg erfolgt; 1936 Nobelpreis für Physiologie oder Medizin (zus. mit Sir H. Dale).

Löffler, Friedrich, *Frankfurt (Oder) 24. 6. 1852, † Berlin 9. 4. 1915, dt. Bakteriologe und Hygieniker. Entdeckte die Erreger u. a. von ↑Rotz und ↑Rotlauf; 1884 gelang ihm die Züchtung des Diphtherieerregers.

Löffler (Plataleinae), Unter-Fam. großer, hochbeiniger, vorwiegend weißer, in Kolonien brütender Ibisse in und an Gewässern großer Teile der Alten und Neuen Welt; mit löffelartig verbreitertem Schnabelende; in Europa der *Gewöhnl. L. (Löffelreiher)*.

Lofotinseln (Lofoten), gebirgige Inselkette in N-Norwegen, durch den Vestfjord vom Festland getrennt, 1350 km².

log, Funktionszeichen für ↑Logarithmus.

Otto Loewi

Łódź
Stadtwappen

Löffler.
Gewöhnlicher Löffler

Log

Log (Logge), Gerät zum Messen *(Loggen)* der Schiffsgeschwindigkeit relativ zum Wasser.
log..., Log... ↑logo..., Logo...
Logan, Mount [engl. ˈmaʊnt ˈloʊɡən], mit 5950 m höchster Berg Kanadas, in den Saint Elias Mountains des Yukon Territory (im NW).
Logarithmus [griech.], Umkehrfunktion der Exponentialfunktion $y = a^x$, geschrieben $x = \log_a y$ oder (wieder mit x als unabhängiger Variabler) $y = \log_a x$. Damit wird jeder positiven reellen Zahl x bei einer festen *Basis* (Grundzahl) $a \neq 1$ diejenige Zahl y zugeordnet, mit der man a potenzieren muß, um x zu erhalten. Die Zahl x heißt *Numerus.* – Für jede positive reelle Basis $a \neq 1$ und positive Zahlen x_1, x_2 gilt:

$$\log_a(x_1 \cdot x_2) = \log_a x_1 + \log_a x_2$$
$$\log_a(x_1/x_2) = \log_a x_1 - \log_a x_2$$
$$\log_a x^n = n \cdot \log_a x$$

Logarithmen mit der Basis e (= 2,71828...; ↑e) heißen *natürl. Logarithmen*, diejenigen mit der Basis 10 *gewöhnl., dekad., Briggssche* oder *Zehnerlogarithmen*, solche mit der Basis 2 *Dual-* oder *Zweierlogarithmen*. Man schreibt statt $\log_e x$ meist ln x (Logarithmus naturalis) oder einfach log x, statt $\log_{10} x$ im allg. lg x, für $\log_2 x$ meist ld x (Logarithmus dualis).
Logau, Friedrich Freiherr von, Pseud. Salomon von Golaw, *Dürr Brockuth bei Strehlen (Niederschlesien) Juni 1604, † Liegnitz 24.7.1655, dt. Dichter. Mit seinen satir. Sinngedichten (»Dt. Sinn-Getichte Drey Tausend«, 1654) herausragender Epigrammatiker des Barock; Mgl. der ↑Fruchtbringenden Gesellschaft.
Logbuch, 1) *Schiffahrt:* (Schiffstagebuch, Journal) auf Seeschiffen gesetzl. vorgeschriebenes Tagebuch, in das alle für die Seefahrt wichtigen Ereignisse und Beobachtungen eingetragen werden müssen.
2) *Datenverarbeitung:* ein Formular, in das Störungen der Anlage eingetragen werden, oft getrennt nach Hard- und Software.
Loge [ˈloːʒə; mittellat.-frz.], **1)** *allg.:* kleiner, durch Seitenwände abgeteilter Raum mit mehreren Sitzplätzen, z. B. im Theater.
2) ↑Freimaurerei.

Logger [niederl.] (Lugger), mittelgroßes Fischereifahrzeug.
Loggia [ˈlɔdʒa; italien.], nach vorn offene Bogenhalle, entweder selbständiger Bau oder Teil eines Gebäudes.
...logie [griech.], Nachsilbe in Zusammensetzungen mit der Bedeutung »Kunde, Wissenschaft«.
Logik [griech.], allg. das nach bestimmten Regeln verfahrende Denken, Argumentieren und Handeln; i. e. S. die Theorie des log. Zusammenhangs von ↑Aussagen als Lehre vom Begriff, vom Urteil, vom Schluß und deren Anwendung. Im Unterschied hierzu baut die *formale L.* unter Verwendung mathemat. Begriffsbildungen und Methoden die L. als ↑Logikkalkül auf. In der *Junktoren-L.* erfolgen die Zusammensetzungen von Aussagen u. a. mit Hilfe der ↑Wahrheitstafeln, so daß die Zusammensetzungen entscheidbar »wahr« oder »falsch« sind. Ausgehend von geeigneten einfachen log. Implikationen oder ↑Tautologien werden alle übrigen log. Implikationen oder Tautologien durch rein schemat. verfahrende Kalkülregeln abgeleitet. Führt man zusätzlich Allaussagen *(Generalisationen)* $\wedge_x A(x)$ (für alle x gilt A) und Existenzaussagen *(Partikularisationen)* $\vee_x A(x)$ (es gibt mindestens ein x, für das A gilt), so erhält man die *Quantorenlogik*.
Die formale L. hat wegen ihrer Grundforderung der Eindeutigkeit und ihres hohen Grades an Effizienz in formalisierbaren Bereichen große Bedeutung für die Technik (z. B. Computertechnik) und die Grundlagenforschung (z. B. Sprachanalyse) gewonnen.
Logikelemente, techn. Anordnungen, die die Ausführung bestimmter log. Verknüpfungen ermöglichen. Derartige L. sind die heute v. a. mit Techniken der Mikroelektronik gefertigten UND-, ODER- und NICHT-Schaltglieder oder -Gatter (Konjunktion, Disjunktion und Negation) bzw. NAND- (negierte UND-Gatter; Exklusion) und NOR-Gatter (negierte ODER-Gatter) der Datenverarbeitung, die als *log. Schaltungen* der Schaltalgebra (bzw. Datenverarbeitung) bezeichnet werden.
Logikkalkül, Kalkül der formalen Logik, ein System von Grundzeichen und Regeln zur Gewinnung und Erzeugung von logisch wahren Aussagen.

logisch [griech.], einleuchtend, offensichtlich; den Regeln der Logik folgend.
Logistik [frz.], Planung, Bereitstellung und Einsatz der erforderl. Mittel und Dienstleistungen.
Logizismus [griech.], in der *mathemat. Grundlagenforschung* eine Richtung, die in der Mathematik lediglich eine höher entwickelte Logik sieht.
Logo [engl.; Kw. aus logotype], graph. Symbol für ein Unternehmen, meist verbunden mit einer bestimmten »Firmenfarbe« und Schrifttype.
LOGO, Programmiersprache v. a. zur Einführung in den Umgang mit Computern und für Unterrichtszwecke.
logo..., Logo..., log..., Log... [griech.], Bestimmungswort von Zusammensetzungen mit der Bedeutung »Wort, Rede, Vernunft«.
Logone [frz. lɔˈgɔn], linker Nebenfluß des Schari, Republik Tschad, mit dem linken Quellfluß Mbéré 965 km lang; z. T. Grenzfluß gegen Kamerun.
Logopädie [griech.], Lehre von den Sprach- und Sprechstörungen sowie deren Behandlung, die vom *Logopäden* durchgeführt wird.
Logos [griech.], **1)** zentraler Begriff der *griech. Philosophie,* der eine Rede bzw. Sprache bezeichnet, die den Anspruch auf Nachprüfbarkeit einlöst, so u. a. bei Platon und Aristoteles (der unter L. auch die Definition des Wesens einer Sache versteht); darüber hinaus bezeichnet L. das ordnende Prinzip des Kosmos bzw. die Weltvernunft, wobei der *göttl. L.* den Makrokosmos, der *menschl. L.* (Fähigkeit zur Vernunft und zum Denken) den Mikrokosmos bestimmt.
2) in der *christl. Theologie* das präexistente, für den Menschen heilsbedeutende Wort Gottes, das in Jesus Christus »Fleisch« (Mensch) geworden ist.
Logroño [span. loˈɣroɲo], span. Prov.-Hauptstadt am oberen Ebro, 118 800 E. Got. Stiftskirche (v. a. 15. Jh.) mit Barocktürmen; Ebrobrücke (1183).
Lohe, in der Lederherstellung zerkleinerte pflanzl. Gerbstoffe.
Löhe, Wilhelm, *Fürth 21. 2. 1808, † Neuendettelsau 2. 1. 1872, dt. luth. Theologe. Pfarrer in Neuendettelsau. Aus seiner Betreuung dt. Auswanderer entstand 1853 die Neuendettelsauer Missionsgesellschaft.

Lohengrin, Sagengestalt aus dem Gralskreis, Sohn Parzivals; kommt mit einem von einem Schwan gezogenen Nachen der bedrängten Herzogin Elsa von Brabant zu Hilfe, muß sie nach glückl. Ehe aber wieder verlassen, nachdem sie gegen das Verbot verstoßen hat, ihn nach seiner Herkunft zu fragen.
Lohenstein, Daniel Casper von (seit 1670), eigtl. Daniel Casper, *Nimptsch bei Reichenbach (Eulengebirge) 25. 1. 1635, † Breslau 28. 4. 1683, dt. Dichter. Bedeutendster dt. Dramatiker des Spätbarock; unvollendeter Roman »Großmütiger Feldherr Arminius oder ...« (hg. 1689/90).
Lohn, i. e. S. das Arbeitseinkommen des gewerblichen Arbeitnehmers (Arbeiter); i. w. S. jegliches ↑Einkommen aus unselbständiger Tätigkeit (Bezüge der Beamten, Gehälter der Angestellten); oft bedeutungsgleich mit Entgelt, Vergütung, Verdienst o. ä. verwendet. Nach der Auswirkung des Lohns auf den Lebensstandard unterscheidet man zwischen dem *Nominal-L.* (in jeweiligen Währungseinheiten ausgedrückter Geld-L.) und dem *Real-L.,* der sich durch seine Kaufkraft bestimmt, d. h. durch die Gütermenge, die man damit kaufen kann.
Lohnfortzahlung, Verpflichtung des Arbeitgebers, im unverschuldeten Krankheitsfalle auch Arbeitern für die Dauer von sechs Wochen den Lohn weiterzuzahlen, geregelt im L.gesetz von 1969.
Lohnpfändung (Gehaltspfändung), Art der Zwangsvollstreckung, bei der ein Gläubiger auf Grund eines Vollstreckungstitels der Lohn- oder Gehaltsforderung des Arbeitnehmers gegen den Arbeitgeber bis zu einem pfändungsfreien Betrag pfänden kann.
Lohn-Preis-Spirale, bildhafter Ausdruck für wechselseitigen Einfluß von Lohn- und Preiserhöhungen.
Lohnquote, Anteil des Einkommens aus nichtselbständiger Arbeit am Volkseinkommen.
Lohnsteuer ↑Einkommensteuer.
Lohnsummensteuer ↑Gewerbesteuer.
Loibl [ˈlɔybəl] ↑Alpenpässe (Übersicht).
Loipe [norweg.], Langlaufbahn, -spur im Skisport.
Loir [frz. lwaːr], linker Nebenfluß der Sarthe, Frankreich, 311 km lang.

Loire

Gina Lollobrigida

Lomé
Stactwappen

Lolch.
Taumellolch

Loire [frz. lwa:r], größter Fluß Frankreichs, entspringt im Zentralmassiv, fließt nach N parallel zum O-Rand des Zentralmassivs, ab Nevers in weitem Bogen durch das sw. Pariser Becken, mündet mit über 48 km langem Ästuar bei Saint-Nazaire in den Golf von Biskaya, 1 020 km lang. – Im Tal der L. und an ihren Nebenflüssen zahlr. bed. Schlösser aus dem MA und der Renaissance.

Loisy, Alfred [frz. lwa'zi], * Ambrières bei Châlons-sur-Marne 18. 2. 1857, † Ceffonds bei Saint-Dizier 1. 6. 1940, frz. kath. Theologe. Gilt als »Vater des Modernismus«; 1908 exkommuniziert.

Lo-Johansson, Ivar [schwed. 'luːjuːhansɔn], * Ösmo (Södermanland) 23. 2. 1901, † Stockholm 4. 4. 1990, schwed. Schriftsteller. Schilderte in seinen Romanen (u. a. »Gute Nacht, Erde«, 1933; »Asfalt«, 1979; »Tröskeln«, 1982) und Novellen (u. a. »Statarna«, 2 Bde., 1936/37) die bedrückende soziale Lage der rechtlosen Landarbeiter und Häusler.

Lok, Kurzwort für Lokomotive.

lokal [lat.], örtlich (beschränkt).

Lokalanästhesie ↑Anästhesie.

Lokalisation [lat.], Zuordnung, genaue Lagebestimmung; z. B. in der Medizin die L. eines Krankheitsherds im Körper.

Lokalsatz (Ortssatz), Nebensatz, der eine Ortsbestimmung angibt.

Lokaltermin, ein gerichtl. Termin, der (zur Augenscheinnahme) außerhalb des Gerichtsgebäudes stattfindet.

Lokativ [lat.], Kasus, der die räuml. Lage »in, an, bei, auf etwas« angibt.

Loki, Gestalt der altnord. Mythologie, ein listenreicher und wandlungsfähiger Helfer der Götter, aber auch deren entschiedener Gegner. L. veranlaßt die Ermordung Baldrs, womit er den Untergang der Götter einleitet. In der Götterdämmerung wird er zum Anführer der Mächte der Vernichtung und fällt im Kampf mit dem Gott Heimdall.

Lokomotive [lat.-engl.] ↑Eisenbahn.

Lokris, Name zweier Landschaften des antiken Griechenland: die ozol. L. am Golf von Korinth, die eoische oder opunt. L. am Golf von Euböa.

Lolch [lat.] (Weidelgras, Raigras), Gatt. der Süßgräser mit rd. 40 Arten in Eurasien und N-Afrika; Unkräuter, Futter- und Rasengräser, u. a.: Engl. Raigras (Dt. Weidelgras), 30–60 cm hoch; Taumel-L., bis 1,2 m hoch, Früchte giftig.

Lolland [dän. 'lɔlan'], dän. Ostseeinsel, 1 243 km², bis 30 m hoch; dän. Endpunkt der Vogelfluglinie, Brückenverbindung mit Falster.

Lollobrigida, Gina [italien. lolloˈbriːdʒida], * Subiaco bei Rom 4. 7. 1927 (nach eigenen Angaben 1932), italien. Filmschauspielerin. Spielte u. a. in »Fanfan, der Husar« (1951), »Die Schönen der Nacht« (1952), »Der Glöckner von Notre Dame« (1956).

Loma Mountains [engl. 'maʊntɪnz], Gebirge im NO von Sierra Leone, im Bintimani 1 948 m hoch.

Lombardei, italien. Region und Großlandschaft in N-Italien, 23 857 km², 8,941 Mio. E, Hauptstadt Mailand. Geschichte: Nach dem Zerfall des Weströmischen Reiches wurde das Gebiet Kernland des Langobardenreiches. Es kam 774 unter die Herrschaft der Franken und war dem 10. Jh. wesentlichster Teil Reichsitaliens. Ende des 11. Jh. selbständige Kommunen, entwickelten sich die oberitalien. Städte vom 13.–15. Jh. zu Signorien. Unter ihnen nahmen Mailand (1395 Hzgt.) und Venedig die Vormachtstellung ein. 1815 wurde die L., mit Venetien zum Kgr. Lombardo-Venetien vereinigt, Österreich angegliedert; 1859 an Sardinien.

Lombarden, privilegierte christl. Kaufleute aus lombard. Städten, die Geld gegen Zinsen leihen durften; ab dem 13. Jh. allg. Bez. für italien. Kaufleute, die als Finanziers im Europa des 14./15. Jh. eine wichtige Rolle spielten.

Lombardgeschäft, kurzfristige Kreditgewährung gegen die Verpfändung von wertbeständigen, leicht realisierbaren Sachen (Lombardkredit). Im wesentlichen ist zu unterscheiden zw. dem Warenlombard zur Finanzierung von Warenlieferungen und dem Wertpapierlombard, bei dem lombardfähige Wertpapiere verpfändet werden. Große Bed. haben L. als Refinanzierungsinstrument der Geschäftsbanken bei der Zentralbank. Diese setzt als Zinssatz für den Kredit den Lombardsatz fest, dessen Variation ein Mittel der Geld- und Kreditpolitik bildet.

Lombardo, Pietro, * Carona am Luganer See um 1435, † Venedig 1515, italien. Baumeister und Bildhauer. Schuf

mit seinen Söhnen Antonio (* um 1458, † um 1516) und Tullio (* um 1455, † 1532) außer Grabmälern in Venedig die Kirche Santa Maria dei Miracoli.
Lombardsatz ↑Lombardgeschäft.
Lombardus, Petrus ↑Petrus Lombardus.
Lomber [span.-frz.] (L'hombre), Kartenspiel zw. 3–5 Personen, gespielt mit 40 Blatt (frz. Karten ohne 8, 9, 10).
Lombok, eine der Kleinen Sundainseln, Indonesien, östl. von Bali, 4692 km², bis 3726 m hoch, Hauptort Mataram.
Lombroso, Cesare, * Verona 18. 11. 1836, † Turin 19. 10. 1909, italien. Mediziner und Anthropologe. Begründer der Kriminologie; schrieb eine Untersuchung über »Genie und Irrsinn« (1864).
Lomé ['lo:me, frz. lɔ'me], Hauptstadt von Togo, an der Bucht von Benin, 366 500 E. Kultur- und Handelszentrum des Landes; Univ.; Erdölraffinerie, Konsumgüter-Ind., Hafen, Eisenbahnlinien ins Hinterland; internat. ✈.
Lomé, Konventionen von [frz. lɔ'me], Abkommen der EU mit den AKP-Staaten, die 1975, 1979, 1984 und 1989 in Lomé unterzeichnet wurden (*Lomé I:* Geltungsdauer 1976–80, 46 Entwicklungsländer; *Lomé II:* Geltungsdauer 1981–85, 61 Entwicklungsländer; *Lomé III:* Geltungsdauer 1985–90, 65 Entwicklungsländer; *Lomé IV:* Geltungsdauer 1990–2000, 70 Entwicklungsländer). Die K. von L. regeln die wirtschaftl. Zusammenarbeit zw. der EU und den Entwicklungsländern.
Lomonossow, Michail Wassiljewitsch, * Denissowka (heute Lomonossowo, Gebiet Archangelsk) 19. 11. 1711, † Sankt Petersburg 15. 4. 1765, russ. Universalgelehrter und Dichter. 1745 Prof. der Chemie in Petersburg; Forschungsarbeiten zur Geographie, Kartographie, Geologie, Meteorologie, Mineralogie, Metallurgie, Astronomie, Physik und Chemie; schrieb auch Tragödien und Oden; von großer Bedeutung für die russ. Literatursprache war seine »Russ. Grammatik« (1755).
Lomonossow, russ. Stadt an der S-Küste des Finn. Meerbusens, 40 000 E. Bauten des 18. Jh. sind das Schloß des Fürsten Menschikow, das Palais Peters III., der frühklassizist. Pavillon und das sog. Chin. Palais Katharinas I.

Lomonossow-Universität Moskau, 1775 gegr. Univ. in Moskau, benannt nach M. W. Lomonossow. Altes Universitätsgebäude (1786–93), neuer Gebäudekomplex (1949–53).
London [engl. 'lʌndən], **1)** Fritz, * Breslau 7. 3. 1900, † Durham (N. C.) 30. 3. 1954, amerikan. Physiker dt. Herkunft. Entwickelte eine phänomenolog. Theorie der Supraleitung *(London-Lauesche Theorie)*.
2) Jack, eigtl. John Griffith L., * San Francisco 12. 1. 1876, † Glen Ellen (Calif.) 22. 11. 1916 (Selbstmord), amerikan. Schriftsteller. Führte als Goldsucher, Seemann, Landstreicher u. ä. ein abenteuerl. Leben; schrieb Romane und Erzählungen, die zw. extremem Individualismus, sozialist. Idealen und zivilisationsfeindl. Ansichten pendeln und denen oft eigene Erlebnisse zugrunde liegen. – *Werke:* Der Sohn des Wolfs (E., 1900), Der Ruf der Wildnis (R., 1903), Der Seewolf (R., 1904), Wolfsblut (E., 1905), Lockruf des Goldes (R., 1910), König Alkohol (autobiograph. R., 1913).
London ['lɔndən, engl. 'lʌndən], **1)** Hauptstadt von Großbrit. und Nordirland, beiderseits der unteren Themse. Groß-L. hat eine Fläche von 1580 km² mit 6,8 Mio. E und ist seit 1965 verwaltungsmäßig in 32 Bezirke (Boroughs) und die autonome, 2,7 km² große City of L. gegliedert, die nur 4700 E hat. Mit dem starken Zuzug aus den Commonwealthländern nach 1945 wurden neue

Michail Wassiljewitsch Lomonossow

Jack London

London 1).
Piccadilly Circus

London

London
Stadtwappen

Städte (New Towns) geschaffen. L. ist Sitz der Regierung, des Parlaments und des Königshauses. Drei Univ. sowie zahlr. Hochschulen und Akademien, Forschungsinstitute, zahlr. Museen, u. a. British Museum, Victoria and Albert Museum, Naturhistor. Museum, National Gallery, Tate Gallery; die British Museum Library besitzt 10 Mio. Bände. Neben zwei großen Opernhäusern und dem National Theatre gibt es rd. 50 Theater und fünf große Orchester. Außer den großen Parkanlagen wie Hydepark, Kensington Gardens, Regent's Park u. a. bestehen viele kleine Parks, ein botan. Garten und ein Zoo. L., ein Zentrum des Welthandels, ist einer der wichtigsten Börsenplätze der Erde, Sitz vieler Banken, Versicherungen, Schiffahrtslinien und Ind.-Unternehmen. Nur wenige Ind.-Zweige haben ihre traditionellen Standorte beibehalten, z. B. die Diamantenschleifereien (Hatton Gardens), während andere in neue Ind.-Zonen am Stadtrand abwanderten. Das Hafengebiet hat eine Kailänge von 57 km. Neben den ✈ Gatwick und Stansted der internat. ✈ L.-Heathrow im W der Stadt.

Stadtbild: Aus normann. Zeit stammen der älteste Teil des Tower: White Tower (wohl 1078) und die roman. Chapel of Saint John; Bloody Tower (13./14. Jh.) und Wakefield Tower (13. Jh.) gehören zum inneren Befestigungsring. Frühgot. Kirchen sind: Saint Bartholomew's the Great (1123), Saint Etheldreda (12. und 13. Jh.), Temple Church (12. und 13. Jh.) und v. a. die Southwark Cathedral (1209 ff.); got. Bauten: ↑Westminster Abbey, Westminster Hall (1349 bis 98), Guildhall (1411–39, mehrfach erneuert), Lambeth Palace (v. a. 15. und 16. Jh.). Im 17. Jh. schuf I. Jones die Banqueting Hall (1622) des (sonst zerstörten) Whitehallpalastes sowie den Marktplatz Covent Garden (1631–38). Der Wiederaufbau nach dem Brand von 1666 erfolgte in Anlehnung an das mittelalterl. Straßennetz. 55 Kirchen wurde durch C. Wren neu erbaut, sein Hauptwerk ist die Saint Paul's Cathedral (1675–1711) mit 110 m hoher Tambourkuppel in palladian. Stil. Wren baute auch Saint James, Marlborough House sowie Hospitäler und gestaltete Kensington Palace (1639–1702) und ↑Hampton Court um. Wrens Schüler J. Gibb schuf Saint Martin-in-the-fields (1722–66). Im 17. Jh. entstanden auch die ersten der großen, für L. typ. Plätze, z. B. Leicester Square (1635). Auf J. Nash geht die Anlage von Regent's Park (1811) zurück. ↑Windsor Castle wurde im frühen 19. Jh. verstärkt ausgebaut, der Hyde Park angelegt und die klassizist. Gebäude des University College L., der National Gallery und des British Museum erbaut. Den bedeutendsten Einfluß auf die Stadtentwicklung hatte der Bau der Eisenbahnen, der zur Entstehung des breiten Gürtels viktorian. Vorstädte führte. Aus viktorian. Zeit stammen der Trafalgar Square u. a. Straßen und Plätze, die neugot. Parlamentsgebäude (1840 ff.), die von dem 50 m hohen Big Ben überragt werden. Als Eisenskelettbau für die 1. Weltausstellung entstand der Kristallpalast (1851; nicht erhalten). Weitere Bauten des 19. Jh.: Covent Garden Opera (1858), Law Courts (1868–82), Albert Memorial (1863–72) und Tower Bridge (1886–94), New Scotland Yard (1891), die Westminster Cathedral (1895–1903 in neubyzantin. Stil). Die erste Untergrundbahn wurde 1906 eröffnet. Anfang des 20. Jh. wurde der Piccadilly Circus gestaltet, die Country Hall erbaut (1912 ff.), 1913 die Fassade von Buckingham Palace (Kern 1705 ff.) errichtet, in den 1920er und 1930er Jahren zahlr. Geschäftshäuser. Beim Wiederaufbau der City nach dem 2. Weltkrieg wurde das Straßennetz geändert und die Beschränkung der Bauhöhe aufgehoben. Es entstanden zahlr. Hochhäuser, z. B. Post Office Tower, sowie repräsentative Bauten, wie Royal Festival Hall (1951–65), Hayward Gallery (1968), National Theatre (1976 eröffnet), Barbican-Kulturzentrum (1982 eröffnet). Die Stadtsanierung in den 1960er Jahren hat das Aussehen der viktorian. Vorstädte mit ihren Reihenhäusern grundlegend verändert. Satellitenstädte entstanden nach dem Plan von Groß-L. (1945) und dem Programm der New Cities (1960).

Geschichte: Die erste nachweisbare Siedlung ist das röm. Militärlager *Londinium* (43 n. Chr.), das bald eine bed. Handelsstadt des röm. Britannien wurde. Unter den Angelsachsen Bi-

schofssitz (604) und Hauptstadt der Könige um 1100. Im 9. Jh. zweimal von den Dänen eingenommen, von Alfred d. Gr. zurückerobert und befestigt. Wilhelm der Eroberer verlieh L. 1066 einen Freibrief. Unter Heinrich I. (⤳ 1100 bis 35) löste L. endgültig Winchester als Hauptstadt Englands ab. Ende des 12. Jh. erhielt L. unter Johann ohne Land eine Verfassung, die L. als selbstverwaltete Stadtrepublik mit einem Bürgermeister nur dem König unterstellte. Der bereits im MA begonnene wirtschaftl. Aufstieg (1157 Niederlassung der Hanse im Stalhof) beschleunigte sich im 16. Jh. (Gründung von Handelskompanien); die Stadt dehnte sich über die Mauern der City aus. 1665 forderte die Pest in L. 68 500 Todesopfer, 1666 vernichtete ein Großfeuer etwa ⁴/₅ der City. Die Bevölkerung, die 1377 noch 35 000 E zählte, wuchs von 0,5 Mio. (1666) auf 1,2 Mio. (1821) und 6,6 Mio. (1901).
2) kanad. Stadt in der Prov. Ontario, am Thames River, 270 500 E; Univ., Zoo. Wirtschaftszentrum des westl. Ontario; in Port Stanley Hafen am Eriesee.

Londonderry, Robert Stewart, Viscount Castlereagh, Marquis of [engl. 'lʌndəndərɪ] ↑Castlereagh, Robert Stewart, Viscount, Marquis of Londonderry.

Londonderry [engl. 'lʌndəndərɪ] ↑Derry.

Londoner Akte 1954 ↑Londoner Konferenzen, Protokolle und Verträge (Londoner Neunmächtekonferenz).

Londoner Deklaration ↑Londoner Konferenzen, Protokolle und Verträge (Londoner Neunmächtekonferenz).

Londoner Flottenabkommen, svw. ↑Deutsch-Britisches Flottenabkommen 1935.

Londoner Konferenzen, Protokolle und Verträge: *Protokoll (3. 2. 1830):* Großbrit., Rußland und Frankreich garantierten die Unabhängigkeit der Erbmonarchie Griechenland.
Konferenz (26. 7. 1831): Die Unabhängigkeit Belgiens wurde durch die Großmächte bestätigt und seine Neutralität garantiert.
Protokolle 1850, 1852: Im 1. Protokoll (2. 8. 1850) forderten am Ende des 1. Dt.-Dän. Krieges Österreich, Großbrit., Frankreich, Schweden und Norwegen die Erhaltung des dän. Gesamt-

Londoner Schuldenabkommen

staates. Im 2. Protokoll (8. 5. 1852) regelten die Signatarmächte des 1. Protokolls die Thronerbfolge im Gesamtstaat Dänemark.
Vertrag 1867 ↑Luxemburg (Geschichte).
Protokolle 1871 und Konferenz 1871 ↑Pontuskonferenz.
Seerechtskonferenz (Dez. 1908–Febr. 1909): Kodifizierte das geltende Seerecht in der *Londoner Deklaration,* die aber mangels Ratifizierung nie in Kraft trat.
Konferenzen März/April 1921: Die Reparationskonferenzen endeten mit dem *Londoner Ultimatum,* das eine dt. Reparationsschuld von 132 Mrd. Goldmark festsetzte.
Konferenz (5.–16. 8. 1924): Beschloß den Dawesplan.
Flottenkonferenz (21. 1.–22. 4. 1930): Großbrit., Japan, Frankreich, Italien und die USA beschränkten ihren Flottenneubau.
Viermächtekonferenz (26. 6.–8. 8. 1945): Die vier Siegermächte einigten sich über das Vorgehen gegen die Hauptkriegsverbrecher und errichteten das Internat. Militärtribunal (↑Nürnberger Prozesse).
Sechsmächtekonferenz (23. 2.–5. 3. 1948 und 20. 4. bis 1. 6. 1948): Belgien, Frankreich, Großbrit., Luxemburg, die Niederlande und die USA einigten sich auf eine gemeinsame staatl. Ordnung für die westl. Besatzungszonen.
Neunmächtekonferenz (28. 9.–3. 10. 1954): Belgien, die BR Deutschland, Frankreich, Großbrit., Italien, Kanada, Luxemburg, die Niederlande und die USA ermöglichten die Inkraftsetzung des Deutschlandvertrags und den Beitritt der BR Deutschland zur NATO. In der *Londoner Akte* verzichtete die BR Deutschland auf Herstellung von ABC-Waffen auf ihrem Territorium und auf Anwendung von Gewaltmitteln zur Erreichung der dt. Wiedervereinigung. Großbrit., Kanada und die USA sicherten die Stationierung von Streitkräften in Europa zu.
Konferenzen 1956 ↑Suezkonferenzen.

Londoner Schuldenabkommen (Londoner Vertrag 1953), am 16. 9. 1953 in Kraft getretenes Abkommen über die Anerkennung, Reduzierung und Tilgung der dt. Auslandsschulden seit dem 1. Weltkrieg zw. der BR Deutschland und den USA, Großbrit. und Frank-

Henry Wadsworth Longfellow

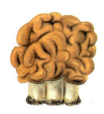

Lorchel. Oben Frühjahrslorchel (Höhe 5–10 cm) ◆ Unten: Herbstlorchel (Höhe 3–5 cm)

Longanbaum

reich in Vertretung der rd. 60 Gläubigerstaaten. Die Verpflichtungen waren im wesentlichen bis 1980 erfüllt.
Longanbaum [chin./dt.] (Drachenauge), Seifenbaumgewächs in M- und S-China; bis 10 m hoher Baum mit bis 2,5 cm großer eßbarer, süßer aromat. Nußfrucht *(Longanfrucht);* als Obstbaum kultiviert.
Long Beach [engl. 'lɔŋ 'biːtʃ], Stadt 30 km südl. von Los Angeles, Kalifornien, 361 300 E. Seebad; Fischerei-, Erdölhafen.
Longdrink [engl.], mit Soda-, Mineral- oder Eiswasser verlängertes alkohol. Getränk.
Longe ['lõːʒə; lat.-frz.], lange Leine, mit der ein Pferd bei der Dressur geführt wird.
Longfellow, Henry Wadsworth [engl. 'lɔŋfɛloʊ], *Portland (Maine) 27. 2. 1807, † Cambridge (Mass.) 24. 3. 1882, amerikan. Dichter. Bed. Vermittler europ. Literatur, bes. der (dt.) Romantik, in den USA; schrieb u. a. Versepen, u. a. das Indianerepos »Das Lied von Hiawatha« (1855); auch Lyrik und Übersetzungen (u. a. Dante).
Longhi, Pietro, eigtl. P. Falca, *Venedig 1702, † ebd. 8. 5. 1785, italien. Maler. Malte schlichte, liebenswürdig-moralisierende Genrebilder.
Long Island [engl. 'lɔŋ 'aɪlənd], zum Staat New York gehörende Insel, parallel der Küste von Connecticut, USA, 4 463 km^2, durch die Meeresstraße *Long Island Sound* vom Festland getrennt. Die Bezirke Brooklyn und Queens der Stadt New York liegen auf L. I. sowie zahlr. Seebäder.
longitudinal [lat.], längsgerichtet; die geograph. Länge betreffend.
Longitudinalwellen (Längswellen), Wellen, bei denen die Schwingungsrichtung (bzw. die Richtung des Schwingungsvektors) mit der Ausbreitungsrichtung übereinstimmt (z. B. Schallwellen).
Longos, griech. Prosaiker des 3. (?) Jh. aus Lesbos. Bekannt durch die romanhafte Liebesdichtung »Daphnis und Chloe«, die für die Literatur der Neuzeit (u. a. Boccaccio, Lope de Vega, Shakespeare; Schäferdichtung des Rokokos) von außergewöhnl. Wirkung war.
Longwy [frz. lõ'wi], frz. Stadt im Dép. Meurthe-et-Moselle, 17 300 E. Zentrum des nördl. lothring. Eisenerzbekkens.
Lönnrot, Elias [schwed. .lœnruːt], *Sammatti (Nyland) 9. 4. 1802, † ebd. 19. 3. 1884, finn. Schriftsteller und Volkskundler. Sammelte mündlich tradierte altfinn. Volkslieder (rd. 75 000 Verse) und schuf aus ihrem Material das Epos †Kalevala.
Löns, Hermann, *Culm bei Bromberg 29. 8. 1866, ✕ bei Reims 26. 9. 1914, dt. Schriftsteller. Aus der Bindung an die norddt. Landschaft und ihre Bewohner (»Heimatkunst«) entstanden Heide- und Liebeslyrik und Tiergeschichten (»Mümmelmann«, 1909) mit Naturschilderungen. Sein Roman »Der Werwolf« ist von völk. und rassist. Ideologie geprägt.
Looping [engl. 'luːpɪŋ], Kunstflugfigur, Überschlag nach oben oder unten aus der Normal- oder der Rückenfluglage.
Loos, Adolf, *Brünn 10. 12. 1870, † Kalksburg (heute zu Wien) 23. 8. 1933, österr. Architekt. Seine auf funktionaler Sachlichkeit fußende und auf Ornamentik weitgehend verzichtende Architektur (u. a. »Haus Steiner«, 1910, und »Haus am Michaelerplatz«, 1909 bis 11, in Wien; »Haus Tristan Tzara«, 1925, in Paris; »Villa Müller«, 1928–30, in Prag) ist von kub. Formen unter Einbeziehung klassisch-antiker Elemente bestimmt. Die architektur- und kulturtheoret. Anschauungen von L. haben sich in einem umfangreichen schriftsteller. Werk (u. a. »Ornament und Verbrechen«, 1910) erhalten.
Lope de Vega, Félix ['loːpe ðe 've:ga, span. 'lope ðe 'βeɣa] †Vega Carpio, Lope Félix de.
López [span. 'lopes], **1)** Carlos Antonio, *Asunción 4. 11. 1790, † ebd. 10. 9. 1862, paraguay. Politiker. Ab 1844 diktator. regierender Staats-Präs., verbesserte die Verwaltung, baute die erste Eisenbahn; schuf ein Heer nach preuß. Muster.
2) Francisco Solano, *Asunción 24. 7. 1827, † am Río Aquidabán 1. 3. 1870 (ermordet), paraguay. Politiker. Sohn von Carlos Antonio L.; ab 1862 Staats-Präs. mit diktator. Vollmachten; begann 1865 einen Krieg gegen Argentinien, Brasilien und Uruguay.
López de Ayala, Pe[d]ro [span. 'lopeð ðe a'jala], *Vitoria 1332, † Calahorra bei

Loreley

Logroño 1407, span. Dichter und Chronist. Verfaßte bed. Chroniken; satir. Lehrgedicht »Rimado de palacio« (um 1385, hg. 1829).

Lop Nur, ehem. abflußloser Salzsee im östl. Tarimbecken, China, rd. 2 500 km² (veränderte in geschichtl. Zeit mehrmals seine Lage); nahebei chin. Kernwaffenversuchsgelände.

Lorbeer (Laurus), Gatt. der Lorbeergewächse mit zwei Arten: *Echter L.* (L.baum), bis 12 m hoher Baum, dessen Blätter getrocknet als Küchengewürz *(Lorbeerblätter)* verwendet werden. Charakterbaum des Mittelmeergebietes. *Kanar. L.*, verbreitet auf den Kanar. Inseln und Madeira. – Bei den Griechen galt der *Echte L.* als Zeichen des Sieges und Ruhmes.

Lorbeergewächse (Lauraceae), Pflanzen-Fam. mit rd. 30 Gatt. und über 2 000 trop. und subtrop. Arten; meist Bäume oder Sträucher; Obst-, Gewürz-, Heil- und Zierpflanzen.

Lorca, Federico García ↑García Lorca, Federico.

Lorch, 1) seit 1939 Stadtteil von Enns (Oberösterreich). Um 50 n. Chr. röm. Militärstation *(Lauriacum);* im 5. Jh. Bischofssitz; im Früh-MA wohl eine karoling. Pfalz.
2) Stadt an der Rems, Bad.-Württ., 9 400 E. Roman. Kirche der ehem. Benediktinerabtei (Langhaus und Westbau 11. Jh.) mit spätgot. Chor. Die 1474 neu erbaute Marienkirche geht auf das frühe MA zurück. – Röm. Kastell *Laureacum* an der Grenze von Rätien und Obergermanien. Die bei L. im 11. Jh. als stauf. Hauskloster gegr. Benediktinerabtei (1535 aufgehoben) diente im 12./13. Jh. zeitweilig als Grablege der Staufer.

Lorchel (Helvella), Gatt. der Schlauchpilze, u. a. *Frühjahrs-L.* und *Herbstlorchel.*

Lorcher Fälschungen ↑Pilgrim.

Lord [lɔrt, engl. lɔːd, eigtl. »Brotherr«], Abk. **Ld,** in Großbrit. Titel und Anrede des hohen Adels einschließl. der anglikan. Bischöfe, ferner Anrede der Richter an hohen Gerichtshöfen und Bestandteil zahlr. Amtstitel, z. B.: *First L. of the Treasury*, »Erster L. des Schatzamtes«, Titel des Premier-Min.; *L. [High] Chancellor*, »Lord[groß]kanzler«, Präs. des Oberhauses (House of Lords); *L. Mayor*, Titel der Oberbürgermeister von London und von zwölf anderen Städten.

Lordose [griech.] ↑Wirbelsäulenverkrümmung.

Lore [engl.], kleiner, meist kippbarer Schienenwagen v. a. in Bergwerken.

Loreley (Lorelei), von C. Brentano (nach einer Rheinreise [↑Loreley]) geschaffene Phantasiegestalt einer zauberhaft schönen Frau, die die Männer anzieht und ihnen Unglück bringt (Ballade von der Lore Lay in seinem Roman »Godwi«, 1801). Um diesem Fluch zu

Lorbeer. Echter Lorbeer

Loreley. Das enge Durchbruchstal des Rheins mit dem fast senkrecht aufsteigenden Schieferfelsen Loreley (rechts)

Loreley

Sophia Loren

Hendrik Antoon Lorentz

Loriot. Karikatur (um 1955)

entgehen, stürzt sie sich von einem Felsen in den Rhein. Die bekannteste Version schuf H. Heine (Gedicht, 1824; vertont von F. Silcher).

Loreley, fast senkrechter (132 m hoch) Schieferfelsen am Rhein oberhalb von Sankt Goarshausen. – Abb. S. 2059.

Loren, Sophia [italien. 'lɔːren], eigtl. Sofia Scicolone, *Rom 20. 9. 1934, italien. Filmschauspielerin. Entwickelte sich bes. in der Zusammenarbeit mit V. de Sica zur Charakterdarstellerin in dramat. und kom. Rollen, u. a. in »Die Frau vom Fluß« (1955), »Die Millionärin« (1960), »El Cid« (1961), »Hochzeit auf italienisch« (1965).

Lorentz, 1) Hendrik Antoon, *Arnheim 18. 7. 1853, † Haarlem 4. 2. 1928, niederl. Physiker. Entwickelte ab 1892 eine Theorie der Elektronen und sagte die Aufspaltung von Spektrallinien im Magnetfeld voraus, die von P. Zeeman experimentell bestätigt wurde; Nobelpreis für Physik 1902 (mit P. Zeeman). 2) Lore, geb. Schirmer, *Mährisch-Ostrau 12. 9. 1920, † Düsseldorf 22. 2. 1994, dt. Kabarettistin. Gründete 1947 mit ihrem Mann Kay L. (*1920, † 1993) das polit. Kabarett »Das Kom(m)ödchen« in Düsseldorf.

Lorentz-Kraft [nach H. A. Lorentz], Kraft, die auf eine in einem Magnetfeld bewegte Ladung wirkt.

Lorenz, Konrad, *Wien 7. 11. 1903, † Altenberg 27. 2. 1989, österr. Verhaltensforscher. Begründete die moderne Verhaltensforschung; erforschte bei seinen Untersuchungen über instinktives Verhalten (insbes. bei den Graugans) u. a. Auslösemechanismen und Auslöser und entdeckte das Phänomen der Prägung; erhielt 1973 (gemeinsam mit N. Tinbergen und K. von Frisch) den Nobelpreis für Physiologie oder Medizin. – *Werke:* Das sogenannte Böse. Zur Naturgeschichte der Aggression (1963), Über tier. und menschl. Verhalten (1965), Die Rückseite des Spiegels. Versuch einer Naturgeschichte menschl. Erkennens (1973), Vergleichende Verhaltensforschung (1978).

Lorenzen, Paul, *Kiel 24. 3. 1915, dt. Mathematiker und Philosoph. Bed. Arbeiten zur mathemat. und log. Grundlagenforschung.

Lorenzetti, 1) Ambrogio (A. di Lorenzo), *Siena um 1290, † vermutlich ebd. 1348, italien. Maler. Wohl Schüler seines Bruders Pietro L.; 1327–32 in Florenz; großräumige ep. Wandbilder in leuchtenden Farben im Palazzo Pubblico von Siena (1338/39).
2) Pietro, *Siena um 1280, † vermutlich ebd. 1348, italien. Maler. Freskenzyklus in Assisi (1326–30), »Geburt Mariä« (1335–42; Siena, Museo dell'Opera del Duomo), in strengem, monumentalem got. Stil.

Lorenzo I de' Medici [italien. 'mɛːditʃi] ↑Medici, Lorenzo I de'.

Loreto, italien. Stadt in den Marken, nahe der adriat. Küste, 10 700 E. Marienwallfahrtsort. – Entstand um die hier verehrte Santa Casa (hl. Haus von Nazareth), die nach der Legende (seit dem 15. Jh. nachweisbar) 1295 von Engeln nach L. gebracht wurde.

Lorgnon [lɔrn'jõː; frz.], Monokel mit Stiel; auch svw. *Lorgnette,* eine Stielbrille mit zwei Gläsern ohne Ohrbügel.

Lorient [frz. lɔ'rjɑ̃], frz. Stadt an der breton. S-Küste, Dép. Morbihan, 62 600 E. Schiffahrtsmuseum; u. a. Schiffbau, Maschinenbau; Kriegs- und Fischereihafen.

Loriot [lo'rjo; frz. »Pirol«], eigtl. Bernhard Victor (»Vicco«) Christoph-Carl von Bülow, *Brandenburg/Havel 12. 11. 1923, dt. Cartoonist, Schauspieler und Autor. Hauptthema seines Werkes sind die grotesken Auswüchse spießbürgerl. Verhaltens und menschl. Unzulänglichkeiten, wie sie v. a. in den knollennasigen Figuren seiner Karikaturen mit feiner Ironie dargestellt werden. Neben zahlr. Beiträgen für das Fernsehen entstanden die Spielfilme »Ödipussi« (1988) und »Papa ante portas« (1991).

Loschmidt

Loris, 1) [niederl.-frz.] (Lorisidae) Fam. nachtaktiver, etwa 25–40 cm langer, baumbewohnender Halbaffen in den Wäldern des trop. Asiens und Afrikas; mit Greifhänden bzw. -füßen und großen Augen; u. a. *Plumplori, Potto, Schlanklori*.
2) [malaiisch] (Trichoglossinae) Unter-Fam. sperling- bis taubengroßer, meist bunter Papageien mit rd. 60 Arten auf Neuguinea und in Australien; zu den L. gehört u. a. die Gatt. *Glanzloris*.
Lörrach, Kreisstadt im Tal der Wiese, Bad.-Württ., 42 800 E.
Lorrain, Claude [frz. lɔˈrɛ̃], eigtl. Claude Gellée, gen. Le Lorrain, *Chamagne bei Mirecourt 1600, † Rom 23. 11. 1682, frz. Maler. Lebte in Rom; entwickelte eine völlig neue und selbständige Auffassung von der Landschaft als psych. Ausdrucksträger, bes. poet. Stimmungen (ideale Landschaft).
Lorre, Peter, eigtl. László Loewenstein, *Rosenberg (heute Ružomberok, Slowak. Rep.) 26. 6. 1904, † Los Angeles-Hollywood 23. 3. 1964, österr.-amerikan. Schauspieler. Begann seine Filmkarriere 1931 in Fritz Langs »M – eine Stadt sucht einen Mörder«; emigrierte 1933 in die USA; in Hollywood u. a. »Die Spur des Falken« (1941), »Casablanca« (1943), »Arsen und Spitzenhäubchen« (1944), »Der Rabe …« (1963).
Lorris, Guillaume de, frz. Dichter, ↑Rosenroman.
Lorsch, hess. Stadt in der Oberrheinebene, 10 700 E. Mittelpunkt des Tabakbaus im S des Hess. Rieds. Von der Benediktinerabtei sind nur noch drei Joche der Vorkirche (etwa 1141–48) der ehem. karoling. Basilika und die berühmte karoling. Torhalle (um 800; Steinmosaikverkleidung) mit got. Steildach (14. Jh., restauriert) erhalten. – Die 764 gegr. Benediktinerreichsabtei wurde zu einem hervorragenden Träger mittelalterl. Kultur (Lorscher Codex, Lorscher Annalen).
Lortzing, Albert, *Berlin 23. 10. 1801, † ebd. 21. 1. 1851, dt. Opernkomponist. Komponierte volkstüml., humorvolle Oper nach eigenen Texten, u. a. »Zar und Zimmermann« (1837), »Der Wildschütz« (1842), »Der Waffenschmied« (1846), »Undine« (1845); schrieb auch eine polit. Oper (»Regina«,

1848, UA 1981) über die Revolution von 1848.
Los Alamos [engl. lɔsˈæləmoʊs], Ort nw. von Santa Fe, New Mexico, USA, 17 000 E. Kernforschungslabor. Hier wurde die am 16. 7. 1945 in New Mexico zur Explosion gebrachte Atombombe entwickelt.
los Ángeles, Victoria de, span. Sängerin, ↑Angeles, Victoria de los.
Los Angeles [lɔs ˈɛndʒələs, engl. lɔs ˈændʒɪlɪs], Stadt am Pazifik, SW-Kalifornien, USA, 14,5 Mio. E (städt. Agglomeration). Mehrere Univ., Observatorium, Planetarium. Größte Ind.-Stadt westlich des Mississippi, v. a. Flugzeug-, Auto- und Film-Ind. (Hollywood); drei Großflughäfen; Hafen. Älteste Kirche ist die Old Mission Church (1814–22); moderne Verwaltungsgebäude, u. a. das 60stöckige United California Bank Building (1973/74). – 1781 als span. Missionssiedlung gegr.; 1846 von US-Soldaten besetzt; 1848 Entdeckung von Gold am Fuß der Sierra Nevada, 1892 Entdeckung von Erdöl; 1850 City. 1932 und 1984 Austragungsort der Olymp. Sommerspiele.
Löschkopf, 1) ↑Tonbandgerät.
2) Einrichtung zum Löschen (Entladen) v. a. von Tankern. Über einen L. werden die Rohrverbindungen zw. Tanker und landseitigem Tanklager hergestellt.
Loschmidt, Joseph, *Putschirn bei Karlsbad 15. 3. 1821, † Wien 8. 7. 1895, österr. Chemiker und Physiker. Berechnete 1865 erstmals die Größe der Luftmoleküle und ihre Anzahl pro Volumeneinheit (*L.-Zahl* bzw. *L.-Konstante*; ↑Avogadro-Konstante).

Konrad Lorenz

Loris 2). Allfarblori (Größe 25–30 cm)

Los Angeles Stadtwappen

Loris 1). Plumplori (Köperlänge bis etwa 35 cm)

Löschung

Löschung, im *Registerrecht* eine Eintragung, die die Wirkungen einer früheren Eintragung (z. B. im Handelsregister, im Grundbuch) aufhebt.

Losey, Joseph [engl. ˈluːzɪ], *La Crosse (Wis.) 14. 1. 1909, † London 22. 6. 1984, amerikan. Filmregisseur. Drehte (u. a. mit H. Pinter als Drehbuchautor) u. a. »Der Junge mit den grünen Haaren« (1948), »Accident« (1966), »Don Giovanni« (1979).

Losfest ↑Purim.

Löslichkeitsprodukt, Produkt der Konzentrationen der Kationen und Anionen eines Elektrolyten in einer gesättigten wäßrigen Lösung bei konstanter Temperatur.

Löß, aus Trocken- oder Kältewüsten ausgewehtes Lockersediment, besteht aus durchschnittlich 60–70% Quarz, 10–30% Kalk, 10–20% Tonerdesilicaten. Löß umgibt gürtelartig die im Pleistozän vergletscherten Räume; er ist sehr standfest, daher sind hier tiefe Schluchten und Hohlwege typisch, ebenso Höhlenwohnungen und Vorratsräume.

Lößnitz, klimatisch begünstigte Landschaft entlang dem nördl. Elbufer zw. Dresden und Meißen.

Lossprechung ↑Absolution.

Lost [Kw.], svw. ↑Senfgas.

Lostage, Tage, die im Volksglauben als bedeutsam für das Wetter gelten, z. B. Lichtmeß (2. Febr.), Siebenschläfer (27. Juni) und die zwölf Tage zw. Weihnachten und Dreikönig (*Zwölften*).

Lost generation [engl. ˈlɔst dʒɛnəˈreɪʃən »verlorene Generation«], von G. Stein geprägter Begriff für eine Gruppe amerikan. Schriftsteller der 1920er Jahre, die das Erlebnis des 1. Weltkrieges desillusioniert hatte (u. a. E. E. Cummings, M. Cowley, J. Dos Passos, F. S. Fitzgerald, E. Hemingway); auch auf europ. Schriftsteller ausgedehnt (E. M. Remarque, E. Toller, A. Huxley).

Losung, 1) *Jägersprache:* artspezifisch geformter Kot des Wildes und der Hunde.
2) *Militärwesen:* (Parole) früher Bez. für das täglich wechselnde Erkennungswort, durch das sich angerufene Soldaten den Posten gegenüber ausweisen mußten.
3) *Protestantismus:* ein Tagesspruch (alttestament. und neutestament. Text).

Lösungen, homogene Gemenge verschiedener Stoffe, bei denen die Zerteilung und gegenseitige Durchdringung bis in einzelne Moleküle, Atome oder Ionen geht. Das Mengenverhältnis zw. dem Lösungsmittel *(Solvens)* und dem gelösten Stoff ist dabei veränderl. (entsprechend der Konzentration). – Die in Gramm angegebene *Löslichkeit* ist diejenige Menge eines Stoffes, die sich in einer bestimmten Menge eines bestimmten L.mittels bei einer bestimmten Temperatur lösen läßt. Eine *gesättigte Lösung* enthält bei einer bestimmten Temperatur die höchstmögl. Menge eines gelösten Stoffes. Ist mehr Substanz gelöst, als der Löslichkeit bei dieser Temperatur entspricht, ist die L. *übersättigt.* Kann das L.mittel noch mehr von der zu lösenden Substanz aufnehmen, ist es eine *ungesättigte Lösung.* Die beim Lösen freiwerdende oder verbrauchte Energie ist die *Lösungswärme.*

Lösungsmittel, die Substanz, in der ein Stoff gelöst wird (↑Lösungen).

Los-von-Rom-Bewegung, Ende des 19. Jh. in den Ländern der Donaumonarchie entstandene Abfallbewegung von der kath. Kirche; zahlr. Übertritte zum Protestantismus, auch zum Altkatholizismus.

Lot, Gestalt des AT. Bei der Zerstörung Sodoms gerettet, während seine Frau zurückblickt und zur Salzsäule erstarrt.

Lot, 1) *Handwerk:* (Senklot, Senkblei) an einer dünnen Schnur aufgehängtes kon. Metallstück, das die Senkrechte *(Lotrechte)* anzeigt.
2) *Schiffahrt:* Gerät zum Messen der Wassertiefe vom Schiff aus.
3) *Mathematik:* eine Gerade, die auf einer anderen Geraden oder Ebene senkrecht steht.
4) *Geschichte:* Masseneinheit unterschiedl. Größe; urspr. meist $^1/_{32}$ Pfund (zw. 14 und 18 g).
5) beim ↑Löten verwendetes Metall.

Löten, Verfahren zum Verbinden verschiedener metall. Werkstoffe mit Hilfe eines geschmolzenen Zusatzmetalls *(Lot). Lötmittel zum Weichlöten* (Arbeitstemperatur unter 450 °C): niedrig schmelzende (180–220 °C) Legierungen auf Blei-, Antimon- und Zinnbasis; z. B. *Weichlot (Lötzinn), Schnellot* mit 60% Zinn und Kolophonium als Flußmittel, bes. für elektron. Schaltungen. *Lötmittel*

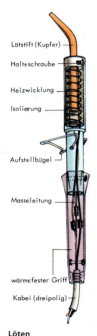

Lötstift (Kupfer)
Halteschraube
Heizwicklung
Isolierung
Aufstellbügel
Masseleitung
wärmefester Griff
Kabel (dreipolig)

Löten
Elektrischer Lötkolben

Lötschental

zum Hartlöten (über 450 °C): unlegiertes Kupfer, Messing- und Silberlote und für Leichtmetalle *Hartlote* auf der Basis von Aluminium, Silicium, Zinn und Cadmium. Teilweise wird unter Zusatz von pasten- oder pulverförmigen *Flußmitteln* (z. B. *Lötfett*) gearbeitet. *Lötwasser*, eine wäßrige Lösung von Zinkchlorid (und Salmiak), wird zur Entfernung von Oxidschichten verwendet. Zum Weichlöten werden meist elektr. *Lötkolben*, *Lötstifte* und *Lötnadeln* verwendet. *Lötlampen* (zum Hart- und Weichlöten) werden mit Benzin oder Gas betrieben. In der Fertigung elektron. Bauelemente wird auch mit Hilfe von Festkörper- oder Gas-Lasern gelötet.

Lothar, Name von Herrschern:
Röm. Kaiser: **1) Lothar I.**, *795, † Kloster Prüm 29. 9. 855, Mitkaiser (seit 817), Röm. Kaiser (840–855). Ältester Sohn Ludwigs des Frommen; verteidigte seine Vorrangstellung im Konflikt mit dem Vater und den Brüdern Ludwig (II.), dem Deutschen, Pippin I. und Karl II., dem Kahlen; sicherte sich im Vertrag von Verdun (843) neben Italien ein Mittelreich.
Hl. Röm. Reich: **2) Lothar III. von Supplinburg,** *1075, † Breitenwang (Tirol) 3. (2. ?) 12. 1137, Hzg. von Sachsen (seit 1106), König (seit 1125), Kaiser (seit 1133). Gegen stauf. Thronansprüche durch Verbindung mit den Welfen zum König gewählt. Im Konflikt mit den Staufern (1127 Gegenkönigtum Konrads [III.]) setzte sich L. 1135 durch.

Lothringen (Lorraine), Region in NO-Frankreich, 23 547 km², 2,31 Mio. E, Hauptstadt Metz.
Geschichte: Der Raum zw. Schelde, Maas, Rhein und Saôneniederung, der bei der Teilung des karoling. Mittelreichs Lothars I. 855 an seinen Sohn Lothar II. fiel (*Lotharingien*), kam (endgültig 925) an das Ostfränk. Reich. Nach 965 Teilung in Ober-L. (das Moselland) und Nieder-L. (Niederrhein- und Maasgebiet); 1100 zerfiel Nieder-L. in die Hzgt. Brabant und Limburg. Die Bez. L. haftete schließlich an Ober-L.; hier kam die Herzogsgewalt 1047 an das später sog. Haus Lothringen. In der Auseinandersetzung mit Karl dem Kühnen von Burgund behauptete René II. (⚰ 1473–1508) die lothring. Selbständigkeit. Mit der frz. Besetzung von Metz, Toul und Verdun (1552) verstärkte sich der frz. Einfluß. Nach Gebietsabtretungen an Frankreich 1661/97 mußte Franz I. Stephan, Gemahl der Kaiserin Maria Theresia, 1736/37 L. gegen die Toskana eintauschen; L. diente als Entschädigung für den poln. Exkönig Stanislaus I. Leszczyński und fiel nach dessen Tod vertragsgemäß an Frankreich (1766). 1871 wurden Teile der Dép. Moselle (mit Metz) und Meurthe mit dem Elsaß zum dt. Reichsland Elsaß-Lothringen zusammengeschlossen, mußten 1919 aber zurückgegeben werden. 1941–45 unterstand das Dép. Moselle zus. mit der Saarpfalz dt. Verwaltung.

Lothringer Kreuz ↑Kreuzformen.
lothringische Reform ↑Gorze.
Loti, Pierre, eigtl. Julien Viaud, *Rochefort 14. 1. 1850, † Hendaye bei Bayonne 10. 6. 1923, frz. Schriftsteller. Schilderte in zahlr. exot. Romanen und Novellen v. a. den Nahen und Fernen Osten. – *Werke:* Aziyadeh (R., 1879), Islandfischer (R., 1886) Madame Chrysanthème (R., 1887).
Lotion [lo'tsjo:n, engl. ˈloʊʃən; lat.-engl.], flüssiges Kosmetikum zum Reinigen, Erfrischen und Pflegen der Haut.
Lotosblume [griech./dt.], Gatt. der Seerosengewächse mit zwei Arten; Wasserpflanzen mit aus dem Wasser ragenden, großen schildförmigen Blättern und langgestielten, bis 35 cm großen Blüten; bekannteste Art ist die *Ind. L.* mit rosa oder weißen Blüten und eßbaren, bis haselnußgroßen Früchtchen. – Die L. war in einigen Religionen kosm. Symbol und Attribut von Gottheiten. – Abb. S. 2064.
Lotrichtung, die Richtung der Schwerkraft. *Lotschwankungen* sind die durch Gezeitenkräfte bewirkten, zeitlich period. Abweichungen des g. gegenüber einer mittleren Lage. *Lotabweichungen* beruhen auf unterschiedl. Dichteverteilung im Erdmantel.
Lötrohr, rechtwinkliges Metallrohr mit Mundstück; wird in die Flamme z. B. eines Bunsenbrenners gehalten. Beim Blasen entsteht eine Stichflamme mit bes. feiner Spitze; bes. bei Goldschmiedearbeiten.
Lötschberg ↑Alpenpässe (Übersicht).
Lötschental, rechtes Seitental des oberen Rhonetals im Wallis.

Lotosblume. Indische Lotosblume (Größe der Blüte bis 35 cm)

Lotse

Lotosblume. Relief des auf einem Lotosthron sitzenden Bodhisattva Padmapani aus Sarnath; Sandstein, Höhe 1,18 m (etwa 9. Jh.; Sarnath, Archäologisches Museum)

Vorderseite

Rückseite

Louisdor
(Paris, 1701/02; Durchmesser 26 mm)

Lotse [engl.-niederl.], amtlich zugelassener Berater der Schiffsführung auf bestimmten, schwierig zu befahrenden Wasserstraßen, auf denen aus Sicherheitsgründen L. an Bord genommen werden müssen (*L.pflicht*).

Lotterie [niederl.], Glücksspiel, an dem sich mehrere Spieler mit Einsätzen (meist in Geld) beteiligen und die Gewinner nach einem vom Veranstalter (L.unternehmer) aufgestellten Spielplan durch ein auf den Zufall abgestelltes Verfahren ermittelt werden. Der *L.vertrag*, der i. d. R. durch den Kauf eines *L.loses* zustande kommt, ist verbindlich, wenn die L. behördlich genehmigt ist. – Nach der Art des Gewinns unterscheidet man *Geld-L.* (L. im engeren Sinn) und *Sach-* oder *Waren-L.* sowie gemischte Geld- und Sach-L. (*Ausspielungen*). Nach den *L.systemen* unterscheidet man Ziehungs-, Totalisator- und Losbrieflotterien. Die *Ziehungs-L.* werden in einfache Ziehungs-L. und in Klassen-L. (mehrere, zeitlich getrennte Ziehungen [Klassen]), die *Totalisator-L.* werden in Zahlen-L. (*Lotto*), in den Fußballtoto (einschließlich der Aus- wahlwette) und in das Rennquintett (Pferdetoto und -lotto), die *Losbrief-L.* werden in Losbriefgeld-L., in Losbriefausspielungen und gemischte [Geld- und Waren]losbrief-L. (z. B. Tombola, Glückshafen) eingeteilt. – *L.gewinne* unterliegen nicht der Einkommensteuerpflicht.

Lotterielos (Los), i. d. R. ein Wertpapier in der Form eines ↑Inhaberpapiers.

Lotto, Lorenzo, *Venedig um 1480, † Loreto nach dem 1. 9. 1556, italien. Maler. 1513–26 in Bergamo tätig; Vertreter des Manierismus.

Lotto [frz.-italien.], **1)** *allg.:* Gesellschaftsspiel, bei dem Karten mit Zahlen oder Bildern durch dazugehörige Karten bedeckt werden müssen, die aus einem Beutel gezogen werden.
2) ↑Lotterie.

Lotuspflaume (Lotospflaume, Dattelpflaume), Ebenholzgewächs, heim. von W-Asien bis Japan; Obst- und Zierbaum mit kirschgroßen, stark gerbstoffhaltigen, zubereitet jedoch eßbaren Früchten.

Loudon [ˈlaʊdn] ↑Laudon.

Lough Neagh [engl. lɔk ˈneɪ], vom Bann durchflossener See im östl. Nordirland, mit 396 km² größter See der Brit. Inseln.

Louis, Joe [engl. ˈluːɪs], eigtl. Joseph L. Barrow, *Lexington (Ala.) 13. 5. 1914, † Las Vegas 12. 4. 1981, amerikan. Boxer. 1937–49 Weltmeister im Schwergewicht.

Louis Bonaparte [frz. lwibɔnaˈpart] ↑Ludwig, König von Holland.

Louisdor (frz. Louis d'or) [luiˈdoːr], frz. Hauptgoldmünze vor Einführung des Franc-Systems; geprägt 1640–1794.

Louis Ferdinand [ˈluːi], Name preuß. Prinzen: **1) Louis Ferdinand,** eigtl. Friedrich Ludwig Christian, Prinz von Preußen, *Friedrichsfelde (heute zu Berlin) 18. 11. 1772, ⚔ bei Saalfeld/Saale 10. 10. 1806, preuß. General. Neffe Friedrichs d. Gr.; fiel vor der Schlacht von Jena und Auerstedt 1806 als Kommandant der preußischen Vorhut.

2) Louis Ferdinand, Prinz von Preußen, *Potsdam 9. 11. 1907, † Wümmehof bei Bremen 25. 9. 1994. Seit 1938 ∞ mit Kira Kirillowna, Großfürstin von Rußland (* 1909, † 1967); seit 1951 Chef des Hauses Hohenzollern.

Löwe

Louisiadearchipel [engl. lʊˈiːzɪæd], Gruppe von etwa 80 Inseln vor der SO-Spitze Neuguineas (Papua-Neuguinea), rd. 2 200 km².
Louisiana [luiziˈaːna, engl. lʊɪzɪˈænə], Staat im S der USA, 123 677 km², 4,28 Mio. E, Hauptstadt Baton Rouge.
Geschichte: Das aus der frz. Kolonie Louisiane hervorgegangene amerikan. Territorium L. wurde 1812 der 18. Staat der Union. Im Sezessionskrieg Mgl. der Konföderierten Staaten von Amerika; 1866–71 Brennpunkt der Ku-Klux-Klan-Aktivitäten.
Louisiane [frz. lwiˈzjan], ehem. frz. Kronkolonie in N-Amerika, die das gesamte Flußsystem des Mississippi umfaßte; 1682 von R. R. Cavelier de La Salle für Frankreich in Besitz genommen und ben. nach Ludwig XIV.; gelangte 1783/1803 an die USA.
Louis Philippe [frz. lwifiˈlip] (Ludwig Philipp), *Paris 6. 10. 1773, †Claremont Park bei London 26. 8. 1850, Hzg. von Chartres, König der Franzosen (1830–48), »Bürgerkönig« genannt. Zunächst General der frz. Revolutionsarmee, lebte nach seinem Übertritt zu den Österreichern (1793) als Hzg. von Orléans im Exil; Rückkehr nach Paris 1817. Die großbürgerlich-liberale Opposition betrieb seine Proklamation zum König (1830). Nach anfänglich liberaler Regierung entfremdete ihn seine zunehmend reaktionäre Innen- und Außenpolitik dem Bürgertum; durch die Februarrevolution 1848 gestürzt; lebte bis zu seinem Tod als Graf von Neuilly im brit. Exil.
Louis-quatorze [frz. lwikaˈtɔrz], Stil zur Zeit Ludwigs XIV., der für zwei Jh. in ganz Europa, v. a. für repräsentative Profanbauten, bestimmend wurde; in der Innenausstattung prunkvolle, schwere Möbel, Leuchter, Spiegel, Gobelins.
Louis-quinze [frz. lwiˈkɛ̃ːz], Stil zur Regierungszeit Ludwigs XV., verfeinerter Rokokostil: Ornamentik (Rocaille, Chinoiserie), Intarsien, Bronzebeschläge.
Louis-seize [frz. lwiˈsɛːz], frühklassizist. Stil zur Regierungszeit Ludwigs XVI.; Verbindung der klass. frz. Tradition mit antiken Elementen.
Lourdes [frz. lurd], frz. Stadt am N-Rand der Pyrenäen, Dép. Hautes-Pyrénées, 17 400 E. Pyrenäenmuseum. Marienwallfahrtsort aufgrund der Marienerscheinungen, die Bernadette Soubirous 1858 hier erlebte.
Loure [luːr; frz.], der ↑Sarabande verwandter Tanz im gemäßigten ⁶/₄-Takt, meist mit Auftakt, oft Teil der ↑Suite.
Louvois, François Michel Le Tellier, Seigneur de Chaville, Marquis de [frz. luˈvwa], *Paris 18. 1. 1641, †Versailles 16. 7. 1691, frz. Kriegsminister (seit 1668). Die von L. und seinem Vater, Michel Le Tellier (*1603, †1685), durchgeführte Heeresreform machte das frz. Heer zur ersten Militärmacht Europas.
Louvre [frz. luːvr], ehem. königl. Schloß in Paris, seit 1793 Museum mit bed. Kunstsammlungen. Der Neubau des 16. Jh. (1546 ff.; P. Lescot) wurde im 17. Jh. zum Cour Carrée ergänzt (Pavillon de l'Horloge von J. Lemercier im W, 1624 ff., N- und O-Flügel von L. Le Vau, 1659–74, O-Fassade von C. Perrault, 1667 ff. als klassizist. Kolonnade). Die Grande Galerie (1595–1608) entlang der Seine verband das Palais des Tuileries (nicht erhalten) urspr. mit dem alten L.; unter Napoleon I. und Napoleon III. entstand gegenüber der N-Flügel. – 1989 wurde ein neuer unterird. Trakt sowie ein neuer zentraler Eingang in Form einer Pyramide aus Stahl und Glas eröffnet; bis 1997 soll die Ausstellungsfläche im Rahmen des Projekts »Grand Louvre« durch Ausbauten auf 60 700 m² ausgedehnt werden.
Löw, der Hohe Rabbi, eigtl. Löwe Juda Ben Bezalel, genannt Maharal von Prag, *wahrscheinlich Posen um 1525, †Prag 1609, jüd. Theologe und Kabbalist. Stand in dem Ruf eines Wundertäters und galt als Verfertiger eines ↑Golems.
Low church [engl. ˈlouˈtʃəːtʃ] »niedere Kirche«] ↑anglikanische Kirche.
Löwe ↑Sternbilder (Übersicht), ↑Tierkreiszeichen (Übersicht).
Löwe [griech.-lat.] (Panthera leo), urspr. in ganz Afrika (mit Ausnahme der zentralen Sahara und der großen Regenwaldgebiete) und vom Balkan über weite Teile Vorder- und S-Asiens verbreitete, überwiegend nachtaktive Großkatze; seit rd. 200 v. Chr. in SO-Europa, seit etwa 1865 im südl. S-Afrika (*Kap-L.*) und seit 1920 nördlich der Sahara (*Berber-L.*) ausgerottet;

Lotuspflaume.
Zweig mit Früchten

Louisiana
Flagge

Lowell

Löwe. Männchen (Kopf-Rumpf-Länge 1,7 bis 1,9 m; links) und Weibchen (Kopf-Rumpf-Länge 1,4 – 1,75 m) des Indischen Löwen (rechts)

in Asien heute auf das ind. Gir-Reservat beschränkt *(Ind. L.);* Körperlänge etwa 1,4 (♀) bis 1,9 m (♂); Schwanz etwa 0,7 – 1 m lang, Schulterhöhe bis über 1 m. – Kreuzungen zw. L. und Tiger werden als *Liger* (Löwen-♂ und Tiger-♀; meist mit blasser Tigerzeichnung auf braungelbem Grund) bzw. *Tigon* (Tiger-♂ und Löwen-♀; Streifenzeichnung mehr oder minder verwaschen) bezeichnet.
Symbolik: Der L., »König der Tiere«, ist bei vielen Völkern des Altertums Sinnbild herrscherl. oder göttl. Macht. Im Christentum kann der L. Satan und Antichrist verkörpern, der geflügelte L. bedeutet in der Apokalypse des Johannes Babylon, ist aber auch die Symbolfigur des Evangelisten Markus bzw. der Herrschaft Christi.
Lowell [engl. 'loʊəl], **1)** Amy, * Brookline (Mass.) 9. 2. 1874, † ebd. 12. 5. 1925, amerikan. Lyrikerin. Hauptvertreterin des ↑Imagismus.
2) James Russell, * Cambridge (Mass.) 22. 2. 1819, † Elmwood bei Cambridge (Mass.) 12. 8. 1891, amerikan. Schriftsteller. Prof. für Literatur und moderne Sprachen; setzte sich mit satir. Dichtung (»Biglow papers«, 1848–67) u. a. für die Sklavenbefreiung ein.
3) Percival, * Boston 13. 3. 1855, † Flagstaff (Ariz.) 12. 11. 1916, amerikan. Astronom. Gründete das nach ihm benannte *Lowell Observatory* in Flagstaff; seine Arbeitsgebiete waren Planetentopographie und spektroskop. Untersuchungen von Sternen und Nebeln.
4) Robert [Traill Spencer jr.], * Boston (Mass.) 1. 3. 1917, † New York 12. 9. 1977, amerikan. Lyriker. Schrieb Bekenntnislyrik in prosanaher Sprache und einer über das Persönliche hinausreichenden histor.-moral. Perspektive (u. a. »Für die Toten der Union«, 1964).
Löwen (amtl. niederl. Leuven, frz. Louvain), belg. Stadt an der Dijle, 85 500 E. Kulturelles, Handels- und Verwaltungszentrum für O-Brabant und das südl. Kempenland; zwei Universitäten. Kirche Sint-Pieters, Rathaus und Univ. in Brabanter Gotik.
Löwenäffchen, Gatt. rd. 50 cm langer (einschließl. Schwanz bis 90 cm messender) Krallenaffen in den Regenwäldern SO-Brasiliens mit vier Arten.
Löwenherz, Richard ↑Richard I. Löwenherz, König von England.
Löwenmaul (Löwenmäulchen), Gatt. der Rachenblütler mit rd. 40 Arten in N-Amerika und im Mittelmeergebiet; bekannteste Art ist das *Gartenlöwenmaul*.
Löwenstein-Wertheim, süddeutsches Fürstengeschlecht, begründet durch Kurfürst Friedrich I. von der Pfalz, an dessen Sohn Ludwig (* 1463, † 1524) 1476 die Gft. Löwenstein ging; um 1600 Grafen von L.-W; 1806 mediatisiert.
Löwenthal, Leo, * Frankfurt am Main 3. 11. 1900, † Berkeley (Calif.) 21. 1. 1993, dt.-amerikan. Soziologe. 1933 Emigration über Genf in die USA (1939); bed. Arbeiten über Literatursoziologie und Kommunikationsforschung, u. a. »Literatur und Gesellschaft« (1961) und »Literatur und Massenkommunikation« (1984).
Löwenzahn, 1) (Kuhblume, Taraxacum) Gatt. der Korbblütler mit rd. 70 Arten; gelbblühende, milchsaftführende Rosettenpflanzen; einheimisch u. a. der *Gemeine L. (Kuhblume, Kettenblume, Ringelblume).*
2) (Milchkraut, Leontaden), Gatt. der Korbblütler mit rd. 40 Arten; Rosettenpflanzen; einheimisch u. a. *Herbst-L.* (mit goldgelben Zungenblüten) und

Löwenmaul. Gartenlöwenmaul (Höhe 20 – 100 cm)

Lübeck

Hunds-L. (Nickender L.; mit schwarz gerandeten Blütenhüllblättern).
Löwith, Karl, *München 9. 1. 1897, † Heidelberg 24. 5. 1973, dt. Philosoph. 1934 Emigration, ab 1938 in Japan, 1941–52 in den USA. Sein Werk stellt v. a. die Kategorien der Geschichtsphilosophie in Frage. – *Werke:* Von Hegel zu Nietzsche (1941), Weltgeschichte und Heilsgeschehen (1949), Mein Leben in Deutschland vor und nach 1933 (hg. 1986).
Lowlands [engl. 'loʊləndz], Senkungszone in M-Schottland, zw. den Highlands im N und den Southern Uplands im S.
Lowry [engl. 'laʊəri], **1)** [Clarence] Malcolm, *Merseyside (Cheshire) 28. 7. 1909, † Ripe (Gft. Sussex) 27. 6. 1957, engl. Schriftsteller. Schrieb Erzählungen und Romane (»Unter dem Vulkan«, 1947). **2)** Thomas Martin, *Low Moor (heute Bradford) 26. 10. 1874, † Cambridge 2. 11. 1936, brit. Physikochemiker. Entwickelte 1923 (unabhängig von J. N. Brønsted) die Säure-Base-Theorie.
loyal [loa'jaːl; lat.-frz.], die Maßnahmen einer Regierung, Institution, Organisation o. ä. respektierend und danach handelnd.
Loyalisten [loaja...; frz.], **1)** die Anhänger König Jakobs II. von England. **2)** im Nordamerikan. Unabhängigkeitskrieg die Kolonisten, die für das Verbleiben bei Großbrit. eintraten.
Loyola, Ignatius von [lo'joːla] ↑Ignatius von Loyola.
LP [ɛl'piː], Abk. für engl. **l**ong-**p**laying record »Langspielplatte«, ↑Schallplatte.
LPG, Abk. für **l**andwirtschaftliche **P**roduktions**g**enossenschaft.
Lr, chem. Symbol für ↑Lawrencium.
LSD, Abk. für **L**yserg**s**äure**d**iäthylamid, ein synthetisch hergestellter Abkömmling der Lysergsäure: eine weiße, kristalline Substanz, die schon in kleinsten Dosen (0,5–2 µg pro kg Körpergewicht) lang andauernde (6–12 Std.) halluzinogene Wirkung hervorruft. Die Reaktionen auf LSD sind individuell sehr unterschiedlich und können in angenehmen Eindrücken, Hochstimmung, Mißstimmung oder angstvollen Rauschzuständen (sog. Horrortrips) bestehen. LSD ist ein verbreitetes Rauschgift, sein chron. Gebrauch kann zu psych. Abhängigkeit führen. Obwohl keine körperl. Abhängigkeit und keine Entzugserscheinungen auftreten, können körperl. Dauerschäden nicht ausgeschlossen werden.
Lu, chem. Symbol für ↑Lutetium.
Luanda, Hauptstadt von Angola, an der Atlantikküste, 1,54 Mio. E. Univ., Angolamuseum mit Nationalbibliothek, geolog. und ethnolog. Museum, erdmagnet. Observatorium. Bed. Handels- und Ind.-Zentrum mit internat. Messe; wichtigster Hafen des Landes, Eisenbahnendpunkt, internat. ✈.
Luang Prabang, Stadt in Laos, an der Mündung des Nam Khan in den Mekong, 44 000 E. Zahlr. buddhist. Tempel (16. – 19. Jh.).
Luangwa, linker Nebenfluß des Sambesi in NO-Sambia, mündet als Grenzfluß gegen Moçambique, rd. 800 km lang.
Luapula, Grenzfluß zw. Sambia und Zaire, entfließt dem Bangweolosee, mündet in den Mwerusee, etwa 550 km lang.
Lübbecke, Stadt am N-Rand des Wiehengebirges, NRW, 24 100 E. Hafen am Mittellandkanal.
Lubbers, Rudolph Frans Marie [niederl. 'lʏbərs], *Rotterdam 7. 5. 1939, niederl. Politiker (CDA). 1982–94 Ministerpräsident.
Lübeck, Stadt an der Trave, 215 200 E, mit Ortsteil *Travemünde*, an der Ostsee, Schlesw.-Holst., Medizin. Hochschule, Museen, Theater. Werften, Hochofenwerk, Fischverarbeitung, Marzipanherstellung; Hafen. Travemünde ist Seebad mit Spielkasino, Fährhafen für Skandinavien. **Stadtbild:** Der Dom ist eine dreischiffige got. Backsteinhallenkirche (13./14. Jh., Triumphkreuz, 1477, von B. Notke), Sankt Marien am Marktplatz (13./14. Jh.; norddt. Backsteingotik). Neben weiteren Kirchen und Klöstern (Petrikirche, 14.–16. Jh., Katharinenkirche, 13./14. Jh., Augustinerinnenkloster, heute Sankt-Annen-Museum) bed. Profanbauten: Heilig-Geist-Hospital (13. Jh.), Holstentor (1477/78). Rathaus aus glasierten Backsteinen (13.–16. Jh.), Bürgerhäuser, u. a. »Behnhaus« (1779–83) und »Buddenbrookhaus« (Fassade 1758).
Geschichte: Nach mehreren Zerstörungen 1158/59 durch Heinrich den

Löwenzahn. Gemeiner Löwenzahn (Höhe 5–50 cm)

Luanda Stadtwappen

Heinrich Lübke

Lublin
Stadtwappen

Lübecker Bucht

Löwen neu gegründet; 1160 wurde das 948 gegr. Bistum Oldenburg (Holstein) nach L. verlegt. Das der Stadt verliehene Soester Recht wurde umgestaltet (lüb. Recht). 1226 wurde L. Reichsstadt; in der dt. Hanse übernahm L. die Führung (ab 1358 Hansetage in L.). 1529/31 Einführung der Reformation. Die vom Bürgermeister J. Wullenwever eingeleitete »Grafenfehde« gegen Dänemark (1533–36) brachte den Verlust des polit. Einflusses im Ostseeraum. Blieb nach 1806 als »Freie und Hansestadt« selbständig; ging 1937 an das preuß. Schleswig-Holstein über.

Lübecker Bucht, sw. Teil der Mecklenburger Bucht der Ostsee, greift 30 km tief in das Landesinnere ein; durchschnittlich 20–30 m tief, 16 km breit.

lübisches Recht, das Recht der Reichsstadt Lübeck und seines Stadtrechtskreises (über 100 Städte des Ostseeraumes); nach dem Magdeburger Recht wichtigstes dt. Stadtrecht des MA.

Lubitsch, Ernst, *Berlin 28. 1. 1892, † Los Angeles-Hollywood 30. 11. 1947, dt.-amerikan. Filmregisseur. Im Stummfilm (u. a. »Madame Dubarry«, 1919) u. a. Zus.arbeit mit P. Negri, E. Jannings, H. Porten; drehte (ab 1922 in Hollywood) nach Entwicklung des Tonfilms v. a. satir. Komödien, u. a. »Blaubarts achte Frau« (1938), »Ninotschka« (1939), »Sein oder Nichtsein« (1942).

Lucca. San Michele in Foro (12. – 14. Jh.)

Lübke, Heinrich, *Enkhausen (heute Meschede) 14. 10. 1894, † Bonn 6. 4. 1972, dt. Politiker. 1931–33 preuß. MdL (Zentrum); nach 1933 zeitweise verhaftet; schloß sich 1945 der CDU an; 1953–59 Bundes-Min. für Ernährung, Landwirtschaft und Forsten; 1959–69 Bundespräsident.

Lublin, Stadt in O-Polen, 324 000 E. Hauptstadt des Verw.-Geb. Lublin, Univ., kath. Univ., Hochschulen für Medizin und Landwirtschaft, Museum, Metallverarbeitung, Fahrzeugbau. Zahlr. histor. Bauwerke, u. a. Schloß der Jagellonen (14. Jh., der Neubau 1824–26), Schloßkapelle (14./15. Jh.), Rathaus (1389 ff.; 1579) und Dominikanerkirche Sankt Stanislaus (1342, später umgebaut), Kathedrale (16. Jh.). – 1317 Magdeburger Stadtrecht; ab 1413 Versammlungsort des poln. und litauischen Adels. Die *Union von L.* (1569) brachte die Vereinigung von Polen und Litauen. L. kam 1795 an Österreich, 1809 an das Hgzt. Warschau, 1815 zu Kongreßpolen. ↑Majdanek.

Lubliner Komitee ↑Polnisches Komitee der Nationalen Befreiung.

Lubumbashi [lubʊmˈbaʃi], Hauptstadt der Prov. Shaba, Zaire, 683 000 E. Mittelpunkt des zair. Kupfergürtels mit modernem Stadtbild; Univ.; Regionalmuseum; Bahnstation, internat. ✈.

Lucanus, Marcus Annaeus ↑Lukan.

Lucas [engl. ˈluːkəs], **1)** George, *Modesto (Calif.) 14. 5. 1944, amerikan. Filmregisseur und -produzent. Drehte u. a. »American Graffiti« (1973), »Krieg der Sterne« (1977), »Das Imperium schlägt zurück« (1979), »Die Rückkehr der Jedi-Ritter« (1983).
2) Robert F. jr., *Yakima (Wash.) 1937, amerikanischer Wirtschaftswissenschaftler. Erhielt für die Entwicklung und Anwendung der Theorie rationaler Erwartungen sowie der damit zusammenhängenden grundlegenden Veränderungen in der makroökon. Theorie und der theoret. Wirtschaftspolitik 1995 den Nobelpreis für Wirtschaftswissenschaften.

Lucas van Leyden [niederl. ˈlyːkɑs fɑn ˈlɛidə], eigtl. L. Huyghensz., *Leiden um 1489 oder 1494, † ebd. vor dem 8. 8. 1533, niederl. Maler und Kupferstecher. Begegnung mit Dürer sowie J. Gossaert; Altarwerke, Genreszenen, Bildnisse;

Ludendorff

Kupferstiche: »Ecce homo« (1510), »Die Milchmagd« (1510). Gemälde: »Die Schachpartie« (um 1508; Berlin, Gemäldegalerie), »Das Jüngste Gericht« (1526/27; Leiden, Stedelijk Museum).

Lucca, italien. Prov.-Hauptstadt in der Toskana, am Serchio, 87 600 E. Museen, Staatsarchiv, Theater; Handelsstadt. Zahlr. Kirchen, u. a. roman. Dom (12. bis 15. Jh.; bed. Ausstattung), San Frediano (12. Jh.), San Michele in Foro (11.–14. Jh.), und Paläste (15. bis 18. Jh.); Stadtmauer (1504–1654). – In der Antike *Luca;* erreichte durch das Statut von 1308 und die Vertreibung des Adels durch die Popolanen polit. Macht; republikan. Verfassung bis 1799, als es unter frz. Herrschaft kam; fiel 1815 als Hzgt. an die ehem. Königin von Etrurien, 1847–60 an das Groß-Hzgt. Toskana.

Lucera [italien. luˈtʃɛːra], italien. Stadt in Apulien, 33 100 E. Agrarmarkt. Kastell Kaiser Friedrichs II. (1233; 1269 bis 83 von Mauerring nicht zahlr. Türmen umgeben), frühgot. Dom (um 1300); röm. Amphitheater (1. Jh. v. Chr.).

Luchs ↑Sternbilder (Übersicht).

Luchse (Lynx), Gatt. bis 1,1 m langer, hochbeiniger Katzen, v. a. in Wäldern und Halbwüsten Eurasiens und N-Amerikas; vorwiegend nachtaktive Raubtiere. Man unterscheidet zwei Arten: *Nordluchs* (Gewöhnl. L.), Fell dunkel gefleckt (v. a. bei der span. Unterart *Pardelluchs*) oder undeutlich gefleckt (bei der Unterart *Polarluchs* oder Kanad. L.); letzterem sehr ähnlich ist der *Rotluchs* im mittleren und südl. N-Amerika.

Lucia [ˈluːtsia], hl., Märtyrerin (keine sicheren histor. Angaben). Nach einer Legende wird sie in der Zeit der Christenverfolgung unter Diokletian von ihrem Verlobten denunziert, übersteht alle Martern, bis man ihr schließlich ein Schwert durch die Kehle stößt.

Luckau, Kreisstadt in der Niederlausitz, Brandenburg, 6900 E. Spätgot. Nikolaikirche (14./15. Jh.), Rathaus (16. Jh.); frühbarocke Bürgerhäuser (17. Jh.), fast vollständig erhaltene Stadtmauer (13. Jh.).

Luckenwalde, Kreisstadt an der Nuthe, Brandenburg, 25 500 E. Spätgot. Pfarrkirche (16. Jh.; später ausgebaut).

Luchse. Nordluchs (Körperlänge bis 1,10 m)

Luckner, Felix Graf von, *Dresden 9. 6. 1881, †Malmö 13. 4. 1966, dt. Seeoffizier. Durchbrach im 1. Weltkrieg mit dem Hilfskreuzer »Seeadler« die brit. Blockade und kaperte im Atlantik eine große Anzahl alliierter Schiffe; schrieb abenteuerl. Erlebnisberichte, u. a. »Seeteufel« (1921).

Lucknow [engl. ˈlʌknaʊ], Hauptstadt des ind. Gliedstaates Uttar Pradesh, an der Gumti, 1,6 Mio. E. Univ., Museum. Bed. Kunsthandwerk; botan. Garten. Schiit. Kultstätten, u. a. Große Imambara (1784), Kleine Imambara (1842 bis 47). Paläste, Moscheen, Mausoleen im Mogulstil.

Lucky Luke [engl. ˈlʌkɪ ˈluːk], Titelheld der gleichnamigen satir. frz. Comicserie (seit 1947) von Morris (eigtl. Maurice de Bèvere, *1923); Texter war ab 1955 René Goscinny (*1926, †1977). L. L. ist ein einsamer Cowboy, der mit seinem Pferd Jolly Jumper Abenteuer im Wilden Westen zu bestehen hat.

Lucretia (Lukretia), nach der röm. Sage Gattin des Lucius Tarquinius Collatinus (Ende des 6. Jh. v. Chr.), die, von dem Sohn des Königs Tarquinius Superbus vergewaltigt, Selbstmord verübte; angeblich Anlaß zum Sturz des röm. Königtums.

Lucrezia Borgia ↑Borgia, Lucrezia.

Lucullus, Lucius Licinius (Lukullus), *um 117 v. Chr., †um 57 v. Chr., röm. Politiker und Feldherr. 74 Konsul; Heerführer im 3. Mithridat. Krieg (74 bis 63), nach einer Meuterei des Heeres 68 abberufen. Seine luxuriöse Lebensführung wurde sprichwörtlich (z. B. *lukull. Mahl*).

Lüda, chin. Stadt, ↑Dalian.

Ludendorff, Erich, *Gut Kruszewnia bei Posen 9. 4. 1865, †Tutzing 20. 12. 1937, dt. Heerführer. 1908–12 im Gro-

Lucca Stadtwappen

Erich Ludendorff

2069

Ludwig II.,
König von Bayern
(Photographie;
1876)

Lüdenscheid

ßen Generalstab; seit Aug. 1914 Generalstabschef Hindenburgs; hatte seit dem Sieg bei Tannenberg (1914) als fakt. Leiter der dt. Kriegführung im Osten legendären Ruf; 1916 als 1. Generalquartiermeister neben Hindenburg mit der eigtl. militär. Gesamtleitung des Krieges beauftragt; erzwang 1917 den uneingeschränkten U-Boot-Krieg und trug maßgeblich zum Sturz des Reichskanzlers T. von Bethmann Hollweg bei; trat nach dem militär. Scheitern überstürzt zurück und forderte Ende Sept. 1918 einen sofortigen Waffenstillstand; am 26. 10. 1918 verabschiedet; nach 1919 Außenseiter auf dem völk. Flügel der dt. Rechten.

Lüdenscheid, Kreisstadt im Sauerland, NRW, 79 700 E. U. a. Metall- und Elektroindustrie. Klassizist. Pfarrkirche (1826), Schloß Neuenhof (17. Jh.).

Lüderitz, Hafenort an der Küste Namibias, in der südl. Namib (Diamantensperrgebiet), 4700 E, Fischerei, Eisenbahn ins Landesinnere, ⚒. – Benannt nach dem Bremer Kaufmann Franz Adolf Lüderitz (*1834, † 1886 [ertrunken]), der 1883 den Küstenplatz *Angra Pequana* kaufte. 1906 Baubeginn der Eisenbahn, 1908 erste Diamantenfunde.

Lüders, Marie-Elisabeth, *Berlin 25. 6. 1878, † ebd. 23. 3. 1966, dt. Politikerin. Ab 1901 in der Frauenbewegung tätig; 1919–32 MdR (DDP); 1948–50 Mgl. des Abg.hauses in Berlin (West), Mgl. des Magistrats; 1953–61 MdB (FDP).

Ludger, Bischof, ↑Liudger.

Ludmilla, hl., *um 860, † Tetín bei Beroun 15. 9. 921 (?), Hzgn. von Böhmen. Erste christl. böhm. Fürstin; von ihren heidn. Gegnern getötet. Landespatronin Böhmens.

Ludolfinger ↑Liudolfinger.

Ludolphsche Zahl ↑Ceulen, Ludolph van.

Ludwig, Name von Herrschern:
Röm. Kaiser: **1) Ludwig I., der Fromme**, *Cassenueil bei Agen 778, † bei Ingelheim am Rhein 20. 6. 840, Mitkaiser (seit 813), Kaiser (seit 814). Dritter Sohn Karls d. Gr., nach dem Tod seiner Brüder alleiniger Erbe des Fränk. Reiches; zweimal von seinen älteren Söhnen abgesetzt (830, 833/834).
2) Ludwig II., *um 825, † bei Brescia 12. 8. 875, König von Italien (seit 844),

Kaiser (seit 850/855). Ältester Sohn Kaiser Lothars I.; 850 vom Papst zum Kaiser gekrönt; ohne Oberhoheit über die anderen fränk. Teilreiche.
3) Ludwig III., der Blinde, *um 882, † 928 (?), König von Niederburgund (seit 887) und Italien (900–905), Kaiser (901–905). Schwiegersohn Kaiser Ludwigs II.; 905 von Berengar I. von Italien geblendet.
Hl. Röm. Reich: **4) Ludwig IV., der Bayer**, *um 1283, † Kloster Fürstenfeld (heute Fürstenfeldbruck) 11. 10. 1347, Hzg. von Oberbayern (seit 1294), Röm. König (seit 1314), Kaiser (seit 1328). Wittelsbacher; in zwiespältiger Wahl gegen den Habsburger Friedrich den Schönen zum Röm. König gewählt, dessen Niederlage bei Mühldorf am Inn (1322) L. das Übergewicht sicherte, doch mußte L. 1325 Friedrich infolge seines Konflikts mit dem Papsttum als Mitkönig anerkennen. 1328 ließ sich L. von Vertretern des röm. Volkes zum Kaiser krönen, die Absetzung des Papstes verkünden und einen Gegenpapst erheben. Diese Politik erwies sich als Fehlschlag. Auch die Reichsfürsten machte er sich durch rigorose Hausmachtpolitik (Griff nach Tirol, Holland-Seeland-Hennegau) zu Gegnern. So hatte die päpstl. Politik Erfolg mit der Erhebung des Luxemburgers Karl (IV.) zum Gegenkönig (1346).
Baden: **5) Ludwig Wilhelm I.**, *Paris 8. 4. 1655, † Rastatt 4. 1. 1707, Markgraf (seit 1677). Kämpfte erfolgreich ab 1683 gegen die Osmanen (»Türkenlouis«) und 1693 im Pfälz. Erbfolgekrieg als Oberbefehlshaber der Reichsarmee gegen die Franzosen.
Bayern: **6) Ludwig I.**, *Straßburg 25. 8. 1786, † Nizza 29. 2. 1868, König (1825 bis 1848). Baute München zur Kunststadt aus (u. a. Pinakotheken) und verlegte die Landesuniversität 1826 hierher; nach anfänglich liberaler Politik zunehmend reaktionäre Tendenzen; anläßlich der Affäre um die Tänzerin Lola Montez während der Märzrevolution 1848 zum Rücktritt gezwungen.
7) Ludwig II., *Schloß Nymphenburg 25. 8. 1845, † im Starnberger See bei Schloß Berg 13. 6. 1886 (ertrunken), König (seit 1864). Nahm 1866 am Krieg gegen Preußen teil, ergriff nach außen die Initiative zur Kaiserproklamation

1871. Das Versprechen Bismarcks, L. großzügige finanzielle Hilfe zu leisten, erlaubte ihm die Fortführung seiner Bauleidenschaft (u. a. die Schlösser Neuschwanstein, Herrenchiemsee); Mäzen R. Wagners; verfiel 1886 in geistige Umnachtung.

Frankreich: **8) Ludwig VI., der Dicke,** *1081, † Paris 1. 8. 1137, König (seit 1108). Sicherte den Frieden innerhalb der Krondomäne durch die Niederwerfung der Barone; leitete den Aufstieg des kapeting. Königtums ein.
9) Ludwig VII., der Junge, *1120, † Paris 18. 9. 1180, König (seit 1137). Verursachte 1152 durch Annullierung seiner Ehe mit Eleonore von Aquitanien, die den späteren Heinrich II. von England heiratete, den Verlust des W und SW von Frankreich.
10) Ludwig VIII., der Löwe, *Paris 5. 9. 1187, † Montpensier 8. 11. 1226, König (seit 1223). Griff 1226 in die Albigenserkriege ein und begründete die Herrschaft der frz. Krone in S-Frankreich.
11) Ludwig IX., der Heilige, *Poissy 25. 4. 1214, † vor Tunis 25. 8. 1270, König (seit 1226). Baute Krondomäne und Zentralverwaltung aus; förderte das Rechtswesen; erreichte 1259 den Verzicht des engl. Königs auf die Normandie u. a. Gebiete sowie den Lehnseid für die engl. Besitzungen in SW-Frankreich. Geriet beim 6. Kreuzzug 1250/51 in Ägypten in Gefangenschaft, erlag beim 7. Kreuzzug einer Seuche; 1297 heiliggesprochen.
12) Ludwig XI., der Grausame, *Bourges 3. 7. 1423, † Plessis-les-Tours 30. 8. 1483, König (seit 1461). Seine despot. Herrschaft forderte den Widerstand der Lehnsfürsten unter Karl dem Kühnen von Burgund heraus. Er sicherte der frz. Krone 1481 Anjou, Maine und die Provence.
13) Ludwig XII. von Orléans [ɔrle'ã], *Blois 2. 6. 1462, † Paris 1. 1. 1515, König (seit 1498). Erhob Anspruch auf Mailand, dessen Hzg. Ludwig er 1499/1500 vertrieb. Seine Herrschaft über das Kgr. Neapel beendete 1504 Ferdinand II. von Aragonien. L. beteiligte sich 1508 an der Liga von Cambrai und besiegte 1509 die Venezianer bei Agnadello. Die Hl. Liga von 1511 vertrieb ihn aus Mailand (1513).

14) Ludwig XIII., *Fontainebleau 27. 9. 1601, † Saint-Germain-en-Laye 14. 5. 1643, König (seit 1610). Bis 1617 unter der Regentschaft seiner Mutter Maria von Medici, berief 1624 Richelieu zum leitenden Minister. Unter ihm setzten sich Absolutismus und Merkantilismus endgültig durch.
15) Ludwig XIV., gen. Sonnenkönig (frz. Roi Soleil), *Saint-Germain-en-Laye 5. 9. 1638, † Versailles 1. 9. 1715, König (seit 1643). Nach der Regentschaft seiner Mutter Anna von Österreich übernahm L. erst nach dem Tod Mazarins (1661) die Leitung des Staates; mit dem Beginn der Selbstregierung (»L'État c'est moi«) entfaltete er den Absolutismus in seiner für das Europa des 17. Jh. prägenden Form. In drei Angriffskriegen (Devolutionskrieg 1667/78, Holländ. Krieg 1672–79, Pfälz. Erbfolgekrieg 1688–97) begründete er die europ. Hegemonie Frankreichs, die erst im Span. Erbfolgekrieg erschüttert wurde. Die glanzvolle Repräsentation des Sonnenkönigtums (u. a. Schloßbau von Versailles ab 1661) wurde zum Symbol der ganz auf die Person des Herrschers bezogenen Hofkultur, in der die vom König geförderten Wiss. und Künste eine hohe Blüte erreichten; sie war zugleich polit. Machtinstrument, um den widerstrebenden Hochadel an den Hof zu binden und zu kontrollieren. Unterstützt durch hervorragende Mitarbeiter (u. a. J.-B. Colbert, M. de Louvois) erweiterte L. die militär., institutionellen und materiellen Grundlagen der frz. Monarchie (Konzentration der Verwaltung, Entmachtung der Parlamente, Merkantilismus). Seine auf ein Staatskirchentum zielende Kirchenpolitik (Gallikanismus) führte zu Auseinandersetzungen mit dem Papsttum sowie zur erneuten Verfolgung der Hugenotten. Am Ende seiner Regierungszeit stand Frankreich vor dem Staatsbankrott, der zus. mit der Aufrechterhaltung starrer gesellschaftl. Strukturen zu einer wesentl. Ursache der Frz. Revolution werden sollte.
16) Ludwig XV., *Versailles 15. 2. 1710, †ebd. 10. 5. 1774, König (seit 1715). Urenkel Ludwigs XIV., stand unter der Vormundschaft Hzg. Philipps II. von Orléans (bis 1723), überließ die Regierung 1726–43 Kardinal A. H. de

Ludwig XIV., König von Frankreich

Ludwig

Fleury; zeitweilige Abhängigkeit von dem polit. Einfluß seiner Mätressen (Madame Pompadour und Madame Dubarry); seine Regierungszeit war eine Zeit der kulturellen Hochblüte.
17) Ludwig XVI., *Versailles 23. 8. 1754, † Paris 21. 1. 1793 (hingerichtet), König (1774–92). Ab 1770 ∞ mit ↑Maria Antoinette von Österreich; die Reformpolitik seiner Min. A. R. J. Turgot, J. Necker und C. A. Calonne provozierte den Widerstand der privilegierten Stände und zwang L. 1789 die Generalstände einzuberufen, die den Weg zur Frz. Revolution öffneten. Die ihm zugedachte Rolle in einer konstitutionellen Monarchie lehnte er ab; am 21. 9. 1792 vom Nationalkonvent für abgesetzt erklärt, mit seiner Familie zum Tode verurteilt und guillotiniert.
18) Ludwig XVIII., gen. le Désiré, *Versailles 17. 11. 1755, † Paris 16. 9. 1824, Graf von Provence, König (seit 1814/15). Beanspruchte nach der Hinrichtung seines Bruders Ludwig XVI. die Regentschaft für den von ihm zum König ausgerufenen Dauphin Ludwig (XVII.); errichtete 1814/15 eine konstitutionelle Monarchie.
19) Ludwig Philipp ↑Louis Philippe, König von Frankreich.
Hessen-Darmstadt: **20) Ludwig I.**, *Prenzlau 14. 6. 1753, † Darmstadt 6. 4. 1830, Groß-Hzg. (seit 1806), als Landgraf L. X. (1790–1806). 1803 für linksrhein. Verluste entschädigt, 1806–13 Mgl. des Rheinbunds; trat 1815 Westfalen an Preußen ab und erhielt dafür Rheinhessen; gab 1820 seinem Land eine Verfassung.
Holland: **21) Ludwig** (Louis Bonaparte), *Ajaccio 2. 9. 1778, † Livorno 25. 7. 1846, König (1806–10). Von seinem Bruder Napoleon I. zum König erhoben, geriet v. a. wegen der Anwendung der Kontinentalsperre in Konflikt mit ihm, so daß er die Regierung niederlegte.
Mailand: **22) Ludwig** (Ludovico Sforza), *Vigevano 27. 7. 1452, † Loches 27. 5. 1508, Hzg. (1494–99). Erhielt Mailand als Reichslehen; von Ludwig XII. von Frankreich vertrieben, starb in frz. Haft; berühmter Mäzen (Leonardo da Vinci) und Bauherr.
Ostfränk. Reich: **23) Ludwig (II.), der Deutsche**, *um 805, † Frankfurt am Main 28. 8. 876, König (seit 843). Erhielt 817 als Unterkönigtum Bayern; beteiligte sich an der Absetzung seines Vaters Ludwig des Frommen; verbündete sich 841/842 mit Karl dem Kahlen gegen Lothar I.; bahnte mit den Verträgen von Verdun (843) und Meerssen (870) die eigenständige Entwicklung des Ostfränk. Reiches an.
Ungarn: **24) Ludwig I., der Große**, *Visegrád 5. 3. 1326, † Trnava 10. 9. 1382, König von Ungarn (seit 1342) und Polen (seit 1370). Unter seiner Regierung hatte Ungarn seine größte Ausdehnung.
Ludwig, 1) Carl, *Witzenhausen 29. 12. 1816, † Leipzig 24. 4. 1895, dt. Physiologe. Begründete mit seinen Forschungen und seinem »Lehrbuch der Physiologie des Menschen« (2 Bde., 1852–56) die quantitativ-exakte Richtung der Physiologie.
2) Christa, *Berlin 16. 3. 1928, österr. Sängerin (Mezzosopran). Seit 1955 Mgl. der Wiener Staatsoper, Engagements an allen bed. Opernhäusern; auch internat. bekannte Konzert- und Liedsängerin.
3) Emil, urspr. E. Cohn, *Breslau 25. 1. 1881, † Moscia bei Ascona 17. 9. 1948, dt.-schweizer. Schriftsteller. Ab 1932 schweizer. Staatsbürger; lebte 1940–45 in den USA; schrieb Romanbiographien über Napoleon, Goethe, Bismarck, Roosevelt, Stalin.
4) Otto, *Eisfeld (bei Hildburghausen) 12. 2. 1813, † Dresden 25. 2. 1865, dt. Schriftsteller. Prägte den Begriff des »poet. Realismus«; bed. sind seine Erzählungen, u. a. »Zw. Himmel und Erde« (1856), »Die Heiherethei« (1857); auch Dramen (»Der Erbförster«, 1853).
Ludwigsburg, Kreisstadt im Norden des Großraums Stuttgart, Bad.-Württ., 82 000 E. PH, staatl. Sportschule, Schloßmuseum, Schloßtheater; Zentralstelle der Landesjustizverwaltungen zur Aufklärung nat.-soz. Verbrechen; Gartenschau »Blühendes Barock« (seit 1954), Schloßfestspiele; Porzellanmanufaktur. Das ehem. königl. Schloß ist der größte nach Versailler Vorbild entstandene Barockbau Württembergs (1704 ff., Innenausstattung im Barock-, Rokoko- und Empirestil); Stadtkirche und Kirche der Reformierten (beide 18. Jh.).

Luftdruckwaffen

Ludwigsburg. Barockschloß (1704–33) mit Gartenanlage

Ludwigshafen am Rhein, Stadt am Oberrhein, gegenüber von Mannheim, Rheinl.-Pf., 163 700 E. Wilhelm-Hack-Museum, Schillergedenkstätte Oggersheim, Theater. Bed. chem. Ind. (BASF); größter linksrhein. Binnenhafen. – Endstand ab 1606; Aufschwung im 19. Jh. als bayer. Konkurrenzgründung (ben. nach König Ludwig I.) zu Mannheim.

Ludwigslust, Kreisstadt in Meckl.-Vorp., 13 500 E. Schloß (1772–76) mit Großer Kaskade, Schloßkirche und Park.

Lueger, Karl ['luːɛɡər], * Wien 24. 10. 1844, † ebd. 10. 3. 1910, österr. Politiker. Schuf 1891 die Christlichsoziale Partei; Mitverfasser des Linzer Programms der deutschnat. Bewegung.

Lues [lat.], svw. ↑Syphilis.

Lufft, Hans, * Amberg (?) 1495, † Wittenberg 1. oder 2. 9. 1584, dt. Buchdrucker (Lutherbibel, 1534).

Luft, Friedrich, * Berlin 24. 8. 1911, † ebd. 24. 12. 1990, dt. Theater- und Filmkritiker. Wurde 1946 als »Stimme der Kritik« beim RIAS Berlin bekannt; schrieb auch amüsant-zeitkrit. Essays, Hörspiele und Drehbücher.

Luft, das die Erde umgebende Gasgemisch, das als Atemgas und als Wärme- und Strahlenschutzschicht große Bedeutung für das Leben auf der Erde hat. Seine Zusammensetzung (↑Atmosphäre) ist mit Ausnahme des Gehalts an Wasserdampf und den Oxiden von Kohlenstoff, Stickstoff und Schwefel in Erdnähe konstant.

Luftbild, urspr. ein von einem Luftfahrzeug aufgenommenes photograph. Bild eines Teiles der Erdoberfläche, heute allgemeiner eine bildl. Darstellung der Erdoberfläche, die mit Aufnahme- und Auswertegeräten der Luft- und Raumfahrt gewonnen werden kann. Findet die primäre Bildaufzeichnung in einem Satelliten statt, so spricht man von einem *Satellitenbild,* das einen viel kleineren Bildmaßstab als das L. besitzt.

Luftbrücke, Bez. für eine Form der Luftversorgung; angewandt während der Berliner Blockade auf Initiative L. D. Clays (26. 6. 1948–12. 5. 1949) sowie im jugoslaw. Bürgerkrieg zur Unterstützung Sarajevos (1992–96).

Luftdruck (atmosphär. Druck), der Druck, den die Lufthülle der Erde infolge ihrer Gewichtskraft ausübt. Der L. beträgt im Mittel im Meeresniveau (NN) 1 013,25 hPa (= 1 atm = 760 Torr), wobei Werte zw. 930 und 1 070 hPa auftreten können. Mit zunehmender Höhe nimmt der L. ab.

Luftdruckwaffen, im Schießsport verwendete Schußwaffen *(Luftgewehr, Luftpistole),* bei denen Bleigeschosse oder Haarbolzen (Kaliber 4 bis 5 mm) durch den Druck der (durch einen Kolben komprimierten) Luft ihre Anfangsgeschwindigkeit erhalten.

Friedrich Luft

Lüftelmalerei

Lüftelmalerei am Haus Am Gries in Mittenwald (Ende des 18. Jh.)

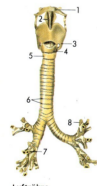

Luftröhre.
1 Zungenbein, 2 Kehldeckel, 3 Schildknorpel des Kehlkopfs, 4 Bogen des Ringknorpels, 5 erster Luftröhrenknorpel, 6 Bänder zwischen den Luftröhrenknorpeln, 7 rechter Hauptbronchus, 8 linker Hauptbronchus

Lüftelmalerei (Lüftlmalerei), Fassadenmalerei v. a. des 18. Jh. (insbes. in Oberammergau und Mittenwald).

Luftfahrt, die verkehrstechn. Nutzung des Luftraums durch Luftfahrzeuge und alle damit zusammenhängenden Tätigkeiten, Einrichtungen und Techniken. Man unterscheidet die *Zivil-L.* und die *Militärluftfahrt*.

Luftfahrt-Bundesamt ↑Bundesämter (Übersicht).

Luftfahrzeug, Fahrzeug, das ohne mechan. Unterstützung vom Erdboden abheben und sich in der Luft bewegen kann; man unterscheidet: *L. leichter als Luft* (L. mit aerostat. Auftrieb), z. B. Ballon und Luftschiff, und *L. schwerer als Luft* (L. mit aerodynam. Auftrieb), z. B. Flugzeuge.

Luftfahrzeugrolle, beim Luftfahrt-Bundesamt geführtes Register, in das Luftfahrzeuge eingetragen werden, die im ausschließl. Eigentum dt. Staatsangehöriger stehen.

Luftfeuchtigkeit (Luftfeuchte), der Wasserdampfgehalt der Luft. Die *absolute L.* wird in g/m³ angegeben, die *relative L.* in Prozent des bei der herrschenden Temperatur maximal mögl. Wasserdampfgehaltes.

Luftgewehr ↑Luftdruckwaffen.
Lufthansa ↑Deutsche Lufthansa AG.
Lufthoheit, Hoheitsgewalt des Staates an der Luftsäule über seinem Territorium einschließlich der angrenzenden Hoheitsgewässer.

Luftkissenfahrzeug (Bodeneffektfahrzeug, Schwebegerät), Spezialfahrzeug, das von einem Kissen komprimierter Luft (Luftpolster) zw. dem Geräteboden und dem Untergrund (Land oder Wasser) getragen wird. Häufigste Bauart ist das *Ringstrahlgerät,* das ein Luftpolster erzeugt, indem der von einer ummantelten Luftschraube erzeugte Luftstrahl durch einen Schlitz am Umfang des Gerätebodens ausgeblasen wird. Die Vortriebskräfte werden überwiegend durch zusätzl. Luftschrauben erzeugt; die Steuerung erfolgt durch angeblasene Ruder oder schwenkbare Luftschrauben. – 1978 wurden L. (Hovercraft®) im Fährbetrieb zw. Boulogne-sur-Mer bzw. Calais und Dover in Betrieb genommen.

Luftkrankheit ↑Bewegungskrankheit.
Luftlandetruppen, Truppenteile, die durch Absprung mit dem Fallschirm aus Flugzeugen abgesetzt oder mit Transportflugzeugen oder -hubschraubern gelandet werden und hierfür bes. ausgebildet und ausgerüstet sind.

Luftpumpe ↑Sternbilder (Übersicht).
Luftrecht, internat. und nat. Rechtsvorschriften für den Luftverkehr.
Luftreinhaltung, Teilbereich des Umweltschutzes, der sich mit gesetzl. Maßnahmen und techn. Entwicklungen zur Verringerung der Schadstoffimmission befaßt.

Luftrettungsdienst ↑Rettungswesen.
Luftröhre (Trachea), 10–12 cm lange Verbindung zw. Kehlkopf und Lunge. An ihrem Ende teilt sie sich gabelförmig in zwei Äste, die Hauptbronchien, die zu den Lungenflügeln führen; innen ist sie mit einem Flimmerepithel ausgekleidet, das Staubteilchen und Bakterien mit Schleim nach oben befördert.

Luftröhrenschnitt, svw. ↑Tracheotomie.
Luftschiff, Luftfahrzeug, bei dem die Auftriebserzeugung durch ein Traggas (Wasserstoff, heute meist Helium) erfolgt, das spezifisch leichter als Luft ist; Vortrieb durch Propellermotoren, Steuerung durch aerodynamisch wirkende Ruder des am Heck befindl. Höhen- bzw. Seitenleitwerks, Besatzung und Fluggäste befinden sich in einer Gondel. *Prallluftschiffe* erhalten ihre Form durch den inneren Überdruck des Füllgases. *Halbstarre Luftschiffe* besitzen zusätzlich einen Kielträger, an dem Motoren- und Fahrgastgondeln ange-

bracht sind. Die bekanntesten L. sind die *Starrluftschiffe*: starres Innengerüst aus Leichtmetall, das mit beschichtetem Textilgewebe überzogen ist.
Geschichte: Von den vielen L.konstrukteuren waren v. a. August von Parseval (*1861, †1942) mit seinem Prall-L., Johann Schütte (*1873, †1940) und Karl Lanz (*1873, †1921) mit ihren Starr-L. mit Holzgerüst (ab 1909) erfolgreich, insbes. aber F. Graf von Zeppelin mit seinen ab 1900 gebauten Starr-L. mit Aluminiumgerüst, den »Zeppelinen«. Der erste Transatlantikflug ohne Zwischenlandung erfolgte 1924 durch H. Eckener. LZ 129 (»Hindenburg«) brannte am 6. 5. 1937 in Lakehurst aus; damit endete der dt. L.bau.
Luftschleuse, luftdicht abschließbarer, kammerartiger Verbindungsraum zw. zwei Räumen mit unterschiedl. Luftdruck.
Luftschraube (Propeller), System von zwei bis fünf radial an einer Nabe angeordneten, verwundenen, tragflügelartigen Flächen (L.blätter), die bei Rotation Schub in Achsrichtung erzeugen. L. dienen v. a. zur Vortriebserzeugung für Luftfahrzeuge.
Luftschutz, Schutz von Menschen und Sachen vor Angriffen aus der Luft. In der BR Deutschland ist der zivile L. Teil des ↑Zivilschutzes.
Luftspiegelung, Erscheinung in der Atmosphäre, bei der ein entfernter Gegenstand mehrfach, z. T. auch auf dem Kopf stehend, gesehen wird. Ursache der L. ist eine Totalreflexion von Lichtstrahlen an der Grenzfläche zw. Luftschichten unterschiedl. Temperatur und damit unterschiedl. opt. Dichte. Beispiel für eine L. ist die Fata Morgana.
Luftsport (Flugsport), die sportl. Betätigung mit Luftfahrzeugen; umfaßt die Sparten Drachenfliegen, Fallschirm-, Freiballon-, Modellflug-, Motorflug-, Segelflugsport sowie L. mit Ultraleichtflugzeugen.
Luftverkehr, Zweig der Verkehrswirtschaft zur Beförderung von Personen, Gütern (Luftfracht) und Post (Luftpost) auf dem Luftweg im *Linien-* (mit festen Tarifen und Flugplänen), *Charter-* (Bedarfsverkehr für geschlossene Gruppen), *Eigen-* (mit Privatflugzeugen) und *Anforderungsverkehr* (Rund-, Luftbild-,

Luftverschmutzung

Luftschiff. Erstes starres Zeppelin-Luftschiff LZ 1; Aufstieg am 2. 7. 1900

Werbe-, Schlepp- und Schädlingsbekämpfungsflüge).
Luftverschmutzung, Anreicherung der Luft mit festen, flüssigen und gasförmigen Fremdstoffen, die die natürl. Zusammensetzung der Luft verändern. Die Quellen der L. sind neben natürl. Vorgänge (biolog. Abbauprozesse, Vulkanausbrüche) die durch den Menschen verursachten Verunreinigungen (u. a. Verbrennungsprozesse in Heizungen und Kraftwerken, Kfz-, Industrieabgase, Kernwaffenversuche). Als Luftschadstoffe spielen Stäube (Flugasche, Ruß usw.), Schwefeloxide, Stickstoffoxide, Ammoniak, Kohlenoxide, Kohlenwasserstoffe, Aldehyde und Ketone die Hauptrolle; daneben können örtliche Fluorverbindungen, Chlor und Schwermetalle und Ozon auftreten. Ausbreitung und Verdünnung der Emissionen in der Atmosphäre werden von meteorolog. Bedingungen (Windstärke und -richtung, Luftfeuchtigkeit, Thermik, Luftschichtung), von der Vertikalentfernung der Emissionsquelle zum Erdboden (Schornsteinhöhe), von der Geländeform sowie (bei Stäuben und Aerosolen) von der Teilchengröße bestimmt.
Neben akuten physiolog. Auswirkungen (Geruchsbelästigung, Reizung der Atemwege, krebserzeugende Wirkung) spielt bei Lebewesen auch die Aufnahme von Schadstoffen über die Nahrungskette eine wichtige Rolle. Flora und niedere Fauna können durch Immissionen direkt oder durch wäßrige Lösungsprodukte erheblich geschädigt werden. Der als »saurer Regen« bezeichnete Niederschlag beeinträchtigt Grundwasser und Boden. Bes. die wäßrigen Reaktionsprodukte des Schwefeloxids führen zur Erosion von Bauwerken und zur

Luise, Königin von Preußen (Ausschnitt aus einem Gemälde von Johann Friedrich August Tischbein)

Luftwaffe

Korrosion von Metallen. Globale Probleme werfen der Anstieg des Kohlendioxidgehalts der Atmosphäre und die damit verbundene Erwärmung (»Treibhauseffekt«) und die u. a. durch Fluorchlorkohlenwasserstoffe bedingte Abnahme der Ozonschicht auf. ↑Luftreinhaltung.
Luftwaffe (Luftstreitkräfte), Teilstreitkraft eines Staates, die den Kampf in der Luft führt und über hierzu erforderl. fliegende und bodengestützte militär. Verbände verfügt.
Luftwege (Atemwege, Respirationstrakt), Sammelbez. für Nasen-Rachen-Raum, Luftröhre (mit Kehlkopf) und Bronchien.
Luftwiderstand (aerodynam. Widerstand), die entgegen der Bewegungsrichtung eines sich relativ zur Luft bewegenden Körpers wirkende Kraft. Der L. $W_L = 1/2 \varrho \cdot c_W \cdot A \cdot v^2$ ist abhängig von der Projektionsfläche A des Körpers in Bewegungsrichtung, der Luftdichte ϱ, der Luftgeschwindigkeit v relativ zum Fahrzeug und dem *Luftwiderstandsbeiwert* c_W.
Luftwurzeln, im Ggs. zu Erdwurzeln oberirdisch auftretende Wurzeln verschiedener Pflanzen mit unterschiedl. Funktionen als Haftwurzeln, Atemwurzeln und Stelzwurzeln.
Lug, irischer Hauptgott, Herr der Künste, des Handwerks und der Kriegstechnik.
Luganer See, langgestreckter See am S-Rand der Alpen (Schweiz und Italien), 49 km^2; an den Ufern Kur- und Ferienorte.
Lugano, Bezirkshauptort im schweizer. Kt. Tessin, am N-Ufer des Luganer Sees, 25 300 E. Museen, heilklimat. Kurort. Kathedrale mit Frührenaissancefassade (1517), Wallfahrtskapelle Madonna di Loreto (1524 und 18. Jh.); mehrere Barockpaläste, klassizist. Stadthaus. – Im 6. Jh. erstmals erwähnt; besaß seit dem 10. Jh. einen in ganz Europa berühmten Markt; 1335 an Mailand; 1512 an die Eidgenossen.
Lugansk (1935–58 und 1970–90 *Woroschilowgrad*), Gebietshauptstadt im Donbass, Ukraine, 501 000 E. Hochschulen, Kunstmuseum, Theater, Philharmonie; bes. Schwerindustrie. – 1905 Zentrum der bolschewist. Bewegung unter Führung von K. J. Woroschilow.

Lügendetektor, Gerät, das Aufzeichnungen über den Verlauf der Herzströme, der Atemfrequenz, des Blutdrucks und der Hautfeuchtigkeit einer befragten Person macht. Der L. soll dadurch die Erregung anzeigen, die auftreten kann, wenn jemand versucht, ein Wissen um einen Sachverhalt (z. B. eine kriminelle Handlung) zu verbergen oder zu verfälschen.
Lugo, span. Prov.-Hauptstadt in Galicien, 77 700 E. Roman. Kathedrale (12., 15. bis 18. Jh.), Rathaus mit Rokokofassade; über 2 km lange Stadtmauer (3. und 14. Jh.).
Lu Hsün ↑Lu Xun.
Luini, Bernardino, *Luino (Prov. Varese) (?), 1480/90, † Mailand vor dem 1. 7. 1532, italien. Maler der Hochrenaissance.
Luise, Name von Herrscherinnen:
Frankreich: **1) Luise** von Savoyen [za'vɔyɔn], *Pont-d'Ain bei Bourg-en-Bresse 11. 9. 1476, † Grez-sur-Loing bei Nemours 22. 9. 1531, Hzgn. von Angoulême (seit 1515). 1515/16 und 1525/26 Regentin für ihren Sohn Franz I. von Frankreich; handelte 1529 den Frieden von Cambrai aus (Damenfrieden).
Preußen: **2) Luise** Auguste Wilhelmine Amalie, *Hannover 10. 3. 1776, † Schloß Hohenzieritz bei Neustrelitz 19. 7. 1810, Königin. 1793 ∞ mit dem späteren König Friedrich Wilhelm III., Mutter der späteren Herrscher Friedrich Wilhelm IV. und Wilhelm I. Auf ihr Betreiben 1805 preuß.-russ. Annäherung. Nach der Schlacht von Jena und Auerstedt Flucht nach Königsberg und Memel, im Juli 1807 in Tilsit versuchte sie vergeblich, von Napoleon I. mildere Friedensbestimmungen für Preußen zu erreichen.
Luitpold, *Würzburg 12. 3. 1821, † München 12. 12. 1912, Prinzregent von Bayern (ab 1886). Führte die Regierung für seine geistig erkrankten Neffen Ludwig II. und Otto I.
Luján [span. lu'xan], argentin. Stadt westl. von Buenos Aires, 29 000 E. Bed. Wallfahrtsort.
Lukács, György (Georg [von]) [ungar. 'luka:tʃ], *Budapest 13. 4. 1885, † ebd. 4. 6. 1971, ungar. Philosoph und Literaturwissenschaftler. Führender Vertreter einer marxist. Kunst- und Literatur-

theorie; einer der intellektuellen Köpfe des Ungarnaufstands 1956 und Kultus-Min. unter I. Nagy, mit dem er nach der Niederschlagung des Aufstandes verhaftet wurde; aus allen Ämtern entlassen, wurden seine Werke nur noch im Westen gedruckt; heute rehabilitiert. – *Werke:* Die Theorie des Romans (1916), Geschichte und Klassenbewußtsein (1923), Ästhetik (1963).
Lukan (Marcus Annaeus Lucanus), *Córdoba (Spanien) 3. 11. 39, † Rom 30. 4. 65, röm. Dichter. Beteiligte sich an der Pison. Verschwörung und nahm sich auf Befehl Neros das Leben. In seinem Epos »Pharsalia« oder »Bellum civile« (10 Bücher, unvollendet) über den Bürgerkrieg zw. Cäsar und Pompejus tritt L. für die republikan. Freiheit ein.
Lukanischer Apennin, Teil des südl. Apennins, bis 2 271 m hoch.
Lukas, hl. (L. der Evangelist), Evangelist, Mitarbeiter des Apostels Paulus; Arzt; galt schon in der alten Kirche als Verfasser des Lukasevangeliums und der Apostelgeschichte. – Fest: 18. Oktober.
Lukasevangelium, Abk. Luk., drittes Evangelium im NT, beschreibt Leben und Wirken Jesu. Durch die Erfahrung der Parusieverzögerung (↑Parusie) wird die Erwartung des Reiches Gottes von der Terminfrage gelöst. Dabei entwirft Lukas die Idee der Heilsgeschichte. Das L. entstand zw. den Jahren 80 und 90.
Lukian (Lukianos), *Samosata (heute Samsat, Türkei) um 120, † nach 180, griech. Schriftsteller. Schrieb als Kulturkritiker seiner Zeit Satiren (Erzählungen, Briefe, Dialoge).
Lukmanier ↑Alpenpässe (Übersicht).
Lukrez (Titus Lucretius Carus), *wohl 97 v. Chr., † 55 v. Chr. (Selbstmord), röm. Dichter. Sein Hexameterepos »De rerum natura« (Die Natur der Dinge) stellt die Naturphilosophie Epikurs dar.
Lukullus ↑Lucullus.
Luleå [schwed. ˌlɯːlɔo:], schwed. Stadt an der Mündung des Luleälv in den Bottn. Meerbusen, 66 700 E. TH, Museum, Garnison; Elektrostahlwerk, Erzhafen.
Lullus, hl., *Wessex (England) um 710, † Hersfeld (heute Bad Hersfeld) (?) 16. 10. 786, angelsächs. Missionar. Wurde 754 Nachfolger des Bonifatius als Bischof von Mainz. – Fest: 16. Oktober.

Lumineszenz

Lullus, Raimundus, sel., katalan. Ramón Llull, span. Ramón Lull, *Palma (Mallorca) 1232 oder 1233, † auf der Fahrt von Tunis nach Mallorca 1316, katalan. Dichter, Theologe und Philosoph. Wurde als Missionar von Muslimen gesteinigt. Gehört zu den Universaldenkern des MA, dessen Werk (u. a. »Ars magna et ultima«, vor 1277) v. a. auch in der Neuzeit von produktiver Wirkung war; der »Lullismus« gilt als eine der großen Strömungen der span. Philosophie. Der katalan. Sprache verhalf L. durch seinen philosoph. Roman »Blanquerna« (1283–86), Erzählungen und Gedichte zum Rang einer Literatursprache.
Lully, Jean-Baptiste [frz. ly'li], eigtl. Giovanni Battista Lulli, *Florenz 28. 11. 1632, † Paris 22. 3. 1687, frz. Komponist italien. Herkunft. Ab 1646 in Paris, von Ludwig XIV. 1653 zum Hofmusiker ernannt; erster Vertreter der frz. Nationaloper; entwickelte zus. mit Molière die Gattung der Ballettkomödie (Comédie-ballet) sowie den Typus der frz. Ouvertüre und die Orchestersuite.
Lumbago [lat.], svw. ↑Hexenschuß.
Lumbalanästhesie [lat./griech.], eine Form der ↑Anästhesie.
Lumbalgie [lat./griech.], Kreuz- und Lendenschmerzen; i. e. S. svw. ↑Hexenschuß.
Lumbalpunktion [lat.] (Spinalpunktion, Lendenstich), Einstich in den Wirbelkanal bzw. den Liquorraum; u. a. zur Entnahme von Hirn-Rückenmarks-Flüssigkeit, Liquordruckmessung und Anästhesie.
Lumen [lat.], 1) *Physik:* SI-Einheit des Lichtstromes, Einheitenzeichen lm. 2) *Anatomie:* Hohlraum, bes. in Organen (z. B. Darmlumen).
Lumière, Louis Jean [frz. ly'mjɛːr], *Besançon 5. 10. 1864, † Bandol bei Toulon 6. 6. 1948, frz. Chemiker und Fabrikant. Begründete 1883 zus. mit seinem Bruder Auguste L. (*1862, † 1954) eine Fabrik für photograph. Platten, entwickelte das moderne kinematograph. Verfahren und führte mit der Autochromplatte ein farbphotograph. Verfahren ein. ↑Film.
Lumineszenz [lat.] (Leuchtanregung), Leuchterscheinungen, die nicht auf hoher Temperatur der leuchtenden Substanz beruhen. Die Lichtaussendung er-

György Lukács

Jean-Baptiste Lully
(Stich von
Pierre Mignard)

Lummen.
Trottellumme (Größe etwa 40 cm)

Anatol Wassiljewitsch Lunatscharski

Lumineszenzdiode

folgt dabei nach einer Anregung (Energieabsorption) durch Bestrahlen mit sichtbarem oder ultraviolettem Licht *(Photo-L.)*, mit Röntgen- oder Gammastrahlung *(Röntgen-L.)* oder mit radioaktiver Strahlung *(Radio-L.)*. Daneben können aber auch chem. Vorgänge *(Chemo-L.)* u. a. die Ursache von L. sein.
Lumineszenzdiode (Leuchtdiode, LED), Halbleiterdiode, die je nach Dotierung rotes, gelbes, grünes Licht aussendet, solange ein Durchlaßstrom fließt.
Lummen [nord.], Gatt. oberseits schwarzer, unterseits weißer Alken mit zwei etwa 40 cm großen Arten, v. a. auf einsamen Felsinseln der Nordmeere (auch auf Helgoland), darunter die *Trottellumme.*
Lumumba, Patrice Emergy, *Katako-Kombe (Prov. Kasai-Oriental) 2. 7. 1925, † in der Prov. Katanga (Shaba) 17. 1. 1961, kongoles. Politiker. 1958 Mitbegründer des »Mouvement National Congolais«; im Juni 1960 erster Min.-Präs. der Demokrat. Republik Kongo (Zaire); am 5. 9. 1960 von Staats-Präs. Kasawubu abgesetzt und verhaftet; unter ungeklärten Umständen ermordet.
Luna, röm. Mondgöttin.
lunar [lat.], den Mond betreffend.
Lunatscharski, Anatoli Wassiljewitsch, *Poltawa 23. 11. 1875, † Menton 26. 12. 1933, russ.-sowjet. Politiker und Literaturwissenschaftler. 1904–17 Emigration, 1917–29 als Volkskommissar für das Bildungswesen für die Kulturpolitik verantwortlich; förderte die literar. Avantgarde sowie den ↑Proletkult.
Lunch [engl. lʌntʃ], engl. Bez. für die um die Mittagszeit eingenommene Mahlzeit.
Lund, schwed. Stadt nö. von Malmö, 84 300 E. Univ., Museen; Buchdruckereien. Roman. Domkirche (1145 geweiht). – 1019 von dän. König Knut II., d. Gr., gegr.; 1048 Bischofs-, 1103 (bis 1516) Erzbischofssitz (für ganz N-Europa), damit geistl. Zentrum Skandinaviens; 1658 an Schweden; 1716–18 Residenzstadt.
Lüneburg, Haus, Linien und Ft. der Welfen, entstanden durch die Teilung des Hzgt. Braunschweig-Lüneburg 1267. Im *Lüneburger Erbfolgekrieg* (1371 bis 1388) setzte sich die Linie Wolfenbüttel des Hauses Braunschweig in L. durch. Die Nebenlinie Dannenberg begründete 1635 ein neues Haus L.; aus dem gleichzeitig erworbenen Teil-Ft. Calenberg ging 1692 das Kur-Ft. Hannover hervor.
Lüneburg, Kreisstadt an der Ilmenau, Ndsachs., 62 300 E. Verwaltungssitz des Reg.-Bez. und Landkreises Lüneburg; Fachhochschulen. Zahlr. Backsteinbauten mit charakterist. Giebeln. Got. sind die Sankt-Johannis-Kirche (14./15. Jh.) und die Michaeliskirche (1376–1418). Das Rathaus besteht aus einer Reihe von Bürgerhäusern (Gotik bis Barock); Kran an alten Hafen (18. Jh.). – 956 erste Erwähnung der Burgsiedlung am Kalkberg; Stadtrechtsverleihung durch Heinrich den Löwen (1247 bestätigt); im MA Saline und wichtigster Handelsplatz zw. Hamburg und Hannover und führendes Mgl. der Hanse (14.–16. Jh.).
Lüneburger Heide, Geestlandschaft im Nordtt. Tiefland, zw. den Urstromtälern von Elbe im N und Aller im S, rd. 7 200 km². Die typ., durch Waldvernichtung entstandene Heidelandschaft mit Zwergstrauchheiden und Wacholder ist heute nur selten anzutreffen, u. a. im Naturpark L. H.; Wiederaufforstung v. a. mit Kiefern; Naherholungsgebiet und Fremdenverkehr.
Lünen, Stadt am N-Rand des Ruhrgebiets, NRW, 88 100 E. Theater; Hütten-, Textil- und Leder-Ind.; Großkraftwerk; Häfen am Datteln-Hamm-Kanal.
Lünette [lat.-frz.], in der *Architektur* bogenförm., meist verziertes Feld u. a. über Türen, Fenstern.
Lunéville [frz. lyne'vil], frz. Stadt in Lothringen, Dép. Meurthe-et-Moselle, 21 500 E. Museen; u. a. Fayencemanufaktur. Ehem. Residenzschloß (1702 bis 1706), Rokokokirche Saint-Jacques (1730–47). – Der *Friede von L.* (1801) zw. Frankreich und Kaiser Franz II. für Österreich und das Hl. Röm. Reich bestätigte den Frieden von Campoformio und beendete mit dem Frieden von Amiens (1802) den 2. Koalitionskrieg.
Lunge (Pulmo), paariges Atmungsorgan der Lurche, Reptilien, Vögel und Säuger. Die *L. des Menschen* besteht aus zwei kegelförmigen, in das Brustfell eingeschlossenen *Lungenflügeln,* die den größten Teil des Brustraums ausfüllen. Sie sind durch die Luftröhre und die

Lungenkrankheiten

beiden Hauptbronchien miteinander verbunden. Der rechte Lungenflügel ist in drei, der linke in zwei *Lungenlappen* unterteilt. Zu jedem L.lappen gehört eine große Bronchie mit begleitender L.arterie. Die Hauptbronchien teilen sich beim Eintritt in die L. in mehrere kleine Äste (Bronchien), diese wiederum in noch kleinere (Bronchiolen) auf. Die kleinsten Kapillaren gliedern sich dann in die *Lungenbläschen* (Alveolen) auf (rd. 300–450 Mio.); nur in diesen tritt Sauerstoff durch die Kapillarwand ins Blut, während gleichzeitig Kohlendioxid vom Blut in die L.bläschen abgegeben wird.
Lungenembolie ↑Embolie.
Lungenemphysem (Lungenblähung) ↑Emphysem.
Lungenfische (Lurchfische, Dipnoi, Dipneusti), seit dem Unterdevon bekannte Ordnung der Knochenfische; Atmung durch Kiemen und Lungen; ausschließl. Süßwasserbewohner; u. a. *Djelleh* (bis 2 m lang, in Australien) und *Schuppenmolch* (etwa 1,2 m lang, in S-Amerika).
Lungenkrankheiten, Erkrankungen des Lungen- und Bronchialgewebes oder des Lungengefäßsystems. *Lungenentzündung* (Pneumonie), Sammelbez. für alle Entzündungen der Lunge. Sind einzelne Läppchen beteiligt, spricht man von *Bronchopneumonie* (herdförmige L.), ist ein oder sind mehrere Lungenlappen ganz befallen, von *Lappenpneumonie* (lobäre L.). Die klass. akute Lappenpneumonie wird sehr häufig durch Pneumokokken (seltener durch den Friedländer-Bazillus, Strepto- oder Staphylokokken) verursacht. Sie beginnt ganz plötzl. mit Schüttelfrost, gleichmäßig hohem Fieber, Husten, Brustschmerzen, beschleunigter Atmung, stark erhöhtem Puls und Fieberbläschen. Der Auswurf ist vom zweiten bis dritten Tag an bluthaltig-rostbraun. Zw. dem fünften und zehnten Tag kommt es zu einem Fieberabfall. Bei der Bronchopneumonie treten, meist in beiden Lungenflügeln, rings um die Bronchien herum viele kleine Entzündungsherde auf. Sie beginnt auch nicht plötzlich wie die Lappenpneumonie, außerdem fehlen die Brustschmerzen. Das Fieber schwankt, der Auswurf ist eitrig-schleimig. Diese Form der L. tritt meist als

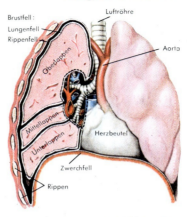

Lunge. Rechter Flügel der menschlichen Lunge (im Schnitt von vorn betrachtet); die gestrichelte Linie begrenzt die Lungenwurzel

Komplikation anderer Krankheiten, v. a. der Bronchitis, oder als Begleitkrankheit bei Masern, Keuchhusten und ähnl. auf. Im Ggs. zur Bronchopneumonie beginnt die *Viruspneumonie* plötzlich wie die Lappenpneumonie. Sie dauert i. d. R. 5–8 Tage und spricht im Ggs. zu den beiden anderen Erkrankungen nicht auf Antibiotika an. – *Lungeninfarkt,* infolge Unterbrechung der Blutzufuhr auftretende Gewebsveränderungen und Entzündungen mit Übergreifen auf das Rippenfell, Fieber, atemabhängigem Schmerz und charakterist. Geräuschbefund. – *Lungenkrebs,* i. w. S. alle bösartigen Geschwülste der Lunge; in 95% der Fälle in Bronchialkrebs, eine bösartige Geschwulst der Bronchialschleimhaut, die, von den Luftröhrenverzweigungen ausgehend, in die Umgebung wuchert, dort Bronchialäste verlegt, Lungenbläschen zerstört und in Lymphbahnen und Blutgefäße eindringt. Krankheitszeichen sind anfangs trockener Husten, später mit eitrigem und blutigem Auswurf, Fieber, Gewichtsverlust, Brustschmerzen und Atemnot. Als Hauptursache gilt das Rauchen. – *Lungenödem,* akutes Krankheitsbild infolge Durchtränkung der Lunge mit seröser Flüssigkeit, die aus den Lungenkapillaren austritt. Ursachen: Blutstauung im Lungenblutkreislauf, Linksinsuffizienz des

Lüneburg
Stadtwappen

Lungenkraut.
Echtes Lungenkraut
(Höhe 15–30 cm)

Joseph Luns

Salvador Luria

Lungenkraut

Herzens, tox.-infektiöse und allerg. Lungenerkrankungen. Symptome: Atemgeräusche, blutigschaumiger Auswurf, Atemnot. – *Lungentuberkulose,* häufigste Form der ↑Tuberkulose beim Menschen. – *Lungenemphysem* ↑Emphysem; *Lungenembolie* ↑Embolie.
Lungenkraut, Gatt. der Rauhblattgewächse mit zwölf Arten in Eurasien; niedrige, behaarte Stauden; einheim. u. a. das *Echte Lungenkraut* in lichten Laubwäldern.
Lungenschnecken (Pulmonata), Überordnung größtenteils landbewohnender, zwittriger Schnecken mit meist gut entwickeltem Gehäuse; rd. 35 000 Arten.
Lungentuberkulose ↑Tuberkulose.
Lungenwürmer, in den Atemwegen vieler Tiere parasitierende Fadenwürmer, die die *Lungenwurmseuche* hervorrufen (führt meist zum Tod).
Lunochod [lunɔˈxɔt; russ. »Mondgänger«], im Rahmen der sowjet. Mondforschung 1970 und 1973 eingesetztes, erstes ferngesteuertes Mondfahrzeug.
Luns, Joseph [niederl. lyns], * Rotterdam 28. 8. 1911, niederl. Politiker. 1956–71 Außen-Min.; 1971–84 Generalsekretär der NATO.
Lunte [eigtl. »Lappen, Fetzen«], mit Bleiacetat getränkte, langsam glimmende Schnur, die früher zum Zünden von Feuerwaffen diente.
Luoyang (Loyang), chin. Stadt am Lo He, 952 000 E. Museum für Urgeschichte; u. a. Bau von Traktoren. Buddhist. Weißpferdtempel (15./16. Jh.) mit 13stöckiger Ziegelpagode (5./6. Jh.?); etwa 14 km südl. buddhist. Grottentempel (»Drachentor«); Ende des 5. Jh. bis etwa 700).
Lupe [frz.] (Vergrößerungsglas), Sammellinse mit kurzer Brennweite zur Vergrößerung des Sehwinkels, unter dem ein Betrachter einen Gegenstand sieht.
Lüpertz, Markus, * Reichenberg 24. 4. 1941, dt. Maler. Wählt seit den 1950er Jahren einfache Motive wie Stahlhelme, Uniformen, Kornähren, Musikinstrumente, die er mit kunsthistor. Anspielungen symbolisch befrachtet; ab 1977 dominierten abstrakte Kompositionen (*»Stil-Bilder«*); seit den 1980er Jahren vermehrt gegenständl. Darstellungen; auch Plastiken.

Lupine (Lupinus) [lat.], Gatt. der Schmetterlingsblütler mit rd. 200 Arten, hauptsächlich in Amerika, einige Arten im Mittelmeergebiet; wichtige Futterpflanzen und beliebte Zierpflanzen; u. a.: *Gelbe L.,* bis 70 cm hoch; *Schmalblättrige L.* (Blaue L.); *Vielblättrige L.* (Dauer-L., Stauden-L.), bis 1,5 m hoch; *Weiße L.,* auf Korsika heimisch. – Heute fast ausschließlich als Futterpflanzen angebaut werden bitterstoffarme Zuchtformen, die sog. *Süßlupinen.*
Lupus [lat.] (Wolf) ↑Sternbilder (Übersicht).
Lupus vulgaris [lat.] (Hauttuberkulose) ↑Tuberkulose.
Lurçat, Jean [frz. lyrˈsa], * Bruyères bei Épinal 1. 7. 1892, † Saint-Paul bei Vence 6. 1. 1966, frz. Maler und Kunsthandwerker. Leuchtend farbige Wandteppiche mit surrealist. Elementen.
Lurche (Amphibien, Amphibia), Klasse wechselwarmer, knapp 1 cm bis über 1,5 m langer, fast weltweit verbreiteter Wirbeltiere mit über 3 000 Arten in den Ordnungen *Blindwühlen, Schwanzlurche, Froschlurche;* Haut nackt, drüsenreich, nicht selten bunt gefärbt, mit nur dünner, regelmäßig gehäuteter Hornschicht; meist vier Gliedmaßen; Schwanz lang bis vollkommen rückgebildet; Herz ohne Trennwand; bei erwachsenen Tieren ist ein Lungenkreislauf ausgebildet. Die L. leben überwiegend in feuchten Biotopen, wobei die Ei- und Larvenentwicklung sowie die Begattung sich fast stets im Wasser vollziehen.
Lure [nord.], Blasinstrument aus der german. Bronzezeit, bis zu 3 m langes, gewundenes Rohr, breiter Zierrand um die Schallöffnung.
Lurex® [Kw.], bändchenförmige, mit Aluminium metallisierte Flachgarne, die einen Metallglanzeffekt zeigen.
Lurgrotte ↑Höhlen (Übersicht).
Luria, Salvador, * Turin 13. 8. 1912, † Lexington (Mass.) 6. 2. 1991, amerikan. Mikrobiologe italien. Herkunft. Erhielt für seine Erkenntnisse über den Vermehrungsmechanismus der Viren und deren genet. Struktur (zus. mit M. Delbrück und A. Hershey) 1969 den Nobelpreis für Physiologie oder Medizin.
Lusaka, Hauptstadt von Sambia, im südl. Zentrum des Landes, 870 000 E.

Luther

Univ., Forschungszentrum für Bodenschätze; Nationalbibliothek, Theater. Internat. ⚔.

Lusen, Berg im Nationalpark Bayer. Wald, 1 371 m hoch.

Luserke, Martin, *Berlin 3. 5. 1888, †Meldorf 1. 6. 1968, dt. Pädagoge. Förderte die ↑Landerziehungsheime, pflegte v. a. Sport, Musik und Laienspiel.

Lusignan [frz. lyzi'ɲã], frz. Adelsgeschlecht des MA, aus dem viele Könige der Kreuzfahrerstaaten hervorgingen.

Lusitania, röm. Prov. im SW der Iber. Halbinsel; entsprach im wesentlichen dem heutigen Portugal.

Lusitania-Zwischenfall, die Versenkung des brit. Passagierschiffs »Lusitania«, das auch eine Munitionsladung an Bord hatte, 1915 durch ein dt. U-Boot; verschärfte die antidt. Stimmung in den USA, da auch über 100 Amerikaner umkamen.

Lüster [lat.-italien.-frz.], svw. Kronleuchter.

Lüsterklemme, Schraubklemme zum elektr. Verbinden von Drähten; bes. zum Anschließen von Deckenlampen.

Lustig, Arnošt, *Prag 21. 12. 1926, tschech. Schriftsteller. 1942–45 in den KZ Theresienstadt, Auschwitz und Buchenwald. 1968 Emigration in die USA; schrieb u. a. »Nacht und Hoffnung« (En., 1958), »Demanten der Nacht« (En., 1958), »Totengebet für Katharina Horowitz« (Nov., 1964), »Miláček« (R., 1969).

Lustspiel, dt. Übers. von ↑Comedia, erstmals 1536, als Gattungsbez. seit dem 18. Jh. (J. C. Gottsched) üblich.

Lut, Sand- und Steinwüste mit Salztonebenen im S des inneriran. Hochlandes.

Lutetia, antiker Name von ↑Paris.

Lutetium [nach Lutetia] (früher Cassiopeium), chem. Element, Symbol **Lu** (früher Cp), sehr seltenes Metall (Lanthanoid); Ordnungszahl 71; relative Atommasse 174,967; Siedetemperatur 3 395 °C; Schmelztemperatur 1 663 °C; Dichte 9,84 g/cm³.

Lüth, Paul, *Perleberg 20. 6. 1921, †Knüllwald/Rengshausen 6. 8. 1986, dt. Mediziner und Publizist. Vertreter der medizin. Soziologie; erarbeitete v. a. Modelle gemeindebezogener Gesundheitssicherung (Sozialstationen und Selbsthilfegruppen).

Luther, 1) Hans, *Berlin 10. 3. 1879, †Düsseldorf 11. 5. 1962, dt. Politiker (parteilos, DVP-nahe). 1918–22 Oberbürgermeister von Essen; als Reichsernährungs- (1922–23) und Reichsfinanz-Min. (1923–25) maßgeblich an der Überwindung der Inflation wie am Abschluß des Dawesplans beteiligt; schloß als Reichskanzler (Jan. 1925 bis Mai 1926) gemeinsam mit Stresemann den Locarnopakt ab; 1930–33 Präs. der Reichsbank. – Abb. S. 2082.

2) Martin, *Eisleben 10. 11. 1483, †ebd. 18. 2. 1546, dt. Reformator. Sohn des Bergmanns Hans L. (*1459, †1530) und dessen Frau Margarethe, geb. Lindemann (*1459, †1531); 1501 bis 1505 Studium in Erfurt; nach Erlangung des Magistergrades sah sich L. noch im selben Jahr (1505) durch sein bei Todesgefahr (während eines Gewitters schlug ein Blitz unmittelbar neben ihm ein) abgelegtes Gelübde zum Eintritt ins Erfurter Augustiner-Eremitenkloster bewogen; 1512 Nachfolger von J. von Staupitz als Prof. an der theolog. Fakultät Wittenberg; um 1515/16 (»Turmerlebnis«) Durchbruch seines theolog. Denkens zu den Positionen der späteren ↑Reformation; 1525 Eheschließung mit der ehemaligen Nonne Katharina von Bora (*1499, †1552). Am 31. 10. 1517 veröffentlichte L. seine gegen J. Tetzel gerichteten 95 Streitsätze (Thesen) über den Ablaß in Wittenberg. Er mußte sich 1518 vor Kardinal Cajetan in Augsburg verantworten, unterwarf

Lupine. Vielblättrige Lupine

Lusaka Stadtwappen

Martin Luther als Mönch (Kupferstich von L. Cranach d. Ä.; 1520; Dresden, Staatliches Kupferstichkabinett)

2081

Hans Luther

Witold Lutosławski

lutherisch

sich aber nicht. Im Streitgespräch 1519 mit J. Eck in Leipzig, der *Leipziger Disputation,* bestritt er den Primat des Papstes und die Unfehlbarkeit der Konzilien. 1520 entstanden die entscheidenden Reformationsschriften (»An den christl. Adel dt. Nation ...«, »Von der Babylon. Gefangenschaft der Kirche«, »Von der Freiheit eines Christenmenschen«). – Alle Versuche der kath. Kirche und des Kaisers, die Entwicklung zu einem neuen Kirchenwesen aufzuhalten (Ketzerprozeß, Bannandrohungsbulle [1520], endgültiger Bann und Reichsacht [1521]), blieben vergeblich. Entscheidend für die Reformation waren die inneren Auseinandersetzungen des ↑Protestantismus. Die 1525 geführte Auseinandersetzung zw. L. und Erasmus von Rotterdam über den freien Willen entfremdete erhebl. Teile des dt. Humanismus der Reformation; folgenreich war auch L. Haltung zum ↑Bauernkrieg (»Wider die räuber. und mörder. Bauern«, 1525) sowie seine Überzeugung, daß ohne obrigkeitl. Ordnung (»Von weltl. Obrigkeit ...«, 1523) die Freiheit des Evangeliums nicht möglich sei (*Zweireichelehre:* der Christ hat als Mgl. des *weltl. Reiches* Gesetz und Gewalt anzuerkennen und als Mgl. des *geistl. Reiches* auf Gewalt und Recht zu verzichten); daraus ergab sich letztlich die Überantwortung der Kirchenordnung an den Staat (↑landesherrliches Kirchenregiment).

Das umfangreiche literar. Werk Luthers steht ganz unter dem Vorzeichen der Auslegung der Schrift. 1521 begann L. auf der ↑Wartburg mit der Übersetzung des NT, die im Sept. 1522 (sog. *Septembertestament*) in erster Fassung erschien. 1534 lag die Bibel als ganze in neuer Übersetzung vor (»Biblia, das ist, die gantze Heilige Schrifft«). Diese Bibelübersetzung gilt in ihrem variationsreichen Sprachstil als eines der bed. Denkmäler der dt. Sprachgeschichte. Kein Werk vorher hatte eine so umfassende Verbreitung über das gesamte dt. Sprachgebiet und in allen Ständen gefunden. In Zus.arbeit mit J. Walter schuf L. auch den bis heute gült. Typus des prot. *Kirchenlieds* (u. a. »Ein feste Burg ist unser Gott«, »Aus tiefer Not schrei ich zu Dir«); daß L. im Gottesdienst der *Kunstmusik* breiten Raum einräumte, war für die prot. Kirchenmusik von wesentl. Bedeutung. – *Weitere Werke:* Von den guten Werken (1520), An die Ratsherren aller Städte dt. Lands, daß sie christl. Schulen aufrichten und (er)halten sollen (1524), De servo arbitrio (1525), Dt. Messe und Ordnung des Gottesdiensts (1526), Vom Abendmahl Christi... (1528), Großer Katechismus (1529), Kleiner Katechismus (1529), Wider das Papsttum zu Rom, vom Teufel gestiftet (1545).

lutherisch, kurz für ↑evangelisch-lutherisch.

lutherische Freikirchen ↑Altlutheraner.

lutherische Kirchen, die durch die Reformation Luthers entstandenen Volks-, Landes- oder Nationalkirchen ev.-luth. Bekenntnisses, z. T. als Freikirchen (bes. in den USA). Sie sind zum größten Teil im ↑Lutherischen Weltbund zusammengeschlossen. Die l. K. in Deutschland sind Gliedkirchen der Ev. Kirche in Deutschland und in der VELKD zusammengeschlossen.

Lutherischer Weltbund, Abk. **LWB,** 1947 in Lund gegr. internat. Vereinigung luth. Kirchen (Sitz Genf). Ziel ist die Förderung der Verkündigung des Evangeliums, Stärkung der Einigkeit unter den luth. Kirchen, Mitarbeit in den ökumen. Bestrebungen sowie die Bekämpfung menschl. Ungerechtigkeit und Not (weltweite Anerkennung der Menschenrechte, gerechte Weltwirtschaftsordnung).

Luthuli, Albert John, *Groutville (Natal) um 1898, †ebd. (Unfall) 21. 7. 1967, Politiker. Lehrer und Methodistenprediger; schloß sich 1946 dem ↑Afrikanischen Nationalkongreß an, ab 1952 dessen Präs.; propagierte den gewaltlosen Kampf für die Rassengleichheit; 1956 wegen Hochverrats verhaftet, ab 1959 zu Zwangsaufenthalt in Groutville verurteilt; 1960 Friedensnobelpreis.

Lutizen ↑Liutizen.

Lutosławski, Witold [poln. luto-ˈsu̯afski], *Warschau 25. 1. 1913, †ebd. 7. 2. 1994, poln. Komponist. Klassiker der zeitgenöss. Musik, v. a. serielle Klangkombinationen; mit »Jeux venitiens« (1961, für kleines Orchester) schuf L. die erste aleator. Komposition in Polen. – *Weitere Werke:* 3 Sinfonien

Luxemburg

(1947, 1967, 1983), Musique funèbre (1958, für Streicher), Violoncellokonzert (1970), Les espaces du sommeil (1978, für Bariton und Orchester), Chain 2 (1985, für Violine und Orchester), Klavierkonzert (1988).

Lütschinental, Talschaft in den Berner Alpen, Schweiz, gliedert sich in das Tal der *Weißen Lütschine* mit dem Kurort Lauterbrunnen und das Tal der *Schwarzen Lütschine* mit dem Kurort Grindelwald.

Lüttich (amtl. frz. Liège, niederl. Luik), Hauptstadt der gleichnamigen belg. Prov. (3862 km², 1 Mio. E), am Zusammenfluß von Ourthe und Maas, 200900 E. Univ. (gegr. 1817), königl. Musikkonservatorium, Sternwarte; Kunstmuseen, u.a. Museum für wallon. Kunst; Staatsarchiv; Theater, Oper; botan. Garten. Mittelpunkt eines bed. Wirtschaftsraums mit Börse und Messen; Hafen.
Stadtbild: Roman. sind die Kirchen Saint-Barthélemy (11./12. Jh.) und Saint-Denis (11. Jh.) mit got. Chor; hochgot. u.a. die Kathedrale Saint-Paul (13. und 14.Jh.) und die Kirche Sainte-Croix (13. Jh.); spätgot. Saint-Jacques mit roman. Narthex (12.Jh.) und Renaissanceportal. Barockes Fürstbischöfl. Palais (1737) und Rathaus (1714-18), Kongreßhalle (1958).
Geschichte: Älteste bekannte Niederlassung Mitte 7. Jh.; seit 717/718 Bischofssitz; erlangte im Hoch-MA überregionale wirtschaftl., kulturelle und polit. Bedeutung; spielte in beiden Weltkriegen eine große Rolle bei der belg. Maasverteidigung.

Lutz [nach dem österr. Eiskunstläufer Alois Lutz, *1899, †1918], Sprung beim Eis- und Rollkunstlauf; Beginn mit einem Bogen rückwärts-einwärts, Einstechen der Zacke des Spielfußes, nach Absprung volle Drehung in der Luft.

Lützelsoon ↑Hunsrück.

Lützen, Stadt in der Leipziger Tieflandsbucht, Sachsen-Anhalt, 4800 E. – In der *Schlacht bei L.* am 16. 11. 1632 fiel Gustav II. Adolf von Schweden; die Schlacht endete mit dem Rückzug der Kaiserlichen unter Wallenstein.

Lützow, Ludwig Adolf Wilhelm Freiherr von ['lytso], *Berlin 18. 5. 1782, † ebd. 6. 12. 1834, preuß. General (seit 1822). Bildete im Febr. 1813 in Breslau das *Lützowsche Freikorps* (nach der Uniform, schwarz mit roten Biesen und goldenen Knöpfen, *Schwarze Schar* gen.), dem u.a. J. von Eichendorff, F. L. Jahn und K. T. Körner angehörten; schließlich 3000 Mann stark, am 17. 6. 1813 in der Völkerschlacht bei Leipzig größtenteils vernichtet.

Luv, die dem Wind zugekehrte Seite eines Schiffes, Segels o.ä. – Ggs. ↑Lee.

Lux [lat. »Licht«], SI-Einheit der Beleuchtungsstärke, Einheitenzeichen lx.

Luxation [lat.], svw. ↑Verrenkung.

Luxemburg, Rosa, *Zamość 5. 3. 1870, † Berlin 15. 1. 1919 (ermordet), dt. Politikerin poln. Herkunft. Schloß sich als Schülerin der sozialist. Arbeiterbewegung an; 1889 Emigration nach Zürich und Studium der Volkswirtschaft; beteiligte sich an der Gründung der im Untergrund tätigen Sozialdemokrat. Arbeiterpartei des Kgr. Polen und Litauen. 1898 Übersiedlung nach Berlin und Eintritt in die SPD, ab 1907 Dozentin in der Parteihochschule in Berlin. Zus. mit K. Liebknecht bekämpfte L. im 1. Weltkrieg die Burgfrieden-Politik der SPD; 1915–18 mit Unterbrechung in Haft; entwarf das Programm für die KPD und nahm im Jan. 1919 am Aufstand des Spartakusbundes in Berlin teil; nach dessen Scheitern wurde sie mit Liebknecht von Freikorpsoffizieren ermordet. Mit der polit. Zielsetzung einer Räterepublik sah L. in der Revolution den einzigen Weg zur Errichtung einer sozialist. Gesellschaftsordnung (Gegenposition zu E. Bernstein). In Lenins Konzeption der Kaderpartei als »Avantgarde der Arbeiterklasse« und deren Praxis nach der Oktoberrevolution sah sie die Gefahr einer Diktatur, der sie mit ihrer Überzeugung, »Freiheit (sei) immer die Freiheit des anders Denkenden«, in engagiert warnenden Briefen entgegentrat.

Rosa Luxemburg

Luxemburg (frz. Luxembourg), Hauptstadt des Groß-Hzgt. L., an der Alzette, 230–380 m ü. M., 76600 E. Amtssitz des Großherzogs, der Regierung, diplomat. Vertretungen, Sitz des Europ. Gerichtshofes, der Europ. Investitionsbank; Europaschule; Nationalmuseum, -bibliothek, Staatsarchiv, Oper, Theater; Hörfunk- und Fernsehsender. Wichtigste Handelsstadt des Landes.

Luxemburg
Stadtwappen

Luxemburg

Luxemburg

Staatsflagge

Staatswappen

1970 1992 1970 1992
Bevölkerung Bruttosozial-
(in Mio.)   produkt je E
             (in US-$)

☐ Stadt   ☐ Land

Bevölkerungsverteilung
1992

☐ Industrie
☐ Landwirtschaft
☐ Dienstleistung

Bruttoinlandsprodukt
1992

Stadtbild: Spätgot. Kathedrale Notre-Dame mit Renaissanceportal (17. Jh.), großherzogl. Palais (1572 als Rathaus erbaut). Von den Festungswerken sind u. a. die sog. span. Türme (16. Jh.) erhalten.

Geschichte: Die nach 963 erbaute *Lützelburg* (»kleine Burg«) wurde Stammsitz der Luxemburger und Ausgangspunkt der Stadtbildung; 1224 Stadtrecht; 1815 wurde L. dt. Bundesfestung. Im 20. Jh. bed. als Sitz des Europ. Stahlkartells (1926) und der Montanunion (ab 1952).

Luxemburg, Prov. in SO-Belgien, 4 440 km², 232 700 E, Hauptstadt Arlon.

Luxemburg (französisch Luxembourg, luxemburgisch Lëtzebuerg), Staat in Europa, grenzt im O an die BR Deutschland, im W an Belgien, im SW an Frankreich.

Staat und Recht: Konstitutionelle Erbmonarchie mit parlamentar.-demokrat. Regierungssystem; *Verfassung* von 1868. *Staatsoberhaupt* ist der Groß-Hzg. (seit 1964 Jean). Er beruft den *Exekutiv*organ die Regierung unter Leitung des Staatsministers. *Legislative* ist die Abg.kammer (60 auf 5 Jahre gewählte Mgl.). Als beratendes Organ fungiert der aus 21 Mgl. bestehende Staatsrat, dessen Mgl., z. T. vom Parlament vorgeschlagen, vom Groß-Hzg. ernannt werden. *Parteien:* Christl.-Soziale Partei, Sozialist. Arbeiterpartei, Demokrat. Partei, Kommunist. Partei, Grüne.

Landesnatur: L. hat Anteil am Ösling, dem Gutland und dem Moseltal. Es liegt im Übergangsbereich zw. ozean. und kontinentalem Klima. Es findet sich überwiegend Laubmischwald.

Bevölkerung: 95% der Bevölkerung sind kath.; rd. 25% sind Ausländer (Italiener, Franzosen, Deutsche).

Wirtschaft, Verkehr: Es überwiegt Viehzucht und Futtergetreideanbau. Wichtigste Sonderkultur ist der Weinbau. Abgebaut werden Eisenerze (Minette). Es gibt eine Schwer-Industrie, Kunststoff-, Kunstfaser- und Arzneimittelfabriken. Das Kraftwerk in Vianden ist eines der größten Pumpspeicherwerke Europas. Das Eisenbahnnetz ist 270 km, das Straßennetz 5 073 km lang. Der internat. ✈ liegt östlich der Hauptstadt.

Geschichte: Ab dem 10. Jh. Gft. der späteren Luxemburger, 1354 Hzgt., 1355 mit Brabant vereinigt, 1441/43 an Burgund verkauft. Mit dem größten Teil Burgunds fiel es 1477/93 an das Haus Österreich, 1555 an die span. Habsburger, gehörte aber als Teil des Burgund. Reichskreises weiterhin zum Hl. Röm. Reich. 1659 ging der südl. Teil an Frankreich verloren, das restl. Gebiet erhielt 1714 Österreich, 1795 Frankreich, 1815 wurde L. Groß-Hzgt. und dt. Bundesstaat (bis 1890 in Personalunion mit dem niederl. Königshaus). 1830 Abtretung des größeren westl. Landesteils an Belgien; 1842 Mgl. des Dt. Zollvereins (1919 aus dem Zollgebiet ausgeschieden). Der Versuch Napoleons III., das nach 1866 selbständige L. zu erwerben *(Luxemburg-Krise)*, endete mit der Neutralisierung des Landes (1867–1948). Nach dt. Besetzung (Mai 1940) wurde L. dem Gau Moselland eingegliedert. Gründungs-Mgl. der UN (1945), des Brüsseler Paktes (1948), der NATO (1949), der Montanunion (1951) und der EWG (1957), wurde 1958 das Benelux-Abkommen mit Belgien und den Niederlanden unterzeichnet. Bei den Wahlen 1994 erreichte die Koalition aus Christl.-Sozialer Volkspartei und Luxemburg. Sozialist. Arbeiterpartei 38 der 60 Mandate. Nachfolger von Premierminister J. Santer wurde im Jan. 1995 J.-C. Juncker.

Luxemburg

Fläche:	2 586 km²
Einwohner:	378 000
Hauptstadt:	Luxemburg
Amtssprachen:	Französisch, Deutsch, Luxemburgisch
National-feiertag:	23. 6.
Währung:	1 Luxemburg. Franc (lfr.) = 100 Centimes (c)
Zeitzone:	MEZ

2084

Luzk

Luzern 1).
Altstadt mit Rathaus (1602–06; links) und Kapellbrücke (um 1300; rechts)

Luxemburger, europ. Dynastie. Das ältere Haus der *Lützelburger* erlosch 1136. Das jüngere Haus der Luxemburger stellte die Könige (Kaiser) Heinrich VII., Karl IV., Wenzel und Siegmund; 1310 Gewinn der böhm. Krone; 1437 erloschen.
Luxemburgisch (Lëtzebuergesch), Amtssprache in Luxemburg (neben Französisch und Deutsch); entwickelte sich auf der Grundlage einer moselfränk. Mundart (↑deutsche Mundarten) zur Schrift- und Verkehrssprache.
Luxor (arab. El-Uksur), Stadt in Oberägypten, am rechten Nilufer, 40 000 E. Museum. Berühmt ist der von Amenophis III. erbaute und von Ramses II. erweiterte Tempel des Gottes Amun der altägypt. Stadt Theben (Reste freigelegt).
Lu Xun [chin. luçn] (Lu Hsün), eigtl. Zhou Shuren, * Shaoxing (Zhejiang) 25. 9. 1881, † Schanghai 19. 10. 1936, chin. Schriftsteller. Berühmt ist »Die wahre Geschichte des Ah Queh« (Nov., 1922).
Luzern, 1) Hauptstadt des schweizer. Kt. Luzern, am Ausfluß der Reuß aus dem Vierwaldstätter See, 63 000 E. Ind.-Standort; Kongreßstadt, internat. Musikfestwochen, Freilichtspiele, Gletschergarten. Hofkirche Sankt Leodegar (17. Jh.) mit spätgot. W-Türmen; ehem. Franziskanerkirche (13. und 16. Jh.), Renaissancerathaus (1599–1606); Holzbrücken, u. a. die überdachte Kapellbrücke (14. Jh.; 1993 durch Brand zerstört, danach wiederaufgebaut) mit Bilderzyklus und achteckigem Wachtturm, Teile der Stadtbefestigung (14.–16. Jh.); Löwendenkmal (1820/1821). – Luzern wurde 1175/78 Stadt; 1291 an die Habsburger verkauft. 1332 schloß es seinen Bund mit den Waldstätten; 1415 auch rechtlich aus dem habsburg. Machtgebiet gelöst. Luzern wurde im 16. Jh. Zentrum der katholischen Eidgenossenschaft, 1798–1803 Hauptstadt der Helvet. Republik.
2) Kanton im Schweizer Mittelland, mit kleinem Alpenanteil, 1 492 km², 331 800 E, Hauptstadt Luzern. Bed. Landwirtschaft, Ind.-Betriebe und Fremdenverkehr. – Entstand 1803 im wesentlichen aus dem früheren Untertanengebiet der Stadt Luzern und gehörte 1845–47 zum Sonderbund. Die Verfassung von 1875 führte die direkte Demokratie ein.
Luzerne [lat.-frz.] ↑Schneckenklee.
luzid [lat.], hell, licht; klar, verständlich.
Luzifer [lat. »Lichtbringer«] (Lucifer), in der röm. Mythologie der Morgenstern, Sohn der Morgenröte; in christl. Zeit mit dem bibl. Satan identifiziert.
Luzk, Hauptstadt des Gebiets Wolynien im NW der Ukraine, 179 000 E. PH, Museum; u. a. Autoindustrie. Barocke Kathedrale (1754), Synagoge (17. Jh.), Schloß Ljubart (13., 14.–16. Jh.).

Luzern 2)
Kantonswappen

2085

Luzon

Luzon. Reiseterrassen in Banawe im Zentrum von Luzon, der größten philippinischen Insel

André Lwoff

Feodor Lynen

Luzon [lu'sɔn, span. lu'θɔn], mit 104 688 km² größte der philippinischen Inseln, bis 2 928 m hoch (Mount Pulog), 20 Mio. E.
Luzonstraße [lu'sɔn], Meeresstraße zw. der philippin. Insel Luzon im S und Taiwan im N, etwa 380 km breit.
LV ↑Bildplatte.
Lw, früheres chem. Symbol für ↑Lawrencium.
Lwoff, André, *Allier bei Tarbes 8. 5. 1902, †Paris 30. 9. 1994, frz. Mikrobiologe. Erhielt für die Entdeckung von Genen, die die Aktivität anderer Gene fördern oder hemmen, 1965 (zus. mit F. Jacob und J. Monod) den Nobelpreis für Physiologie oder Medizin.
Lwow, Georgi Jewgenjewitsch Fürst, *Dresden 2. 11. 1861, †Boulogne-Billancourt 8. 3. 1925, russ. Politiker. Nach der Februarrevolution März–Juli 1917 Min.-Präs. der Provisor. Regierung; 1918 Emigration nach Frankreich.
lx, Einheitenzeichen für ↑Lux.
LXX, im röm. Zahlsystem Zeichen für die Zahl 70; Abk. für ↑Septuaginta.
Lyasen [griech.], Enzyme, die die Spaltung von Molekülen in zwei Teile oder die Verknüpfung zweier Moleküle ohne Mitwirkung von ATP katalysieren.
Lychee [chin.] ↑Litschibaum.
Lydgate, John [engl. 'lɪdgeɪt], *Lydgate (heute Lidgate bei Cambridge) um 1370, †Kloster Bury Saint Edmunds um 1450, engl. Dichter. Mönch in Bury Saint Edmunds; schrieb v. a. Versromane (Hauptwerk: »The fall of princes«, 1431–38, gedr. 1494), Fabeln und Lehrgedichte.
Lydien (griech. Lydia, auch Maionia, Mäonien), histor. Landschaft in W-Kleinasien zw. Mysien, Phrygien und Karien; Hauptort Sardes; um 685–547 Kgr. unter der Dynastie der Mermnaden (u. a. Gyges, Krösus, Alyattes).
Lykien (lat. Lycia), histor. Gebiet im Westtaurus zw. dem Golf von Fethiye und dem Golf von Antalya, Türkei.
Lykurg (lat. Lycurgus), sagenhafter Begründer der spartan. Verfassung.
Lyly (Lilly), John [engl. 'lɪlɪ], *Weald (Kent) um 1554, beerdigt London 30. 11. 1606, engl. Dichter. Exponent der elisabethan. Liebeskomödie (u. a. »Sapho and Phao«, 1584); der Stil seines Romans »Euphues: the anatomy of wit« (1578) machte als *Euphuismus* (↑Manierismus) Schule.
Lyme-Krankheit [nach dem Ort Lyme in Connecticut, USA, wo die Krankheit zuerst diagnostiziert wurde] (Lyme-Borreliose), durch Zecken, die mit Spirochäten infiziert sind, übertragene Erkrankung; Krankheitszeichen sind Hautveränderungen mit grippeähnl. Symptomen, später Muskel- und Gelenkschmerzen, neurolog. Störungen.
Lymphangiom [lymf-aŋ...] (Lymphgefäßgeschwulst), gutartige Gefäßgeschwulst aus Lymphgefäßzellen an Haut und Schleimhäuten.

Lymphdrüsen, fälschl. Bez. für die Lymphknoten (↑Lymphsystem).
Lymphe [lat.], eiweiß- und lymphozytenhaltige, klare, blutplasmaähnl. Körperflüssigkeit des Menschen und der Wirbeltiere, die durch Filtration aus den Blutkapillaren in die Zellzwischenräume gelangt und von dort durch das Lymphsystem abgeleitet wird. Die L. versorgt die Gewebe mit Nahrungsstoffen und entfernt nicht verwertbare Substanzen, außerdem hat sie (durch die Lymphozyten) Schutzfunktion. Beim Menschen werden täglich etwa zwei Liter L. gebildet.
Lymphgefäßentzündung (Lymphangitis), Entzündungsreaktion der Lymphgefäße auf eindringende Erreger.
Lymphgefäßgeschwulst, svw. ↑Lymphangiom.
Lymphgefäßsystem ↑Lymphsystem.
Lymphknoten ↑Lymphsystem.
Lymphknotenentzündung (Lymphadenitis), entzündliche Reaktion der Lymphknoten z. Beispiel auf Krankheitserreger, Tumorzellen, Röntgenstrahlung.
Lymphödem [lymf-ø...], teigige Gewebsschwellung (Stauungsödem) infolge Verlegung der Lymphwege oder mangelnder Lymphresorption.
Lymphogranuloma inguinale [lat.] (Lymphopathia venerea, vierte Geschlechtskrankheit), seltene, durch Geschlechtsverkehr übertragbare, bes. in den Tropen vorkommende Infektionskrankheit des Menschen (Chlamydieninfektion).
Lymphogranulomatose [lat.] (Sternberg-Paltauf-Krankheit), Hodgkin-Krankheit), Auftreten bösartiger Granulome des lymphat. Gewebes.
Lymphozyten [lat./griech.] ↑Blut.
Lymphsystem, bei Wirbeltieren und dem Menschen ausgebildetes, der Ableitung der ↑Lymphe dienendes System. Es besteht aus dem Lymphgefäßsystem und den lymphat. Organen. Das *Lymphgefäßsystem* ist im wesentlichen ein Abflußsystem zur Ableitung der Lymphe. Es stellt (neben dem Blutgefäßsystem) ein zweites Röhrensystem dar, das in der Körperperipherie mit einem dichten Netzwerk von Lymphkapillaren beginnt. Die peripheren Lymphgefäße führen die Lymphe in einer den Venen parallelen Richtung über Sammelgefäße in das Venensystem des Blutkreislaufs. Zu den *lymphat. Organen* gehören außer den Lymphknoten die Milz, der Thymus und die Gaumen- und Rachenmandeln. In das Lymphgefäßsystem sind die *Lymphknoten* eingebaut; 0,2–2 cm groß, oft bohnenförmig, sind sie von einer bindegewebigen Kapsel umgeben. Lymphknoten sind »Siebe« bzw. Abfangfilter mit der Fähigkeit zur ↑Phagozytose; sie produzieren Lymphozyten.
Lynch, David [engl. lɪntʃ], *Missoula (Mont.) 20. 1. 1946, amerikan. Filmregisseur. Dreht Filme, die mit intellektuellem Anspruch die Lust an Gewalt, Perversion, Obszönität und Voyeurismus aufzuzeigen suchen, u. a. »Der Elefantenmensch« (1980), »Blue Velvet« (1986), »Wild at Heart« (1990).
Lynchjustiz [lynç, lɪnç; engl.], wohl nach dem amerikan. Pflanzer und Friedensrichter Charles Lynch, *1736, †1796], das Mißhandeln oder Töten eines Menschen (oft ein vermutl. Straftäter) durch eine erregte Menschenmenge.
Lynen, Feodor, *München 6. 4. 1911, †ebd. 6. 8. 1979, dt. Biochemiker. Arbeitete über den Cholesterin- und Fettsäurestoffwechsel; isolierte die »aktivierte Essigsäure« (↑Enzyme); erhielt 1964 (zus. mit K. Bloch) den Nobelpreis für Physiologie oder Medizin.
Lynx [griech.] (Luchs) ↑Sternbilder (Übersicht).
lyo..., Lyo... [griech.], Bestimmungswort in Zusammensetzungen mit der Bedeutung »Lösung..., löslich«.

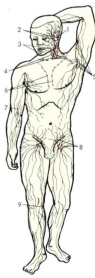

Lymphsystem. Lage der wichtigsten regionären Lymphknoten im menschlichen Körper; 1 Lymphknoten des Hinterhaupts; 2 der Schläfe; 3 des Unterkiefers; 4 des Halses; 5 der Achselhöhle; 6 des Brustbeins; 7 der Ellenbeuge; 8 der Leistengegend; 9 der Kniekehle

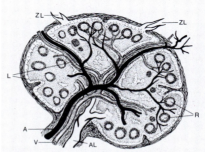

Lymphsystem. Lymphknoten eines Säugetiers: A Arterie; AL abführendes Lymphgefäß; L Lymphbahnen; R Rindenfollikel; V Vene; ZL zuführendes Lymphgefäß

Lyon

Lyon. Römische Theater und Notre-Dame de Fourvière

Lyon
Stadtwappen

Lyon [frz. ljõ], frz. Stadt an der Mündung der Saône in die Rhone, 422 400 E. Hauptstadt der Region Rhône-Alpes und des Dép. Rhône. Drei Univ. u. a. Hochschulen; Museen, u. a. Textilmuseum, Galloröm. Museum; Theater, Oper; botan. Garten, Zoo. Wirtschafts- und Handelszentrum mit Börse und Fachmessen. Traditionelle Seiden-Ind., führendes frz. Zentrum für synthet. Fasern und Kunststoffe; Metall-Ind.; Binnenhafen, internat. ✈.
Stadtbild: Bed. Kirchen, u. a. Kathedrale Saint-Jean (12.–15. Jh.), Saint-Martin d'Ainay (geweiht 1107), Saint-Nizier (15. und 16. Jh.), Notre-Dame de Fourvière (1871–94) und Profanbauten, u. a. Rathaus (1646–65), ehem. Hôtel Dieu (18./19. Jh.), Palais des Arts (17. Jh.). Der Bellecourplatz ist eine geschlossene rechteckige Anlage (um 1800); zahlr. Bauten des 16. und 17. Jh. in der Altstadt.
Geschichte: L. (lat. *Lugdunum, Lugudunum*), 43 v. Chr. von den Römern an der Stelle zweier kelt. Siedlungen als Kolonie gegr., wurde Hauptstadt der Prov. Gallia Lugdunensis. 457/461 von den Burgundern, 534 von den Franken erobert; kam 843 zum Mittelreich Lothars I., später zum Königreich Burgund, fiel mit diesem 1032/34 an das Hl. Röm. Reich, 1307 an die frz. Krone; 1320 volles Stadtrecht. Die Messen von L. (seit etwa 1420) waren zeitweilig die wichtigsten in Europa.
Lyon, Konzile von [ljõ], in Lyon abgehaltene Konzile: 1. Konzil (13. allg. Konzil; 1245; Papst Innozenz IV.): Dekrete über das kirchl. Prozeßrecht, die Wirtschafts- und Verwaltungsreform des kirchl. Besitzes, die Kreuzzugsfrage; Absetzung Friedrichs II. als Kaiser; 2. Konzil (14. allg. Konzil; 1274; Papst Gregor X.): Hilfe für Jerusalem, Union mit den Griechen, Kirchenreform.
Lyra [griech.] (Leier) ↑Sternbilder (Übersicht).
Lyra [griech.], **1)** *Geschichte, Instrumentenkunde:* Musikinstrument der griech. Antike aus der Fam. der ↑Leier mit 5–7 Saiten; wurde mit dem ↑Plektron gespielt; galt im Hellenismus als Attribut der Dichter und Sänger.
2) *Militärmusik:* dem ↑Schellenbaum ähnl. Glockenspiel.
Lyrik [griech.], seit dem 18. Jh. neben Epik und Dramatik eine der drei literar. Grundgattungen.
Im alten *China* war L. die höchstgeachtete Form der Dichtung, es überwog

Volksliedartiges, oft mit lehrhaftem Charakter. Auch in Japan galt L. als vorbildl. Dichtung. Regelformen waren Tanka und ↑Haiku. Der zunächst religiös-hymn. Dichtung Indiens (»Rgveda«) gesellten sich später lehrhafte Spruchdichtung und L. mit erot. Inhalten (↑Kalidasa) zu. In Ägypten wurde hymn. Dichtung gepflegt: Totenklagen und Verehrung der Sonne (Echnatons Hymnus auf Aton). Enthusiastisch-hymnisch war die hebräische L. (u. a. »Psalmen«, »Das Hohelied«), die im MA in der L. des span. Judentums (mit Einflüssen von arab. und provenzal. L.) erneut aufblühte (↑Juda Halevi). Die arab. L. des MA enthielt Totenklagen, dann Kriegs- und Liebeslieder sowie Spruchdichtung, ihre Gedichtform des ↑Ghasels (↑Kasside) wurde von der pers. L. übernommen. In Europa literarisch erstmals faßbar bei den Griechen, erwuchs die L., wie auch in anderen Kulturkreisen, ebenso aus dem Alltagsleben wie aus mythisch-religiösen Vorstellungen. Auf Grund ihrer Nähe zum einfachen Lied ist L. die Ursprungsform der Dichtung schlechthin. Sie entwickelte im Lauf ihrer Geschichte einen kaum greifbaren Formenreichtum, der sich nicht in eine einfache bzw. eindeutige Begriffsbestimmung pressen läßt, was in der Literaturgeschichte u. a. auch darin zum Ausdruck kommt, daß die L. auf der Ebene der Theorie in den Poetiken und Ästhetiken im Vergleich zur Epik und Dramatik auffällig unterrepräsentiert ist. – Die L. umfaßt mehrere Gattungsformen, u. a. das ↑Lied (Volkslied, geistl. und weltl. Lied, Ständelied), die ↑Ode, die ↑Elegie, die ↑Hymne sowie die Spruchdichtung und ↑Lehrdichtung, auch didakt. Dichtung genannt. Diese Gattungsformen verbinden in unterschiedl. Weise das Lyrische mit ep. und dramat. Elementen. L. reicht von den verschiedensten manierist. bis hin zu experimentellen Formen (↑experimentelle Dichtung, ↑konkrete Poesie, Lautgedicht). Die Verbindung mit ep. und dramat. Elementen läßt nicht immer eine deutliche Einordnung zu (z. B. bei der ↑Ballade; sie wird der L. zugeordnet, aber auch als ep. Kurzform bezeichnet).

Als konstante Elemente der L. können im wesentlichen Rhythmus, Vers und Metrum genannt werden, nur teilweise Reim und Strophe.

Lysander, ✗ bei Haliartos (Böotien) 395 v. Chr., spartan. Feldherr. 405 Sieg über die athen. Flotte bei Aigospotamoi (Halbinsel Gelibolu); erzwang nach der Kapitulation Athens dort die Machtergreifung der 30 Tyrannen.

Lysergsäurediäthylamid ↑LSD.

Lysimachos, *um 361, ✗ bei Sardes 281, hellenist. König von Thrakien. Truppenführer Alexanders d. Gr.; war in die Kriege der Diadochen (305 König) verwickelt; bemächtigte sich 301 großer Teile Kleinasiens; 285 nach Vertreibung des Pyrrhus auch Herrscher Makedoniens.

Lysipp (Lysippos von Sikyon), griech. Bronzebildhauer der 2. Hälfte des 4. Jh. v. Chr. Hofbildhauer Alexanders d. Gr. Wurde mit einem neuen Proportionssystem zum Wegbereiter der hellenist. Epoche. Im Original erhalten v. a. ein Bronzeathlet (Malibu [Calif.], Museum der Paul Getty Foundation). Kopien nach L.: Apoxyomenos (Vatikan. Sammlungen), Herakles Farnese (Neapel, Nationalmuseum).

Lysistrate, Titelfigur einer Komödie von Aristophanes (411 v. Chr.). L. ruft die Frauen Griechenlands auf, sich so lange ihren Männern zu verweigern, bis diese den Peloponnes. Krieg beendet haben.

Lysol ® [Kw.] (Kresolseifenlösung, Cresolum saponatum), rotbraune, nach Phenol riechende ölige Flüssigkeit, in 0,5 bis 5%igen Lösungen zur Desinfektion und Wundbehandlung dient

Lysozyme [griech.], Enzyme, die Bakterienzellwände aufzulösen vermögen.

Lyssenko, Trofim Denissowitsch, *Karlowka bei Poltawa 29. 9. 1898, † Moskau 20. 11. 1976, sowjet. Agrarbiologe und Agronom. Entwickelte eine materialist. Vererbungslehre, nach der erworbene Eigenschaften vererbt werden können.

Lytton, Edward George Earle L., Baron L. of Knebworth, Bulwer-L. [engl. lıtn] ↑Bulwer-Lytton, Edward George Earle L., Baron L. of Knebworth.

LZB, Abk. für Landeszentralbank.

Mm

M, 1) der 13. Buchstabe des Alphabets, im Griech. μ (My).
2) *Münzwesen:* Abk. für **M**ark (Münze).
3) Abk. u. a. für lat. **M**anius, **M**arcus, **M**agister.
4) ↑Vorsatzzeichen.
5) Formelzeichen für die ↑Machzahl.
m, 1) *Einheitenzeichen:* die Längeneinheit ↑Meter.
2) *Einheitenzeichen:* die Zeiteinheit Minute (bei Angaben eines Zeitpunkts hochgesetzt, ^{m}).
3) ↑Vorsatzzeichen.
m-, Abk. für ↑**m**eta-.
M', Abk. für ↑**M**ac.
m., Abk. für ↑**M**askulinum.
M., Abk. für ↑**M**onsieur.
M. A., Abk. für **M**agister **A**rtium (↑Magister).

Mäander, 1) *Geomorphologie:* mehr oder weniger regelmäßig ausschwingende Flußschlingen, entstanden durch Pendeln des Stromstriches. *Freie Fluß-M. (Wiesen-M.)* bilden sich nur bei geringem Gefälle oder großer Schuttführung. Sind M. in ein Bergland eingeschnitten, spricht man von *Tal-M.* Sie entstehen gleichzeitig mit der allmähl. Anhebung des Gebiets.
2) *Kunst:* rechtwinklig gebrochenes oder spiralenartiges Ornamentband; jungpaläolith. und neolith. (donauländ. Kreis) Motiv; in der griech. Antike vorrangiges Schmuckelement.

Maar [lat.], meist von flachen Tuffwällen gesäumte trichterförmige Einsenkung an der Erdoberfläche. M. entstehen durch vulkan. Gas- und Wasserdampferuptionen. Sie können von Seen, in einem noch späteren Stadium von Mooren erfüllt sein (z. B. in der Eifel, auf der Schwäb. Alb).

Maas (frz. Meuse), Fluß in W-Europa, entspringt bei Langres, durchfließt Frankreich, Belgien und die Niederlande, mündet zus. mit dem Rhein im Rhein-Maas-Delta in die Nordsee, 890 km lang.

Maass, 1) Edgar, *Hamburg 4. 10. 1896, † Paterson (N. J.) 6. 1. 1964, dt. Schriftsteller. Bruder von Joachim M.; lebte ab 1926 in den USA (1934–38 in Hamburg); schrieb Erzählungen, u. a. »Novemberschlacht« (1935), und Romane, u. a. »Verdun« (1936), »Der Fall Daubray« (1957, 1965 u. d. T. »Eine Dame von Rang«).
2) Joachim, *Hamburg 11. 9. 1901, † New York 15. 10. 1972, dt. Schriftsteller. Emigrierte 1939 in die USA; schrieb v. a. Romane, u. a. »Der Fall Gouffé« (1952), »Ein Testament« (1939), und Erzählungen (»Zw. Tag und Traum«, 1961); neben Essays auch Kleist-Biograph (u. a. »Kleist, die Fackel Preußens«, 1957).

Maastricht [niederl. ma:s'trɪxt], niederl. Prov.-Hauptstadt und Verw.-Sitz der Prov. Limburg an der Maas, 115 800 E. Medizin. Fakultät, Museen, u. a. naturhistor. Museum, Handelszentrum, Keramik-, Glas- und Papierindustrie. Ruinen aus röm. Zeit. Roman. sind die Kirchen Sint-Servaas (10. und 12. Jh.) und Onze-Lieve-Vrouwe (kurz nach 1000 und 12. Jh.), got. Sint-Jans (14./15. Jh.) und Sint-Mathias (14./15. Jh.). Altes Rathaus (16. Jh.); Neues Rathaus (17. Jh.). Konservatoriumsgebäude (1965). – M., das röm. *Trajectum ad Mosam,* stand ab 1284 bis in die Zeit der Frz. Revolution unter der gemeinsamen Herrschaft der Herzöge von Brabant und der Fürstbischöfe von Lüttich. 1632 traten die Generalstaaten in die Rechte Brabants ein; in der Folgezeit zu einer der stärksten europ. Festungen ausgebaut.

Maastrichter Vertrag ↑Europäische Union.

Maat [ägypt.], altägypt. Göttin der Wahrheit und des Gerichtswesens.

Maat [niederdt.], Bez. für die Unteroffiziere der dt. Kriegsmarinen.

Maazel, Lorin [engl. mɑːzl], *Neuilly-sur-Seine 6. 3. 1930, amerikan. Dirigent. 1965–71 Generalmusikdirektor der Dt. Oper Berlin; 1972–80 Chefdirigent des Cleveland Orchestra; 1982–84 Direktor der Wiener Staatsoper; seit 1988 Musikdirektor des Pittsburgh Symphony Orchestra; seit 1993 Chefdirigent des Symphonieorchesters des Bayer. Rundfunks.

Mabuse, Jan [frz. ma'byːz] ↑Gossaert, Jan.

Mac [engl. mæk; schott. »Sohn«], Abk. M', Mc; erster Bestandteil von Familiennamen (↑Mc...) in Irland und Schottland.

Maastricht Stadtwappen

Mäander 1). Freie Flußmäander des Omo im südlichen Äthiopien

Machado de Assis

Macao (Macau), autonomes portugies. Territorium in Ostasien, im SW des Perlflußstuars, 16,9 km², 426 400 E. Hauptstadt Macao (Santo Nome de Deus de M.). **Geschichte:** Bereits im 16. Jh. von Portugiesen erschlossen; bis 1695 einziger chin. Außenhandelsposten; bis 1849 zahlte Portugal für M. eine Pacht, 1887 erreichte es die ständige Abtretung des Gebiets. Seit 1951 portugies. Übersee-Prov., erhielt M. im Zusammenhang mit der Revolution in Portugal (1974) am 17. 2. ein Autonomiestatut. 1990 erhielt es eine neue Verfassung (Parlament mit 17 mehrheitlich gewählten Abg. ab 1992). 1987 schlossen Portugal und die VR China ein Abkommen, gemäß dem M. 1999 an die VR China übergeben werden wird.
MacArthur, Douglas [engl. mə'kɑ:θə], *Little Rock (Ark.) 26. 1. 1880, † Washington 5. 4. 1964, amerikan. General. Ab 1942 Oberbefehlshaber der alliierten Streitkräfte im SW-Pazifik gegen Japan, wurde 1945 dort Chef der Besatzungstruppen; 1950 Oberbefehlshaber der UN-Streitkräfte im Koreakrieg, 1951 von Präs. Truman entlassen, da er den Krieg auf China auszudehnen drohte.
Macau ↑Macao.
Macaulay, Dame (seit 1958) Rose [engl. mə'kɔ:lɪ], *Cambridge 1. 8. 1881, † London 30. 10. 1958, engl. Schriftstellerin. Schrieb als Kulturkritikerin v. a. satir. Romane und Essays.
Macbeth [engl. mək'bɛθ], ✕ Lumphanan (bei Aberdeen) 1057, König von Schottland (seit 1040). Besiegte 1040 Duncan I. und trat dessen Nachfolge an; fiel im Kampf gegen Malcolm III. – Trauerspiel von W. Shakespeare, Oper von G. Verdi.
MacBride, Séan [engl. mək'braɪd], *Paris 26. 1. 1904, † Dublin 15. 1. 1988, ir. Politiker (Republikan. Partei). 1948–51 Außen-Min.; 1961–74 Präs. von Amnesty International; 1973–76 UN-Kommissar für Namibia; Friedensnobelpreis (zus. mit Sato Eisaku) 1974.
Macchie ['makiə; italien.] (Macchia, Maquis), durch Abholzung entstandenes niedriges Degradationsstadium des immergrünen Steineichenwaldes im Mittelmeergebiet. Mit zunehmender Trockenheit entsteht eine baumlose Vegetationsform, die *Garigue*.

MacDonald, James Ramsey [engl. mək'dɔnəld], *Lossiemouth bei Elgin 12. 10. 1866, † auf einer Seereise nach S-Amerika 9. 11. 1937, brit. Politiker. 1893 Mitbegründer der Labour Party, 1924 (erstes Labourkabinett) und 1929 bis 1935 Premier-Min.; bildete in der Weltwirtschaftskrise 1931 eine nat. Koalitionsregierung, wobei ihm jedoch die Mehrheit der Labour Party nicht folgte.
Macdonnell Ranges [engl. mək'dɔnəl 'reɪndʒɪz], O–W streichende Gebirgsketten in Z-Australien, bis 1510 m hoch.
Macerata [italien. matʃe'ra:ta], italien. Prov.-Hauptstadt in den Marken. 43600 E. Univ., Staatsarchiv; Handelszentrum. Renaissancekirche Santa Maria delle Vergini (1581); spätbarocker Dom.
Mach, Ernst, *Chirlitz (bei Brünn) 18. 2. 1838, † Vaterstetten (bei München) 19. 2. 1916, österr. Physiker und Philosoph. Experimentelle Bestätigung des Doppler-Effekts; Untersuchungen an Projektilen im Überschallbereich, entdeckte dabei die nach ihm ben. ↑Machschen Wellen; seine Erkenntnistheorie *(Empiriokritizismus)* beeinflußte den Positivismus.
Mácha, Karel Hynek, *Prag 16. 11. 1810, † Litoměřice 5. 11. 1836, tschech. Dichter. Hauptvertreter der tschech. Romantik; Hauptwerk ist das lyr. Versepos »Mai« (1836).
Machado de Assis, Joaquim Maria [brasilian. ma'ʃadu dɐ a'sis], *Rio de Janeiro 21. 6. 1839, † ebd. 29. 9. 1908, brasilian. Dichter. Bedeutendster brasilian. Erzähler seiner Zeit, u. a. »Die nachträgl. Memoiren des Bras Cubas« (R., 1881), »Dom Casmurro« (R., 1900); auch Lyrik.

Entwicklung des Buchstabens M

Lorin Maazel

Séan MacBride

Machado y Ruiz

Antonio Machado y Ruiz

Niccolò Machiavelli

Machado y Ruiz, Antonio [span. ma-'tʃaðo i 'rruiθ], *Sevilla 26. 7. 1875, † Collioure bei Perpignan 22. 7. 1939, span. Lyriker. Freund von R. Darío; im Span. Bürgerkrieg Republikaner, starb auf dem Weg ins Exil; schrieb v. a. das einfache Leben und die kastil. Landschaft thematisierende Lyrik.
Machandel, svw. Heidewacholder.
Machatschkala, Hauptstadt Dagestans innerhalb Rußlands, am W-Ufer des Kasp. Meers, 315000 E. Univ.; Hafen.
Machault, Guillaume de ↑Guillaume de Machault.
Machfus, Nagib, ↑Mahfus, Nagib.
Machiavelli, Niccolò [italien. makia-'vɛlli], *Florenz 3. 5. 1469, † ebd. 22. 6. 1527, italien. Schriftsteller. M. wurde 1498 Sekretär in der zweiten Staatskanzlei der Republik Florenz, wenig später auch Kanzler des »Rates der Zehn«. In dieser Stellung wurde er mit zahlr. diplomat. Missionen betraut. 1506 schuf M. in Florenz eine Bürgerwehr. Nach der verlorenen Schlacht bei Prato (1512) seines Amtes enthoben, zog sich M. 1513 auf sein Gut bei Florenz zurück, wo die meisten seiner Schriften entstanden. 1531 schrieb er im Auftrag der Medici die »Historie fiorentine« (dt. 1788 u. d. T. »Historien von Florenz«). – In »Il principe« (1513; dt. 1804 u. d. T. »Der Fürst«) sieht M. als Voraussetzung dauerhafter polit. Herrschaft die Fähigkeit des Herrschers, polit. Macht zu erwerben und zu erhalten und – unter dem Aspekt des fremdbeherrschten Italien – die nat. Einheit herzustellen. Die Frage nach der Erhaltung des Staates ist für M. so zentral, daß er den Herrscher unter der Voraussetzung des Staatsnotstandes (»necessità«) vom Zwang ent. Normen befreit sieht. Damit begründete M. die Lehre von der Staatsräson. Dem als »Handbuch für Tyrannen« mißverstandenen »Il principe« stehen die am republikan. Prinzip ausgerichteten »Discorsi« (1513–21; dt. 1776 [»Vom Staate«]) gegenüber. M., dessen polit. Schriften die erklärende Geschichtswiss. einleiteten, schrieb u. a. auch (das heute noch gespielte) Lustspiel »Mandragola« (um 1520).
Machiavellismus [makia...], **1)** die polit. Theorien N. Machiavellis. **2)** allg. Bez. für eine skrupellose Machtpolitik.

Machismo [ma'tʃısmo; span.], Bewußtsein bzw. Verhalten, das männl. Überlegenheit gegenüber Frauen demonstrieren soll.
Machorka [russ.], stark nikotinhaltiger Pfeifen-, auch Zigarettentabak.
Machpelahöhle ↑Hebron.
Machsche Wellen [nach E. Mach], Druckwellen, ausgehend von einem in Luft, allg. in einem Gas bewegten (z. B. Geschoß, Flugzeug) oder angeströmten Körper (z. B. im Windkanal). Erfolgt die relative Bewegung mit Überschallgeschwindigkeit, dann entsteht ein als Überschallknall wahrnehmbarer Verdichtungsstoß *(Kopfwelle),* der in größerer Entfernung in die M. W. übergeht. Die Wellenfront der M. W. wird als *Mach̆scher Kegel* bezeichnet.
Machsor [hebr. »Zyklus«], jüd. Gebetbuch.
Macht, die Summe von Einflußmöglichkeiten in polit., wirtschaftl. und sozialer Hinsicht. In der *Soziologie* meint M. die Chance, in einer sozialen Beziehung den eigenen Willen auch gegen Widerstreben durchzusetzen. In allen auf Demokratie und bestimmte Grundrechte der Menschen ausgerichteten Gesellschaften wird die M.-Ausübung durch Recht, Gesetz, Verfassung und öffentl. Kontrolle zu institutioneller und damit anerkannter und kalkulierbarer ↑Herrschaft. – In der *Ethik* gilt M. meist nur durch ihre Bindung an die Tugenden der Gerechtigkeit und Klugheit als sittlich gerechtfertigt. F. W. Nietzsche hingegen erhebt den »Willen zur M.« zum höchsten Wert des Lebens. – In der *Religionsgeschichte* begegnet M. meist als stoffl., an Dingen und Personen haftende Qualität (übernatürl. Kraft), durch die bei Naturvölkern jene machthaltigen Dinge oder Personen »tabu« werden (↑Mana). – Im *AT* ist M. eine Eigenschaft, die nur Gott zukommt. – Die M. im polit. und sozialen Sinn ist in *christlich-theol. Wertung* nie autonome M., sondern immer von Gott als »Amt« (Luther: »Stand«) verliehen und deshalb ihm verantwortlich.
Mächtigkeit, 1) *Bergbau:* Dicke einer Gesteinsschicht, eines Flözes oder Ganges.
2) *Mathematik:* (Äquivalenz) Verallgemeinerung des Anzahlbegriffs auf Mengen mit unendl. vielen Elementen (un-

endl. Mengen). Zwei Mengen *A* und *B* werden als *gleichmächtig* (äquivalent) oder *von gleicher M. (A ~ B)* bezeichnet, wenn es eine umkehrbar eindeutige Zuordnung zw. den Elementen von *A* und *B* gibt.

Machu Picchu [span. 'matʃu 'piktʃu], Ruinenstadt der Inka im südl. Z-Peru, nw. von Cuzco, auf einem Bergsporn über dem linken Ufer des Río Urubamba, 1911 entdeckt. Tempelbauten auf terrassiertem Gelände, u. a. sog. Torreón, ein halbkreisförmiger Turm aus regelmäßigem Quadermauerwerk, der einen heiligen Felsen mit Opfertischen umschließt. M. P. wurde um 1450 errichtet.

Machzahl [nach E. Mach], Formelzeichen **Ma** (oder **M**), der Quotient aus der Geschwindigkeit eines sich in einem (kompressiblen) Medium bewegenden Körpers und der Schallgeschwindigkeit in diesem Medium. Da die Schallgeschwindigkeit von den meteorolog. Verhältnissen, von Flughöhe bzw. Luftdichte u. a. abhängt, ist die Geschwindigkeit eines z. B. mit Ma = 1 fliegenden Flugzeugs nicht immer und überall gleich groß.

Macke, August, *Meschede 3. 1. 1887, ✕ Perthes-les-Hurlus (Dép. Marne) 26. 9. 1914, dt. Maler. Zw. 1907 und 1912 mehrmals in Paris; stellte 1911 als Mgl. des †Blauen Reiter aus; 1914 mit P. Klee Reise nach Tunis. In den in Afrika entstandenen Aquarellen wird das Licht zum eigenwertigen Medium seiner Kunst.

Mackeben, Theo, *Preußisch Stargard 5. 1. 1897, † Berlin 10. 1. 1953, dt. Komponist. Wurde v. a. bekannt mit seinen Filmmusiken (etwa 60), u. a. »Tanz auf dem Vulkan« (1938), »Bel ami« (1939), »Der große Zapfenstreich« (1952).

Mackensen, Fritz, *Greene bei Kreiensen 8. 4. 1866, † Bremen 12. 5. 1953, dt. Maler, Bildhauer und Graphiker. Mitbegründer der Künstlerkolonie Worpswede.

Mackenzie Mountains [mə'kenzɪ 'maʊntɪnz], nördl. Teil der Kordilleren in NW-Kanada, bis 2 762 m hoch.

August Macke. Tunesische Landschaft (1914; Mannheim, Kunsthalle)

August Macke. Mit gelber Jacke (1913; Ulm, Ulmer Museum)

Mackenzie River

Salvador de Madariaga y Rojo

John Macleod

Harold Macmillan

Mackenzie River [engl. mə'kɛnzı 'rıvə], Strom in NW-Kanada, entfließt dem Großen Sklavensee, mündet mit großem Delta in das Nordpolarmeer, 1 903 km lang. 1789 von dem Schotten Alexander Mackenzie (*1764, †1820) entdeckt.

MacLaine, Shirley [engl. mə'kleın], eigtl. S. MacLean Beatty, *Richmond (Va.) 24. 4. 1934, amerikan. Schauspielerin. Schwester von Warren Beatty; im Film bes. Erfolg in kom. Charakterrollen, u. a. »Das Appartement« (1959), »Das Mädchen Irma La Douce« (1962), »Zeit der Zärtlichkeit« (1984).

MacLean, Alistair [engl. mə'kleın], eigtl. Ian Stuart, *Glasgow 21. 4. 1922, †München 2. 2. 1987, schott. Schriftsteller. Beliebte Abenteuer- und Agentenromane, u. a. »Die Männer der Ulysses« (1955), »Der Santorin-Schock« (1986).

MacLeish, Archibald [engl. mə'kli:ʃ], *Glencoe (Ill.) 7. 5. 1892, †Boston 20. 4. 1982, amerikan. Schriftsteller. Schrieb u. a. das geschichtsphilosoph. Epos »Conquistador« (1932), auch Dramen, Hörspiele, Lyrik und Essays.

Macleod, John [engl. mə'klaʊd], *Cluny bei Pitlochry (Schottland) 6. 9. 1876, †Aberdeen 16. 3. 1935, kanad. Physiologe brit. Herkunft. Für seine Beteiligung an dem 1921 von F. G. Banting und C. H. Best geführten Nachweis, daß Insulin den Blutzuckerspiegel senkt, erhielt er 1923 (zus. mit Banting) den Nobelpreis für Physiologie oder Medizin.

Mac-Mahon, Edme Patrice Maurice Comte de [frz. makma'õ], Hzg. von Magenta (seit 1859), *Schloß Sully bei Autun 13. 6. 1808, †Schloß La Forêt bei Orléans 17. 10. 1893, frz. Marschall (seit 1859) und Politiker. Kämpfte 1857 erfolgreich gegen die Kabylen und 1859 gegen Österreich bei Magenta; geriet im Dt.-Frz. Krieg bei Sedan 1870 in Gefangenschaft. 1871 schlug er den Aufstand der Pariser Kommune nieder; 1873–79 frz. Staatspräsident.

Macmillan, Harold [engl. mək'mılən], Earl of Stockton (seit 1984), *London 10. 2. 1894, †Haywards Heath (West Sussex) 29. 12. 1986, brit. konservativer Politiker. 1954/55 Verteidigungs-Min., 1955 Außen-Min., 1955–57 Schatzkanzler; 1957–63 Premier-Min.; bemühte sich erfolgreich um eine Verbesserung der durch die Suezkrise angespannten Beziehungen zu den USA; seine Bemühungen um den brit. Beitritt zur EWG scheiterten 1963 am Veto Frankreichs; förderte maßgeblich das Atomteststoppabkommen (1963).

Mâcon [frz. ma'kõ], frz. Stadt in Burgund, 38 400 E. Verwaltungssitz des Dép. Saône-et-Loire. Handelszentrum für die westl. Bresse und das Weinbaugebiet des Mâconnais. Reste der roman.-got. ehem. Kathedrale (jetzt Museum); Rathaus (18. Jh.).

Macpherson, James [engl. mək'fə:sn], *Ruthven (Inverness) 27. 10. 1736, †Besitztum Belville (Inverness) 17. 2. 1796, schott. Dichter. Veröffentlichte »Fragments of ancient poetry« (1760), die er als Übersetzungen alter gäl. Lieder des blinden Helden und Sängers Ossian ausgab und deren Text er später ins Schott.-Gälische übersetzte, um ein Original vorzutäuschen; von J. G. Herder sowie den Dichtern des Göttinger Hains und des Sturm und Drang begeistert aufgenommen.

MAC-System ↑Fernsehen.

MAD, Abk. für ↑Militärischer Abschirmdienst.

Madagaskar, Inselstaat vor der SO-Küste Afrikas.

Staat und Recht: Republik; *Verfassung* von 1992. *Staatsoberhaupt* und oberster Inhaber der *Exekutivgewalt* ist der für 5 Jahre direkt gewählte Staatspräsident. Der Regierungschef wird vom Parlament gewählt. *Legislativorgan* ist die Nationalversammlung (138 für 4 Jahre gewählte Abg.), begleitet von einem Senat. Die bis 1992 dominierende *Partei,* die Avantgarde de la Révolution Malgache (AREMA), wurde 1993 durch das bis dahin oppositionelle Wahlbündnis Forces Vives Rasalama abgelöst.

Landesnatur: Die 1 580 km lange, bis 580 km breite Insel M. ist überwiegend ein gebirgiges Hochland, das nach O steil abfällt. Das Hochland, von tiefen Tälern durchzogen, ist durchschnittlich 800–1 600 m hoch. Höchste Erhebung ist der Maromokotro mit 2 876 m. Alle Küsten werden auf weite Strecken von Korallenriffen begleitet. M. hat trop. Klima. Der urspr. trop. Regenwald ist weitgehend vernichtet. Im Hochland finden sich Savannen.

made in ...

Bevölkerung: Die E (Madegassen, Eigenbez. Malagasy) sind überwiegend malaiisch-indones. Herkunft. Unter den 20 Stammesgruppen sind die Merina führend.

Wirtschaft, Verkehr: Zur Selbstversorgung werden Reis, Maniok, Mais, Süßkartoffeln, Erdnüsse, Hülsenfrüchte und Gemüse kultiviert. Exportorientiert werden Kaffee, Tabak, Vanille, Gewürznelken, Pfeffer und Zuckerrohr angebaut. Daneben spielt Raphiabast eine Rolle. M. verfügt über reiche Bodenschätze (Chromerz, Graphit, Uran, Phosphat, Bauxit, Edelsteine, Glimmer und Steinkohle), die jedoch nur zum Teil ausgebeutet werden. Nahrungs- und Genußmittel-Ind., Papier-, Textil-Ind., Metallverarbeitung. Das Eisenbahnnetz hat eine Länge von 883 km. Von 49 637 km Straßen sind rd. 4800 km asphaltiert. Wichtigste Häfen sind Toamasina und Mahajanga. Internat. ⚓ ist Antananarivo.

Geschichte: Im 16. Jh. errichteten Portugiesen und Franzosen Stützpunkte an der Küste von M. Um diese Zeit bestanden mehrere einheim. Staaten, u. a. das Königreich Merina, das Anfang des 19. Jh. die gesamte Insel unterwarf. 1885 wurde M. frz. Protektorat, 1896 Kolonie. 1940 schloß sich die Verwaltung in M. der Vichy-Regierung an; 1942 eroberten brit. und südafrikan. Truppen M. und übergaben es 1943 dem Freien Frankreich. Die im Rahmen der Frz. Union 1946 gewährte Autonomie enttäuschte die Madegassen; 1947 kam es zu einem gewaltsam unterdrückten Aufstand. 1957 beschränkte innere Autonomie, 1958 selbständige Republik innerhalb der Frz. Gemeinschaft, 1960 unabhängig. Bis 1972 beherrschte die Parti Social Démocrate unter P. Tsiranana das polit. Leben von M.; nach schweren Unruhen verhängte General G. Ramanantsoa das Kriegsrecht und hob die Verfassung auf. Nach dessen Ermordung übernahm 1975 ein Militärrat die Regierung; unter Staats-Präs. D. Ratsiraka (ab 1976) steuerte M. einen der neuen, am marxist. Vorbild orientierten Verfassung gemäß Kurs. Obwohl Ratsiraka seit Ende der 1980er Jahre eine außen- und wirtschaftspolit. Öffnung einleitete, kam es wiederholt zu Putschversuchen und Unruhen.

Madagaskar

Staatsflagge

Madagaskar

Fläche:	587 041 km²
Einwohner:	12,827 Mio.
Hauptstadt:	Antananarivo
Amtssprache:	Malagasy
Nationalfeiertag:	26.6.
Währung:	1 Madagaskar Franc (FMG) = 100 Centimes (c)
Zeitzone:	MEZ + 2 Std.

Staatswappen

Ende 1991 wurde eine Nationalkonferenz eingesetzt, die eine im Aug. 1992 durch Volksabstimmung gebilligte demokrat. Verfassung erarbeitete. Bei Präsidentschaftswahlen im Febr. 1993 siegte der Oppositionskandidat A. Zafy, dessen Wahlbündnis auch die Parlamentswahlen im Juni 1993 gewann.

Madagaskarpalmen, einige säulenförmige Hundsgiftgewächse; als Freiland- und Topfpflanzen kultiviert.

Madam [engl. 'mædəm], Abk. **Mdm.**, engl. Anrede für eine Frau (im Gespräch).

Madame [frz. ma'dam »meine Dame«], Abk. **Mme.**, frz. Anrede für eine Frau.

Madariaga y Rojo, Salvador de [span. maða'rjaɣa i 'rroxo], * La Coruña 23.7. 1886, † Muralto bei Locarno 14. 12. 1978, span. Schriftsteller. Ab 1936 im Exil in England, lebte ab 1972 in der Schweiz; schrieb Essays über westeurop. Kultur und Liberalität, u. a. »Porträt Europas« (1951), verfaßte auch Lyrik, Dramen, Romane und histor. Werke.

Made, die fußlosen Larven der Bienen, Fliegen und anderer Insekten.

made in ... [engl. 'meɪd ɪn »hergestellt in«], von Großbrit. 1887 eingeführte Herkunfts-Bez. für Waren zum Schutz der heim. Ind.; später auch von anderen Staaten angewendet.

2095

Bruno Maderna

Mädesüß. Echtes Mädesüß

Madonna

Madeira

Madeira [ma'de:ra, portugies. mɐ'ðɐirɐ], vulkan. Hauptinsel der autonomen portugies. *M.gruppe* (M., Porto Santo, Ilhas Selvages, Ilhas Desertas) im Atlant. Ozean, 740 km², bis 1862 m hoch, Hauptstadt Funchal.

Mademoiselle [frz. madmwa'zɛl »mein Fräulein«], Abk. **Mlle.**, frz. Anrede für Fräulein.

Madenhacker, 1) Unter-Fam. schwarzer, insektenfressender Kuckucke in offenen Landschaften Amerikas (u. a. der *Madenfresser* [Ani]).
2) Unter-Fam. kurzschnäbeliger Stare in den Steppengebieten südl. der Sahara; befreien Großwild und -vieh u. a. von Zecken und Bremsenmaden.

Madenwurm (Springwurm, Pfriemenschwanz, Afterwurm), weltweit verbreiteter, bis 12 mm langer, weißer Fadenwurm; harmloser Parasit im menschl. Dick- und Blinddarm.

Maderna, Bruno, *Venedig 21. 4. 1920, † Darmstadt 13. 11. 1973, italien. Komponist und Dirigent. Bed. Vertreter der zeitgenöss. Musik; u. a. Leiter des Internat. Kammerensemble Darmstadt (1958–67), Gastdirigent bed. europ. und amerikan. Orchester. Schrieb Orchester- und Kammermusik in Zwölftontechnik und elektron. Musik, u. a. »Syntaxis« (1958, elektron.), Oper »yperion II« (1964), Oper »Satiricon« (1973).

Maderno, Carlo (C. Maderna), *Capolago bei Lugano 1556, † Rom 30. 1. 1629, italien. Baumeister schweizer. Herkunft. Schüler D. Fontanas; ab 1603 Bauleiter der Peterskirche; an Michelangelos Zentralbau fügte er Langhaus mit Vorhalle und Fassade.

Mädesüß [niederdt.], Gatt. der Rosengewächse mit 10 Arten in der nördl. gemäßigten Zone; einheim. das 1–2 m hohe, weißblühende *Echte Mädesüß*.

Madhya Pradesh ['madja pra'deʃ], Gliedstaat in Z-Indien, v. a. im nördl. Dekhan, 443 446 km², 66,181 Mio. E, Hauptstadt Bhopal.

Madison, James [engl. 'mædɪsn], *Port Conway (Va.) 16. 3. 1751, † auf dem Landsitz Montpelier bei Orange (Va.) 28. 6. 1836, 4. Präs. der USA (1809 bis 1817). Einer der Führer der Unabhängigkeitsbewegung; entwarf die Grundlage der Verfassung der USA. Als Mgl. des Repräsentantenhauses (1789–97) betrieb er die Erweiterung der Verfassung um die Bill of Rights. M. wurde als Kopf der oppositionellen Republikan. (der späteren Demokrat.) Partei 1801–09 Außen-Min. und 1809 Präs. (Wiederwahl 1812).

Madison [engl. 'mædɪsn], Hauptstadt des Staates Wisconsin, USA, 170 600 E. Univ., histor. Museum.

Madjaren [...'dʒa:...] ↑Magyaren.

Madonna, eigtl. M. Louise Veronica Ciccone, *Bay City (Mich.) 16. 8. 1958, amerikan. Popsängerin. Internat. Durchbruch seit 1983, u. a. mit den Alben »Like a virgin« (1984) und »Like a prayer« (1989); auch Filmschauspielerin (»Truth or dare: In bed with Madonna«, 1991); erotisch laszive Auftritte, Videoclips und Bildbände.

Madonna [italien. »meine Herrin«], Bez. für Maria, die Mutter Jesu.

Madras, Hauptstadt des ind. Gliedstaats Tamil Nadu, an der Koromandelküste, 3,79 Mio. E. Univ., TH, Reaktorforschungszentrum, bed. Museen. Neben traditioneller Teppichknüpferei, Textil- und Leder-Ind. elektrotechn., chem. Ind., Filmstudios; Hafen; internat. ✈. Shiva- und Vishnutempel (beide 16. Jh.), Fort Saint George mit Marienkirche (1680); Strandpromenade Marina mit zahlr. Denkmälern.

Madrid [ma'drɪt, span. ma'ðrið], **1)** Hauptstadt von Spanien, auf der Südmeseta, 3,1 Mio. E. Zwei Univ. (gegr. 1508 und 1968), Päpstl. Univ., TH; Nat. Histor. Archiv, Nationalbibliothek, Museen (u. a. Prado und Centro de Arte Reina Sofia); Observatorium; botan. Garten, Zoo. Wirtschaftl. und kulturelles Zentrum des Landes. Verkehrsknotenpunkt, U-Bahn, internat. ✈.
Stadtbild: Barockkirche San Isidro el Real (17. Jh.) mit den Gebeinen des Heiligen, klassizist. Kirche San Francisco el Grande (18. Jh.); Königspalast (1738 bis 64) an der Plaza de Oriente, über die Calle del Arenal verbunden mit dem Plaza Puerta del Sol. Zahlr. weitere Plätze prägen das Stadtbild, u. a. die Plaza Mayor (17. Jh.) mit Reiterdenkmal Philipps III., die Plaza de la Cibeles mit Denkmal der Kybele (18. Jh.) und Hauptpostamt (Anfang des 20. Jh.), Plaza de España mit Denkmal Cervantes Saavedras (1927) und Hochhäusern (u. a.

Torre de Madrid, 124 m hoch; 1954 bis 1959). Am O-Rand die Prachtallee Paseo del Prado, Museo del Prado, Parque del Retiro und Triumphbogen Puerta de Alcalá (18.Jh.). In einem Park der ägypt. Tempel von Debaud (3. Jh. v. Chr.; 1970/71 hier originalgetreu aufgebaut). **Geschichte:** Gegr. im 9. Jh. als befestigte maur. Stadt *(Madjrit)* mit Alcázar und einer auf dem Kanatsystem (↑Kanat) basierenden Wasserversorgung; 1083 von Alfons VI. von León und Kastilien endgültig erobert; Philipp II. von Spanien verlegte 1561 seine Residenz von Toledo nach M.; 1606 wurde M. unter Philipp III. offizielle Hauptstadt Spaniens. – Im *Frieden von M.* (1526) zw. Karl V. und Franz I. von Frankreich verzichtete der frz. König auf das Hzgt. Burgund und alle Ansprüche auf Mailand, Genua und Neapel.
2) Region in Zentralspanien, erstreckt sich von den Kämmen der Sierra de Guadarrama nach S über die Hochebene Neukastiliens.
Madrigal [italien.], seit Anfang des 14. Jh. in Italien bezeugte, meist satir. Gattung gesungener *Lyrik,* die unter dem Einfluß F. Petrarcas v. a. zur Darstellungsform bukol. Liebesdichtung wurde; in der dt. Literatur seit dem 16. Jh. bes. in der ↑Schäferdichtung produktiv; bevorzugt auch in den Rezitativen der Oper, des Oratoriums und des Singspiels. Die Grundform des M. bildet eine Strophe, die aus zwei bis drei Dreizeilern *(Terzette)* und ein bis zwei Reimpaaren besteht, wobei seit dem 17. Jh. drei Terzette mit zwei Reimpaaren üblich sind.
In der *Musik* eine mehrstimmige, solist. Vokalkomposition. Das ältere M. (seit dem 14. Jh.) zeichnet sich durch eine textadäquate musikal. Form (zwei bis drei Terzette mit gleicher Musik und ein Schlußritornell) und reiche Melismatik aus (Hauptvertreter Iacopo da Bologna und Francesco Landini [*1335(?), †1397]). Das M. des 16. und 17. Jh. wurde bes. von fläm. Komponisten (v. a. A. Willaert) zur wichtigsten Gattung der weltl. Vokalpolyphonie entwickelt. Bed. Komponisten waren der Niederländer O. di Lasso; in Italien A. Gabrieli, C. Monteverdi, Palestrina; in Deutschland L. Lechner, H. L. Haßler, H. Schütz.

Madura, indones. Insel in der Javasee, vor der NO-Küste Javas, 4563 km² (mit vorgelagerten Inseln), bis 471 m hoch, Hauptort Pamekasan.
Madurai, ind. Stadt am Fuß der Ostghats, 952000 E. Univ.; neben Coimbatore führender Ind.-Standort von Tamil Nadu. Von vier Tortürmen überragte, 260 × 220 m große Tempelstadt (1623–60) mit den Haupttempeln Sundareshvara (Shiva geweiht) und Minakshi (für dessen Gattin erbaut; beide im wesentlichen 17. Jh.); in der NO-Ecke die 1000-Säulen-Halle (um 1560).
Maecenas, Gaius (Gajus Mäcenas), *um 70 v. Chr., † Rom 8 v. Chr., röm. Ritter aus etrusk. Geschlecht. Freund des Kaisers Augustus. Sein Vermögen verwendete er zur Förderung röm. Dichtertalente (Horaz, Vergil, Properz). ↑Mäzen.
Maekawa Kunio (Mayakawa Kunio), *Niigata 14. 5. 1905, † Tokio 26. 6. 1986, jap. Architekt. 1928–30 bei Le Corbusier; Vertreter der modernen Architektur in Japan, v. a. Festhallen, z. B. in Kyōto (1960) und Tokio (1961), und Museumsbauten (Museum für Ostasiat. Kunst in Köln, 1977).
Maestra, Sierra [span. 'sjerra ma'estra], Gebirge im SO von Kuba, bis 1972 m hoch.
Maestro [italien.], svw. Meister, Künstler.
Maeterlinck, Maurice [frz. metɛr'lɛ̃ːk, niederl. 'maːterlɪŋk], *Gent 29. 8. 1862, † Orlamonde bei Nizza 6. 5. 1949, belg. Schriftsteller. Ging 1886 nach Paris; als Lyriker und Dramatiker einer der bedeutendsten Vertreter des Symbolismus, u. a. »Prinzessin Maleine« (Dr., 1889), »Der Eindringling« (Dr., 1890), »Die Blinden« (Dr., 1891); auch naturphilos. Schriften (»Das Leben der Bienen«, 1901); 1911 Nobelpreis für Literatur.
Maetzig, Kurt, *Berlin 25. 1. 1911, dt. Filmregisseur. Mitbegründer der ↑DEFA und der Dt. Hochschule für Filmkunst in Potsdam-Babelsberg (1954 bis 1964 deren Leiter). – *Werke:* Ehe im Schatten (1947), Der Rat der Götter (1950), Ernst Thälmann (2 Teile, 1954–55), Das Kaninchen bin ich (1965), Die Fahne von Kriwoj Rog (1967), Mann gegen Mann (1975).
Maffay, Peter, eigtl. P. Alexander Makkay, *Kronstadt (Rumänien) 30. 8.

Maffey

Madrid
Stadtwappen

Maurice Maeterlinck

Fernão de Magalhães

Magdeburg 1)
Stadtwappen

Maffei

1949, dt. Schlager- und Popsänger. Lebt seit 1963 in der BR Deutschland; komponiert die einprägsamen Melodien seiner Songs meist selbst.

Maffei, Francesco Scipione, *Verona 1. 6. 1675, † ebd. 11. 2. 1755, italien. Dramatiker und Gelehrter. Kulturhistor. und archäolog. Arbeiten; leitete mit der Tragödie »Merope« (1713) die Entwicklung des eigenständigen italien. Dramas ein.

Mafia [italien., eigtl. »Überheblichkeit«, »Anmaßung«], kriminelle Vereinigung, entstanden Anfang des 19. Jh. auf Sizilien als Gegengewalt zur Staatsmacht, hat ihren Ursprung in bewaffneten Gefolgschaften der Grundbesitzer (in Neapel ↑Camorra, in Kalabrien 'Ndrangheta). Die Mgl. der M. *(Mafiosi)* bilden eine kriminell bestimmte Subkultur und zeichnen sich durch ein bestimmtes Sozialverhalten (omertà, »Schweigen«) aus, weniger durch straffe Organisation. Sie üben durch erpresser. Druck auf Verwaltung, Polizei und Justiz eine parastaatl. Gewalt aus. Vom Faschismus zeitweilig unterdrückt, hat sich die M. heute als kriminelles Bindeglied zw. Bürger und Staat gedrängt und stützt sich u. a. auf internat. Drogen- und Waffenschmuggel und die Vernetzung mit Politik und Wirtschaft. Anfänglich nur in S-Italien verbreitet, findet sich die M. heute in allen Industrienationen (für die USA ↑Cosa Nostra).

Mafra, portugies. Stadt 30 km nw. von Lissabon, 7 100 E. Über der Stadt die größte portugies. Klosteranlage (1717 bis 1735).

Magadan, Gebietshauptstadt in NO-Sibirien, am Ochotsk. Meer, 152 000 E. Polytechn. Hochschule, PH, Theater; Herstellung von Bergbauausrüstungen, Werft; Hafen.

Magalhães, Fernão de [portugies. mɐɣɐˈʎɐ̃jʃ] (Magellan; span. Fernando de Magallanes), *Sabrosa (bei Vila Real) um 1480, ✕ auf der Philippineninsel Mactan (bei Cebu) 27. 4. 1521, portugies. Seefahrer. M. begann am 20. 9. 1519 in Sanlúcar de Barrameda mit fünf Schiffen eine Westfahrt zu den Gewürzinseln, erreichte am 13. 12. die Bucht von Rio de Janeiro, am 21. 10. 1520 die nach ihm ben. *M.straße,* am 16. 3. 1521 die Lazarusinseln (Philippinen). Seinem Nachfolger Juan Sebastián Elcano gelang die Rückkreise nach Spanien.

Magalhãesstraße [portugies. mɐɣɐˈʎɐ̃jʃ] (Magellanstraße), sturm- und nebelreiche Meeresstraße zw. Atlantik und Pazifik, zw. dem südamerikan. Festland und Feuerland, 600 km lang, 3–30 km breit; chilen. Hoheitsgebiet mit freier internat. Schiffahrt.

Magazin [arab.-italien.], 1) Lagerhaus, Vorratsraum.
2) *Publizistik:* periodisch erscheinende unterhaltende oder polit. Zeitschrift, Fernseh- oder Hörfunksendung.
3) *Waffenkunde:* Patronenkammer in Mehrladegewehren, Maschinenwaffen und Pistolen.

Magdalenenberg ↑Villingen-Schwenningen.

Magdalénien [magdaleˈnjɛ̃ː; frz.], nach dem Fundort La Madeleine (Gem. Tursac, Dép. Dordogne) ben. jungpaläolith. Kulturstufe W- und M-Europas (etwa 15 000–10 000 v. Chr.), die auf das Solutréen folgte; Geräte u. a. aus Knochen, Elfenbein und Rengeweih; Höhepunkt und Abschluß der paläolith. Kunstentwicklung (bes. typ. feine Gravierungen von Mensch und Tier auf Felswänden und Knochengeräten sowie Malereien und Kleinplastiken); wichtige weitere Fundorte u. a. Les Combarelles, Font-de-Gaume, Niaux, Trois-Frères, Altamira.

Magdeburg, 1) Hauptstadt von Sa.-Anh., an der mittleren Elbe, 277 200 E. Univ., Staatsarchiv; u. a. Schwermaschinen- und Meßgerätebau, chem. Industrie. Zoo; Elbhafen. Nach 1945 wiederhergestellt u. a. der Magdeburger Dom (1209 ff. unter Einfluß der frz. Gotik; bed. Bauplastik), die roman. Klosterkirche Unser Lieben Frauen (11. bis 13. Jh.), die Nikolaikirche (1821 bis 24). Vor dem barocken Rathaus (1651 bis 1698) Kopie des Magdeburger Reiters (um 1240). – Erstmals 805 als bed. Handelsplatz gen.; nach 937 stiftete Otto d. Gr. das Moritzkloster und errichtete 968 das Erzbistum M.; Verleihung des Marktrechts 965. Das 1188 erstmals kodifizierte *Magdeburger Recht* gewann v. a. im 13. Jh. weiteste Verbreitung. Bei der Eroberung durch Tilly 1631 brannte die Stadt nieder. 1680 fiel M. an Brandenburg; 1815 Hauptstadt der Prov. Sachsen; 1952–90 Hauptstadt

Magen

des gleichnamigen Bezirks in der ehemaligen DDR.
2) 968 als kirchl. Zentrum für die Gebiete östl. der Elbe gegr. ehem. Erzbistum, zu dessen Kirchen-Prov. die Bistümer Brandenburg, Havelberg, Meißen (bis 1399), Merseburg, Posen (bis um 1000), Zeitz und ab 1420 Lebus gehörten. Das weltl. Territorium fiel 1680 als Hzgt. an Brandenburg. 1821 wurde das Gebiet dem Bistum Paderborn zugewiesen, 1973 in eine Apostol. Administratur und 1994 wieder in ein eigenständiges Bistum umgewandelt.
Magdeburger Börde, etwa 930 km² große, fruchtbare Landschaft zw. Harzvorland und Elbe.
Magdeburger Halbkugeln ↑Guericke, Otto von.
Magellan ↑Magalhães, Fernão de.
Magellan, im Mai 1989 gestartete amerikan. Raumsonde zur Erforschung des Planeten Venus.
Magellansche Wolken [nach F. de Magalhães], zwei zu den sog. irregulären Galaxien zählende ↑Sternsysteme am Südhimmel; Begleiter des Milchstraßensystems; Entfernung etwa 180 000 Lichtjahre.
Magellanstraße ↑Magalhäesstraße.
Magen (Ventriculus, Stomachus, Gaster), erweiterter, meist muskulöser Abschnitt des Verdauungskanals, der auf die Speiseröhre folgt. In ihm wird die aufgenommene Nahrung gespeichert und durch den M.saft so weit aufbereitet, daß sie als Speisebrei in den Dünndarm weitergeleitet werden kann. – *Wiederkäuermagen:* Einen bes. kompliziert gebauten M. haben die Wiederkäuer. Die Nahrung gelangt zunächst wenig zerkaut in den *Pansen,* wird dort durchgeknetet und durch Bakterien teilweise abgebaut. Anschließend wird sie zur Zerkleinerung und Durchmischung zw. Pansen und *Netz-M.* (hat netzartige Falten) hin- und hergeschleudert. Der Netz-M. befördert die Nahrung portionsweise durch rückläufige peristalt. Bewegungen der Speiseröhre wieder in die Mundhöhle. Hier wird sie mehrfach gekaut *(Wiederkäuen),* reichl. mit Speichel versetzt und erneut geschluckt. Der Nahrungsbrei gelangt nun in den *Blätter-M.* (mit blattartig nebeneinanderliegenden Schleimhautlängsfalten), wo er zerrieben wird, wobei der größte Teil seiner Flüssigkeit ausgepreßt wird, und wird von dort in den *Lab-M.* befördert, in dem die eigentl. Verdauung erfolgt.
Der *Magen des Menschen* ist C-förmig, etwa 20 cm lang und hat ein Fassungsvermögen von rd. 1,5 Liter. Man unterscheidet den *M.mund,* den *M.grund,* den *M.körper* und den *M.pförtner.* Die *M.wand* ist 2–3 mm stark und besteht aus vier Schichten. Die innerste *(M.schleimhaut)* hat drei Drüsenarten, die Schleim, das hormonartige Gastrin und Enzyme bilden. Der von der M.schleimhaut produzierte *M.saft* ist eine wasserklare, saure, verdauungsför-

Magellansche Wolken.
Oben: Große Magellansche Wolke ◆
Unten: Kleine Magellansche Wolke

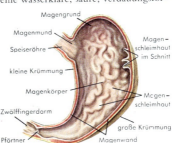

Magen. Längsschnitt durch einen menschlichen Magen

2099

Magenbitter

Magendasseln.
Pferdemagenbremse;
a Seitenansicht einer weiblichen Bremse;
b Pferdehaar mit angeklebten Eiern;
c Larven in der Magenwand des Pferdes

dernde und keimtötende Flüssigkeit mit von den Schleimdrüsen abgesondertem, alkal., in Salzsäure unlösl. Schleim, Salzsäure und den Verdauungsenzymen Kathepsin und Pepsin. Dieser M.schleim kann die Salzsäure binden, so daß ihm eine wichtige Schutzfunktion gegen die Selbstverdauung der M.schleimhaut zukommt. – Bereits in Ruhe sondert der M. geringe Mengen von Verdauungssäften ab. Diese Ruhesekretion von rd. 10 cm^3 pro Stunde kann nach Nahrungsaufnahme bis auf 1 000 cm^3 ansteigen.

Magenbitter, Trinkbranntweine, die bittere und aromat. pflanzl. Extraktstoffe enthalten.

Magendasseln (Magenfliegen, Magenbremsen, Gasterophilidae), Fliegen-Fam. mit rd. 30 (in M-Europa etwa 10) rd. 10–15 mm großen, meist pelzig behaarten Arten; Larven entwickeln sich als Blutsauger im Magen und Darm von Warmblütern.

Magenerkrankungen, meist von der Magenschleimhaut ausgehende Erkrankungen des Magens. Das *Magengeschwür* (Ulcus ventriculi) ist eine akute oder chron. Geschwürbildung im Bereich des Magens; wesentl. Ursachen sind wahrscheinlich chron. Magenschleimhautentzündungen und das Vorkommen eines Bakteriums (Heliobacter pylori) in der Magenschleimhaut. Die Entstehung wird durch Disposition, Nikotin, Alkohol, best. Medikamente und psych. Einflüsse begünstigt. Die *Magenschleimhautentzündung* (Gastritis) geht mit einer Rötung und Schwellung der Magenschleimhaut einher; akute Formen entstehen z. B. durch direkte bakterielle und chem. Wirkungen oder Alkoholmißbrauch. Kennzeichen sind Magenschmerzen, Übelkeit, Völlegefühl, Erbrechen. Die Schleimhautentzündung von Magen und Dünndarm (Enteritis) heißt Gastroenteritis. *Magenblutung,* durch Schädigung der Magenwand oder -schleimhaut ausgelöste Blutung ins Magenlumen; mit Bluterbrechen, Blutstühlen; evtl. Kreislaufschock. *Magendurchbruch* (Magenperforation), Durchbruch eines tiefen Magengeschwürs durch die Magenwand, meist in die freie Bauchhöhle. *Magenkrebs* (Magenkarzinom, Carcinoma ventriculi), bösartige, von der Schleimhaut des Magens ausgehende Geschwulst; die Ursachen sind weitgehend unbekannt; u. a. spielen wahrscheinl. Umweltfaktoren und Eßgewohnheiten eine Rolle. Die ersten Anzeichen eines Magenkrebses sind derart unauffällig, daß die Erkrankung gewöhnlich erst im fortgeschrittenen Stadium erkannt wird. Nach leichtem Druck- und Völlegefühl kommt es zu Müdigkeit, Appetitlosigkeit, Gewichtsverlust, brennenden oder ziehenden Schmerzen, Widerwillen gegen bestimmte Speisen (bes. Brot und Fleisch), Übelkeit und zu wiederholtem Erbrechen.

Magenfistel, operativ angelegte röhrenförmige Verbindung zw. der Magen und einem Darmteil oder der Bauchdeckenoberfläche (äußere M.; v. a. zur künstl. Ernährung).

Magenkrampf (Gastralgie, Gastrodynie), heftiger, krampfartiger Magenschmerz, meist mit Erbrechen verbunden; bei Magengeschwüren.

Magenta [italien. ma'dʒenta], italien. Stadt in der Lombardei, 23 700 E. – Am 4. 6. 1859 unterlagen hier die Österreicher den Franzosen und Piemontesen.

Magenta [italien., nach der gleichnamigen italien. Stadt], bes. in der *Drucktechnik* Bez. für den Grundfarbton *Purpur.*

Magerøy [norweg. ˌmaːɡərœi], Insel in Nordnorwegen, 288 km^2; mit dem Nordkap und Knivskjelodden, dem nördlichsten Punkt Europas.

Magersucht, allg. jeder extreme, stark die Lebenskraft einschränkende Gewichtsverlust, u. a. durch Mangelernährung, Abmagerung, psychisch bedingte Appetitlosigkeit. ↑Bulimie.

Maggikraut [nach dem schweizer. Industriellen Julius Maggi, *1846, †1912], ↑Liebstöckel.

maggiore [ma'dʒoːre; italien.], in der Musik Bez. für ↑Dur, Durakkord, Durtonart. – Ggs. ↑minore.

Maghreb [arab. »Westen«], die westlich von Ägypten gelegenen arab.-muslim. Länder. ↑Maschrek.

Magie [altpers.-griech.-lat.], zusammenfassende Bez. für Praktiken, mit denen der Mensch seinen eigenen Willen auf die Umwelt in einer Weise übertragen will, die nach naturwiss. Betrachtungsweise irrational erscheint. Theoretisch lassen sich zwar Religion und M.

Magnat

voneinander abgrenzen, tatsächlich aber werden in den meisten Religionen mag. Praktiken vollzogen, v. a. in dem für den Volksglauben oft typ. mag. Umgang mit eigtl. religiösen, v. a. kult. Phänomenen *(Aberglaube)*. – Schwarze M. beabsichtigt die Schädigung eines einzelnen oder einer Gruppe, während die *weiße* M. nur die Praktiken umfaßt, die zur Mehrung von Gütern irgendwelcher Art eingesetzt werden.

Magier [altpers.-griech.-lat.], religionswiss. Begriff zur Bez. des Inhabers übernatürl., mag. Fähigkeiten (↑Magie); heute auch mit Zauberkünstler gleichgesetzt.

Maginot, André [frz. maʒi'no], *Paris 17. 2. 1877, † ebd. 7. 1. 1932, frz. Politiker. Als Kriegs-Min. (1922–24 und 1929–32) schuf er die nach ihm ben. *Maginotlinie*, ein 1929–32 erbautes Befestigungssystem an der frz. NO-Grenze, das v. a. aus Festungswerken, Panzerhindernissen und betonierten Stellungen bestand.

magischer Realismus ↑Neue Sachlichkeit.

magisches Auge ↑Abstimmanzeige.

magisches Quadrat, quadrat. Zahlenschema mit n^2 von natürl. Zahlen belegten Feldern, bei dem Zeilen-, Spalten- und Diagonalensummen gleich sind: $S_n = \frac{1}{2}n(n^2+1)$. Die m. Qu. galten als Symbol der Harmonie.

magisches Viereck, bildl. Ausdruck für die konjunkturpolit. Ziele: Vollbeschäftigung, Geldwertstabilität, außenwirtschaftl. Gleichgewicht (mag. Dreieck), stetiges Wirtschaftswachstum (m. V.) sowie gerechte Einkommensverteilung (mag. Fünfeck). Die »Magie« dieser Zielsysteme liegt darin, daß die einzelnen Ziele, die ja gleichzeitig verwirklicht werden sollen, um so schwerer erreicht werden, je besser eines dieser Ziele verwirklicht wird.

Magister [lat.], akadem. Grad. Im MA war der M. (M. Artium Liberalium »Meister der freien Künste«; Abk. M. A. oder A. L. M.) der höchste Grad der Artistenfakultät und schloß Lehrbefugnis ein; er verlor dann gegenüber dem Doktortitel allmähl. an Bed., lebte aber bes. im engl. Mastertitel fort. In der BR Deutschland ist der *Magister Artium* (M. A.) als Univ.-Examen für geisteswiss. Fächer 1960 allg. eingeführt worden.

Magister militum [lat.], oberstes militär. Amt (Reichsfeldherr) im Röm. Reich seit Konstantin I.

Magistrat [lat.], **1)** *Antike:* in Rom das durch Volkswahl in den Komitien verliehene ordentliche staatliche Ehrenamt und sein Inhaber. Daneben standen die durch Ernennung bestellten außerordentl. Magistrate (Diktator). Alle ordentl. Ämter waren durch jährl. Wechsel, die meisten durch Kollegialität gekennzeichnet.
2) *Recht:* ↑Gemeindeverfassungsrecht.

Magma [griech.], Bez. für die Gesteinsschmelze im oberen Erdmantel und in der Erdkruste, die in erstarrtem Zustand die magmat. Gesteine bildet. Nach der stoffl. Zusammensetzung unterscheidet man saure (granit.) und bas. (basalt.) Magmen (über bzw. unter 55 % Kieselsäuregehalt).

Magmatite [griech.] ↑Gesteine.

Magna Carta (Magna Charta, M. C. libertatum »große Urkunde der Freiheiten«; engl. The Great Charter), am 15. 6. 1215 v. König Johann ohne Land und Vertretern der aufständ. Barone sowie der Kirche abgeschlossener Vergleich. Die Forderungen der Aufständischen betrafen im wesentl. die rechtl. Sicherung der Vasallen (u. a. gegen Mißbrauch der königl. Justiz und der lehnsrechtl. Verpflichtungen) und sind selbst da, wo sie auf eine Rechtssicherung nichtfeudaler Gruppen (Bauern, Kaufleute, Städte) abzielen, zumeist mit einem Eigeninteresse der Barone verknüpft. Die des M. C. in erster Linie Satzung geltenden Lehnsrechts, erreicht aber zugleich einen Machtausgleich zw. Königtum und Aristokratie, der das polit. Kräftespiel unter die Kategorie des Rechts stellt.

magna cum laude [lat. »mit großem Lob«] ↑Doktor.

Magna Mater [lat. »Große Mutter«], Beiname der ↑Kybele.

Magnani, Anna [italien. maɲ'ɲaːni], *Rom 7. 3. 1908, † ebd. 26. 9. 1973, italien. Schauspielerin. Als Darstellerin des italien. ↑Neorealismus international bekannt, v. a. in »Rom – offene Stadt« (1945); erzielte in weiteren Filmen, u. a. »Mamma Roma« (1962), »Fellinis Satyricon« (1969).

Magnat [lat.], **1)** grundbesitzender Hochadel; Inhaber wirtschaftl. Macht.

magisches Quadrat. Sogenanntes »Saturnsiegel« aus China mit der Summe 15 für n^2 = 9 Elemente

magisches Quadrat in Albrecht Dürers Kupferstich »Melancolia« mit der Summe 34 für n^2 = 16 Elemente

Anna Magnani

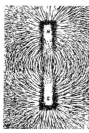

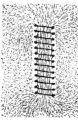

Magnetfeld. Durch Eisenpulver sichtbar gemachter Verlauf der Feldlinien eines Stabmagneten (oben) und einer stromdurchflossenen Spule (unten)

Magnentius

2) geistl. und weltl. Würdenträger in O-Mitteleuropa; bildete im ungar. Reichstag die *Magnatentafel*.

Magnentius, Flavius Magnus, *wohl Ambianum (heute Amiens) um 303, † Lugdunum (heute Lyon) 11. 8. 353 (Selbstmord), röm. Gegenkaiser (seit 350). Von brit.-fränk. Herkunft; riß die westl. Reichshälfte und Illyrien an sich (Ermordung Konstans' I.); von Konstantius II. 351 bei Mursa besiegt.

Magnesia, Name antiker griech. Städte in Kleinasien: 1. M. am Mäander (genauer am Nebenfluß Lethaios), beim heutigen Söke; 2. M. am Sipylos, das heutige ↑Manisa.

Magnesia [griech.], svw. ↑Magnesiumoxid.

Magnesiasteine (Magnesitsteine), hochfeuerfeste Steine, zu über 80% aus Magnesiumoxid; z. B. für die Auskleidung elektr. Öfen.

Magnesische Halbinsel, gebirgige Halbinsel an der O-Küste Griechenlands (Thessalien).

Magnesium [griech.], chem. Symbol **Mg,** chem. Element, Erdalkalimetall aus der II. Hauptgruppe des Periodensystems. Ordnungszahl 12; relative Atommasse 24,305; Schmelztemperatur 648,8 °C; Siedetemperatur 1090 °C; Dichte 1,74 g/cm³. Das silberglänzende, sehr reaktionsfähige, unedle M. wird von schwachen Säuren aufgelöst und verbrennt mit blendend weißem Licht (Verwendung als Blitzlicht und in der Pyrotechnik) zu Magnesiumoxid. M. kommt in Form von Silicaten (Asbest, Meerschaum, Olivin, Serpentin, Talk), Carbonaten (Magnesit, Dolomit), als Bestandteil von Salzlagern und im Meerwasser vor. Gewonnen wird es durch Schmelzelektrolyse aus M.chlorid. M. wird u. a. als Legierungsbestandteil, Treibstoffzusatz (in Raketen) und Reduktionsmittel verwendet.

In Form des Mg^{2+} ist M. ein wichtiges Spurenelement im Stoffwechsel aller Lebewesen und das Zentralatom des Chlorophylls in Pflanzen.

Magnesiumoxid (Bittererde, Magnesia), weißes, in Wasser unlösl. Pulver der chem. Zusammensetzung MgO; verwendet zur Herstellung feuerfester Geräte, von Zahnpasta, Puder und als Neutralisationsmittel bei Magenübersäuerung.

Magnesiumsulfat, $MgSO_4$, das Magnesiumsalz der Schwefelsäure; hygroskop. Verbindung, die vier stabile Hydrate bildet, z. B. *Bittersalz*. Es dient als Textilhilfsmittel, Beiz-, Imprägnier- und Abführmittel.

Magnet [griech.], ein Körper, die Quelle eines Magnetfelds ist, wobei magnetische Feldlinien am sog. Nordpol des M. aus- und am sog. Südpol eintreten. Ein frei drehbarer Permanent-M. (z. B. Kompaßnadel) stellt sich im Magnetfeld der Erde in Nord-Süd-Richtung ein; die Spitze, die zum geograph. Norden zeigt, heißt *Nordpol* des M., diejenige, die nach Süden zeigt, *Südpol*. Gleichnamige Magnetpole stoßen sich ab, ungleichnamige ziehen sich an. *Dauer-* oder *Permanentmagnete* erzeugen ständig ein M.feld, *Elektromagnete* nur bei Stromdurchgang.

Magnet[ab]scheidung ↑Aufbereitung.

Magnetband, Kunststoffolien in genormten Breiten mit einer magnetisierbaren Schicht aus ferrimagnet. Material (z. B. aus Eisen(III)-oxid, Chromdioxid, Reineisenpulver), auf denen Informationen aller Art in Form von magnet. Aufzeichnungen (unterschiedl. magnetisierte Bereiche) gespeichert, wiedergegeben und gelöscht werden können. Anwendung in Form von ↑Videorecordern, ↑Tonbandgeräten und in der elektron. Datenverarbeitung als ↑Magnetspeicher.

Magneteisenstein, svw. ↑Magnetit.

Magnetfeld (magnetisches Feld), durch Magnete oder bewegte elektr. Ladungen erzeugtes Feld, das Kraftwirkungen zw. Magneten bzw. elektr. Strömen vermittelt und durch die *magnetische Feldstärke* als zugehöriger Feldgröße beschrieben wird.

magnetische Anomalie, örtl. Abweichungen (in Stärke und Richtung) des Magnetfeldes der Erde vom normalen magnet. Dipolfeld; sie können u. a. auf dem Vorhandensein magnetitreicher Gesteine beruhen.

magnetische Bildaufzeichnung, Abk. **MAZ,** in der Fernseh- und Videotechnik Bez. für die Verfahren der magnet. Aufzeichnung von sichtbaren Vorgängen. ↑Videorecorder.

magnetische Kernresonanzspektroskopie, svw. ↑NMR-Spektroskopie.

magnetische Linse ↑Elektronenoptik.

Magnifikat

Magnetisierung [griech.], die Zustandsänderung, die Materie beim Einbringen in ein Magnetfeld erfährt. Die Zurückführung einer ferromagnet. Substanz in den völlig unmagnet. Zustand bezeichnet man als *Ent-* oder *Abmagnetisierung;* sie kann z. B. durch Erhitzen auf eine bestimmte Temperatur (Curie-Temperatur) erfolgen.

Magnetismus [griech.], Zustandsänderung eines Stoffes, auf den ein Magnetfeld einwirkt. Nach ihrem Verhalten im äußeren Magnetfeld unterscheidet man diamagnet., paramagnet. und ferromagnet. Stoffe. *Dia-M.* tritt bei Stoffen auf, deren Atome bzw. Moleküle kein permanentes magnet. Moment aufweisen. Im äußeren Feld wird in ihnen ein Gegenfeld induziert; sie erfahren eine Kraft in Richtung abnehmender äußerer Feldstärke. Der *Para-M.* beruht auf permanenten atomaren bzw. molekularen Momenten, die sich parallel zur Richtung des äußeren Magnetfeldes einstellen. Paramagnet. Stoffe erfahren eine Kraft in Richtung zunehmender Feldstärke. Bei ferromagnet. Stoffen tritt der sehr viel stärkere ↑Ferromagnetismus auf.

Magnetit [griech.] (Magneteisenstein), Mineral von schwarzer, metallisch glänzender Farbe, chemisch Fe_3O_4 bzw. $FeO \cdot Fe_2O_3$. Namengebend ist sein natürl. Magnetismus. Mohshärte 5,5, Dichte $5,2 g/cm^3$. Wichtigstes Eisenerz. Lagerstätten u. a. in Skandinavien, USA, Rußland (Ural).

Magnetkopf, Vorrichtung an Anlagen zur magnet. Informationsspeicherung (z. B. im Tonbandgerät), der die Information auf ein magnet. Speichermaterial in Form unterschiedl. Magnetisierung »aufschreibt« bzw. umgekehrt »abliest«.

Magnetnadel ↑Kompaß.

Magnetometer [griech.], Geräte zur Ausmessung von Magnetfeldern sowie zur Prüfung der magnetischen Eigenschaften von Stoffen. Magnetometer werden insbes. zur Erforschung des Erdmagnetismus und bei der Lagerstättensuche verwendet.

magnetooptische Effekte, Sammel-Bez. für alle Erscheinungen, die auf der Beeinflussung des Lichtes durch magnet. Felder beruhen, z. B. der ↑Kerr-Effekt.

Magnetosphäre [griech.], ein die Erde umgebender, auf der sonnenabgewandten Seite stromlinienförmiger Bereich, in dem das erdmagnet. Feld durch den Sonnenwind deformiert wird.

Magnetpol ↑Magnet.

Magnetron [griech.] ↑Laufzeitröhren.

Magnetscheidung ↑Aufbereitung.

Magnetschwebebahn (Magnetschienenbahn), Schnellbahnsystem, bei dem räderlose Fahrzeuge mit Hilfe von Magnetfeldern an oder auf eisernen Fahrschienen schwebend entlanggeführt werden, wobei hohe Fahrgeschwindigkeiten (bis 500 km/h) angestrebt werden. ↑Transrapid.

Magnetspeicher (magnetische Speicher), in der elektron. Datenverarbeitung Bez. für Speichersysteme, bei denen die Magnetisierungseffekte zur Speicherung von Daten ausgenutzt werden. Bei *magnetischen Digitalspeichern* ermöglichen die beiden magnet. Zustände bistabiler magnet. Bauelemente (Ferritkerne, Transfluxoren) bzw. kleiner magnetisierbarer Magnetband- oder Magnetplattenbereiche die Speicherung von Dualzahlen. Bei *magnetischen Analogspeichern,* meist Magnetbänder, wird eine eindeutige Zuordnung zw. Signal und Remanenz durch Ausnutzung der idealen Magnetisierungskurve erreicht. Als *magnetomotorische Speicher (Magnetschichtspeicher)* werden solche M. bezeichnet, bei denen der mit dem magnet. Speichermaterial versehene (nichtmagnet.) Träger eine Relativbewegung zu einer als Lese-Schreib-Einrichtung arbeitenden Magnetkopfeinheit ausführt; zu ihnen zählen die *Magnetbandspeicher,* die *Magnettrommelspeicher,* die *Magnetplattenspeicher* mit rotierenden *Magnetplatten (Hard disks, Festplatten)* bzw. *Floppy Disks* sowie die *Magnetkartenspeicher. Magnetblasenspeicher (Magnetblasen-Chips)* enthalten dünne Einkristallschichten aus ferrimagnet. Material, in denen bei der Dateneingabe zylindr. geformte Domänen *(Magnetblasen* mit 1,7 bis 5 μm ∅), die gegenüber ihrer Umgebung entgegengesetzt magnetisiert sind, bewegt werden; Speicherdichte bis zu 4 Mio. bit/cm^2.

Magnettonverfahren ↑Film (Prinzip des Tonfilms).

Magnifikat [lat.] (Magnificat), urchristl. Gesang, der im NT Maria, der

Magnetit

2103

Magnitogorsk

René Magritte.
Die Beschaffenheit des Menschen I (1933; Privatbesitz)

Magnolie.
Tulpenmagnolie (Höhe bis 6 m)

Mutter Jesu, zugeschrieben wird. Seinen liturg. Platz hat das M. bes. im Stundengebet (in der Vesper) gefunden.
Magnitogorsk, Stadt am O-Abfall des Südl. Ural und am Fluß Ural, 440 000 E. Hochschule für Metallurgie. Zentrum des Eisenerzbergbaus und der Eisenverhüttung.
Magnitude [lat.], dimensionslose Größe zur Charakterisierung der Stärke von Erdbeben, die aus der Bodenamplitude, der Periode der Erdbebenwelle und einer Eichfunktion berechnet wird.
Magnolie [...i-ə; nach dem frz. Botaniker Pierre Magnol, *1638, †1715], Gatt. der Magnoliengewächse mit rd. 80 Arten in O-Asien, im Himalaya und in N- und M-Amerika; sommer- oder immergrüne Bäume oder Sträucher; z. T. beliebte Zierbäume und -sträucher, z. B. *Stern-M.*, bis 3 m hoher Strauch mit weißen Blüten; *Tulpen-M.* mit weißen bis rosafarbenen Blüten.
Magnoliengewächse (Magnoliaceae), Pflanzenfam. mit mehr als 200 Arten in sieben Gattungen, hauptsächl. im gebirgigen S- und O-Asien und vom atlant. N-Amerika bis nach S-Amerika, u. a. Magnolie, Tulpenbaum.
Magnum [lat.], Bez. für die Flaschengröße 1,6 Liter.

Magnus, Heinrich Gustav, *Berlin 2. 5. 1802, †ebd. 4. 4. 1870, dt. Physiker und Chemiker. Erforschte u. a. Strömungen von Gasen und Flüssigkeiten; entdeckte 1852 den ↑Magnus-Effekt.
Magnus-Effękt [nach H. G. Magnus], das Auftreten einer »Querkraft« (senkrecht zur Achse und zur Anströmrichtung) bei einem um seine Achse rotierenden und senkrecht zur Achse angeströmten Zylinder (Flettner-Rotor).
Magog ↑Gog und Magog.
Magot [frz., ben. nach Magog] ↑Makaken.
Magritte, René [frz. ma'grit], *Lessines 21. 11. 1898, †Brüssel 15. 8. 1967, belg. Maler. Beeinflußt von G. De Chirico; Vertreter des verist. Surrealismus. Naturalistisch im Detail, verfremden seine Bilder Wirklichkeiten durch surrealist. Kombinationen; die Verarbeitung von trivialen Elementen wirkte u. a. auf ↑Pop-art und ↑Konzeptkunst.
Magyaren [ma'dʒaːrən] (Madjaren), ein dem finn.-ugr. Sprachkreis zugehöriges Volk, das, aus der Steppenzone nördlich des Asowschen Meeres vertrieben, ab 896 das mittlere Pannonien, das Kerngebiet des heutigen Ungarn, besetzte. Die Mongoleneinfälle im 13. Jh. und die Türkenkriege brachten große Bevölkerungsverluste; bis zum Ende des 19. Jh. blieben die M. im alten Ungarn in der Minderheit. Durch die Assimilierung von Nichtmagyaren (*Magyarisierung;* nach 1848 offiziell betrieben) vergrößerte sich der Anteil der M. erheblich (im heutigen Ungarn rd. 97%; weitere Gruppen v. a. S-Slowakei, Rumänien).
Magyarisch [ma'dʒaːrɪʃ] ↑Ungarisch.
Mahabad [pers. mæhɑ'bɑːd], iran. Stadt südl. des Urmiasees, 35 000 E. – M. war Hauptstadt der am 4. 4. 1946 gegründeten Republik M., des ersten Staatswesens der Kurden, das bald von Iran erobert wurde.
Mahabalipuram (Mamallapuram), etwa 60 km südl. von Madras gelegener Ort, ehemaliger Seehafen der Pallavadynastie, mit hinduistischen Kultdenkmälern des 7./8. Jh.; v. a. fünf aus dem Fels gehauene Monolithtempel (»Rathas«) des 7. Jh. und der aus Sandsteinblöcken erbaute Ufertempel (um 700), einer der frühesten Tempelkomplexe des südind. Dravidastils; bed. auch die großfigurigen Felsreliefs.

Mahabharata, Sanskritepos, neben dem Ramayana die bedeutendste ind. Erz. Es besteht aus 18 Büchern und einem Anhang und ist in 107 000 Zweizeiler zu je 32 Silben gegliedert. Es handelt von den Kämpfen zweier Zweige einer Dynastie. Die Handlung wird oft durch Episoden unterbrochen, u. a. durch die Erz. »Nala und Damayanti«. Erwähnt wird das M. schon im 4. Jh. v. Chr., seine endgültige Form fand es spätestens im 4. Jh. n. Chr.

Mahagoni [indian.], rotbraunes, hartes Holz verschiedener trop. Bäume.

Mahajanga (früher Majunga), Hafenstadt an der NW-Küste Madagaskars, 111 000 E.

Mahanadi, Fluß auf dem nö. Dekhan, Indien, entspringt an der W-Flanke der Ostghats, mündet unterhalb von Cuttack in den Golf von Bengalen, 900 km lang.

Maharadscha [Sanskrit »großer König«] (Maharaja), ind. Herrschertitel, Großfürst; die Frau des M. führt den Titel *Maharani.*

Maharashtra [...'raʃtra], Gliedstaat in W-Indien, 307 690 km², 78,937 Mio. E, Hauptstadt Bombay.

Mahatma [Sanskrit »dessen Seele groß ist«], ind. Ehrentitel für Weise und Heilige, der auch M. K. ↑Gandhi beigelegt wurde.

Mahayana [Sanskrit »großes Fahrzeug«], in den ersten nachchristl. Jh. entstandene Richtung des ↑Buddhismus, die v. a. in N-Indien (daher auch »nördl. Buddhismus«), Tibet, Zentralasien, China, Korea und Japan heimisch war.

Mahdi [arab. 'maxdi, auch 'ma:di] (al-Mahdi), eigtl. Mohammed Ahmed ibn Saijid Abd Allah, *Labab bei Dongola (N-Sudan) 1844, † Omdurman 22. 6. 1885, islam. Reformator und Staatsgründer im Sudan. Gab sich als der verheißene Mahdi aus und führte den nach ihm ben. *Mahdi-Aufstand* im Sudan gegen die ägypt. Regierung (seit 1881). Die Mahdisten eroberten 1883 Kordofan und am 26. 1. 1885 Khartum. Der M. war nun unumschränkter Herrscher über den O-Sudan, starb aber bald darauf. Der Staat des M. existierte unter dessen Nachfolger bis zur brit.-ägypt. Invasion 1896–98 unter Lord Kitchener.

Mahler

Mahdi ['maxdi, auch 'ma:di, arab. »der Rechtgeleitete«], der von den Muslimen (seit dem 8. Jh.) am Ende der Zeiten erwartete Welt- und Glaubenserneuerer. Nach den Lehren der Schiiten wird der von ihnen verehrte, verborgene 12. ↑Imam am Zeitende als der M. wiederkehren.

Mähdrescher, Getreidevollerntemaschine, meist mit Antriebsmotor *(Selbstfahrer-M.);* Aufbau und Funktion entsprechend einer ↑Dreschmaschine. Das absenkbare Kopfteil besteht aus Haspel, Mähwerk und Einzugsschnecke. Ein Kettenförderer führt das Erntegut dem Dreschapparat zu. Die Getreidekörner gelangen in den Absackstutzen oder Körnertank. Die Spreu wird ausgeblasen, das Stroh in Ballenform abgeworfen oder kleingeschnitten ausgestreut.

Mahé [frz. ma'e], Hauptinsel der Seychellen, 147 km², bis 905 m hoch, Hauptort Victoria.

Mahfus, Nagib [max'fu:s], *Kairo 11. 12. 1911, ägypt. Schriftsteller. Behandelt in seinen Romanen und Erzählungen die intellektuellen und sozialen Probleme des ägypt. Kleinbürgertums; schrieb u. a. »Die Midaq-Gasse« (1947), die Romantrilogie »Die Schatten der Paläste« (1956), »Der Dornenpalast« (1960) und »As-Sukkarija« (1957) sowie »Die Kinder unseres Viertels« (1960). M. trug wesentlich zur Herausbildung einer arab. Prosasprache bei. Sein Werk wird von fundamentalist. Gruppierungen des Islams abgelehnt (Attentat auf M. am 14. 10. 1994). 1988 Nobelpreis für Literatur.

Nagib Mahfus

Mahican [engl. mə'hi:kən] (Mohikaner), Gruppe von Indianerstämmen am oberen Hudson River, USA. Die M. verkauften ihr Land an die Weißen (ab 1664) und wanderten nach W, wo sie in anderen Algonkinstämmen aufgingen.

Mahler, Gustav, *Kalischt (heute Kalištĕ, Mähren) 7. 7. 1860, † Wien 18. 5. 1911, österr. Komponist und Dirigent. Schüler von A. Bruckner; Vertreter der spätromant., teilweise programmat. Musik; mit seiner expressiven Ausdrucksmusik von wesentl. Einfluß auf die Schönberg-Schule. Als Dirigent neben Tätigkeiten in Kassel, Leipzig und Budapest von legendärem Ruf als Direktor der Wiener Hofoper (1897 bis 1907) sowie als Leiter der Wiener Phil-

Gustav Mahler

Mähmaschine

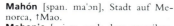

Mahonie. Mahonia aquifolium (Höhe bis 1 m); Zweig mit Früchten (links) und Blütenrispe (rechts)

Maiglöckchen. Convallaria majalis (Höhe bis 20 cm)

harmoniker; u. a. auch Gastdirigent an der Metropolitan Opera in New York (1907). Als Komponist ist M. v. a. Vertreter der Sinfonie (1. D-Dur, 1884–88; 2. c-Moll, 1887–94; 3. d-Moll, 1893 bis 96; 4. G-Dur, 1899/1900; 5. cis-Moll, 1901/02; 6. a-Moll, 1903–05; 7. e-Moll, 1904/05; 8. Es-Dur, 1906/07; »Das Lied von der Erde«, 1907/1908) und des Orchesterliedes (u. a. »Lieder eines fahrenden Gesellen«, 1883–85; »Des Knaben Wunderhorn«, 1888–89; »Kindertotenlieder«, 1901–04), die seit den 1960er Jahren als Meisterwerke einer hochgradigen Sprachfähigkeit gelten.

Mähmaschine, landwirtschaftl. Maschine zum Mähen bes. von Gras, Grünfutter u. a.; heute meist als Anbaugerät für den Schlepper. Das *Mähwerk* besteht aus dem Mähbalken und dem von einer Kurbel hin- und herbewegten Messer mit dreieckförmigen Messerklingen. Beim *Kreiselmäher (Scheiben-* oder *Tellermäher)* rotieren Trommeln mit schwenkbaren Messerklingen. Der an Holmen geführte *Motormäher* läßt sich auch an Hängen einsetzen.

Mähnenwolf (Mähnenfuchs), schlanke, rotbraune bis rötlichgelbe, hochbeinige Art der Hundeartigen, in Savannen und Trockenbuschwäldern S-Amerikas; Körperlänge bis über 1 m, Schulterhöhe bis 85 cm.

Mahnung, Aufforderung des Gläubigers an den Schuldner, die (nicht rechtzeitig erbrachte) fällige Leistung zu erbringen; meist Voraussetzung für den Schuldnerverzug (↑Verzug).

Mahnverfahren, vereinfachtes Verfahren, um dem Gläubiger schnell (ohne mündliche Verhandlung) und billig einen Vollstreckungstitel zu verschaffen. Es beginnt mit dem Antrag des Gläubigers beim dafür zuständigen Amtsgericht auf Erlaß eines Mahnbescheids gegen den Schuldner, sofern der Anspruch auf Zahlung einer bestimmten Geldsumme geht. In dem vom Gericht erlassenen *Mahnbescheid* (früher: Zahlungsbefehl) wird dem Antragsgegner aufgegeben, die Schuld zu zahlen oder binnen einer Frist von längstens zwei Wochen nach Zustellung Widerspruch zu erheben; andernfalls ergeht auf Antrag des Antragstellers ein Vollstreckungsbescheid (Exekution), gegen den der Antragsgegner Einspruch einlegen kann.

Mahón [span. maˈɔn], Stadt auf Menorca, ↑Mao.
Mahonie [...i-ə; nach dem amerikan. Gärtner Bernard McMahon, *1775, †1816], Gatt. der Sauerdorngewächse mit rd. 90 Arten in O-Asien, N- und M-Amerika; meist immergrüne Sträucher; z. T. Ziersträucher.
Mahr ↑Alp.
Mähren, histor. Gebiet in der Tschech. Rep.; mit Mittelgebirgscharakter, daneben fruchtbare Becken- und Niederungslandschaften.
Geschichte: Bis ins 1. Jh. v. Chr. von Kelten, danach von german. Stämmen besiedelt; etwa im 6. Jh. Einwanderung slaw. Stämme. Im 9. Jh. (bis 906) bestand das *Großmähr. Reich.* Um 1029 fiel M. an Böhmen; diese lehnsrechtl. Bindung blieb auch bestehen, als 1182 Kaiser Friedrich I. M. reichsunmittelbar machte und zur Mark-Gft. erhob. Unter den Luxemburgern (1310–1423/37) war M. 1349–1411 Sekundogenitur; 1526 endgültig an Österreich. Im 19. Jh. stand der nat. Kampf zw. Deutschen und Tschechen im Vordergrund. 1905 erhielt M. ein Autonomiestatut *(mährischer Ausgleich);* ab 28. 10. 1918 Teil der ↑Tschechoslowakei.
Mährische Brüder ↑Böhmische Brüder.
Mährische Pforte, Senke zw. den Ostsudeten und den Westbeskiden, Tschech. Rep.; schon vor der Römerzeit von einer bed. Fernstraße (Bernsteinstraße) benutzt.
Mai, Herbert, *Dalheim-Rödgen (Kreis Erkelenz) 5. 9. 1947, dt. Gewerkschafter. Seit 1995 Vors. der ÖTV.
Mai [lat.], der wohl nach dem altital. (Wachstums-)Gott Maius ben. 3. Monat des altröm. und 5. Monat des Julian. Kalenders mit jeweils 31 Tagen. ↑Erster Mai.
Maidstone [engl. ˈmeɪdstən], engl. Stadt im Weald, 72 300 E. Verwaltungssitz der Gft. Kent; Museum, Kunstgalerie. Kirche und College All Saints (beide Ende des 14. Jh.), Chillington Manor House (16. Jh.), Wohnhäuser (aus dem 15. Jh.).
Maiduguri, Hauptstadt des nigerian. Gliedstaates Bornu, sw. des Tschadsees, 189 000 E. Zentrum des Handels zw. Nomaden und der seßhaften Bevölkerung; Eisenbahnendpunkt, ✈.

Maimon

Maier, Reinhold, *Schorndorf 16. 10. 1889, † Stuttgart 19. 8. 1971, dt. Politiker. 1930–32 württemberg. Wirtschafts-Min. (DDP); 1945 maßgebl. an der Gründung der Demokrat. Volkspartei beteiligt; 1945–52 Min.-Präs. von Württemberg-Baden, 1952/53 von Bad.-Württ., an dessen Bildung er maßgeblich Anteil hatte; 1957–60 Vors. der FDP.

Maifeld, sw. Teil des Mittelrhein. Beckens, zw. Mayen und unterer Mosel.

Maifeld ↑Deich.

Maiglöckchen, Gatt. der Liliengewächse mit einer einzigen, geschützten Art in lichten Laubwäldern Eurasiens und N-Amerikas; Blüten weiß, wohlriechend; Beeren rot; giftig.

Maikäfer (Melolontha), in N- und M-Europa bis M- und Kleinasien verbreitete Gatt. der Laubkäfer mit drei einheim. (18–30 mm großen) Arten; Kulturschädlinge, die als Käfer Blätter von Laubhölzern, als Larven (Engerling) Wurzeln fressen. Die Larvenentwicklung dauert in M-Europa durchschnittlich vier Jahre.

Maikop, Hauptstadt des Autonomen Gebiets Adygien, Rußland, am N-Rand des Großen Kaukasus, 142 000 E. PH, Theater; sw. Legt das 1911 entdeckte *Maikoper Erdölgebiet.*

Mailand (italien. Milano), Hauptstadt der Lombardei und der Prov. Mailand, 1,43 Mio. E. Zwei Univ.; bed. Kunstsammlungen und Galerien (Pinacoteca di Brera), Bibliotheken (Ambrosiana); Theater (u. a. Teatro alla Scala, Piccolo Teatro). Bedeutendste Wirtschaftsmetropole Italiens, v. a. metallverarbeitende Betriebe, Maschinenbau, Textil- und Bekleidungs-Ind., Druckerei- und Verlagszentrum; internat. Messen; Verkehrsknotenpunkt, internat. ✈.
Stadtbild: Kirche Sant'Ambrogio (roman. Bau 1098–1128 bzw. 1196; karoling. Goldaltar, 9. Jh.), got. Dom (1386 ff.; 15./16. Jh.) aus weißem Marmor mit fünf Schiffen und drei Querschiffen. In der Kirche Santa Maria delle Grazie (1465–98) das »Abendmahl« von Leonardo da Vinci (1495–97). Zahlr. Paläste und Profanbauten (u. a. Palazzo Marino, 1558; heute Rathaus). Zw. Piazza della Scala und Piazza del Duomo fünfgeschossige Ladenpassage Galleria Vittorio Emanuele II. Modernes Stadtbild.

Geschichte: Das antike *Mediolanum* wurde 222 v. Chr. von den Römern unterworfen; 49 v. Chr. erhielt es röm. Bürgerrecht; in der Spätantike kaiserl. Residenz. In M. einigten sich 313 Konstantin d. Gr. und Licinius auf ein den Christen entgegenkommendes religionspolit. Programm (sog. *Mailänder Edikt* oder *Toleranzedikt* von Mailand). 452 wurde M. von den Hunnen, 539 von Ostgoten, 569 von den Langobarden erobert; 774 wurde es fränkisch; 1162 von Kaiser Friedrich I. Barbarossa fast vollständig zerstört; wenig später führende Stadt des Lombardenbundes; 1310–1447 unter der Herrschaft der Visconti (ab 1395 Hzgt.). Der Expansionsdrang von M. führte zu den *Mailänder Kriegen*, in denen es Venedig bis 1454 gelang, seinen Festlandbesitz erheblich auszuweiten. 1447 »Republik des hl. Ambrosius«, 1450–1535 Hzgt. der Sforza (zeitweilig frz. besetzt), fiel 1535 an die span., 1714–97 und 1815–59 an die österr. Habsburger.

Mailbox [engl. 'meɪlbɒks], in einem Datenverarbeitungssystem (Teilnehmersystem) ein elektron. Briefkasten, in dem Nachrichten für Systembenutzer gespeichert werden können. M. sind benutzerspezifisch adressierbar und durch Kennworte gesichert.

Mailer, Norman [engl. 'meɪlə], *Long Branch (N. Y.) 31. 1. 1923, amerikan. Schriftsteller. Vertreter der »Faction-Prosa« (Fakten, Dokumentarisches und Fiktion werden miteinander verbunden); polit. Engagement (u. a. gegen den Vietnamkrieg); schrieb zahlr. Romane, u. a. »Die Nackten und die Toten« (1948), »Am Rande der Barbarei« (1951), »Heere aus der Nacht« (1968) sowie »Marylin Monroe. Eine Biographie« (1973).

Maillol, Aristide [frz. ma'jɔl], *Banyuls-sur-Mer bei Biarritz 8. 12. 1861, † ebd. 27. 9. 1944, frz. Bildhauer und Graphiker. Schuf v. a. weibl. Aktfiguren in klass. Statuarik unter Vereinfachung der Formen; auch Illustrationen zu antiken Dichtungen.

Maimon, Salomon, eigtl. S. Ben Josua, bei Neswich (Belorußland) um 1753, † Nieder-Siegersdorf bei Freystadt i. Niederschles. 22. 11. 1800, jüd. Philosoph. Ausbildung zum Rabbiner; seit 1779 in Deutschland; setzte sich mit

Reinhold Maier

Maikäfer.
Oben: Feldmaikäfer (Größe 20–30 mm) ♦ Unten: Engerling des Feldmaikäfers (Länge bis 48 mm)

Mailand
Stadtwappen

Mainz 1)
Stadtwappen

Maine
Flagge

Mairitterling
(Hutdurchmesser
10–13 cm)

Maimonides

Kants krit. Philosophie auseinander und führte sie fort. – *Werke:* Versuch über Transcendentalphilosophie (1790), Krit. Untersuchungen über den menschl. Geist (1797).
Maimonides, Moses, eigtl. Rabbi Mose Ben Maimon, gen. Rambam, *Córdoba 30. 3. 1135, † Fustat (heute Kairo) 13. 12. 1204, jüd. Philosoph, Gelehrter und Arzt. Lebte ab 1165 in Ägypten. M. gilt als der bedeutendste jüd. Religionsphilosoph des MA. Zugleich genießt er als Kodifikator des jüd. religiösen Gesetzes höchste Anerkennung. Sein Werk »More nebukim« (Führer der Unschlüssigen, Verwirrten) versucht einen Ausgleich zw. Aristotelismus und jüd. Glaubenslehren; starker Einfluß auch auf die christl. Scholastik.
Main, rechter Nebenfluß des Rheins, 524 km lang, entsteht bei Kulmbach aus dem Zusammenfluß von *Weißem Main* (entspringt im Fichtelgebirge, 41 km lang) und *Rotem Main* (entspringt in der Fränk. Alb, 50 km lang), mündet bei Mainz.
Mainau, 44 ha große Insel im Überlinger See, dem nordwestl. Teil des Bodensees, durch eine Brücke mit dem Festland verbunden; durch mildes Klima üppiger (subtrop.) Pflanzenwuchs. – Seit 1928 im Besitz des schwed. Königshauses Bernadotte.
Main-Donau-Kanal (Europakanal), Teil des †Rhein-Main-Donau-Großschiffahrtswegs zw. Main und Donau, 171 km lang.
Maine, 1) [frz. mɛn], histor. Gebiet in W-Frankreich, zw. Normandie im N, Orléanais im O, Touraine und Anjou im S und Bretagne im W.
2) [engl. meɪn], Staat im NO der USA, an der Grenze zu Kanada, 86 156 km², 1,23 Mio. E, Hauptstadt Augusta; Holzverarbeitung (v. a. Papierherstellung). **Geschichte:** G. Caboto entdeckte 1497 die Küste des heutigen M. und begründete die engl. Besitzansprüche auf das von Algonkin besiedelte Gebiet. Das Land wurde zu Ehren der Gemahlin des engl. Königs Karl I., der die frz. Prov. Maine gehörte, M. genannt; 1820 23. Staat der Union.
Mainfranken, Bez. für die beiderseits des mittleren Mains zw. Bamberg und Aschaffenburg gelegenen fränk. Landschaften.

Mainhardter Wald, Teil des Schwäb.-Fränk. Schichtstufenlandes, westl. von Schwäb. Hall, bis 572 m hoch.
Mainstream [engl. ˈmeɪnˌstriːm »Hauptstrom«], im *Jazz* Bez. für Musizierweisen innerhalb der Hauptentwicklungslinie Swing-Bebop-Hardbop, die keinem dieser drei Stilbereiche eindeutig angehören.
Maintenon, Françoise d'Aubigné, Marquise de (seit 1675) [frz. mɛ̃tˈnɔ̃], *Niort 27. 11. 1635, † Saint-Cyr 15. 4. 1719, 2. Gemahlin Ludwigs XIV. Übernahm 1669 die Erziehung der Kinder Ludwigs XIV. und der Marquise de Montespan; verdrängte diese in der Gunst des Königs, dessen klerikale Politik sie förderte; 1684 heimliche Heirat mit Ludwig.
Mainz, 1) Landeshauptstadt von Rheinl.-Pf., am Rhein gegenüber der Mainmündung, 180 800 E. Univ., Max-Planck-Institut für Chemie, Museen, u. a. Gutenberg-Museum, Röm.-German. Zentralmuseum, Mittelrhein. Landesmuseum; Verwaltungssitz und Sendezentrum von ZDF und SAT 1. Chem., Papier- und Zement-Ind.; Rheinhäfen.
Stadtbild: Neben dem †Mainzer Dom weitere bed. Kirchen, u. a. Sankt Johannis (891–913; 1320 und später) und Sankt Stephan (v. a. 14. Jh.; mit Glasfenstern von M. Chagall), die nach 1945 wieder aufgebaut wurden. An Profanbauten sind u. a. zu nennen: das Kurfürstl. Schloß (17. Jh.; heute z. T. Röm.-German. Zentralmuseum), das Deutschordenskommende (18. Jh.; heute Landtag), Adelshöfe (18. Jh.) und das Rathaus (1971–74). Reste des mittelalterl. Stadtbefestigung; Renaissancebrunnen (1526).
Geschichte: M., dessen röm. Name *Mogontiacum* auf eine Kultstätte des kelt. Gottes Mogon oder Mogontius hindeutet, wurde zw. 18 und 13 v. Chr. als röm. Militärlager gegr. Der Wiederaufstieg der Stadt nach den Verwüstungen der Völkerwanderungszeit vollzog sich unter den Bischöfen bzw. Erzbischöfen von Mainz. Seit 1244 freie Stadt, wurde M. nach Belagerung durch Erzbischof Adolf II. kurmainz. Residenz und Landstadt; 1477 Eröffnung der ersten Univ. (1797/98 erloschen, 1946 von der frz. Besatzungsmacht wiedereröffnet);

zw. dem 15. und 18. Jh. und später bes. unter frz. Herrschaft (1798–1814) zur Festung ausgebaut, wurde das ab 1816 zu Hessen-Darmstadt gehörende M. dt. Bundesfestung (1815–66).
2) ehem. Erzbistum und geistl. Kur-Ft.; das seit 346 bezeugte Bistum wurde 746 von Bonifatius übernommen und 781/782 zum Erzbistum erhoben. Der Erzbischof von M. war zugleich Erzkanzler des Reiches und später Kurfürst. Bis zur Mitte des 14. Jh. umfaßte die größte Kirchen-Prov. der Christenheit 14 Bistümer. Als Reichsfürsten besaßen die Erzbischöfe Gebiete am Mittelrhein, in Hessen und Thüringen sowie das sog. Oberstift (Aschaffenburg). Infolge der Frz. Revolution kamen die linksrhein. Teile von M. 1798 an Frankreich. Das rechtsrhein. Gebiet wurde 1803 säkularisiert. Aus den frz. Teilen wurde 1801 ein Bistum errichtet, das 1821 auf das Großherzogtum Hessen (Hessen-Darmstadt) ausgedehnt und Suffraganbistum von Freiburg im Breisgau wurde.

Mainzer Dom, anstelle eines Vorgängerbaus gegen 1100 ff. als roman. doppelchörige, dreischiffige Basilika mit Querhaus erbaut; 1239 Erneuerung des Mittelschiffgewölbes und Westbau (im 18. Jh. erneuert).

Mairitterling (Maipilz), bes. unter Haselnußsträuchern, oft in Hexenringen wachsender weißl. eßbarer Blätterpilz; Hutdurchmesser bis 13 cm.

Mais (Kukuruz, Türkischer Weizen, Welschkorn, Zea), Gatt. der Süßgräser mit einer einzigen, nur als Kulturform bekannten Art; Heimat M- und S-Amerika; bis 2 m hohe Pflanze mit einhäusigen Blüten, männl. Blüten in Rispen, weibl. in von Hüllblättern *(Lieschen)* umgebenen Kolben; Früchte *(Maiskörner)* in Längszeilen am Maiskolben, weiß, gelb, rot oder blau. M. ist eine der wichtigsten, heute weltweit verbreiteten Kulturpflanzen der (wärmeren) gemäßigten Zone; Verarbeitung u. a. zu Stärke, Traubenzucker, Mehl, Alkohol, Verwendung u. a. als Gemüse, Futter.

Maische, zucker- und/oder stärkehaltiges, breiiges Gemisch als Grundlage alkohol. Gärprozesse.

Maisonette [mɛzo'nɛt; lat.-frz.], zweistöckige Wohnung mit eigener Treppe in der Wohnung.

Majestätsverbrechen

Maître [frz. mɛtr], in Frankreich Titel vor dem Namen jurist. Amtspersonen.

Maizière, Lothar de [frz. dəmɛ'zjɛːr], *Nordhausen 2. 3. 1940, dt. Politiker (CDU). Orchestermusiker, Jurist; ab 1956 Mgl. der CDU in der DDR, Nov. 1989 bis Sept. 1990 deren Vors., Sept. 1990–Sept. 1991 stellv. Vors. der vereinigten CDU; April–Oktober 1990 erster nichtkommunistischer Min.-Präs. der DDR; Okt.–Dez. 1990 Bundes-Min. ohne Geschäftsbereich.

Lothar de Maizière

Majakowski, Wladimir Wladimirowitsch [russ. mɛjɪ'kɔfskij], *Bagdadi 19. 7. 1893, †Moskau 14. 4. 1930 (Selbstmord), russ.-sowjet. Dichter. Exponent des russ. †Futurismus (u. a. »Wolke in Hosen«, programmat. Poem, 1915), v. a. Lyriker; nach der russ. Revolution Wendung zur Agitationsdichtung für Kommunismus und Sowjetsystem (u. a. »Ode an die Revolution«; »Mysterium buffo«, Dr., 1918); später in Satiren und parodist. Dramen (u. a. »Die Wanze«, 1928; »Das Schwitzbad«, 1929) Kritik an der Sowjetbürokratie bzw. dem Spießertum im neuen sozialist. Gewand.

Wladimir Wladimirowitsch Majakowski

Majdanek, Stadtteil von Lublin, Polen, in dem sich 1943/44 ein nat.-soz. Konzentrations- und Vernichtungslager befand, das 1941 als Lager für sowjet. Kriegsgefangene errichtet worden war. Von den rd. 500 000 Menschen wurden zw. 250 000 und 360 000 (v. a. Juden) ermordet. – M. ist heute Gedenkstätte und Museum.

Majdanpek [serbokroat. ˌma:jdampɛk], jugoslaw. Bergbauort, 120 km osö. von Belgrad. Kupfererzabbau. – Bereits um 4500 v. Chr. wurde hier nach Erz geschürft.

Majestas Domini [lat. »Herrlichkeit des Herrn«], Darstellung des in einer Mandorla thronenden Christus, umgeben von den vier Evangelistensymbolen, auch vier Propheten oder Aposteln.

Majestät [lat.], **1)** kaiserl. Ehrentitel seit der Spätantike, in der Neuzeit von Königen übernommen.
2) Erhabenheit, Größe.

Majestätsverbrechen (Majestätsbeleidigung), im *röm. Recht* polit. Verbrechen gegen den Staat bzw. den Kaiser; seit der *fränk. Zeit* jedes gegen den König und das Reich (Land) gerichtete Verbrechen.

Mais. Fruchtkolben

Majolika

John Major

Majoran.
Echter Majoran (Höhe 20–50 cm)

Makarios III.

Majolika [italien., nach der span. Insel Mallorca] ↑Fayence.
Major, John [engl. ˈmeidʒə], *Merton 29. 3. 1943, brit. Politiker (Konservative und Unionistische Partei). Bankkaufmann; seit 1977 Abg. im Unterhaus; seit 1987 Min. verschiedener Ressorts (u. a. Schatzamt); seit 1990 Premierminister.
Major [lat.-span.], unterster Dienstgrad der Dienstgradgruppe Stabsoffiziere.
Majoran [majoˈraːn, ˈmaːjoraːn; mittellat.], Gatt. der Lippenblütler mit sechs Arten, fast nur im östl. Mittelmeergebiet; behaarte Kräuter und Halbsträucher; eine bekannte Gewürzpflanze ist der weißblühende *Echte M.* (Meiran, Wurstkraut).
Majorante [lat.], eine reelle Funktion $g(x)$ mit gleichem Definitionsbereich D wie eine vorgegebene Funktion $f(x)$, für die $f(x) \leq g(x)$ für alle $x \in D$ gilt. Entsprechend nennt man eine Funktion $h(x)$ **Minorante** von $f(x)$, wenn $h(x) \leq f(x)$ für alle $x \in D$ gilt.
Majorat [lat.], **1)** Erbfolgeordnung, nach der von mehreren (männl.) Verwandten der Älteste berufen wird (Ggs. *Minorat,* Jüngstenrecht).
2) gebundenes Vermögen, das dem M. unterliegt.
Majorität [lat.-frz.], allg. jede Mehrheit, i. e. S. Stimmenmehrheit in Gesellschaften, insbes. Aktien-M. bei der AG. Man unterscheidet *einfache M.,* d. h. 50% der Stimmen und mehr, und *qualifizierte M.,* d. h. 75% der Stimmen und mehr.
Majoritätsträger, Ladungsträger, die in einer Halbleiterzone in der Mehrzahl vorhanden sind, z. B. Elektronen in der n-Schicht.
Majuskelschrift [lat./dt.], nur aus Großbuchstaben (Kapitalbuchstaben), d. h. gleich hohen Buchstaben bestehende Schrift, z. B. Kapitalis, Unziale.
MAK ↑MAK-Wert.
makaber [frz.], distanziert-spielerisch Tod und Leidenszenerie thematisierend (und dadurch unheimlich wirkend).
Makadam [nach dem schott. Straßenbauingenieur John London McAdam, *1756, †1836], Straßenbelag aus Schotter, Split und bituminösen Bindemitteln *(Asphalt-M.)* bzw. Teer *(Teer-M.).*
Makaken [afrikan.-portugies.], Gatt. der Meerkatzenartigen mit 12 Arten im südl. Asien, östl. bis Japan und im westl. N-Afrika sowie auf Gibraltar; Körperlänge etwa 40–75 cm; Schwanz fehlend bis etwa körperlang; leben in boden- oder baumbewohnenden Gruppen. Bekannte Arten: *Bartaffe* in SW-Indien; *Rhesusaffe* in S- und O-Asien; *Schweinsaffe* in S-Asien, auf Sumatra und Borneo; *Javaneraffe* in Mangrovewäldern SO-Asiens und der Sundainseln; *Hutaffen* (Zati) in Vorderindien und auf Ceylon; *Magot* (Berberaffe) in Marokko, Algerien und auf Gibraltar *(Gibraltaraffe).*
Makalu, Gipfel im Himalaya, auf der nepales.-chin. Grenze, 8 481 m hoch.
Makarios III. [neugriech. maˈkarjɔs], eigtl. Michail Christodulos Muskos, *Pano Panagia (Distrikt Paphos) 13. 8. 1913, †Nikosia 3. 8. 1977, griech.-orth. Theologe und zypr. Politiker. Ab 1950 Erzbischof von Zypern und Ethnarch; als Staats-Präs. der Republik Zypern (ab 1960) um die Unabhängigkeit der Insel, Neutralität und einen gewissen Ausgleich der Gegensätze zw. griech. und türk. Zyprern bemüht; 1974 durch einen Putsch der griech.-zypr. Nationalgarde vorübergehend seines Amtes enthoben.
Makart, Hans, *Salzburg 29. 5. 1840, †Wien 3. 10. 1884, österr. Maler. Histor. und allegor. Bilder von prunkvoller Farbwirkung. Seine dekorative Auffassung (Neubarock) beeinflußte Theater, Mode, Wohnkultur und Kunstgewerbe.
Makassarstraße, Teil des Australasiat. Mittelmeeres, verbindet die Celebes- mit der Javasee.
Makedonien (Mazedonien), histor. Großlandschaft in SO-Europa (Griechenland, Jugoslawien, Bulgarien).
Geschichte: Das antike M. war in histor. Zeit von Makedonen besiedelt, einem den Griechen verwandten Stamm. Unter seinen Königen Philipp II. (⚭ 359–336) und Alexander d. Gr. (⚭ 336–323) erlangte M. die Vorherrschaft in Griechenland. Nach Alexanders Tod war M. eines der Diadochenreiche. 215–168 verlor M. in den drei *Makedonischen Kriegen* (Niederlage bei Kynoskephalai 197 und bei Pydna 168) seine Vorrangstellung an Rom und wurde 148 röm. Provinz. Seit dem 4. Jh. n. Chr. gehörte M. zum Byzantin. Reich, geriet dann unter die Herrschaft der Bulgaren, der Serben und kam 1317

zum Osman. Reich. Die Bestätigung dieses Besitzstandes auf dem Berliner Kongreß (1878) führte in M. zu Aufständen gegen die osman. Herrschaft, die sich in Auseinandersetzungen zw. Griechenland, Bulgarien und Serbien fortsetzten (makedon. Frage). Die v. a. deshalb ausgebrochenen Balkankriege (1912/13) endeten mit der Aufteilung M. zw. diesen drei Staaten, der größte Teil von M. gelangte an Serbien (»Vardar-M.«) und Griechenland (»Ägäis-M.«); »Vardar-M.« kam 1918 als Teil Serbiens zum späteren ↑Jugoslawien.
Makedonien (Mazedonien, makedonisch Makedonija), Staat in SO-Europa, grenzt im N an Jugoslawien (Serbien), im O an Bulgarien, im S an Griechenland, im W an Albanien.
Staat und Recht: Republik; *Verfassung* von 1991. *Staatsoberhaupt* ist der direkt gewählte Präs., die *Exekutive* liegt bei der Regierung unter Vors. des Min.-Präs., die *Legislative* beim Einkammerparlament (120 für 4 Jahre gewählte Abg.). Wichtigste *Parteien* sind die Innere Makedon. Revolutionäre Organisation – Demokrat. Partei der makedon. nat. Einheit (MRO), die Sozialdemokrat. Union (ehem. Bund der Kommunisten) und die Partei des Demokrat. Wohlstands (Albaner).
Landesnatur: M. ist ein Gebirgsland, das im NW im Korab 2764 m ü. M. erreicht. Im SW sind die Einbruchsbecken von den Dessartischen Seen (Ohrid-, Prespasee) erfüllt, die nur z.T. zu M. gehören. Hauptfluß ist der Vardar. Das Klima ist kontinental geprägt.
Bevölkerung: Etwa 67% der Bevölkerung sind Makedonier, 23% Albaner, 5% Türken und 2% Serben; etwa zwei Drittel der Makedonier bekennen sich zum christl. Glauben und gehören der makedon. orth. Kirche an.
Wirtschaft, Verkehr: Wichtigster Wirtschaftszweig ist die Landwirtschaft; bes. in den Beckenlandschaften (Pelagonija) und Flußniederungen wird Weizen, Mais, Tabak, Zuckerrüben und Baumwolle angebaut, künstl. Bewässerung ist notwendig. Die extensive Viehhaltung ist auf die Schafzucht ausgerichtet. M. ist relativ reich an Bodenschätzen (Blei-, Zink-, Chrom-, Eisen-, Kupfererze, Braunkohle, Glimmer); ihr Abbau wird jedoch durch die unzureichende Ver-

makedonische Literatur

Makedonien

Staatsflagge

Makedonien

Fläche:	25 713 km²
Einwohner:	2,3 Mio.
Hauptstadt:	Skopje
Amtssprache:	Makedonisch
Währung:	1 Denar (Den) = 100 Deni
Zeitzone:	MEZ

kehrserschließung (rd. 10 000 km Autostraßen, Eisenbahnlinie Belgrad–Skopje–Saloniki) erschwert; internat. ✈ in Skopje und Ohrid.
Geschichte: Zur Geschichte vor 1990 ↑Makedonien (histor. Großlandschaft), ↑Jugoslawien (histor. Bundesstaat). Die ersten freien Parlamentswahlen gewann 1990 die IMRO, die für die nat. Einheit des jugoslaw., griech. und bulgar. M. (in einer Balkanföderation) eintrat; Präs. wurde 1991 K. Gligorov. Nach der Erklärung der Unabhängigkeit am 15. 9. 1991 wurde eine neue Verfassung angenommen, mit der sich M. als selbständiger Staat konstituierte, der bis April 1993 (Aufnahme in die UN) v. a. wegen griech. Einspruchs (Forderung des Verzichtes auf den Namen M.; Konflikt erst 1995 beigelegt) nicht international anerkannt wurde. Im Okt. 1994 wurde Präs. Gligorov wiedergewählt, die Parlamentswahlen gewann die 1992 unter Führung der Reformkommunisten gebildete Regierungskoalition.
Makedonier *Pl.* (Mazedonier), den Bulgaren nahestehende südslaw. Bev. mit eigener Sprache in SO-Europa.
Makedonisch, zur südl. Gruppe der slaw. Sprachen gehörende Sprache mit rd. 3 Mio. Sprechern in Makedonien (Amtssprache) sowie, in den zugehörigen Dialekten, in Teilen SO-Albaniens, N-Griechenlands und SW-Bulgariens.
makedonische Literatur, die Literatur der slaw. Makedonier. Sie entfaltete sich

2111

Makimono

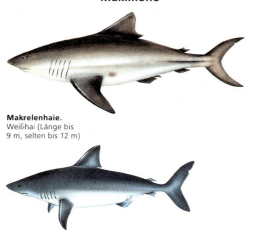

Makrelenhaie. Weißhai (Länge bis 9 m, selten bis 12 m)

Makrelenhaie. Heringshai (Länge bis 3 m)

nach Anläufen im 19. Jh. zu Beginn des 20. Jh. in Gedichten mit nat. und sozialer Thematik, zunächst v. a. durch K. Racin, konnte sich aber erst nach Schaffung einer offiziellen Schriftsprache (1944) weiter entwickeln: S. Janevski schrieb 1952 den ersten makedon. Roman; weitere Vertreter sind u. a. B. Koneski, M. Matevski, P. Boškovski, T. Calovski.
Makimono [jap.], für die japan. Kunst typ. Form der Querrolle, von rechts nach links aufgerollt.
Makis [Malagassi-frz.], svw. ↑Lemuren.
Makkabäer, Beiname des Judas Makkabäus, dann auch seiner Brüder und Mitkämpfer. Als Bez. für die hohepriesterl., seit 104/103 auch königl. Dynastie hat sich der von Josephus Flavius und Mischna bezeugte Name *Hasmonäer* eingebürgert.
Makkabäerbücher, Abk. **Makk.,** vier Bücher aus alttestamentl. Zeit (2./1. Jh. v. Chr.); 1./2. Makk. gehören als apokryphe bzw. deuterokanon. Bücher zum AT; 3./4. Makk. zählen zu den Pseudepigraphen bzw. Apokryphen. Ihr Inhalt befaßt sich mit den jüd. Freiheitskämpfen gegen die syr. bzw. ägypt. Herrschaft.
Makkabäus, Judas ↑Judas Makkabäus.
makkaronische Dichtung (maccaron. Dichtung), kom. Dichtung, deren Wirkung auf der spieler. Verschmelzung zweier Sprachen beruht, wobei die eine v. a. das grammat. und syntakt. Grundgerüst liefert, dem das Wortmaterial aus der anderen Sprache angepaßt wird. Blütezeit im Humanismus des 15./ 16. Jh.; Grundlage war das Lat., durchsetzt mit Elementen der westeurop. Volkssprachen.
Makler (Mäkler), allg. ein Gewerbetreibender, der Gelegenheiten zum Abschluß von Verträgen nachweist und Verträge vermittelt; i. e. S. der *Immobilienmakler,* der gewerbsmäßig den Abschluß von Verträgen über Grundstücke, grundstücksgleiche Rechte, gewerbl. Räume und Wohnungen vermittelt. M. erhalten als Erfolgshonorar *(M.lohn)* einen Prozentsatz von der Umsatzsumme.
Mako [nach Mako (Maho) Bei, dem Hauptförderer des ägypt. Baumwollanbaus im 19. Jh.], feinste, leicht glänzende ägypt. Baumwolle.
Makonde, Bantustamm in SO-Tansania und N-Moçambique; bed. Holzschnitzereikunst (Masken).
makr..., Makr... ↑makro..., Makro...
Makramee [arab.-italien.], alte, urspr. arab. Knüpfarbeit, bei der nicht zwei Fäden miteinander, sondern ein [Knüpf]faden über einen Einlagefaden geknüpft wird.
Makrelen [niederl.] (Scombridae), Fam. schlanker, spindelförmiger Makrelenfische. Die *Europ. M.,* etwa 50 cm lang, geschätzter Speisefisch, kommt im Sommer zum Laichen beiderseits des Atlant. Ozeans in Küstennähe. Die nahverwandte *Mittelmeer-M.* bevorzugt trop. und subtrop. Gewässer und tritt nur gelegentlich nördlich des Ärmelkanals auf.
Makrelenartige (Makrelenfische, Scombroidei), mit rd. 100 Arten in allen Meeren (bes. der trop. und subtrop. Regionen) verbreitete Unterordnung der Barschartigen; bis mehrere Meter lange Knochenfische; zu den M. gehören u. a. die Makrelen und der bis über 4 m lange *Schwertfisch* mit schwertförmig verlängertem Oberkiefer; Speisefisch.
Makrelenhaie (Isuridae), Fam. etwa 2–10 m langer, lebendgebärender Haie. Die in allen warmen Meeren lebenden *Weißhaie* und der *Mako* aus dem trop. und subtrop. Atlantik sowie dem westl. Mittelmeer können dem Menschen ge-

fährlich werden. Speisefische sind der Mako und der im nördl. Atlantik und seinen Nebenmeeren vorkommende *Heringshai* (als *Kalbfisch* oder *Seestör* im Handel).

makro..., Makro..., makr..., Makr... [griech.], Bestimmungswort von Zusammensetzungen mit der Bedeutung »lang, groß«.

Makrobiotik [griech.], von C. W. Hufeland geprägter Begriff für die Kunst, das Leben zu verlängern, z. B. durch Anwendung verschiedener Medikamente, Hormone, aber auch durch geeignete Ernährung und Lebensführung; heute eine v. a. auf Getreide und Gemüse basierende Ernährungsweise.

Makrokosmos, Weltall, Universum. – Ggs. ↑Mikrokosmos.

Makromoleküle, Riesenmoleküle mit Molekularmassen ab 10 000 g/mol, deren Atome durch koralente Bindungen verknüpft sind (z. B. Kunststoffe, Nukleinsäuren, Stärke, Zellulose).

Makrophotographie, in der Photographie der Aufnahmebereich der vergrößernden Abbildung (in Originalgröße und größer).

Makropoden [griech.] (Großflosser, Macropodinae), Unter-Fam. der Labyrinthfische in den Gewässern SO-Asiens; einige M. sind beliebte Aquarienfische, z. B. der bis 10 cm lange *Paradiesfisch*.

Makulatur [lat.], im graph. Gewerbe nicht einwandfreie Druckbogen.

MAK-Wert [MAK, Abk. für **m**aximale **A**rbeitsplatz-**K**onzentration], Grenzkonzentration gas-, dampf- oder staubförmiger Substanzen, die als noch erträglich (nicht gesundheitsschädlich) am Arbeitsplatz bei achtstündiger Arbeit angesehen werden kann. ↑TRK-Werte.

malabarische Liturgie ↑Thomaschristen.

Malabarküste, SW-Küste Indiens zw. Goa und Kap Comorin.

Malabo (früher Santa Isabel), Hauptstadt von Äquatorialguinea, auf Bioko, 10 000 E. Hafen, internat. ✈.

Malachias, hl. (altir. Maol M'Aedoc), *Armagh um 1094/95, † Clairvaux 1148, ir. Erzbischof. Aus einer mißverstandenen Stelle der von Bernhard von Clairvaux verfaßten Vita entstand um 1590 die Fälschung der sog. *Weissagung des Malachias*: 112 Sinnsprüche über Päpste von Cölestin II. (1143) bis zum angeblich letzten Papst Petrus II.

Malachias ↑Maleachi.

Malachit [griech.], Mineral von in Kristallen schwarzgrüner, in dichten Kristallaggregaten smaragdgrüner Farbe; chem. $Cu_2[(OH)_2|CO_3]$. Mohshärte 4, Dichte 4,0 g/cm^3; häufiges Kupfererz, Schmuckstein.

mala fide [lat.], im Recht: trotz besseren Wissens.

Málaga, span. Prov.-Hauptstadt an der Costa del Sol, 535 000 E. Univ., archäolog. und kunsthistor. Museum; Weinkellereien (Malagawein, ein gespriteter Südwein), Eisen- und Stahlwerke, Schiffbau, Erdölraffinerie; wichtigster Hafen Andalusiens. Reste eines röm. Theaters; arabisch sind die Alcazaba (v. a. 8. und 9. Jh.) und das Castillo de Gibralfaro (v. a. 14. Jh.). Bed. Renaissancekathedrale (1588 geweiht, später erneuert). – Das antike *Malaca*, eine phönik. Gründung, fiel 205 v. Chr. an die Römer, 571 n. Chr. an die Westgoten; unter arab. Herrschaft (71–1487) größte kulturelle und wirtschaftl. Blüte.

Malaien, 1) Volk in SO-Asien, v. a. in Indonesien, W-Malaysia, S-Thailand und Singapur.
2) früher Bez. für alle ↑Indonesier.

Malaiische Halbinsel (Halbinsel Malakka), Halbinsel in SO-Asien, zw. der Andamanensee und der Malakkastraße im W sowie dem Golf von Thailand und dem Südchin. Meer im O, 1500 km lang, an der schmalsten Stelle 40–50 km breit, bis 2190 m hoch. Anteil an der M. H. haben Birma, Thailand und Westmalaysia.

Malaiischer Archipel (Insulinde), die Inselwelt zw. dem südostasiat. Festland sowie Australien und Neuguinea.

Malakka, malays. Stadt und malays. Gliedstaat, heute ↑Melaka.

Malakka, Halbinsel ↑Malaiische Halbinsel.

Malakkastraße, Meeresstraße zw. der Halbinsel Malakka und Sumatra, verbindet das Südchin. Meer mit der Andamanensee.

Malamud, Bernard [engl. 'mæləməd], *New York 26. 4. 1914, † ebd. 18. 3. 1986, amerikan. Schriftsteller. Sohn jüd. Einwanderer; im Mittelpunkt seiner (satir.) Romane, u. a. »Der Gehilfe« (1957), »Der Fixer« (1966), »Die Mie-

Malachit
(angeschliffen)

Malang

Malaria. Entwicklungsgang des Malaria-Erregers in schematischer Darstellung (**a** stechende, **b** saugende Fiebermücke); 1 Sichelkeim im Blut des Menschen; 2-4 Entwicklung in Zellen der Leber; 5-7 Entwicklung in roten Blutkörperchen; 8 Geschlechtsformen (links männlich, rechts weiblich) in Blutkörperchen; 9 Fortentwicklung der männlichen (links) und weiblichen Gametozyten (rechts) im Darm der Mücke; 10 Befruchtung; 11 Eindringen der befruchteten weiblichen Form in die Darmwand; 12 einkernige Oozyste; 13 vielkernige Oozyste; 14 Bildung der Sichelkeime; 15 in die Speicheldrüse der Mücke eingewanderte Sichelkeime

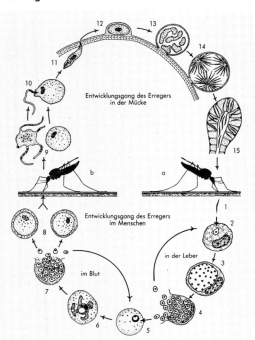

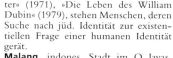

Curzio Malaparte

ter« (1971), »Die Leben des William Dubin« (1979), stehen Menschen, deren Suche nach jüd. Identität zur existentiellen Frage einer humanen Identität gerät.

Malang, indones. Stadt im O Javas, 547000 E. Univ.; botan. Garten, Herstellung von Konsumgütern. Nahebei das Grabmonument Candi Kidal (um 1240).

Malangatana, Ngwenya Valente, *Marracuene (nördlich von Maputo) 1936, afrikan. Maler. Zählt zu den Vätern der zeitgenössischen Kunst Schwarzafrikas; seit 1959 internationale Ausstellungen.

Malaparte, Curzio, eigtl. Kurt Erich Suckert, *Prato 9. 6. 1898, †Rom 19. 7. 1957, italien. Schriftsteller. Erregte Aufsehen durch seine polem. Kriegs- und Nachkriegsromane, u. a. »Kaputt« (1944) und »Die Haut« (frz. 1949, italien. 1950).

Malaria [italien.] (Sumpffieber, Wechselfieber, Helodes), durch Arten der zu den Sporentierchen gehörenden Gatt. Plasmodium hervorgerufene, von Malariamückenarten übertragene, v. a. in wärmeren Ländern vorkommende, meldepflichtige Infektionskrankheit. Man unterscheidet drei M.formen: Die *M. tertiana* (Dreitagefieber, Tertiana; Erreger: Plasmodium vivax) kommt auch in gemäßigten Zonen vor; Fieberanfall jeweils nach einem fieberfreien Tag. – *M. quartana* (Quartana; Erreger: Plasmodium malariae): Fieberanfall alle 72 Stunden. – Bei der *M. tropica* (Tropika; Erreger: Plasmodium falciparum, Plasmodium immaculatum) treten die Fieberattacken in unregelmäßigen Abständen auf. Die Krankheit beginnt meist uncharakterist. grippeartig mit Kopf- und Gliederschmerzen und nachfolgendem unregelmäßigem Fieber. Als Begleiterscheinungen treten Blutarmut,

Malawi

Malawi. Landschaft am Rand des Mlanjemassivs

Malawi

Staatsflagge

Milz- und Leberschwellung bzw. -schäden, Gewichtsabnahme, auch Herzmuskelschäden auf. Die M. ist neben der Amöbenruhr die häufigste Tropenkrankheit. Sie ist trotz energ. Bekämpfung nach wie vor in fast allen trop. Ländern stark verbreitet. Derzeit sind erfolgversprechende Versuche mit Impfstoffen gegen die M. im Gange.

Malariamücken (Fiebermücken, Gabelmücken, Anopheles), Gattung der Stechmücken mit rund 200 Arten in der Nähe stehender Gewässer v. a. der Tropen.

Mälarsee, mit 1140 km² drittgrößter See Schwedens, westl. von Stockholm.

Malaspinagletscher [engl. mæləs'pi:nə], mit etwa 4000 km² einer der größten Vorlandgletscher der Erde, in S-Alaska.

Malate [lat.], Salze und Ester der Äpfelsäure.

Malawi, Staat in Afrika, grenzt im N an Tansania, im O, S und SW an Moçambique, im W an Sambia.

Staat und Recht: Präsidiale Republik; *Verfassung* von 1966 (letzte Änderung 1993). *Staatsoberhaupt* und oberster Inhaber der *Exekutive* ist der für 5 Jahre gewählte Präsident. *Legislativorgan* ist das Einkammerparlament, die Nationalversammlung (146 für 5 Jahre gewählte Abg.). Seit 1993 Mehr*parteien*system.

Landesnatur: Von den weiten Hochebenen im W des Landes fällt M. steil zum Njassagraben, dem südl. Teil des Ostafrikan. Grabensystems, ab. Das Klima ist tropisch mit einer Regenzeit.

Je nach Höhenlage findet sich Wald-, Busch- oder Grasland.

Bevölkerung: 99,6% der Bevölkerung sind Bantus, 0,2% Inder und 0,2% Europäer. 40% sind Christen, 12% Muslime; traditionelle Stammesreligionen sind weit verbreitet.

Wirtschaft, Verkehr: Für den Eigenbedarf werden Mais, Reis, Süßkartoffeln, Jams, Maniok und Gemüse angebaut. Exportorientierter Plantagenanbau von Tabak, Tee, Zuckerrohr, Erdnüssen und Baumwolle. Die Ind. verarbeitet landwirtschaftl. Produkte. Die Eisenbahn,

Malawi

Fläche: 118 484 km²
Einwohner: 10,356 Mio.
Hauptstadt: Lilongwe
Amtssprachen: Englisch, Chi-Chewa
Nationalfeiertag: 6. 7.
Währung: 1 Malawi-Kwacha (MK) = 100 Tambala (t)
Zeitzone: MEZ +1 Std.

Staatswappen

10,4   210
4,4   116

1970 1992   1970 1992
Bevölkerung   Bruttosozial-
(in Mio.)   produkt je E
             (in US-$)

☐ Stadt   Land ☐
        12%
        88%

Bevölkerungsverteilung 1992

☐ Industrie
☐ Landwirtschaft
☐ Dienstleistung
  22%
28%   50%

Bruttoinlandsprodukt 1992

Malaysia

Malaysia

Staatsflagge

Staatswappen

1970 1992 1970 1992
Bevölkerung   Bruttosozial-
(in Mio.)   produkt je E
               (in US-$)

Bevölkerungsverteilung
1992

Bruttoinlandsprodukt
1992

die 789 km Länge hat, verbindet M. mit den Häfen Beira und Nacala in Moçambique. Das Straßennetz ist 18 845 km lang; internat. ✈ bei Blantyre und Lilongwe.
Geschichte: D. Livingstone entdeckte 1859–63 den Njassasee (Malawisee) und erforschte die umliegenden Gebiete. 1891 wurde im heutigen M. das Protektorat British Central Africa errichtet, das 1907 den Namen Njassaland erhielt. 1953 wurde die Zentralafrikan. Föderation mit N- und S-Rhodesien gebildet. Nach dem Sieg der Malawi Congress Party bei den ersten allg. Wahlen 1961 übernahm H. K. Banda 1963 das Amt des Premier-Min. von Njassaland, das nach Auflösung der Föderation 1963 als M. unabhängig wurde, zunächst als Monarchie unter der brit. Krone, seit 1966 als Republik innerhalb des Commonwealth. Unter Führung von Präs. Banda (1971 lebenslänglich zum Präs. gewählt) betreibt M. eine westlich orientierte Politik. 1993 wurde nach einem Referendum das Mehrparteiensystem eingeführt. Im Mai 1994 fanden erstmals freie Präsidentschaftswahlen statt, aus denen B. Muluzi als Sieger hervorging; Banda respektierte das Ergebnis und trat zurück.

Malaysia, Staat in Asien. West-M. umfaßt den S-Teil der Malaiischen Halbinsel und grenzt im N an Thailand, im S an Singapur. Ost-M. besteht aus Sarawak und Sabah, nimmt den N-Teil von Borneo ein und grenzt an Indonesien und Brunei.
Staat und Recht: Bundesstaatl. parlamentar. Wahlmonarchie; *Verfassung* von 1963 (zuletzt geändert 1993). *Staatsoberhaupt* und oberster Inhaber der *Exekutive* ist der von den neun Sultanen für 5 Jahre gewählte König (seit 1994 Ja'afar Abdul Rahman). Die *Legislative* liegt beim Parlament, das aus dem König, dem Senat (70 Abg.; je zwei von den Parlamenten der Gliedstaaten und Bundesterritorien gewählte Vertreter und 40 vom König ernannte Senatoren; Amtsdauer: 6 Jahre) und dem Repräsentantenhaus (180 auf 5 Jahre gewählte Abg.) besteht. Wichtigste *Partei* ist die Nat. Front, ein Zusammenschluß von 13 Organisationen unter Führung der United Malay's National Organization (UMNO). Oppositionsparteien sind u. a. die Demokrat. Aktionspartei und die Islam. Partei.
Landesnatur: West- und Ost-M. sind überwiegend gebirgig. Die höchste Erhebung liegt in Sabah (Kinabalu 4 101 m). Den Gebirgen sind seewärts Hügelländer und Sümpfe vorgelagert. M. besitzt innertropisches, immerfeuchtes Klima. Die Niederschläge erreichen teilweise über 6 000 mm/ Jahr. 70% der Gesamtfläche werden von trop. Regenwald eingenommen.
Bevölkerung: In allen Landesteilen überwiegen die Malaien (60%) und Chinesen (31%). In Sabah leben rd. 22% Indonesier. Etwa 50% sind Muslime, 7% Christen; die Chinesen sind überwiegend Konfuzianer und Buddhisten.
Wirtschaft, Verkehr: Das Schwellenland M. ist eines der sich am schnellsten entwickelnden Länder Asiens. M. ist führend in der Kautschuk- und Palmölproduktion. Fischerei, Schweine- und Geflügelhaltung decken den Eigenbedarf. Die wichtigsten Bodenschätze sind Zinnerz, Erdöl und Erdgas. Die Industrie hat ihre Schwerpunkte im Raum Kuala Lumpur und Pinang. Die Schienennetz ist in West-M. 1 639 km, in Sabah 184 km lang. Das Straßennetz hat eine Gesamtlänge von 55 201 km. Wichtigste Häfen sind Pinang, Port Kelang, Johor Baharu, Kuantan, Ku-

Malaysia

Fläche:	329 749 km²
Einwohner:	18,792 Mio.
Hauptstadt:	Kuala Lumpur
Amtssprachen:	Malaiisch, Englisch
Nationalfeiertag:	31. 8.
Währung:	1 Malay. Ringgit (M$) = 100 Sen (c)
Zeitzone:	MEZ + 7 Std.

ching und Kota Kinabalu; internat. ☒ bei Kuala Lumpur und Pinang.
Geschichte: Malaiische Einwanderer aus Sumatra gründeten um 1400 das Sultanat Malakka mit der gleichnamigen Hauptstadt, die zum bedeutendsten Umschlagplatz des West-Ost-Handels wurde. 1511 eroberten die Portugiesen Malakka; 1641 fiel die Stadt in niederl. Hand. 1795 besetzte Großbrit. Malakka und faßte es Anfang des 19. Jh. mit Penang (heute Pinang) und Singapur zu den »Straits Settlements« (Siedlungen an der Wasserstraße) zusammen (seit 1867 Kronkolonien). Ab 1873 unterstellte Großbrit. neun kleinere malaiische Sultanate seiner direkten (Föderierte Malaiische Staaten) oder indirekten Verwaltung (Nichtföderierte Malaiische Staaten). Im 2. Weltkrieg war die Malaiische Halbinsel 1942–45 jap. besetzt. Die nach der Niederlage Japans zurückgekehrten Briten trugen den malaiischen Forderungen nach staatl. Selbständigkeit 1946 mit der Gründung der Malaiischen Union Rechnung, die 1948 in den Malaiischen Bund (die neun Sultanate mit den brit. Besitzungen Pinang und Malakka) überführt wurde. Dieser erhielt am 31. 8. 1957 die Unabhängigkeit innerhalb des Commonwealth. Am 16. 9. 1963 wurde die Föderation von M. proklamiert (neue Verfassung, basierend auf der des Malaiischen Bundes), der neben einem Teil des ehem. Brit.-Nordborneo auch ↑Singapur eingegliedert wurde. Doch Schwierigkeiten innenpolit. (Unruhen zw. Chinesen und Malaien) und außenpolit. Art (Konfrontationspolitik Indonesiens unter Sukarno) führten 1965 zum Austritt Singapurs aus der Föderation. Auch in der Folgezeit kam es zu gewaltsamen Auseinandersetzungen zw. verschiedenen Bevölkerungsgruppen (1969, 1978/ 1979, 1987). Das rohstoffreiche Schwellenland M. verzeichnete in den 1980er Jahren ein hohes wirtschaftl. Wachstum. Außenpolitisch steuert M., in dem seit 1963 die UMNO den Min.–Präs. (seit 1981 Datuk Seri Mahatir Mohammed, zuletzt 1995 bestätigt) stellt, einen gemäßigten, neutralen und blockfreien Kurs.

Malchen ↑Melibocus.
Malcolm III. [engl. ˈmælkəm], ✕ bei Alnwick (Northumberland) 1093, Kö-

Malediven

Malaysia. Naßreisfelder im Osten des Landes

nig von Schottland (seit 1058). Sohn Duncans I.; nach seinem Sieg über Macbeth (1057) in Scone zum König erhoben.
Malcolm X [engl. ˈmælkəm ˈɛks], eigtl. Malcolm Little, * Omaha 19. 5. 1925, † New York 21. 2. 1965 (ermordet), amerikan. schwarzer Bürgerrechtler. Einer der Führer der ↑Black Muslims (bis Ende 1963); begründete die Organization of Afro-American Unity; seine Autobiographie »Der schwarze Tribun« (1965) gilt als Klassiker der afroamerikan. Selbstdarstellung.
Male [engl. ˈmɑːleɪ], Hauptstadt der Malediven, auf der gleichnamigen Hauptinsel des Maleatolls, das 125 Inseln umfaßt, von denen nur zehn bewohnt sind; 46300 E. Regierungsgebäude, Moschee.
Maleachi (Malachias, Buch M.), das letzte Buch der 12 »kleinen Propheten« des AT (1. Hälfte des 5. Jh. v. Chr., Verfasser anonym).
Maleate (Maleinate) [lat.] ↑Maleinsäure.
Malediven, Staat im Ind. Ozean, etwa 600 km sw. von Sri Lanka. Die Inselgruppe der Malediven erstreckt sich über 760 km N–S- und 130 km O–W-Ausdehnung.
Staat und Recht: Präsidialrepublik; *Verfassung* von 1968. *Staatsoberhaupt* und oberster Inhaber der *Exekutivgewalt* ist der für 5 Jahre direkt gewählte Präsident. *Legislativorgan* ist das Parlament (40 auf 5 Jahre gewählte und acht ernannte Mitgl.). Es gibt keine *Parteien* und keine *Streitkräfte.*

2117

Maleinsäure

Malediven

Staatsflagge

Staatswappen

Malediven

Fläche:	298 km²
Einwohner:	227 000
Hauptstadt:	Male
Amtssprache:	Divehi
National-feiertag:	26. 7.
Währung:	1 Rufiyaa (Rf) = 100 Laari (L)
Zeitzone:	MEZ + 4 Std.

Landesnatur: Die M. bestehen aus 19 Atollen mit rd. 2000 Inseln und Eilanden, die selten mehr als 2,5 m ü. M. aufragen. Es herrscht trop. Monsunklima.
Bevölkerung: Die Malediver stammen von Singhalesen und Arabern ab. Sie sind sunnit. Muslime.
Wirtschaft, Verkehr: Haupterwerb bieten die Fischerei und Fischverarbeitung. Wichtigste Nutzpflanze ist die Kokospalme (Kopra, Kokosfasern, Kokosnußöl). Wichtigster Wirtschaftszweig ist der Fremdenverkehr; regelmäßige Schiffsverbindung mit Colombo (Sri Lanka); internat. ✈ auf Hulule.
Geschichte: Seit 1645 unter niederl. Schutz, wurde das M.-Sultanat 1887 brit. Protektorat. Mit der Unabhängigkeit Ceylons, an das der M. angeschlossen waren, erhielten die Inseln die innere Selbstverwaltung, 1965 völlige Souveränität. Die M. gehören zu den blockfreien Staaten. Der seit 1978 amtierende Staats-Präs. M. A. Gayoom wurde 1993 abermals wiedergewählt.
Maleinsäure [lat./dt.] (cis-Äthylendicarbonsäure), farblose, kristalline, wasserlösl. Dicarbonsäure, die bei Erhitzen unter Abspaltung von Wasser in ihr Anhydrid übergeht. M. und M.anhydrid werden zur Herstellung von Kunststoffen verwendet. Die Salze und Ester der M. heißen *Maleate*. Die trans-Form der M. ist die ↑Fumarsäure.

Malekula [engl. maːleɪˈkuːlaː], mit 1166 km² die zweitgrößte Insel der Neuen Hebriden. ↑Vanuatu.
Malenkow, Georgi Maximilianowitsch [russ. mɐlinˈkɔf], *Orenburg 8. 1. 1902, † Moskau 14. 1. 1988, sowjet. Politiker (KPdSU). Ab 1938 persönl. Sekretär Stalins, nach dessen Tod (1953) 1. Parteisekretär und 1953–55 Min.-Präs.; 1957 aller Ämter enthoben.
Malente, Gem. in der Holsteinischen Schweiz, Schlesw.-Holst., 10400 E. Sportschule; Kneippheilbad. Frühgot. Feldsteinkirche.
Malerei, die künstler. Gestaltung einer Fläche (mit Farbe), zu unterscheiden von Plastik und Architektur sowie von Zeichnung und Graphik. Sie kann flächig, aber auch räuml.-illusionist. angelegt sein (v. a. eine abendländ. Erscheinung). Die Techniken unterscheiden sich nach Art der Farben und der Bildträger. – Der Ursprung der M. ist in Kult und Mythos ebenso wie in Schmuckbedürfnis bzw. ästhet. Empfinden zu suchen. Die klass. Antike stellt die Darstellung des Menschen in den Mittelpunkt. Die chin. bzw. ostasiat. M. wendet sich früh neben höf. Figurenmalerei der Landschaftsmalerei zu. Die islam. Kunst konzentriert sich auf das Ornament. Die nachmittelalterl. europ. Malerei gibt die Ausschließlichkeit religiöser Thematik auf und entwickelt selbständige Bildgattungen wie Porträt, Gruppenbild, Genre, Interieur, Stilleben, Landschafts-, Historienmalerei. Im 20. Jh. entwickelte sich die abstrakte oder surrealist. Malerei.
Maler Müller, ↑Müller, Friedrich.
Malerstaffelei ↑Sternbilder (Übersicht).
Malesherbes, Chrétien Guillaume Lamoigne de [frz. malˈzɛrb], *Paris 6. 12. 1721, † ebd. 22. 4. 1794 (hingerichtet), frz. Minister. Ab 1750 Präs. des Finanzgerichtshofs; förderte als Direktor der Hofbibliothek (1750–63) die frz. Enzyklopädie.
Malewitsch, Kasimir Sewerinowitsch [russ. maˈljevitʃ], *Kiew 23. 2. 1878, † Leningrad (heute Sankt Petersburg) 15. 5. 1935, sowjet. Maler und Kunsttheoretiker des Konstruktivismus. In seinem Manifest »Vom Kubismus zum Suprematismus« (1915) beschränkte M. die künstler. Formensprache auf Qua-

drat, Dreieck und Kreis als Symbole des modernen techn. Zeitalters.

Malherbe, François de [frz. maˈlɛrb], *in oder bei Caen 1555, † Paris 16. 10. 1628, frz. Dichter und Literaturtheoretiker. Reformator der frz. Literatur; schrieb Oden und Sonette in klarem, einfachem Stil.

Mali, Staat in Afrika, grenzt im N an Algerien, im O an Niger, im S an Burkina Faso und an die Elfenbeinküste, im W an Guinea und Senegal, im NW an Mauretanien.

Staat und Recht: Präsidialrepublik; *Verfassung* von 1992. *Staatsoberhaupt* und Inhaber der *Exekutivgewalt* ist der direkt für 5 Jahre gewählte Präs.; die *Legislative* liegt beim für 4 Jahre gewählten Parlament (Nationalversammlung, 129 Abg.). Die 1990 als Oppositionsbewegung gegen die Einheitspartei Union Démocratique du Peuple Malien (UDPM) gegr. Alliance pour la Démocratie au Mali – Parti Africaine pour la Solidarité et la Justice (ADEMA-PASJ) ist stärkste Partei.

Landesnatur: M. hat von N nach S Anteil an den Landschaftsräumen der Sahara, des Sahel und des Sudan. Es ist überwiegend ein Tafelland, dessen Ebenen von einzelnen bis 1000 m hohen Zeugenbergen überragt werden. Im S liegt das ausgedehnte Nigerbecken. Entsprechend der N–S-Ausdehnung hat M. Anteil am Wüsten-, Halbwüsten- und feuchttrop. Klima. Es finden sich Wüste, Trocken-, Dornstrauch- und Feuchtsavanne.

Bevölkerung: Die Mehrheit der Bevölkerung, die im S., v. a. längs des Niger lebt, sind Sudanide (Bambara, Malinke, Senufo und Soninke). Im N leben Tuareg, am Senegal die Fulbe. 90 % sind Muslime.

Wirtschaft, Verkehr: Wichtigstes Landwirtschaftsgebiet ist das Binnendelta des Niger. Angebaut werden Erdnüsse, Reis, Baumwolle, Hirse und Maniok. Durch die Dürreperiode im Sahel wurden rd. 50 % des Viehbestandes vernichtet. In Ind.betrieben werden landwirtschaftl. Erzeugnisse verarbeitet sowie Zement, Ziegel, landwirtschaftl. Maschinen, Metallwaren und Zigaretten hergestellt. 200 km südlich Timbuktu befindet sich eines der größten Sonnenkraftwerke der Erde. Die Eisenbahn hat eine Streckenlänge von 642 km, das Straßennetz von 15 700 km; internat. ✈ bei Bamako.

Geschichte: Vom 12. Jh. an bestand im westl. Sudan das Reich M. (Zerfall 15.–17. Jh.). Im späten 19. Jh. gliederte Frankreich das Gebiet des heutigen M. als Soudan (seit 1904 Kolonie) Frz.-Westafrika ein. 1958 autonome Republik in der Frz. Gemeinschaft, bildete Soudan 1959 mit Sénégal die Föderation M., die jedoch schon 1960 auseinanderbrach. Die ehem. Kolonie Soudan behielt den Namen M. bei. 1968–79 herrschte in M. ein Militärregime unter M. Traoré, dann auch ziviler Präs. wurde. 1983 wurde der eindeutige Grenzverlauf zw. M. und Algerien festgelegt. Die Grenzstreitigkeiten mit Burkina Faso konnten im Dez. 1985 beendet werden. Nachdem es im Sommer 1990 zu Unruhen im N gekommen war, wurde der Ausnahmezustand verhängt und im Jan. 1991 in einem Abkommen zw. Tuaregs und Regierung eine Sonderverwaltung vereinbart. Im März 1991 wurde Präs. M. Traoré in einem unblutigen Staatsstreich gestürzt und die Verfassung außer Kraft gesetzt. Im Jan. 1992 wurde eine neue Verfassung durch Volksabstimmung angenommen und im April 1992 bei den ersten freien Wahlen A. O. Konaré (ADEMA-PASJ) zum Präs. gewählt.

Mali

Staatsflagge

Mali

Fläche:	1 240 192 km²
Einwohner:	9,818 Mio.
Hauptstadt:	Bamako
Amtssprache:	Französisch
Nationalfeiertag:	22. 9.
Währung:	1 CFA-Franc = 100 Centimes (c)
Zeitzone:	MEZ – 1 Std.

Staatswappen

Bevölkerung (in Mio.) — Bruttosozialprodukt je E (in US-$)

☐ Stadt   Land ☐

Bevölkerungsverteilung 1992

☐ Industrie
☐ Landwirtschaft
☐ Dienstleistung

Bruttoinlandsprodukt 1992

Malignität

Stéphane Mallarmé

Louis Malle

Marcello Malpighi

André Malraux

Malignität [lat.], in der *Medizin* Bösartigkeit, bes. von Tumoren.
Malik ibn Anas, *Medina um 710, † ebd. 795, islam. Rechtsgelehrter. Sein Werk »Al muwatta« (Der gebahnte Pfad) ist das älteste jurist. Werk des Islams. Seine Anhänger sind die *Malikiten* (Malekiten).
Malinowski [engl. mælɪ'nɔvskɪ], Bronislaw Kaspar, *Krakau 7. 4. 1884, † New Haven (Conn.) 16. 5. 1942, brit. Ethnologe poln. Herkunft. Begründete die ethnograph. Feldforschung.
Malipiero, Gian Francesco, *Venedig 18. 3. 1882, † Treviso 1. 8. 1973, italienischer Komponist. Gemäßigt moderner Stil; schuf etwa 20 Opern, Ballette, Konzerte, Orchester-, Kammer- und Vokalmusik.
Mallarmé, Stéphane [frz. malar'me], *Paris 18. 3. 1842, † Valvins bei Fontainebleau 9. 9. 1898, frz. Dichter. Einflußreichster Vertreter des frz. ↑Symbolismus. Seine v. a. aus Sprachexperimenten bestehende Lyrik zielt durch die Verbindung von Sprach- und Musikstrukturen auf eine Form des Absoluten in der Kunst. Bed. auch seine dichtungstheoret. Schriften (u. a. »La musique et les lettres«, 1891). – *Weitere Werke:* Der Nachmittag eines Fauns (Ged., 1876; vertont von C. Debussy), Ein Würfelwurf hebt den Zufall nicht auf (Lyrik, 1. Fassung 1897, 2. Fassung hg. 1914).
Malle, Louis [frz. mal], *Thumeries bei Douai 30. 10. 1932, † Los Angeles 23. 11. 1995, frz. Filmregisseur. Bed. Vertreter des internat. Films, u. a. »Fahrstuhl zum Schafott« (1957; Musik von M. Davis), »Zazie« (1960; nach R. Queneau), »Atlantic City, USA« (1980), »Mein Essen mit André« (1981), »Auf Wiedersehen, Kinder« (1987), »Eine Komödie im Mai« (1990), »Verhängnis« (1992).
Mallorca [ma'jɔrka, span. ma'ʎɔrka], mit 3 618 km² größte Insel der Balearen, bis 1 445 m hoch, 309 600 E, Hauptstadt Palma; fruchtbares Hügelland (Wein, Öl, Obst, Getreide). Hauptwirtschaftsfaktor ist der Fremdenverkehr.
Mallungen [niederdt.], seemänn. 1. svw. unregelmäßige Winde; 2. Bez. für den äquatorialen Kalmengürtel.
Malm [engl.] (Weißer Jura), jüngste Abteilung des Jura.

Malmedy (amtl. Malmédy), ostbelg. Gem. in den Ardennen, 10 000 E. – M. gehörte bis 1920 zum Dt. Reich. ↑Eupen-Malmedy.
Malmignatte [malmɪn'jatə; italien.], etwa 1 cm große Kugelspinne in S-Europa, NO-Afrika und in weiten Teilen Asiens; auch für den Menschen gefährl. Giftspinne.
Malmö, schwed. Stadt am Sund gegenüber von Kopenhagen, 233 900 E. Hochschulen, Museen; Messen; u. a. Werft, Flugzeugbau, Erdölraffinerie; Hafen; Fähre nach Kopenhagen. Got. Peterskirche (um 1300–46), Renaissancerathaus (1545/46).
Maloja ↑Alpenpässe (Übersicht).
Malonsäure [lat./dt.] (Propandisäure), kristalline Dicarbonsäure, die in Zuckerrüben vorkommt und bei der Oxidat. von Apfelsäure entsteht. Malonate sind die sauren oder neutralen Ester. ↑Barbitursäure.
Malory, Sir Thomas [engl. 'mælərɪ], *in Warwickshire Anfang des 15. Jh., † London 14. (?) 3. 1471, engl. Schriftsteller. Sein Prosawerk »Le morte d'Arthur« (auch »Le morte Darthur«, 1469/1470) ist eine Zusammenfassung aller vorhandenen Artussagen.
Malpass, Eric Lawson [engl. 'mælpæs], *Derby 14. 11. 1910, engl. Schriftsteller. Erfolgreiche idyll. Familienromane, u. a. »Morgens um sieben ist die Welt noch in Ordnung« (1965).
Malpighi, Marcello, *Crevalcore bei Bologna 10. 3. 1628, † Rom 29. 11. 1694, italien. Anatom. Einer der Begründer der modernen Mikroskop. Anatomie; beschrieb 1661 erstmals die Feinstruktur des Lungengewebes und bestätigte im gleichen Jahr durch Entdeckung der Kapillaren die Vorstellung vom großen Blutkreislauf.
Malraux, André [frz. mal'ro], *Paris 3. 11. 1901, † Créteil bei Paris 23. 11. 1976, frz. Politiker und Schriftsteller. 1925–27 in China; nahm 1936 auf republikan. Seite am Span. Bürgerkrieg teil; 1939 Austritt aus der frz. KP; 1940–44 Mgl. der Résistance; 1945/46 und 1958 Informations-Min. de Gaulles, 1959–69 Kultusminister. In seinen frühen Romanen »Eroberer« (1928) und »So ist der Mensch« (1933), die die Aufstände in Kanton und Schanghai schildern, drückt M. Grundgedanken des Existen-

tialismus aus. Nach dem Krieg einflußreich durch seine polit. und literar. Veröffentlichungen; zahlr. Studien v. a. zu philos. und ästhet. Problemen (u. a. »Psychologie der Kunst«, 1947–50). – *Weitere Werke:* Der Königsweg (R., 1930), Das Haupt aus Obsidian. Über Picasso ... (1974), Gäste im Vorübergehen (Autobiogr., 1975).

Malta, Staat im zentralen Mittelmeer, 93 km südl. von Sizilien, umfaßt die Inseln Malta, Gozo, Comino, Cominotto und Filfla.

Staat und Recht: Republik im Commonwealth; *Verfassung* von 1974. *Staatsoberhaupt* ist der auf repräsentative Funktionen beschränkte Staatspräs. (Amtszeit 5 Jahre). *Exekutivorgan* ist die Regierung unter Leitung des Premierministers. Die *Legislative* liegt beim Repräsentantenhaus (69 für 5 Jahre gewählte Abg., darunter vier Bonus-Sitze für die stärkste Partei). *Parteien:* Labour Party, Nationalist Party.

Landesnatur: M. steigt vom NO nach SW bis 253 m an und fällt dann steil zum Meer hin ab. Im N und NO finden sich Becken, die landwirtschaftlich genutzt werden. Im mediterranen Klima sind Garigue und eingeführte Pflanzen wie Johannisbrotbaum, Aleppokiefer, Kakteen und Olive typisch.

Bevölkerung: Die überwiegend kath. Bewohner wurden durch roman., arab. und brit. Einflüsse geprägt.

Wirtschaft, Verkehr: Bed. Blumenzucht. Außer Salz und Natursteinen keine Bodenschätze. Wichtigster Wirtschaftszweig ist das Dienstleistungsgewerbe; Nahrungsmittel- und Textilindustrie. Das Straßennetz ist 1 385 km lang. Wichtigster Hafen ist Grand Harbour. Internat. ✈ ist Luqa auf Malta.

Geschichte: M., griech. *Melite,* lat. *Melita,* war eines der Zentren der mediterranen Megalithkulturen. Im 8./ 7. Jh. v. Chr. phönik.Kolonisation, im 7./6. Jh. wohl unter karthag. Oberhoheit; ab 218 v. Chr. röm. Kolonie; 395/533 n. Chr. wurde es byzantinisch; 870–1091 arabisch (Aghlabiden), dann normannisch; ab 1284 aragonesisch; 1530–1798 im Besitz des Malteserordens; unterstellte sich 1802 Großbrit. (1814 Kronkolonie). 1947 volle Autonomie, 1964 unabhängiges Mgl. des Brit. Commonwealth, 1974 unabhängige parlamentar.

Malteserorden

Malta

Staatsflagge

Malta

Fläche:	316 km²
Einwohner:	359 000
Hauptstadt:	Valletta
Amtssprachen:	Maltesisch, Englisch
Nationalfeiertag:	31. 3.
Währung:	1 Maltes. Lira (lm) = 1 000 Mils (m)
Zeitzone:	MEZ

Staatswappen

Republik. Durch die auf Wahrung der außenpolit. Unabhängigkeit bedachte Politik der Labour Party ergaben sich in der Folgezeit schwere Konflikte mit Großbrit., das bis 1979 seine Truppen abzog. Nach der Verfassungsänderung von 1987, die das Verhältnis von Wählerstimmen und Parlamentssitzen neu regelte, gewann die bislang oppositionelle Nationalist Party die Wahlen von 1987 und 1992. Im Juni 1993 stellte M. einen Antrag auf Aufnahme in die EU.

Maltafieber (Febris undulans, Gibraltarfieber, Mittelmeerfieber), durch das Bakterium Brucella melitensis verursachte, meist von Ziegen übertragene †Brucellose.

Malter, altes dt. Hohlmaß für Getreide, das örtlich stark differierte, z. B. in Baden 1,5 hl, in Sachsen 12,5 hl.

Malteserkreuz †Johanniterkreuz. †Kreuzformen.

Malteserkreuzgetriebe, Sperrgetriebe in Filmprojektoren zum ruckweisen Weiterbewegen von Filmen.

Malteserorden (Malteser), seit der Verlegung des Ordenssitzes von Rhodos nach Malta (1530) Name des †Johanniterordens und seit 1859 v. a. für dessen kath. Zweig. 1953 wurde der M. als souveräner Orden anerkannt, jedoch dem Hl. Stuhl unterstellt. 1953 wurde von den dt. Assoziationen des M. und dem

Bevölkerungsverteilung 1992

Bruttoinlandsprodukt 1992

2121

Maltesisch

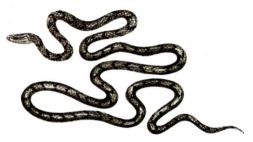

Mambas. Schwarze Mamba (Länge bis 4 m)

Thomas Robert Malthus

Dt. Caritasverband der *Malteser-Hilfsdienst* (Abk. MHD) gegründet, der mit freiwilligen Helfern Aufgaben im Sanitätsbereich, im Katastrophenschutz und in der Unfallhilfe versieht.

Maltesisch (Malti), zur arab. Gruppe der semit. Sprachen gehörende Sprache auf den Maltes. Inseln mit lat. Schrift; stark vom Italienischen beeinflußt.

Malthus, Thomas Robert [ˈmaltʊs, engl. ˈmælθəs], *The Rookery (bei Guildford) 14. 2. 1766, † Bath 23. 12. 1834, brit. Nationalökonom und Sozialphilosoph. Wurde berühmt durch seine Schrift »Über die Bedingungen und Folgen der Volksvermehrung« (1789; ↑Malthusianismus).

Malthusianismus [nach T. R. Malthus], Bevölkerungstheorie, nach der die mögl. Größe der Bevölkerung durch die Menge der verfügbaren Nahrungsmittel begrenzt und bestimmt wird. Der zentrale Punkt ist die Annahme, die Bevölkerung wachse in geometr. Progression, also gleichbleibenden Wachstumsraten, die Nahrungsmittel ließen sich dagegen nur in arithmet. Progression, d. h. mit gleichbleibenden absoluten Zuwächsen, also sinkenden Wachstumsraten vermehren. Unbeschadet der Kritik am M., daß die unterstellten Gesetzmäßigkeiten so schlicht nicht zu formulieren sind, blieb der M. und v. a. die aus ihm abgeleitete Forderung nach einer Geburtenkontrolle insbes. in unterentwickelten Staaten bis heute aktuell.

Maltose (Malzzucker), beim Stärkeabbau entstehender Zucker aus zwei Molekülen D-Glucose.

Malus [lat.], Gattung der Rosengewächse. ↑Apfelbaum.

Malus [lat. »schlecht«], nachträgl. Prämienzuschlag bei schadenreichem Verlauf von Versicherungen.

Malvasier, eine der ältesten Rebsorten. M. wird weltweit angebaut, liefert sortenreine Weißweine und Likörweine.

Malve (Malva) [lat.], Gatt. der Malvengewächse mit rd. 30 Arten in Eurasien und N-Afrika; z. T. Zierpflanzen. Einheim. sind u. a.: die bis 1 m hohe *Moschus-M.*, Blüten weiß oder rosenrot; die 0,25 bis 1,5 m hohe *Wilde M.* (Roßpappel); die bis 50 cm hohe *Weg-M.* (Käsepappel).

Malvengewächse (Malvaceae), Pflanzen-Fam. mit über 1 500 weltweit verbreiteten Arten, v. a. in den Tropen (u. a. Baumwollpflanze).

Malvinen, andere Bez. für die Falklandinseln; ↑Falkland Islands and Dependencies.

Malz [eigtl. »weiche Masse«], aus Getreide, v. a. Gerste hergestelltes Ausgangsprodukt zur Herstellung von Bier, Spirituosen, Nährmitteln, Kaffee.

Mälzel (Mälzl), Johann Nepomuk, *Regensburg 15. 8. 1772, † La Guayra (Panama) 21. 7. 1838, dt. Instrumentenbauer. Erfinder des ↑Metronoms.

Malzkaffee, Kaffee-Ersatz aus geröstetem Gerstenmalz.

Mambas [afrikan.], Gatt. schlanker, bis 4 m langer Giftnattern mit vier überwiegend tagaktiven, baum- und gebüschbewohnenden Arten in Afrika; Gift (auch für den Menschen) sehr gefährlich; u. a. *Grüne M.* und *Schwarze Mamba.*

Mambo [vermutlich kreol.], südamerikan.-kuban. Gesellschaftstanz im $^4/_4$-Takt, der in Europa nach 1950 zeitweilig in Mode war; Comeback in den 1980er Jahren.

Mamelucken (Mamluken) [arab.-italien.], ursprünglich Militärsklaven türkischer, kaukasischer oder slawischer Herkunft, die seit dem 9. Jh. in Ägypten und Syrien Kriegsdienst leisteten und in den folgenden Jh. bis zur osman. Eroberung (1516/17) von Kairo aus über diese Gebiete herrschten (↑Baibars I.). Ihr Einfluß in Politik und Verwaltung dauerte bis 1811.

Mamertus, hl., † um 475, Bischof von Vienne; führte um 470 die drei Bittprozessionen vor Christi Himmelfahrt ein. ↑Eisheilige.

Mamilla [lat.], svw. Brustwarze bzw. Zitze.

Mamluken ↑Mamelucken.

Managua

Mamma (Mrz. Mammae) [lat.], Milchdrüsenorgan der Säugetiere, beim Menschen die weibl. Brust.

Mammakarzinom [lat./griech.], svw. ↑Brustkrebs.

Mammalia [lat.], svw. ↑Säugetiere.

Mammeibaum [indian.-span./dt.], in den Tropen kultivierter Baum. Früchte (*Mammeiäpfel*) rötlichgelb.

Mammillaria [lat.], svw. ↑Warzenkaktus.

Mammographie [lat./griech.], röntgenolog. Untersuchung der weibl. Brust.

Mammon [aram.], abschätzige Bez. für Geld, Reichtum.

Mammut ↑Mammute.

Mammutbaum, 1) (Sequoiadendron) Gatt. der Sumpfzypressengewächse mit der einzigen Art *Riesen-M.* im westl. N-Amerika; bis 135 m hoher Baum mit säulenförmigem Stamm (⌀ bis 12 m); die ältesten bekannten M. sind zw. 3000 und 4000 Jahre alt; in Europa als Parkbaum angepflanzt. 2) (Sequoia) Gatt. der Sumpfzypressengewächse mit der einzigen Art *Küstensequoia* im westl. N-Amerika; bis 90 m hoch.

Mammute [russ.-frz.], Gatt. gegen Ende des Pleistozäns (in Asien vor etwa 10000 Jahren) ausgestorbener, bis 4 m hoher Elefanten in den Steppen Eurasiens und N-Amerikas. Am bekanntesten ist das nur in Kälteregionen vorkommende *Kältesteppenmammut* (*Mammut* i. e. S.) mit dichter, langer Behaarung und bis 5 m langen, gebogenen oder eingerollten Stoßzähnen. Im sibir. Bodeneis sind vollständig erhaltene Exemplare gefunden worden.

Mammuthöhle, eine der Dachsteinhöhlen, ↑Höhlen (Übersicht).

Man [engl. 'mæn], autonome britische Insel in der Irischen See, 572 km², 620 m hoch, 64300 E. Hauptstadt Douglas. Geschichte: 1113 ein normann. Kgr., 1266 an Schottland, endgültig 1346 engl. Lehen. Die Hzg. von Atholl verkauften 1765 ihre Souveränitätsrechte an die brit. Krone, ohne daß die Insel untersteht, ohne staatsrechtlich zu Großbrit. zu gehören.

Mana [melanes. »das außerordentl. Wirkungsvolle«], in der Religionswiss. übl. Begriff, der übernatürl. ↑Macht bezeichnet.

Mänaden [griech.] (Bacchantinnen, Lenai), Begleiterinnen des Gottes ↑Dionysos.

MAN AG, Konzern des Maschinen-, Anlagen- und Nutzfahrzeugbaus; Sitz München. Die konzernleitende Obergesellschaft entstand 1986 durch Verschmelzung der *M.A.N. Maschinenfabrik Augsburg-Nürnberg AG* (geht zurück auf die 1840 gegr. Sander'sche Maschinen-Fabrik Augsburg) mit der *Gutehoffnungshütte Aktienverein AG*.

Management [engl. 'mænɪdʒmənt], 1) Leitung eines Unternehmens durch Planung, Treffen von Grundsatzentscheidungen, Durchführungs- und Erfolgskontrolle. 2) die Gruppe der leitenden Angestellten, der Manager.

Managementmethoden [engl. 'mænɪdʒmənt], alle Führungstechniken zur effizienten Durchführung von Managementaufgaben. Die wichtigsten *qualitativen M.* sind: Management by objectives: Unternehmensführung nach deutl. abgegrenzten, operationalen Zielen (z. B. Umsatzsteigerung, Qualitätsverbesserung). – Management by exception: Vollverantwortl. Delegation von Einzelentscheidungen an nachgeordnete Mitarbeiter mit Hinzuziehung vorgesetzter Stellen nur in begründeten Ausnahmefällen. – Management by system: Systematisierung der Leitungs- und Kontrolltätigkeiten durch Vorschriften für die einheitl. Durchführung wiederkehrender Tätigkeiten. – Zu den *quantitativen M.* zählen v. a. die ↑Netzplantechnik, ↑Operations-research, *Systemanalyse und verschiedene Optimierungstechniken für die einheitl. Durchführung wiederkehrender Tätigkeiten.

Managerkrankheit ['mænɪdʒər], umgangssprachliche Bez. für eine Erkrankung des Herz-Kreislauf-Systems infolge dauernder körperl. und psych. Überbeanspruchung und dadurch verursachter vegetativer Störungen.

Managua [span. ma'naɣua], Hauptstadt von Nicaragua, am S-Ufer des Lago de Managua, 55 m ü. M., 682100 E. Univ., Nationalarchiv, -bibliothek, -museum. Wichtigster Ind.standort des Landes, an der Carretera Interamericana, Bahnstation, internat. ✈. – Seit 1858 Hauptstadt Nicaraguas; durch schwere Erdbeben (1931 und 1972) fast völlig zerstört.

Malve. Moschusmalve

Marchester
Stadtwappen

Manaus

Manaus, Hauptstadt des brasilian. Staates Amazonas, am Rio Negro, 1 Mio. E. Univ., Theater; botan. Garten, Zoo. Handels- und Ind.zentrum mit Freihafen; internat. ✈. Von der Blütezeit während des Kautschukbooms zeugen Prachtbauten im Stil des 19. Jh., v. a. das Theater.
Mancha [span. 'mantʃa], span. Landschaft im SO der Südmeseta, eine Hochfläche bis 700 m, im N und S bis 1 000 m ü. M. mit extrem mediterranem Kontinentalklima.
Manchester [engl. 'mæntʃɪstə], Stadt in NW-England, 447 000 E. Verwaltungssitz der Metropolitan County Greater M.; Univ., Museen, Kunstgalerie. Neben Liverpool das größte Einkaufszentrum NW-Englands, nach London das größte Pressezentrum des Landes; traditionelle Textil-Ind.; außerdem u. a. Schwer-, Textil- und Werkzeugmaschinenbau. Hafen am Manchester Ship Canal, ✈. Das Stadtbild wird von Repräsentativbauten des 19. Jh. geprägt. – 1229 Marktrecht; 1330 Aufkommen der Textil-Ind.; 1761 Kanal zu den Kohlefeldern von Worsley; ab 1785 Webstühle, ab 1789 Spinnereien erstmals mit Dampfmaschinen; 1830 Eröffnung der Eisenbahnlinie nach Liverpool; 1838 Stadtrecht.
Manchester [man'ʃestə; nach der gleichnamigen brit. Stadt], schwerer Rippensamt aus Baumwolle.
Manchestertum [engl. 'mæntʃɪstə; nach der brit. Stadt Manchester], wirtschaftl. Liberalismus des frühen 19. Jh., der das freie Spiel der wirtschaftl. Kräfte ohne jegl. staatl. Eingriffe als Grundprinzip der außenwirtsch. (Freihandelslehre) und v. a. auch der binnenwirtsch. Ordnung fordert.
Manching, Gem. 8 km sö. von Ingolstadt, Bayern, 9700 E. Funde aus der Mittel- und Spät-La-Tène-Zeit: 380 ha große Anlage eines kelt. Oppidums, von annähernd kreisförmiger Mauer umgeben.
Mandäer, die Anhänger einer gnost. Religionsgemeinschaft, deren Lehre durch die Annahme eines Widerstreits zw. der Lichtwelt und dem stoffl. Bereich der Finsternis geprägt ist; heute etwa 4 000 Anhänger, v. a. am Pers. Golf.
Mandäisch ↑Aramäisch.

Manching.
Funde aus dem keltischen Oppidum; oben: bronzener Jochaufsatz; der mit doppelten Vogel- und Stierköpfen gestaltete Aufsatz diente der Zügelführung am Pferdegeschirr ◆ Unten: eiserner Achsnagel mit gegossenem bronzenem Vogelkopf

Mandala [Sanskrit »Kreis«], abstrakte oder bildhafte Darstellung zur Meditationshilfe im Tantrismus.
Mandalay [mændə'leɪ], birman. Prov.-Hauptstadt am Irawadi, 533 000 E. Univ., Kunstmuseum. Nach Rangun wirtschaftsstärkste Stadt Birmas; Hafen, ✈.
Mandant [lat.] (Klient), Auftraggeber, insbes. eines Rechtsanwalts.
Mandarin [Sanskrit-malaiisch-portugies.], europ. Bez. für die chin. Staatsbeamten, die die polit. und soziale Führungsschicht des traditionellen China bildeten.
Mandarine [span.-frz.], im Durchmesser 5–6 cm große, gelbl. bis orangefarbene Frucht des v. a. in Japan, China, den USA, in S-Amerika und im Mittelmeergebiet kultivierten *Mandarinenbaums,* dessen breitblättrige Formen die mehr rötl., sehr kleinen *Tangerinen* (kernarm), dessen großblättrige Formen die frühreifen, samenlosen *Satsumas* liefern. Vermutl. aus Kreuzungen von Sorten der M. entstand die *Klementine* (meist kernlos); *Tangelos* sind die Früchte einer in Florida gezüchteten Kreuzung zw. Grapefruit- und M.-Baum.
Mandarinente, etwa 45 cm lange Ente auf Binnengewässern SO-Sibiriens und O-Asiens (in Europa eingebürgert).
Mandat [lat.], **1)** *Politik:* Amt und Auftrag des Abgeordneten. Im Repräsentativsystem gilt das *freie M.,* d. h., die Abg. sind an Weisungen nicht gebunden (Artikel 38 GG). Das *imperative M.,* d. h. das Mandat eines an die Weisung seiner Partei, seiner Wähler oder einer Interessengruppe gebundenen Abg. spielt im Rahmen der direkten Demokratie und des Rätesystems die bed. Rolle.
2) *Geschichte:* (Mandatsgebiet) nach dem 1. Weltkrieg von der Türkei oder vom Dt. Reich abgetrennte Gebiete, die einem bes. Verwaltungssystem unterstellt wurden, das von einigen Siegermächten unter Aufsicht des Völkerbundes ausgeübt wurde. *A-Mandaten* (Irak, Palästina/ Transjordanien, Syrien, Libanon) wurde die staatl. Unabhängigkeit fest in Aussicht gestellt, sie besaßen eine vom Mandatar beaufsichtigte Selbstverwaltung; die *B-Mandate* (Kamerun, Togo, Tanganjika, Ruanda-Urundi) unterstanden einer bes. Verwaltung des Man-

Mandrill

datars, während die *C-Mandate* (Südwestafrika und die Inseln im Pazifik) als zu integrierender Bestandteil des Mandatars zu verwalten waren.
Mandel, 1) *Botanik:* ↑Mandelbaum.
2) *Mineralogie:* svw. ↑Geode.
Mandela, 1) Nelson Rolihlahla, *Qunu (Transkei) 18. 7. 1918, südafrikan. schwarzer Politiker und Bürgerrechtler. Rechtsanwalt; als Führer des African National Council (ANC) wegen seines Kampfes gegen die Apartheid 1964 zu lebenslängl. Haft verurteilt; setzte seinen Kampf aus dem Gefängnis heraus fort und wurde zur Symbolfigur des schwarzen Widerstands in Südafrika. Im Febr. 1990 aus der Haft entlassen, wurde M. im Juli 1991 zum Präs. des ANC gewählt. Nach dem Wahlsieg des ANC bei den ersten freien gemischtrassigen Wahlen im April 1994 wurde M. der erste schwarze Staatspräsident der Republik Südafrika. Für seine Bemühungen um die friedl. Gestaltung des Übergangs der Regierungsgewalt an die schwarze Bevölkerungsmehrheit erhielt er 1993 zus. mit F. W. de Klerk den Friedensnobelpreis.
2) Winnie Nomzamo, *Bizana (Transkei) 1934, südafrikan. schwarze Bürgerrechtlerin. Sozialarbeiterin; ∞ Nelson R. M.; seit der Verhaftung ihres Mannes als Mgl. des ANC verfolgt und mehrfach inhaftiert; nach zahlr. sich am Rande der Legalität bewegenden Aktionen 1991 in einem Gerichtsverfahren wegen Beihilfe zum Mord verurteilt, was 1992 zur Trennung von Nelson M. führte; 1994/95 stellv. Kulturministerin.
Mandelbaum, 1) ein Rosengewächs; verbreitet bzw. kultiviert vom westl. M-Asien bis ins Mittelmeergebiet und in den wärmeren Gebieten Europas und Amerikas; kleiner Baum oder Strauch mit weißen Blüten; Frucht eine abgeflacht-eiförmige, trockene Steinfrucht mit meist einem glatten Steinkern (im Handel als *Krachmandel* bezeichnet), der jeweils nur einen einzigen Samen, die *Mandel,* enthält. Mandeln enthalten bis zu 50 % fettes Öl, 25–35 % Eiweißstoffe und 10 % Zucker *(Süßmandeln).* U. a. Verwendung in der Süßwarenherstellung (v. a. für Marzipan). Die *bitteren Mandeln* (von einer Varietät des M.) enthalten statt Zucker etwa 4 % Amygdalin, durch dessen Abbau Blausäure entsteht; der Genuß größerer Mengen (Erwachsene 50–60, Kinder 5–12) wirkt tödlich.
2) (Mandelbäumchen) kleiner Strauch in China; Zierstrauch mit rosafarbenen Blüten.
Mandelentzündung, svw. ↑Angina.
Mandeln (Tonsillen), anatom. Bez. für mandelförmige Gewebslappen oder mandelförmige Organe; u. a. Gaumenmandel, Rachenmandel, Zungenmandel. Die M. dienen der Abwehr von Krankheitserregern. Lymphozyten in den M. kommen mit Antigenen in Kontakt und bilden gegen sie Antikörper.
Mandelstam, Mandelschtam [...ʃt...], Ossip Emiljewitsch, *Warschau 15. 1. 1891, † in einem Lager bei Wladiwostok 27. 12. 1938, russ. Lyriker. Befreundet mit A. Achmatowa, bezeichnete M. der auch von ihm vertretenen Akmeismus (Nachfolge des russ. Symbolismus) als »Sehnsucht nach Weltkultur«; in dt. Übers. u. a. »Schwarzerde« (1983), »Mitternacht in Moskau« (1986). – Seine Frau Nadeschda *M.* (*1899, † 1980) schrieb mit ihren Autobiographien »Das Jahrhundert der Wölfe« (1970) und »Generation ohne Tränen« (1972) zugleich eine Biographie ihres Mannes.
Mandelstein ↑Geode.
Mandibeln [lat.] (Oberkiefer, Vorderkiefer), erstes Mundgliedmaßenpaar der Gliederfüßer als Kauwerkzeug.
Mandibulata [lat.], mit rd. 800 000 Arten artenreichste Abteilung der Gliederfüßer (Krebstiere, Tausendfüßer und Insekten).
Mandioka [indian.], svw. ↑Maniok.
Mandoline [italien.-frz.], Lauteninstrument mit meist bauchigem, im Längsschnitt etwa mandelförmigem, tiefem Schallkörper, kurzem Hals, Wirbelplatte mit Schraubwirbeln und vier mit Plektron gezupften Doppelsaiten aus Metall (Stimmung $g-d^1-a^1-e^2$). Durch schnelles Hin- und Herbewegen des Plektrons über die Saiten entsteht der charakterist. Tremoloklang.
Mandorla [griech.-italien. »Mandel«], mandelförm. Heiligenschein um die ganze Figur (bei Heiligendarstellungen).
Mandrill [engl.], große, gedrungene Art der Meerkatzenartigen in den Regen-

Nelson Mandela

Mandarine.
Fruchtende Zweige des Mandarinenbaums

Mandschurei

Édouard Manet. Frühstück im Freien (1863; Paris, Musée d Orsay)

wäldern W-Afrikas; Körperlänge bis fast 1 m.
Mandschurei, der nö. Teil Chinas, der sich zw. Großem Chingan im W und Amur-Ussuri-Niederung im O, Amur im N und Gelbem Meer im S erstreckt. Landschaftl. ein zentrales, flachwelliges Tiefland, das von den Flüssen Sungari und Liaohe entwässert wird und allseits von Bergländern umschlossen ist. **Geschichte:** Ab 1583 wurde die M. von der späteren chin. Mandschudynastie beherrscht; 1905 in eine nördl. russ. und eine südl. jap. Einflußsphäre aufgeteilt. Nach der jap. Besetzung (1931) wurde der Staat *Mandschukuo* (1932–45) geschaffen; seit 1949/50 eine der Großregionen der VR China.
mandschu-tungusische Sprachen (tungusische Sprachen), Gruppe von Sprachen, die von etwa 50 000 Menschen in Rußland und über 100 000 in der VR China gesprochen werden; meistens mit den mongol. Sprachen und den Turksprachen zu den altaischen Sprachen gerechnet.
Mandu, Ruinenstätte im ind. Gliedstaat Madhya Pradesh, 90 km sw. von Indore. Starke Festung mit bed. islam. Bauten: Mausoleum des Hoshang Shah (um 1440), Freitagsmoschee (um 1440) mit 58 Kuppeln, Koranschule Ashrafi Mahal mit Grabmal des Mahmud Khilji (Khalji), Hindola Mahal (Audienzhalle, 15. Jh.) und Jahaz Mahal (Schiffspalast, 2. Hälfte des 15. Jh.).
Mándy, Iván [ungar. 'maːndi], *Budapest 23. 12. 1918, ungar. Schriftsteller. Seine Romane und Erzählungen schildern in knapper, distanzierter Erzählhaltung das Milieu der Budapester Halb- und Unterwelt. – *Werke:* Die Frauen des Fabulya (R., 1959), Ohne Atemzug (En., 1984), Die einundzwanzigste Straße (1985).
Manegold von Lautenbach, *Lautenbach (Elsaß) um 1030, † Stift Marbach (Elsaß) nach 1103, Propst des Augustinerstifts Marbach (seit 1094). Theoretiker des Investiturstreites; galt als erster Vertreter der Idee der Volkssouveränität.
Manen, Hans van [niederl. 'maːnə], *Nieuwer-Amstel (heute Amstelveen) 11. 7. 1932, niederl. Tänzer und Choreograph. 1960–70 Choreograph und künstler. Kodirektor des Nederlands Dans Theater in Den Haag; 1972–87 Choreograph und Ballettmeister am Nationalballett in Amsterdam.
Manen (Manes), in der röm. Religion allg. Bez. für die Totengeister.

Manessische Handschrift (Große Heidelberger Liederhandschrift), größte und schönste der mhd. Liederhandschriften, ben. nach dem Züricher Patrizier Rüdiger Manesse († 1304), dessen Sammlung mhd. Liederbücher wohl den Grundstock ihrer Niederschrift in der 1. Hälfte des 14. Jh. bildete; enthält auf 425 großformatigen Pergamentblättern 140 Gedichtsammlungen (Mitte 12. Jh. bis Anfang 14. Jh.), illustriert mit ganzseitigen, den Gedichtsammlungen vorangestellten Miniaturen, die zeittyp. Idealbildnisse der Dichter (u. a. Walther von der Vogelweide, Ulrich von Lichtenstein) zeigen; heute in der Univ.-Bibliothek Heidelberg aufbewahrt.

Manet, Édouard [frz. ma'nɛ], *Paris 23. 1. 1832, † ebd. 30. 4. 1883, frz. Maler. Fand einen neuen Stil der Großflächigkeit, deren Spannung sich aus Hell-Dunkel-Kontrasten ergibt. Seine frühen Meisterwerke, das »Frühstück im Freien« und die »Olympia« (beide 1863, Paris, Musée d'Orsay) stießen bei der offiziellen Kritik auf heftige Ablehnung, wurden aber von den Impressionisten sowie den Schriftstellern Zola, Baudelaire und Mallarmé in ihrem Wert erkannt. Sein Werk umfaßt Porträts (u. a. Zola, 1868, Louvre), Stilleben, Landschaften, Radierungen und Lithographien, auch zeitgenöss. Themen (»Erschießung Kaiser Maximilians von Mexiko«, 1867, Mannheim, Kunsthalle).

Manetho, ägypt. Geschichtsschreiber des 3. Jh. v. Chr. Einteilung der pharaon. Geschichte in 30 Dynastien.

Manfred, *1232, × Benevent 26. 2. 1266, König von Sizilien (seit 1258). Unehel. Sohn Kaiser Friedrichs II.; übernahm 1254 die Regentschaft für seinen Neffen Konradin; fiel im Kampf gegen Karl von Anjou.

Manfredonia, italien. Hafenstadt in Apulien, 56 600 E. Die roman. Kirche San Domenico und das Kastell stammen aus dem 13. Jh.; barocker Dom (17. Jh.).

Mangaben [afrikan.], Gatt. schlanker, etwa 40–85 cm langer Meerkatzenartiger mit vier Arten in den Regenwäldern des äquatorialen Afrika; mit körperlangem Schwanz.

Mangalia, rumän. Stadt, Kurort am Schwarzen Meer, 27 000 E. Schwefelhaltige Quellen. Archäolog. Museum.

Mängelhaftung

Mangalore ['mæŋɡəlɔː], ind. Stadt an der Malabarküste, Gliedstaat Karnataka, 193 200 E. Exporthafen.

Mangan [mlat.], chem. Element, Symbol **Mn,** metall. Element der VII. Nebengruppe des Periodensystems; Ordnungszahl 25; relative Atommasse 54,93805; Schmelztemperatur 1 244 °C; Siedetemperatur 1 962 °C; Dichte 7,21 g/cm³. Das silberweiße, sehr spröde, unedle, nach Eisen zweithäufigste Schwermetall ist in seinen Verbindungen zweibis siebenwertig; es kommt in den oxid. Erzen (»Braunsteine«) Braunit, Manganit, Hausmannit sowie im Manganspat und in den Erzen des Eisens vor; u. a. als Bestandteil von Legierungen verwendet. Als Mn^{2+} ist M. Bestandteil einiger Enzyme. In der Photosynthese ist M. in verschiedenen Redoxstufen entscheidend an der Sauerstoffentwicklung beteiligt.

Manganate [griech.-italien.-frz.], Salze der Mangansäuren (Sauerstoffsäuren des Mangans). Die verschiedenen Wertigkeitsstufen werden als *Manganate (II), (IV), (V), (VI)* oder *(VII)* gekennzeichnet. Von Bedeutung ist Kaliumpermanganat ($KMnO_4$) als Oxidations- und Desinfektionsmittel.

Manganknollen, am Boden der Tiefsee in Konkretionen angereicherte Manganerze.

Mangano, Silvana, *Rom 21. 4. 1930, † Madrid 16. 12. 1989, italien. Filmschauspielerin. Internat. bekannte Charakterdarstellerin; zunächst (neorealist.) Filme unter der Regie ihres Mannes Dino De Laurentiis (*1919), u. a. »Bitterer Reis« (1949); zahlr. weitere Filme v. a. mit L. Visconti (»Tod in Venedig«, 1970; »Gewalt und Leidenschaft«, 1974) und P. Pasolini (»Teorema«, 1966).

Manganoxide, Sauerstoffverbindungen des Mangans. Das wichtigste Manganoxid ist das braunschwarze *Mangan(IV)-oxid* (Mangandioxid, *Braunstein*).

Manganspat (Rhodochrosit, Himbeerspat), Mineral von rosa- bis himbeerroter Farbe, $MnCO_3$. Mohshärte 4, Dichte 3,3–3,6 g/cm³; wichtiges Manganerz.

Mangareva [frz. mãɡare'va] ↑Gambier, Îles.

Mängelhaftung (Gewährleistung), Haftung des Verkäufers, Vermieters,

Albert Mangelsdorff

Manila
Stadtwappen

Mangobaum
(Höhe bis 30 cm);
unten: reife Frucht

Mangelkrankheiten

Verpächters oder Unternehmers für Sach- oder Rechtsmängel des Vertragsgegenstandes ohne Rücksicht auf Verschulden. Ein *Garantieschein,* der vom Produzenten dem Produkt beigegeben worden ist, begr. ein bes. Rechtsverhältnis zw. ihm und dem Produzenten. Die M. muß durch die *Mängelrüge* innerhalb einer bestimmten Frist geltend gemacht werden. Die Ansprüche aus der M. verjähren im Interesse einer raschen Abwicklung i. d. R. in sechs Monaten, bei Grundstücken in einem Jahr.

Mangelkrankheiten, Krankheiten, die auf eine hinsichtlich Menge und Zusammensetzung unzureichende bzw. fehlerhafte Ernährung zurückzuführen sind (Unterernährung, Avitaminosen, Eiweiß- und Mineralstoffmangelkrankheiten u. a.).

Mangelsdorff, Albert, *Frankfurt am Main 5. 9. 1928, dt. Jazzmusiker (Posaunist, Komponist). Gehört auf internat. Ebene zu den besten Posaunisten, wirkte stilbildend v. a. auch auf den ↑Free Jazz.

Manger, Jürgen von, *Koblenz 6. 3. 1923, † Herne 15. 3. 1994, dt. Schauspieler und Kabarettist. Bekannt durch die von ihm geschaffene Figur »Adolf Tegtmeier« (Kumpel aus dem Ruhrpott).

Mangobaum [Tamil/dt.], Gatt. der Anakardiengewächse mit rd. 40 Arten im trop. Asien; große, immergrüne Bäume. Einige Arten sind als Obstpflanzen in Kultur, die süßsäuerl. schmeckenden Steinfrüchte *(Mangofrüchte, -pflaumen)* können bis 2 kg schwer werden.

Mangold ↑Runkelrübe.

Mangrove [indian.-span.-engl.], amphib. Vegetation im Gezeitenbereich flacher trop. Küsten, ein dichtes Geflecht von hohen Stelzwurzeln, die als Schlickfänger dienen. Bei optimalen Bedingungen entsteht ein 10–20 m hoher, artenarmer Wald.

Mangusten [portugies.] (Mungos, Ichneumone, Herpestinae), Unter-Fam. etwa 25–70 cm langer, vorwiegend tagaktiver Schleichkatzen mit 35 Arten, v. a. in Wäldern, offenen Landschaften und Sümpfen S-Eurasiens und Afrikas; u. a.: *Zebra-M., Zwerg-M., Hunde-M.,* (Schwarzfuß-M.), *Ichneumon, Fuchs-M., Erdmännchen* und *Indischer Mungo.*

Mangusten. Oben: Ichneumon (Kopf-Rumpf-Länge 65 cm) ◆ Unten: Fuchsmanguste (Kopf-Rumpf-Länge 40 cm)

Manhattan [engl. mæn'hætn], ältester Stadtteil von New York.

Mani (Manes, Manichaios), *Mardinu (Babylonien) 14. 4. 216, † Gondeschapur 26. 2. 277, babylon. Religionsstifter iran. Herkunft (↑Manichäismus).

Mani, mittlere der südl. Halbinseln der Peloponnes, zw. Lakon. und Messen. Golf.

Manichäismus, von ↑Mani gestiftete gnost. Erlösungslehre, nach der der Weltprozeß und die Entstehung des Menschen durch eine schuldhafte Vermischung von Licht und Materie bedingt sind. Der Mensch muß diese Weltordnung in einem Akt der Erkenntnis durchschauen und die in ihm selbst vorhandenen Lichtteile von der Materie seines Leibes befreien (durch Askese). Der M. hatte bald nach dem Tod Manis die Verbreitung einer Weltreligion erlangt. Im O wurde der M. 763 Staatsreligion des zentralasiat. Reiches der Uiguren. Im W Einfluß auf mittelalterl. religiöse Strömungen (z. B. Bogomilen).

Manie [griech.], psych. Erkrankung mit ständiger Geschäftigkeit ohne nennenswerten Nutzeffekt, Selbstüberschätzung mit Enthemmung der Persönlichkeit.

Manieriertheit [lat.-frz./dt.], gekünsteltes Verhalten in Mimik, Gestik oder Sprache.

Manierismus [lat.-frz.], 1. in der *bildenden Kunst* von der jüngeren Kunstwiss.

geprägter Stilbegriff für die Spätrenaissance (etwa 1520–1600). Ausgehend von Italien, wurzelt der M. in der Kunst der Hochrenaissance, deren Prinzipien er häufig in ihr Gegenteil verkehrte: Auflösung des Statischen zugunsten von Bewegungsabläufen, Neigung zu zentrifugal angelegten Kompositionen, Streckung und Entkörperlichung der Figur, Darstellung des Unendlichen im Unterschied zum klar Begrenzten. Hauptvertreter waren R. Fiorentino, J. da Pontormo, Parmeggianino, A. Bronzino, B. Ammanati, Tintoretto, El Greco, B. Spranger, B. Cellini, Giambologna, G. Vasari und G. Vignola; 2. in der *Literaturwiss.* wird der M. einerseits als Epochenbegriff (Übergangsphase von der Renaissance zum Barock), andererseits als Stilbegriff verwendet (so bes. von E. R. Curtius, der den M. als spieler. Veränderung einer vorgegebenen Form begreift): an der Wirklichkeit interessiert nicht das Naturhafte, sondern das Bizarre, das grotesk oder phantastisch Verzerrte; in der dt. Literatur z. B. der barocke Stil G. P. Harsdörffers, D. C. von Lohensteins oder C. Hofmann von Hofmannswaldaus, der von Metaphern, Tropen, Concetti und mytholog. Anspielungen lebt. Varianten des M. sind u. a. der *Marinismus* in Italien sowie der *Gongorismus* in Spanien. – Unabhängig von der zeitlich begrenzten Periode des 16. Jh. ist der M. eine Erscheinung ganz verschiedener Epochen, z. B. des Hellenismus, des späten MA, der Romantik; im 20. Jh. v. a. in der Lyrik (Hermetismus).

Manifest [lat.], Grundsatzerklärung, Programm einer polit. Partei oder künstler. Gruppe.

Manifestation [lat.], das Zutagetreten, Erkennbarwerden (z. B. von Krankheiten).

Maniküre [lat.-frz.], Pflege der Hände, bes. der Fingernägel (Feilen, Lacken u. a.).

Manila, Hauptstadt der Philippinen, auf Luzon, an der Manilabucht, 1,88 Mio. E. Mehrere Univ., Museen (u. a. Nationalmuseum). Wichtigster Hafen und größter Ind.standort des Landes, internat. ✈. Die Altstadt wird in span. Kolonialstil restauriert; Klosterkirche San Agustín (1599–1606). – Span. Gründung (1571); 1898 von den USA erobert; 1942–45 jap. besetzt.

Manilabucht, Bucht des Südchin. Meeres an der W-Küste der philippin. Insel Luzon.

Manilafaser, Faser aus den Blattscheiden der Faserbanane u. a. zur Herstellung von Seilen, Tauen, Säcken.

Maniok [indian.-span.-frz.] (M.strauch, Mandioka[strauch], Cassave[strauch], Kassave[strauch], Tapiokastrauch, Wurzelmaniok), mehrjähriges Wolfsmilchgewächs in S-Amerika, heute allg. in den Tropen in vielen Sorten als wichtige Nahrungspflanze angebaut; bis über 3 m hoher Strauch; die bis über 50 cm langen, bis 20 cm dicken, bis 5 kg schweren, stärkereichen Wurzelknollen sind ein wichtiger Kartoffelersatz der Tropenländer (der giftige Milchsaft wird u. a. durch Trocknen oder Kochen zerstört). Die aus M.knollen gewonnenen Stärkeprodukte (v. a. für Brei, Fladen, Suppen) kommen als *Tapioka* (Manioka, Mandioka), das *Perltapioka* (verkleisterte, kleine Stärkeklümpchen) als *Sago* in den Handel.

Maniok

Manierismus. Bartholomäus Spranger. »Angelica und Medoro« (um 1850; München, Alte Pinakothek)

Maniok. Wurzelknollen

Manipel

Golo Mann

Heinrich Mann

Manipel [lat.], Unterabteilung der röm. Legion, etwa 200 Mann.
Manipulation [lat.-frz.], **1)** *Biowissenschaften, Genetik:* die Beeinflussung der Natur – einschließlich der des Menschen – durch den Menschen. Die Möglichkeiten reichen von der künstl. Auslese bzw. Zuchtwahl und der Erzeugung von Mutationen *(genet. M.)* über die künstl. Besamung und die Gen-M. bis zur Verhaltenssteuerung durch *M. des Bewußtseins und Willens* etwa durch den Einsatz von Drogen oder durch elektr. Reizung bestimmter Gehirnregionen (↑Gehirnwäsche).
2) *psychosozialer Bereich:* Beeinflussung des Denkens, Fühlens und Verhaltens, meist ohne daß sich die Betroffenen der Steuerung bewußt werden; begünstigt durch Reizüberflutung, Informationshierarchien, Monopolstellung von Medien.
Manipulator [lat.], Vorrichtung zur Handhabung von (z. B. radioaktiven) Substanzen aus größerem Abstand oder hinter Strahlungsschutzwänden. Der M. erlaubt Bewegungen, die denen einer Hand oder einzelner Finger entsprechen.
Manipur, ind. Gliedstaat im Bereich der ind.-birman. Grenzgebirge, 22 327 km², 1,837 Mio. E, Hauptstadt Imphal.
Manisa [türk. ˈmanisa, maˈnisa], türk. Stadt nö. von İzmir, 126 300 E. Archäologisches Museum; mehrere Moscheen (14.–16. Jh.). – M. ist das antike *Magnesia* am Sipylos, 190 v. Chr. Ort der Entscheidungsschlacht zw. Rom und dem Seleukiden Antiochos III.
manisch-depressive Erkrankung, endogen verursachte, phasenhaft auftretende man. (↑Manie) und depressive (↑Depression) Verstimmungen; eine affektive ↑Psychose.
Manismus [lat.], svw. ↑Ahnenkult.
Manitoba [maniˈtoːba, engl. mænɪˈtoʊbə], östlichste der drei kanad. Präriė-Prov., 649 293 km², 1,092 Mio. E, Hauptstadt Winnipeg.
Geschichte: Das Gebiet des heutigen M. wurde vom engl. König 1670 der neugegründeten Hudson's Bay Company überlassen. Nach der brit. Eroberung Kanadas (1763) wurde die Siedlung am Red River of the North zur Keimzelle des heutigen M.; 1869 kaufte die kanad. Regierung die Territorien der Hudson's Bay Company (1870 5. kanad. Provinz).
Manitu ↑Großer Geist.
Maniu, Iuliu, *Şimleul-Silvaniei 8. 1. 1873, † Sighetul Mamaţiei 3. 1. 1953 (im Gefängnis), rumän. Politiker. 1919 am Anschluß Siebenbürgens an Rumänien maßgebl. beteiligt; 1928–30 und 1932/33 Min.-Präs.; Gegner der Sowjetisierung Rumäniens; 1947 zu lebenslanger Haft verurteilt.
Manizales [span. maniˈsales], kolumbianische Dep.-Hauptstadt der W-Abdachung der Zentralkordillere, 282 000 E. Univ.; Handelszentrum.
Manko [lat.-italien.], Mangel, Fehler; Fehlbetrag, v. a. bei der Kassenführung.
Mann, 1) Erika, *München 9. 11. 1905, † Zürich 27. 8. 1969, dt. Schriftstellerin. Tochter von Thomas M.; Ausbildung als Schauspielerin; 1925–28 ∞ mit G. Gründgens; 1933 Emigration in die Schweiz, dort Gründung des antinazist. Kabaretts »Die Pfeffermühle«, mit dem sie durch Europa reiste; ab 1935 ∞ mit W. H. Auden, ab 1936 in den USA als Journalistin, zuletzt in Kilchberg bei Zürich; verwaltete den schriftl. Nachlaß ihres Vaters; schrieb neben Erzählungen (u. a. »Muck, der Zauberonkel«, 1934) Jugendbücher (u. a. »Die Zugvögel«, 1959), Essays und Biographien u. a. »Das letzte Jahr. Bericht über meinen Vater« (1956).
2) Golo, *München 27. 3. 1909, † Leverkusen 7. 4. 1994, dt. Historiker und Publizist. Sohn von Thomas M.; 1933 Emigration (Frankreich, Schweiz, USA); lebte seit Ende der 1950er Jahre meist in Kilchberg bei Zürich; Hauptwerke: »Dt. Geschichte des 19. und 20. Jh.« (1959), »Wallenstein« (1971); »Erinnerungen und Gedanken« (Autobiographie, 1986). 1968 Georg-Büchner-Preis.
3) Heinrich, *Lübeck 27. 3. 1871, † Santa Monica bei Los Angeles 12. 3. 1950, dt. Schriftsteller. Bruder von Thomas M.; 1933 Verbot seiner Werke; lebte bis 1940 im frz. Exil, 1940 Flucht in die USA; starb kurz vor seiner Rückkehr nach Deutschland (1949 erster Träger des Nationalpreises der DDR); schrieb im Engagement gegen Militarismus, Untertanenmentalität und Nat.-Soz. v. a. Romane, u. a. »Das Kaiserreich« (R.-Triologie: »Der Untertan«,

1914; »Die Armen«, 1917; »Der Kopf«, 1925) und Essays (u. a. »Der Haß. Dt. Zeitgeschichte«, 1933). – *Weitere Werke:* Professor Unrat (R., 1905; 1948 u. d. T. »Der blaue Engel«; 1930 verfilmt von J. von Sternberg), Zw. den Rassen (R., 1907), Die kleine Stadt (R., 1909), Die Jugend des Königs Henri Quatre (R., 1935), Die Vollendung des Königs Henri Quatre (R., 1938), Ein Zeitalter wird besichtigt (Autobiographie, 1946).

4) **Herbert** (Herbie) [engl. mæn], *New York 16. 4. 1930, amerikan. Jazzmusiker (Flötist, Saxophonist, Komponist). M. verarbeitete lateinamerikan., brasilian. und arab. Musiktraditionen, später auch Blues-, Rock- und Soulelemente.

5) **Klaus**, *München 18. 11. 1906, † Cannes 21. 5. 1949 (Selbstmord), dt. Schriftsteller. Sohn von Thomas M.; ab 1925 Theaterkritiker in Berlin, dort befreundet mit G. Gründgens; 1933 Emigration nach Amsterdam, 1933–35 Mit-Hg. der Emigrantenzeitschrift »Die Sammlung«; lebte ab 1936 als amerikan. Staatsbürger in den USA, 1938 Berichterstatter im Span. Bürgerkrieg; 1944/45 als Angehöriger der US-Army in Italien. Sein zw. Dokumentation, Zeitkritik und Satire schwankendes Werk ist z. T. stark von Autobiographischem geprägt, u. a. »Symphonie pathétique« (R. 1935). Sein Schlüsselroman »Mephisto« (1935) wurde in der BR Deutschland erst 1981 veröffentlicht (im Mai 1949 zog der dt. Verleger die Druckzusage zurück; 1966 Verbot der Verbreitung des Romans wegen Beleidigung von G. Gründgens; 1971 Bestätigung des Verbots durch das Bundesverfassungsgericht; 1979 Dramatisierung des Romans durch die frz. Regisseurin A. Mnouchkine; 1981 Neudruck). – *Weitere Werke:* Der Vulkan (R., 1939), Der Wendepunkt (Autobiographie, 1942), Briefe und Antworten 1922–49 (hg. 1975).

6) **Thomas**, *Lübeck 6. 6. 1875, † Zürich 12. 8. 1955, dt. Schriftsteller. Entstammte einer Lübecker Kaufmanns- und Patrizierfamilie; lebte ab 1893 meist in München; 1896–98 mit seinem Bruder Heinrich M. Aufenthalt in Italien; 1898/99 Redakteur des »Simplicissimus«; ab 1905 ∞ mit Katia M., geb. Pringsheim (*1883, † 1980; »Meine ungeschriebenen Memoiren«, hg. 1983); lebte 1933–39 in der Schweiz (1936 nach Ausbürgerung tschechoslowak. Staatsbürgerschaft), 1939–52 in den USA (ab 1944 amerikan. Staatsbürger), 1949 Reise in das geteilte Deutschland (Verleihung der Goethe-Preise der Städte Frankfurt am Main und Weimar), ab 1954 in Kilchberg bei Zürich. – In der Tradition der großen Realisten des 19. Jh. stehend, reflektiert M. von den frühen Novellen (»Tonio Kröger«, in: »Tristan«, 1903; »Der Tod in Venedig«, 1912) bis zu seinem Alterswerk (»Doktor Faustus. Das Leben des dt. Tonsetzers Adrian Leverkühn erzählt von einem Freunde«, R. 1947; »Die Entstehung des Doktor Faustus. Roman eines Romans«, 1949) das Spannungsverhältnis zw. humanist. Aufklärung und ästhetisierendem Verfallsdenken, den Widerspruch zw. bürgerl. Leben und Kunst. Ebenfalls von Anfang an ausgebildet sind seine künstler. Eigenarten, die skept.-iron. Distanz des Erzählers zu seinen Figuren, die leitmotivische Wiederkehr typ. Konstellationen und der syntaktisch komplizierte Stil. Für seinen ersten Roman »Buddenbrooks. Verfall einer Familie« (1901) erhielt er 1929 den Nobelpreis für Literatur. Nach einem inneren Klärungsprozeß in der Folge des 1. Weltkriegs (»Betrachtungen eines Unpolitischen«, 1918), der ihn entgegen früherer Ablehnung nach 1922 zum Eintreten für die Republik bewog, setzte M. mit dem Roman »Der Zauberberg« (1924) mit deutl. geistigem Bezug auf Nietzsche und Schopenhauer, Goethe und Wagner die Tradition des europ. Bildungsromans fort. M. verfaßte auch zahlr. Essays zu literar., philosoph. und polit. Fragen (u. a. »Achtung Europa! Aufsätze zur Zeit«, 1938). – *Weitere Werke:* Königl. Hoheit (R., 1909), Joseph und seine Brüder (R.-Tetralogie, 1933–43), Lotte in Weimar (R., 1939), Der Erwählte (1951), Bekenntnisse des Hochstaplers Felix Krull (unvollendet; Teildruck 1922, vollständig 1954), Tagebücher (hg. 1977–95).

Mann, erwachsener männl. Mensch. Die Entwicklung des männl. Organismus verläuft analog der des weibl., mit der Geschlechts-Chromosomenkonstellation XY, die bei der Geschlechtsdifferenzierung über alle Zellteilungen hin-

Klaus Mann

Thomas Mann

Mannsschild.
Dolomiten-
Mannsschild

Manna

weg erhalten bleibt. Dadurch wird die Bildung der männl. Geschlechtsdrüsen bewirkt. – Mit der Pubertät setzt durch den Einfluß von Hormonen (v. a. Androgene) die sekundäre Differenzierung ein.

Manna (Man) [hebr.], **1)** nach 2. Mos. 16 Brot, das für die Israeliten auf ihrem Zug durch die Wüste vom Himmel fiel. **2)** *Biologie:* eßbare, zuckerreiche pflanzl. oder tier. Absonderungen, z. B. der M.schildläuse.

Mannaflechte, eßbare Bodenflechte der Steppen und Wüstensteppen N-Afrikas und des Vorderen Orients.

Mannaschildlaus, auf Tamarisken lebende Schildlaus, deren unter dem Wüstenklima eingedickter Honigtau als *Manna* gesammelt wird.

Mannequin [manə'kɛ̃; 'manəkɛ̃; niederl.-frz.], Frau, die Modekollektionen vorführt. Die männl. Entsprechung ist *Dressman.*

Mannerheim, Carl Gustaf Emil Frhr. von [schwed. 'manərheim], *Villnäs bei Turku 4. 6. 1867, †Lausanne 27. 1. 1951, finn. Marschall (seit 1933) und Politiker. Erfolgreicher Führer im finn. Unabhängigkeitskampf 1917/18; erreichte als Reichsverweser 1918/19 die internat. Anerkennung der finn. Unabhängigkeit; im Finn.-Sowjet. Winterkrieg und 1941–44 Oberbefehlshaber der finn. Streitkräfte; 1944–46 Staatspräsident.

Männertreu, volkstüml. Bez. für Pflanzen mit leicht abfallenden Blüten (Ehrenpreis u. a.) oder distelartigem Aussehen (Mannstreu).

Mannesmann AG, dt. Ind.- und Handelsunternehmen (Hütten- und Röhrenwerke, Maschinen- und Anlagebau, Chemie und Kunststoffverarbeitung), Sitz Düsseldorf, gegr. 1890 in Berlin.

Mannheim, Karl, *Budapest 27. 3. 1893, † London 9. 1. 1947, brit. Soziologe österr. Herkunft. Schüler M. Webers; 1933 Emigration; entwickelte die Wissenssoziologie. – *Werke:* Ideologie und Utopie (1929), Freiheit und geplante Demokratie (hg. 1950), Wissenssoziologie (hg. 1964).

Mannheim, Stadt an der Mündung des Neckars in den Rhein, Bad.-Württ., 314 000 E. Univ., Medizin. Fakultät der Univ. Heidelberg, Fachhochschulen, Institut für dt. Sprache, Verwaltungsgerichtshof Bad.-Württ., Nationaltheater (seit 1778), Städt. Kunsthalle, Landesmuseum für Technik und Arbeit, Planetarium; Omnibus-, Landmaschinen- und Motorenbau, Zellstoff- und Pharma-Ind., Erdölraffinerie, Verlage; Rheinhäfen.

Stadtbild: Histor. barocke Stadtanlage (Schachbrettgrundriß, statt Straßennamen Buchstaben und Ziffern) mit Schloß (heute v. a. Univ.), ehem. Jesuitenkirche, Untere Pfarrkirche mit Altem Rathaus, Zeughaus (heute Museum), Palais Bretzenheim (alle 18. Jh.); bed. Jugendstilanlage des Friedrichsplatzes am Wasserturm (1885–89, Wahrzeichen von Mannheim); Nationaltheater (1957); jüd. Gemeindezentrum (1987); Moschee (1995).

Geschichte: 766 erstmals als *Mannenheim* (Name bis 1262) erwähnt; zunächst Fischer- und Bauerndorf; 1606 von Kurfürst Friedrich IV. von der Pfalz an der Neckarmündung als befestigte Stadt gegr.; 1607 Stadtrecht. 1720–78 Residenz der Kurfürsten von der Pfalz. 1622 und 1689 zerstört; nach Schleifung der Befestigungen (1799–1801) und erneuter Zerstörung 1802 an Baden.

Mannheimer Schule, am Hof des pfälz. Kurfürsten Karl Theodor in Mannheim wirkende Musiker- und Komponistengruppe, die neben der †Wiener Schule entscheidend zur Ausbildung der klass. Instrumentalmusik (u. a. Entwicklung der †Sonatensatzform) beitrug, u. a. G. J. Vogler (Gründer), J., C. und A. Stamitz, Ignaz Holzbauer (*1711, † 1783), F. X. Richter, Anton Filtz (*1733, † 1760), Carlo Giuseppe Toeschi (*1731, † 1788), C. Cannabich, Franz Danzi (*1763, † 1826). 1778 übersiedelte der Kurfürst mit dem Orchester nach München.

Mannit [hebr.], in Pflanzensäften vorkommender, süß schmeckender, sechswertiger Alkohol.

Mannsschild, Gatt. der Primelgewächse mit rd. 100 Arten in Eurasien und im westl. N-Amerika; meist rasen- oder polsterbildende Gebirgskräuter; u. a. der *Alpen-M.* und der *Schweizer Mannsschild.*

Mannstreu (Edeldistel), Gatt. der Doldenblütler mit über 200 weltweit verbreiteten Arten; Kräuter mit dornigen

Mannheim
Stadtwappen

Blättern; u. a. *Alpen-M.*, bis 80 cm hoch; **Stranddistel** (Seemannstreu), 15–50 cm hoch; *Elfenbeindistel*, bis 1 m hoch, Gartenzierpflanze.

Manometer [griech.] (Druckmesser), Gerät zur Messung des Druckes in Flüssigkeiten und Gasen. M. messen stets einen Differenzdruck, meist den Über- oder Unterdruck gegenüber dem Atmosphärendruck. Beim *Flüssigkeits-M.* wirken die unterschiedl. Drücke an zwei voneinander getrennten Stellen auf die Oberfläche einer zusammenhängenden Flüssigkeit (z. B. Quecksilber) ein; der Differenzdruck bewirkt einen verschieden hohen Stand der Flüssigkeitssäulen. Der wesentl. Bestandteil von *Deformations-M.* ist eine elast. Feder (*Feder-M.*), die sich proportional der einwirkenden Kraft verformt. Zur Messung sehr schnell veränderl. Drücke dient der *Quarzdruckgeber*, bei dem der piezoelektr. Effekt ausgenutzt wird.

Manöver [lat.-frz.], **1)** größere Truppenübungen.
2) Ablenkungs-, Täuschungsversuch.

manque [mãːk; lat.-frz.], die Zahlen 1–18 betreffend (beim Roulett).

Mansarde [frz.], für Wohnzwecke ausgebautes Dachgeschoß.

Mansart [frz. mãˈsaːr], **1)** François, *Paris 23. 1. 1598, †ebd. 23. 9. 1666, frz. Baumeister. Neben Le Vau Schöpfer der klass. frz. Barockarchitektur; Orléansflügel (Gaston-Trakt) von Schloß Blois (1635–38), Schloß Maisons-Laffitte bei Paris (1642–51), Hôtel Mazarin in Paris (1643–45; heute Bibliothèque Nationale).
2) Jules Hardouin, eigtl. J. Hardouin, *Paris 16. 4. 1646, †Marly 11. 5. 1708, frz. Baumeister. Großneffe und Schüler von François M., dessen Namen er 1668 annahm; klass. Barockbauten; in Versailles: Spiegelgalerie (1676), Südflügel (1678–81), Nordflügel (1684–89), Grand Trianon (1687/88), Hofkapelle (1689 bzw. 1699 ff.); in Paris: Invalidendom (1677 ff.), Place Vendôme (1699 ff.).

Manschetten [lat.-frz.], aus festem Stoff gearbeiteter Ärmelabschluß an Herrenhemd oder Hemdbluse, früher aus Spitzen (17./18. Jh.); M.knöpfe seit dem 19. Jh. (Herrenmode).

Mansfeld, um 1060 erstmals erwähntes Grafengeschlecht im Besitz der Gft.

Mantegna

Mansfeld am Ostrand des Harzes. Bed. Vertreter: Ernst II., Graf von, *Luxemburg 1580, †Rakovica bei Sarajevo 29. 11. 1626, dt. Heerführer. 1618 auf seiten der Aufständischen in Böhmen; kämpfte im Dreißigjährigen Krieg auf prot. Seite; 1626 von Wallenstein an der Dessauer Brücke besiegt.
Mansfeld, Stadt im östl. Harzvorland, Sa.-Anh., 5 300 E. Ehem. bed. Abbau von Kupferschiefer. – Bei der 973 erstmals gen. Siedlung entstand um 1075 die Burg der Grafen von Mansfeld; 1409 Stadt.

Mansfield [engl. ˈmænsfiːld], Katherine, eigtl. Kathleen M.-Beauchamp, *Wellington (Neuseeland) 14. 10. 1888, †Fontainebleau 9. 1. 1923, neuseeländ. Schriftstellerin. Ihre Kurzgeschichten, u. a. »In einer dt. Pension« (1911), »Für 6 Pence Erziehung« (1920), »Das Gartenfest« (1922), weisen in einer knappen, behutsamen Sprache an scheinbar belanglosen Vorfällen tiefreichende seel. Vorgänge auf.

Manstein, Erich von, eigtl. E. von Lewinski, *Berlin 24. 11. 1887, †Irschenhausen (heute zu Icking bei Schäftlarn) 9. 6. 1973, dt. Generalfeldmarschall (seit 1942). Eroberte im 2. Weltkrieg als Oberbefehlshaber der 11. Armee (bis 1944) die Krim und Sewastopol; scheiterte beim Entsatz von Stalingrad; 1949 von einem brit. Militärgericht zu 18 Jahren Gefängnis verurteilt, 1953 entlassen.

Mansur [arab. »dem Gott zum Sieg verholfen hat«] (Al-M., Almansor), Ehrenname islam. Herrscher: Abu Djafar Abdallah ibn Mohammed al-Mansur, *712, †Bir Maimun 7. 10. 775, Kalif (seit 754). Erhob Bagdad zur Residenz (762) und festigte die Herrschaft der Abbasiden; leitete das Aufblühen der arab.-islam. Kultur und Wiss. ein.

Mantegna, Andrea [italien. manˈteɲɲa], *Isola di Carturo bei Padua 1431, †Mantua 13. 9. 1506, italien. Maler und Kupferstecher. Durch Antikenstudium und die Werke von Uccello und Donatello beeinflußt, gelangte M. zu einem statuarisch-kraftvollen, prägnant modellierten Stil. Die illusionist. Möglichkeiten der Perspektive erweiterte er durch extreme Aufsicht oder Untersicht (»di sotto in su«) mit radika-

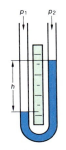

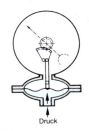

Manometer.
Oben: U-Rohr-Manometer, die einfachste Form des Flüssigkeitsmanometers; p_1, p_2 verschiedene Drücke, h Höhendifferenz ◆ Unten: Plattenfedermanometer, ein Deformationsmanometer

Mantel

Giacomo Manzù. Tanzschritt (1954; Mannheim, Kunsthalle)

Mantua Stadtwappen

len Verkürzungen. Seit 1460 stand M. im Dienste der Markgrafen Gonzaga in Mantua (Fresken der Camera degli Sposi im Palazzo Ducale, wohl 1471 bis 74).

Mantel [lat.], **1)** *Kleidungsstück:* das gegen Witterungseinflüsse schützende Übergewand, als Obergewand auch Abzeichen der Würde (Herrscherornat, kirchl. Ornat, Ordens-M.) und Sinnbild des Schutzes (Schutzmantelmadonna).
2) *Geologie:* (Erd-M.), Kugelschale der Erde zw. Erdkern und Erdkruste.
3) *Journalismus:* der allg., bei verschiedenen Ausgaben einer Zeitung gleichlautende Teil (v. a. Politik, Wirtschaft, Feuilleton), zu dem der jeweilige Lokalteil hinzukommt.
4) *Mathematik:* der gekrümmte Teil der Oberfläche eines Kegels oder eines Zylinders.
5) *Technik:* Umhüllung (Ummantelung) z. B. von Kabeln, Leitungen, Rohren, Behältern.
6) *Wirtschaft:* (Gesellschaft-M.), die Gesamtheit der Anteilsrechte (Aktien, Kuxe, GmbH-Anteile) an einer Kapitalgesellschaft, die ohne den Geschäftsbetrieb gekauft und verkauft werden können.
7) *Zoologie:* bei Weichtieren Hautduplikatur, die die Schale bildet.

Manteltarifvertrag ↑Tarifvertrag.

Manteltiere (Tunikaten, Tunicata, Urochordata), weltweit verbreiteter Unterstamm der Chordatiere mit rd. 2000 ausschließlich marinen, freischwimmenden oder festsitzenden, zwittrigen Arten; Körper von einem manchmal lebhaft bunten *Mantel* aus celluloseähnl. Substanz umgeben.

Manteuffel, 1) Edwin Frhr. von, *Dresden 24. 2. 1809, †Karlsbad 17. 6. 1885, preuß. Generalfeldmarschall (seit 1873). Seit 1848 Mgl. der »Kamarilla« um König Friedrich Wilhelm IV. von Preußen; maßgeblich an der antiliberalen Heeresreform beteiligt; 1879–85 Statthalter in Elsaß-Lothringen.
2) Otto Theodor Frhr. von, *Lübben/Spreewald 3. 2. 1805, †Gut Krossen bei Luckau 26. 11. 1882, preuß. Politiker (Hochkonservativer). Vetter von Edwin Frhr. von M.; 1848–50 Innen-Min., 1850–58 Min.-Präs. und Außenminister.

Mantik, religionswiss. Begriff für Wahrsagekunst; urspr. nur die *Inspirations-M.,* bei der ein Mensch in der Ekstase als Empfänger übernatürl. Wissens gilt. Der Empfang höheren Wissens kann durch Narkotika, Tänze und Fastenübungen herbeigeführt werden. Auch Tiere, z. B. Vögel in ihrem Flug, Naturerscheinungen, z. B. in Wetter, Feuer und Wasser, dienen der Vermittlung mant. Kenntnisse.

Mantilla [manˈtɪlja; lat.-span.], Spitzentuch, das, über einen hohen Einsteckkamm gelegt, über Kopf und Schultern fällt (span. Tracht).

Mantille [manˈtɪljə; lat.-span.], großes (dreieckiges) Umschlagtuch oder Umhang der Damenmode im 18./19. Jahrhundert.

Mantineia (Mantinea), antike Stadt (gegr. im 6. Jh. v. Chr. oder 460/450) in Arkadien; demokrat. Verfassung. 362 fiel hier der Thebaner Epaminondas in siegreicher Schlacht gegen Sparta; 223 Vernichtung durch Antigonos III., neu gegr. als *Antigoneia;* Verödung bei den Slaweneinfällen im 6. Jahrhundert.

Mantisse [lat.], **1)** *Mathematik:* die Ziffern hinter dem Komma eines Logarithmus.
2) *Datenverarbeitung:* der Teil der Gleitkommazahl, in dem die Ziffern und das Vorzeichen der dargestellten Zahl enthalten sind.

Mantrayana [Sanskrit »Mantra-Fahrzeug«] ↑Tantrismus.

Mantua, italien. Prov.-Hauptstadt in der Lombardei, 52900 E. Museum, Kunstsammlung, Staatsarchiv. Dom (Neubau 1545 ff.) mit Barockfassade, bed. die Renaissancekirche Sant' Andrea (1472–1782, Plan: L. B. Alberti), der Palazzo Ducale (13.–18.Jh.; Fresken von A. Mantegna) und der Palazzo del Te (16. Jh., von Giulio Romano). – In der Antike Kleinstadt; seit dem 10. Jh. Hauptort einer Gft.; 1167 Anschluß an den Lombardenbund. Unter der Herrschaft der Gonzaga (1328–1708) 1433 Mark-Gft., 1530 Hzgt.; 1708–98 und 1814–66 österr., 1805–14 frz. (1810 wurde A. Hofer in M. erschossen), seit 1866 an Italien.

Mantuanischer Erbfolgekrieg, 1628 bis 31 Auseinandersetzung zw. Frankreich und Habsburg um die Nachfolge der Gonzaga in Mantua; Sieg der frz.

unterstützten Nebenlinie Nevers-Gonzaga.
Manual [lat.], die mit den Händen zu spielende Klaviatur der Tasteninstrumente im Unterschied zum ↑Pedal.
Manuel, Name von Herrschern: *Byzantinisches Reich:* **1) Manuel I. Komnenos,** *1120, † Konstantinopel 24. 9. 1180, Kaiser (seit 1143). Versuchte vergeblich, das Röm. Reich im Bund mit dem Papst wiederherzustellen; 1176 entscheidende Niederlage gegen das Sultanat von Ikonion. **2) Manuel II. Palaiologos,** *Konstantinopel 1350, † ebd. 21. 7. 1425, Kaiser (seit 1391). Suchte vergebl. Hilfe im W gegen Sultan Bajasid II., der 1396–1402 Konstantinopel belagerte; 1424 geriet Byzanz wieder in osman. Abhängigkeit. *Portugal:* **3) Manuel I.** ↑Emanuel I., König von Portugal.
Manuel, Niklaus, urspr. N. Alleman, gen. N. M. Deutsch, *Bern um 1484, † ebd. im April 1530, schweizer. Maler und Dichter. Schrieb reformationsfreundl. Fastnachtsspiele und Dialoge und schuf bed. Renaissancewerke, die der Donauschule und Dürer nahestehen, u. a. Antonius-Altar (1520; Bern, Kunstmuseum), Holzschnitte, Federzeichnungen.
manuell [lat.-frz.], mit der Hand [gefertigt].
Manufaktur [lat.-frz.], Frühform des kapitalist. industriellen Betriebes, in dem der Produktionsprozeß bereits durch Spezialisierung, Arbeitsteilung, Serienfertigung und geringen Einsatz von Maschinen gekennzeichnet war. Die Handwerkstechnik blieb weitgehend erhalten, es erfolgte jedoch eine Freistellung der M. von rechtl. und ständigen Bindungen. Eingerichtet zunächst zur Befriedigung des Massenbedarfs bei bestimmten Gütern, erlebte die M. im Merkantilismus (17./18. Jh.) eine Blütezeit. Sozial erfaßte die M. überwiegend die außerzünftige städt. Bevölkerung.
Manuskript [lat.], **1)** Druckvorlage. **2)** handschriftl. Buch der Antike und des MA, oft illuminiert (↑Buchmalerei) und mit kostbarem Bucheinband versehen.
Manutius, Aldus, d. Ä., eigtl. Aldo Manuzio, *Bassiano bei Velletri 1449, † Venedig 6. 2. 1515, venezian. Drucker. Verlegte lat. und v. a. griech. Klassiker, u. a. fünf Bände Aristoteles (vollendet 1498), »Hypnerotomachia Poliphili« (R., 1499) mit bed. Renaissancegraphik.
Manx [engl. mæŋks], Bewohner der Insel Man sowie deren Sprache.
Manyōshū [...ioʃu; jap. »Sammlung in 10 000 Blättern«], älteste private jap. Anthologie, mit etwa 4500 Gedichten (meist ↑Tanka); zusammengestellt zw. 759 und 809.
Manytschniederung, Senke zw. Asowschem und Kasp. Meer; eine der konventionellen geograph. Grenzen zw. Europa und Asien.
Manzoni, Alessandro, *Mailand 7. 3. 1785, † ebd. 22. 5. 1873, italien. Dichter. M. begann mit klassizist. Gedichten, wandte sich 1812 ganz der romant. Richtung zu, deren italien. Hauptvertreter er wurde. Sein von W. Scott angeregter histor., in der Lombardei des 17. Jh. spielender Roman »Die Verlobten« (1827) hatte maßgebl. Einfluß auf die Entwicklung der italien. Schriftsprache und gilt als Beginn der modernen italien. Prosa. Auch bed. Lyrik (»Ode auf den Tod Napoleons«, 1822).
Manzù, Giacomo [italien. man'dzu], *Bergamo 22. 12. 1908, † Rom 17. 1. 1991, italien. Bildhauer. Themen seiner figürl. Plastik: Kardinal, Tänzerin, Kinder, Partisan.
Maó [katalan.] (span. Mahón), span. Hafenstadt, Hauptort von Menorca (Balearen), 20 500 E. – Alter Stadtteil um die Kirche Santa María (1287; 1748 wiederaufgebaut); megalith. Baudenkmal.
Maoismus, die Gesamtheit der von Mao Zedong geäußerten Vorstellungen, auch in ihrer Verfestigung als ideolog. System. Für den M., dessen Bedeutung in der praktisch-polit. Umformung des Marxismus-Leninismus für China liegt, ist charakteristisch: 1. ein nationalist. Element, 2. die Lehre von den gesellschaftl. Widersprüchen (Klassenkämpfe auch noch im Stadium des Kommunismus möglich), 3. die starke Betonung des bewaffneten Aufstandes, 4. die Notwendigkeit der »permanenten Revolution« auch nach dem Sieg des Kommunismus, 5. die Betonung der Bewußtseinsveränderung zur Erreichung gesellschaftl. Veränderungen.

Mäonien

Mao Zedong

Mäonien, svw. ↑Lydien.
Maori, von den Cookinseln im 14. Jh. nach Neuseeland eingewandertes polynes. Volk; Pflanzbauern, Fischer; bed. Kunsthandwerk.
Mao Tse-tung ↑Mao Zedong.
Mao Zedong (Mao Tse-tung), *Shaoshan (Prov. Hunan) 26. 12. 1893, † Peking 9. 9. 1976, chin. Politiker. Bauernsohn; Ausbildung zum Lehrer. 1921 in Schanghai Mitbegründer der Kommunist. Partei Chinas (KPCh), organisierte M. Z. in den folgenden Jahren revolutionäre Bewegungen unter den Bauern, die er (in Abweichung von der offiziellen Parteilinie) als Träger der Revolution ansah. Während der blutigen Unterdrückung der Kommunisten durch die von Chiang Kai-shek geführten Kuomintang-Truppen zog sich M. Z. mit Guerillaeinheiten in das Grenzland zw. Hunan und Jiangxi zurück; in der Prov. Jiangxi errichtete er ein kommunist. Herrschaftsgebiet. Um der militär. Umklammerung durch die Kuomintang zu umgehen, brach er zum Langen Marsch (1934/35) nach NW-China auf, in dessen Verlauf erst er zum unbestrittenen Führer der KPCh wurde. Als Vors. der Regierung der »Chin. Sowjetrepublik« in Yanan (Prov. Shanxi) zwang er den von Teilen seiner eigenen Truppe verhafteten Chiang Kai-shek zu einem Waffenstillstand mit den Kommunisten und zur Einheitsfront gegen Japan. 1937–40 entstanden grundlegende Schriften (u. a. »Über den Widerspruch«, »Über die Neue Demokratie«). Im Mai 1945 offiziell zum Vors. des ZK und des Politbüros der KPCh gewählt, rief M. Z. nach dem Sieg im Bürgerkrieg (1945–49) und der Vertreibung der Kuomintang vom Festland am 1. 10. 1949 die VR China aus. Gemäß seiner Interpretation der kommunist. Gesellschaftslehre begann 1949 die radikale Umgestaltung Chinas. Der Fehlschlag der Politik des »Großen Sprungs nach vorn« (1958–60/61) schwächte die Stellung M. Z. in Partei und Staat; 1959 trat er das 1954 übernommene Amt des Staats-Präs. an Liu Shaoqi ab, blieb jedoch Vors. der KPCh. Im Rahmen der von ihm 1965/66 eingeleiteten Kulturrevolution suchte M. Z. seine Position wieder zu stärken, indem er einen Führerkult um seine Person (»großer Vors. und Steuermann«) betrieb; eine Auswahl seiner Schriften wurde als »Das Rote Buch« (»Mao-Bibel«) in millionenfacher Auflage verbreitet.

Mapai [hebr.], 1930 zur Zusammenfassung der verschiedenen sozialistischen Richtungen des Zionismus gegründet, gemäßigt sozialist. Arbeiterpartei in Israel. 1948 spaltete sich die ↑Mapam, 1965 die Rafi (»Arbeiterliste Israels«) ab. Die M. schloß sich 1968 mit der Ahdut Haavoda (»Einheit der Arbeit«) und der Rafi zur ↑Israelischen Arbeiterpartei zusammen.

Mapam [hebr.], 1948 durch Abspaltung des linken Flügels der ↑Mapai entstandene, linksradikale Arbeiterpartei in Israel; bildete 1969–84 mit der ↑Israelischen Arbeiterpartei das Wahlbündnis Maarach (»Arbeiterblock«); 1992 an der Bildung des Meretz-Blocks beteiligt.

Maputo (bis 1975 Lourenço Marques), Hauptstadt von Moçambique, am Indischen Ozean, 1,07 Mio. E. Univ., TH, Museen; Hafen mit bedeutendem Güterumschlag der Nachbarstaaten, Eisenbahnen nach Transvaal, Simbabwe und Swasiland; internat. ✈. – 1544/45 Gründung eines portugies. Stützpunktes *(Lourenço Marques);* 1752 Hauptstadt; 1887 Stadtrecht.

Maqam [arab. »Ort, Standort«] (Mrz. Maqamat), in der arab. Kunstmusik ein Melodiemodell bzw. eine Gruppe zueinander passender Skalentöne, die einer Melodie und der über sie erfolgenden Improvisation zugrundeliegen.

Maquis [ma'ki:], 1) svw. ↑Macchie.
2) frz. Partisanenbewegung im 2. Weltkrieg.

Marabus [arab.-portugies.-frz.], Gatt. der Störche (Flügelspannweite fast 3 m) mit drei Arten in Afrika, Indien und SO-Asien; brüten in großen Kolonien auf Bäumen oder Felsen.

Maracaibo [span. maraˈkaiβo], Hauptstadt des Staates Zulia in NW-Venezuela, 1,26 Mio. E. Zwei Univ., Museen; wirtschaftl. Zentrum des Maracaibobeckens; internat. ✈. – 1529/71 gegründet.

Maracaibosee [span. maraˈkaiβo], flache Lagune in NW-Venezuela, im Z des *Maracaibobeckens,* durch einen Kanal mit dem Golf von Venezuela verbunden; bed. Erdölvorkommen.

Maracuja ↑Passionsfrüchte.

Marabus.
Afrikanischer Marabu

Marais, Jean [frz. maˈrɛ], eigtl. J. Alfred Villain-M., *Cherbourg 11. 12. 1913, frz. Schauspieler. Internat. bekannt, u. a. »Der Graf von Monte Christo« (1953), »Fantomas« (1964); spielte in allen Inszenierungen und Filmen J. Cocteaus, u. a. »Es war einmal« (1946), »Orphée« (1950)
Marajó, Ilha de [brasilian. ˈiʎa di maraˈʒɔ], mit rd. 48 000 km² größte Insel im Mündungsgebiet des Amazonas. – Seit etwa 1000 v. Chr. von Indianern besiedelt; verschiedene archäolog. Kulturen, insbes. die *Marajókultur* (künstl. Hügel, Urnenbestattungen, vielfarbige Keramik).
Maramba (Livingstone), Provinzhauptstadt in Sambia, nördlich der Victoriafälle des Sambesi. 98 500 E. Nationalmuseum (traditionelle afrikan. Kunst), Tierpark; Wirtschaftszentrum. – 1905 gegr.. 1907–11 Verwaltungssitz von NW-Rhodesien und bis 1935 von N-Rhodesien.
Maramureş [rumän. maraˈmureʃ], Gebiet in den Karpaten (Rumänien) an der ungar. und sowjet. Grenze, größte Stadt Baia Mare. – 1368 Komitat; nach 1526 an den späteren Kaiser Ferdinand I.; 1553 mit Siebenbürgen vereinigt.
Maranatha [urspr. wohl aramäisch], fest geprägte Gebetsformel (»Herr, komm!« oder »Unser Herr ist gekommen«): 1. Gebetsruf; 2. Bekenntnis zur Inkarnation; 3. Glaubensbekenntnis.
Maränen, svw. ↑Felchen.
Maranhão [brasilian. mareˈɲɐ̃u], brasilian. Gliedstaat an der N-Küste, 328 663 km², 4,922 Mio. E, Hauptstadt São Luís. – Frz. Kolonisationsversuche ab 1594; 1614 portugies. Besitz.

Marburg

Marañón, Río [span. ˈrrio maraˈɲɔn], Hauptquellfluß des Amazonas, entspringt in Zentralperu, etwa 1 600 km lang.
Maraschino [italien. marasˈkiːno], farbloser Likör, aus dalmatin. Maraskakirschen.
Marat, Jean Paul [frz. maˈra], *Boudry (Schweiz) 24. 5. 1743, † Paris 13. 7. 1793, frz. Publizist, Arzt und Revolutionär. Bei Ausbruch der Frz. Revolution Hg. radikaler polit. Pamphlete und der Zeitung »Ami du Peuple«; als Mgl. des Nationalkonvents Präs. des Jakobinerklubs und radikaler Wortführer der Sansculotten; hatte wesentl. Anteil an der Vernichtung der Girondisten; 1793 von Charlotte de Corday d'Armont ermordet.
Marathi, ind. Sprache, im Unionsstaat Maharashtra etwa 50 Mio. Sprecher *(Marathen);* wird in Devanagari geschrieben. ↑indische Sprachen.
Marathon, griech. Ort am Petal. Golf, 30 km nö. von Athen, 2 100 E. – Die Nachricht vom athen. Sieg über die Perser in der Ebene von M. (490 v. Chr.) soll durch einen Läufer überbracht worden sein, der in Athen tot zusammenbrach (Geschichtlichkeit ist umstritten).
Marathonlauf, längster olymp. Langstreckenwettbewerb (seit 1896) über 42 195 m, entsprechend der Entfernung Marathon–Athen; seit 1970 auch für Frauen.
Marathos ↑Amrit.
Marbach am Neckar, Stadt im Kreis Ludwigsburg, Bad.-Württ., 13 200 E. Schillers Geburtshaus, Schiller-Nationalmuseum/Dt. Literaturarchiv, Sitz der Dt. Schillergesellschaft.
Marbod (lat. Marobodus), † Ravenna 37 n. Chr., König der Markomannen (seit 8 v. Chr.). Begründete in Böhmen 8–6 v. Chr. das erste german. Reich, das an der Auseinandersetzung mit Arminius (17–19 n. Chr.) zerbrach; Flucht nach Ravenna.
Marburg, 1) hess. Kreisstadt an der oberen Lahn, 74 500 E. Univ., Forschungsinstitute, Staatsarchiv; Museen; botan. Garten. Chem., pharmazeut., elektrotechn. und metallverarbeitende Industrie. Got. Elisabethkirche (13. Jh.) mit Elisabethschrein mit landgräfl. Grablege, Marienkirche (14. Jh.), ehem. Deutschordensgebäude, u. a. das Back-

Jean Marais

Jean Paul Marat

Marburger Bund

Franz Marc. Die kleinen gelben Pferde (1912; Stuttgart, Staatsgalerie)

haus (1515); Rathaus (1512–24). Über der Stadt liegt das landgräfl. Schloß (12.–16. Jh.). – Bei der nach 1122 durch den Landgrafen von Thüringen (über einem Vorgängerbau aus dem 10. Jh.) errichteten Burg (etwa 1140 belegt), entstand der Burgflecken M.; 1311/57 Stadtrecht; 1256 an die Land-Gft. Hessen, neben Kassel Residenzstadt und Verwaltungsmittelpunkt des »Ober-Ft.«. Gründung der Univ. 1527. Ab 1567 Residenz der Linie Hessen-Marburg; 1604 an Hessen-Kassel; 1866 an Preußen; seit 1946 zum Land Hessen. **2)** Stadt in Slowenien, ↑Maribor.
Marburger Bund, 1947 gegr. Vereinigung der angestellten und beamteten Ärzte in Deutschland.
Marburger Schule ↑Neukantianismus.
Marc, Franz, * München 8. 2. 1880, ✕ bei Verdun 4. 3. 1916, dt. Maler und Graphiker. 1911 Mitbegründer des ↑Blauen Reiters. Im Umgang mit A. Macke und W. Kandinsky fand M. seinen eigenen expressiv-abstrahierenden Stil mit reinen, leuchtenden Farben und kristallin-strahlenartiger Facettierung der Formen, mit denen er die im Einklang mit der Natur lebende Kreatur darstellte, u. a. »Turm der blauen Pferde« (1913; seit 1945 verschollen).
marcato [italien.], Abk. marc., musikalische Vortragsbezeichnung: markiert, betont.

Marceau [frz. mar'so], **1)** Félicien, eigtl. Louis Carette, * Kortenberg bei Brüssel 16. 9. 1913, belg. Schriftsteller. 1945 bis 52 wegen Kollaboration im Exil; 1959 in Frankreich naturalisiert; schrieb Romane, u. a. »Creezy« (1969), Boulevardstücke und literar. Essays.
2) Marcel, * Straßburg 22. 3. 1923, frz. Pantomime. Prägte mit seinen »Mimodramen« (u. a. »Jugend, Reife, Alter, Tod«, 1953) die zeitgenöss. Pantomime; schuf den Typ des »Bip« (analog zu C. Chaplins Tramp).
Marcel, Gabriel [frz. mar'sɛl], * Paris 7. 12. 1889, † ebd. 8. 10. 1973, frz. Philosoph. 1929 Konversion zum Katholizismus; Vertreter der christl. Existenzphilosophie; schrieb zahlr. Essays (u. a. »Die Menschenwürde als existentieller Grund«, 1963), auch Dramen (»Zerbrochene Welt«, 1933). 1964 Friedenspreis des Börsenvereins des Dt. Buchhandels.
Marcellus II., * Montefano bei Macerata 6. 5. 1501, † Rom 1. 5. 1555, vorher Marcello Cervini, Papst (seit 9. 4. 1555). Ab 1545 einer der Präs. des Konzils von Trient. Sein Pontifikat bedeutete den Durchbruch der kath. Erneuerung an der Kurie.
March, linker Nebenfluß der Donau, bildet auf etwa 80 km die Grenze zw. der Slowak. Rep. und Österreich, mündet unterhalb von Hainburg, 352 km lang.
Märchen, bei allen Völkern und zu allen Zeiten verbreitete, urspr. mündlich überlieferte Erzählung, die wunderbare

Marcel Marceau

Marcos

Begebenheiten schildert. Der Begriff M. ist kein präziser Gattungsbegriff; er umfaßt Fabeln, Tiergeschichten, Lügengeschichten, Legenden, Novellenstoffe u. a. Man unterscheidet das *Volksmärchen* (anonyme mündl. Tradition) vom *Kunstmärchen* (bekannte Autoren: L. Tieck, C. Brentano, W. Hauff, Ch. Andersen, H. Hesse).
Geschichte: Märchenhaftes findet sich in Schriftzeugnissen aller frühen Hochkulturen, so im babylon.-assyr. Bereich, Ägypten und Griechenland. Eine vermittelnde Rolle zw. den alten Erzähltraditionen des Fernen Ostens und des Vorderen Orients wird Indien zugeschrieben, als wichtigste Quellen gelten das im 3. Jh. n. Chr. entstandene »Pancatantra« und das »Kathāsaritsāgara«. – Die europ. M. zeigen seit ihrem ersten Auftreten im 8. und 9. Jh. jüd., arab., kelt. und ind. Einflüsse; später bereicherte die arab. Märchensammlung »Tausendundeine Nacht« die Märchenwelt. Die Märchensammlung des Franzosen C. Perrault wirkte anregend auf die der Brüder J. und W. Grimm.
Marchese [marˈkeːzə; italien.] ↑Marquis.
Marcion (Markion), *Sinope um 85, †um 160, frühchristl. häret. Theologe. In Sinope und – wahrscheinlich 144 – in Rom aus der christl. Gemeinde ausgeschlossen; darauf Gründung der marcionit. Gegenkirche *(Marcioniten);* schuf als Ersatz für das AT eine eigene hl. Schrift. Kam zu der Annahme zweier Götter, dem Weltschöpfer (Demiurg; Judengott) und dem Gott der Liebe, der aus Gnade Christus in einem Scheinleib als Welterlöser sandte.
Marcks, 1) Gerhard, *Berlin 18. 2. 1889, †Burgbrohl (Eifel) 13. 11. 1981, dt. Bildhauer. Figürl. Plastik von strenger Formauffassung; 1919–25 am Bauhaus tätig.
2) Marie, *Berlin 25. 8. 1922, dt. Karikaturistin. Nichte von Gerhard M.; Cartoons aus dem familiär-pädagog. und gesellschaftspolit. Bereich.
Marconi, Guglielmo Marchese, *Bologna 25. 4. 1874, †Rom 20. 7. 1937, italien. Ingenieur und Physiker. M. begann 1895 mit Versuchen zur drahtlosen Übermittlung von Radiowellen. Für seine Pionierleistungen auf diesem Gebiet erhielt M. (mit K. F. Braun) 1909 den Nobelpreis für Physik.
Marco Polo ↑Polo, Marco.
Marco-Polo-Gebirge ↑Kunlun.
Marcos, Ferdinando Edralin, *Sarrat (auf Luzon) 11. 9. 1917, †Honolulu 28. 9. 1989, philippin. Politiker. 1960–64 Vors. der Liberalen, dann der Nationalist. Partei; unterstützte als Staats-Präs. (1965–86) und Premier-

Guglielmo Marconi

Franz Marc.
Tierschicksale (1913; Basel, Kunstmuseum)

Rudolph Arthur Marcus

Herbert Marcuse

Margarete II., Königin von Dänemark

Marcus

Min. (1973–81) die Politik der USA in O-Asien; mußte nach anhaltenden Protesten der Bevölkerung 1986 das Land verlassen.

Marcus, Rudolph Arthur [engl. 'maːkəz], *Montreal 21. 7. 1923, amerikan. Chemiker kanad. Herkunft. Erhielt 1992 für seine Grundlagenarbeiten zur chem. Reaktionskinetik und seine Theorie des Elektronenübergangs zw. Molekülen den Nobelpreis für Chemie.

Marcuse, 1) Herbert, *Berlin 19. 7. 1898, †Starnberg 29. 7. 1979, amerikan. Sozialphilosoph dt. Herkunft. 1933 Emigration; verbindet in seinen Schriften die Hegelsche Dialektik mit marxist. Philosophie, einer dialekt. Geschichtstheorie und z. T. der Trieblehre S. Freuds; wurde wegen seines Aufrufs zur radikalen Opposition gegen die bestehende Ordnung (der »spätkapitalist. Gesellschaft«) in den 1960er Jahren zu einem der geistigen Wortführer der student. Linken. – *Werke:* Triebstruktur und Gesellschaft (1956), Der eindimensionale Mensch (1964), Die Permanenz der Kunst (1976).

2) Ludwig, Pesudonym Heinz Raabe, *Berlin 8. 2. 1894, †München 2. 8. 1971, dt. Literaturkritiker und Philosoph. 1933 Emigration, ab 1938 in den USA, 1963 Rückkehr; zahlr. kulturkrit. Schriften, bekannt v. a. »Obszön. Geschichte einer Entrüstung« (1962).

Mar del Plata, argentin. Hafenstadt am Atlantik, 415 000 E. Zwei Univ.; Seebad, Spielkasino.

Marder (Mustelidae), mit rd. 70 Arten weltweit verbreitete Fam. etwa 15–150 cm langer Raubtiere (u. a. Zobel, Dachs).

Mardonios (altpers. Mardunija), ✕ bei Plataä 479 v. Chr., pers. Feldherr. Beendigte erfolgreich den Ion. Aufstand 494, unterwarf 492 Thrakien; zerstörte 479 Athen.

Marduk, Stadtgott von Babylon (seit 2000 v. Chr.), später auch Reichsgott Babyloniens. Hauptkultort war Babylon (↑Babylonischer Turm).

Mare [lat. »Meer«] (Mrz. Maria), charakterist. Oberflächenformation des Mondes.

Marées, Hans von [maˈreː], eigtl. Johann Reinhard von M., *Elberfeld (heute zu Wuppertal) 24. 12. 1834, †Rom 5. 6. 1887, dt. Maler. Lebte ab

Marder. Buntmarder (Kopf-Rumpf-Länge 50–70 cm; Schwanzlänge 45 cm)

1864 in Italien (ab 1875 in Rom), wo er im Anschluß an sein anfangs dunkeltoniges Schaffen den Weg zu einer idealist., von formaler Klarheit bestimmten Malerei fand, in deren Mittelpunkt der in vereinfachend-monumentaler Auffassung dargestellte Mensch, bes. die nackte männl. Gestalt, steht.

Maremmen, Küstenebenen und -höfe an der italien. W-Küste zw. La Spezia und Salerno, früher gefürchtetes Malariagebiet, heute Ackerbaulandschaft.

Marengo, Ort in Italien, heute Teil von Alessandria. Hier gelang Napoléon Bonaparte im 2. Koalitionskrieg am 14. 6. 1800 ein Entscheidungssieg über die Österreicher.

Marenzio, Luca, *Coccaglio bei Brescia 1553 oder 1554, †Rom 22. 8. 1599, italien. Komponist. Bed. Meister des italien. Madrigals.

Margarete, Name von Herrscherinnen:
Dänemark: 1) **Margarete I.,** *Søborg (Seeland) März 1353, †Flensburg 28. 10. 1412, regierende Königin von Dänemark, Norwegen und Schweden (seit 1387/89). Tochter Waldemars IV. von Dänemark; 1363 ⚭ mit König Håkon VI. Magnusson von Norwegen und Schweden; nach dessen Tod (1380) Regentin in Dänemark und Norwegen; 1388 in beiden Ländern zur Herrscherin gewählt, seit 1389 auch in Schweden; 1397 Abschluß der Kalmarer Union.

2) **Margarete II.** (Margrethe II.), *Kopenhagen 16. 4. 1940, Königin von Dänemark (seit 1972). Tochter König

2140

Friedrichs IX.; seit 1967 ⚭ mit Graf Henri de Laborde de Monpezat (*1934; jetzt Prinz Henrik von Dänemark). *England:* **3) Margarete von Anjou** [frz. ã'ʒu], *Pont-à-Mousson bei Metz 23. 3. 1429, † Dampierre-sur-Loire (heute zu Saumur) 25. 4. 1482, Königin. Seit 1445 ⚭ mit Heinrich VI. von England; suchte die Thronfolge ihres Sohnes Eduard gegen die Ansprüche des in den Rosenkriegen 1460/61 siegreichen Hauses York zu sichern. *Frankreich:* **4) Margarete von Valois** [frz. val'wa], gen. la reine Margot, *Saint-Germain-en-Laye 14. 5. 1553, † Paris 27. 3. 1615, Königin von Navarra und Frankreich. Ihre Hochzeit mit Heinrich von Navarra (Heinrich IV. von Frankreich) gab den Anlaß zur ↑Bartholomäusnacht; 1599 wurde die Ehe vom Papst geschieden. *Navarra:* **5) Margarete von Navarra** (M. von Angoulême), *Angoulême 11. 4. 1492, † Odos bei Tarbes 21. 12. 1549, Hzgn. von Alençon, Königin. 1509 ⚭ mit Herzog Karl IV. von Alençon († 1525), 1527 ⚭ mit Heinrich von Albret, König von Navarra († 1555); förderte, ohne selbst den Glauben zu wechseln, die Reformation, gewährte Glaubensflüchtlingen Asyl. V. a. bekannt durch »Das Heptameron« (1559), eine Novellensammlung ähnlich Boccaccios »Decamerone«. *Niederlande:* **6) Margarete von Österreich**, *Brüssel 10. 1. 1480, † Mecheln 1. 12. 1530, Statthalterin (seit 1507). Tochter Kaiser Maximilians I.; handelte den Damenfrieden von ↑Cambrai (1529) aus.

7) Margarete von Parma, *Oudenaarde 1522, † Ortona bei Chieti 18. 1. 1586, Statthalterin (1559–67). Tochter Kaiser Karls V.; in 2. Ehe (1538) ⚭ mit Ottavio Farnese, Hzg. von Parma und Piacenza; unter ihrer Regentschaft Ausbruch der niederl. Unruhen. *Tirol:* **8) Margarete Maultasch**, *1318, † Wien 3. 10. 1369, Gräfin (seit 1335). Tochter Hzg. Heinrichs VI. von Kärnten; übergab 1363 das ererbte Tirol an Hzg. Rudolf IV. von Österreich.
Margarine [griech.-frz.], aus Pflanzenfetten (z. B. Kokosfett, Erdnuß-, Sonnenblumen-, Sojaöl) bestehende Speisefettzubereitung. M. ist eine Wasser-in-Öl-Emulsion, wobei die Fettphase aus etwa 20 % hochschmelzenden und 80 % niedrigschmelzenden Fetten (mit einem hohen Anteil essentieller Fettsäuren), die wäßrige Phase aus Wasser und/oder gesäuerter Magermilch besteht. Ernährungsphysiologisch erfüllt M. alle Bedingungen eines Speisefetts. – Das erste M.produkt wurde von dem frz. Lebensmittelchemiker Hippolyte Mège-Mouriès (*1817, † 1880) auf Grund eines Preisausschreibens Napoleons III., der einen billigen Butterersatz suchte, aus dem niedrigschmelzenden Rindertalganteil Oleomargarin entwickelt. Nach Erfindung der Fetthärtung konnten auch Pflanzenöle verarbeitet werden.
Margarita, Isla [span. 'izla marɣa'rita], venezolan. Insel der Kleinen Antillen vor der venezolan. N-Küste, 1 085 km², Hauptort La Asunción. – 1498 von Kolumbus entdeckt.
Marge ['marʒə; lat.-frz.], Gewinnspanne, Differenz zw. Selbstkosten und Verkaufspreis; Handelsspanne.
Margerite [griech.-frz.], Wucherblumenart in Europa, Sibirien und in den Kaukasusländern, in N-Amerika und Australien eingeschleppt; bis 60 cm hohe Staude; Blütenkörbchen mit weißen Zungen- und gelben Röhrenblüten; in mehreren Sorten als Zierpflanze kultiviert, v. a. die gefüllte *Edelweißmargerite.*
Marginalien [lat.], Anmerkungen am Rand von Handschriften, Akten oder Büchern.
Mari, altoriental. Stadt am mittleren Euphrat in O-Syrien, heute Ruinenstätte Tell Hariri. Gegr. in der 1. Hälfte des 3. Jt., um 18. Jh. Hauptstadt eines bed. altbabylon. Reichs, zerstört 1696 v. Chr. durch Hammurapi von Babylon. Freigelegt wurden u. a. frühdynast. Reste (Ischtartempel, altsumer. Palast, bed. sumer. Plastik) sowie riesige altbabylon. Palastanlagen (19./18. Jh.) mit Wandmalereien; Funde zahlr. altbabylon. Keilschrifttafeln der polit. Korrespondenz und Wirtschaftsverwaltung.
Maria, hl., in den synopt. Evangelien des NT (Mark. 3, 31 und 6, 3, Matth. 1 ff., Luk. 1 ff.) Name der Mutter Jesu von Nazareth. Die wenigen histor. Angaben (Frau des Zimmermanns Joseph von Nazareth) werden von der theolog. Deutung ihrer Gestalt überlagert. In Theologie und Frömmigkeit der kath.

Maria

Maria Theresia, Erzherzogin von Österreich

Maria Stuart, Königin von Schottland

Kirche und der orth. Kirchen wird M. als Mutter Gottes (↑Mariologie) und Fürbitterin der Glaubenden vor Gott verehrt; die ev. Theologie sieht in ihr das Urbild bedingungslosen Vertrauens auf Gott und Vorbild des Glaubens. **Maria** (Marie, engl. Mary), Name von Herrscherinnen:
Hl. Röm. Reich sowie Böhmen und Ungarn:
1) Maria Theresia, *Wien 13. 5. 1717, † ebd. 29. 11. 1780, Erzherzogin, Königin von Ungarn und Böhmen (ab 1740). 1736 ⚭ mit Herzog Franz Stephan von Lothringen, Kaiser ab 1745; seitdem wird M. T. als Kaiserin bezeichnet. Übernahm 1740 als Erbtochter Kaiser Karls VI. gemäß der Pragmat. Sanktion die Gesamtherrschaft des Hauses Österreich. Sie konnte trotz der Übermacht Preußens im 1. und 2. Schles. Krieg und im Österr. Erbfolgekrieg (1740–48) ihre Thronrechte behaupten, verlor aber Schlesien. Ihr Versuch, es im Siebenjährigen Krieg (1756–63) zurückzugewinnen, scheiterte trotz militär. Erfolge und Bündniswechsel. Die Gewinnung Galiziens, der Bukowina und des Innviertels (1772–79) geschah gegen ihren Willen auf Initiative des Staatskanzlers Kaunitz und des Mitregenten und Kaisers (ab 1765) Joseph II.; bed. Reformen (Heer, Verwaltung, Finanzen).
Burgund: **2) Maria,** *Brüssel 13. 2. 1457, † Brügge 27. 3. 1482, Hzgn. (ab 1477). Erbtochter Karls des Kühnen. 1477 ⚭ mit dem späteren Kaiser Maximilian I., dem ihr burgund. Erbe zufiel.
England: **3) Maria I. Tudor** [engl. -'tju:də], gen. »die Katholische« oder »die Blutige«, *Greenwich (heute zu London) 18. 2. 1516, † London 17. 11. 1558, Königin (ab 1553). Tochter Heinrichs VIII. und Katharinas von Aragonien; folgte ihrem Halbbruder Eduard VI. auf dem Thron. Seit 1554 ⚭ mit Philipp II. von Spanien, führte eine schroffe Rekatholisierungspolitik durch.
4) Maria II. Stuart ['stu:art; engl. stjʊət], *London 30. 4. 1662, † Kensington Palace (heute zu London) 28. 12. 1694, Königin (ab 1689). Tochter Jakobs II., nach dessen Vertreibung sie mit ihrem Gemahl Wilhelm III. (von Oranien) auf Antrag des Parlaments die Krone annahm.
Frankreich: **5) Maria von Medici** [italien. -'me:ditʃi], *Florenz 26. 4. 1573, † Köln 3. 7. 1642, Königin. 2. Frau Heinrichs IV., nach dessen Ermordung Regentin für ihren unmündigen Sohn Ludwig XIII., der sie 1617 entmachtete; nach vorübergehender Versöhnung von Richelieu verdrängt.
6) Marie Antoinette [frz. -ātwa'nɛt, *Wien 2. 11. 1755, † Paris 16. 10. 1793 (hingerichtet), Königin. Tochter Maria Theresias, ⚭ ab 1770 mit dem späteren König Ludwig XVI. Nach dem Ausbruch der Frz. Revolution verhandelte sie zur Rettung der Monarchie mit Mirabeau und veranlaßte den Fluchtversuch der königl. Familie (Juni 1791).
7) Marie Louise [frz. -'lwi:z], *Wien 12. 12. 1791, † Parma 17. 12. 1847, Kaiserin. 2. Gattin Napoleons I. (ab 1810); ab 1815 Hzgn. von Parma, Piacenza und Guastalla; 1822 schloß sie eine morganat. Ehe mit A. A. Graf Neipperg.
Schottland: **8) Maria von Guise** [frz. -gi:z, gyi:z], *Bar-le-Duc 22. 11. 1515, † Edinburgh 11. 6. 1560, Regentin (ab 1554). Bemühte sich zunächst um prot. Unterstützung für die Thronfolge ihrer Tochter Maria Stuart, gab unter frz. Einfluß ihre tolerante religionspolit. Haltung auf.
9) Maria Stuart [-'stu:art; engl. 'stjʊət], *Linlithgow bei Edinburgh 7. (8. ?) 12. 1542, † Fotheringhay Castle bei Northampton 8. 2. 1587 (hingerichtet), Königin (1542–67). Tochter Jakobs V. und Marias von Guise; 1558–61 ⚭ mit Franz II. von Frankreich. Als Urenkelin Heinrichs VII. um Durchs. ihres Anspruchs auf den engl. Thron bemüht. Die Eheschließung mit ihrem kath. Vetter Lord Darnley (1565) gab Anlaß zu einem Aufstand der prot. Lords. Nach der Geburt des Thronfolgers verständigte sie sich mit den Adligen; daraufhin wurde Darnley im Februar 1567 ermordet. Im Mai heiratete M. S. nach schott. Ritus den allg. als Mörder Darnleys geltenden Earl of Bothwell. Nach einem gegen Bothwell gericht. Adelsaufstand mußte M. S. zugunsten ihres Sohnes abdanken. 1568 nach England geflüchtet, wurde sie von Elisabeth I. in Haft genommen und zum Tode verurteilt.
Maria von Bethanien, Frauengestalt im NT; Schwester der Martha und des Lazarus; nach Joh. 12, 1–8 salbt sie Jesus die Füße und trocknet sie mit ihren Haaren.

Marienkäfer

Maria Laach, Benediktinerabtei mit bed. roman. Abteikirche (1093 bis um 1230) am SW-Ufer des Laacher Sees, Rheinl.-Pf., 1093 gegr., 1802 säkularisiert, 1863–73 von Jesuiten, seit 1892/93 von Beuroner Benediktinern besiedelt (Abtei).

Maria Magdalena (Maria aus Magdala), hl., im NT eine der Frauen, die Jesus von bösen Geistern und Krankheiten geheilt hatte; gilt in der Evangelienüberlieferung als Zeugin des Auferstandenen. – Fest: 22. Juli.

Mariamne, *Jerusalem um 60, †29 v. Chr. (?), Gemahlin Herodes' I., d. Gr., wegen angebl. Ehebruchs hingerichtet.

Marianen, Inselgruppe (Vulkan- und Koralleninseln) im nw. Pazifik, 1018 km², bildet (ausgenommen ↑Guam) das *Commonwealth of the Northern Mariana Islands* (477 km², 19 600 E), Verwaltungssitz Saipan (auf Saipan). *Geschichte:* 1521 von Magalhães entdeckt, ab 1565 span.; 1898 wurde Guam an die USA abgetreten, 1899 verkaufte Spanien an das Dt. Reich die übrigen Inseln, die 1920–45 jap. Mandat waren und ab 1947 unter Treuhandverwaltung der USA standen; 1978 in ein mit den USA assoziiertes Territorium umgewandelt. 1990 wurde die Treuhandschaft der UN aufgehoben.

Marianengraben, Tiefseegraben im Pazifik, östlich und südlich der Marianen, bis 10 924 m u. M.

Marianische Kongregationen ↑Gemeinschaften Christlichen Lebens.

Marianne, nat. Personifikation der Frz. Republik; meist mit Jakobinermütze dargestellt.

Maria-Theresien-Orden, höchster österr. Militärorden 1757–1918.

Mariatheresientaler, 1741–80 mit Bild und Titel der Kaiserin Maria Theresia geprägter österr. Konventionstaler, seit 1858 außer Kurs; am längsten einheitlich ausgeprägte Münze der Münzgeschichte.

Maria Wörth, österr. Gem. in Kärnten, auf einer Insel am S-Ufer des Wörther Sees, 1050 E. Spätgot. ehem. Stiftskirche mit roman. Teilen; roman. Winterkirche mit Fresken (12. Jh.).

Mariazell, österr. Stadt in der Steiermark, 1900 E. Wallfahrtsort. Die Wallfahrtskirche wurde 1644 bis 1704 barock umgebaut; in der Gnadenkapelle (um 1653) die spätroman. Mariazeller Gnadenmutter.

Marib, Ortschaft in Jemen; ehem. Hauptstadt des Reiches Saba; Tempel- und Staudammreste (1. Jt. bis 7. Jh. v. Chr.).

Maribor (dt. Marburg), slowen. Stadt an der Drau, 185 700 E. Univ. Spätgotisch umgebauter Dom (12. und 16. Jh.), Burg (12. Jh., 1744 umgestaltet); Türme der Stadtbefestigung.

Marie de France [frz. marid'frã:s], frz. Dichterin der 2. Hälfte des 12. Jahrhunderts. Lebte am Hof Heinrichs II. von England, dem sie 12 um 1167 oder um 1180 entstandenen Versnovellen (Lais) widmete; ihre Dichtungen verwenden Stoffe der breton. Spielmannsepik.

Marie Antoinette [frz. -ãtwa'nɛt], Königin, ↑Maria, Herrscherinnen (Frankreich).

Mariehamn (finn. Maarianhamina), Hauptstadt des finn. Verw.-Geb. Åland, einzige Stadt der Ålandinseln, 9600 E. Åland-Museum, Hafen.

Mari-El, autonome Republik innerhalb Rußlands, an der mittleren Wolga; 23 200 km², 758 000 E; Hauptstadt Joschkar-Ola. – 1920 Bildung eines Autonomen Gebietes der Mari; 1936–91 ASSR.

Marie Louise [frz. -'lwi:z], Kaiserin, ↑Maria, Herrscherinnen (Frankreich).

Marienbad (tschechisch Mariánské Lázně), Stadt im Westböhm. Kreis, am S-Fuß des Kaiserwalds, Tschech. Rep., 18 500 E. Theater; Museum (im Goethehaus); Heilbad. Die 40 Heilquellen umfassen Glaubersalzquellen und Eisensäuerlinge, auch Moorbäder.

Marienberg, Kreisstadt im mittleren Erzgebirge, Sa., 11500 E. Spätgot. Pfarrkirche (1558–64), Rathaus mit Renaissanceportal. 1521 wegen herber Silberfunde angelegt; 1523 Stadtrecht.

Marienburg (Westpr.) (poln. Malbork), Stadt in der Woiwodschaft Elbląg (Elbing), Polen, an der Nogat, 34 000 E. Erhalten sind Teile der Stadtbefestigung, das spätgot. Rathaus (14. Jh.). Das von einer Mauer mit Türmen umgebene Ordensschloß (13./14. Jh.) wurde wiederaufgebaut. – Die 1274 gegr. *Marienburg* war 1309 bis 1466 Hauptsitz des Dt. Ordens.

Marienkäfer (Herrgottskäfer, Glückskäfer, Coccinellidae), mit rd. 4000 Ar-

Marienkäfer. Von oben: Siebenpunkt (Länge 6 bis 8 mm); Vierzehnpunkt (Länge bis 4,5 mm); Larve des Siebenpunkt

ten weltweit verbreitete Fam. 1–12 mm großer, gut fliegender Käfer, davon rd. 70 Arten in Deutschland; meist mit lebhafter Flecken- und Punktzeichnung. Die Imagines und Larven der meisten Arten fressen Blattläuse, Schildläuse und andere kleine Insekten. Einheimisch u. a.: *Siebenpunkt,* Flügeldecken rot, mit meist sieben schwarzen Punkten; *Zweipunkt,* Flügeldecken schwarz mit je einem roten Punkt oder umgekehrt.

Marienwerder (poln. Kwidzyn), Stadt am O-Rand der Weichselniederung, Polen, 31 000 E. Z. T. wiederhergestellt wurden das Kapitelschloß und der Dom (beide 14. Jh.). – 1254 bis 1527 Sitz der Bischöfe von Pomesanien; kam 1526 an das neue Herzogtum Preußen.

Marignano [italien. mariˈɲaːno], früherer Name der italien. Stadt ↑Melegnano.

Marihuana [mex., vermutlich gebildet aus den span. Vornamen María und Juana] ↑Haschisch.

Marillac, Louise de [frz. mariˈjak], hl., verheiratete Le Gras, * Paris 12. 8. 1591, † ebd. 15. 3. 1660, frz. Ordensstifterin. Mitbegründerin der ↑Vinzentinerinnen. – Fest: 15. März.

Marille [lat.-roman.] ↑Aprikosenbaum.

Marimba [afrikan.-span.], xylophonartiges Schlaginstrument mit klaviaturartig angeordneten Platten verschiedener Länge.

marin [lat.], im Meer lebend.

Marinade [lat.-frz.] (Beize), aus Essig, Zitronensaft oder Wein und Kräutern und Gewürzen hergestellte Flüssigkeit, in der Lebensmittel zur Konservierung und/oder Geschmacksverbesserung eingelegt (gebeizt) werden.

Marine [lat.-frz.], das See- bzw. Flottenwesen eines Staates; Kriegsmarine.

Marineinfanterie [...ə-i...], für den Einsatz an Land, meist als Teil der amphib. Streitkräfte ausgerüstete Truppe der Kriegsmarine.

Marinetti, Filippo Tommaso, * Alexandria 22. 12. 1876, † Bellagio 2. 12. 1944, italien. Schriftsteller. Begründer des Futurismus; wurde später überzeugter Anhänger des Faschismus (»Futurismo e fascismo«, 1924).

Marini, 1) Giambattista, italien. Dichter, ↑Marino, Giambattista.

2) Marino, * Pistoia 27. 2. 1901, † Viareggio 6. 8. 1980, italien. Bildhauer, Maler und Graphiker. Neben Aktfiguren konzentrierte sich M. auf das Thema Pferd und Reiter.

Marinismus [nach G. Marino], italien. Variante des literar. ↑Manierismus.

Marino (Marini), Giambattista, * Neapel 18. 10. 1569, † ebd. 25. 3. 1625, italien. Dichter. Sein Hauptwerk, das allegor. Epos »Adone« (1623), schildert in 20 Gesängen (45 000 Verse) die Geschichte von Venus und Adonis; seine Stilmittel wurden als ↑Marinismus in ganz Europa nachgeahmt.

Mariologie [hebr./griech.], in den christl. Kirchen die im Zusammenhang mit der Christologie (↑Jesus Christus) stehende theol. Begriffs- und Lehrbildung zur Gestalt ↑Marias und ihrer Verehrung. Die wesentl. theol. (dogmat.) Aussagen über Maria sind: 1. der Titel Marias als *Gottesgebärerin* (Konzil von Ephesus 431); 2. die Überzeugung von der *immerwährenden Jungfräulichkeit* Marias (↑Jungfrauengeburt); 3. die ↑Unbefleckte Empfängnis; 4. das Dogma von Marias *leibl. und seel. »Aufnahme in die himml. Glorie«* (1950). – In den Ostkirchen wird nur das Dogma von der Gottesmutterschaft Marias anerkannt. – Die ev. Theologie lehnt jede Dogmatisierung und kult. Verehrung Marias als biblisch nicht begründbar ab.

Marionette [frz.], 1) Figur des Puppentheaters mit bewegl. Gliedern; an Fäden oder Drähten mit Hilfe eines Führungskreuzes von oben geführt.

2) *übertragen:* dem Willen anderer unterworfener Mensch.

Mariotte, Edme [frz. maˈrjɔt], * Dijon (?) um 1620, † Paris 12. 5. 1684, frz. Physiker. Arbeitete auf dem Gebiet der Strömungslehre; entdeckte den blinden Fleck im Auge, fand die Erklärung für die Höfe um Sonne und Mond. ↑Boyle-Mariottesches Gesetz.

Maristen-Schulbrüder (lat. Institutum Fratrum Maristarum a Scholis, Abk. FMS), 1816 gegr. Kongregation kath. Laienbrüder; weibl. Zweig *Maristinnen.*

maritim [lat.], das Meer betreffend.

maritimes Klima, svw. ↑Seeklima.

Maritza, Fluß auf der Balkanhalbinsel, entspringt in der Rila, Bulgarien, mündet östlich von Alexandrupolis in das Ägäische Meer, 514 km lang.

Marino Marini. Gaukler (1938; Hannover, Städtische Galerie im Landesmuseum)

Marius, Gaius, *Cereatae bei Arpinum 156 v. Chr., †Rom 13. 1. 86 v. Chr., röm. Konsul (107, 104–100, 86) und Feldherr. Beendete 105 siegreich den Krieg gegen Jugurtha; schlug die Teutonen 102 bei Aquae Sextiae (heute Aix-en-Provence) und die Kimbern 101 bei Vercellae (heute Vercelli); ab 88 Bürgerkrieg gegen Sulla, den Oberbefehlshaber im 1. Mithridat. Krieg; mußte nach Afrika fliehen, kam 87 zurück und eroberte mit Cinna Rom, wo er blutige Rache nahm.

Marivaux, Pierre Carlet de Chamblain de [frz. mari'vo], *Paris 4. 2. 1688, †ebd. 12. 2. 1763, frz. Schriftsteller. Schrieb v. a. Komödien (u. a. »Das Spiel von Liebe und Zufall«, 1730) und fragmentar., gesellschaftskrit. Romane (u. a. »Das Leben der Marianne«, 1731–42); Mgl. der Académie française.

Mark, ehem. Gft. und Grafengeschlecht in Westfalen; erwarb 1368 Kleve. Beide Territorien wurden 1511/21 in Personalunion mit Jülich, Berg und Ravensberg verbunden und fielen 1614 an Brandenburg.

Mark, Bez. für verschiedene alte Gewichts- oder Rechnungseinheiten im Geldwesen sowie Münzen. Als Gewichtsname ist M. für Skandinavien ab dem 9. Jh., für Deutschland (zuerst am Niederrhein) ab dem 11. Jh. bezeugt. – Die Rechnungsmünze M. *(Zählmark)* wurde mit fortschreitender Abwertung auch als Silbermünze geprägt *(Münzmark)*. Durch Reichsgesetz vom 4. 12. 1871 wurde 1873 mit der Goldwährung die dezimal unterteilte M. (1 M. = 100 Pfennige) als Währungsnominal für das Dt. Reich eingeführt (1873–1916 durch Scheidemünzen in Silber vertreten). Zur Überwindung der Inflation wurde 1923 die Renten-M. geschaffen, die 1924 von der Reichs-M. abgelöst wurde. 1948 wurde in den Währungsreformen die Deutsche M. geschaffen (in der DDR 1964–67 M. der Deutschen Notenbank, 1968–90 M. der DDR).

Mark, in der *Anatomie* zentraler, meist weicherer Teil von bestimmten Organen (z. B. Knochen-M.); in der *Botanik* Grundgewebsstrang (Parenchym) im Zentrum pflanzl. Sprosse (Reservestoff- und Wasserspeicher).

Mark (Grenzmark), in karoling. und otton. Zeit Grenzräume im Vorland des eigtl. Reiches, die der militär. Sicherung des Reichsgebietes dienten; unterstanden *Markgrafen* mit herzogähnl. Stellung.

Mark Aurel (Marcus Aurelius Antoninus), eigtl. Marcus Annius Verus, *Rom 26. 4. 121, †wohl Vindobona (heute Wien) 17. 3. 180, röm. Kaiser (seit 161). 138 durch Antoninus Pius adoptiert; ernannte 161 Lucius Aurelius Verus zum Mitkaiser, 177 seinen Sohn Commodus. Seine Regierungszeit war geprägt von fast unaufhörl. Kriegen: 162–166 Partherkrieg; 166–175 und 177–180 Markomannenkriege (dargestellt auf der Mark-Aurel-Säule). – Seine »Selbstbetrachtungen«, von der Stoa beeinflußte Gedanken über Menschenliebe, Weltgeschehen und die Unbeständigkeit des Daseins, sind erhalten. – Sein Reiterstandbild ist das einzige vollständig erhaltene Reiterstandbild der Antike (1537 auf dem Kapitolsplatz in Rom aufgestellt, seit 1990 im Kapitolin. Museum).

Marke, 1) eingeprägtes, aufgestempeltes oder auf sonstige Weise an einer Sache angebrachtes Zeichen von recht. Beweiswert, das Eigentumsverhältnisse, Herkunft und/oder Güte der Sache bezeugt (z. B. Grenzzeichen, Handelsmarke, Fabrikmarke, Warenzeichen).
2) münzkundl. Stück aus minderem Metall, ausgegeben als Berechtigungs-, Quittungs-, Kontroll- oder Erkennungszeichen.

Marken (italien. Marche), italien. Region und Großlandschaft am Adriat. Meer, 9694 km², 1,43 Mio. E, Hauptstadt Ancona.

Marketender [italien.], früher Händler, die die Truppen bei Manövern und im Krieg begleiteten.

Marketerie [frz.] ↑Intarsien.

Marketing [engl. 'ma:kitiŋ], marktgerechte Unternehmenspolitik. ↑Absatz.

Markevitch, Igor [...vitʃ], *Kiew 27. 7. 1912, †Antibes 7. 3. 1983, italien. Komponist und Dirigent russ. Herkunft. Bekannt als Interpret zeitgenöss. Musik; komponierte u. a. Oratorium »Paradis perdu« (1935).

Markfruchtbaum (Herzfruchtbaum, Ostind. Tintenbaum), Anakardiengewächs in Vorderindien bis zum Himalaya; bis 10 m hoher Baum mit Steinfrüchten *(Marknüsse)*.

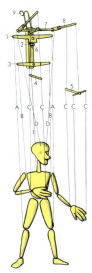

Marionette 1).
Führungskreuz mit daran hängender Figur;
1 Laufschwinge,
2 Hauptholz,
3 Schulterschwinge,
4 Handholz für zwei und für drei Fäden (5),
6 Haltebolzen, 7 Kopfholz, 8 verstellbare Handholzhalter,
9 Haken zum Aufhängen; A Lauf-, B Schulter-, C Hand-, D Kopffäden, E Komplimentfaden

Mark Aurel (Marmorkopf, um 165)

Mark Twain

Markgraf

Markgraf ↑Mark (Grenzmark).
Markgräfler Land, Landschaft in Bad.-Württ., erstreckt sich südlich des Breisgaus bis zum Rheinknie bei Basel, umfaßt im SO auch den Dinkelberg; in der Vorbergzone Weinbau *(Markgräfler).*
Märkische Schweiz, seenreiche Hügellandschaft in Brandenburg; Naherholungsgebiet von Berlin.
Markise [frz.], aufrollbares Sonnendach.
Markland ↑Vinland.
Marknüsse ↑Markfruchtbaum.
Markomannen, zu den Sweben gehörender elbgerman. Stamm, 8–6 v. Chr. von Marbod nach Böhmen geführt; 19 n. Chr. in loser röm. Abhängigkeit. In den *Markomannenkriegen* (166–175, 177 bis 180) von Rom besiegt. Auch später (ab 253 und bes. 357) überschritten die M. die Donau. Nach dem 4. Jh. wurden sie kaum noch genannt und gingen in den german. Stämmen Böhmens auf.
Markowitz, Harry M. [engl. ˈmɑːkəʊ...], *Chicago 24. 8. 1927, amerikan. Wirtschaftswissenschaftler. Erhielt 1990 gemeinsam mit M. H. Miller und W. Sharpe für Forschungen zur betriebl. Finanzierungstheorie und zur Theorie der Finanzmärkte den Nobelpreis für Wirtschaftswissenschaften.
Markstammkohl (Baumkohl, Winterkohl), sehr blattreiche Futterpflanze.
Markstrahlen, radial angeordnete Grundgewebsstränge in pflanzl. Sprossen; verbinden Mark und Rinde, ermöglichen den Stoff-, Wasser- und Gasaustausch.
Markt [lat.], **1)** Platz, an dem Verkäufer und Käufer, Erzeuger und Verbraucher sich zu Handelszwecken treffen. In der antiken und mittelalterl. Stadtkultur war der M.platz als Stadtmittelpunkt auch Standort von Veranstaltungen des öffentl. Lebens. Etwa ab dem 11. Jh. wurde das *Marktrecht* ohne zeitl. Beschränkung für alle Bewohner und Besucher gültig und damit eine der wichtigsten Wurzeln des Stadtrechts. **2)** *Wirtschaftswissenschaften:* der ökonom. Ort des Tauschs, an dem durch Ausgleich von Angebot und Nachfrage der Preis gebildet wird. ↑Marktformen.
Marktanalyse (Marktforschung), meist mit statist. Methoden der Meinungsforschung durchgeführte systemat. Untersuchung des Beschaffungs-, Finanzie-rungs- oder Absatzmarktes einzelner Güter eines Unternehmens oder Wirtschaftszweiges.
Marktformen, Einteilung der Märkte nach ihrer unterschiedl. Art der Preisbildung. Nach qualitativen Merkmalen ist zw. *vollkommenen* und *unvollkommenen Märkten* zu unterscheiden. Ein Markt ist vollkommen, wenn die entsprechenden Güter gleichartig (homogen) sind, die Marktteilnehmer keine persönl. Präferenzen haben und vollständige Markttransparenz herrscht. Fehlt die Voraussetzung der Transparenz, handelt es sich um einen *temporär unvollkommenen Markt.* Bei der quantitativen Einteilung der Märkte nach der Zahl der Anbieter und Nachfrager unterscheidet man neun M. mit theoretisch sehr verschiedener Art der Preisbildung.
Marktforschung ↑Marktanalyse.
Marktpreis, der nach den Marktverhältnissen ausgehandelte und vereinbarte Preis einer Ware.
Marktrecht ↑Markt.
Mark Twain [engl. ˈmɑːk ˈtweɪn], eigtl. Samuel Langhorne Clemens, *Florida (Mo.) 30. 11. 1835, † Redding (Conn.) 21. 4. 1910, amerikan. Schriftsteller. Zunächst Setzerlehrling, Lotse auf dem Mississippi, Goldgräber und Journalist; zahlreiche Reisen, v. a. nach Europa (»Bummel durch Europa«, 1880); einer der bedeutendsten Vertreter des satir., sozialkrit. amerikan. Romans, u. a. »Abenteuer und Fahrten des Huckleberry Finn« (1884) als Fortsetzung von »Die Abenteuer Tom Sawyers« (1876) sowie »Ein Yankee am Hofe des Königs Artus« (1889).
Marktwert, svw. ↑Tageswert.
Marktwirtschaft (Verkehrswirtschaft), Wirtschaftsordnung, in der Art und Umfang der Produktion und die Verteilung der Produktionsergebnisse primär über den Markt und die dort erfolgende Preisbildung gesteuert werden. Voraussetzungen bzw. Bestandteile einer M. sind Gewerbe- und Vertragsfreiheit, freie Konsum- und Arbeitsplatzwahl, autonome Spar- und Investitionsentscheidung, freier Wettbewerb sowie Beschränkung des Staates auf Befriedigung von Kollektivbedürfnissen; dies setzt auch das Privateigentum an Produktionsmitteln voraus. Im klass. Idealmodell einer *freien* M. führt das auf persönl.

Markstammkohl
(Höhe bis 2 m)

Vorteil gerichtete ökonom. Verhalten der einzelnen über freie Konkurrenz zugleich zum höchsten Wohlstand für die Gesellschaft. Schon im 19. Jh. jedoch zeigten sich die entscheidenden Schwächen dieser unkorrigierten Konkurrenzwirtschaft: wirtschaftl. und polit. Machtkonzentration durch ungleichgewichtige Einkommens- und Vermögensverteilung und zyklisch wiederkehrende Massenarbeitslosigkeit. In der sozialen M. kommt dem Staat die Aufgabe zu, sozial unerwünschte Ergebnisse der M. zu korrigieren, v. a. den freien Wettbewerb gegen seine Gefährdung z. B. durch Kartelle zu sichern. Die Wirtschaftspolitik wird durch eine soziale Gesellschaftspolitik ergänzt.

Markus, hl. (M. der Evangelist), nach altkirchl. Tradition Autor des ↑Markusevangeliums; identifiziert mit dem *Johannes M.* der Jerusalemer Urgemeinde, dem Missionshelfer von Paulus und Barnabas. – Fest: 25. April.

Markusevangelium, Abk. **Mark.**, das älteste und kürzeste der kanon. Evangelien. Im M. wird zum ersten Mal der Weg des Jrd. Jesus von der Taufe über sein Wirken in Galiläa bis zu Passion, Tod und Auferstehung in Jerusalem geschildert. Das M. nimmt zahl. ältere Überlieferungsstücke auf, gestaltet sie um und fügt sie der Absicht seiner Erzählung ein. Der Autor des M. ist unbekannt (↑Markus), abgefaßt wurde es kurz nach 70 n. Chr. vermutlich im palästinens.-syr. Raum.

Markuslöwe, Tiersymbol des Evangelisten Markus, als Wappentier von der Stadt und der früheren Republik Venedig übernommen; ein geflügelter Löwe mit Heiligenschein, der mit seinen Pranken ein aufgeschlagenes Buch hält.

Marl, Stadt im nw. Ruhrgebiet, NRW, 91 600 E. Häfen am Wesel-Datteln-Kanal. Rathaus (1962–65).

Marlborough, John Churchill, Earl of (ab 1689), Hzg. von M. (ab 1702) ['mɔːlbərə], Reichsfürst von Mindelheim (ab 1710), *Ashe bei Exeter 26. 5. 1650, † auf Cranbourn Lodge in Windsor 16. 6. 1722, brit. Feldherr und Politiker. General; 1701 Führer der brit. Truppen in Flandern. Unter Königin Anna, auf die seine Frau, Sarah Jennings (* 1660, † 1744), als Hofdame großen Einfluß hatte, übernahm er als Leitender Min. (1702–10) mit dem Tory S. Godolphin die Regierung; Siege im Span. Erbfolgekrieg (z. T. mit Prinz Eugen): u. a. bei Höchstädt a. d. Donau 1704 und Malplaquet 1709; 1711 Entlassung durch die Tories.

Marley, Bob [engl. 'maːlɪ], eigtl. Robert Nesta M., *Saint Ann 5. 2. 1945, † Miami (Fla.) 11. 5. 1981, jamaikan. Rockmusiker (Gitarrist, Sänger). Gilt als »Vater des Reggae«.

Marlitt, E[ugenie], eigtl. Eugenie John, *Arnstadt 5. 12. 1825, † ebd. 22. 6. 1887, dt. Schriftstellerin. Veröffentlichte (zunächst in der Zeitschrift »Die Gartenlaube«) zahlr. Trivialromane, u. a. »Goldelse« (1867).

Marlowe, Christopher [engl. 'maːləʊ], *Canterbury 6. 2. 1564, † Deptford (heute zu London) 30. 5. 1593, engl. Schriftsteller. Bedeutendster engl. Dramatiker vor Shakespeare, u. a. »Doctor Faustus« (hg. 1604), »Der Jude von Malta« (hg. 1633), auch Lyrik.

Marmarameer, Binnenmeer, 11 352 km², bis 1 355 m tief, trennt Europa von Asien; über die Dardanellen mit dem Ägäischen Meer, über den Bosporus mit dem Schwarzen Meer verbunden; hieß in der Antike *Propontis*.

Marmelade [portugies.], durch Einkochen von mehreren Obstsorten und/ oder Früchten mit Zucker gewonnener streichfähiger Brotaufstrich.

Marmion, Simon [frz. mar'mjõ], *Amiens (?), † Valenciennes 15. 12. 1489, frz. Maler. Hochaltar von Saint-Bertin (1455–59; Berlin, Gemäldegalerie, und London, National Gallery), Miniaturen »Grandes chroniques de France«, 1454–59; Sankt Petersburg, Staatsbibliothek).

Marmontel, Jean-François [frz. marmõ'tɛl], *Bort-les-Orgues bei Aurillac 11. 7. 1723, † Ablonville bei Évreux 31. 12. 1799, frz. Schriftsteller. Schrieb u. a. kom. Opern und den philos. Roman »Belisar« (1766); Mitarbeiter der »Encyclopédie«.

Marmor [griech.], durch Metamorphose von Kalken entstandenes kristallines, mittel- bis grobkörniges, überwiegend aus Calciumcarbonat bestehendes Gestein.

Marne ['marnə, frz. marn], rechter Nebenfluß der Seine, mündet sö. von Paris, 525 km lang.

Marokko

Marokko

Staatsflagge

Staatswappen

Marokko

Fläche:	458 730 km²
Einwohner:	26,318 Mio.
Hauptstadt:	Rabat
Amtssprache:	Arabisch
Nationalfeiertag:	3.3.
Währung:	1 Dirham (DH) = 100 Centimes (C)
Zeitzone:	MEZ − 1 Std.

1970 1992 1970 1992
Bevölkerung (in Mio.) Bruttosozialprodukt je E (in US-$)

☐ Stadt   Land ☐

Bevölkerungsverteilung 1992

☐ Industrie
☐ Landwirtschaft
☐ Dienstleistung

Bruttoinlandsprodukt 1992

Marokko (französisch Maroc), Staat in Afrika, grenzt im W an den Atlantik, im N an das Mittelmeer, im O und SO an Algerien, im S an Westsahara.
Staat und Recht: Konstitutionelle Monarchie; *Verfassung* von 1972 (mit Änderungen von 1992). *Staatsoberhaupt* und oberster Inhaber der *Exekutive* ist der König. Die *Legislative* wird vom Repräsentantenhaus ausgeübt (333 Abg., davon 222 auf 6 Jahre direkt gewählt, 111 indirekt gewählt). *Parteien*, auf die sich der König stützt, sind Union Constitutionelle (UC), Rassemblement National des Indépendants (RNI), Parti National Démocrate (PND), Mouvement Populaire (MP); wichtigste Oppositionskräfte sind Union Socialiste des Forces Populaires (USFP), Parti d'Istiqlal (PI).
Landesnatur: Von der atlant. Küstenebene steigt M. allmählich zur zentralen Meseta an, die wiederum in den Mittleren und Hohen Atlas (bis 4 165 m) übergeht. Jenseits des Gebirges liegen das Becken von Oued Sous, der Antiatlas, die nordsahar. Hammadas und die ostmarokkan. Hochplateaus. Parallel zur Mittelmeerküste erhebt sich der Rifatlas. M. liegt im Übergangsbereich vom mediterranen zum sahar.-kontinentalen Klima; Wald- und Strauchvegetation im Gebirge, im NO Alfagras und östlich des Hohen Atlas Halbwüste.

Bevölkerung: Über 50 % der E sind Araber, rd. 40 % Berber, der Rest Franzosen, Spanier und Algerier. Etwa 99 % sind Muslime.
Wirtschaft, Verkehr: Die wichtigsten Bereiche sind Landwirtschaft (exportorientierter Anbau von Zitrusfrüchten, Erdbeeren, Wein, Baumwolle und Ölbäumen), Phosphatabbau und Tourismus. An Bodenschätzen werden weiterhin Mangan-, Kobalt-, Blei-, Zink- und Kupfererze, Baryt, Steinkohle, Erdöl und Erdgas abgebaut. Nahrungsmittel- und Textil-Industrie sind die wichtigsten Industriezweige. Das Eisenbahnnetz ist 1 779 km, das Straßennetz 57 592 km lang. Wichtigster Hafen ist Casablanca. Internat. ✈ bei Rabat und Casablanca.
Geschichte: Das von selbständigen Berberstämmen bewohnte heutige M. kam um 40 n. Chr. zur röm. Prov. *Mauretania Tingitana*. Im 5. Jh. von den Vandalen, im 6. Jh. von Byzanz und 705–708 von den Arabern erobert, war M. seit dem 8. Jh. unter verschiedenen islam. Dynastien selbständig, seit 1669 unter den noch heute regierenden Hassaniden (Alawiden). Im 16. und 17. Jh. begannen enge polit. Beziehungen zu Frankreich, das seine Vormachtstellung in den ↑Marokkokrisen festigen konnte: 1912 wurde M. frz. Protektorat (ohne Tanger und das ebenfalls als Protektorat anerkannte span. Interessengebiet). In der Folgezeit unterdrückte Frankreich mehrere Aufstände (u. a. den der Rifkabylen 1920–26). 1955/56 wurden das frz. und das span. Protektorat aufgehoben, 1956 erlangte M. seine Unabhängigkeit als Kgr. unter dem ehem. Sultan Mohammed V.; seit 1962 regiert sein Sohn Hassan II. Zu scharfen Auseinandersetzungen mit Algerien und Mauretanien kam es 1975/76 wegen der Entkolonialisierung der Span. Sahara; diese wurde im April 1976 zw. Mauretanien und M. aufgeteilt, wobei M. sich 1979, nachdem Mauretanien der FPOLISARIO gegenüber auf seinen Teil der Westsahara verzichtet hatte, auch diesen eingliederte. Durch eine Verfassungsreform kam es 1992 zu einer geringfügigen Demokratisierung; bei den nach neun Jahren erstmals wieder abgehaltenen Parlamentswahlen erzielte 1993 die (königstreue) Opposition beträchtl.

Marrakesch

Stimmenzugewinne. Eine für 1992 vorgesehene Volksabstimmung über die Unabhängigkeit der von M. annektierten ↑Westsahara wurde 1993 verschoben.

Marokkokrisen, zwei internat. Krisen, die zur diplomat. Isolierung des Dt. Reiches vor dem 1. Weltkrieg beitrugen. Die 1. M. 1905/06 wurde ausgelöst durch den demonstrativen Besuch Kaiser Wilhelms II. in Tanger, der damit die Mitspracherechte des Dt. Reiches in Marokko betreffenden Fragen dokumentieren wollte. Die 2. M. wurde ausgelöst durch die Entsendung des dt. Kanonenboots »Panther« nach Agadir 1911 (*Panthersprung nach Agadir*), nachdem Frankreich Wirtschaftssanktionen gegen Marokko verhängt und Rabat und Fes besetzt hatte.

Maron, Monika, *Berlin 3. 6. 1941, dt. Schriftstellerin. Übersiedelte 1988 in die BR Deutschland; bekannt durch die Romane »Flugasche« (1981), »Die Überläuferin« (1986) und »Stille Zeile sechs« (1991).

Maron [maˈrõː; frz.] ↑Buschneger.

Maronen (Maroni) [italien.-frz.], svw. ↑Edelkastanien.

Maronenröhrling (Braunhäuptchen), von Juni bis Nov. in Kiefernwäldern des Flachlandes vorkommender eßbarer Röhrenpilz.

Maroniten, Anhänger der einzigen geschlossen mit Rom (seit 1445) unierten oriental. Kirche. Die Ursprünge gehen auf das syr. Kloster des hl. Maro († vor 423) zurück. Durch die Araber wurden die M. in den Libanon abgedrängt. Sitz des Patriarchats ist Dimane (Libanon).

Maroquin [maroˈkɛ̃; frz. »marokkanisch«] (Maroquinleder), feines, genarbtes Ziegenleder; z. B. für Bucheinbände.

Maros [ungar. ˈmɔrɔʃ], linker Nebenfluß der Theiß, in Rumänien und Ungarn, 749 km lang.

Marot, Clément [frz. maˈro], *Cahors 23. 11. 1496, † Turin 10. (12.?) 9. 1544, frz. Dichter. Schrieb eine berühmte, von Calvin übernommene Psalmenübersetzung (1541–43); bed. Lyriker.

Marotte [frz.], Schrulle, Laune.

Marozia, *um 892, † nach 932, röm. Patrizierin. In 3. Ehe 932 ∞ mit König Hugo von Italien; beherrschte mit ihrer Familie Rom und das Papsttum.

Marquand, J[ohn] P[hillips] [engl. maːˈkwɒnd], *Wilmington (Del.) 10. 11. 1893, † Newburyport (Mass.) 16. 7. 1960, amerikan. Schriftsteller. V. a. satir. Romane, u. a. »Der selige Mr. Apley« (1937).

Marquesasinseln [marˈkeːzas...], Gruppe von 12 gebirgigen Vulkaninseln im Pazifik, zu Frz.-Polynesien, insgesamt 1 274 km^2.

Marquess [engl. ˈmaːkwɪs] ↑Marquis.

Marquet, Albert [frz. marˈkɛ], *Bordeaux 27. 3. 1875, † Paris 14. 6. 1947, frz. Maler. Schuf Stadt- und Hafenbilder.

Márquez, Gabriel García ↑García Márquez, Gabriel.

Marquis [marˈkiː; frz.], frz. Adelstitel (weibl. Form *Marquise*), im Rang zw. Graf und Hzg.; entsprechende Titel sind in Italien *Marchese (Marchesa)*, in Spanien *Marqués (Marquesa)* und in Großbrit. *Marquess.*

Marrakesch [ˈmarakɛʃ, maraˈkɛʃ], marokkan. Prov.-Hauptstadt am N-Fuß des Hohen Atlas, 543 000 E. Univ.; Teppichknüpfereien, Handelszentrum. Wahrzeichen ist die Kutubija-Moschee (12. Jh.) mit 69 m hohem Minarett. Bed. u. a. die Ben-Jusuf-Medrese (im 16. Jh. ausgebaute Koranschule), die Grabstätten der Sadier- oder Saditendynastie (16. Jh.), die Ruine des Badi-Palastes, der Königs- und der Bahia-Palast. Westlich der von einer Mauer umgebenen Medina liegt die von den Franzo-

Monika Maron

Marrakesch. Minarett der Kutubija-Moschee (12. Jh.)

2149

Marranen

Mars. Oberfläche des Planeten; aufgenommen von der Marssonde Viking 1 am 21. Juli 1976

Neville Marriner

sen angelegte Neustadt. – 1062 gegr.; Hauptstadt bis 1269.

Marranen (Maranen), Schimpfname für die seit dem »hl. Krieg« (1391) bis zur Inquisition (1478) und der endgültigen Vertreibung aus Spanien (1492) und Portugal (1496–98) zwangsgetauften Juden Spaniens, die heimlich am Judentum festhielten.

Marriner, Sir (seit 1985) Neville [engl. 'mærɪnə], * Lincoln 15. 4. 1924, brit. Dirigent und Violinist. Gründete 1959 die Academy of Saint Martin-in-the-Fields; 1969–79 musikal. Leiter des Los Angeles Chamber Orchestra; seit 1981 ständiger Gastdirigent (1983–89 Chefdirigent) des Radio-Sinfonieorchesters Stuttgart.

Marryat, Frederick [engl. 'mærɪət], * London 10. 7. 1792, † Langham bei Norwich 9. 8. 1848, engl. Schriftsteller. Kapitän; schrieb spannende Seeromane, u. a. »Sigismund Rüstig« (1841).

Mars, röm.-italischer Agrar- und Kriegsgott, dem griech. Ares gleichgesetzt.

Mars [nach dem röm. Gott], astronom. Zeichen ♂; der erste der äußeren Planeten unseres Sonnensystems, dem physikal. Aufbau nach ein terrestr. (erdähnl.) Planet (charakterist. Daten des M. ↑Planeten [Übersicht]). – Die Umlaufzeit des M. um die Sonne beträgt 687 [Erd]tage. Der M.tag ist nur wenig länger als ein Erdentag (24 h 37 min). Die Neigung der Äquatorebene 23° 59' führt wie bei der Erde zu einem Wechsel des Einfallswinkels der Sonnenstrahlen und damit zu Jahreszeiten. Der M. hat zwei Satelliten, die M.monde *Deimos* und *Phobos*. Messung der Wassergehalte von Gesteinen des M. und von Phobos durch die sowjet. Marssonde Phobos 2 (1989) weisen darauf hin, daß Phobos ein vom M. eingefangener Asteroid ist. Nachdem 1971/72 mit dem M.orbiter Mariner 9 eine vollkommene photograph. Erfassung der M.oberfläche gelungen war, zeigte sich, daß die N-Halbkugel im Ggs. zur S-Halbkugel weitgehend frei von durch Meteoriteneinschläge entstandenen Kratern ist, hier dominieren flache Ebenen, Schildvulkane, große Cañons und bis zu 1000 km lange und bis zu 250 km breite flußbettähnl. Gebilde. Messungen der Marssonden Viking 1 und 2 (Landung 1976) ergaben für die chem. Zusammensetzung der Atmosphäre folgende Werte: Kohlendioxid rd. 95%, Stickstoff rd. 3%, Argon rd. 1,5%, Sauerstoff weniger als 0,5%, ferner Spuren von Kohlenmonoxid, Sauerstoff, Wasserdampf, Krypton und Xenon. Hinweise auf die mögl. Existenz von Leben konnten nicht erhalten werden. Im Äquatorgebiet wurde eine Mittagstemperatur von −33 °C registriert. Die tiefste Temperatur betrug −139 °C, unmittelbar am Südpol, der zu dieser Zeit in der lokalen Winterperiode war. Die gefundene tiefste Temperatur bedeutet, daß über dem Winterpolgebiet atmosphär. Kohlendioxid ausfriert und sich niederschlägt. Die Nordpol-Sommertemperatur betrug −68 °C; demnach dürfte die permanente Sommerpolkappe aus normalem Wassereis bestehen.

Mars [niederdt.], Mastplattform als Abschluß des Untermastes auf großen Segelschiffen.

Marsa, La ↑La Marsa.

Marsala, italien. Hafenstadt an der W-Küste Siziliens, 80100 E. Weinbau. Röm. Thermen (3. Jh. v. Chr.), Reste der antiken Stadtmauer; normann. Dom (barock umgestaltet). – Als *Lilybaion* (lat. *Lilybaeum*) 397 v. Chr. von Karthagern gegr.; die Seefestung kam 241 v. Chr. an die Römer; nach dem Zerfall im 5. Jh. von den Sarazenen als *Marsa Ali* (»Hafen Alis«) wiederaufgebaut.

Marsala [nach der gleichnamigen Stadt], süße und schwere (18 Vol.-%)

Marshall

Dessertweine Siziliens aus Moscato- und Malvasiertrauben.

Marsch [niederdt.], fruchtbare, aus Schlick aufgebaute Niederungen an Flachmeerküsten mit starken Gezeiten *(Seemarschen)*, die an den Trichtermündungen der Flüsse weit ins Hinterland reichen *(Flußmarschen)*.

Marsch [frz.], **1)** *Militärwesen*: die Bewegung (das Marschieren) in geordneten Gruppen, Verbänden; auch allg. das Zurücklegen einer längeren Wegstrecke zu Fuß.
2) *Musik*: ein Musikstück, das, zumeist in geradem Takt und einfachem Rhythmus den Gleichschritt einer Gruppe anregt, u. a. Trauer-M., Priester-M., Hochzeits-M., Armee-M., auch Preuß. Märsche, Märsche der Frz. Revolution. Gewöhnlich besteht ein M. aus zwei Teilen zu je 8–16 Takten, auch in der Instrumentalmusik.

Marschall [mittellat.], einer der Inhaber der vier german. Hausämter (Zeichen: der *M.stab*), zuständig für die Stallungen und die Versorgung der Pferde; später Quartierbeschaffer für den gesamten Hofstaat (Hofmarschall) und mit dem Aufkommen der Ritterheere Oberbefehlshaber im Krieg (↑Feldmarschall). *Erz-M.* war ab Ende des 12. Jh. der Hzg. von Sachsen. ↑Reichserbämter.

Marsch auf Rom ↑Faschismus.

Marschflugkörper, svw. ↑Cruise-Missile.

Marschner, Heinrich, * Zittau 16. 8. 1795, † Hannover 14. 2. 1861, dt. Komponist. Schrieb v. a. zahlr. romant. Opern, u. a. »Der Vampyr« (1828), »Hans Heiling« (1833).

Marseillaise [marsɛˈjɛːzə, frz. ...ˈjɛːz], frz. Nationalhymne, 1792 von C. J. Rouget de Lisle verfaßt und vertont.

Marseille [frz. marˈsɛj], bedeutendste Hafenstadt Frankreichs, am Mittelmeer östlich des Rhônedeltas am Golfe du Lion. 808 000 E. Verwaltungssitz des Dép. Bouches-du-Rhône, Hauptstadt der Region Provence–Côte d'Azur. zwei Univ., Museen, Theater, Oper; Börse; Messe. M. ist einer der wichtigsten Erdölhäfen Europas. Der westlich gelegene Étang de Berre und v. a. der Golf von Fos wurden zu Hafen- und Ind.-Standorten ausgebaut. Internat. ✈.
Stadtbild: Ausgrabungen antiker Kanalisations-, Hafen- und Dockanlagen; im 12. Jh. im roman.-provenzal. Stil erbaute Alte Kathedrale La Major, Basilika Saint-Victor (Neubau 13. Jh.), Wallfahrtskirche Notre-Dame-de-la-Garde (1864 geweiht). Wohnhochhaus Unité d'Habitation (1947–52, von Le Corbusier).
Geschichte: Ion. Griechen gründeten um 600 v. Chr. die Kolonie *Massalia* (lat. *Massilia*), die sich bald zur bedeutendsten Hafenstadt des westl. Mittelmeeres entwickelte. Ende 12., Anfang 13. Jh. konnte sich M. von der Stadtherrschaft seiner Vizegrafen befreien und wurde Stadtrepublik. Mit der Provence, zu der es seit 1252 gehörte, kam M. 1481 an die frz. Krone.

Marser (lat. Marsi), altitalisches, zu den Sabellern gehörendes Hirtenvolk mit dem Hauptort Marruvium am Fuciner See. 91–89 v. Chr. erhoben sich die M. im Bundesgenossenkrieg *(Marsischer Krieg)* und erhielten anschließend das röm. Bürgerrecht.

Marsfeld, 1) im antiken Rom Ebene zw. dem Tiberbogen und der Via Flaminia, Exerzierplatz für die röm. Miliz und Versammlungsplatz für die Zenturiatkomitien.
2) urspr. Paradeplatz in Paris, seit 1867 Ausstellungsgelände (Weltausstellungen); Standort des Eiffelturms.

Marshall [engl. ˈmaːʃl], **1)** Alfred, * Clapham (heute zu London) 26. 7. 1842, † Cambridge 18. 7. 1924, brit. Nationalökonom. Wichtige Beiträge zur Geldtheorie sowie zur Wirtschaftsgeschichte.
2) Bruce, * Edinburgh 24. 6. 1899, † Cap d'Antibes 18. 6. 1987, schott. Schriftsteller. Schrieb von undogmatisch-kath. Weltsicht geprägte Romane, u. a. »Das Wunder des Malachias« (1931), »Zu guter Letzt« (1980).
3) George Catlett, * Uniontown (Pa.) 31. 12. 1880, † Washington 16. 10. 1959, amerikan. General und Politiker. Leitete als Generalstabschef 1939–45 den Ausbau der US-Streitkräfte und strateg. Planungen; versuchte in einer Sondermission in China 1945/46 vergeblich, einen Kompromiß zw. Chiang Kai-shek und den Kommunisten zu erreichen; initiierte als Außen-Min. 1947–49 die ↑Marshallplanhilfe; 1951/52 Verteidigungs-Min.; 1953 Friedensnobelpreis.

Marseille
Stadtwappen

George Catlett Marshall

Marshallinseln

Staatsflagge

Marshallinseln

Fläche:	181 km²
Einwohner:	49 000
Hauptstadt:	Uliga (auf Majuro)
Amtssprache:	Englisch
Nationalfeiertage:	1. 5. und 17. 9.
Währung:	1 US-Dollar (US-$) = 100 Cents (c, ¢)
Zeitzone:	MEZ + 11 Std.

Marshallinseln (marshallesisch Majol, englisch Marshall Islands), Staat im westl. Pazifik.
Staat und Recht: Republik; *Verfassung* von 1979. *Staatsoberhaupt* und Leiter der *Exekutive* (Regierungschef) ist der vom Parlament auf 4 Jahre gewählte Präsident. Die *Legislative* liegt beim Einkammerparlament (33 auf 4 Jahre gewählte Abg.); als Beratungsorgan fungiert der Rat der Stammesfürsten (»Council of Iroji«, 12 ernannte Mgl.). Parteien im herkömml. Sinne bestehen nicht.
Landesnatur: Die M. bestehen aus zwei Ketten von Atollen, der östl. Ratakgruppe (Hauptatoll Majuro) und der westl. Ralikgruppe mit dem Atoll Kwajalein, dessen rd. 90 Inseln eine der größten Lagunen der Erde umschließen, sowie den durch Atombombenversuche bekannt gewordenen Atollen Bikini und Eniwetok. Trop. Klima mit kühlen Passatwinden.
Bevölkerung: Die Bewohner sind Mikronesier, überwiegend katholische Christen.
Wirtschaft, Verkehr: Dominierend sind Land- und Forstwirtschaft sowie die Fischerei; hauptsächlich Kokospalmen- und Bananenpflanzungen, ferner Brotfrucht und Maniok. Phosphatvorkommen finden sich auf dem Ailinglaplap-Atoll. Seit 1988 ist die Registrierung von Schiffen anderer Länder (»billige Flaggen«) eine zusätzl. Einnahmequelle.
Geschichte: 1529 von Spaniern entdeckt; 1884 dt. Schutz-, 1920 jap. Mandatsgebiet. 1947 kamen die M. unter UN-Treuhandverwaltung der USA und erhielten im Rahmen einer freien Assoziierung mit ihnen 1986 die Selbstverwaltung. Mit Beendigung der Treuhandverwaltung wurden die M. am 22. 12. 1990 unabhängig.
Marshallplan [engl. 'mɑːʃəl; nach G. C. Marshall] (European Recovery Program, Abk. ERP, Europäisches Wiederaufbauprogramm), amerikan. Hilfsprogramm für Europa, am 3. 4. 1948 vom Kongreß verabschiedet und wegen der Ablehnung der Mitarbeit durch die Ostblockländer auf polit. Partner der USA beschränkt: Belgien, die BR Deutschland, Dänemark, Frankreich, Griechenland, Großbrit., Irland, Island, Italien, Luxemburg, die Niederlande, Norwegen, Österreich, Portugal, Schweden, die Schweiz, Spanien und die Türkei. Der M. umfaßte Sachlieferungen, v. a. Geschenke von Lebensmitteln und Rohstoffen, sowie Kredite. Die Verteilung der Hilfsleistungen erfolgte auf Vorschlag der OEEC in Paris, die Durchführung und Verwaltung lag bei der *Economic Cooperation Administration* (ECA) in Washington. Westeuropa erhielt bis Ende 1951 von den USA insgesamt etwa 13 Mrd. $.
Marshsche Probe [engl. mɑːʃ... -; nach dem brit. Chemiker James Marsh, *1794, †1846], gerichtsmedizin. Verfahren zum Arsennachweis: Die arsenhaltige Probe wird mit atomarem Wasserstoff zu Arsenwasserstoff reduziert und erhitzt, wobei sich reines Arsen als metall. glänzender *Arsenspiegel* absetzt.
Marsilius von Padua, eigtl. Marsilio dei Mainardini, *Padua um 1275, †München 1342 oder 1343, italien. Staatstheoretiker. Verfaßte 1324 den »Defensor pacis«, eine Schrift, in der auf der Lehre von der Volkssouveränität fußende antiklerikale Staatstheorie entwickelt wird, verbunden mit Forderungen nach Unabhängigkeit der staatl. Gewalt von der kirchl. sowie der Bischöfe vom Papst und nach einem allg. Konzil. 1327 wurde M. als Ketzer verurteilt.
Marsischer Krieg ↑Bundesgenossenkrieg, ↑Marser.

Marstall [urspr. »Pferdestall« (zu ahd. marah »Pferd«)], Reit- und Fahrstall einer fürstl. Hofhaltung.

Martell, Karl ↑Karl Martell.

Martens, Wilfried, *Sleidinge bei Gent 19. 4. 1936, belg. Politiker. 1972–79 Vors. der fläm. Christelijke Volkspartij (CVP); 1979–92 (mit kurzer Unterbrechung 1981) Ministerpräsident.

Marterl (Marter) ↑Bildstock.

Martha, hl., Schwester der Maria von Bethanien und des Lazarus. – Fest: 29. Juli.

Marti, Kurt, *Bern 31. 1. 1921, schweizer. ref. Theologe und Schriftsteller. Pfarrer; schreibt Mundartlyrik (u. a. »Boulevard-Bikini«, 1959), Kurzprosa und Essays.

Martial (Marcus Valerius Martialis), *Bilbilis (beim heutigen Calatayud, Spanien) um 40, † ebd. um 103, röm. Dichter. Epigramme: »Liber spectaculorum« (zur Einweihung des Kolosseums), »Xenia« und »Apophoreta« (Aufschriften für Saturnaliengeschenke), zwölf Bücher »Epigrammata«.

martialisch [lat.], kriegerisch.

Martianus Capella, heidn. lat. Schriftsteller des 5. Jh. aus Karthago. Verfaßte (in Prosa und Versen) eine Enzyklopädie der Sieben Freien Künste (neun Bücher).

Martin: 1) Archer [engl. 'maːtɪn], *London 1. 3. 1910, brit. Biochemiker. Arbeiten zur Chromatographie; erhielt 1952 (mit R. L. M. Synge) den Nobelpreis für Chemie.
2) Frank [frz. mar'tɛ̃], *Genf 15. 9. 1890, † Naarden 21. 11. 1974, schweizer. Komponist. Bed. Vertreter der zeitgenöss. Musik; Opern »Der Sturm« (1956), »Monsieur de Pourceaugnac« (1963), Ballette, Bühnenmusiken, Oratorien »Et in terra pax« (1944), »Pilatus« (1964), Orchesterwerke, Konzerte, Kammer- und Klaviermusik.
3) Pierre [frz. mar'tɛ̃], *Bourges 18. 8. 1824, † Fourchambault bei Nevers 25. 5. 1915, frz. Ingenieur und Industrieller. Entwickelte 1864 das Herdfrischverfahren, das in der Stahl-Ind. Eingang fand (Siemens-Martin-Verfahren).

Martin von Tours [- - tuːr], hl., *Savaria (heute Szombathely, Ungarn) 316 oder 317, † Candes (heute Candes-Saint-Martin bei Chinon) 8. 11. 397, Bischof von Tours und Apostel Galliens. Soldat; Schüler des Hilarius von Poitiers; 371 Bischof von Tours. Sein Grab war bis ins späte MA Wallfahrtsort und fränk. Nationalheiligtum. – Fest: 11. November.
Die häufigste bildl. Darstellung zeigt den Heiligen (nach einer Legende) als Reiter mit einem Bettler zu Füßen, mit dem er den Mantel teilt.

Martin V., *Genazzano bei Rom 1368, † Rom 20. 2. 1431, vorher Oddo Colonna, Papst (seit 11. 11. 1417). Seine Wahl auf dem Konstanzer Konzil beendete das Abendländ. Schisma.

Martin, Stadt im Mittelslowak. Gebiet, Slowak. Rep., 59 900 E. Slowak. Nationalmuseum, slowak. Nationalbibliothek; bed. Ind.-Stadt. Got. Hauptkirche Sankt Martin (13. und 16. Jh.), spätbarocke ev. Kirche (1784). – Bed. Funde der Urnenfelderkultur.

Martin du Gard, Roger [frz. martɛ̃dy'gaːr], *Neuilly-sur-Seine 23. 3. 1881, † Bellême bei Alençon 22. 8. 1958, frz. Schriftsteller. Schrieb psycholog. Romane, Erzählungen und Dramen; schildert in seinem Hauptwerk, dem achtt. Romanzyklus »Die Thibaults« (1922–40), mit distanzierter Objektivität den Niedergang einer Pariser Bürgerfam. 1937 Nobelpreis für Literatur.

Martínez Ruiz, José [span. marˈtineθ 'ˈrruiθ], span. Schriftsteller, ↑Azorín.

Martin-Horn® [nach dem Namen der Herstellerfirma] (Martinshorn), akust. Warnsignalanlage z. B. an Einsatzfahrzeugen von Polizei, Feuerwehr und Krankenwagen.

Martini, Simone, *Siena 1284, † Avignon Juli 1344, italien. Maler. Zuerst durch das Fresko der »Maestà« im Palazzo Pubblico in Siena dokumentiert (1315, 1321 überarbeitet); schuf 1322 bis 26 die Fresken der Cappella di San Martino in San Francesco in Assisi; ab 1336 am päpstl. Hof in Avignon.

Martini ↑Martinstag.

Martinique [frz. marti'nik], vulkan. Insel der Kleinen Antillen, frz. Übersee-Dép., 1080 km², 327 100 E, Hauptstadt Fort-de-France.
Geschichte: Als Kolumbus 1502 M. entdeckte, war der indian. Stamm der Aruak schon von den Kariben verdrängt worden, die ihrerseits nach frz. Inbesitznahme von M. 1635 durch Kriege und

Archer Martin

Roger Martin du Gard

Frank Martin

Martinon

Harry Martinson

Bohuslav Martinů

Karl Marx

Krankheiten ausgerottet wurden. 1674 frz. Kronkolonie. 1854 erhielt M. eine Verfassung mit einer gewissen inneren Autonomie; seit 1946 frz. Überseedepartement.

Martinon, Jean [frz. marti'nõ], *Lyon 10. 1. 1910, † Paris 1. 3. 1976, frz. Dirigent und Komponist. U. a. Orchester- und Kammermusik, Oper »Hécube« (1956).

Martinson, Harry, *Jämshög (Blekinge) 6. 5. 1904, † Stockholm 11. 2. 1978, schwed. Schriftsteller. Virtuoser Lyriker und Prosaist, schrieb u. a. das Epos um ein Raumschiff »Aniara« (1956). 1974 (mit E. Johnson) Nobelpreis für Literatur.

Martinstag (Martini), Tag des hl. Martin von Tours (11. Nov.); Bräuche: Umzüge mit Martinslampen, Martinsfeuer, Martinsschmaus mit Martinsgans.

Martinů, Bohuslav [tschech. 'martjinu:], *Polička (Ostböhm. Gebiet) 8. 12. 1890, † Liestal 28. 8. 1959, tschech. Komponist. Sein Werk (zwölf Opern, u. a. »Griech. Passion«, 1961; sechs Sinfonien) zeigt u. a. Einflüsse der tschech. Folklore und des Jazz.

Märtyrer [griech.] (Martyrer, Blutzeuge), urspr. jemand, der seinen christl. Glauben dadurch bezeugt, daß er schweres körperl. Leid oder den Tod auf sich nimmt *(Martyrium).*

Marx, 1) Adolf Bernhard, *Halle/Saale 15. 5. 1795, † Berlin 17. 5. 1866, dt. Musiktheoretiker. Mitbegründer des Sternschen Konservatoriums (1850, Berlin); schrieb u. a. »Die Lehre von der musikal. Komposition« (1837–47).

2) Karl, *Trier 5. 5. 1818, † London 14. 3. 1883, dt. Philosoph und Nationalökonom. Einer jüd., 1824 zum Protestantismus übergetretenen Fam. entstammend, arbeitete M. nach dem Studium der Rechtswiss., Philosophie und Geschichte 1842/43 (bis zu ihrem Verbot) als Mitarbeiter und Redakteur bei der »Rhein. Zeitung«. Ab 1843 in Paris, lernte M. die brit. Nationalökonomie (A. Smith, D. Ricardo), die frz. Frühsozialisten (u. a. L. Blanc, P. J. Proudhon) und die russ. Anarchisten (v. a. M. A. Bakunin) kennen; hier begann er die Freundschaft und Zusammenarbeit mit F. Engels. Unter Feuerbachs Einfluß wandte er sich von der Philosophie Hegels ab (»Zur Kritik der Hegelschen Rechtsphilosophie«, 1844). Ab 1845 in Brüssel, schrieb M. zus. mit Engels »Die Heilige Familie« (1845), »Die dt. Ideologie« (1845/46) sowie zur Unterstützung der Arbeiterbewegung im Auftrag des Londoner »Bundes der Kommunisten« das »Kommunist. Manifest« (1848). 1848/49 in Köln Hg. der linksdemokrat. »Neuen Rhein. Zeitung«, lebte M. ab August 1849 in London im Exil, häufig finanziell unterstützt von Engels. Hier entstanden seine Hauptwerke, in denen er die kapitalist. Produktionsweise analysierte: »Zur Kritik der polit. Ökonomie« (1859) und »Das Kapital« (1. Bd. 1867; 2. und 3. Bd. von Engels 1885 bzw. 1894 hg.). Sein Versuch, die 1864 gegr. Erste Internationale gegen den Widerstand Bakunins straff zu zentralisieren, führte zu deren Spaltung und Niedergang. Die Verbindung zur dt. Sozialdemokratie wurde u. a. durch die »Kritik des Gothaer Programms« (1875) aufrechterhalten. In seinen letzten Lebensjahren fand M. seine Anerkennung als führender Vertreter des wiss. Sozialismus (↑Marxismus). – *Weitere Werke:* Das Elend der Philosophie (1847), Der 18. Brumaire des Louis Bonaparte (1851), Der Bürgerkrieg in Frankreich (1871).

3) Karl, *München 12. 11. 1897, † Stuttgart 8. 5. 1985, dt. Komponist und Musikpädagoge. Schüler von C. Orff, lehrte in München, Graz und Stuttgart; bed. Vertreter der Jugendmusik.

4) Wilhelm, *Köln 15. 1. 1863, † Bonn 5. 8. 1946, dt. Jurist und Politiker (Zentrum). 1923–25 und 1926–28 Reichskanzler; unterlag als Kandidat des Volksblocks bei der Reichspräsidentenwahlen 1925 Hindenburg.

Marx Brothers [engl. 'mɑːks 'brʌðəz], amerikan. [Film]komikergruppe: Groucho (eigtl. Julius Marx, *1895, † 1977), Chico (eigtl. Leonhard Marx, *1891, † 1961), Harpo (eigtl. Arthur Marx, *1893, † 1964), Zeppo (eigtl. Herbert Marx, *1901, † 1979, Mgl. der Gruppe bis 1933) und Gummo (eigtl. Milton Marx, *1897, † 1977, Mgl. der Gruppe bis 1919). Ihre Filme zeichnen sich durch surreale, groteske Slapstick-Komik aus; Auflösung nach 1949.

Marxismus, zusammenfassende Bez. für die von K. Marx und F. Engels ent-

Marxismus

wickelten philosoph., politisch-sozialen und ökonom. Lehren; i.w.S. auch deren Interpretation und Weiterentwicklung, v. a. im M.-Leninismus. Bei Marx selbst fehlt eine feststehende Bez. seiner Lehre.
Vorläufer: Der M. entstand in Auseinandersetzung mit der Hegelschen Philosophie, dem frz. Frühsozialismus (↑Sozialismus) und der engl. Nationalökonomie. Gegenüber dem ↑Idealismus, der den gesellschaftl. Wandel auf die Entwicklung und Wirkung von Ideen (»Geist«, »Begriffe«) zurückführt, betont der M. die Umweltabhängigkeit des Menschen, insbes. von der Ökonomie (bes. den Produktionsverhältnissen) und den materiellen Interessen (Bedürfnissen); die materielle »Basis« bestimme den »Überbau« (z. B. staatl. Organisation, Rechtsordnung, Kultur). Von Hegel übernimmt er die ↑Dialektik als Prinzip der Entwicklung der Welt und menschl. Gesellschaft in Gegensätzen.
Lehren: *Historischer Materialismus:* Der histor. Materialismus, der zeitlich erste und entscheidende Kerngedanke des M., beruht auf der von Marx in seinen Frühschriften erhobenen Forderung, (histor.) Sachverhalte nicht nur auf ihr Bestehen oder Nichtbestehen zu beurteilen, sondern insbes. daraufhin, wie, zu welchen und wessen Zwecken sie herbeigeführt wurden; Marx suchte die Einheit histor. Epochen (feudales MA, bürgerl. Neuzeit) aus ihrer Produktionsweise zu erklären und die Übergänge von einer Epoche in die andere aus den in ihnen entstehenden Widersprüchen abzuleiten. Produktivkräfte (Gesamtheit der naturwiss. Wissens und seiner techn. Nutzung) und Produktionsverhältnisse (Gesamtheit der Rechts-, Eigentums- und Herrschaftsverhältnisse) bilden nach seiner Analyse die »reale Basis« der Produktionsweise, über der sich ein polit., jurist., kultureller und religiöser Überbau erhebt. Die unterschiedl. Verteilung der Produktionsmittel (Gesamtheit der Produktionsinstrumente und der Rohstoffe) lasse Menschengruppen (z. B. Bauern, Ind.arbeiter, Bürgertum) mit unterschiedl. Produktionsweisen und unterschiedl. Stellung im Produktionsprozeß und dadurch bedingt auch unterschiedl. Interessen und Bewußtseinslagen entstehen.

Wissenschaftlicher Sozialismus: Der in dieser Klassengesellschaft (↑Klasse) bestehende Gegensatz von Produktionsmittelbesitzern und den von ihnen abhängigen Arbeitern (z. B. feudaler Grundbesitzer – leibeigener Bauer, Kapitalist – Proletarier), die Hemmung der Entwicklung der Produktivkräfte durch die herrschende Klasse und die Erwirtschaftung von Überschüssen, die durch die Produktivkraft der arbeitenden Menschen entstanden sind, diesen aber von den herrschenden Produktionsmittelbesitzern weggenommen werden (Ausbeutung der abhängigen Bevölkerung), bedingen nach Marx im kapitalist. System die Herrschaft von Menschen (Besitzenden) über Menschen (Nichtbesitzende); dadurch entstehen Interessenkonflikte, die (wiss. durch Analysen begründbar) notwendigerweise zu einer bewußten revolutionären Aktion (Klassenkampf) zur Beseitigung der bestehenden sozialen Ordnung führen müssen. Die von Verelendung bedrohten unterdrückten Klassen übernähmen in einer Übergangsphase der Diktatur des Proletariats die polit. Herrschaft, würden den zur Aufrechterhaltung der Herrschaft der früheren Machthaber errichteten staatl. Zwangsapparat beseitigen, das Privateigentum der Produktionsmittel aufheben und eine auf gemeinschaftl. Planung beruhende Produktionsweise einführen (Sozialismus: »Jeder nach seinen Fähigkeiten, jedem nach seinen Leistungen«). Am Ende der prognostizierten histor. Entwicklungen, wenn im Sozialismus die Produktivkräfte so weit entfaltet sind, daß jeder seine Bedürfnisse befriedigen kann, ohne es auf Kosten anderer durch Ausbeutung und Beherrschung tun zu müssen, stehe dann die (klassenlose) kommunist. Gesellschaft (Kommunismus: »Jeder nach seinen Fähigkeiten, jedem nach seinen Bedürfnissen«); die Herrschaft von Menschen über Menschen nehme ein Ende, der Staat als Mittel zur Aufrechterhaltung von Herrschaft sterbe ab.
Kritik der politischen Ökonomie: Die Kritik der polit. Ökonomie kann als Versuch der theoret. Rekonstruktion der Funktionsweise des Kapitalismus und als Anwendung der Prinzipien des histor. Materialismus verstanden werden.

2155

Marxismus

Waren sind nach ihr Güter oder Dienste, die auf einem Markt entsprechend ihrem Tauschwert eingetauscht werden. Der Profit (Mehrwert) für den Produktionsmittelbesitzer entsteht dadurch, daß der Unternehmer für seine Ware einen höheren Preis fordere (und erziele), als er in den Produktpreis (Aufwand für Rohstoffe, Maschinen und Arbeitskräfte [Lohn entsprechend der geleisteten Arbeitszeit]) investiert hat. Sobald eine solche kapitalist. Produktion durch Akkumulation von Kapital (Geldmittel, die die Verfügung über Arbeitsinstrumente, Rohstoffe und Lebensmittel für die Lohnarbeiter ermöglichen) auf der einen, eigentumslosen Proletariern auf der anderen Seite ermöglicht worden ist, wird das Kapital durch die (Mehr-)Arbeit der Lohnabhängigen (d. h. deren Ausbeutung) ständig vermehrt. Da der Konkurrenzkampf der Unternehmen nicht nur zur Senkung der Lohnkosten, sondern auch zur allmähl. Konzentration des Kapitals in Händen größerer Unternehmer führt, erlahmt die Dynamik der kapitalist. Produktionsweise auf absehbare Zeit in dem Maße, wie eine kapitalist. Volkswirtschaft insgesamt auf dem Weg zu höherer organ. Zusammensetzung des Kapitals fortschreitet und daher die durchschnittl. Profitrate zu fallen tendiert; auch die Einbeziehung überseeischer oder sonstiger Gebiete mit niedriger organ. Zusammensetzung vermag diese Entwicklung nur zu verlangsamen.

Dialektischer Materialismus: Der dialekt. Materialismus – Engels spricht nur von materialist. Dialektik – wurde in seinen Grundzügen von Engels (»Herrn Eugen Dührings Umwälzung der Wissenschaft«, 1878) entworfen, der M. damit zur umfassenden Philosophie ausgeweitet. Er faßt die Natur als eine in ihrer Materialität begründete Einheit auf, die sich von der niedrigsten Form materiellen Seins, der toten Materie, über die lebende bis zur bewußtseinsfähigen Materie entwickelt; der Übergang in eine andere Qualität erfolge dabei sprunghaft beim Überschreiten eines bestimmten Maßes. Die Funktion der dialekt.-materialist. Evolutionstheorie bestand v. a. in der ideolog. Bestätigung des Fortschrittsglaubens der ↑Arbeiterbewegung hinsichtl. der Unabwendbarkeit des Sieges des Sozialismus als »naturgeschichtlich notwendiges Resultat«.

Wirkungsgeschichte: Der offensichtlich ausbleibende Zusammenbruch der kapitalist. Gesellschaften, ihre Demokratisierung und der allmähl. Abbau der polit. und wirtschaftl. Vorherrschaft einer bestimmten gesellschaftl. Schicht sowie die fortschreitende Verbesserung der sozialen und polit. Lage der Arbeiterschaft führten am Ende des 19. Jh. innerhalb der europ. ↑Sozialdemokratie, die marxist. Ideen übernommen hatte, zu einer Diskussion über den Realitätsgehalt des M.; so entstand auch in der SPD um die Jahrhundertwende als Reaktion auf die offensichtl. Anpassungsfähigkeit des Kapitalismus eine von der orthodoxen, von K. Kautsky und R. Luxemburg vertretenen Position als ↑Revisionismus bekämpfte Gegenposition um E. Bernstein, die nicht auf der Notwendigkeit revolutionärer Praxis beharrte.

Eine revolutionäre Umwälzung ereignete sich lediglich in Rußland, einem Land, das 1917 weit hinter der allgemeinen industriellen Entwicklung in Europa zurücklag und sich daher noch nicht in dem nach der Marxschen Interpretation vorauszusetzenden Stadium des Kapitalismus befand. Lenins Deutung und Weiterentwicklung des M. (↑Marxismus-Leninismus) trug diesen Verhältnissen Rechnung. Stalin unternahm ab 1924 die systemat. Zusammenfassung und autoritäre Durchsetzung (↑Stalinismus) der Lehren von Marx, Engels und Lenin, für die der Kommunist. Partei der Sowjetunion universelle Gültigkeit als wiss. Sozialismus (»Sozialismus in einem Land«) und als verbindl. Weltanschauung des Proletariats beanspruchte. Eigenständige Abwandlungen des M. entstanden nach dem 2. Weltkrieg im ↑Titoismus und in der von Mao Zedong entwickelten Strategie der sozialen Revolution (↑Maoismus). Seit den 1920er Jahren entwickelten sich aus der Kritik am Dogmatismus der orthodoxen Sozialdemokratie und der Sowjetideologie unterschiedl., unter der Bez. *Neomarxismus* zusammengefaßte philosoph. Strömungen, denen v. a. die Orientierung an den Marxschen Frühschriften und am Problem der gesell-

schaftlich bedingten Entfremdung der Menschen sowie die Kritik am objektivist. Dialektikverständnis des dialekt. und am quasi-metaphys. Geschichtsverständnis des histor. Materialismus gemeinsam ist. In den Umkreis neomarxist. Denkens gehörten u. a. in Deutschland G. Lukács und E. Bloch oder in Frankreich R. Garaudy und Henri Lefèbvre (*1905, †1991), z. T. auch J.-P. Sartre. Bes. Bed. erlangte im dt. Sprachraum nach dem 2. Weltkrieg die ↑kritische Theorie der ↑Frankfurter Schule.
Marxismus-Leninismus, von Lenin entwickelte, 1920 für alle kommunist. Parteien der Welt als verbindlich erklärte gesellschaftl.-polit. Theorie (↑Marxismus). Das Ausbleiben des von Marx vorausgesagten Zusammenbruchs des Kapitalismus sucht Lenin durch die Unterwerfung und Ausbeutung fremder Völker (Imperialismus) zu erklären; die dadurch steigenden Profite der Kapitalisten seien zur »Bestechung« der Arbeiterschaft, insbes. einer sich dadurch herausbildenden »Arbeiteraristokratie«, benutzt worden, was zu deren kompromißbereiter reformist. Gesinnung und deren Beteiligung am bürgerl. Herrschaftssystem geführt habe. Die proletar. Revolution sei deshalb nicht in den am weitesten entwickelten kapitalist. Ländern, sondern im »schwächsten Glied«, dem rückständigen Rußland, ausgebrochen; zu ihrer Durchsetzung bedürfe es anstelle der traditionellen sozialdemokrat. Arbeiterparteien einer »Partei neuen Typs«, einer hierarchisch organisierten und militärisch disziplinierten Kaderpartei von kommunist. Berufsfunktionären. Die prakt. Umsetzung der Leninschen Theorien wurde bis zum Tod Stalins (1953) als Bolschewismus bezeichnet.
Maryland [engl. 'meərılənd, 'merılənd], Staat im O der USA, 27 092 km², 4,9 Mio. E, Hauptstadt Annapolis.
Geschichte: Erste feste Siedlung gegr. auf Kent Island (1631); ab 1634 Ansiedelung kath. Glaubensflüchtlinge; erste Kolonie, in der Religionsfreiheit gesetzlich fixiert war (1649); Eigentümerkolonie bis zur Unabhängigkeitserklärung von 1776; Annahme der Konföderationsartikel 1781 und der Verfassung der USA 1788.

Masaccio

März [lat.], dritter Monat des Jahres, mit 31 Tagen; im altröm. Kalender (bis 154 v. Chr.) der erste Monat.
Märzfeld (Campus Martius), im Fränk. Reich die jährl. Heeresversammlung, 755 in den Mai *(Maifeld)* verlegt; seit Kaiser Ludwig I. nicht mehr einberufen.
Märzrevolution, die im März 1848 von der frz. Februarrevolution ausgelöste Revolution in Deutschland und in Österreich (»dt. Revolution«). Die M. führte in den meisten dt. Staaten zur Einsetzung bürgerlich-liberaler Ministerien (»Märzministerien«) und z. T. zur Realisierung von Forderungen des ↑Vormärz (u. a. Pressefreiheit, Schwurgerichte, Bauernbefreiung). In Preußen endeten die revolutionären Ereignisse (seit 19. 3.) mit der Wahl einer Nationalversammlung (1. 5.). In Österreich setzte mit dem Sturz Metternichs (13. 3.) eine stärkere Radikalisierung ein bis zu den bürgerkriegsähnl. Maiaufständen; gleichzeitig setzten die böhm. und die ungar. Revolution ein, die den Bestand des Staates gefährdeten. Ab 18. 5. 1848 tagte die ↑Frankfurter Nationalversammlung, die eine gesamtdt. Verfassung und einen Nationalstaat schaffen sollte.
Am 18. 9. 1848 begann die v. a. von Handwerkergesellen getragene *Septemberrevolution,* deren zahlr. Einzelaufstände bis 25. 9. unterworfen wurden. Die Radikalisierung förderte die Gegenrevolution, die in Preußen mit der Auflösung der preuß. Nationalversammlung und der Verkündung einer oktroyierten Verfassung (15. 12. 1848) endete. In Österreich wurde die Wiener Oktoberrevolution (6.–31. 10.) niedergeworfen und am 4. 3. 1849 ebenfalls eine neue Verfassung erlassen. Die *Maiaufstände* 1849 in Sachsen, Hessen, der Kurpfalz und Baden wurden v. a. durch preuß. Truppen niedergeschlagen, die Reste der nach Stuttgart ausgewichenen Nationalversammlung (Stuttgarter Rumpfparlament) wurden am 18. 6. 1849 aufgelöst.
Masaccio [italien. ma'zattʃo], eigtl. Tommaso di Giovanni di Simone Guidi, *San Giovanni Valdarno bei Arezzo 21. 12. 1401, †Rom vor dem 21. 12. 1429, italien. Maler. Ab 1422 in Florenz bezeugt, arbeitete M. wohl ab 1426 (zus. mit Masolino) an Fresken in Santa Ma-

Masaccio.
Der Zinsgroschen; Fresko (wahrscheinlich ab 1426; Florenz, Santa Maria del Carmine)

Masada

ria del Carmine in der Brancaccikapelle (ihm zugeschrieben u. a. »Der Zinsgroschen«). In direktem Rückgriff auf Giotto und angeregt von F. Brunelleschi und Donatello begründeten seine kraftvoll-monumentale Bildsprache, die klare Erfassung des Raums und die Lebensnähe seiner Menschendarstellung die Malerei der Renaissance; die Anwendung der Zentralperspektive in seinem Fresko der Dreifaltigkeit mit Stifterpaar in Santa Maria Novella in Florenz (1429) war von bahnbrechender Bedeutung für die nachfolgende Wandmalerei und die Entwicklung des Altars.

Masada (Massada), alte Festungsanlage 440 m über dem W-Ufer des Toten Meeres, nö. von Arad, Israel. 36–30 v. Chr. von Herodes d. Gr. ausgebaut; letzter Stützpunkt der Juden (Zeloten, Essener) im Krieg gegen Rom, 73 n. Chr. eingenommen. Restauriert u. a. N-Palast, Zisternen, Wall und Türme.

Masan, Prov.-Hauptstadt an der S-Küste Süd-Koreas, 449 000 E. Ind.-Betriebe, Hafen. – 668–935 Anlage einer Befestigung gegen die Japaner; 1899 Öffnung des Hafens auf jap. Druck; 1904/05–45 von Japan aus militär. Gründen geschlossen.

Masandaran [pers. mazændæ'ra:n], Landschaft in N-Iran, umfaßt das südkasp. Küstentiefland und die anschließende N-Flanke des Elburzgebirges.

Masaryk [tschech. 'masarik], **1)** Jan, *Prag 14. 9. 1886, † ebd. 10. 3. 1948, tschechoslowak. Politiker. Sohn von Tomáš Garrigue M.; 1940 Außen-Min. der Exilregierung, ab 1945 der neubegründeten ČSR; kam nach dem kommunist. Staatsstreich unter ungeklärten Umständen ums Leben.

Tomáš Garrigue Masaryk

Pietro Mascagni

2) Tomáš Garrigue, *Hodonín 7. 3. 1850, † Schloß Lány bei Prag 14. 9. 1937, tschechoslowak. Soziologe, Philosoph und Politiker. Ab 1882 Prof. für Philosophie an der Univ. Prag. Gründer des Tschechoslowak. Nationalrats in Paris (November 1915), Organisator der Tschech. Legion in Rußland (ab Mai 1917); 1918–35 Staats-Präs. des von ihm mitbegründeten selbständigen tschechoslowak. Staates.

Mascagni, Pietro [italien. mas'kaɲɲi], *Livorno 7. 12. 1863, † Rom 2. 8. 1945, italien. Komponist. Ab 1929 Leiter der Mailänder Scala; bekannt v. a. durch die Oper »Cavalleria rusticana« (1890).

Maschenwaren, elast. textile Flächengebilde, die durch Wirken oder Stricken hergestellt werden. Beim *Wirken* wird der Faden gleich nach dem Legen kuliert (in eine Schleife gelegt). Beim *Stricken* erfolgt die Maschenbildung durch einzeln bewegl. Zungennadeln nacheinander; das Kulieren beendet den Maschenbildungsvorgang.

Maschine [griech.-frz.], Vorrichtung, mit der eine zur Verfügung stehende Energieform in eine andere, für einen bestimmten Zweck geeignete Form umgewandelt wird (*Kraft-Maschine,* z. B. Dampf-Maschine, Verbrennungskraft-Maschine, Generator) oder mit der die von einer Kraft-M. gelieferte Energie in gewünschte Arbeit umgesetzt wird (*Arbeits-M.,* z. B. Werkzeugmaschine).

Maschinengewehr ↑Maschinenwaffen.
Maschinenkanone ↑Maschinenwaffen.
Maschinenpistole ↑Maschinenwaffen.
Maschinensatz ↑Setzerei.

Masada.
Blick auf die 36–30 v. Chr. von Herodes d. Gr. erbaute, in ihren Grundmauern erhaltene Festungsanlage

Maschinenstürmer, in der Frühzeit der Industrialisierung jene Arbeiter und Handwerker, die Spinnmaschinen und Maschinenwebstühle zerstörten, um gegen ihre durch die Mechanisierung der Textilindustrie entstandene Arbeitslosigkeit zu protestieren.

Maschinenwaffen (automat. Waffen), Feuerwaffen, bei denen Laden, Spannen, Verriegeln und Öffnen des Verschlusses und das Auswerfen der leeren Hülsen automatisch erfolgen. Die Energie zum automat. Betrieb wird bei *Rückstoßladern* dem Rückstoß entnommen, bei *Gasdruckladern* den Pulvergasen, bei als M. gebauten Geschützen mittleren Kalibers bes. elektr. oder hydraul. Vorrichtungen. *Maschinengewehre*, Abk. *MG*, sind (tragbare) vollautomat. Feuerwaffen (meist Gasdrucklader) für normale Gewehrmunition (meist Kaliber 7,62 mm). Leichte und schwere MG zum Einsatz auf kürzerer bis mittlerer Entfernung (bis 600 m bzw. 1 200 m) haben eine Feuergeschwindigkeit (Kadenz) von 350–1 200 Schuß/min; *Maschinenpistolen*, Abk. *MP*, sind leichte automat. Handfeuerwaffen für kurze Entfernungen (etwa 100 m); Kadenz bis 600 Schuß/min; *Maschinenkanonen*, Abk. *MK*, sind vollautomat. leichte Kanonen, v. a. zur Flugabwehr, Kaliber meist zw. 30 und 40 mm, Kadenz bis über 1 000 Schuß/min.

Maschrek [arab. »Osten«] (Maschrik), die am örtl. Rand des Mittelmeers gelegenen arab.-muslim. Länder. †Maghrab.

Masefield, John [engl. 'meɪsfiːld]. *Ledbury (bei Hereford) 1. 6. 1878. † bei Abington (bei Oxford) 12. 5. 1967, engl. Schriftsteller. Schrieb populäre Gedichte (»Salzwasserballaden«, 1902), Versepik (»Dauber«, 1913), Abenteuerromane, Mysterienspiele und Kindergeschichten (»Jim Davis«, 1911).

Maser

Maske 1).
Eine der »Masken sterbender Krieger« von Andreas Schlüter am Berliner Zeughaus (1696)

Maske 1).
Blattmaske in der Elisabethkirche in Marburg (1280 – 90)

Maser ['maːzər; meist engl. 'mɛɪzə; Abk. für engl.: **m**icrowave **a**mplification by **s**timulated **e**mission of **r**adiation »Mikrowellenverstärkung durch stimulierte Strahlungsemission«] (Mikrowellenverstärker, Molekularverstärker, Quantenverstärker), ein Verstärker für elektromagnet. Wellen aus dem Gigahertzbereich (Mikrowellen), dessen Wirkungsweise (analog der des ↑Lasers) auf der Wechselwirkung von geeignet angeregten (stimulierten) mikrophysikal. Systemen (Atome oder Moleküle) mit einem Mikrowellenfeld beruht. Man verwendet M. v. a. als rauscharme Verstärker hochfrequenter Signale, die so schwach sind, daß sie bei einem normalen Empfänger von dessen Eigenrauschen überdeckt würden, z. B. beim Satellitennachrichtenverkehr, in radioastronom. Empfangsanlagen, Weitbereichradargeräten sowie Scatter-Richtfunkanlagen. Als Oszillator betriebene Festkörper-M. werden als Atomuhren, Frequenznormale und als Generatoren für Millimeterwellen verwendet.

Masereel, Frans, * Blankenberge (W-Flandern) 30. 7. 1889, † Avignon 3. 1. 1972, belg. Maler und Graphiker. Holzschnittzyklen mit sozialkrit., satir. Tendenz in kräftigen Schwarz-Weiß-Kontrasten, u. a. »Die Passion eines Menschen« (1918).

Masern (Morbilli), weltweit verbreitete, durch Myxoviren hervorgerufene, fieberhafte, ansteckende, v. a. Kinder befallende Infektionskrankheit mit Hautausschlag und Schleimhautentzündung. M. hinterlassen eine lebenslange Immunität. – Etwa neun Tage nach der Ansteckung tritt das Vorstadium mit Fieber bis 39 °C, Husten, Schnupfen und Bindehautentzündung mit vermehrtem Tränenfluß sowie Lichtscheu, Unwohlsein, Kopf- und Halsschmerzen auf. In der Mundhöhle, v. a. am vorderen Gaumen und am Zäpfchen, treten braunrote, zusammenfließende Flecken auf. Gleichzeitig erscheinen kleine weißl. Flecken mit rotem Hof *(Koplik-Flecke)* an der Wangenschleimhaut. Der typ. *M. ausschlag* (M. exanthem) tritt erst am 15. Tag nach der Infektion auf. Er beginnt im Gesicht und hinter den Ohren und greift dann auf Oberkörper, Arme, Bauch und Beine über. M. führen zu einer Abwehrschwäche; daher können sich an die M. Nachkrankheiten anschließen. Am häufigsten sind Lungenentzündung und eitrige Mittelohrentzündung.

Maseru, Hauptstadt von Lesotho, im W des Landes, 1571 m ü. M., 109 400 E. Landwirtschaftl. Handelszentrum; Endpunkt einer Bahnlinie von Südafrika, ✈.

Maserung, Zeichnung (Textur) des Holzes.

Masina, Giulietta, eigtl. Giulia Anna M., * San Giorgio di Piano bei Bologna 22. 2. 1921, † Rom 23. 3. 1994, italien. Schauspielerin. Charakterdarstellerin, v. a. in Filmen ihres Mannes F. Fellini, z. B. »La Strada« (1954), »Ginger und Fred« (1986).

Masinissa (Massinissa), * um 240 v. Chr., † 148 v. Chr., numid. König. Ab 207 von Rom unterstützt; erhielt 202 ganz Numidien. Seine Grenzkonflikte mit Karthago lösten den 3. Pun. Krieg aus (149).

Maskarenen, die im Ind. Ozean gelegenen Inseln ↑Réunion und ↑Mauritius einschließlich ihrer Nebeninseln.

Maskat, Hauptstadt von Oman, an der S-Küste des Golfs von Oman, 50 000 E. Hafen, ✈. Die von einer Stadtmauer umgebene Stadt wird von zwei alten portugies. Bergfesten überragt.

Maske, Henry, * Treuenbrietzen 6. 1. 1964, dt. Berufsboxer. 1985, 1987 und 1989 Europameister; 1988 Olympiasieger; 1989 Weltmeister; 1993 IBF-Weltmeister im Halbschwergewicht.

Maske [italien.-frz.], **1)** *allg.:* Hohlgesichtsform, urspr. vor dem Gesicht getragenes plast. Gebilde *(Larve),* oft mit zugehörigem Kostüm für kult. Tänze. Ihr Träger repräsentiert die Gestalt, die die M. darstellt. In der griech. Antike spielt das Gorgoneion, die M. bzw. das Haupt der Medusa, eine bed. Rolle. M. waren auch Kennzeichen der att. Tragödie und Komödie; zur Schallverstärkung war der Mund als Trichter ausgebildet. – In vier Typen tauchten die M. als dunkle Lederhalbmasken in der italien. Commedia dell'arte wieder auf. Im allg. wurden sie im MA von der *Schminkmaske* bzw. nichtabnehmbaren M. verdrängt. Festgelegte geschminkte oder plast. Rollen-M. gibt es im asiat. Theater noch heute, in Europa nur noch beim Clown und beim Pantomimen. M. werden auch noch im alemann. Volks-

Maske 1).
Goldmaske eines Fürsten aus einem Schachtgrab in Mykene (16. Jh. v. Chr.; Athen, Archäologisches Nationalmuseum)

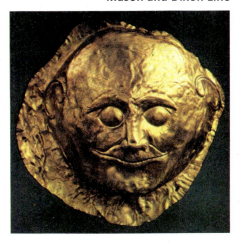

brauch tradiert (v. a. Fastnacht-M.). In der *bildenden Kunst* tritt die M. v. a. als Bauskulptur auf, an mittelalterl. Kirchen als dämon. Grimasse, als karikierendes Fratzengesicht *(Maskaron)* in der Bauornamentik des Manierismus und Barock (bed. die 22 Krieger-M. am Berliner Zeughaus von A. Schlüter, 1696). ↑Totenmaske.
2) *Biologie:* Zeichnungen am Kopf von Tieren, die sich farblich abheben.
3) *Datenverarbeitung:* Gesamtheit besonders markierter Felder, in die mit Hilfe der Tastatur Zeichen aus dem Zeichenvorrat des Systems (Ziffern, Buchstaben, Sonderzeichen) eingetragen werden können. Hierbei werden Eingabefehler vermieden und die Benutzung von Datenverarbeitungsanlagen wesentlich erleichtert.
4) *Halbleitertechnik:* eine strukturierte Schutzschicht, mit deren Hilfe ein selektives Ätzen von Oberflächenteilen eines Halbleitersubstrats möglich ist. Für photolithograph. Verfahren werden v. a. Photolacke *(Lack-M.)* verwendet; in der Halbleiterblocktechnik erzeugt man die M. durch Oxidation der Halbleiteroberfläche *(Oxid-M.).*
Maskerade [italien.-frz.-span.], Verkleidung; Maskenfest; Heuchelei.
Maskilim ↑Haskala.
Maskottchen [frz.], kleine Figur, die Glück bringen soll.

maskulin [lat.], männlich.
Maskulinum [lat.], Abk. **m.**, männl. Geschlecht eines Substantivs; männl. Substantiv, z. B. der Finger, ein Mann.
Masochismus [nach Leopold Ritter von Sacher-Masoch, *1836, †1895], sexuelle Disposition, bei der eine geschlechtl. Erregung und Befriedigung nur durch Erleiden von Mißhandlungen durch den Geschlechtspartner erreicht wird; nicht selten mit sadist. Neigungen (↑Sadismus) verbunden.
Masolino, eigtl. Tommaso di Cristoforo Fini, *Panicale bei Chiusi 1383, † Florenz (?) um 1440, italien. Maler. Schuf, z. T. in Zusammenarbeit mit Masaccio, Fresken und Altarbilder in vergleichsweise altertüml., weicherem Stil.
Mason, James, *Huddersfield bei Leeds 15. 5. 1909, † Lausanne 27. 7. 1984, engl. Schauspieler. Charakterdarsteller, u. a. in »Rommel, der Wüstenfuchs« (1951), »Julius Cäsar« (1953), »Lolita« (1961), »Mackintosh« (1971).
Mason and Dixon Line [engl. 'meɪsn ənd 'dɪksn 'laɪn], Grenze, die 1763–67 von den brit. Astronomen Charles Mason (*1730, †1787) und Jeremiah Dixon (*1733, †1779) zw. den Kolonien Pennsylvania und Maryland in N-Amerika markiert wurde; galt als Trennungslinie zw. den sklavenhaltenden S-Staaten und den die Sklaverei verbietenden N-Staaten.

James Mason

Masora

Masora ↑Massora.
Masowien, histor. Landschaft in Polen, beiderseits der mittleren Weichsel. – Seit dem 10. Jh. unter der Herrschaft der Piasten; 1138–46 selbständiges Hzgt., 1202 mit Hilfe des Dt. Ordens erneut selbständig; nach Aussterben der piast. Linie 1526 an Polen.
Maß, 1) ältere Bez. für ↑Einheit [im Meßwesen], speziell Längen-, Flächen- oder Volumeneinheit. **2)** altes dt. Hohlmaß unterschiedl. Größe; entsprach z. B. in Baden und in der Schweiz 1,5 Litern, in Bayern *(M.kanne)* 1,069 Litern, in Hessen 1,950 bzw. 2 Litern, in Österreich 1,415 Litern; in Bayern heute Bez. für 1 Liter (Bier).
Massa, Hauptstadt der italien. Prov. M.-Carrara in der Toskana, 67 200 E, Marmorindustrie.
Massachusetts [engl. mæsə'tʃu:sets], Staat im NO der USA, 21 456 km², 5,99 Mio. E, Hauptstadt Boston. *Geschichte:* Die erste feste Siedlung wurde in Plymouth von den Pilgervätern gegründet, die 1620 auf der »Mayflower« den Atlantik überquert hatten. Wiederholte Konflikte mit der Kronkolonie (seit 1691) mit dem Mutterland führten 1773 zur ↑Boston Tea Party, 1775 zu den ersten Kampfhandlungen des nordamerikan. Unabhängigkeitskrieges. 1780 gab sich M. die noch heute geltende Verfassung. Die Verfassung der USA wurde 1788 mit knapper Mehrheit angenommen. Im Sezessionskrieg unterstützte M. den Norden.

Massachusetts. Flagge

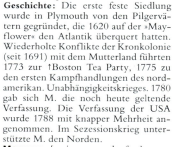

Massage [ma'sa:ʒə; arab.-frz.], mechan. Einwirkung auf die Haut und die unter ihr liegenden Gewebe (Muskeln, Bindegewebe, Weichteile) unter Anwendung verschiedener Handgriffe oder Techniken (z. B. Druckwasserstrahlen bei der *Unterwasser-M.*), v. a. zur Steigerung der Durchblutung und örtl. Freisetzung von körpereigenen Wirkstoffen.
Massai, äthiopides Volk in NO-Tansania und S-Kenia; Vollnomaden; nilohamit. Sprache.
Massaker [frz.], Gemetzel, Blutbad; **massakrieren,** jemanden brutal umbringen.
Maßanalyse (Titrimetrie, Volumetrie), wichtiges Verfahren der quantitativen chem. Analyse. Zu einer abgemessenen Menge einer Lösung unbekannter Konzentration wird eine Reagenzlösung (Maßlösung, Titrierflüssigkeit) bekannter Konzentration zugegeben, bis der Endpunkt (Umschlagspunkt) der Reaktion (Neutralisation, Reduktion, Oxidation, Komplexbildung, Fällung etc.) gerade erreicht ist.
Massary, Fritzi [...ri], eigtl. Friederike Massarik, *Wien 21. 3. 1882, † Beverley Hills 30. 1. 1969, österr. Sängerin und Schauspielerin. Feierte als Revue- und Operettenstar Anfang des 20. Jh. v. a. in Berlin Triumphe; 1933 Emigration.
Masse [griech.-lat.], **1)** *allg.:* ein Stück fester Materie.
2) *Elektrotechnik:* ein über Schutzleiter geerdeter metall. Geräteteil (z. B. Chassis).
3) *Physik:* Eigenschaft der Materie, Ursache des Trägheitswiderstands gegen Bewegungsänderungen *(träge M.)* und des Auftretens von Anziehungskräften zw. Körpern *(schwere M.).* Die Gleichheit von träger und schwerer M. bildet die Grundlage der allg. Relativitätstheorie. Die M. eines Körpers ist geschwindigkeitsabhängig. Hat der Körper im Ruhezustand die M. m_0 (Ruhemasse), so gilt für seine M. *m* bei der Geschwindigkeit *v:*

$$m = m_0 / \sqrt{1 - v^2/c^2}$$

(*c* Lichtgeschwindigkeit). Die M. ist im Internat. Einheitensystem (SI) eine der Basisgrößen. ↑Gravitation.
4) *Sozialwissenschaften* ↑Massengesellschaft.
Masse-Energie-Äquivalenz, die durch die Einstein-Gleichung $E = m \cdot c^2$ zw. Energie *E* und Masse *m* gegebene Beziehung (*c* Lichtgeschwindigkeit).
Masse-Helligkeit-Diagramm (Masse-Leuchtkraft-Diagramm), *Astronomie:* ein Diagramm, in dem die Massen von Sternen gegen die Leuchtkraft (meist die absolute bolometr. Helligkeit) aufgetragen sind.
Massenanziehung ↑Gravitation.
Massendefekt, bei einem Atomkern die Differenz zw. der Summe der Ruhemassen seiner sämtl. Nukleonen (Protonen und Neutronen) und der tatsächl. Kernmasse. Der M. beruht darauf, daß beim Entstehen des Kerns aus den freien Nukleonen ein Bruchteil der Gesamt-

Massenseparator

Masse-Helligkeit-Diagramm. Diagramm, in dem die bolometrische Helligkeit m_{bol} gegen den Logarithmus des Verhältnisses der Sternmasse M zur Sonnenmasse $M_\odot$ aufgetragen ist, die drei herausfallenden Punkte gehören zum Sterntyp der weißen Zwerge

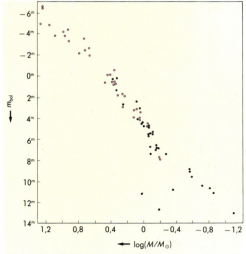

• Bedeckungsveränderliche ○ visuelle Doppelsterne

masse in Energie umgesetzt und frei wird. Der M. entspricht daher nach der Masse-Energie-Äquivalenz der Kernbindungsenergie.

Masseneinheit, zur quantitativen Festlegung (Messung) einer Masse verwendete Vergleichsgröße (Einheit). Die in Wiss. und Technik international verwendete, in der BR Deutschland gesetzl. M. ist das Kilogramm. – Zur atomaren M. ↑Atom.

Massenet, Jules [frz. masˈnɛ], * Montaud bei Montpellier 12. 5. 1842, † Paris 13. 8. 1912, frz. Komponist. Über 20 Opern (»Manon«, 1884; »Werther«, 1892), auch Ballette, Orchester- und Kammermusik.

Massenfertigung (Massenproduktion), Fertigung eines Produkts in großen Mengen. Auf Grund der Degression der fixen Kosten wird bei zunehmender Stückzahl ein Sinken der Stückkosten erreicht.

Massengesellschaft, mehrdeutiger Begriff zur Charakterisierung der industriellen Gesellschaft. Er bezeichnet zum einen eine Gesellschaft, in der die Mehrheit der Bevölkerung z. B. im Rahmen von Massenorganisationen und dank zahlr. Kommunikationsmöglichkeiten politisch-soziale Macht gewonnen habe gegenüber dem Führungsanspruch gesellschaftl. Eliten; zum anderen wird die M. als eine strukturlose Vielzahl (Masse) anonym lebender Menschen betrachtet, deren individuelle Denk-, Daseins- und Geschmacksformen durch Massenkonsum und soziale Isolation nivelliert werden.

Massenmedien (Massenkommunikationsmittel), die der Verbreitung von Informationen dienenden techn. Mittel, die den Prozeß der Massenkommunikation ermöglichen. Der Sammelbez. M. sind v. a. zuzurechnen: Buch, Zeitung, Zeitschrift, Hörfunk, Fernsehen, Film und Schallplatte. I. w. S. auch neuere Entwicklungen in der Fernsehtechnik (Bildplatte, Videoband), in der Datenverarbeitung (Magnetspeicher, CD-ROM) sowie in der Verbindung beider Techniken (Bildschirmtext).

Massenmittelpunkt ↑Schwerpunkt.

Massenproduktion, svw. ↑Massenfertigung.

Massenpsychose ↑Massenverhalten.

Massenseparator (Separator), nach dem Prinzip des Massenspektrographs arbeitendes Gerät zur Isotopentrennung.

Jules Massenet

Massenspektrograph

André Masson. La nu t fertile (1960; Privatbesitz)

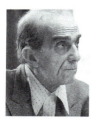

Léonide Massine

Massenspektrograph, Gerät zur Bestimmung der einzelnen Massen in einem Isotopengemisch: Ein Ionenstrahl läuft auf gekrümmter Bahn durch ein konstantes elektr. und magnet. Feld, das Ionen verschiedener spezif. Ladung auf verschiedene Stellen einer Photoplatte fokussiert.
Massenspektrometer, Gerät zur Bestimmung der Häufigkeit der in einem Isotopengemisch vorhandenen einzelnen Massen. Arbeitet nach dem Prinzip des Massenspektrographs.
Massenverhalten, Verhaltensweise von Menschen in Massensituationen, wenn eine Überlagerung der Vernunftsteuerung des einzelnen durch kollektive Instinktsteuerung bewirkt wird. In Notlagen oder unter psych. Druck kann es dabei zur Auflösung des vernünftigen Ich-Verhaltens *(Massenpsychose)* kommen.
Massenvernichtungswaffen (Massenvernichtungsmittel), Kampfmittel, die die sog. herkömml. Waffen in ihrer Wirkung um ein Vielfaches übertreffen und Zerstörungen großen Ausmaßes anrichten, v. a. die ABC-Waffen.
Massenwirkungsgesetz, Gesetz über die Konzentrationsverhältnisse der an umkehrbaren chem. Reaktionen beteiligten Stoffe: Das Verhältnis aus dem Produkt der Konzentrationen der Reaktionsprodukte und dem Produkt der Konzentrationen der Ausgangsstoffe ist konstant, d. h. es entsteht ein Gleichgewichtszustand zw. Ausgangsstoffen und Reaktionsprodukten, der sich bei Änderung der Konzentrationen der Stoffe neu einstellt. Dient zur Berechnung von Reaktionsgleichgewichten wie z. B. Löslichkeitsprodukten und zur Bestimmung von pH-Werten.
Massenzahl (Nukleonenzahl) ↑Atom.
Massine, Léonide [frz. ma'sin], eigtl. Leonid Fjodorowitsch Mjasin, * Moskau 21. 8. 1896, † Borken 15. 3. 1979, amerikan. Tänzer und Choreograph russ. Herkunft. 1914–28 Solotänzer und Choreograph bei Diaghilews »Ballets Russes«.
Massinger, Philip [engl. 'mæsɪndʒə], = Salisbury 24. 11. 1583, □ London 18. 3. 1640, engl. Dramatiker. Schrieb zeitbezogene Tragödien und Komödien.
Massiv [griech.-lat.-frz.], ungegliedertes Gebirge mit gedrungenem Umriß.
Maßliebchen, svw. ↑Gänseblümchen.
Masson, André [frz. ma'sõ], * Balagny-sur-Thérain bei Beauvais 4. 1. 1896, † Paris 28. 10. 1987, frz. Maler und Zeichner. Surrealist; Themen v. a. Gewalt, Eros und Kosmos.
Massora [hebr. »Überlieferung«] (Masora), das zunächst mündlich, später auch schriftlich tradierte Material zur Sicherung des Textes der hebr. Bibel und von dessen Aussprache, v. a. durch Hinzufügung von eigens geschaffenen Vokalzeichen.
Maßregeln der Besserung und Sicherung, die neben den Strafen (und Nebenstrafen) mögl. Rechtsfolgen einer Straftat. Die M. der B. und S. dienen der Sicherung der Gesellschaft vor dem Täter durch die Unterbindung gewisser Tätigkeiten, durch dessen Isolierung sowie durch dessen Besserung mittels therapeut. Behandlung. M. der B. und S. sind folgende *freiheitsentziehende Maßregeln:* die Unterbringung in einer psychiatr. Krankenanstalt (früher Heil- und Pflegeanstalt), in einer Entziehungsanstalt, in einer sozialtherapeut. Anstalt, in der Sicherungsverwahrung. Sie werden (mit Ausnahme der Sicherungsverwahrung) i. d. R. vor einer daneben angeordneten Freiheitsstrafe vollzogen und auf die Strafe angerechnet. Weitere M.: Führungsaufsicht; Entziehung der Fahrerlaubnis; Berufsverbot.
Maßstab, 1) *Kartographie:* das Verkleinerungsverhältnis einer Karte zum

entsprechenden Gebiet der Erdoberfläche.
2) *Modellbau, techn. Zeichnungen:* das Verhältnis der Größen im Modell bzw. in der zeichner. Darstellung zu den Größen des Originals.
3) *Optik* ↑Abbildungsmaßstab.
Maßsysteme, Bez. für systemat. Zusammenfassungen der zur Messung physikal. Größen verwendeten ↑Einheiten, z. B. Zentimeter, Gramm und Sekunde beim *CGS-System* (physikal., absolutes oder Gaußsches M.). Heute darf im amtl. und geschäftl. Verkehr nur das Internat. Einheitensystem (SI-System) verwendet werden.
Maßtheorie, Teilgebiet der Mathematik, beschäftigt sich mit der Berechnung von Inhalten geometr. Gebilde oder allgemeiner von Punktmengen.
Maßwerk, das mit dem Zirkel »gemessene« Bauornament der Gotik, v. a. für Bogenfelder der Fenster und Arkaden; als Grundform ergibt sich der Drei-bis-Sechspaß. Erstmals in Reims (um 1211 ff.): ein Spitzbogen umgreift zwei kleinere, das Bogenfeld füllt ein Sechspaßkreis. Entwicklung nat. Sonderformen: Perpendicular style in England, Flamboyantstil in Frankreich, Fischblasenornamentik der Spätgotik in Deutschland, Emanuelstil in Portugal.
Massys (Matsys, Metsys), Quinten (Quentin) [niederl. ˈmasɛis], *Löwen 1465 oder 1466, † Antwerpen zw. 13. 7. und 16. 9. 1530, fläm. Maler. Verbindung der altniederl. Tradition (D. Bouts) mit Renaissanceelementen; begründete die manierist. fläm. Schule. – *Werke:* Annenaltar (1507–09; Brüssel, Königl. Kunstmuseen), Johannesaltar (1508–11; Antwerpen, Kunstmuseum), Der Geldwechsler und seine Frau (1514; Paris, Louvre).
Mast, aufrecht aus dem Deck ragender Teil eines Schiffes aus Stahl- oder Leichtmetallrohr oder Rundholz, auf größeren Segelschiffen aus mehreren Teilen (Unter-M., Mars-, Bramstenge); in der Reihenfolge von vorn nach achtern bezeichnet als Fock-, Groß-, Mittel-, Haupt-, Kreuz- oder Besanmast.
Mast (Mästung), in der *Landwirtschaft* nach Tierart, -rasse und Alter unterschiedl. Fütterungs- und Haltungsverfahren zu gesteigerter Fleisch- oder Fetterzeugung.

Mastix

Mastaba [arab.], im Ägypten des 3. Jt. v. Chr. übl. Form des Graboberbaus: quaderförmiger Baukörper, 10–20 m lang, 4–8 m breit und 2–4 m hoch, aus Lehmziegeln oder Stein, mit geböschten Wänden. Die Grabkammer liegt unter der Mastaba.
Mastdarm ↑Darm.
Mastel [lat.-roman.] (Büßling, Masch), Haschisch liefernde ♀ Hanfpflanze.
Master [engl., zu ↑Magister], engl. Univ.-Titel.
Masters, William Howell [engl. ˈmɑːstəz], *Cleveland (Ohio) 27. 12. 1915, amerikan. Gynäkologe. Erforschte erstmals die Mechanismen der sexuellen Erregung in wiss. Laboruntersuchungen.
Master-slave-Prinzip [ˈmɑːstəˈsleɪv; engl. »Herr-Sklave«], Prinzip der Arbeitsteilung zw. voneinander abhängigen techn. Systemen, z. B. Rechenanlagen; ein Großrechner (»master«) übernimmt übergeordnete Aufgaben und Koordination, während eine oder mehrere kleinere Rechenanlagen (»slave«) einzelne Teilaufgaben bearbeiten.
Mastitis [griech.], svw. ↑Brustdrüsenentzündung.
Mastix [griech.-lat.], Harz des Mastixstrauches (↑Pfefferstrauch); wird in der

Mastixstrauch 1)
(Höhe 2–4 m)

Quinten Massys. Der Geldwechsler und seine Frau (1514; Paris, Louvre)

Mastodonten

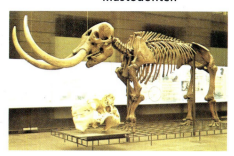

Mastodonten. Skelett eines Gomphotherium (Frankfurt am Main, Senckenberg-Museum)

Kurt Masur

Medizin zum Fixieren von Verbänden u. a. verwendet.
Mastodonten (Mastodon) [griech.], ausgestorbene, nur aus dem Jungtertiär bekannte Gatt. etwa elefantengroßer Rüsseltiere; mit zu Stoßzähnen verlängerten Schneidezähnen.
Mastroianni, Marcello, *Fontana Liri bei Frosinone 28. 9. 1924, italien. Schauspieler. Charakterdarsteller des internat. Films, u. a. in »Das süße Leben« (1960), »Scheidung auf italienisch« (1961), »Das große Fressen« (1973), »Die Stadt der Frauen« (1980), »Ginger und Fred« (1986).
Masturbation [lat.] (Ipsismus, Ipsation, Onanie), sexuelle Selbstbefriedigung oder gegenseitige geschlechtl. Befriedigung, bes. durch manuelle Reizung der Geschlechtsorgane.
Masur, Kurt, *Brieg (Schlesien) 18. 7. 1927, dt. Dirigent. 1970–94 Kapellmeister des Leipziger Gewandhausorchesters; einer der Exponenten der Demokratiebewegung in der DDR; seit 1991 auch Chefdirigent der New Yorker Philharmoniker.
Masuren, Teil des Preuß. Höhenrückens zw. dem Ermland im W und NW und Masowien/Podlachien im S und SO, in Ostpreußen, Polen; zahlr. Seen *(Masurische Seenplatte)*.
Masurka ↑Mazurka.
Masvingo (früher Fort Victoria), Prov.-Hauptstadt in Simbabwe, 31 000 E. Handelszentrum. Nahebei die Ruinenstätte Simbabwe.
Matadi, Prov.-Hauptstadt am Kongo, unterhalb der Livingstonefälle, Zaire, 163 000 E. Haupthafen von Zaire; Eisenbahnlinie nach Kinshasa.
Matador [lat.-span.], ↑Stierkampf.

Mata Hari, eigtl. Margaretha Geertruida Zelle, *Leeuwarden 7. 8. 1876, † Vincennes bei Paris 15. 10. 1917, niederl. Tänzerin. Im 1. Weltkrieg in Frankreich der Spionage für das Dt. Reich beschuldigt, zum Tode verurteilt und erschossen.
Mataré, Ewald, *Aachen 25. 2. 1887, † Büderich (heute zu Düsseldorf) 29. 3. 1965, dt. Bildhauer. Tierplastik, Kirchentüren (Kölner Dom, 1948–54), liturg. Gerät, Holzschnitte.
Match [mɛtʃ; engl.], (sportl.) Wettkampf.
Matchball [mɛtʃ...], bei Rückschlagspielen der den Sieg entscheidende letzte Ball.
Mate [indian.-span.] (Matetee), Aufguß aus den gerösteten koffeinhaltigen Blättern v. a. der Matepflanze.
Matepflanze ↑Stechpalme.
Matera, italien. Prov.-Hauptstadt in der östl. Basilicata, 52 800 E. Archäolog. Museum, Staatsarchiv; Handels- und Gewerbezentrum. Dom (13. Jh.; apul. Romanik) mit barocker Ausstattung.
Mater dolorosa [lat. »schmerzensreiche Mutter«], Darstellung Marias im Schmerz um das Leiden ihres Sohnes mit einem oder sieben Schwertern in der Brust.
Mater et magistra [lat. »Mutter und Lehrerin«], Sozialenzyklika Papst Johannes' XXIII. vom 15. 5. 1961; fordert die uneingeschränkte Mitbestimmung und die Beteiligung der Arbeitnehmer am Produktivvermögen.
Materialisation [lat.], **1)** *Parapsychologie:* die (angebl.) Bildung körperhafter Erscheinungen durch Vermittlung spiritist. Medien.
2) *Physik:* die auf Grund der Masse-Energie-Äquivalenz mögl. Umwandlung von Strahlungs- oder Bewegungsenergie E in materielle Teilchen der Masse $m = E/c^2$ (c Lichtgeschwindigkeit), wobei stets Elementarteilchen entstehen. Der entgegengesetzte Prozeß ist die Zerstrahlung.
Materialismus [lat.], seit der 1. Hälfte des 18. Jh. Bez. für eine Grundrichtung der Philosophie, das gesamte Weltgeschehen einschließlich des Lebens, der Seele und des Geistes als Wirkung des Stoffs und seiner Bewegungen erklärt. Der M. bildete sich, v. a. unter dem Eindruck des griech. Atomismus,

in der frz. Aufklärung zu seiner ersten Blüte heraus. Der Ggs. dieses (atheist.) mechanist. M. ist der Spiritualismus oder Idealismus. Der naturwiss. M. des 19. Jh. (G. Vogt, J. Moleschott, L. Büchner) wollte auf naturwiss. Erkenntnissen eine wissenschaftsoptimist. materialist. Weltanschauung aufbauen. Die v. a. über A. L. Destutt de Tracy weitergeführte und von L. Feuerbach aufgenommene Religionskritik beeinflußte die ideologiekrit. Untersuchungen von K. Marx und F. Engels, die als materialist. Geschichtsauffassung den histor. M. und als Methode den durch Kritik Hegels entstandenen dialekt. M. entwickelten (↑Marxismus).
Materialist [lat.], Vertreter des Materialismus; i. w. S. jemand, der nur auf Besitz und Gewinn bedacht ist.
Materialkonstante, physikal. Konstante, deren Wert vom Material des betrachteten Körpers abhängt, wie z. B. Dichte oder spezifische Wärmekapazität.
Materialmontage, svw. ↑Assemblage.
Materie [lat.], **1)** *allg.:* 1. stoffl. Substanz; 2. Thema, Gegenstand.
2) *Philosophie:* Für Aristoteles (und die Scholastik) der ewige Urstoff, das Urprinzip, das der Bewegung, dem Werden zugrunde liegt. Der neuzeitl. M.begriff wird zunehmend von den Naturwiss. bestimmt; im ↑Materialismus weltanschaul. Grundbegriff.
3) *Physik:* die Gesamtheit der in einem Raumbereich enthaltenen physikal. Objekte, die eine Ruhemasse besitzen (insbes. die atomaren Bausteine eines makroskop. Körpers), im Ggs. zu denen ohne Ruhemasse (z. B. die Photonen der elektromagnet. Strahlung). Die in Einklang mit der Einsteinschen Masse-Energie-Äquivalenz insbes. bei hochenerget. Kern- und Elementarteilchenprozessen ablaufenden Energie-Masse-Umsetzungen zeigen, daß M. als eine *Erscheinungsform der Energie* aufgefaßt werden kann (↑Materiewellen).
materiell [lat.-frz.], **1)** die Materie betreffend.
2) finanziell, wirtschaftlich.
Materiewellen (Broglie-Wellen, De-Broglie-Wellen), ein räuml. und zeitl. period. Wellenvorgang, der einem atomaren Teilchen mit nicht verschwindender Ruhemasse m zugeordnet wird.

Besitzt das Teilchen den Impuls p, so wird ihm eine M. der Wellenlänge *(De-Broglie-Wellenlänge)* $\lambda = h/p$ (h Plancksches Wirkungsquantum) zugeordnet. M. ermöglichen die Beschreibung von Welleneigenschaften atomarer Teilchen (z. B. Interferenz von Elektronenstrahlen an Kristallgittern).
Mathematik [griech.], eine der ältesten Wiss., hervorgegangen aus den prakt. Aufgaben des Zählens, Rechnens und Messens, die sich zu einer »Wissenschaft von den formalen Systemen« (D. Hilbert) entwickelte. Die M. sieht ihre Aufgabe v. a. in der Untersuchung sog. Strukturen, die durch die in einer vorgegebenen Menge beliebiger Objekte definierten Relationen und Verknüpfungen bestimmt sind. Nach traditioneller Einteilung gliedert sich die M. in die Arithmetik, die Geometrie, die Algebra und die Analysis. Wichtige Teilgebiete der M. sind Ausgleichs- und Fehlerrechnung, Funktionalanalysis, Kombinatorik, Mengenlehre, Topologie, Vektor-, Wahrscheinlichkeitsrechnung, Zahlentheorie, Statistik und Informatik.
mathematische Zeichen, zur kurzen, übersichtl. Darstellung mathemat. Aussagen verwendete symbol. Zeichen.
Mathilde von Tuszien, * 1046, † Bondeno bei Ferrara 24. 7. 1115, Markgräfin. 1069 ∞ mit Gottfried III., dem Buckligen, von Niederlothringen. M. unterstützte das Reformpapsttum unter Einsatz ihres Besitzes *(Mathildische Güter;* v. a. in N-Italien), den sie dem Hl. Stuhl schenkte und von ihm zur Nutzung zurückerhielt.
Mathis, Edith, * Luzern 11. 2. 1935, schweizer. Sängerin (Sopran). V. a. Mozart-Interpretin; auch bed. Oratorien- und Liedersängerin.
Mathura, ind. Stadt an der Jumna, Gliedstaat Uttar Pradesh, 149 000 E Archäolog. Museum; Hindu-Pilgerort. – Bereits in vorchristl. Zeit bed. religiöses Zentrum der Buddhisten, Jainas und Hindus. Kunstzentrum der Kushan- und Guptazeit.
Matinee [lat.-frz.], künstler. Veranstaltung, die am Vormittag stattfindet.
Matisse, Henri [frz. ma'tis], * Le Cateau (heute Le Cateau-Cambrésis bei Cambrai) 31. 12. 1869, † Cimiez (heute zu Nizza) 3. 11. 1954, frz. Maler, Graphi-

Matjeshering

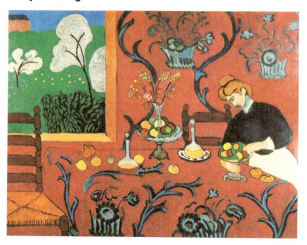

Henri Matisse. Harmonie in Rot (1908; Sankt Petersburg, Eremitage)

ker und Bildhauer. Führender Künstler des ↑Fauvismus; malte bes. Stilleben, die seiner Vorliebe für flächig-ornamentale Aufteilung entgegenkamen; auch Wandbilder (1946–51 Ausgestaltung der Chapelle du Rosaire in Vence). – *Weitere Werke:* Luxus I (1907; Paris, Musée National d'Art Moderne), Das rote Atelier (1911; New York, Museum of Modern Art), Die rumän. Bluse (1940, Paris, Musée National d'Art Moderne).

Matjeshering [niederl.], junger gesalzener Hering (Frühjahrshering).

Mato Grosso [brasilian. 'matu 'grosu], brasilian. Gliedstaat, an der bolivian. Grenze, 881 001 km², 2,021 Mio. E, Hauptstadt Cuiabá.

Mato Grosso do Sul ['matu 'grosu du 'sul], brasilian. Gliedstaat, südlich von Mato Grosso, 350 438 km², 1,778 Mio. E, Hauptstadt Campo Grande.

Matopo Hills, Bergland in SW-Simbabwe, bis 1 552 m hoch, z. T. Nationalpark.

Matrah ['matrax], wichtigste Hafenstadt im Sultanat Oman, Nachbarstadt von Maskat, 26 600 E. Schiffbau; Erdölhafen.

Matratze [arab.-roman.], mit Roßhaar, Seegras, Kapok oder Wolle gefülltes, bei sog. *Federkern-M.* mit Stahldrahtfedern verstärktes, heute vielfach aus Schaumgummi (Latex) oder aus geschäumten Kunststoffen hergestelltes Polster; wird auf den Sprungfederrahmen oder den Lattenrost des Bettgestells gelegt.

Mätresse [frz.], Geliebte; im 17. und 18. Jh. die anerkannte, oft einflußreiche Geliebte eines Fürsten.

Matriarchat [lat./griech.], i. e. S. eine Gesellschaftsordnung mit Frauenherrschaft; i. w. S. svw. Mutterrecht.

Matrikel [lat.], amtl. Verzeichnis über Personen, z. B. Liste der an einer Hochschule Studierenden (Immatrikulierten) oder Kirchenbuch mit Tauf-, Firmungs-, Eheschließungs-, Sterberegister.

matrilineal (matrilinear) [lat.], Abstammungsordnung nach der mütterl. Linie.

Matrix [lat.], **1)** *Biologie:* eine Grundsubstanz, ohne innere Struktur. **2)** *Mathematik:* ein rechteckiges (Zahlen)-Schema der Form

$$A = (a_{ik}) = \begin{pmatrix} a_{11} a_{12} \ldots a_{1n} \\ a_{21} a_{22} \ldots a_{2n} \\ \ldots \ldots \ldots \ldots \\ a_{m1} a_{m2} \ldots a_{mn} \end{pmatrix}$$

Ein mit a_{ik} bezeichnetes Element steht in der i-ten Zeile und in der k-ten Spalte.

Die Anzahl *m* der Zeilen und die Anzahl *n* der Spalten definiert den Typ einer M.; man sagt, sie ist von der *Ordnung m × n* oder eine (*m × n*)-Matrix. Eine M., in der die Anzahl der Zeilen gleich der Anzahl der Spalten ist, bezeichnet man als *quadrat. Matrix.* Matrizen lassen sich untereinander und mit skalaren Größen durch bestimmte Rechenregeln verknüpfen *(Matrizenrechnung).*

Matrixdrucker ↑Drucker.

Matrize [lat.-frz.], **1)** *Drucktechnik:* 1. vertiefte Abformung eines Reliefs (Gegenstück *Patrize);* 2. Gießform mit vertieftem Schriftbild zum Gießen von Drucktypen und Gußzeilen.
2) Negativform zum Pressen von Schallplatten.

Matrizenrechnung ↑Matrix.

Matrone [lat.], behäbige ältere Frau (heute spöttisch gebraucht).

Matronymikon [lat./griech.], svw. ↑Metronymikon.

Matrose [frz.-niederl.], in der Handelsschiffahrt Ausbildungsberuf mit dreijähr. Lehrzeit; in der Bundesmarine unterster Dienstgrad.

Matsuinseln (chin. Ma-Tsu Tao), Inselgruppe vor der SO-Küste Chinas, am N-Ausgang der Formosastraße, 27 km², unter Militärverwaltung Taiwans.

Matt [arab.] (Schachmatt), diejenige Position im Verlauf einer Schachpartie, in der die angegriffene König nicht mehr vor dem Geschlagenwerden bewahrt werden kann.

Mattathias (Mattathja), *Modin bei Lydda (heute Ruinenstätte Modiim bei Lod), † 166 v. Chr., jüd. Priester und Stammvater der Makkabäer. Leitete den jüd. Freiheitskampf gegen die syr. Herrschaft ein.

Matten, zu den Wiesen gehörende, artenreiche, baumlose Pflanzenformation; v. a. in der alpinen Stufe der Hochgebirge.

Matteotti, Giacomo, *Fratta Polesine bei Rovigo 22. 5. 1885, † Rom 10. 6. 1924 (ermordet), italien. Politiker. Ab 1922 Generalsekretär der Unitar. Sozialist. Partei; Ermordung durch Faschisten.

Matterhorn, pyramidenförmiger Gipfel der Walliser Alpen im schweizerischen Kanton Wallis, 4 478 m hoch; am N-Fuß liegt der Fremdenverkehrsort Zermatt.

Mattes, Eva, *München 14. 12. 1954, dt. Schauspielerin. Bed. Charakterdarstellerin, u. a. 1972–79 am Hamburger Schauspielhaus. V. a. Zusammenarbeit mit P. Zadek. – *Filme:* Mathias Kneissl (1971), Woyzeck (1979), Ein Mann wie Eva (1984; als R. W. Faßbinder), Schlafes Bruder (1995; nach einem Roman von Robert Schneider).

Matthäus (M. der Evangelist), hl., Jünger Jesu (Apostel). M. gilt seit dem 2. Jh. als Verfasser einer angenommenen hebr. (aramäischen) Urfassung des Matthäusevangeliums. – Fest: 21. September.

Matthäusevangelium, Abk. **Matth.,** das erste im neutestamentl. Kanon aufgeführte Evangelium. Der Verfasser ist ein hellenist. Judenchrist. Das Hauptinteresse der Theologie des M. gilt dem Christusbild: Jesus von Nazareth ist der vom AT verheißene, aber von seinem Volk abgelehnte Messias. Abfassungszeit: zw. 75 und 90.

Mattheson, Johann, *Hamburg 28. 9. 1681, † ebd. 17. 4. 1764, dt. Musiktheoretiker und Komponist. 1715–28 Musikdirektor an Sankt Michaelis in Hamburg; komponierte u. a. Opern, Oratorien, Kantaten.

Mattheuer, Wolfgang, *Reichenbach/Vogtland 7. 4. 1927, dt. Maler und Graphiker. Lehrte 1957–74 (seit 1965 als Professor) an der Hochschule für Graphik und Buchkunst in Leipzig.

Eva Mattes

Johann Mattheson

Matterhorn

Mauerbienen.
Osmia rufa (Männchen, Größe etwa 1 cm)

William Somerset Maugham

Matthias

Matthias, hl., Apostel. Durch Los anstelle des Judas Ischarioth zum Apostel bestimmt. – Fest: 24. Februar.
Matthias, Name von Herrschern: *Hl. Röm. Reich:* **1) Matthias,** *Wien 24. 2. 1557, † ebd. 20. 3. 1619, Kaiser (seit 1612). 1606 zum Haupt des Hauses Österreich erklärt, erzwang von seinem Bruder, Kaiser Rudolf II., die Herrschaft über Österreich, Ungarn und Mähren; ab 1611 auch böhm. König; nach dem Tode Rudolfs zum Kaiser gewählt.
Ungarn: **2) Matthias I. Corvinus** (M. Hunyadi), *Klausenburg 23. 2. 1440 (1443?), † Wien 6. 4. 1490, König von Ungarn (seit 1458), von Böhmen (seit 1469). Sohn von János Hunyadi; mit dem böhm. Gegenkönig Wladislaw II., mit Georg von Podiebrad und Kunstat und Kaiser Friedrich III. schloß er 1479 den Frieden von Olmütz, der ihm Schlesien, Mähren und die Lausitz brachte; vertrieb Friedrich III. (ab 1477) aus Niederösterreich, der Steiermark und Wien.
Matthus, Siegfried, *Mallenupen (Ostpr.) 13. 4. 1934, dt. Komponist. Schuf v. a. Opern, u. a. »Der letzte Schuß« (1967), »Judith« (1983).
Mattscheibe, mattierte Glasscheibe zum Auffangen des von einem opt. System erzeugten reellen Bildes.
Matura [lat.] (Maturitätsprüfung), österr. und schweizer. Bez. für Abitur.
Matúška, Janko [slowak. 'matu:ʃka], *Mittelslowak. Gebiet) 10. 1. 1821, † ebd. 11. 1. 1877, slowak. Dichter. Verfaßte die slowak. Nationalhymne.
Matute, Ana María, *Barcelona 26. 7. 1926, span. Schriftstellerin. Schreibt Prosa v. a. über die Zeit des Span. Bürgerkriegs, u. a. Romanzyklus »Los mercaderes« (3 Bde., 1960–67).
Matutin (dt. Mette) [lat.] ↑Stundengebet.
Matzen (fachsprachl. Mazzen) [hebr.], ungesäuertes Passahgebäck der Juden.
Mauerbienen, mit fast 400 Arten weltweit verbr. Gatt. etwa 8–10 mm langer, nicht staatenbildender, hummelähnl., meist in Erdnestern lebender Bienen.
Mauerfraß (Salpeterfraß), gemeinsprachl. Bezeichnung für die zerstörende Wirkung des Kalksalpeters, $Ca(NO_3)_2 \cdot 4 H_2O$.

Mauerläufer, etwa 16 cm langer, oberseits hell-, unterseits dunkelgrauer Singvogel, v. a. in Hochgebirgen des Himalayas, SW-, S- und SO-Europas; Nest in Felsspalten.
Mauersberger, Rudolf, *Mauersberg bei Marienberg 29. 1. 1889, † Dresden 22. 2. 1971, dt. Chordirigent. Ab 1930 Kantor der Dresdener Kreuzkirche; Förderer der zeitgenöss. Chormusik.
Mauersee, mit 102 km^2 zweitgrößter See der Masur. Seenplatte, Polen.
Mauersegler ↑Segler.
Mauerziegel (Backsteine, Ziegelsteine), aus Ton, Lehm oder tonigen Massen geformte und bei 800 bis 1000°C gebrannte Bauelemente von genormtem Format. Man unterscheidet *Vollziegel* und *Lochziegel.*
Maugham, William Somerset [engl. mɔ:m], *Paris 25. 1. 1874, † Saint-Jean-Cap-Ferrat bei Nizza 16. 12. 1965, engl. Schriftsteller. Lebte ab 1929 v. a. an der frz. Riviera; schrieb neben Komödien v. a. Romane, u. a. »Der Menschen Hörigkeit« (1915), »Der bunte Schleier« (1925), »Theater« (1937), »Catilina« (1948), und Kurzgeschichten.
Maui ↑Hawaii.
Mauke [niederdt.], **1)** *Veterinärmedizin:* (Fußgrind) Ekzem im Bereich der Fesselgelenksbeuge bei Pferd und Rind.
2) *Biologie:* (Grind) zerklüftete Geschwülste an Trieben und Stämmen der Weinrebe.
Maulbeerbaum (Morus), Gatt. der Maulbeerbaumgewächse mit sieben Arten in der nördl. gemäßigten und in der subtrop. Zone; sommergrüne Bäume oder Sträucher mit Kätzchen und brombeerartigen, wohlschmeckenden [Schein]früchten *(Maulbeeren);* u. a. *Weißer M.* (heimisch in China; Blätter dienen als Nahrung für Seidenraupen) und *Schwarzer M.* (heimisch in W-Asien).
Maulbeerseidenspinner (Echter Seidenspinner, Maulbeerspinner), in China (seit rd. 4000 Jahren dort gezüchtet) und O-Asien beheimateter, zur Seidengewinnung in vielen Teilen der Erde eingeführter, durch Züchtung flugunfähig gewordener, 4 cm spannender, graubrauner bräunlichweißer Schmetterling; Larven fressen Blätter der Maulbeerbäume und spinnen Puppenkokons, aus deren Gespinsthüllen Maulbeerseide gewonnen wird.

Mauren

Maulbronn, Stadt im sw. Kraichgau, Bad.-Württ., 5800 E. Ev.-theolog. Seminar. Das 1147 gegr., vollständig erhaltene Zisterzienserkloster M. kam 1504 an Württemberg und wurde 1534 in eine ev. Klosterschule umgewandelt. Roman. Abteikirche (12. Jh.; got. Netzgewölbe) mit Vorhalle (um 1215) und Kreuzgang (13./14. Jh.; mit Brunnenhaus) und anschließenden Klausurgebäuden (12.–15. Jh.); Wirtschaftshof mit Gebäuden aus dem 16. Jahrhundert.

Maulbrüter, Fische, bei denen das ♂ oder ♀ Maulbrutpflege betreibt: Die Eier werden nach der Befruchtung vom Boden aufgesammelt und im Maul »erbrütet«.

Maulesel ↑Esel.

Maulpertsch (Maulbertsch), Franz Anton, ≈ Langenargen 7. 6. 1724, † Wien 8. 8. 1796, österr. Maler des Barock. Seine expressiven, lichterfüllten Fresken, u. a. in der Piaristenkirche (1752/1753) und der Alten Univ. (1766/67) in Wien, sind der glänzende Abschluß der österr. Barockmalerei.

Maultasch, Margarete, Gräfin von Tirol, ↑Margarete Maultasch.

Maultaschen, schwäb. Gericht; kleine gefüllte Täschchen aus Nudelteig.

Maultier ↑Esel.

Maultrommel (Brummeisen), Musikinstrument, bestehend aus einem ovalen Metallrahmen, der in eine Art längl. Schnabel ausläuft, und einer am Rahmen befestigten Metallzunge. Der Spieler nimmt den Schnabel aufrecht zw. die Zähne und bringt die Metallzunge durch Anzupfen mit dem Finger in Schwingung. Die Mundhöhle bildet einen Resonanzraum.

Maul- und Klauenseuche (Aphthenseuche), Abk. **MKS,** meldepflichtige, hochansteckende fieberhafte Viruskrankheit der Klauentiere (bes. Rind); mit Blasenausschlag und Geschwüren v. a. an Maul (bzw. Rüssel), Zunge, Haut der Euterstriche, Klauen und Klauenspalten. *Bekämpfung* durch Schutzimpfung und veterinärärztl. Sperrmaßnahmen. – Eine *Übertragung auf den Menschen* kann durch Genuß roher Milch und Berührung erfolgen.

Maulwürfe (Talpidae), Fam. etwa 6–20 cm langer Insektenfresser mit rd. 30 Arten in Eurasien und N-Amerika; mit dichtem, meist kurzhaarigem Fell, rüsselförmig verlängerter, sehr tastempfindlicher Schnauze und kleinen bis völlig reduzierten Augen und Ohrmuscheln; Geruchs- und Erschütterungssinn hoch entwickelt; überwiegend unterirdisch lebende Grabtiere, deren Vorderextremitäten zu großen Grabschaufeln entwickelt sind.

Maulwurfsgrillen ↑Grillen.

Mau-Mau [afrikan.], brit. Bez. (keine Selbstbez.) für Geheimbünde der Kikuyu in Kenia, die sich 1949/50 mit Gewalt gegen die Kolonialherrschaft erhoben; Höhepunkt ihrer Aktivitäten 1952 bis 56; durch brit. Truppen niedergeschlagen.

Mauna Kea, Vulkan im NO der Insel Hawaii, 4205 m ü. M., mit Schneekappe; höchstgelegenes astronom. Observatorium der Erde.

Mauna Loa, größter tätiger Vulkan der Erde, auf der Insel Hawaii, 4169 m hoch mit zahlr. Kratern, u. a. dem *Kilauea Crater* mit dem kochenden Lavasee *Halemaumau.*

Maupassant, Guy de [frz. mopaˈsã], * Schloß Miromesnil bei Dieppe 5. 8. 1850, † Paris 7. 7. 1893, frz. Schriftsteller. Bekannt durch seine meisterhaften Novellen (etwa 260; u. a. »Fettklößchen«, 1880, »Fräulein Fifi«, 1882), »Zwecklose Schönheit« (1890); gehörte zum engeren Freundeskreis E. Zolas; bed. auch seine Romane, u. a. »Ein Leben« (1883) und »Bel ami« (1885).

Maupertuis [frz. mopɛrˈtɥi], Ebene im Tal der Vienne, sö. von Poitiers; in der *Schlacht von Maupertuis* geriet am 19. 9. 1356 Johann II., der Gute, von Frankreich in engl. Gefangenschaft.

Mauren, 1) arab.-berber. Mischbevölkerung in NW-Afrika.
2) (span. *los moros*) Bez. für die Muslime arab. und berber. Herkunft, die von 711 bis 1492 in weiten Teilen Spaniens herrschten.

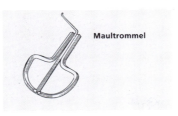
Maultrommel

Maulwürfe. Eurasischer Maulwurf (Körperlänge 12–16 cm)

Guy de Maupassant

2171

Maureske

Maureske [span.-frz.], vegetabil. Renaissanceornament islam. Herkunft; auch als *Arabeske* bezeichnet.

Mauretanien (französisch Mauritanie), Staat in Afrika, grenzt im W an den Atlantik, im NW an das Gebiet Westsahara, im NO an Algerien, im O und S an Mali und im SW an Senegal.

Staatsflagge

Staatswappen

Mauretanien

Fläche:	1 030 700 km²
Einwohner:	2,143 Mio.
Hauptstadt:	Nouakchott
Amtssprachen:	Arabisch, Französisch
Nationalfeiertag:	28. 11.
Währung:	1 Ouguiya (UM) = 5 Khoums (KH)
Zeitzone:	MEZ – 1 Std.

1970 1992 1970 1992
Bevölkerung Bruttosozial-
(in Mic.) produkt je E
(in US-$)

☐ Stadt Land ☐

Bevölkerungsverteilung 1992

☐ Industrie
☐ Landwirtschaft
☐ Dienstleistung

Bruttoinlandsprodukt 1992

Staat und Recht: Präsidiale Republik; *Verfassung* von 1991. Staatsoberhaupt und Inhaber der *Exekutivgewalt* ist der Staatspräs., er wird für 6 Jahre gewählt. Die *Legislative* liegt beim Zweikammerparlament (Nationalversammlung, 79 Mgl., Wahl alle 5 Jahre; Senat, 56 Mgl., Wahl alle 6 Jahre durch Kommunalräte). *Parteien:* Republikan.-Demokrat. und Soziale Partei (PRDS), Sammlungspartei für Demokratie und Einheit (RDU), Mauretan. Partei für Erneuerung (PMR).

Landesnatur: M. erstreckt sich vom Atlantik bis weit in die Sahara hinein. Die Monotonie der Landschaft wird durch weite Ebenen und Plateauflächen bestimmt, in die verschiedentlich Wadis eingeschnitten sind. Inselberge erreichen maximal 915 m Höhe. Überwiegend trockenes Wüstenklima: Wüste, Sahel und Trockensavanne.

Bevölkerung: Kennzeichnend ist der Gegensatz zw. den Mauren (rd. 80%) und den im S lebenden Schwarzafrikanern. 99% der E sind Muslime. Das Landesinnere, der N und O sind bis auf wenige Oasen unbewohnt.

Wirtschaft, Verkehr: Die Landwirtschaft konzentriert sich am Senegal (Hirse und Reis). In den Oasen finden sich Dattelpalmen. Bedeutender als der Ackerbau ist die Viehzucht (Kamele, Rinder, Schafe, Ziegen, Esel). M. ist der zweitgrößte afrikan. Eisenerzlieferant. Außerdem werden Kupfer- und Yttriumerz abgebaut. Die Erzbahn von F'Dérik zum Exporthafen Nouadhibou-Cansado ist 675 km, das Straßennetz 9100 km lang (1330 km asphaltiert). Internat. ✈ sind Nouakchott und Nouadhibou.

Geschichte: Das Land gehörte 1061 bis 1147 zum islam. Almoravidenreich; danach blieb der N-Teil in loser Abhängigkeit von Marokko, der S-Teil gehörte zum Reich Mali. 1904 proklamierte Frankreich das Territorium M., gliederte es 1920 Frz.-Westafrika ein, gab ihm 1946 den Status eines Überseeterritoriums innerhalb der Frz. Union, 1958 den einer autonomen Republik innerhalb der Frz. Gemeinschaft; 1960 wurde M. unabhängig. 1975/76 kam es zum Konflikt um die ehem. span. Westsahara mit Algerien, das die Befreiungsbewegung FPOLISARIO unterstützte, und Marokko, mit dem ein Teilungsvertrag vereinbart wurde. Nach dem Sturz des Staats-Präs. M. O. Daddah (1961 bis 78) zog M. 1979 seine Ansprüche auf die Westsahara zurück. Chef des »Militärkomitees für Nat. Wohlfahrt« und damit Staats-Präs. wurde 1980 Min.-Präs. M. C. Haid Allah, der wiederum im Dez. 1984 durch einen Militärrat unter M. S. A. Taya gestürzt wurde. 1991 wurde mit großer Mehrheit ein Verfassungsreferendum angenommen, das die Zulassung polit. Parteien vorsah. Bei Wahlen 1992 wurde Taya (PRDS) bestätigt, seine Partei erhielt zudem die absolute Mehrheit.

Mauriac, François [frz. mɔˈrjak], Pseud. Forez, *Bordeaux 11. 10. 1885, † Paris 1. 9. 1970, frz. Schriftsteller. Nach dem 2. Weltkrieg großer Einfluß als Politiker (Anhänger de Gaulles) und Kulturkritiker durch publizist. Tätigkeit; schrieb v. a. zahlr. Romane; ab 1933 Mgl. der Académie française; 1952 Nobelpreis

für Literatur. – *Werke:* Fleisch und Blut (R., 1920), Die Tat der Thérèse Desqueyroux (R., 1927), Natterngezücht (R., 1932), Das Lamm (R., 1954).
Maurier, Daphne du ↑du Maurier, Daphne.
Mauritius, Staat im Ind. Ozean, rd. 800 km östl. von Madagaskar. Zu M. gehören die Inseln Mauritius, Rodrigues und Agalega sowie die Cargados-Carajos-Inseln.
Staat und Recht: Parlamentar. Monarchie innerhalb des Commonwealth; *Verfassung* vom 12. 8. 1967. *Staatsoberhaupt* und oberster Inhaber der *Exekutive* ist der brit. Monarch, vertreten durch einen Generalgouverneur, der den Premier-Min. ernennt. Die *Legislative* liegt bei der Gesetzgebenden Versammlung (71 Mgl.). *Parteien:* Mouvement Militant Mauricien (MMM), Parti Mauricien Social Démocrate (PMSD), Mouvement Socialiste Mauricien (MSM) und Mauritius Labour Party (MLP). Es gibt keine *Streitkräfte* (Verteidigungsabkommen mit Großbrit.).
Landesnatur: M. wird von bis zu 670 m hohen Plateauflächen eingenommen, die von Vulkanen (bis 826 m) überragt werden und die nach N sanft, nach S und W steil zur buchtenreichen Küste abfallen. Das Klima ist tropisch mit entsprechender Vegetation.
Bevölkerung: 70% sind ind. Abstammung, 28% sind Kreolen, 2% sind Chinesen. Etwa 53% der E sind Hindus, 30% Christen, 13% Muslime; auf Rodrigues sind 90% der E katholisch.
Wirtschaft, Verkehr: Anbau von Zuckerrohr, Tee, Reis, Kartoffeln, Obst und Erdnüssen. Teefabriken, zuckerverarbeitende und Textilindustrie. Das Straßennetz ist 1 801 km lang. Einziger Überseehafen ist Port Louis. Internat. ✈ ist Plaisance bei Mauritius.
Geschichte: 1507/12 erstmals von Europäern besucht. 1598–1710 in niederl. Besitz (ben. nach dem Statthalter Moritz von Oranien), 1715–1810 frz., dann brit., 1968 unabhängige parlamentar. Monarchie. 1972 wurde nach inneren Unruhen der Ausnahmezustand verhängt, die vorgesehenen Wahlen wurden erst 1976 durchgeführt. Die Wahlen 1983 konnte eine Koalition unter Premiermin. A. Jugnauth (MSM) gewinnen; sie wurde 1987 und 1991 bestätigt.

Mauritius

Fläche:	2 040 km²
Einwohner:	1,098 Mio.
Hauptstadt:	Port Louis
Amtssprache:	Englisch
Nationalfeiertag:	12. 3.
Währung:	1 Mauritius-Rupie (MR) = 100 Cents (c)
Zeitzone:	MEZ + 3 Std.

Mauritius, brit. Kolonialpostwertzeichen mit dem Kopfbild der Königin Viktoria von der Insel M.; zwei Werte der 1. Auflage von 1847: *die rote* (eigtl. orange) *M.* (One Penny) und *die [dunkel]blaue M.* (Two Pence) gelten als philatelist. Raritäten.
Maurois, André [frz. mɔˈrwa], eigtl. Émile Herzog, *Elbeuf bei Rouen 26. 7. 1885, †Neuilly-sur-Seine 9. 10. 1967, frz. Schriftsteller. Bes. bekannt wurden die Biographien über P. B. Shelley, Lord Byron, George Sand, V. Hugo und M. Proust; auch gesellschaftskrit. Romane, u. a. »Wandlungen der Liebe« (1928), »Im Kreis der Familie« (1932), »Rosen im September« (1956).
Mauroy, Pierre [frz. mɔˈrwa], *Cartignies (Dép. Nord) 5. 7. 1928, frz. Politiker. 1971–79 Koordinationssekretär des neugegr. Parti Socialiste (PS); 1979–81 MdEP; 1981–84 Ministerpräsident; 1988–92 Vors. der PS; seit 1992 Vors. der Sozialist. Internationale.
Maurras, Charles [frz. mɔˈra:s], *Martigues bei Marseille 20. 4. 1868, †Saint-Symphorien bei Tours 16. 11. 1952, frz. Schriftsteller und Politiker. Mitbegründer und führender Ideologe der royalist.-chauvinist. Action française (antiklerikale, atheist. und antisemit. Schriften); unterstützte nach 1940 das Regime Pétains; 1945–52 in Haft.

Maurras

Mauritius

Staatsflagge

Staatswappen

1970 1992 1970 1992
Bevölkerung (in Mio.) Bruttosozialprodukt je E (in US-$)

☐ Stadt   Land ☐

Bevölkerungsverteilung 1992

☐ Industrie
☐ Landwirtschaft
☐ Dienstleistung

Bruttoinlandsprodukt 1992

2173

Maursmünster

Maursmünster (amtl. frz. Marmoutier), Ort im Elsaß, Dép. Bas-Rhin, 2000 E. Roman.-Got. Kirche der ehem. Benediktinerabtei; Orgel von A. Silbermann.
Maurus, Hrabanus ↑Hrabanus Maurus.
Maurya (Maurja), altind. Dynastie (um 322 bis um 185 v. Chr.), beherrschte unter Ashoka den größten Teil Indiens.
Maus, 1) *Biologie* ↑Mäuse.
2) *Datenverarbeitung:* ein meist auf einer Kugel gleitendes Eingabegerät, dessen Bewegung auf dem Tisch eine entsprechende Bewegung eines Markierungssymbols auf dem Bildschirm bewirkt. Mit der M. können so Kommandos menügesteuerter Programme ausgewählt und durch Tastendruck *(Anklicken)* aktiviert werden.
Mäuse, Bez. für kleinere Arten (bis etwa 15 cm Länge) der Echtmäuse; größere Arten werden im Ggs. hierzu meist als Ratten bezeichnet.
Mäuseartige (Myomorpha), mit rd. 1200 Arten weltweit verbreitete Unterordnung 5–50 cm langer Nagetiere.
Mäusebussard ↑Bussarde.
Mauser, jahreszeitl. Wechsel des Federkleids *(Federwechsel)* bei Vögeln; ausgelöst durch vermehrte Hormonausschüttung der Schilddrüse. Auch der Haarwechsel der Säugetiere wird als M. bezeichnet.
Mäuseturm ↑Bingen.
Mausoleum [griech.-lat.], monumentales Grabmal; nach dem gegen 350 v. Chr. vollendeten marmornen *M. von Halikarnassos* für Mausolos, das zu den Sieben Weltwundern zählte; auf einem Quadersockel ein Hauptgeschoß (von 36 Säulen umgeben) mit 24stufiger Pyramide als Dach.
Mausolos, † 353 v. Chr., Dynast in Karien (seit 377). Urspr. pers. Satrap; begründete ein eigenes Reich (Hauptstadt Halikarnassos).
Mauswiesel ↑Wiesel.
Maut, süddt. und österr. Bez. für Zoll, insbes. für Wegezoll, auch für die Zollstelle.
Mauthausen, oberösterr. Marktgemeinde an der Donau, 4400 E. Spätgot. Pfarrkirche, Schloß Pragstein (1491 ff.) auf einer Donauinsel; Wohnhäuser (17. Jh.). – Nw. des Ortes das ehem. KZ Mauthausen (1938–45, heute Gedenkstätte), in dem von rd. 335 000 Häftlingen mehr als 125 000 ermordet wurden.
Mauthner, Fritz, *Hořitz (heute Hořice, Ostböhm. Gebiet) 22. 11. 1849, † Meersburg 29. 6. 1923, österr. Philosoph und Schriftsteller. Theaterkritiker in Berlin; neben Romanen v. a. literar. Parodien (»Nach berühmten Mustern«, 1878–80); schrieb auch »Beiträge zu einer Kritik der Sprache« (1901/02, Neuausg. 1982).
mauve [frz. mo:v], malvenfarbig.
Mawensi ↑Kilimandscharo.
Max, Prinz von Baden, eigtl. Maximilian Alexander Friedrich Wilhelm, * Baden-Baden 10. 7. 1867, † Konstanz 6. 11. 1929, dt. Reichskanzler (3. 10. bis 9. 11. 1918). Richtete unter dem Druck der Obersten Heeresleitung das dt. Waffenstillstandsersuchen an die Alliierten. Er schlug einen Reformkurs ein (Parlamentarisierung der Reichsregierung, Abschaffung des preuß. Dreiklassenwahlrechts) und setzte den Rücktritt Ludendorffs durch.
Maxentius, Marcus Aurelius Valerius, *um 279, ⨯ an der Milv. Brücke 28. 10. 312 (ertrunken), röm. Kaiser (seit 306). Entgegen den Diokletian. Nachfolgebestimmungen zum Kaiser erhoben; 312 durch Konstantin I. an der Milv. Brücke besiegt.
maxi..., Maxi... [lat.], Bestimmungswort von Zusammensetzungen mit der Bedeutung »sehr groß, am größten«.
Maxillen (Maxillae) [lat.], bei Gliederfüßern zwei auf den Oberkiefer nach hinten folgende Mundgliedmaßenpaare, die der Nahrungsaufn. dienen.

Mausoleum. Rekonstruktion des Grabbaus von König Mausolos in Halikarnassos

Maximilian

maximal [lat.], sehr groß; höchstens.
Maxime [lat.-frz.], früher svw.
↑Axiom; im lat. MA übertragen auf Lebensregeln; auch literar. Kunstform.
Maxim Grek (Maximos der Grieche), eigtl. Michail Triwolis, *Arta (Epirus) um 1475, † bei Moskau 1556, russ. theol. Schriftsteller griech. Herkunft. Ab 1506 Mönch auf dem Athos. Ab 1518 in Rußland (Übersetzung griech. theolog. Werke); kritisierte kirchl. Mißstände und wurde deswegen lebenslänglich eingekerkert; seit dem 18. Jh. in Rußland als Heiliger verehrt.
Maximian (Marcus Aurelius Valerius Maximianus Herculius), *Sirmium (?) (heute Sremska Mitrovica) um 240, † Massilia (?) (heute Marseille) 310 (vermutlich Selbstmord), röm. Kaiser (286–305). Mitregent Diokletians; Amtsniederlegung 305; Usurpator 307/308 und 310.
Maximilian, Name von Herrschern:
Hl. Röm. Reich: **1) Maximilian I.,** *Wiener Neustadt 22. 3. 1459, † Wels 12. 1. 1519, Röm. König (seit 1486), Kaiser (ab 1508). Sohn Kaiser Friedrichs III.; ∞ ab 1477 mit Maria von Burgund († 1482), deren Erbe er 1479 bei Guinegate gegen Ludwig XI. von Frankreich verteidigte. Nach Verlusten im Frieden von Arras (1482) gewann er durch den Sieg von Salins über Karl VIII. 1493 einen großen Teil der burgund. Länder zurück, konnte aber die Reichsrechte in Italien gegen Karl VIII. nicht wieder geltend machen. Überdies schied die Schweiz nach dem Schwabenkrieg von 1499 faktisch aus dem Reichsverband aus. Dagegen gelang M. nach dem Tod von Matthias I. Corvinus 1490 die Rückeroberung der habsburg. Erblande. Auch bahnte M. durch dynast. Doppelverbindungen mit Aragonien-Kastilien und Böhmen-Ungarn eine weitere Vergrößerung der habsburg. Hausmacht an. Um die Reichsstände für seine Politik zu gewinnen, kam er der Bestrebungen zur ↑Reichsreform entgegen. M. nahm 1508 in Trient den Kaisertitel (»Erwählter Röm. Kaiser«) ohne Krönung, aber mit päpstl. Billigung an.
2) Maximilian II., *Wien 31. 7. 1527, † Regensburg 12. 10. 1576, Röm. König, König von Böhmen (ab 1562), Kaiser (ab 1564). Sohn Ferdinands I.,

Maximilian I., Römischer König und Kaiser (Ausschitt aus einem Gemälde von Albrecht Dürer, 1519; Wien, Kunsthistorisches Museum)

1548–50 Regent in Spanien; neigte zum Protestantismus, unterließ aber aus polit. Gründen den Übertritt. Bemühte sich vergeblich um einen konfessionellen Ausgleich.
Bayern: **3) Maximilian I.,** *München 17. 4. 1573, † Ingolstadt 27. 9. 1651, Herzog (ab 1597), Kurfürst (ab 1623). Gründete 1609 gegen die prot. Union die kath. Liga, erhielt 1623 die pfälz. Kurwürde, 1628 die Oberpfalz und Teile der Unterpfalz; einer der Hauptführer der kath. Partei im Dreißigjährigen Krieg und Verfechter der kurfürstl. Vorrechte gegenüber dem Kaiser. Bildete Bayern zum frühabsolutist. Staat aus.
4) Maximilian II. Emanuel, *München 11. 7. 1662, † ebd. 26. 2. 1726, Kurfürst (ab 1679). Zeichnete sich im Türkenkrieg (1683–88) als Verbündeter Kaiser Leopolds I. aus. Seit 1692 Statthalter der Niederlande. Nach dem plötzl. Tod seines zum Erben Spaniens bestimmten Sohnes Joseph Ferdinand kämpfte M. im Span. Erbfolgekrieg auf frz. Seite, wurde aber bei Höchstädt a. d. Donau 1704 geschlagen, geächtet und bis 1714 vertrieben.
5) Maximilian III. Joseph, *München 28. 3. 1727, † Schloß Nymphenburg (heute zu München) 30. 12. 1777, Kurfürst (ab 1745). Schloß mit Österreich den Frieden von Füssen (1745) und führte innere Reformen durch (u. a. Ko-

2175

Robert von Mayer

Karl May

James Clerk Maxwell

Maximinus Thrax

difikationen des Straf- und Zivilprozeßrechts).
6) Maximilian I. Joseph, *Mannheim 27. 5. 1756, † Schloß Nymphenburg (heute zu München) 13. 10. 1825, König (ab 1806), als M. IV. Joseph Kurfürst von Pfalz-Bayern (ab 1799). Erlangte durch Anschluß an Frankreich die Königswürde und erhebl. Landgewinne in Franken und Schwaben.
7) Maximilian II. Joseph, *München 28. 11. 1811, † ebd. 10. 3. 1864, König (ab 1848). Folgte der liberalen Richtung, verweigerte aber die Annahme der Reichsverfassung und verfolgte eine ↑Triaspolitik.
Mexiko: **8) Maximilian,** eigtl. Ferdinand Maximilian, Erz-Hzg. von Österreich, *Wien 6. 7. 1832, † Querétaro 19. 6. 1867 (erschossen), Kaiser (ab 1864). Bruder Kaiser Franz Josephs I.; nahm auf Betreiben Napoleons III. die mex. Kaiserkrone an und vertrieb mit Hilfe frz. Truppen den mex. Präs. B. Juárez García. In Querétaro eingeschlossen, ergab er sich am 14. 5. 1867 Juárez García. Ein Kriegsgericht verurteilte ihn zum Tode.
Maximinus Thrax (Gajus Iulius Verus Maximinus), *in Thrakien um 173, † Aquileja im Sommer 238 (ermordet), röm. Kaiser (seit 235). Erster »Soldatenkaiser«; kämpfte erfolgreich gegen Alemannen, Daker und Sarmaten (236).
Maximow, Wladimir Jemeljanowitsch, *Moskau 27. 11. 1930, † Paris 26. 3. 1995, russ. Schriftsteller. Lebte seit 1974 in Paris; übernahm dort die Leitung der Dissidenten-Zeitschrift »Kontinent«; schrieb Romane (u. a. »Die sieben Tage der Schöpfung«, 1971; »Abschied von Nirgendwo«, 1976).
Maximum [lat. »das Größte, Höchste«], Höchstwert, größter Wert.
Max-Planck-Gesellschaft zur Förderung der Wissenschaften e. V., 1948 als unmittelbare Rechtsnachfolgerin der 1911 gegr. Kaiser Wilhelm-Gesellschaft zur Förderung der Wissenschaften e. V. gegründeter Verein. Die Gesellschaft unterhält eigene Forschungsinstitute und Forschungsstellen, die v. a. Grundlagenforschung betreiben.
Maxwell, James Clerk [engl. 'mækswəl], *Edinburgh 13. 6. 1831, † Cambridge 5. 11. 1879, brit. Physiker. Schöpfer der modernen Elektrodynamik und der elektromagnet. Lichttheorie (↑Maxwellsche Theorie).
Maxwellsche Gleichungen [engl. 'mækswəl... -], die von J. C. Maxwell formulierten Grundgleichungen der Elektrodynamik, die den Zusammenhang und die Wechselwirkung zw. den elektromagnet. Feldern und den elektr. Ladungen und Strömen (bzw. Polarisationen und Magnetisierungen der Materie) beschreiben.
Maxwellsche Theorie [engl. 'mækswəl... -], die von J. C. Maxwell in den Jahren 1861–64 aufgestellte Theorie der elektromagnet. Felder und der von diesen verursachten elektromagnet. Erscheinungen im Vakuum und in ruhender Materie. Maxwell konnte zeigen, daß die ↑Maxwellschen Gleichungen Lösungen besitzen, die elektromagnet. Wellen beschreiben.
May, Karl, Pseud. Karl Hohenthal u. a., *Ernstthal (heute Hohenstein-Ernstthal) 25. 2. 1842, † Radebeul 30. 3. 1912, dt. Schriftsteller. Schrieb zunächst (pseudonym) Kolportageromane, dann v. a. abenteuerl. Reiseerzählungen, die ihn zu einem der meistgelesenen dt. Schriftsteller machten (deutschsprachige Gesamtauflage rd. 100 Mio. Bände). Die populärsten, vielfach verfilmten Romane spielen im Wilden Westen N-Amerikas (u. a. »Winnetou«, 3 Bde., 1893–1910) und im Vorderen Orient (u. a. »Durch die Wüste«, mit 5 Folgebänden, alle 1892), meist mit Old Shatterhand bzw. Kara Ben Nemsi als in der Ichform erzählendem Haupthelden. Zum Spätwerk gehören die dem Surrealismus nahestehenden Symbolromane »Und Friede auf Erden!« (1904) und »Ardistan und Dschinnistan« (2 Bde., 1907–09). K.-M.-Freilichtspiele finden in Bad Segeberg, Lennestadt-Elspe und in Rathen (Landkreis Pirna) statt.
Maya, mittelamerikan. indian. Völker mit gleicher Sprache (Mayasprachen), aufgegliedert in 18 Stämme. Meist vom Feldbau lebende Landbevölkerung in Dörfern und Kleinstädten. – Die Vorfahren der heutigen Maya waren die Träger der ↑Mayakultur.
Mayakultur, Kultur der Maya in N-Guatemala (Petén) und der Halbinsel Yucatán sowie angrenzenden Teilen von Tabasco, Chiapas und Honduras (1500 v. Chr. bis 1540 n. Chr.); höchste

aller vorkolumb. Kulturen; wirtschaftl. Grundlage war Bewässerungs- und Brandrodungsfeldbau (v. a. Mais). Schon in der Vorklassik (1500 v. Chr. bis 300 n. Chr.), bes. aber während der klass. Zeit (300–900) war das Gebiet in eine Reihe von Stadt- und Territorialstaaten mit erbl. Fürsten aufgeteilt. Zentren waren die weitläufigen Städte. Ihren oft akropolisartigen Mittelpunkt bildeten Tempel und Paläste aus Stein, die auf Stufenpyramiden und Plattformen errichtet waren. Die Tempel dienten wahrscheinlich dem Ahnenkult der Herrscherfamilie, der die Religion der klass. Zeit beherrschte. Die Nachklassik dauerte von 900 bis 1540. Zuletzt bestanden nur noch Teilreiche, deren letztes 1697 von den Spaniern erobert wurde. Die Maya besaßen die einzige indian. Schrift, die über das Rebusstadium hinausgelangt ist. Es gibt nur wenige gesicherte Entzifferungen (u. a. Zahlen, mathemat. und astronom. Einheiten, Namen von Herrschern, Städten und Göttern sowie Zeichen für einige polit. und histor. Vorgänge). Die Mathematik der Maya benutzte ein Positionssystem, das auf der Zahl 20 beruht sowie die Kenntnis der Null. Auch die astronom. Leistungen der Maya waren überragend.

Mayall, John [engl. 'meɪəl], * Macclesfield (Cheshire) 29. 11. 1933, engl. Rockmusiker (Gitarrist, Pianist, Sänger). Seit Mitte der 60er Jahre durch seine Bluesformationen (zeitweilig mit E. Clapton) bekannt.

Maybach, Wilhelm, * Heilbronn 9. 2. 1846, † Stuttgart 29. 12. 1929, dt. Konstrukteur und Unternehmer. An der Konstruktion des ersten schnellaufenden Benzinmotors beteiligt.

Mayday [engl. 'meɪdeɪ; aus frz. (veuillez) m'aider!, »helft mir!«], im Funksprechverkehr internat. verwendetes Notsignal (entspricht dem [im Morsealphabet] getasteten SOS).

Mayer, 1) Hans, * Köln 19. 3. 1907, dt. Literaturwissenschaftler. Emigrierte 1933; 1948–63 in der DDR, seitdem in der BR Deutschland; zahlr. Untersuchungen zur vergleichenden Literaturwissenschaft.
2) Robert von (seit 1867), * Heilbronn 25. 11. 1814, † ebd. 20. 3. 1878, dt. Mediziner und Physiker. Wies auf Grund physiolog. Beobachtungen der Farbdifferenz zw. venösem und arteriellem Blut in gemäßigtem und trop. Klima die Äquivalenz von Arbeit und Wärme nach; stellte den Satz von der Erhaltung der Energie auf und berechnete das mechan. Wärmeäquivalent.

Mayflower [engl. 'meɪflaʊə], Name des Schiffs, mit dem die Pilgerväter von Plymouth (England) nach Kap Cod, dem heutigen Provincetown (Mass.) in N-Amerika segelten (16. 9.–21. 11. 1620).

Mayo-Klinik ['maɪo..., engl. 'meɪəʊ...], von den Brüdern Charles Horace (Chirurg; * 1865, † 1939) und William James Mayo (Chirurg; * 1861, † 1939) 1889 gegr., heute bes. auf medizin. Diagnostik und außergewöhnl. Operationen spezialisiertes Krankenhaus in Rochester (Minn.).

Mayotte [frz. ma'jɔt], frz. Überseegebiet im Ind. Ozean, besteht aus der vulkan. Insel Mayotte und vorgelagerten Inseln, Teil der Inselgruppe der Komoren (nicht aber der Republik), 374 km², 52 000 E, Verwaltungssitz Dzaoudzi (auf Pamanzi-Bé). – M. ist seit 1841 frz.; seine Bewohner widersprachen der Unabhängigkeitserklärung der ↑Komoren 1975.

Mayrhofen ['maɪər...], größter Ort des Zillertals, Tirol, Österreich, 3 300 E.

Mayröcker, Friederike, * Wien 20. 12. 1924, österr. Schriftstellerin. Vertrete-

Mayakultur. Stele aus Copán, Honduras; Höhe 3,50 m (731 errichtet)

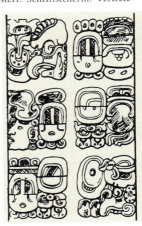

Mayakultur. Schriftzeichen auf der sogenannten Hieroglyphentreppe in Copán (um 745)

rin der ↑experimentellen Dichtung; bevorzugte nach zunächst bildreicher Lyrik eine Schreibweise in der Tradition der automat. Niederschriften des Surrealismus; auch Prosa (u. a. »Reise durch die Nacht«, 1984) und Hörspiele (auch zus. mit E. Jandl).

MAZ, Abk. für **m**agnetische Bild**a**uf**z**eichnung, ↑Videorecorder.

Mazar-e-Sharif [maˈzaːreʃaˈriːf], afghan. Prov.-Hauptstadt am N-Fuß der Hindukuschausläufer, 103 400 E. Gebirgsfußoase; schiit. Wallfahrtsort.

Mazarin, Jules [frz. mazaˈrɛ̃], eigtl. Giulio Mazarini (Mazzarini), Hzg. von Nevers (seit 1659), *Pescina bei L'Aquila 14. 7. 1602, † Vincennes 9. 3. 1661, frz. Staatsmann und Kardinal. Ab 1624 in päpstl., ab 1640 in frz. Diensten; Mitarbeiter Richelieus; ab 1641 Kardinal (obwohl nie zum Priester geweiht). Als leitender Minister (ab 1643) beherrschte M. die gesamte frz. Politik; aus der Niederlage der Fronde (1653) ging sein absolutist. Regiment gestärkt hervor. Außenpolit. Erfolge v. a. im Westfäl. Frieden (1648) und im Pyrenäenfrieden (1659).

Mazdaismus [masd...; awest.] ↑Parsismus.

Mazdaznan [masdas...; pers.], religiöse Heils- und Heilungsbewegung, die auf Otoman Zar-Adusht Hanish (eigtl. Otto Hanisch, *1844, † 1936) zurückgeht. Im Mittelpunkt der 1917 in Los Angeles gegr. M. steht eine Rassenlehre, in der die arische Rasse (zu der z. B. auch die Semiten gehören) allen anderen als überlegen gilt; sie lehnt jedoch einen militanten Rassismus ab. Ziel ist die (gewaltlose) Errichtung eines universalen Friedensreiches.

Mazedonien ↑Makedonien.

Mäzen [lat.; nach Maecenas], Gönner von Kunst und Wissenschaft.

Mazeration [lat.], Quellung bzw. Aufweichung von Geweben bei längerem Kontakt mit Flüssigkeiten, z. B. der Haut durch Schweißabsonderung oder langes Baden.

Mazowiecki, Tadeusz [poln. mazɔ-ˈvjɛtski, *Płock 18. 4. 1927, poln. Politiker. Publizist; 1961–71 Abg. des Sejm; ab 1958 Chefredakteur verschiedener Zeitschriften; ab 1980 Berater von L. Wałęsa und der Gewerkschaftsbewegung Solidarność; Aug. 1989 bis Dez.

1990 erster nichtkommunist. Min.-Präs. Polens.

Mazurka [maˈzʊrka; poln.] (Mazur, Mazurek, Masurka), poln. Nationaltanz im $^3/_4$-Takt mit punktierten Rhythmen.

Mazzen ↑Matzen.

Mazzini, Giuseppe, *Genua 22. 6. 1805, † Pisa 10. 3. 1872, italien. Freiheitskämpfer. Gründete 1831 in Marseille die Organisation Giovine Italia (»Junges Italien«). Ging nach erfolgloser Verteidigung der Republik Rom (1849) zus. mit Garibaldi ins Exil. Gegner der italien. Einigungspolitik Cavours nach 1859.

Mbabane, Hauptstadt von Swasiland (seit 1968), im gebirgigen W des Landes, 1 143 m ü. M., 24 000 E.

Mbéré [frz. mbeˈre] ↑Logone.

MBFR [engl. ˈɛmbiːɛfˈɑː], Abk. für: **M**utual **B**alanced **F**orces **R**eductions (»beiderseitige ausgewogene Truppenreduzierung«), in den NATO-Staaten gebräuchl. Bez. für die in Wien (30. 10. 1973 bis 2. 2. 1989) abgehaltenen »Verhandlungen über beiderseitige Reduzierungen von Streitkräften und Rüstungen und damit zusammenhängende Maßnahmen in Mitteleuropa« (offizieller Name). An der Konferenz beteiligten sich zwölf NATO-Staaten und die sieben Staaten des Warschauer Pakts. Ziele waren u. a. die Einbeziehung der Militärpotentiale in den internat. Entspannungsprozeß, die Beseitigung der konventionellen Überlegenheit des Warschauer Pakts in M-Europa; die östl. Seite wollte die Militärpotentiale beider Seiten gleichmäßig verringern. In 46 Verhandlungen gelang es nicht, ein Ergebnis zu erreichen. Die Konferenz wurde am 2. 2. 1989 beendet, nachdem feststand, daß ab 9. 3. 1989 Verhandlungen über die konventionellen Streitkräfte in Europa (↑VKSE) beginnen würden.

Mbini ↑Äquatorialguinea.

MByte, Abk. für ↑Megabyte.

Mc... [engl. mæk...], Abk. für Mac (schott. »Sohn«), Bestandteil von ir. und schott. Familiennamen gäl. Ursprungs. ↑Mac...

McCarthy [engl. məˈkɑːθɪ], **1)** Joseph Raymond, *Grand Chute (Wis.) 14. 11. 1909, † Washington 2. 5. 1957, amerikan. Politiker (Republikan. Partei). Jurist; 1950–54 Vors. des Senatsausschus-

Tadeusz Mazowiecki

ses zur Untersuchung »unamerikan. Umtriebe«, die sich zu einer antikommunist. Verfolgungswelle ausweitete (McCarthyism).
2) Mary, *Seattle (Wash.) 21. 6. 1912, † New York 25. 10. 1989, amerikan. Schriftstellerin. Sozialkrit. Romane (»Die Clique«, 1963); auch Reportagen und Essays, bes. über Vietnam.
McClintock, Barbara [engl. məˈklɪntɔk], *Hartford (Conn.) 16. 6. 1902, † New York 2. 9. 1992, amerikan. Botanikerin. Erhielt für ihre (schon 1957 gemachte) grundlegende Entdeckung der »bewegl. Strukturen in der Erbmasse« 1983 den Nobelpreis für Physiologie oder Medizin.
McCloy, John Jay [engl. məˈklɔɪ], *Philadelphia 31. 3. 1895, † Stamford (Conn.) 11. 3. 1989, amerikan. Jurist, Bankier und Politiker. 1949–52 Hochkommissar für Deutschland, eng mit dem Aufbau der BR Deutschland verbunden; 1961/62 Sonderbeauftragter des Präs. für Abrüstungsfragen.
McCullers, Carson [engl. məˈkʌləz], geb. Smith, *Columbus (Ga.) 19. 2. 1917, † Nyack bei New York 29. 9. 1967, amerikan. Schriftstellerin. Schrieb bed. Romane (u. a. »Das Herz ist ein einsamer Jäger«, 1940) und Erzählungen (u. a. »Die Ballade vom traurigen Café«, 1951).
McKinley, William [engl. məˈkɪnlɪ], *Niles (Ohio) 29. 1. 1843, † Buffalo (N. Y.) 14. 9. 1901 (Attentat), 25. Präs. der USA (1897–1901; Republikaner). Vertreter der Schutzzollpolitik sowie einer imperialist. Politik (v. a. gegenüber Asien und Lateinamerika).
McKinley, Mount [engl. ˈmaʊnt məˈkɪnlɪ], vergletscherte höchste Erhebung Nordamerikas im Denali-Nationalpark, Alaska Range, USA, 6 193 m hoch.
McLaughlin, John [engl. məˈklɔklɪn], *Kirk's Sandall bei Doncaster 4. 1. 1942, brit. Jazzmusiker (Gitarrist). 1971–77 eigene Gruppe (»Mahavishnu Orchestra«); heute v. a. Blues.
McMahonlinie [engl. məkˈmɑːn...], nö. Grenzlinie Indiens nach Tibet entlang der Hauptkette des Himalaja, festgelegt 1914 zw. dem brit. Staatssekretär Sir Henry McMahon (*1862, † 1949) und Vertretern Tibets und Chinas, von China nicht ratifiziert.

McMillan, Edwin Mattison [engl. məkˈmɪlən], *Redondo Beach (Calif.) 18. 9. 1907, † El Cerrito (Calif.) 7. 9. 1991, amerikan. Physiker. Entdeckte das Neptunium und das Plutonium; entwickelte das Prinzip des Synchrotrons; Nobelpreis für Chemie 1951 (mit G. T. Seaborg).
McNamara, Robert Strange [engl. məknəˈmɑːrə], *San Francisco 9. 6. 1916, amerikan. Politiker. Leitete als Verteidigungs-Min. 1961–68 eine umfassende Reorganisation der amerikan. Streitkräfte ein; 1968–81 Präs. der Weltbank.
McQueen, Steve [engl. məˈkwiːn], *Slater (Mont.) 24. 3. 1930, † Juárez (Mexiko) 7. 11. 1980, amerikan. Filmschauspieler und -produzent. Spielte u. a. in »Die glorreichen Sieben« (1960) und »Papillon« (1973).
Md, chem. Symbol für ↑Mendelevium.
m. d., in der *Musik* Abk. für italien. mano destra »mit der rechten Hand [zu spielen]«.
MdB, Abk. für Mitglied des Bundestages.
MdEP, Abk. für Mitglied des Europ. Parlaments.
MdL, Abk. für Mitglied des Landtages.
MdR, Abk. für Mitglied des Reichstages.
mea culpa! [lat.], durch meine Schuld! (Ausruf aus dem »Confiteor«).
Mead [engl. miːd], **1)** George Herbert, *South Hadley (Mass.) 27. 2. 1863, † Chicago 26. 4. 1931, amerikan. Philosoph und Sozialpsychologe. Entwickelte eine Theorie der sozialen Struktur des Bewußtseins (»Sozialbehaviorismus«).
2) Margaret, *Philadelphia 16. 12. 1901, † New York 15. 11. 1978, amer.-kan. Ethnologin. Ab 1925 ethnograph. Feldarbeiten über den Einfluß der sozialen Umwelt auf die Persönlichkeitsentwicklung und des sozialen Wandels in primitiven Gesellschaften.
Meade, James Edward [engl. miːd], *Swanage bei Bournemouth 23. 6. 1907, brit. Nationalökonom. Erhielt 1977 zus. mit B. Ohlin den Nobelpreis für Wirtschafts-Wiss., v. a. für seine grundlegenden Arbeiten zur internat. Wirtschaftspolitik.
Meaux [frz. mo], frz. Stadt an der Marne, Dép. Seine-et-Marne, 45 000 E. Zentraler Ort der nördl. Brie. Kathe-

Mary McCarthy

Barbara McClintock

Edwin Mattison McMillan

James Eward Meade

Mechanik

mechanische Musikinstrumente. Spieldose »Symphonion« mit Lochplatte (um 1903)

Angelika Mechtel

drale (12., 13./14. Jh.); ehem. Bischofspalast (v. a. 12. und 17. Jh.; jetzt Museum).
Mechanik [griech.], 1) *Maschinenbau:* Art der Konstruktion und des Funktionierens einer Maschine; auch deren bewegl. Teile.
2) Teilgebiet der *Physik,* das sich mit den Bewegungen, den sie verursachenden Kräften und mit der Zusammensetzung und dem Gleichgewicht von Kräften beschäftigt. Die *Kinematik* beschränkt sich auf die bloße Beschreibung von Bewegungsvorgängen, ohne die Kräfte zu berücksichtigen, durch die sie verursacht werden. Die *Dynamik* berücksichtigt die Kräfte als Ursache der Bewegungen und ermittelt einerseits aus der Kenntnis der auf einen Körper wirkenden Kräfte den Bewegungsverlauf des Körpers und schließt andererseits aus der Kenntnis der Bewegung eines Körpers auf die den Körper zu dieser Bewegung veranlassenden Kräfte. Die *Statik* betrachtet ruhende Körper. Sie untersucht die Zusammensetzung und das Gleichgewicht von Kräften, die auf einen ideal starren Körper wirken.
mechanische Musikinstrumente, mit einer mechan. Antriebsvorrichtung ausgestattete Musikinstrumente, die Musikstücke automatisch wiedergeben, z. B. Drehorgel, Orchestrion, Pianola.
Mechanismus [griech.], 1) *Philosophie:* (Mechanizismus) seit der griech. Antike belegte, oft mit Formen des Materialismus verbundene Richtung der Naturphilosophie und der frühen neuzeitl. Natur-Wiss., nach der das Naturgeschehen, die Naturprozesse und der Aufbau des Kosmos auf Gesetze der Bewegung zurückgeführt und streng nach dem Kausalprinzip von Ursache und Wirkung erklärt werden, wobei der M. sich in seinen Extremformen nicht nur auf anorgan. bzw. physikal. Naturphänomene bezieht, sondern die Phänomene des Lebens einschließt (mechanist. Weltbild).
2) *Technik:* ein System von gekoppelten, mechan. Bauelementen [einer Maschine], bei der jede Bewegung eines Elements zwangsläufig eine Bewegung anderer bewegl. Glieder bewirkt.
Mecheln (amtl. Mechelen [niederl. ˈmɛxələ]; frz. Malines), belg. Stadt südlich von Antwerpen, 75 700 E. Museum; botan. Garten; Handelsstadt und bed. Ind.-Standort. Mittelalterl. Stadtbild mit alten Brücken und zahlr. Kirchen, u. a. Kathedrale (13.–15. Jh.) in Brabanter Hochgotik, Onze-Lieve-Vrouw-over-de-Dijle (15./16. Jh.) und Begijnenkerk (17. Jh.). Giebelhäuser (16.–18. Jh.), Rathaus (ehem. Tuchhalle, im wesentlichen 14. Jh.); Brüsseler Tor (14. Jh.). – Innerhalb der habsburg. Niederlande selbständige polit. Einheit bis in die Jahre der Frz. Revolution.
Mechitaristen (Mechitharisten), lat. Ordo Mechitaristarum, Abk. OMech, armen.-unierter Orden unter der Benediktregel, 1701 von dem Mönch Mechitar (* 1676, † 1749) gegr.; Erforschung der altarmen. Literatur, Seelsorge.
Mechtel, Angelika, * Dresden 26. 8. 1943, dt. Schriftstellerin. Schreibt Gedichte, Erzählungen (»Die feinen Totengräber«, 1968), Romane, Satiren (»Das Mädchen und der Pinguin«, 1986; »Jeden Tag will ich leben. Ein Krebstagebuch« 1990).
Mechthild von Magdeburg, * in Nieders. um 1210, † Helfta (heute zu Eisleben) 1282 oder 1294, dt. Mystikerin; Kritikerin ihrer Zeit und der Kirche.
Mečiar, Vladimir [slowak. ˈmɛːtʃiar], * Zvolen 26. 7. 1942, slowak. Politiker (HZDS). Jurist; 1991 Mitbegründer der HZDS; 1990/91, 1992–94 und seit 1994 Min.-Präsident.
Meckel, Christoph, * Berlin 12. 6. 1935, dt. Schriftsteller und Graphiker. Schreibt vorwiegend surrealist.-phantast. Prosa (»Suchbild«, 1980; »Shalamuns Papiere«, R., 1992) und Gedichte (»Anzahlung auf ein Glas Wasser«, 1987).

Medaillon

Mecklenburg, histor. Territorium, zw. Pommern, Brandenburg und Schlesw.-Holst.; in röm. Zeit von Langobarden, Sachsen u. a. german. Stämmen bewohnt, ab etwa 600 von Slawen. Karl d. Gr. machte Obotriten und Liutizen vom Fränk. Reich abhängig; Bistumsgründungen durch Otto d. Gr. scheiterten infolge von Aufständen der heidn. Slawen (938 bzw. 1066). Erst Heinrich der Löwe setzte nach 1147 die Christianisierung in M. durch. Im 14. Jh. Gebietserwerbungen (1304 Stargard, 1314/23 Rostock, 1358 Schwerin) und Verleihung von Hzg.würde und Reichsstandschaft (1348) an die Nachkommen der Obotritenfürsten. Teilungen ab 1555, zunächst in die Linien und Hzgt. *M.-Schwerin* und *M.-Güstrow* (erloschen 1695), 1701 in M.-Schwerin und *M.-Strelitz* (dessen Territorium bestand im wesentl. aus dem Ft. Ratzeburg und der Herrschaft Stargard). 1808 traten beide Hzgt. (M.-Schwerin und M.-Strelitz) dem Rheinbund bei und wurden 1815 Großherzogtümer. 1919/20 erhielten beide Länder M. demokrat. Verfassungen. 1934 wurden sie zum Land M. vereinigt, 1945 um Vorpommern und Rügen erweitert. 1952 wurden im Gebiet von M. (einschließlich der aus Brandenburg ausgegliederten Gebiete Uckermark und Westprignitz) die Bezirke Schwerin, Rostock und Neubrandenburg errichtet. ↑Mecklenburg-Vorpommern.

Mecklenburger Bucht, Ostseebucht zw. der mecklenburg. Küste und der Halbinsel Wagrien sowie der Insel Fehmarn.

Mecklenburgisch, niederdt. Mundart, ↑deutsche Mundarten.

Mecklenburgische Seenplatte, Teil des Balt. Höhenrückens zw. Uckermark im O und Elbe-Lübeck-Kanal im W.

Mecklenburg-Vorpommern, Bundesland im NO der BR Deutschland, 23 598 km^2, 1,89 Mio. E, Hauptstadt Schwerin. M.-V. liegt im Nordbt. Tiefland und grenzt im N an die Ostsee, im O an Polen, im S an Brandenburg, im W an Niedersachsen und Schleswig-Holstein. Das Bundesland umfaßt die von Urstromtälern durchzogene Mecklenburg. Seenplatte und die Ostseeinseln Rügen und Usedom (ein kleiner Teil gehört zu Polen). M.-V. ist dünn besiedelt; Schwerpunkte sind Rostock, Schwerin und Stralsund; Univ. gibt es in Rostock und Greifswald. Die Grundmoränengebiete werden überwiegend ackerbaulich genutzt (Roggen, Kartoffeln, Futterpflanzen), Rindermast- und Milchwirtschaft spielen eine wichtige Rolle; bed. Hochsee- und Küstenfischerei. Wichtigster Industriezweig ist der Schiffbau in Rostock und Wismar, außerdem Nahrungsmittel-, elektron. Ind., Fahrzeug- und Maschinenbau. Anziehungspunkte für den Fremdenverkehr sind die Ostseeküste mit Rügen und die Mecklenburgischen Seen. *Geschichte:* Zur Geschichte vor 1990 ↑Mecklenburg, ↑Pommern. – M.-V. wurde. 1990 aus den 1952 in der DDR gebildeten Bezirken Neubrandenburg (ohne die Kreise Prenzlau und Templin), Rostock und Schwerin (ohne den Kreis Perleberg) als Land wiederhergestellt. Die Landtagswahl 1990 gewann die CDU, die unter A. Gomolka die erste Landesregierung zus. mit der FDP bildete. Min.-Präs. ist seit 1992 B. Seite, der seit der Landtagswahl 1994 eine CDU/SPD-Koalition führt. Am 12. 6. 1994 wurde in einem Referendum die neue Landesverfassung angenommen.

Medaille [me'daljə; lat.-italien.-frz.], Schaumünze aus Bronze, Blei, Silber oder Gold, geprägt zum Andenken an Personen oder histor. Ereignisse. – Die M. gilt als eine Schöpfung der italien. Renaissance (Pisanello, 1428). Auf der Vorderseite Profilbildnis und Umschrift (Legende), Rückseite mit figürl. Darstellung (und der Signatur des Künstlers). Seit dem 16. Jh. Gedenk-M. aller Art. In Italien ist im 16. Jh. v. a. Leone Leoni (*1509, †1590) in Frankreich sind neben dem Deutschen H. Schwarz G. Pilon und J. Goujon und in Deutschland H. Daucher, F. Hagenauer u. a. zu nennen.

Medaillon [medal'jō; lat.-italien.-frz.], **1)** *Baukunst:* ein gerahmtes Relief (aus Stuck u. ä.); auch z. B. an Möbeln. **2)** *bildende Kunst:* 1. oft aufklappbarer ovaler oder runder Anhänger mit Miniaturporträt oder Andenken; 2. kleines, rundes oval gefaßtes Bild. **3)** *Numismatik:* Gedenk- und Ehrenmünze der röm. Kaiserzeit, heute gelegentlich für große Medaille (Ehrenmedaille).

Mecklenburg-Vorpommern
Landeswappen

Mecheln
Stadtwappen

Medan

Medaille. Links: Medaille auf Francesco II. da Carrara (um 1392); der Einfluß römischer Sesterzen ist deutlich erkennbar ♦ Mitte: Rückseite einer Medaille von Pisanello auf Alfons I. von Neapel mit einer Allegorie auf die Tapferkeit des Königs (1449) ♦ Rechts: Rückseite einer Medaille von Niccolò Spinelli auf die Florentinerin Giovanna Albizzi mit einer Darstellung der drei Grazien (1486)

Medan, indones. Prov.-Hauptstadt im NW Sumatras, 1,81 Mio. E. Zwei Univ.; Handelszentrum. Große Moschee, zahlr. Tempel, Kirchen, Sultanspalast (19. Jh.). Entwickelte sich auf Grund der niederl. Tabakplantagenwirtschaft.

Medawar, Peter Brian [engl. ˈmɛdəwə], *Rio de Janeiro 28. 2. 1915, brit. Biologe. Erhielt 1960 für die Entdeckung der erworbenen Immuntoleranz (Antigen-Antikörper-Reaktion) zus. mit Sir Frank MacFarlane Burnet den Nobelpreis für Physiologie oder Medizin.

Medea, Gestalt der griech. Mythologie. Tochter des Königs Äetes von Kolchis, die Jason, dem Anführer der Argonauten, hilft, das Goldene Vlies zu erringen. Von Jason wegen Glauke verstoßen, tötet sie Glauke und deren Vater und ihre eigenen, aus der Ehe mit Jason hervorgegangenen Kinder. – Dramatisch bearbeitet von Ovid, Euripides, Seneca d. J., P. Corneille, F. Grillparzer, H. H. Jahnn, J. Anouilh.

Medellín [span. meðeˈjin], Dep.-Hauptstadt in NW-Kolumbien, 1,55 Mio. E. Vier Univ., Sitz eines kath. Erzbischofs; internat. ✈. Zentrum der Drogenmafia (M.-Kartell). – 1675 gegründet.

Meder, altoriental. westiran. Volk mit indogerman. Sprache, das im 1. Jt. v. Chr. das nordwestiran. Hochland bewohnte *(Medien);* erstmals 835 v. Chr. erwähnt. Die M. zerstörten das assyr. Großreich. Unter Kyros II. erhoben sich ab 588 v. Chr. die Perser gegen das med. Reich und unterwarfen es. Ab 550 v. Chr. war es dann wesentl. Bestandteil des Achämenidenreiches.

Media [lat.], stimmhafter Verschlußlaut, z. B. [b, d, g], Ggs. ↑Tenuis.

Median [lat.] (Medianwert), svw. ↑Zentralwert.

Mediante [lat.-italien.], mittlerer Ton des Dreiklangs (in C-Dur e) sowie der Dreiklang auf diesem Ton (e-g-h); auch alle Dreiklänge, die zu einer Hauptfunktion in einem terzverwandten Verhältnis stehen.

Mediat [lat.], einem Staatsoberhaupt nur mittelbar untergeordnete Person bzw. Behörde. Im Hl. Röm. Reich: der Landeshoheit eines Reichsstandes unterstellte (landesunmittelbare), nicht dem Reich reichsmittelbare Person bzw. Behörde (z. B. Landstände).

Mediationsakte [lat.], von Napoléon I. gegebene, 1803–1813/14 geltende Verfassung der Schweiz.

Mediatisierung [lat.], Verlust bzw. Entzug einer immediaten Stellung. Im Hl. Röm. Reich v. a. zw. 1803 und 1806 erfolgte Aufhebung reichsunmittelbarer Stände und ihre Unterwerfung unter die Landeshoheit eines anderen weltl. Reichsstandes.

Mediävistik [lat.], wiss. Disziplinen, die sich mit mittelalterl. Literatur, Kunst, Geschichte usw. beschäftigen.

Mediceische Venus [... ˈtʃeː-ɪʃə-], marmorne Statue (2. Jh.; Kopie wohl nach späthellenist.-griech. Original; heute Florenz, Uffizien).

Medici [italien. ˈmɛːditʃi], seit Beginn des 13. Jh. bezeugte, im 16. Jh. zu [groß]herzogl. Rang aufgestiegene Florentiner Bankiersfamilie. Die M. nahmen ab dem Ende des 13. Jh. an der Regierung ihrer Heimatstadt teil (1494 bis 1512 und 1527–30 vertrieben). Sie wurden 1531 Hzg. von Florenz und 1569

Peter Brian Medawar

Medium

Groß-Hzg. von Toskana, die nach Erlöschen der Familie 1737 unter habsburg. Herrschaft kam. Bed. Vertreter:
1) Caterina de' ↑Katharina von Medici, Königin von Frankreich.
2) Cosimo de', gen. Cosimo der Alte, *Florenz 27. 9. 1389, † Careggi (heute zu Fiesole) 1. 8. 1464, Florentiner Bankier. Führte sein Haus zu höchster polit. und wirtschaftl. Macht.
3) Giovanni de' ↑Leo X., Papst.
4) Lorenzo (I) de', gen. il Magnifico (»der Prächtige«), *Florenz 1. 1. 1449, † Careggi (heute zu Fiesole) 8. (9.?) 4. 1492, Stadtherr von Florenz. Machte Florenz zur politisch und kulturell führenden Macht Italiens; gelangte durch Einrichtung eines ihm ergebenen Rats der Siebzig zu fürstenähnl. Autorität. Durch maßvolle Politik gelang ihm die Wiederherstellung des Gleichgewichts zw. den italien. Mächten. Prägte als Bauherr das Gesicht von Florenz.
5) Maria de' ↑Maria von Medici, Königin von Frankreich.

Medien, Mrz. von ↑Medium.

Medienkonzerne, Unternehmensgruppen, deren Umsätze überwiegend aus dem Geschäft mit Schallplatten, Hörfunk- und Fernsehstationen, Filmen, Büchern und Buchgemeinschaften, Zeitschriften und Zeitungen resultieren. ↑Massenmedien.

Medienpolitik (Kommunikationspolitik), die Gesamtheit der polit. Maßnahmen zur Regelung der sozialen Kommunikation, i. e. S. die ↑Massenmedien betreffend. Medienpolit. Kompetenzen und Zuständigkeiten liegen in der BR Deutschland zu einem wesentl. Teil auf Landesebene (Kulturhoheit der Länder), außerdem auf Bundesebene für das Post- und Fernmeldewesen. Medienpolit. Schwerpunkte sind u. a. Pressefreiheit, Fusionskontrolle für Medien- und Presseunternehmen sowie das Nebeneinander von privatwirtsch. und öffentlich-rechtl. Rundfunk (geregelt 1987 im Medienstaatsvertrag).

Medienverbund, Kombination oder Kooperation von mindestens zwei Informationsträgern, z. B. zur Vermittlung von Lehrinhalten. *Multimediasysteme* sind z. B. ↑Telekolleg und ↑Funkkolleg. Auch schul. Unterricht und Weiterbildungseinrichtungen der Volkshochschule, Fernunterricht und Fernstudium arbeiten z. T. im Medienverbund.

Medina, Oasenstadt im Hidjas, Saudi-Arabien, 350000 E. Islam. Wallfahrtsort; Univ.; bed. Handelsplatz. Große Moschee (707–709; mehrfach verändert) mit den Gräbern Mohammeds, Fatimas und der Kalifen Abu Bakr und Omar. – Seit der Hedjra des Propheten Mohammed von Mekka nach M. 622 n. Chr. Zentrum des von ihm geschaffenen islam. Gemeinwesens und heilige Stadt; kam 1926 an Saudi-Arabien.

Medina [arab.], die in islam. Städten urspr. von einer Mauer umgebene Altstadt mit typ. Sackgassengrundriß.

medioker [lat.-frz.], mittelmäßig.

Mediothek [lat./griech.], Sammlung audiovisueller Medien (meist als Abteilung in öffentl. Büchereien, als Landesbildstellen u. a.), in der neben dem Schrifttum Dias, Schallplatten, CDs, Tonbänder, Kassetten, Filme usw. für den Benutzer bereitgestellt werden.

Meditation [lat.], svw. ↑Kontemplation.

mediterran [lat.], mittelmeerländisch.

Medium [lat. »das in der Mitte Befindliche«] (Mrz. Medien, Media), 1) *bildungssprachlich:* vermittelndes Element,

Lorenzo de' Medici, genannt **il Magnificio** (»der Prächtige«)

Mediceische Venus (Florenz, Uffizien)

Simon van der Meer

Medizin insbes. (in der Mrz.) Mittel zur Weitergabe oder Verbreitung von Information durch Sprache, Gestik, Mimik, Schrift, Bild, Musik.
2) *Parapsychologie:* die der außersinnl. Wahrnehmung für fähig gehaltene Person.
3) *Physik, Chemie:* Träger physikal. oder chem. Vorgänge (z. B. Luft als Träger von Schallwellen); Stoff, in dem sich diese Vorgänge abspielen.
Medizin [lat.], Wiss. vom gesunden und kranken Funktionszustand des menschl. und tier. Organismus sowie von den Ursachen, Erscheinungsformen, der Vorbeugung und Heilung von Krankheiten des Menschen *(Human-M.)* und der Tiere (↑Tiermedizin). Durch ständige Zunahme des Wissensstoffes wurde es im Laufe der histor. Entwicklung der M. notwendig, das Gesamtgebiet der M. in Teil- und Spezialgebiete aufzuteilen, deren diagnost., techn. und therapeut. Besonderheiten eine eigene Aus- bzw. Weiterbildung erfordern.
Geschichte: Der Ausbau der wiss. fundierten M. begann im 19. Jh. Die Entwicklung von neuen Operationsmethoden wurde durch Narkose und Asepsis ermöglicht. Weitere Fortschritte bedeuteten im 20. Jh. die Entwicklung der Gehirn-, Herz- und Lungenchirurgie (auch ↑Transplantation). Wichtig für Heilerfolge bakterieller Erkrankungen war die Einführung der Sulfonamide sowie die Entdeckung des Penicillins und anderer Antibiotika. Die medizin. Diagnostik wurde durch Ultraschall, Computer- und Kernspintomographie, szintigraph. Verfahren, Endoskopie, immunolog. und molekularbiolog. Methoden verfeinert.
Medizinball, mit Tierhaaren gefüllter Lederball, Gewicht zw. 800 und 3000 g, Umfang 57–107 cm.
medizinische Bäder, zusammenfassende Bez. für Bäder, die zu therapeut. Zwecken (Heilbad) angewendet werden.
Medizinmann, völkerkundl. Bez. für einen Menschen, dem übernatürl. Macht zugeschrieben wird und der sich mit Krankenheilung befaßt. Seine Funktion ist vielfach mit der des Priesters oder Schamanen verbunden.
Medley [engl. 'medlɪ »Gemisch«], svw. ↑Potpourri.

Médoc [frz. me'dɔk], Halbinsel an der frz. W-Küste zw. Gironde und dem Golf von Biskaya; Weinbau.
Medrese [aram.-arab.], Hochschule in der islam. Welt; entwickelte sich in der Moschee, die seit jeher auch der Ort war, an dem die Unterweisung in den religiösen Wiss. stattfand.
Medullarrohr [lat./dt.] (Neuralrohr, Nervenrohr), embryonale Anlage des Zentralnervensystems bei Wirbeltieren und beim Menschen; bleibt bei ausgewachsenen Organismen im Bereich des Rückenmarks als *Zentralkanal,* im Gehirn als *Ventrikelsystem* erhalten.
Medusa, eine der ↑Gorgonen.
Medusen, svw. ↑Quallen.
Medusenhäupter (Gorgonenhäupter, Gorgonocephalidae), Fam. der Schlangensterne mit bis zu 70 cm langen, stark verzweigten Armen; u. a. im nördl. Atlantik, in etwa 150–1200 m Tiefe, das *Gorgonenhaupt* (Baskenmützenseestern).
Meer, Simon van der, *Den Haag 24. 11. 1925, niederl. Physiker. Erhielt 1984 für seine Mitarbeit bei der Entdeckung der Feldpartikel W und Z, der Vermittler schwacher Wechselwirkung, mit C. Rubbia den Nobelpreis für Physik.
Meer, die zusammenhängende Wassermasse der Erdoberfläche. Das Weltmeer bedeckt rd. 71% der Erdoberfläche, wovon der größte Teil auf der Südhalbkugel liegt. 31,7% des M. sind 4000–5000 m tief. Die Kontinente gliedern das M. in Atlant., Ind. und Pazif. Ozean. Eine weitere Untergliederung geschieht durch Inselketten sowie untermeer. Rücken und Schwellen, die einzelne M.-Gebiete von den Ozeanen abtrennen und sie dadurch zu Nebenmeeren (Randmeere, interkontinentale Mittelmeere, intrakontinentale Mittelmeere) machen.
Der Meeresboden ist in verschiedene Großformen (Kontinentalränder, Mittelozean. Rücken, Tiefseebecken) gegliedert und mit charakterist. ↑Meeresablagerungen bedeckt. Über die chem. Zusammensetzung des Wassers ↑Meerwasser, ferner ↑Meeresströmungen, ↑Meereswellen und ↑Turbulenz.
Die marine Nahrungskette beginnt mit der pflanzl. Produktion organ. Substanz durch das Phytoplankton und führt dann weiter über das Zooplankton, die

Meerengenabkommen

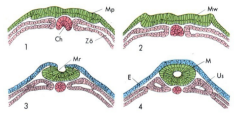

Medullarrohr. Schematische Darstellung des Entwicklungsablaufs (**1–4**) bei einem Lurch; Ch Chorda, E Ektoderm, M Medullarrohr, Mp Medullarplatte, Mr Medullarrinne, Mw Medullarwulst, Us Ursegment, Zö Zölom

Planktonfresser (z. B. Weichtiere, Hering) und die Weichtiere fressenden Fische (z. B. Schellfisch, Scholle) zu den Raubfischen (z. B. Kabeljau) und Warmblütern (z. B. Wale). Die übrigbleibenden organ. Reste werden teilweise von Bakterien (Saprophyten) wieder zu im Wasser gelöster Kohlensäure sowie anorgan. Salzen abgebaut (Remineralisierung). Der Lebensraum des M. wird wie folgt unterteilt: die Küstenregion bis 200 m Tiefe (Litoral und Sublitoral), die lichtlose Tiefsee (Bathyal, bis 4000 m; Abyssal, bis 5000 m und Hadal, tiefer als 5000 m), die Region des freien Wassers (Pelagial) und die Bodenregion (Benthal). Das M. wird durch die ↑Meereskunde erforscht. Besondere Bedeutung bei der Nutzung des M. hat die Fischwirtschaft. Außerdem kommen die Verwertung von Meeresalgen hinzu, die Gewinnung von Salzen, Süßwasser, mineral. Rohstoffen aus dem Meerwasser und vom Meeresboden (Meeresbergbau) sowie die Energieerzeugung. Ferner wird das M. als Verkehrsträger genutzt (Schiffahrt). ↑Meeresverschmutzung.
M. und M.-Grund sind für das Völkerrecht keine Einheit. Die Territorialgewässer gehören einschließlich des M.-Grundes zum Staatsgebiet des Uferstaates. Die übrigen Teile des M. stehen allen Staaten nach überkommenem Seerecht als »hohe See« offen. Allerdings sind Nutzung und Ausbeutung des M.-Bodens der Tiefsee außerhalb des Festlandsockels (↑Schelf) umstritten.
Meeraale (Congridae), im Meer weltweit verbreitete Fam. bis 3 m langer, meist jedoch kleinerer aalartiger Fische; Raubfische mit unbeschuppter Haut.
Meeralpen (Seealpen), Teil der Westalpen längs der frz.-italien. Grenze, bis 3 297 m hoch.

Meeräschen (Mugilidae), mit über 100 Arten in küstennahen Meeres- und Brackgewässern (z. T. auch in Flüssen) weltweit verbreitete Fam. bis 90 cm langer Knochenfische; heringsähnl. Schwarmfische.
Meeraugspitze (poln. und slowak. Rysy), mit 2 499 m höchster Berg Polens, in der Hohen Tatra.
Meerbarben (Seebarben, Mullidae). Fam. 25–50 cm langer Barschfische mit rd. 40 Arten, v. a. in trop. und subtrop. küstennahen Meeres- und Brackgewässern.
Meerechse (Galapagosechse), bis etwa 1,7 m langer, kräftig gebauter Leguan, v. a. auf den Galapagosinseln.
Meerenge (Meeresstraße, Sund), eine schmale Meeresverbindung zw. zwei Meeren oder Meeresteilen. – Ob eine M. zur hohen See oder zu den Küstengewässern zu rechnen ist, richtet sich danach, ob die sich gegenüberliegenden Küsten nicht weiter als die doppelte Breite des ↑Küstenmeeres voneinander entfernt sind.
Meerengenabkommen, am 20. 7. 1936 in Montreux abgeschlossene Konvention zw. Bulgarien, Frankreich, Griechenland, Großbrit., Japan, Jugoslawien, Rumänien, der Türkei und der UdSSR (1938 Beitritt Italiens), die der Türkei das Recht zur Befestigung der beiden Meerengen Bosporus und Dardanellen und zur Sperrung für Kriegsschiffe (bei Kriegsbedrohung oder als kriegführende Macht) gab.

Meeräschen. Dicklippige Meeräsche (Länge bis 60 cm)

Meerkohl.
Weißer Meerkohl
(Höhe 30–75 cm)

Meeresablagerungen

Meeresablagerungen, auf dem Meeresboden abgelagertes Gesteinsmaterial. Weit verbreitet sind Globigerinen-, Diatomeen- u. a. Schlämme, im trop. Flachseebereich Korallenbauten. Neubildungen sind Salze, Manganknollen, Glaukonit, Pyrit, Phosphorit, Tonminerale, Ooide.
Meereshöhe, ↑Normalnull.
Meereskunde, svw. ↑Ozeanographie.
Meeresleuchten (Meerleuchten), durch Biolumineszenz, v. a. einiger Algen- und Quallenarten, hervorgerufene nächtl. Leuchterscheinungen, bes. im Bereich trop. Meere.
Meeresschildkröten (Seeschildkröten, Cheloniidae), Fam. etwa 80–140 cm langer Schildkröten, v. a. in trop. und subtrop. Meeren; Extremitäten flossenartig, können wie der Kopf nicht unter den Panzer eingezogen werden; gute Schwimmer. U. a.: *Karettschildkröte* (Pattschildkröte), etwa 90 cm groß, Hornschilder des Rückenpanzers werden zu Schildpatt verarbeitet; *Suppenschildkröte,* bis 1,4 m groß, bis 200 kg schwer. Alle M. sind in ihrem Bestand stark bedroht.
Meeresstraße, svw. ↑Meerenge.
Meeresströmungen, überwiegend horizontaler Transport von Wassermassen im Weltmeer. Oberflächenströmungen werden durch Wind erzeugt, durch Reibung auf tiefere Schichten (100–200 m tief) übertragen und infolge der Coriolis-Kraft gleichzeitig abgelenkt, auf der Nordhalbkugel nach rechts, auf der Südhalbkugel nach links. Als Folge des NO- bzw. SO-Passats entstehen beiders. des Äquators die nach W gerichteten Nord- und Südäquatorialströme (bes. Verhältnisse im Ind. Ozean infolge der Monsune). Vor den O-Küsten der Kontinente werden Nord- und Südäquatorialstrom polwärts abgelenkt, sie erhalten unter dem Einfluß der starken, aber unbeständigen Westwinde und der Coriolis-Kraft eine östl. Richtung. An der O-Seite der Ozeane wird der Kreislauf durch äquatorwärtige, relativ kalte M. geschl. Tiefenzirkulation beruht auf inneren Druckkräften, die infolge von Dichteunterschieden (horizontale Unterschiede von Temperatur und Salzgehalt) entstehen, sowie äußeren Druckunterschieden infolge von Luftdruckänderungen.

Meeresverschmutzung, die Verunreinigung des Meerwassers und des Meeresbodens sowie der Strände durch feste, flüssige oder gasförmige Schadstoffe. Sämtl. Verunreinigungen von Luft, Erdboden und Gewässern summieren sich in der M. Die größte Schmutzmenge kommt mit den Flüssen ins Meer, daneben durch die Abfälle der Schiffahrt, Tankerunfälle (Ölpest), Versenken (»Verklappen«) von Abfallstoffen durch Schiffe auf hoher See. Wegen mangelnder weiträumiger Durchmischung der Wasserschichten erfolgt ein Abbau der Schadstoffe relativ langsam. Aus dem steigenden Anteil der Schwermetalle (v. a. Cadmium, Quecksilber und Blei) und der Schädlingsbekämpfungsmittel (Pestizide) ergeben sich bes. Gefahren für den Menschen, weil diese Stoffe sich in den Nahrungsketten anreichern. Einem Abkommen zum Schutz der Meere gegen jede Verschmutzung durch Abwässer oder Abfälle (in Kraft getreten 1976) traten bisher zahlr. Ind.-Staaten bei; eine nennenswerte Verringerung der M. wurde aber bisher nicht erreicht.
Meereswellen, wellenförmige Bewegungen des Meerwassers, die durch den Wind, durch gezeitenerzeugende Kräfte, Seebeben, Eisbergabbrüche u. a. hervorgerufen werden. Ihre Amplituden (Höhe ihrer Wellenberge) liegen zw. 1 mm und 20–30 m, ihre Wellenlängen zw. 1 mm und über 1 000 km, ihre Schwingungsdauer zw. weniger als 0,1 s und mehreren Tagen. Man unterscheidet die windangeregten *Kapillarwellen* (Schwingungsdauer bis 30 s), *Infraschwerewellen* (Perioden von 0,5 bis 5 min), langperiod. Wellen mit Perioden von 5 min bis mehreren Stunden, wie die *Seebären* an den dt. Küsten als Folge von Luftdruck- und Windänderungen, die durch Seebeben ausgelösten *Tsunamis* und die *Sturmflutwellen,* weiter die *Gezeiten[wellen]* mit 12- bzw. 24stündiger Periodendauer und die *Seiches* sowie die *Transgezeitenwellen* mit mehr als 24stündiger Schwingungsdauer.
Meerkatzen, Gatt. schlanker, etwa 35 bis 70 cm langer Altweltaffen mit 15 Arten, v. a. in Wäldern und Savannen Afrikas südl. der Sahara; meist gut springende und kletternde, häufig bunt gefärbte, in Gruppen lebende Baum-

Meerwasserentsalzung

bewohner mit überkörperlangem Schwanz. Etwa 40–60 cm lang ist die *Grüne M.* (Grivet), etwa ebenso groß die *Schnurrbartmeerkatze.*
Meerkatzenartige (Cercopithecidae), Fam. 0,3 bis 1,1 m langer Hundsaffen mit rd. 60 Arten in Afrika und Asien; u. a. Makaken, Paviane, Meerkatzen.
Meerkohl (Seekohl, Engl. Kohl), Kreuzblütler am Atlantik und an der Ostsee; Laubblätter fleischig, Stengel dick; als Gemüsepflanze kultiviert.
Meerrettich (Kren), Staude aus der Fam. der Kreuzblütler mit dicker, fleischiger Wurzel; die Wurzeln werden wegen ihres würzigen, scharfen Geschmacks als Gemüse und zum Würzen verwendet.
Meersau (Großer Drachenkopf), bis 50 cm langer, rötl., braun gefleckter Knochenfisch im O-Atlantik und Mittelmeer; Speisefisch; der Stich der Rükkenflossenstrahlen ist giftig.
Meersburg, Stadt am N-Ufer des Bodensees, Bad.-Württ., 5100 E. Weinbaumuseum; Fährverkehr nach Konstanz. Altes Schloß (im 16. und 17. Jh. erneuert), barockes Neues Schloß (18. Jh.); spätgot. sind die Unterstadtkapelle und die Kirchhofskapelle; Rathaus (16. Jh.; später erneuert); Fürstenhäuschen (um 1640) mit Droste-Museum. – Erhielt 1299 Ulmer Stadtrecht und war im Besitz der Bischöfe von Konstanz; 1803 an Baden.
Meerschaum (Sepiolith), Mineral von meist reinweißer Farbe, chemisch $Mg_4[(OH)_2|Si_6O_{15}] \cdot nH_2O$ (n = 2 bis 6); Mohshärte 2–2,5, Dichte $2 g/cm^3$, schwimmt aber infolge seiner hohen Porosität auf Wasser.
Meerschweinchen (Caviidae), Fam. etwa 25–75 cm langer, gedrungen gebauter Nagetiere mit rd. 15 Arten, v. a. in buschigen Landschaften, Steppen und felsigen Gebieten S-Amerikas; nachtaktive Pflanzenfresser; das *Wild-M.* ist die Stammform der heute weltweit verbreiteten *Haus-M.,* die anspruchslose, sehr zahm werdende Hausgenossen und wiss. Versuchstiere sind. – Eine Unterfam. sind die ↑Pampashasen.
Meerssen, Vertrag von [niederl. 'me:rsə], die am 8. 8. 870 in Meerssen (Prov. Limburg, Niederlande) getroffene Vereinbarung, nach der zw. Karl II., dem Kahlen, und Ludwig dem Deutschen das Reich ihres Neffen Lothar II. (Lotharingien) aufgeteilt wurde. ↑Fränkisches Reich.
Meerträubel ↑Ephedragewächse.
Meerut ['mɪərət], ind. Stadt 150 km nö. von Delhi, Gliedstaat Uttar Pradesh, 417 000 E.
Meerwasser, das in den Weltmeeren enthaltene Wasser; Hauptmenge des Wassers auf der Erde (97,2%). Der Gehalt an gelösten Salzen beträgt durchschnittl. 34 bis 35‰; in der Ostsee nur 7 bis 10‰ (starker Süßwasserzufluß), in Bereichen starker Wasserverdunstung (z. B. im Roten Meer) 40‰. M. enthält folgende Ionenkonzentrationen: Na^+ 480,0 mM, Mg^{2+} 53,0 mM, Ca^{2+} 11,0 mM, K^+ 10,2 mM, Cl^- 559,7 mM, SO_4^{2-} 28,4 mM, CO_3^{2-} 0,9 mM und Br^- 0,8 mM. Es läßt sich somit künstlich herstellen, indem man folgende Salze in 1 l Wasser löst: 28 g Natriumchlorid, 7 g Magnesiumsulfatheptahydrat, 5 g Magnesiumchloridhexahydrat, 2,4 g Calciumchloridhexahydrat, 0,7 g Kaliumchlorid, 0,2 g Natriumhydrogencarbonat und 0,1 g Kaliumbromid. Der pH-Wert von M. beträgt 7,8 bis 8,2.
Meerwasserentsalzung, Gewinnung von Süßwasser aus Meer- und Brackwasser. Das älteste Verfahren ist die Verdampfung (Erhitzung mit konventionellen Brennstoffen, Kernenergie, Sonnenenergie) und anschließende Kondensation des salzfreien Dampfs. Bei der *Tauchrohrverdampfung* wird das Wasser durch von Dampf durchströmte Röhren zum Sieden gebracht; bei der Entspannungsverdampfung wird erhitztes Meerwasser in eine Unterdruckkammer geleitet, wo ein Teil des Wassers verdampft. Bei der *Elektrodialyse* wird Salzwasser elektrolysiert, worauf

Meerrettich
(Höhe 40–125 cm)

Meerschweinchen. Rosettenmeerschweinchen (Länge bis 30 cm), eine Zuchtform des Hausmeerschweinchens, mit Jungen

Megalithkulturen. Prähistorische Tempelanlage Hagar Quim auf Malta

sich im einen Teil der Elektrolysierkammern eine Anreicherung, im anderen Teil eine Verminderung des Salzgehalts ergibt. Bei der *Gefrierentsalzung* wird gekühltes Meerwasser in eine Vakuumkammer gesprüht, wodurch salzfreies Eis aus der Sole auskristallisiert.

Meeting ['mi:tɪŋ; engl.], Treffen; [kleinere] Versammlung.

mega..., Mega..., meg..., Meg... (megalo..., Megalo..., megal..., Megal...) [griech.], Bestimmungswort von Zusammensetzungen mit der Bedeutung »groß, lang, mächtig«.

Mega... [griech.] ↑Vorsatzzeichen.

Megabit, Abk. **MBit,** Informationseinheit; 1 MBit = 2^{20} Bit = 1048576 Bit (etwa 1 Mio. Bit).

Megabitchip [...tʃɪp], Abk., **MBit-Chip,** ein ↑Chip mit einer Speicherkapazität von 1 MBit.

Megabyte [engl. ...'baɪt], Abk. **MByte,** Informationseinheit; 1 MByte = 2^{20} Byte = 1048576 Byte (etwa 1 Mio. Byte).

Megahertz, Einheitenzeichen **MHz,** das 10^6fache der Frequenzeinheit Hertz, also, 1 Mio. Hertz.

Megaira, eine der ↑Erinnyen.

megal..., Megal... ↑mega..., Mega...

Megalithgrab (Großsteingrab, Hünengrab), Grabanlage der Megalithkulturen, urspr. meist mit einem Erd- oder Steinhügel überwölbt; i. d. R. für Kollektivbestattungen; oft von Steinkreisen umschlossen.

Megalithkulturen, Sammel-Bez. für süd-, west- und nordeurop. Kulturgruppen mindestens des 3. Jt. v. Chr., gekennzeichnet durch Errichtung von Monumenten aus *Megalithen* (großen Steinen), einzeln (Menhire) oder in Gruppen (Alignements, Kromlechs) aufgestellten Grab- und Kultanlagen (Avebury, Stonehenge). Bes. bed. Gruppen der M. auf Malta, auf der Iber. Halbinsel die Almeríakultur, auf den Brit. Inseln die Windmill-Hill-Kultur, die Carlingfordkultur und die Boynekultur, in N-Deutschland und S-Skandinavien die Trichterbecherkultur.

megalo..., Megalo... ↑mega..., Mega...

Megalomanie, svw. ↑Größenwahn.

Megalopolis [engl. megə'lɔpəlɪs], Bez. für die fast 1000 km lange Verstädterungszone an der NO-Küste der USA (Boston bis Washington).

Megalozyten [griech.], abnorm große rote Blutkörperchen (bes. bei Anämien).

Megaphon [griech.], trichterförmiges Sprachrohr; batteriebetriebene Mikrophon-Lautsprecher-Kombination mit Verstärker.

Megaron [griech.], im altgriech. Haus Speise- und Versammlungsraum der Männer. *Megaronhaus,* rechteckiger Einraum (Herd als Mittelpunkt) mit Vorhalle (z. B. in Troja, Tiryns, Dimini).

Megatonne, Einheitenzeichen **Mt,** das 10^6fache der Masseneinheit Tonne.

Megawatt, Einheitenzeichen **MW,** das 10^6fache der Leistungseinheit Watt.

Meghalaya [mɛɪˈgɑːləjə], Gliedstaat in NO-Indien, 22429 km², 1,775 Mio. E, Hauptstadt Shillong.

Megiddo, Dorf bei Afula, Israel, an der Stelle einer im 4. Jt. v.Chr. reichenden Stadt; größte Ausdehnung im 2. Jt.; bis Ende des 12. Jh. ägypt.; die kanaanit., wohl von David eroberte Stadt wurde unter Salomo wiederaufgebaut; seit 733 assyr.; 609/608 unterlag König Josia von Juda bei M. den Ägyptern.

Megillot [hebr. »Rollen«] (Einz. Megilla), in der hebr. Bibel die Gruppe der fünf Bücher Hoheslied, Ruth, Klagelieder, Prediger und Esther (die *Megilla* schlechthin).

Mehl, i. w. S. alle feinkörnigen bis pulvrigen Produkte, die durch Zermahlen fester Materialien entstehen. I. e. S. durch Mahlen von Getreidekörnern

Mehrlinge

entstehende Produkte zur Herstellung von Brot u. a. Backwaren sowie Teigwaren. Bei niedriger Ausmahlung besteht (helles) M. v. a. aus Stärke (z. B. Weizen-M. mit 30% Ausmahlung zu 81,9%). Bei höherer Ausmahlung enthalten die (dunklen) M. auch die eiweißhaltige Aleuronschicht der Getreidekörner, Schrot auch den Keimling und die rohfaserreiche Fruchtschale (z. B. Weizenschrot 8,7% Rohfasern und 67,5% Stärke). ↑Mehltype.

Mehlbeere, Rosengewächs der Gatt. Sorbus; Sträucher oder Bäume; Früchte nach Frosteinwirkung genießbar.

Mehlkäfer, weltweit verschleppte Gatt. der Schwarzkäfer mit drei schwarzbraunen, 14–23 mm langen heim. Arten; Larven *(Mehlwürmer)* entwickeln sich als Vorratsschädlinge in Getreideprodukten.

Mehltau, verschiedene durch Echte Mehltaupilze hervorgerufene Pflanzenkrankheiten, u. a. *Apfel-M.* an Apfelbäumen (auch an Steinobst), *Getreide-M.* auf Gräsern, *Reben-M.* (Echter M., Äscher) an Weinreben; Blätter tragen einen mehlartigen Belag, vertrocknen und fallen ab. Bekämpfung mit Schwefelpräparaten.

Mehltaupilze, 1) (Echte M., Erysiphales) Schlauchpilzordnung; Pflanzenparasiten, die Blätter, Stengel und Früchte mit einem dichten Myzelgeflecht überziehen. **2)** (Falsche M., Peronosporales) Ordnung der Oomyzeten; saprophyt. oder parasit. lebende Pilze; zahlr. Arten sind Erreger von Pflanzenkrankheiten, z. B. Blauschimmel, Falscher Rebenmehltau.

Mehltype, Kennzeichnung von Getreidemehlen nach ihrem Aschegehalt. Die M. gibt an, wieviel mg Asche beim Verbrennen von 100 g Mehltrockensubstanz zurückbleiben. Je höher die Type, desto dunkler ist das Mehl und desto höher ist der Ausmahlungsgrad. Ein Weizenmehl der Type 405 enthält z. B. im Durchschnitt 0,405% Asche.

Mehlwürmer ↑Mehlkäfer.

Mehmet Ali [türk. mex'met -], *Kawala 1769, †Alexandria 2. 8. 1849, osman. Statthalter von Ägypten (ab 1805). Erhielt 1840 die erbl. Statthalterschaft; seine Nachkommen herrschten als Vizekönige (Kheidiven) und Könige von Ägypten bis 1953.

Mehnert, Klaus, *Moskau 10. 10. 1906, †Freudenstadt 2. 1. 1984, dt. Politologe und Publizist. Lehrte 1936–45 an Univ. in den USA und in China; schrieb u. a. »Der Sowjetmensch« (1958), »China nach dem Sturm« (1971), »Kampf um Maos Erbe« (1977), »Ein Deutscher in der Welt« (Erinnerungen, 1981).

Mehrarbeit, Arbeit, die die gesetzlich zulässige regelmäßige Arbeitszeit übersteigt.

Mehrfarbendruck ↑Drucken.

Mehrheit (Majorität), bei Wahlen oder Abstimmungen der zahlenmäßig größere Teil einer Personengemeinschaft, dessen ermittelter Wille als verbindl. akzeptiert wird. Man unterscheidet zw. *einfacher* oder *relativer M.* (bei Wahlen: gewählt ist, wer die relativ meisten Stimmen errungen hat; bei Abstimmungen: mindestens eine Jastimme mehr als Neinstimmen) und *qualifizierter M.* in der Form der *absoluten M.* (mehr als die Hälfte der abgegebenen Stimmen bzw. der Stimmberechtigten) oder der $^2/_3$- bzw. $^3/_4$-Mehrheit.

Mehrheitsbeteiligung, eine Form der Verbindung von Unternehmen. M. ist dann gegeben, wenn einem Unternehmen die Mehrheit der Anteile oder der Stimmrechte eines anderen Unternehmens gehört.

Mehrheitssozialisten (Mehrheitssozialdemokraten), bis 1922 Bez. für die Majorität der SPD nach Abspaltung der Sozialdemokrat. Arbeitsgemeinschaft (1916) und Bildung der USPD (1917).

Mehring, 1) Franz, *Schlawe i. Pom. 27. 2. 1846, †Berlin 29. 1. 1919, dt. Politiker und Historiker. Gründete 1916 mit R. Luxemburg und K. Liebknecht den Spartakusbund.
2) Walter, *Berlin 29. 4. 1896, †Zürich 3. 10. 1981, deutscher Schriftsteller. Zunächst expressionistische Lyrik; Mitbegründer der Berliner Dada-Sektion; 1933 Emigration, lebte 1940–53 in den USA, danach in der Schweiz. – *Werke:* Die verlorene Bibliothek (engl. 1951, dt. 1958), Großes Ketzerbrevier (Ged., Lieder, 1974).

Mehrlinge, gleichzeitig ausgetragene (und geborene) Geschwister, die eineiig oder mehreiig sein können (bei vielen Tieren als normale Erscheinung).

Mehlkäfer (Länge 14–23 mm); unten: Larve (25 mm)

Klaus Mehnert

Mehrstimmigkeit

Zubin Mehta

Friedrich Meinecke

Mehrstimmigkeit, die in mehreren selbständigen Stimmen geführte und als aufgeschriebene Komposition tradierte europ. Kunstmusik. Im MA war die M. nur die Ausnahme in einer weitgehend einstimmigen Musikpraxis. Der Begriff M. faßt gleichermaßen ↑Homophonie und ↑Polyphonie in sich, obwohl letztere über Jh. hinweg den eigtl. Kernbereich ihrer kunstvollen Durchbildung ausmacht.

Mehrstoffmotor (Vielstoffmotor), nach dem Dieselverfahren arbeitender Verbrennungsmotor, der sowohl mit Dieselkraftstoff als auch mit Benzin, Petroleum u. a. betrieben werden kann.

Mehrwert, zentraler, von K. Marx aus der klass. Arbeitswertlehre entwickelter Begriff des Marxismus. Den Mehrwert bildet jener Teil der durch menschliche Arbeit geschaffenen Werte, der auf Grund kapitalist. Eigentumsverhältnisse den Arbeitnehmern vorenthalten und von den Kapitalbesitzern akkumuliert wird.

Mehrwertsteuer ↑Umsatzsteuer.

Mehrzahl, svw. ↑Plural.

Mehta, Zubin [engl. ˈmeɪtɑː], *Bombay 29. 4. 1936, ind. Dirigent. 1961–67 Leiter des Montreal Symphonic Orchestra, 1962–78 des Los Angeles Philharmonic Orchestra, 1978–1991 der New Yorker Philharmoniker, seit 1979 auch Leiter der Israel. Philharmonie.

Méhul, Étienne Nicolas [frz. meˈyl], *Givet bei Charleville-Mézières 22. 6. 1763, † Paris 18. 10. 1817, frz. Komponist. Zahlr. Opern (»Joseph in Ägypten«, 1807) und Ballette.

Meibom-Drüsen […boːm…; nach dem dt. Arzt Heinrich Meibom, *1638, † 1700], die Talgdrüsen der Augenlider.

Meid, Hans, *Pforzheim 3. 6. 1883, † Ludwigsburg 6. 1. 1957, dt. Graphiker. Radierungen, Federzeichnungen, Illustrationen.

Meiderich ↑Duisburg.

Meidner, Ludwig, *Bernstadt (Schlesien) 18. 4. 1884, † Darmstadt 14. 5. 1966, dt. Maler, Graphiker und Schriftsteller. Vertreter des Expressionismus; lebte 1939–53 (im Exil) in Großbrit.; v. a. Bildnisse sowie visionäre Landschafts- und Städtebilder, in denen er Chaos und Schrecken des bevorstehenden Krieges vorwegnahm; Prosatexte (»Gang in die Stille«, 1929).

Meier [lat.], im frühen und hohen MA grundherrl. Amtsträger, der die abhängigen Bauernstellen (Hufen) beaufsichtigte; er bewirtschaftete den Fronhof.

Meier-Graefe, Julius [...ˈgrɛːfə], *Resița (Rumänien) 10. 6. 1867, † Vevey (Schweiz) 5. 6. 1935, dt. Kunstkritiker. Gewann großen Einfluß als Verfechter des Impressionismus.

Meiji-Reformen [ˈmeːdʒi…], jap. Reformen der Meiji-Ära 1867/68 bis 1911/12; sicherten den Anschluß Japans an die Entwicklung der modernen europ. Ind.-Nationen.

Meile [lat.], alte Längeneinheit (Wegemaß); die röm. M. (»milia«) entsprach rd. 1 480 m. In Preußen entsprach 1 M. (*dt. Land-M.*) 7 532,48 m, in Sachsen (*Post-M.*) 7 500 m. Im Norddt. Bund wurde die M. zu 7 500 m festgelegt. Die *geograph. M.* wurde gewöhnlich als $^1/_{15}$ eines Äquatorgrades zu 7 420,439 m gerechnet.

Meilen, Bezirkshauptort im schweizer. Kt. Zürich, am N-Ufer des Zürichsees, 10 700 E. – Bei M. wurde 1829 die erste sog. »Pfahlbau«, eine neolith. Ufersiedlung, in der Schweiz entdeckt.

Meiler (Kohlen-M.), mit Erde, Rasenstücken u. a. abgedeckter Stapel von Holzscheiten zur Gewinnung von Holzkohle in der Köhlerei.

Meinecke, Friedrich, *Salzwedel 30. 10. 1862, † Berlin-Dahlem 6. 2. 1954, dt. Historiker. Prof. in Straßburg, Freiburg im Breisgau und Berlin; 1894–1935 Alleinherausgeber der »Historischen Zeitschrift«; politisch liberal, kompromißloser Gegner des Nat.-Soz.; 1948 erster Rektor der von ihm mitgegründeten Freien Univ. Berlin; prägte nachhaltig die Ausbildung der Ideengeschichte. – *Werke:* Weltbürgertum und Nationalstaat (1908), Die dt. Katastrophe (1946).

Meineid, vorsätzliche eidl. Bekräftigung einer falschen Aussage vor Gericht oder einer anderen zur Abnahme von Eiden zuständigen Stelle; wird mit Freiheitsstrafe nicht unter einem Jahr bestraft.

Meiningen, Kreisstadt an der oberen Werra, Thüringen, 25 300 E. Landestheater, Theatermuseum, Max-Reger-Archiv. Barockes Schloß (1682–92). – Gegr. im 12. Jh., ab 1680 Residenz des Hzgt. Sachsen-Meiningen.

Meinong, Alexius, Ritter von Handschuchsheim, *Lemberg 17. 7. 1853, † Graz 27. 11. 1920, österr. Philosoph und Psychologe. Gründete in Graz 1894 das erste Labor für experimentelle Psychologie in Österreich.

Meinrad, Josef, *Wien 21. 4. 1913, österr. Schauspieler. Seit 1947 am Wiener Burgtheater; zahlr. Filme und Fernsehrollen.

Meinungsbildung, Ergebnis des sozialen Kommunikationsprozesses, in dem personale (z. B. Meinungsführer) und mediale (v. a. Massenmedien) Faktoren zusammenwirken.

Meinungsforschung (Demoskopie, Umfrageforschung), sozialwiss. Verfahren zur Ermittlung der †öffentlichen Meinung in bezug auf aktuelle, v. a. polit., wirtsch. und soziale Fragen; bes. durch Befragen relativ kleiner Bevölkerungsgruppen (meist 1 000–3 000 Personen), die nach ihrer soziolog. Zusammensetzung die Gesamtgruppe repräsentieren. Die M. umfaßt Marktforschung, Verbraucher- und Werbeforschung sowie die Erforschung polit. Einstellungen (Wählerforschung) und ist außerdem bed. für die empir. Sozialforschung. Die Auswirkungen veröffentlichter repräsentativer Meinungen sind umstritten; es besteht die Möglichkeit der Meinungsbeeinflussung (z. B. vor Wahlen). Nach einzelnen Versuchen im 18. Jh. liegen die Anfänge der modernen M. in den USA, wo nach 1920 die ersten Probeabstimmungen zur Vorhersage der Wahlergebnisse vorgenommen wurden. G. H. Gallup gründete 1935 das »American Institute of Public Opinion« (Gallup-Institut).

Meinungsfreiheit, durch Artikel 5 Absatz 1 GG gewährleistetes Recht, sich ohne Zwang oder Druck eine eigene Meinung zu bilden und diese zu äußern *(Meinungsäußerungsfreiheit)* und zu verbreiten. – Meinung ist nach herrschender Ansicht nicht die bloße Tatsachenwiedergabe und -behauptung, sondern die auf Überzeugungsbildung gerichteten Äußerungen, d. h. Wertungen, Stellungnahmen, Beurteilungen u. a.; als Mittel der Meinungsäußerung und -verbreitung sind Wort, Schrift und Bild bes. genannt. Ebenso geschützt sind aber auch Meinungsbekundungen in anderen Formen, z. B. Tragen von Symbolen oder Teilnahme an einem Schweigemarsch (Demonstrationsrecht).

Meiose [griech.] (Reduktionsteilung), die Halbierung des doppelten Chromosomenbestandes bei der Gametenbildung, um die Zahl der Chromosomen nach der Befruchtung konstant zu halten. Diese Reduktion auf den einfachen Chromosomensatz wird durch zwei kurz aufeinanderfolgende Teilungen erreicht. In der ersten Phase kommt es zur Rekombination der Gene; die zweite Teilung läuft meist als Mitose ab.

Meir, Golda [hebr. mɛˈir], geb. Mabowitsch (Mabowitz), verh. Meyerson (Myerson), *Kiew 3. 5. 1898, †Jerusalem 8. 12. 1978, israel. Politikerin. Wanderte 1906 in die USA aus, übersiedelte 1921 nach Palästina; 1949–74 Abg. in der Knesset (Mapai), 1949–56 Min. für Arbeit und soziale Sicherheit,

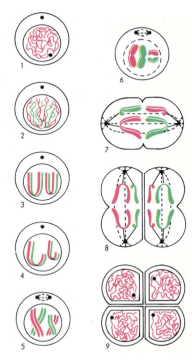

Meiose. Schematische Darstellung verschiedener Stadien: **1** und **2** Leptotän; **3** und **4** Zygotän; **5** und **6** Diplotän; **7** Anaphase; **8** und **9** Zweite Teilung

Golda Meir

Meisel

1956–65 Außen-Min., 1966–77 Generalsekretärin der Mapai; 1969–74 Ministerpräsidentin.

Meisel, Kurt, *Wien 18. 8. 1912, † ebd. 4. 4. 1994, österr. Schauspieler und Regisseur. 1972–83 Intendant des Bayer. Staatsschauspiels in München; zahlr. Filmrollen.

Meisen (Paridae), Fam. der Singvögel mit rd. 50 Arten in offenen Landschaften und Wäldern der Nordhalbkugel und Afrikas; meist in Höhlen brütende Standvögel oder Teilzieher. – Zu den M. gehören u. a. *Blau-M.,* etwa 11 cm lang; *Hauben-M.,* etwa 12 cm lang, v. a. in Nadelwäldern; *Kohl-M.,* (mit Schwanz) etwa 14 cm lang; *Schwanz-M.,* etwa 6 cm (mit Schwanz bis 15 cm) lang, v. a. in Wäldern und Parkanlagen; *Sumpf-M.* (Nonnen-M., Glanzkopf-M.), bis 12 cm lang; *Tannen-M.,* etwa 10 cm lang, v. a. in Nadelwäldern; *Weiden-M.,* etwa 12 cm lang, v. a. in feuchten Wäldern.

Meisner, Joachim Kardinal (seit 1983), *Breslau 25. 12. 1933, dt. kath. Theologe. Seit 1962 Priester; 1980–89 Bischof von Berlin, seit 1989 Erzbischof von Köln.

Meißel, Werkzeug aus Stahl mit keilförmiger Schneide. Als Handwerkszeug werden M. mit dem Hammer geschlagen, als spanender Teil von Werkzeugmaschinen in den M.halter eingespannt.

Meißen, 1) Kreisstadt an der Elbe, Sachsen, 34 300 E. Staatl. Porzellanmanufaktur u. a. Ind.-Betriebe. Altes Stadtbild mit spätgot. Rathaus und got. Kirchen. Auf dem Burgberg die spätgot. Albrechtsburg (15. Jh.) und der got. Dom (13.–15. Jh.), am Domplatz Domherrenhöfe (16.–18. Jh.) und das spätgot. Bischofsschloß (vollendet nach 1518). – Die 929 von König Heinrich I. errichtete Reichsburg war Sitz der Markgrafen (ab 1046), der Bischöfe und ab 1068 der Burggrafen von M.; kam 1089 mit der Markgrafschaft M. an die Wettiner (1485 Albertiner); Gründung der Porzellanmanufaktur 1710 durch König August II., den Starken.
2) Bistum, 968 gegr.; 1581 aufgehoben; 1921 als exemtes Bistum wieder errichtet; seit 1979 Dresden-M. (Sitz Dresden).

Meißner (Hoher M.), Gebirge im Hess. Bergland, sö. von Kassel, 754 m hoch.

Meißner-Körperchen (Meißner-Tastkörperchen) [nach dem dt. Physiologen Georg Meißner, *1829, † 1905], von Bindegewebe umhülltes Tastsinnesorgan (Mechanorezeptor), bes. in den Finger- und Zehenbeeren der Säugetiere und des Menschen.

Meisen.
Oben: Kohlmeise ◆
Unten: Blaumeise

Meißen 1).
Blick über die Elbe auf den Burgberg mit der Albrechtsburg (1471 begonnen) und dem Dom (nach 1240 begonnen)

Meißner Porzellan ↑Porzellan.
Meistbegünstigung, Zuerkennung von anderen Handelspartnern bereits gewährten Vorteilen an einen Außenhandelspartner zum Zweck der Gleichbehandlung. Bekanntestes Abkommen über die M. war das ↑GATT.
Meister, 1) Handwerker mit großem Befähigungsnachweis auf Grund der Meisterprüfung nach Besuch einer Fachschule; Voraussetzung zur selbständigen Betriebsführung und für die Lehrlingsausbildung. **2)** Arbeitnehmer, der einem gewerbl. Arbeitsbereich (z. B. als Industriemeister) vorsteht.
Meister Bertram, *Minden um 1340, † Hamburg 1414 oder 1415, dt. Maler. Monumentaler Figurenstil. – *Werke:* Grabower Altar (1379, Hamburg, Kunsthalle), Passionsaltar (Hannover, Niedersächs. Landesgalerie).
Meister des Bartholomäusaltars, *zw. 1440 und 1450, † Köln gegen 1510. Tätig v. a. in Köln; ben. nach einem Altar in München (um 1505–10, Alte Pinakothek).
Meister des Marienlebens, Meister der Kölner Malerei, etwa 1460 bis um 1490; ben. nach acht Tafeln eines Marienaltars (um 1460, sieben Tafeln in München, Alte Pinakothek, eine in London, National Gallery).
Meister E. S., *um 1420, † nach 1467, dt. Kupferstecher. Tätig am Oberrhein und am Bodensee wohl zw. 1440 und 1467; Vorläufer M. Schongauers.
Meister Francke, *Hamburg um 1380, † nach 1430, dt. Maler. Sein Thomasaltar (Englandfahreraltar, 1424) zeigt seine Beziehungen zur westfäl., frz.-burgund. und niederl. Kunst; der Schmerzensmann (um 1430; beide Hamburg, Kunsthalle) nimmt Anstöße von R. Campin und der Brüder van Eyck auf.
Meister H. L., † 1533 (?), oberrhein. Bildschnitzer. Schnitzaltar im Breisacher Münster (1526).
Meistermann, Georg, *Solingen 16. 6. 1911, † Köln 12. 6. 1990, deutscher Maler. 1933 Ausstellungsverbot; 1945 wesentlich (als Lehrer) für die Entwicklung der ↑abstrakten Kunst in der BR Deutschland; Gemälde, Lithographien und (kirchliche und profane) Glasfenster.

Meistersang, im 15. und 16. Jh. zunftmäßig betriebene Liedkunst. Die *Meistersinger* waren bürgerl. Dichter-Handwerker, die sich in Singschulen organisierten. In der Anfangsphase durften die Dichter nur den Tönen der »zwölf alten Meister« neue Texte unterlegen. Um 1480 reformierte H. Folz den M. grundlegend: Nur der konnte ein *Meister* werden, der einen »neuen Ton«, Melodie und Text, schuf. Die Beurteilung und Preisverleihung oblag den *Merkern,* die in der Hierarchie der Meistersingerzunft an erster Stelle standen. Die Zentren des M. lagen in Süd- und Südwestdeutschland.
Meister von Flémalle [frz. - - fle'mal] ↑Campin, Robert.
Meistgebot, höchstes Gebot in der Zwangsversteigerung und in der gewöhnl. Versteigerung.
Meit, Conrat, *Worms um 1480, † Antwerpen 1550 oder 1551, dt. Bildhauer. Meister der dt. Renaissanceplastik, u. a. Grabmäler in Brou bei Bourgen-Bresse (im Chor von Saint Nicolas de Toletin, 1526–32). Auch kleinplast. Arbeiten, u. a. »Judith« (um 1512–14; München, Bayer. Nationalmuseum).
Meitner, Lise, *Wien 7. 11. 1878, † Cambridge 27. 10. 1968, österr.-schwed. Physikerin. Lieferte bed. Arbeiten zur Radio- und Kernchemie. 1939 interpretierte sie mit O. R. Frisch die Resultate der damaligen Arbeiten von O. Hahn und F. Straßmann als ↑Kernspaltung.
Meitnerium [nach L. Meitner] (Unnilennium), chem. Symbol **Mt,** 1995 von der IUPAC empfohlener Name für das radioaktive chem. Element mit der Ordnungszahl 109. Dieses zu der ↑Transactinoiden zählende Element wurde erstmals 1982 im Labor der Darmstädter Gesellschaft für Schwerionenforschung (GSI) mit Hilfe eines Schwerionenbeschleunigers künstlich hergestellt.
Mejerchold, Wsewolod Emiljewitsch [russ. mijir'xɔljt], eigtl. Karl Theodor Kasimir Meyerhold, *Pensa 9. 2. 1874, † Moskau 2. 2. 1940, sowjet. Schauspieler und Regisseur dt. Abkunft. 1898 bis 1902 Mgl. des ↑Moskauer Künstlertheaters; danach zahlr. Inszenierungen v. a. zeitgenöss., insbes. symbolist., grotesker Dramen (auch Opern); 1920 Lei-

Conrat Meit. Judith mit dem Haupt des Holofernes (um 1512–14; München, Bayerisches Nationalmuseum)

Lise Meitner

Mekka

Philipp Melanchthon (aus einer Miniatur von H. Holbein d. J., um 1530).

ter des gesamten sowjet. Theaterwesens; 1923 auch eigenes Theater, das 1938 (wegen »Formalismus«) geschlossen wurde; Verhaftung 1939; 1955 rehabilitiert.

Mekka, für Nichtmuslime unzugängl. Stadt im W von Saudi-Arabien, 550 000 E. Islam.-theolog. Hochschule; Wallfahrtsort, zu dem alle volljährigen Muslime einmal im Leben pilgern sollen (↑Hadjdj). Im Hof der Hauptmoschee (775–785, erweitert 1955) die ↑Kaaba. – Seit dem 1. Jh. n. Chr. besiedelt; 1926 Saudi-Arabien eingegliedert.

Meknès, marokkan. Prov.-Hauptstadt im nördlichen Vorland des Mittleren Atlas, 410 000 E. Zentrum eines Landwirtschaftsgebiets; großer Basar, ⚒. Medina mit einer Medrese aus dem 14. Jh.; Königsstadt mit dem Mausoleum des Sultans Mulai Ismail (18. Jh.) und dem königl. Getreidespeicher.

Mekong, Strom in China und Südostasien, entspringt in Tibet, durchfließt Kambodscha, mündet im südl. Vietnam mit einem über 70 000 km² großen Delta ins Südchin. Meer, 4 500 km lang.

MEK-Wert (Abk. für **m**aximale **E**missions**k**onzentration), Zahl, die angibt, welche Mengen an luftfremden Stoffen mit der Abluft abgegeben werden dürfen.

Melaka (Malakka), **1)** Hauptstadt des malays. Gliedstaats Melaka an der W-Küste der Halbinsel Malakka, 88 100 E. Histor. Museum; Zentrum eines Agrargebiets, Fischerei; Hafen, ⚒. Erhalten sind das portugies. Fort (1511 ff.), das niederl. Rathaus (17. Jh.) sowie der älteste chin. Tempel Malaysias (1704 ff.).
2) Gliedstaat Malaysias, im S der Halbinsel Malakka, 1 658 km², 465 000 E, Hauptstadt Melaka.

Melamin [Kw], $C_3H_6N_6$, aus Kalkstickstoff oder Harnstoff gewonnene chem. Verbindung; kondensiert mit Formaldehyd zu *Melaminharzen,* die zu Lacken, Eß- und Trinkgefäßen, Maschinenteilen u. a. verarbeitet werden.

melan..., Melan... ↑melano..., Melano...

Melancholie [...ko...; griech.], von Traurigkeit oder Depressivität bestimmter Gemütszustand.

Melancholiker [...'ko:...; griech.], unter den antiken Temperamentstypen der zu Schwermut neigende Mensch.

Melanchthon, Philipp, eigentlich P. Schwartzerd[t], *Bretten 16. 2. 1497, † Wittenberg 19. 4. 1560, deutscher Humanist und Reformator. 1518 Prof. für Griechisch an der Univ. Wittenberg, ab 1519 Mitarbeiter Luthers und erster Systematiker des Luthertums (»Loci«, 1521); baute das evangelische Bildungswesen und das Landeskirchensystem auf. Mit dem »Augsburger Bekenntnis« (1530), der »Apologie der Augustana« (1531) und dem »Tractatus de potestate papae« (1537) schuf er die grundlegenden Bekenntnisschriften der Reformation. M. betonte die Autonomie des Naturrechts und der bürgerlichen Gerechtigkeit.

Melanesien, zusammenfassende Bez. für die Inseln im Pazif. Ozean, auf denen v. a. Melanesier leben.

Melanesier, die Bevölkerung Melanesiens einschließlich der Papua Neuguineas. Entscheidend für die soziale Ordnung ist die Bindung an den Klan; vielfach Männer- und Geheimbünde. Die hochstehende Kunst der M. wird als Kunsthandwerk weiterhin betrieben (Holzarbeiten, Malereien, Musikinstrumente).

melanesische Sprachen, zu den ↑austronesischen Sprachen gehörende Sprachgruppe mit mehreren Untergruppen, deren Verbreitungsgebiet die Inseln des westl. Pazifiks von den Admiralitätsinseln, dem Bismarckarchipel und den Salomoninseln bis zu den Neuen Hebriden, Neukaledonien und den Fidschiinseln umfaßt.

Melange [me'lã:ʒə; lat.-frz.], Gemisch.

Melanine [griech.], durch enzymat. Oxidation der Aminosäure Tyrosin entstehende gelbl. bis braune oder schwarze Pigmente bei Tieren und Menschen; bewirken die Färbung der Haut und ihrer Anhangsorgane (Haare, Federn) sowie der Regenbogen- und Aderhaut der Augen. Lokale Melaninansammlungen sind z. B. Leberflecke und Sommersprossen.

melano..., Melano..., melan..., Melan... [griech.], Bestimmungswort von Zusammensetzungen mit der Bedeutung »dunkel, schwarz, düster«.

Melanom (Melanozytoblastom) [griech.], bösartiger Pigmenttumor, v. a. im Bereich der Haut des Gesichtes und Kopfes.

Melfi

Melaphyr [griech.-frz.], basalt. Ergußgestein permo-karbon. Alters, Hauptbestandteile: Plagioklas, Augit, Olivin.

Melas, Spyros, *Naupaktos (Ätolien und Akarnanien) 13. 1. 1882, † Athen 2. 4. 1966, neugriech. Journalist und Schriftsteller. Mitbegründer des neugriech. Theaters, u. a. »Der König und der Hund« (Kom., 1953); auch Romane, Biographien, Essays.

Melasse [lat.-span.-frz.], dunkelbrauner, zähflüssiger, bittersüß schmeckender Rückstand bei der Zuckerfabrikation.

Melatonin [griech.], Hormon der Zirbeldrüse; bewirkt Aufhellung der Haut und die jahreszeitl. Keimdrüsenaktivität.

Melbourne [engl. 'mɛlbən], Hauptstadt des austral. Gliedstaats Victoria, an der Mündung des Yana River in die Port Phillip Bay, 3,08 Mio. E. Mehrere Univ., Staatsbibliothek, Nationalgalerie, -museum und andere Museen, botan. Garten, Zoo. Wichtigster Ind.Standort Victorias; Hafen, ✈. Neugot. kath. Saint Patrick's Cathedral, anglikan. Saint Paul's Cathedral; Townhall (1867–70), in einem Park Captain Cook's Cottage (18. Jh., von England hierher versetzt); zahlr. Wolkenkratzer (nach 1955). – 1836 gegr., ben. nach dem damaligen brit. Premier-Min. William Lamb, Viscount Melbourne (*1779, †1848). 1901–27 Hauptstadt des Austral. Bundes.

Melchisedek (Melchisedech), vorisraelit. Priesterkönig von Salem (Jerusalem).

Melchiten (Melkiten) [syr.], syr., ägypt. und palästinens. Christen, die die Entscheidung des Konzils von Chalkedon (451) annahmen; seit 1439 mit Rom uniert.

Melde, Gatt. der Gänsefußgewächse mit über 100 Arten; einheim. ist die *Garten-M.* (Span. Spinat).

Meldepflicht (Anzeigepflicht), die Verpflichtung, bestimmte Tatsachen den Behörden mitzuteilen, insbes. die Verpflichtung, jeden Wohnungswechsel innerhalb einer landesrechtlich geregelten Frist der zuständigen Meldebehörde zu melden.

meldepflichtige Krankheiten (anzeigepflichtige Krankheiten), in der Humanmedizin Bez. für übertragbare Krankheiten, die nach dem BundesSeuchengesetz vom 18. 7. 1961 vom behandelnden Arzt innerhalb von 24 Stunden an das zuständige Gesundheitsamt gemeldet werden müssen. Meldepflichtig sind u. a. Cholera, übertragbare Gehirnhautentzündung, Gelbfieber, Paratyphus A und B, Pest, Pocken, Kinderlähmung, Ruhr, Tollwut, Tuberkulose. Meldepflicht bei feststehender Erkrankung und bei Todesfällen besteht u. a. für Diphtherie, infektiöse Leberentzündung, Wochenbettfieber, Malaria, Scharlach, Tetanus. ↑Pflanzenkrankheiten, ↑Tierseuchen.

Meldewesen, die Gesamtheit der gesetzl. Bestimmungen über die Meldepflicht und die damit befaßten Institutionen. Das *Melderegister* wird von der Gemeinde geführt (Meldebehörde, Einwohnermeldeamt); sie leitet die Daten an zahlr. andere Behörden, die die Daten benötigen, weiter.

Meldorf, Stadt 12 km südlich von Heide, Schlesw.-Holst., 7 300 E. Dithmarscher Landesmuseum; Hafen. Backsteinbasilika (um 1250–1300; »Dom« der Dithmarscher) mit Gewölbemalereien (um 1300).

Meldorfer Bucht, Nebenbucht der Helgoländer Bucht (Nordsee) vor der W-Küste von Dithmarschen.

Meleagros, Held der griech. Mythologie, Sohn des Königs von Kalydon und der Althaia. Als Strafe für das Versäumen eines Dankopfers sendet Artemis einen gewaltigen Eber, der die Fluren um Kalydon verwüstet. An der Jagd auf das Untier *(Kalydonische Jagd)* beteiligen sich die berühmtesten Helden Griechenlands. M. erlegt den Eber.

Melegnano [meleɲ'ɲa:no], italien. Stadt in der Lombardei, sö. von Mailand, 19 000 E. – In der *Schlacht von Marignano* (so gen. nach dem früheren Namen der Stadt) am 13./14. 9. 1515 besiegte Marschall G. G. Trivulzio im Dienst Franz' I. von Frankreich die Schweizer Söldner des Hzg. von Mailand.

Melfi, italien. Stadt in der nördl. Basilicata, 16 000 E. Erhalten der Kampanile (1153) des Doms und die Burg Robert Guiscards (v. a. 13. Jh.). – Bekannt durch die von Kaiser Friedrich II. 1231 verkündeten *Konstitutionen von M.,* in denen das Verwaltungsrecht des Kgr. Sizilien kodifiziert wurde.

Melde. Gartenmelde (Höhe 30–125 cm)

Melbourne Stadtwappen

2195

Melibocus

Melisse.
Zitronenmelisse

Melibocus (Malchen), mit 517 m höchster Berg am W-Abfall des Vorderen Odenwalds zur Oberrheinebene.
Méliès, Georges [frz. me'ljɛs], *Paris 8. 12. 1861, † ebd. 21. 1. 1938, frz. Filmpionier. Entdeckte 1896 die Möglichkeiten des Films als Publikumsattraktion; entwickelte die Trickphotographie; drehte bis 1914 etwa 1 200 (kürzere) Stücke, v. a. Märchen- und utop. Filme (u. a. »Die Reise zum Mond«, 1902).
Melilla [span. me'liʎa], span. Stadt (Enklave) an der marokkan. Mittelmeerküste, 12,3 km², 58 400 E. Hafen.
Melioration [lat.] (Bodenverbesserung), techn. Maßnahmen zur Werterhöhung des Bodens bzw. zur Ertragsverbesserung von land- und forstwirtsch. genutzten Flächen.
Melisma [griech.], melod. Folge von Tönen, die auf nur eine Textsilbe gesungen werden.
Melisse [griech.-lat.-nlat.], Gatt. der Lippenblütler; einheimisch die *Zitronenmelisse (Garten-M.,* Zitronenkraut), 30–90 cm hohe Staude; die Blätter duften stark nach Zitronen, Verwendung u. a. als Gewürz.
Melk, niederösterr. Bezirkshauptstadt am rechten Ufer der Donau, 5 100 E. Stadtmuseum. Spätgot. Pfarrkirche (1481), Rathaus (1575 und 1847). Über der Stadt das barocke Benediktinerstift (1702–36 erbaut), bed. u. a. die Bibliothek mit Deckenfresko von P. Troger und die Stiftskirche.
Melkiten ↑Melchiten.
Mell, Max, *Marburg (heute Maribor) 10. 11. 1882, † Wien 12. 12. 1971¹, österr. Dichter. Schrieb v. a. Legendenspiele.
Mellah [arab.], Judenviertel in arab. Städten.
Melle, Stadt am S-Rand des Wiehengebirges, Ndsachs., 41 800 E. Solbad. Kath. Pfarrkirche Sankt Matthäus (im Kern 13. Jh.; im 14. Jh. erweitert) mit Triumphkreuz (13. Jh.).
Mellum, Insel in der Nordsee, am N-Rand des Wattgebietes zw. Weser- und Jademündung, 1 km²; Vogelschutzgebiet.
Melodie [griech.] (lat. melodia), eine in sich geschlossene, nach Tonstufen geordnete (sangl.) Folge von Tönen in der Vokal- und Instrumentalmusik.

Melone.
Gartenmelone

Melodrama [griech.-frz.], 1) musikal. Bühnenwerk, entwickelt von J.-J. Rousseau (»Pygmalion«, 1770) und G. A. Benda (»Medea«, 1775), in der Romantik als Konzert-M., d. h. Gedichtrezitation zu Klavier- und Orchesterbegleitung.
2) Rührstück (mit stereotypen Konflikt zw. Gut und Böse), im 19. Jh. bes. in Frankreich, England und Amerika gängig.
Melone [griech.-lat.-italien.(-frz.)] (Garten-M., Zucker-M.), Kürbisgewächs der Tropen, auch in wärmeren Gebieten der gemäßigten Zonen in Kultur; die fleischigen Beerenfrüchte *(Melonen)* werden v. a. als Obst roh gegessen; eine bekannte Kultursorte ist die kleinfrüchtigere, gelbschalige, bes. süße *Honigmelone.*
Melone [italien.] (engl. Bowler), Herrenhut mit halbrunder Kopfform und geschwungener oder flacher Krempe; seit 1850.
Melonenbaum (Papayabaum, Mamayabaum), in zahlr. Sorten in allen Tropenländern kultivierter 4–8 m hoher Obstbaum. Die melonenförmigen, meist grünen bis gelben Beerenfrüchte *(Baummelone, Papayafrucht, Mamayafrucht, Kressenfeige)* werden bis 1,5 kg schwer.
Melos ↑Milos.
Melos [griech.-lat.], das gesangl. Element einer Tonsprache; auch Sprachklang.
Melozzo da Forlì, *Forlì 1438, † ebd. 8. 11. 1494, italien. Maler. Fresken in Rom und Loreto.
Melpomene ↑Musen.
Melsungen, hess. Stadt an der mittleren Fulda vor dem Austritt in das Kasseler Becken, 13 400 E. Renaissanceschloß (16. Jh.); got. Hallenkirche (15. Jh.), zahlr. Fachwerkbauten.

Melonenbaum.
Carica papaya (Höhe 4–8 m)

Melun [frz. mə'lœ̃], frz. Stadt an der Seine, 35 000 E. Verwaltungssitz des Dép. Seine-et-Marne. Bed. Handels- und Ind.-Zentrum. Kirche Notre-Dame (11. bis 16. Jh.), spätgot. Kirche Saint-Aspais (Chor 1517–20).

Melusine, nach einer altfrz. Geschlechtersage Ahnfrau des gräfl. Hauses Lusignan; eine Meerfee, die sich mit Graf Raymond von Poitiers vermählt, jedoch ins Wasser zurückkehren muß, als sie dieser in ihrer Nixengestalt überrascht.

Melville, Herman [engl. 'mɛlvɪl], * New York 1. 8. 1819, † ebd. 28. 9. 1891, amerikan. Schriftsteller. Bekannt v. a. durch den Roman »Moby Dick oder Der weiße Wal« (1851), der als bed. Prosadichtung des amerikan. Symbolismus gilt; schrieb neben weiteren Romanen wie »Ein sehr vertrauenswürdiger Herr« (1857) die Erzählung »Billy Budd« (hg. 1924) sowie Gedichte.

Member of Parliament [engl. 'mɛmbə əv 'pɑːləmənt], Abk. **M. P.,** Bez. für Mgl. des brit. Unterhauses.

Membran [lat.], **1)** *Biologie:* I. w. S. dünnes, feines Häutchen, das trennende oder abgrenzende Funktion hat (z. B. Trommelfell). I. e. S. die *Zell-M.,* die als äußere Plasma-M. Begrenzung der Zellen aller Organismen ist sowie als intrazelluläre M. in eukaryont. Zellen der Abtrennung der Organellen und der Kompartimentierung des Zytoplasma dient. M. bestehen aus einer Phospholipiddoppelschicht, in die Proteine an- und eingelagert sind. Die M. ist als äußere Begrenzung der Zelle Vermittler zw. Zelle und Umwelt der Zelle. Sie ist semipermeabel, d. h. durchlässig für Wasser und kleine Moleküle, nicht aber für Ionen, Zucker und große Moleküle, wie u. a. Proteine. Die M. besitzt spezielle Transportsysteme für ganz bestimmte Moleküle und Ionen, die die Zelle benötigt oder die aus der Zelle hinausgeschafft werden müssen (Glucosetransport, Na^+K^+-Transport u. a.). Sie besitzt Rezeptoren für Hormone und andere Signalmoleküle und -systeme, die Signale in die Zelle hineinleiten, und an ihrer äußeren Oberfläche Strukturen, die die Zelle ausweisen und ihre entsprechende antigene Eigenschaften geben, die immunologisch von großer Bedeutung sind. Die Plasma-M. besitzt ein Membranpotential von rd. 100 mV (innen negativ); durch kurzfristige Veränderungen solcher Membranpotentiale geschieht die Erregungsleitung an den Nervenzellen.
2) *Technik:* meist rundes, nur am Rande eingespanntes elast. Plättchen zur Übertragung von Druckänderungen; als schwingungsfähiger Teil eines Lautsprechers zur Umwandlung elektromagnet. in akust. Schwingungen.

Membranophone [lat./griech.], Sammel-Bez. für Musikinstrumente, bei denen der Klang durch Schwingungen gespannter Membranen (Haut, Fell) erzeugt wird (Trommel, Pauke u. a.).

Membranpotential, in der *Biologie* Bez. für die elektr. Potentialdifferenz, die an einer biolog. Grenzfläche (Membran) zw. dem Zellinneren und dem Außenmilieu jeder lebenden Zelle im Ruhezustand besteht. Das normale M. von Nerven-, Sinnes- oder Muskelzellen heißt *Ruhepotential.* Das M. beruht auf der unterschiedl. Verteilung von Ionen im Innen- und Außenmilieu der Zelle sowie auf der unterschiedl. großen Durchlässigkeit der selektiv permeablen Membran für bestimmte Ionen.

Memel, 1) (litauisch Klaipėda) Stadt am Ausgang des Kurischen Haffs zur Ostsee, Litauen, 204 000 E. Theater; u. a. Schiffbau, Fischverarbeitung, Zellulose-Papier-Kombinat; eisfreier Ostseehafen. – Burg und Stadt M. wurden 1252 von dem mit dem Dt. Orden vereinigten Schwertbrüderorden gegr. und 1258 mit lüb. Recht versehen.
2) Fluß in Litauen, 937 km lang, entspringt in Weißrußland, mündet ins Kurische Haff mit den Hauptmündungsarmen *Gilge* und *Ruß.*

Memelland, nördlich der Memel und der Ruß gelegener Teil Ostpreußens. 2 566 km², seit 1945 zur UdSSR, seit 1991 bei Litauen. – Das von einer überwiegend dt. und ev. Bevölkerung bewohnte M. wurde im Versailler Vertrag an die Alliierten ohne Volksabstimmung abgetreten (1919) und von frz. Truppen besetzt. Während der Ruhrkrise besetzten litauische Freischärler das M. (1923), das von Litauen annektiert wurde. In der Konvention über das M. stimmte Litauen einem Autonomiestatus für das M. zu (1924), doch herrschte ab 1926 der Ausnahmezustand. 1939 er-

Memel 1) Stadtwappen

Rigoberta Menchú

Gregor Mendel

Dmitri Iwanowitsch Mendelejew

Memento

zwang die nat.-soz. Reichsregierung die Rückgabe des Gebietes.
Memento [lat. »gedenke!«], in den Hochgebeten der kath. Messe das Anfangswort der Fürbitten für Lebende und Tote.
Memling, Hans, *Seligenstadt bei Offenbach am Main zw. 1433 und 1440, †Brügge 11. 8. 1494, niederl. Maler. Beeinflußt von (seinem Lehrer?) Rogier van der Weyden, D. Bouts und H. van der Goes; schuf zahlr. Bildnisse, Altäre (Danzig, Brügge, Lübeck).
Memmingen, Stadt am W-Rand der Iller-Lech-Platte, Bayern, 39 700 E. Spätgot. sind die Pfarrkirche Sankt Martin (1419 ff.) und die Frauenkirche (15. Jh.), barockisiert die Kreuzherrnkirche; Rathaus (1589 und 1765); spätgot. Steuerhaus (1495) mit barockem Obergeschoß (1708). – Wurde vor 1286 Reichsstadt.
Memoiren [memo'a:rən; lat.-frz.], ungenauer Sammelbegriff für aufgeschriebene Lebenserinnerungen, wobei die Schilderung selbsterlebter Ereignisse meist in Zeitgeschichte eingebunden ist.
Memorandum [lat.], eine ausführl. [diplomat.] Denkschrift, die im Ggs. zur Note nicht an eine bestimmte Form gebunden ist.
Memphis ['mɛmfis], **1)** ehem. Stadt in Ägypten, westlich des Nil, 20 km südlich von Kairo; v. a. während des Alten Reiches (um 2620–2100) Residenzstadt; u. a. Ruinen des Ptahtempels, Koloß Ramses' II.
2) Stadt in Tennessee, USA, am Mississippi, 610 000 E. Univ., mehrere Museen. M. ist eines der größten Handelszentren der Erde für Baumwolle; Flußhafen.
Menage [me'na:ʒə; lat.-frz. »Haushalt(ung)«], Tischgestell für Essig, Öl u. a.
Menagerie [menaʒəˈriː; lat.-frz.], Tierschau.
Menam, Strom in Thailand, entsteht durch Vereinigung von *Ping* (590 km lang) und *Nan* (627 km lang), die an der birman. bzw. laot. Grenze entspringen, mündet mit einem großen Delta in den Golf von Thailand; 365 km lang.
Menama (Al-M., Manama), Hauptstadt des Emirats Bahrain, an der NO-Küste der Insel Bahrain, 151 500 E. Hochschulen.

Menander (griech. Menandros), *Athen 342/341, †ebd. 291/290, griech. Dichter. Bedeutendster Vertreter der neuen att. ↑Komödie.
Menarche [griech.], Zeitpunkt des ersten Auftretens der Menstruation; normalerweise im Alter von 10 bis 12 Jahren.
Menchú, Rigoberta [span.…'tʃu], *San Miguel Uspantan (Prov. Quiché) 9. 1. 1959, guatemaltek. Bürgerrechtlerin. Erhielt 1992 für ihren gewaltlosen Einsatz für die Gleichberechtigung der Indianer als erste Ureinwohnerin Amerikas den Friedensnobelpreis.
Mencken, Henry Louis [engl. 'mɛŋkɪn], *Baltimore 12. 9. 1880, †ebd. 29. 1. 1956, amerikan. Journalist und Schriftsteller. Literaturkritiker; förderte u. a. T. Dreiser; trat 1908 Essays (»Prejudices«, 6 Bde., 1919–27) scharfe Kulturkritik.
Mende, Erich, *Groß Strehlitz 28. 10. 1916, dt. Politiker. 1945 Mitbegründer der FDP, 1960–68 deren Vors.; 1963–66 Vizekanzler und Min. für gesamtdt. Fragen; trat 1970 zur CDU über.
Mende [frz. mã:d], frz. Stadt am Lot, 10 500 E. Verwaltungssitz des Dép. Lozère; archäolog. Museum. Bed. got. Kathedrale, Brücke (14. Jh.).
Mendel, Gregor (Ordensname seit 1843), *Heinzendorf (heute Hynčice, Nordmähr. Kreis) 22. 7. 1822, †Brünn 6. 1. 1884, österr. Botaniker. Augustinermönch, Lehrer, dann naturwiss. Studium, ab 1868 Abt des Augustinerklosters in Brünn. M. kreuzte Varietäten derselben Pflanzenart (zunächst Gartenerbsen, später u. a. auch -bohnen) und führte künstl. Befruchtungen durch. Bei diesen »Versuchen über Pflanzenhybriden« (1865) leitete er die Gesetzmäßigkeiten (↑Mendelsche Gesetze) ab, die heute eine der Grundlagen der experimentellen Genetik bilden.
Mendelejew, Dmitri Iwanowitsch, *Tobolsk 8. 2. 1834, †Petersburg 2. 2. 1907, russ. Chemiker. Stellte 1869 unabhängig von J. L. Meyer ein Periodensystem der chem. Elemente auf, auf Grund dessen er neue Elemente, deren Atomgewichte und chem. Eigenschaften voraussagte.
Mendele Moicher Sforim (»M. der Buchverkäufer«), eigtl. Schalom Jakob

Abramowitsch, *Kopyl bei Minsk 2. 1. 1836, † Odessa 8. 12. 1917, jidd. Schriftsteller. V. a. durch seine satir. Romane (»Der Wunschring«, 1865; »Fischke der Krumme«, 1869, u. a.) über die Lebensweise der osteurop. Juden bekannt.

Mendelevium [nach D. I. Mendelejew], chem. Symbol **Md**, zu den Transuranen gehörendes künstl. radioaktives chem. Element, Ordnungszahl 101, Massenzahl des langlebigsten Isotops 258.

Mendelsche Gesetze (Mendel-Regeln), die von G. Mendel zuerst erkannten drei Grundregeln, die die Weitergabe der Erbanlagen beschreiben. 1. *Uniformitätsregel:* Kreuzt man reinerbige (homozygote) Individuen (P-Generation) miteinander, die sich nur in einem einzigen Merkmal bzw. in einem Gen unterscheiden, so sind deren Nachkommen (F_1-Generation) untereinander alle gleich (uniform), d. h. für das betreffende Gen mischerbig (heterozygot). War das Merkmal dominant, bestimmt es die äußere Erscheinung, den Phänotyp. Wenn die Nachkommen der F_1-Generation im Phänotyp zu gleichen Teilen beiden Eltern ähnl. sehen (z. B. Mischfarbe), liegt ein intermediärer Erbgang vor. 2. *Spaltungsregel:* Werden heterozygote Individuen der F_1-Generation untereinander gekreuzt, so sind ihre Nachkommen (F_2-Generation) nicht alle gleich, sondern es treten neben heterozygoten auch homozygote Individuen auf. Bei Dominanz eines der beiden Merkmale erfolgt eine Aufspaltung im Verhältnis 3:1 *(Dominanzregel).* 3. *Gesetz der freien Kombinierbarkeit der Gene:* Werden Individuen miteinander gekreuzt, die sich in mehr als einem Gen voneinander unterscheiden, gilt für jedes einzelne Gen- bzw. Merkmalspaar die Uniformitäts- und die Spaltungsregel. Die freie Kombinierbarkeit gilt jedoch nur für Genpaare, die auf verschiedenen Chromosomen liegen.

Mendelsohn, Erich, *Allenstein 21. 3. 1887, † San Francisco 15. 9. 1953, dt. Architekt. Emigrierte 1933. Begann als Expressionist; Bau des Einsteinturms [Sternwarte] in Potsdam (1920/21). Sein Berliner Filmtheater »Universum« (1927, später »Capitol«) wurde 1979–81 für die Schaubühne (am Lehniner Platz)

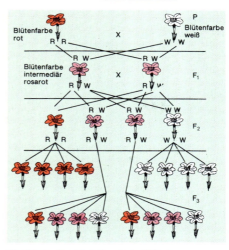

Mendelsche Gesetze. Schematische P Elterngeneration, F1 erste, F2 zweite, F3 dritte Tochtergeneration, R Erbanlage für rote Blütenfarbe, W Erbanlage für weiße Blütenfarbe

umgebaut, sein Columbushaus am Potsdamer Platz in Berlin (1931) ist zerstört.

Mendelssohn, 1) Arnold Ludwig, *Ratibor 26. 12. 1855, † Darmstadt 18. 2. 1933, dt. Komponist. Großneffe von Felix M. Bartholdy; Opern, Chorwerke, Lieder, Orchester- und Kammermusik.

2) Moses, *Dessau 6. 9. 1729, † Berlin 4. 1. 1786, jüd. Philosoph. Befreundet mit G. E. Lessing, der ihm in seinem Drama »Nathan der Weise« ein Denkmal setzte. Als Philosoph (»Abhandlung über die Evidenz in den metaphys. Wiss.«, 1764) identifiziert M. das Judentum mit der Vernunftreligion der Aufklärung. Seine auf Toleranz und Humanität basierende Interpretation der jüd. Religion mittels philos. Kategorien war von einschneidender Bedeutung für die jüd. Geistesgeschichte.

3) Peter de, Pseud. Carl Johann Leuchtenberg, *München 1. 6. 1908, † ebd. 10. 8. 1982, dt. Journalist und Schriftsteller. Emigrierte 1933; veröffentlichte zeit- und literaturkrit. Essays (»Von dt. Repräsentanz«, 1972), polit.-dokumentar. Arbeiten wie »Die Nürnberger Dokumente« (1953) sowie Biographien

Mendelssohn Bartholdy

Felix Mendelssohn Bartholdy
(Ausschnitt aus einem Gemälde von Horace Vernet, 1831)

Churchills und T. Manns, auch Romane; 1975–82 Präs. der Dt. Akademie für Sprache und Dichtung.
Mendelssohn Bartholdy, Felix, *Hamburg 3. 2. 1809, † Leipzig 4. 11. 1847, dt. Komponist. Enkel von Moses Mendelssohn, Ausbildung zus. mit seiner Schwester Fanny (*1805, † 1847; als Komponistin heute zunehmend gewürdigt) u. a. bei C. F. Zelter; trat neunjährig erstmals als Pianist auf. – Mit der ersten (von Zelter vorbereiteten) Wiederaufführung der »Matthäuspassion« nach Bachs Tod am 11. 3. 1829 mit der Berliner Singakademie leitete er den Beginn der modernen Bach-Rezeption ein; er war u. a. ab 1842 Preuß. Generalmusikdirektor in Berlin. Seine Werke stehen einerseits der Klassik nahe, weisen aber bes. in den lyr. Formen romant. Bindung auf; er komponierte Opern, Bühnenmusiken (»Ein Sommernachtstraum«, 1826), die Oratorien »Paulus« (1836) und »Elias« (1846), Kirchenmusik, Orchesterwerke (u. a. 5 Sinfonien, 1824, 1830, 1833, 1840, 1842), 2 Violin- und 3 Klavierkonzerte, Kammermusik, Klavierkompositionen (u. a. »Lieder ohne Worte«, 1830–45).
Menden (Sauerland), Stadt im östl. Sauerland, NRW, 56 500 E.
Menderes, Adnan, *Aydın 1899, † auf der Insel Yassı 17. 9. 1961 (hingerichtet), türk. Politiker. Ab 1950 Vors. der Demokrat. Partei und Min.-Präs.; betrieb eine Politik der engen Bindung an den Westen; 1960 durch einen Militärputsch gestürzt.
Mendès-France, Pierre [mɛ̃dɛsˈfrã:s], *Paris 11. 1. 1907, † ebd. 18. 10. 1982, frz. Politiker. 1932–40 und 1946 bis 58 radikalsozialist. Abg.; beendete als Min.-Präs. (Juni 1954–Febr. 1955) den Indochinakrieg und sicherte Tunesien volle innere Autonomie zu; bis 1957 Staats-Min. im Kabinett G. Mollet.
Mendikanten [lat.], svw. †Bettelorden.
Mendoza [span. menˈdosa], argentin. Prov.-Hauptstadt am O-Fuß der Hochkordillere, 729 000 E. Vier Univ.; Wein- und Sektkellereien, Obstkonservenfabriken.
Menelaos, Held der griech. Mythologie, Bruder des Agamemnon, König von Sparta; die Entführung seiner Gemahlin Helena durch Paris löste den Trojan. Krieg aus.

Menelik II. [ˈmeːnɛlɪk, ˈmɛnɛlɪk] †Menilek II.
Menem, Carlos Saúl, *Anillaco (Prov. La Rioja) 2. 7. 1935, argentin. Politiker. 1973–76 und 1983–89 Gouverneur der Prov. La Rioja; seit 1989 Staatspräsident.
Menes, nach ägypt. Überlieferung der erste König Ägyptens (um 3000 v. Chr.). Gründer der Hauptstadt Memphis.
Menetekel, eigtl. »mene, mene, tekel upharsin« [aramäisch], Orakelworte, die nach Daniel 5, 25 während des Festmahls König Belsazars von einer Menschenhand an die Palastwand geschrieben wurden; nach Daniels Deutung: »gezählt« (d. h. die Tage der Königsherrschaft Belsazars), »gewogen« (er ist »gewogen und zu leicht befunden«), »geteilt« (d. h. das Reich wird zw. Medern und Persern geteilt).
Menge, in der *Mathematik* die Zusammenfassung von Dingen (Elementen der M.), die voneinander unterscheidbar sind.
Mengenindex, in der analyt. Statistik Meßzahl aus gewichteten Mengen, bei der konstante Preise als Gewichte dienen (Ggs. Preisindex). Mengenindizes sind von Bedeutung insbes. in der Produktionsstatistik (daher als *Produktionsindizes* bezeichnet); der bedeutendste M. ist der *Index der industriellen Nettoproduktion.*
Mengenlehre, von G. Cantor begründete Lehre von den †Mengen, bes. von den Beziehungen zw. Mengen sowie von den Abbildungen der Elemente zweier Mengen aufeinander. Beispiele für Mengen sind die Menge der natürl. Zahlen $N = \{0, 1, 2, 3 \ldots\}$ und die Menge der ganzen Zahlen $Z = \{\ldots -2, -1, 0, 1, 2 \ldots\}$. Da alle Elemente der Menge N in der Menge Z enthalten sind, ist N *Teilmenge* oder *Untermenge* von Z. Werden alle Elemente verschiedener Mengen zu *einer* Menge zusammengefaßt, spricht man von einer *Vereinigungsmenge.* Elemente, die in verschiedenen Mengen gleichzeitig vorkommen, bilden eine *Schnittmenge.* Werden die Elemente x und y zweier Mengen zu Paaren (x, y) geordnet, entsteht die *Produktmenge (Mengenprodukt, kartes. Produkt)* beider Mengen.
Mengistu Haile Mariam [amhar. mɛngəstu hajlɛ marjam], *1937 (?),

äthiop. Offizier und Politiker. 1974 maßgeblich an der Absetzung Kaiser Haile Selassies I. beteiligt.; ab 1974 Vors. des Exekutivkomitees des Provisor. Militärrats; ab 1977 Vors. des Provisor. Militärrats (Staatsoberhaupt); nach Verfassungsänderung 1987 zum Staatspräs. gewählt; 1991 gestürzt.

Mengs, Anton Raphael, *Aussig 22. 3. 1728, †Rom 29. 6. 1779, dt. Maler. Vertreter des Klassizismus; Hofmaler in Dresden und ab 1761 in Madrid; Deckengemälde des Parnaß in der Villa Albani in Rom (1760/61); Bildnisse.

Mengzi (Meng-tzu) [chin. məŋdzi], eigtl. Meng K'o. latinisiert Mencius, *Zou (Shandong) 372 (?) v. Chr., † ebd. 289 (?) v. Chr., chin. Philosoph. Bereits im 2. Jh. n. Chr. als »zweiter Heiliger« (nach Konfuzius) bezeichnet, im 12. Jh. kanonisiert. Die nach ihm ben., aus sieben Büchern bestehende Sammlung von Lehrmeinungen und Gesprächen (Dialogen) hat unter Weiterentwicklung der alten Himmelsreligion die Orientierung der gesellschaftl. Praxis an dem moral. Weltgesetz zum Gegenstand. Nachhaltiger Einfluß auf die chin. Staatsphilosophie.

Menhire [bretor.-frz.], bis zu 20 m hohe Steine von kult. Bedeutung im Bereich der †Megalithkulturen.

Menilek II. [ˈmeːnilɛk, ˈmɛnilɛk] (Menelik), *Ankober 17. 8. 1844, † Addis Abeba 12. 12. 1913, äthiop. Kaiser (seit 1889). Schloß 1889 mit Italien den Vertrag von Uccialli, aus dem Italien Ansprüche auf ein Protektorat herleitete; erreichte die Unabhängigkeit Äthiopiens durch den Sieg bei Adua am 1. 3. 1896.

Meningen (Einz. Meninx) [griech.], svw. Gehirnhäute.

Meningitis [griech.], svw. †Gehirnhautentzündung.

Meniskus [griech. »mondsichelförmiger Körper«] (Meniscus), 1) *Anatomie:* †Kniegelenk. 2) *Oberflächenphysik:* gekrümmte Oberfläche einer Flüssigkeit in einem dünnen Rohr. 3) *Optik:* (M.linse) opt. Linse, bei der beide Flächen im gleichen Sinne gekrümmt sind.

Meniskusverletzung, Schädigung des inneren Meniskus im Kniegelenk mit *Meniskusriß* oder *Meniskuslockerung* und

Mensch

Einklemmungserscheinungen. Die Symptome der M. *(Meniskuszeichen)* sind u. a. sofort auftretende heftige Schmerzen im Kniegelenk, federnde Behinderung der Streckbewegung und Schwellung durch Gelenkerguß.

Mennige [iber.-lat.], Doppeloxid des Bleis, das in einer roten und einer schwarzen Modifikation auftritt. Die rote Modifikation wird v. a. als Grundierungsmittel für Eisenanstriche verwendet.

Mennoniten, Name der nach Menno Simons ben. Anhänger einer aus schweizer., niederl. und nordwestdt. Täufergruppen nach 1535 entstandenen Reformationsbewegung, die ein kalvinistisch geprägtes Christentum vertreten. die Kindertaufe ablehnen und die sittl. Heiligung betonen. Die Gesamtheit der M. verteilt sich auf folgende Gruppen: 1. M.-Kirche, 2. General Conference Mennonite Church, 3. M.-Brüder-Kirche, 4. Amish-M.-Kirche Alter Verfassung (Old Order Mennonite Church; *Amische*). Heute in der *Mennonite World Conference* zusammengeschlossen.

Menno Simons, *Witmarsum (heute zu Wonseradeel bei Leeuwarden) 1496, † Wüstenfelde (Wüstung auf dem Gebiet von Bad Oldesloe) 31. 1. 1561, dt. täuferischer Theologe. Urspr. kath. Priester; schloß sich 1536 den Täufern an. †Mennoniten.

Menopause [griech.], bei der Frau der Zeitpunkt der letzten Menstruation, meist zw. dem 47. und 52. Lebensjahr.

Menora [hebr.»Leuchter«], siebenarmiger Leuchter, in der Stiftshütte (2. Mos. 25, 31–40) und im Tempel (1. Kön. 7, 49) aufgestellt und nach dessen Zerstörung 70 n. Chr. nach Rom gebracht. Die M. ist eines der wichtigsten Bildmotive der jüd. Kunst.

Menorca, östlichste Insel der Balearen, Spanien, 683 km², bis 357 m hoch.

Menotti, Gian Carlo, *Cadegliano-Viconago (Prov. Varese) 17. 7. 1911, amerikan. Komponist italien. Herkunft. Erfolgreiche Bühnenwerke (»Amelia al ballo«, 1937; »Eine Braut Plutos«, 1982).

Mensa [lat.], 1) Tischplatte des Altars. 2) Speiseraum für Studenten.

Mensch, als Unterart Homo sapiens sapiens der Art Homo sapiens das einzige noch lebende Mitglied der Gattung Mensch (Homo), die zur Klasse der

Gian Carlo Menotti

2201

Mensch

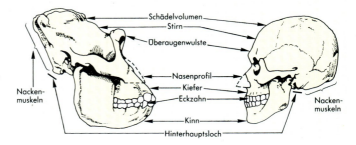

Mensch. Die wesentlichen Unterscheidungsmerkmale zwischen dem Schädel eines Menschenaffen (hier eines Gorillas) und dem Schädel des Menschen (rechts)

Säugetiere und mit den Halbaffen und Affen zur Ordnung der Primaten (↑Herrentiere) gehört. Charakteristisch für den M. sind sein aufrechter Gang und die Rückbildung des tier. Haarkleids. Durch sein hochentwickeltes, an Volumen vergrößertes Gehirn und die damit verbundenen Fähigkeiten, zu denken, zu sprechen und seine Umwelt zielgerecht zu verändern, ist der M. das höchstentwickelte Lebewesen der Erde.
Abstammung: Die menschl. Evolutionslinie geht von menschenaffenähnl. Formen (Propliopithecus und Aegyptopithecus) des frühen Oligozäns (seit rd. 38 Mio. Jahren) aus. Aus dem unteren Miozän (vor 17–25 Mio. Jahren) liegen Reste von Hominoiden (gemeinsame Vorfahren der Hominiden, Menschenaffen und Gibbons) vor, unter denen der Proconsul africanus durch Funde am besten belegt ist. 1992 und 1993 wurde in Äthiopien mit den Überresten des Australopithecus ramidus (Alter rd. 4,4 Mio. Jahre), dem nunmehr ältesten bekannten Vertreter der Hominiden, ein wichtiges Zwischenglied in der Entwicklung zum Menschen entdeckt. Gut belegt ist der zuerst 1973 entdeckte Australopithecus afarensis (u. a. »Lucy«), nachweisbar bis vor knapp 3 Mio. Jahren, ab welcher Zeit auch der Australopithecus africanus auftrat. Der vor etwa 2–2,5 Mio. Jahren erscheinende Homo habilis wird an den Anfang der Entwicklungslinie gestellt, die zum heutigen M. geführt hat. Neben ihm ist der Homo rudolfensis belegt. Dieser wird z. T. auch in die Nachfolge des Australopithecus afarensis gestellt, der Homo habilis in die Nachfolge des Australopithecus africanus. Dem Homo habilis und Homo rudolfensis wird erstmals die Herstellung von einfachen Steinwerkzeugen zugeschrieben. Die Entwicklungsstadien im einzelnen sind strittig, kein Zweifel besteht jedoch daran, daß zuerst die zweibeinige Körperhaltung und Fortbewegungsweise erworben wurden; erst danach erfolgte die Entfaltung des Gehirns weit über das bei höheren Affen erreichte Maß hinaus. Vor

Mensch. Schnitt durch den Schädel von Spitzhörnchen (links), Schimpanse (Mitte) und Mensch (rechts); die zunehmende Knickung der Schädelbasis (rot) ermöglicht, daß der Gesichtsschädel (der gleichzeitig an Größe abnimmt) unter den Hirnschädel verlagert wird; damit verbunden ist eine Volumenzunahme des Hirnschädels (gekennzeichnet durch die blaue Fläche)

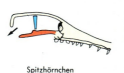
Spitzhörnchen

Schimpanse

Mensch

etwa 1,8 Mio. Jahren (oder noch früher) taucht der Homo erectus auf, der schon weitgehend die Körpergestalt des heutigen M. hatte; er war diejenige Art, die sich erstmals über Afrika hinaus nach Asien und Europa ausbreitete; geschickt im Herstellen von Werkzeugen (Faustkeile, Abschläge), entwickelte er die Fähigkeit, Feuer zu machen, sowie erfolgreich größere Tiere zu jagen. Vom frühachaischen Homo erectus ging die Entwicklung über eine spätarchaische Form und einen früharchaischen Homo sapiens zum anatomisch heutigen Homo sapiens, dessen Schädelbau sich grundsätzlich nicht mehr von dem des heute lebenden M. unterscheidet. Umstritten ist, ob der heutige Mensch (Homo sapiens sapiens), der in Afrika (S-Äthiopien, Südafrika) seit etwa 130 000 Jahren belegt werden kann, nur in Afrika entstanden ist (»Out-of-Africa-Theorie« oder »Eva kam aus Afrika«) und von hier aus die übrige Welt besiedelt hat (seit 100 000 Jahren im Nahen Osten) oder ob er sich auch auf anderen Kontinenten (Europa, Asien) aus Vorgängerformen entwickelt haben könnte. Der nur in Europa und Vorderasien nachweisbare Homo sapiens neanderthalensis, der nach dem ersten Fundort im Neandertal bei Düsseldorf benannte Neandertaler, stellt einen isolierten Seitenzweig der Menschheit dar. Gleichzeitig mit seinem allmähl. Verschwinden in der letzten Eiszeit vor etwa 35 000 Jahren erscheinen auch in W-Europa mit dem Cro-Magnon- und dem Aurignac-Menschen typische Vertreter des Homo sapiens sapiens mit den Kulturzügen der jüngeren Altsteinzeit.
Anatomie: Der menschl. Körper setzt sich sowohl aus anorgan. (etwa 60% Wasser, 5% Mineralstoffe) als auch aus organ. Substanzen (Proteine, Fette, Kohlenhydrate) zusammen. Gegliedert wird er in Kopf, Rumpf und Gliedmaßen. Er wird durch das ↑Skelett gestützt, das von Muskulatur (über 600 ↑Muskeln) umgeben ist, die zus. mit den ↑Gelenken die Bewegungen ermöglichen. Die ↑Haut bietet äußersten Abschluß und Schutz. Die Eingeweide nehmen unterschiedl. Aufgaben wahr: ↑Atmung, ↑Blutkreislauf, ↑Ernährung, ↑Fortpflanzung, ↑Stoffwechsel und ↑Verdauung. Das ↑Nervensystem reguliert zus. mit den ↑Hormonen die Lebensvorgänge. Den Kontakt zur Außenwelt stellen die ↑Sinnesorgane her.
Menschenaffen (Pongidae), zur Über-Fam. Menschenartige (Hominoidea) gehörende Familie der Herrentiere, zur Unterscheidung von den als *Kleine M.* bezeichneten ↑Gibbons auch *Große M.* (65–150 cm Länge) genannt. Sie leben v. a. in Wäldern W- und Z-Afrikas sowie Sumatras und Borneos; meist Pflanzenfresser. Die Arme sind immer länger als die Beine, der Rumpf ist sehr kompakt, der Schädel kräftig, im Alter starke Schnauzenbildung; Daumen und Großzehe opponierbar, daher gute Greiffähigkeit bei allen vier Extremitäten; besitzen ein relativ hochentwickeltes Gehirn. Ihre Bestände sind stark von der Ausrottung bedroht. Zu den M. gehören Schimpanse, Bonobo, Gorilla und Orang-Utan.
Menschenartige (Hominoidea), Über-Fam. geistig höchstentwickelter Primaten: neben dem Menschen Menschenaffen und Gibbons.
Menschenfloh ↑Flöhe.
Menschenfresserei, svw. ↑Kannibalismus.
Menschenhaie ↑Grauhaie.
Menschenhandel, Straftat, die begeht, wer auf eine andere Person seines Vermögensvorteils wegen einwirkt, um sie in Kenntnis einer Zwangslage zur Aufnahme oder Fortsetzung der Prostitution zu bestimmen oder um sie in Kenntnis der Hilflosigkeit, die mit ihrem Aufenthalt in einem fremden Land verbunden ist, zu sexuellen Handlungen zu bringen, die sie an oder vor einer dritten Person vornehmen oder von einer dritten Person an sich vornehmen lassen soll:
Menschenläuse (Pediculidae), weltweit verbreitete Fam. der Läuse mit sechs auf Menschen, Menschenaffen und Kapuzineraffen parasitierenden Arten; auf dem Menschen leben *Kleiderlaus* (3–4 mm lang, weißlichgrau, überträgt u. a. Fleckfieber), *Kopflaus* (2–3 mm lang) und *Filzlaus* (Schamlaus; 1–3 mm lang, v. a. in der Schambehaarung).

Menschenopfer

Menschenopfer, sakrale Tötung von Menschen, ein in der Religionsgeschichte vielfach belegter kult. Akt, der im Lauf der religionsgeschichtl. Entwicklung häufig durch das tier. Ersatz-

Menschenrassen

opfer abgelöst wurde. Auf die Kultteilnehmer sollte die Stärke des Geopferten übertragen werden. Das Sühneopfer diente der Tilgung einer Schuld, die stellvertretend für das gesamte Volk auf einen menschl. »Sündenbock« übertragen wurde.
Menschenrassen, geographisch lokalisierbare Formengruppen des heutigen Menschen, die eine charakterist. Genkombination besitzen und sich mehr oder weniger deutlich voneinander unterscheiden. Man unterscheidet: die urspr. in Europa, Nordafrika und dem Westteil Asiens lebenden *Europiden,* deren auffälligstes Kennzeichen die Pigmentarmut von Haut, Haar und Augen ist; die urspr. in Zentral-, Süd- und Ostasien lebenden *Mongoliden,* die gekennzeichnet sind durch derbes, straffes, glattes Kopfhaar, meist geringen Bartwuchs, geringe Körperbehaarung und ↑Mongolenfalte; die aus den Mongoliden hervorgegangenen *Indianiden,* die in mehreren Wellen aus dem asiat. Raum über die Beringstraße in den amerikan. Kontinent einwanderten; die urspr. auf dem afrikan. Kontinent südlich der Sahara lebenden *Negriden,* die charakterisiert sind durch extrem starke Pigmentierung (dunkelbraune bis schwarze Haare, Haut und Augen), meist engkrauses Kopfhaar, schwache Bart- und Körperbehaarung. Dazu kommen noch einige Untergruppen wie die Australiden und die afrikan. Khoisaniden (Hottentotten und Buschmänner).
Neben zufälligen Änderungen, die sich innerhalb von Populationen fortsetzen können, spielen v. a. Anpassungen an die verschiedenen Lebensräume und Klimabereiche eine Rolle. Die auffälligsten Unterscheidungsmerkmale sind neben der Haut-, Haar- und Augenfarbe bestimmte Körper-, Kopf- und Gesichtsformen sowie physiol. Parameter wie Wärmeregulation oder Blutmerkmale. Die Hautfarbe zeigt eine deutl. Beziehung zur Stärke der UV-Strahlung; sie ist in lichtreichen Gegenden dunkel (Schutz gegen UV-Strahlung) und in lichtärmeren Gegenden hell, um ausreichende Bildung von Vitamin D zu gewährleisten. Das unterschiedl. Verteilungsbild des AB0-Systems (Blutgruppen) erklärt sich z. T. aus dem Zusammenwirken mehrerer epidem. Infektionskrankheiten in Verbindung mit der bes. Anfälligkeit bestimmter Blutgruppen dafür (z. B. Blutgruppe A für Pocken).
Menschenraub, das Sichbemächtigen eines anderen Menschen durch List, Drohung oder Gewalt, um ihn in hilfloser Lage auszusetzen oder (früher) in Sklaverei oder ausländ. Kriegs- oder Schiffsdienst zu bringen; wird mit Freiheitsstrafe nicht unter einem Jahr bestraft. Erhebl. Strafverschärfung tritt ein bei *erpresser. M.* (Kidnapping). M. aus polit. Motiven erfüllt den Tatbestand der Verschleppung.
Menschenrechte, im formellen Sinn ↑Grundrechte, im materiellen Sinn vor- und überstaatl. Rechte, die der Staat nicht nach Maßgabe seiner Verfassung verleiht, sondern die vorkonstitutionell gelten. Als M. werden v. a. die polit. *Freiheitsrechte* oder *Grundfreiheiten* begriffen (Recht auf Gleichheit, Unversehrtheit, Eigentum, Meinungs- und Glaubensfreiheit, Widerstand gegen Unterdrückung), seit dem 19. Jh. ist eine schrittweise Ausdehnung der M. in den sozialen Bereich festzustellen (Recht auf Arbeit, Bildung, soziale Sicherheit).
Geschichte: Bis 1945 war der Schutz der M. Aufgabe der Einzelstaaten und wurde von deren Verfassungen garantiert. Als Reaktion auf die massiven M.verletzungen in den totalitären Staaten erklärten die UN nach dem 2. Weltkrieg den universellen Schutz der M. zu einem ihrer Hauptziele. Am 10. 12. 1948 wurde (ohne Gegenstimme, aber bei Enthaltung der kommunist. Staaten) die *Allg. Erklärung der M. (Deklaration der Menschenrechte,* engl. *Declaration of human rights)* in Form einer völkerrechtl. unverbindl. Empfehlung verabschiedet, die einen Katalog von bürgerl., polit. und sozialen Rechten enthält. Am 16. 12. 1966 folgten die beiden *Internat. Pakte über bürgerl. und polit. Rechte* bzw. *über wirtschaftl., soziale und kulturelle Rechte.* Ihr Inhalt entspricht im wesentl. dem der *Europ. Konvention zum Schutze der M. und Grundfreiheiten* (Abk. MRK) vom 4. 11. 1950 bzw. der *Europ. Sozialcharta* vom 18. 10. 1961. Das in der MRK niedergelegte System der kollektiven Garantie der aus der Allg. Erklärung der M. der UN übernommen

Rechte durch die Vertragsstaaten umfaßt eine internat. richterl. Kontrolle mit bindender Entscheidungswirkung für die betroffenen Staaten. Die Rechtsschutzorgane sind die Europ. Kommission für M. (zur Entgegennahme von Individual- und Staatenbeschwerden nach Erschöpfung des innerstaatl. Rechtsweges), der Europ. Gerichtshof für M. und das Min.komitee des Europarats.

Menschenrechtskonventionen, völkerrechtl. Verträge, in denen Staaten sich zur Gewährleistung von Menschenrechten an alle ihrer Hoheitsgewalt unterstehenden Personen verpflichten.

Menschensohn, in der jüd. Apokalyptik eine messian. Gestalt, im NT Selbstbez. Jesu, wobei umstritten ist, ob der Titel M. auf Jesus selbst zurückgeht.

Menschenwürde, der nach Artikel 1, Absatz 1 GG für unantastbar erklärte Bereich, der dem Menschen als Person zusteht und eine veräctl. Behandlung seitens des Staates ausschließt (einer Verfassungsänderung entzogen).

Menschewiki [russ. »Minderheitler«], die gemäßigte Gruppe der Sozialdemokrat. Arbeiterpartei Rußlands, die nach deren 2. Parteikongreß (1903) der von Lenin geführten Gruppe (Bolschewiki) unterlag.

Menschikow, Alexander Danilowitsch Fürst (seit 1707), *Moskau 16. 11. 1673, † Berjosowo 23. 11. 1729, russ. Feldmarschall (ab 1709) und Politiker. Engster Berater Peters d. Gr.; 1725 setzte er die Thronbesteigung Katharinas I. durch und bestimmte kurze Zeit die russ. Politik; 1727 verbannt.

Mensching, Gustav, *Hannover 6. 5. 1901, † Düren 30. 9. 1978, dt. Religionswissenschaftler. Vertrat eine am Verstehen der Erlebnisqualität der Religion orientierte Religionswissenschaft.

Menses [lat.], svw. ↑Menstruation.

mens sana in corpore sano [lat.], »in einem gesunden Körper [möge auch] ein gesunder Geist [wohnen]« (aus den Satiren Juvenals).

Menstruation [lat.] (Monatsblutung, Regel[blutung], Periode, Menses), die bei der geschlechtsreifen Frau periodisch (durchschnittlich alle 29,5 Tage) auftretende, 3–5 Tage dauernde Blutung aus der Gebärmutter als Folge der Abstoßung der Gebärmutterschleimhaut etwa 14 Tage nach einem Eisprung (Ovulation). Zunächst werden vermehrt follikelstimulierendes Hormon (FSH) und luteinisierendes Hormon (LH) ausgeschüttet, die über Follikelwachstum und erhöhter Östradialsekretion einen Aufbau der Gebärmutterschleimhaut bewirken *(Proliferationsphase);* in der nachfolgenden *lutealen Phase* kommt es im Eierstock zur Bildung eines Gelbkörpers, der seinerseits die Gebärmutterschleimhaut auf hormonalem Wege zur Aufnahme eines befruchteten Eies vorbereitet *(Sekretionsphase);* erfolgt keine Befruchtung, wird die Gebärmutterschleimhaut abgestoßen *(M.blutung).* M. kommen in entsprechender Weise bei allen weibl. Herrentieren vor.

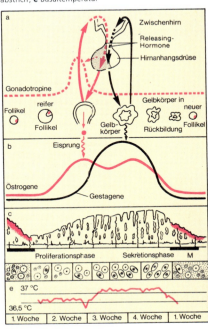

Menstruation. Der weibliche Zyklus als Funktion des sexuellen Zentralsystems; **a** gonadotrope Hormone und Eierstockzyklus; **b** Blutspiegel der Eierstockhormone; **c** Zyklus der Gebärmutterschleimhaut; **d** Scheidenabstrich; **e** Basaltemperatur

Mensur

Mensur [lat.], **1)** *Sport:* Abstand zweier Fechter beim Gefecht. **2)** *studentisches Verbindungswesen:* (Pauken) Zweikampf mit scharfen Hiebwaffen (Schläger), bei dt., österr. und schweizer. schlagenden Studentenverbindungen. **3)** *Chemie:* svw. ↑Meßzylinder.

Mensuralnotation [lat.], die im 13. Jh. entstandene und bis zum endgültig gültigen 16. Jh. gültige Notenschrift. Im Ggs. zu Choralnotation und Modalnotation zeichnet sie sich durch zeitlich geregelte Notenwerte aus. Durch Rundung der quadrat. und rhomb. Notenformen entstand seit etwa 1600 aus der M. die heutige Notenschrift.

Mentalität [lat.], Geistes-/Bewußtseinshaltung.

Menthol [lat.], monocycl. Terpenalkohol; weiße, kristalline Substanz, die v. a. im äther. Öl der Pfefferminze vorkommt; verwendet in Zahnpasten, Mundwässern und Einreibmitteln.

Menton [frz. mã'tõ], frz. Seebad an der Côte d'Azur, Dép. Alpes-Maritimes, 25100 E. Biennale der Malerei, Musikfestspiele.

Mentor, Gestalt der griech. Mythologie. Odysseus überträgt ihm für die Zeit seiner Abwesenheit von Ithaka die Sorge für sein Hauswesen und bes. für seinen Sohn Telemach; sprichwörtlich gewordener Ratgeber und väterl. Freund.

Mentuhotep, Name von vier ägypt. Königen der 11. Dynastie (2040–1991); bekannt v. a.: *M. II.,* der seinen Totentempel in Dair Al Bahri erbaute.

Menü [lat.-frz.], **1)** *allg.:* Speisenfolge von drei und mehr Gängen. **2)** *Datenverarbeitung:* auf dem Bildschirm angezeigte Liste von Kommandos, die in einem Programmteil als nächste Befehle erlaubt sind. Der Benutzer kann durch Auswahl eines oder mehrerer Kommandos die nächsten Aktionen des Rechners festlegen.

Menuett [lat.-frz.], frz. Paartanz in mäßig schnellem Dreiertakt, ein Volkstanz aus dem Poitou, wurde im 17. Jh. Hoftanz und (von Lully) in die Kunstmusik aufgenommen; seit etwa 1750 Bestandteil von Sonate und Sinfonie.

Menuhin, Sir (seit 1965) Yehudi [ˈmɛnuhiːn, mɛnuˈhiːn, engl. ˈmenjʊɪn, ˈmenʊɪn], * New York 22. 4. 1916, brit. Violinist. Bereits als Kind weltberühmt; auch Konzerte mit seiner Schwester Hephziba M. (Pianistin, * 1920, † 1981); Förderer zeitgenöss. Violinkonzerte, die er z. T. selbst in Auftrag gab; seit den 1970er Jahren zunehmend als Dirigent tätig (M. Festival Orchestra; seit 1982 Präs. des Royal Philharmonic Orchestra London). 1979 Friedenspreis des Börsenvereins des Deutschen Buchhandels.

Menzel, Adolph von (seit 1898), * Breslau 8. 12. 1815, † Berlin 9. 2. 1905, dt. Maler und Graphiker. Die Schilderung der friderizian. Zeit war bis um 1860 sein Hauptthema, zunächst in den 400 Federzeichnungen für Holzstiche zu Kuglers »Geschichte Friedrichs des Großen« (1841/42), auch in Gemälden (u. a. »Tafelrunde Friedrichs d. Gr. in Sanssouci«, 1850, 1945 vernichtet). Daneben wählte er Motive aus Alltagsleben (»Das Balkonzimmer«, 1845; Berlin, Neue Nationalgalerie) und Arbeitswelt (»Eisenwalzwerk«, 1875; Berlin, Nationalgalerie).

Mephisto [meˈfisto; Herkunft des Namens nicht geklärt] (Mephistopheles), Teufel der Faustsage.

Meppen, Kreisstadt an der Mündung der Hase in die Ems, Ndsachs., 30500 E. U. a. Metallverarbeitung, Hafen am Dortmund-Ems-Kanal. Spätgot. Pfarrkirche (1461–70), Renaissancerathaus (1601 ff.).

Meran, Stadt in Südtirol, Italien, 33500 E. Got. Pfarrkirche Sankt Nikolaus (1302–1480) mit spätgot. Fresken; spätgot. Spitalkirche (15. Jh.); Burg Erz-Hzg. Sigismunds (um 1480); von der roman. Zenoburg sind der Bergfried und die Burgkapelle erhalten. Altstadt mit engen Gassen und Laubengängen (13. Jh.). – Das nahe gelegene *Schloß Tirol* wurde zum Ausgangspunkt der Machtbildung der Grafen von Tirol. M. fiel 1363 an die Habsburger und kam 1919 zu Italien.

Merbold, Ulf, * Greiz 20. 6. 1941, dt. Physiker und Astronaut. Teilnehmer an drei Raumflügen (1983 an Bord des amerikan. Raumtransporters Columbia, 1992 an Bord des amerikan. Raumtransporters Discovery, 1994 an Bord der russ. Raumkapsel Sojus TM 20 und der Raumstation Mir).

Mercalli-Sieberg-Skala ↑Erdbeben.

Meran
Stadtwappen

Yehudi Menuhin

Mercaptane [mittellat.] (Thiole, Thioalkohole), den Alkoholen entsprechende, unangenehm riechende organ. Verbindungen, bei denen der Sauerstoff durch Schwefel ersetzt ist.

Mercator, Gerhardus, eigtl. Gerhard Kremer, *Rupelmonde (Flandern) 5. 3. 1512, † Duisburg 2. 12. 1594, niederl. Geograph und Kartograph. Schuf die ersten modernen Landkarten; berühmt seine große Weltkarte für Schiffsnavigation.

Mercatorprojektion [nach G. ↑Mercator] ↑Kartennetzentwurf.

Mercedarier [lat.] (Ordo Beatae Mariae Virginis de Mercede redemptionis captivorum, Abk. OdeM), kath. Ordensgemeinschaft, 1218 von Petrus Nolascus und Raimund von Peñafort urspr. als Ritterorden mit der Aufgabe gegr., gefangene Christen von den Muslimen freizukaufen; später Bettelorden.

Merchandising [engl. 'mə:tʃəndaızıŋ], Sammelbegriff für absatzschaffende und absatzbeschleunigende Maßnahmen.

Merchant adventurers [engl. 'mə:tʃənt əd'ventʃərəz], im 14. Jh. entstandene, größte engl. Handelsgilde.

Mercia, eines der sieben angelsächs. Kgr., ben. nach den Merciern, urspr. am oberen Trent gelegen, umfaßte im 7. und 8. Jh. S-England, kam 825 unter Lehnshoheit von Wessex.

Merck, Johann Heinrich, Pseud. Johann Heinrich Reimhardt d. J., *Darmstadt 11. 4. 1741, † ebd. 27. 6. 1791 (Selbstmord), dt. Schriftsteller und Publizist. Freund Goethes; bed. Kritiker der zeitgenöss. Literatur; Anreger und Mitarbeiter der »Frankfurter gelehrten Anzeigen«; schrieb Gedichte und Romane.

Mercosur, Bez. für die 1991 vertraglich vereinbarte und zum 1. 1. 1995 in Kraft getretene Zollunion und Freihandelszone zw. Argentinien, Brasilien, Paraguay und Uruguay; Sitz des Verwaltungssekretariats: Montevideo.

Mercouri, Melina [griech. mɛrˈkuri] (Merkuri), eigtl. Maria Amalia Mersuris, *Athen 18. 10. 1925, † New York 6. 3. 1994, griech. Schauspielerin, Sängerin und Politikerin. Internat. bekannt aus zahlr. Filmen, u. a. »Sonntags nie« (1959) und als Chansonsängerin; ∞ mit J. Dassin; 1967–74 von der Militärjunta ausgebürgert; 1981–89 und seit 1993 griech. Kultusministerin.

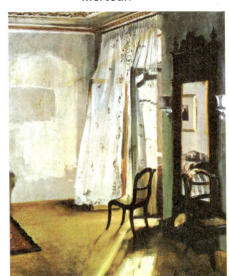

Adolph Menzel. Das Balkonzimmer (1845; Berlin, Nationalgalerie)

Meran. Blick über die Stadt mit der gotischen Pfarrkirche Sankt Nikolaus (1302 ff.)

Mercurius

Maria Sibylla Merian, Spanischer Pfeffer (kolorierter Kupferstich aus dem Werk »Metamorphosis insectorum Surinamensis«, 1705

George Meredith

Dmitri Sergejewitsch Mereschkowski

Mercurius ↑Merkur.
Mercury-Programm [engl. 'mə:kjʊrɪ »Merkur«], Raumfahrtprogramm der USA. Die erste bemannte Mercury-Kapsel (MR-3 mit A. B. Shepard) wurde 1961 gestartet. Nachfolgeprogramm war das Gemini-Programm.
Meredith, George [engl. 'merədɪθ], *Portsmouth 12. 2. 1828, † Flint Cottage bei London 18. 5. 1909, engl. Schriftsteller. Schrieb v. a. realist.-psycholog. Romane, u. a. die »ep. Komödien« »Richard Feverels Prüfung« (1859) und »Der Egoist« (1879); auch Lyrik.
Mereschkowski, Dmitri Sergejewitsch [russ. mɪrɪʃˈkɔfskij], *Petersburg 14. 8. 1865, † Paris 9. 12. 1941, russ. Schriftsteller. Mitbegründer des russ. Symbolismus, später betont christl., myst.-spekulative Betrachtung von Mensch und Welt; Geschichtsromane, u. a. die Trilogie »Christ und Antichrist« (Bd. 1: »Julian Apostata«, 1903; Bd. 2: »Leonardo da Vinci«, 1903; Bd. 3: »Peter d. Gr. und sein Sohn Alexei«, 1905).
Mergel [kelt.-lat.], Sedimentgesteine der Mischungsreihe Ton-Kalk.
Meri, Veijo, *Viipuri (heute Wyborg) 31. 12. 1928, finn. Schriftsteller. Schreibt Romane (»Der Wortbruch«, 1971), Hörspiele, Essays.
Merian, 1) Maria Sibylla, *Frankfurt am Main 2. 4. 1647, † Amsterdam 13. 1. 1717, dt. Kupferstecherin und Naturforscherin. Tochter von Matthäus M. d. Ä. Widmete sich der Erforschung von Insekten und Pflanzen (kolorierte Kupferstiche von wissenschaftl.-künstler. Wert).
2) **Matthäus, d. Ä.**, *Basel 22. 9. 1593, † Langenschwalbach (heute Bad Schwalbach) 19. 6. 1650, schweizer. Kupferstecher und Buchhändler. Vater von Maria Sibylla M.; 1624 übernahm M. den Verlag seines Schwiegervaters J. T. de Bry in Frankfurt am Main; brachte Sammelwerke heraus, eigenhändig illustriert, v. a. die berühmten Städteansichten in M. Zeilers »Topographia« (1642 ff.); auch Stadtpläne.
Mérida [span. 'meriða], 1) span. Stadt am mittleren Guadiana, 37 000 E. Archäolog. Museum; u. a. Leder-, Kork- und Baumwollverarbeitung. Bed. Reste aus röm. Zeit, u. a. Theater, Pferderennbahn, Amphitheater, Triumphbogen, Granitbrücke. Aus maur. Zeit stammt die Alcazaba (835).
2) Hauptstadt des mex. Staates Yucatán, 424 500 E. Univ.; archäolog. Museum, Zoo; internat. ✈. Kathedrale, Palacio Montejo, Palacio Municipal (alle 16. Jh.).
Meridian [lat.], svw. Längenkreis, ↑Gradnetz.
Meridiankreis, astronom. Winkelmeßinstrument; ein Fernrohr, das so aufgestellt ist, daß es nur im Meridian schwenkbar ist.
meridional [lat.], die Längenkreise betreffend; parallel zu einem Längenkreis verlaufend.
Mérimée, Prosper [frz. meri'me:], *Paris 28. 9. 1803, † Cannes 23. 9. 1870, frz. Schriftsteller. Schrieb neben Dramen und Romanen v. a. bed. Novellen (u. a. »Colomba«, 1840; »Carmen«, 1845, Vorlage zu G. Bizets Oper).
Merinoschafe (Merinos), weltweit (v. a. in trockenen Gebieten) verbreitete, aus Vorderasien stammende Rasse des Hausschafs; mit gut gekräuselter weißer Wolle; bringen rd. 75% der Weltwollerzeugung. – In der BR Deutschland gibt es heute zwei M.-Rassen: das *M.-Landschaf* (entstanden Ende des 18. Jh. durch Veredelung des württemberg. Landschafes) und das *M.-Fleischschaf* (entstanden im 19. Jh. aus dt. M. unter Einkreuzung frz. und engl. Rassen).

Merino.
Merinolandschaf

Meristem [griech.], in den Wachstumszonen der Pflanzen gelegenes teilungsbereites Zellgewebe, das neue Pflanzenteile hervorbringen kann.
Meriten [lat.-frz.], bildungssprachlich: Verdienste.
Merkantilismus [lat.-frz.], die Wirtschaftspolitik der absolutist. Staaten zw. dem 16. und 18. Jh. Charakteristisch war die Verbindung von wirtschaftl. Nationalismus und staatl. Dirigismus, Hauptantrieb der steigende staatl. Geldbedarf. Dazu wurden in erster Linie Exportförderung, Vereinheitlichung von Maßen und Gewichten, Beseitigung der Binnenzölle und eine aktive Bevölkerungspolitik vorangetrieben. In Frankreich konzentrierte sich der M. als *Colbertismus* (↑Colbert) mehr auf die staatl. gelenkte Entwicklung des Gewerbes, in England v. a. auf die Hebung der Nachfrage nach den Produkten der einheim. Wollindustrie und auf die Kolonialpolitik, in Deutschland als ↑Kameralismus auf die Erhöhung der Bevölkerungszahl und die Sicherung der Staatsfinanzen.
Merkel, Angela, * Hamburg 17. 7. 1954, dt. Politikerin (CDU). Physikerin; seit 1990 MdB; 1991–94 Bundes-Min. für Frauen und Jugend; seit 1994 Bundes-Min. für Umwelt, Naturschutz und Reaktorsicherheit.
Merkur (Mercurius), röm. Gott des Handels und Gewerbes, später dem griech. ↑Hermes gleichgesetzt.
Merkur [lat., nach dem röm. Gott Merkur], astronom. Zeichen ☿, der sonnennächste Planet (charakterist. Daten des M. ↑Planeten [Übersicht]). Durch die 1973 gestartete Planetensonde Mariner 10 wurde die weitgehend mondähnl. Formation des M. bestätigt. Magnetfeldmessungen lassen einen ähnl. inneren Aufbau wie den der Erde vermuten. Weitere Messungen zeigten, daß der Atmosphärendruck der v. a. aus Helium bestehenden M.atmosphäre kleiner als 0,01 hPa sein muß. Temperaturmessungen ergaben für den subsolaren Punkt 585 K (+312°C), für die Nachtseite 150 K (−123°C) und für den Mitternachtspunkt etwa 100 K (−173°C).
Merkuri, Melina ↑Mercouri, Melina.
Merle, Robert [frz. mɛrl], * Tébessa (Algerien) 20. 8. 1908, frz. Schriftsteller. Romane, u. a. »Wochenende in Zuitcoute« (1949), »L'idole« (1987), auch Science-fiction-Romane, u. a. »Der Tag der Delphine« (1967), histor. Romane; Reportagen.
Merleau-Ponty, Maurice Jean-Jacques [frz. mɛrlopõ'ti], * Rochefort 14. 3. 1908, † Paris 3. 5. 1961, frz. Philosoph. Vertreter des frz. Existentialismus; versuchte die Grundlegung einer existentialist. Anthropologie (»Humanismus und Terror«, 1947).
Merlin, Zauberer und Wahrsager in der Artusliteratur, Ratgeber des Königs Artus; stammt aus der Vereinigung eines Teufels mit einer Jungfrau. Er wird im Wald von Brocéliande von der Fee Viviane in ewigem Schlaf gehalten.
Merlin [german.-frz.-engl.] (Zwergfalke), etwa 25 (♂) bis 33 (♀) cm großer Falke, v. a. in offenen Landschaften und lichten Wäldern N-Eurasiens und N-Amerikas; jagt Vögel bis Taubengröße.
Merlot [frz. mɛr'lo], hochwertige, früh reifende und ertragsstarke Rebsorte, die weiche, fruchtige Rotweine, auch Rosé- und Weißweine liefert; etwa 25 % Anteil in guten Bordeauxweinen.
Meroe ['meːroe], Ruinenstätte in der Republik Sudan, 90 km südlich von Atbara; seit etwa 530 v. Chr. Hauptstadt des Reiches Meroe in Nubien; wurde 350 n. Chr. von Aksum zerstört. M. wurde z. T. ausgegraben, v. a. die Residenz sowie mehrere Tempel und Gräber; Funde von Keramik, des sog. Ferlini-Goldschatzes (Berlin und München) sowie in den Grabkammern von Zeugnissen der sog. meroit. Schrift (um 200 v. Chr.).
Merowinger, fränk. Königsgeschlecht des Früh-MA; im 5. Jh. Kleinkönige eines salfränk. Teilstammes um Tournai,

Merlin
(Länge 27 cm)

Angela Merkel

merowingische Kunst

später Cambrai. Die ersten nachweisbaren M. sind Chlodio († um 460) und Childerich I. († um 482). Dessen Sohn Chlodwig I. (um 482–511) wurde durch Beseitigung der anderen fränk. Könige und Unterwerfung fast ganz Galliens Begründer des Fränk. Reiches. Die reale Macht verloren die M. im 7. Jh. zunehmend an den Adel, insbes. an die Hausmeier (↑Karolinger).

merowingische Kunst, die Kunst des Frankenreiches unter den Merowingerkönigen (5.–8. Jh.). – Saalkirchen, oft mit niedrigeren Nebenräumen, u. a. Baptisterium Saint-Jean in Poitiers (6./7. Jh.). Germanisch beeinflußt bes. der ornamentale Dekor der Kapitelle (Abtei von Jouarre) und Sarkophage, die Buchmalerei (Luxeuil, Corbie) sowie Grabsteine und Metallkunst.

merowingische Kunst. Gürtelschnalle aus Silber und Gold aus dem Grab der Königin Arnegunde in der Basilika von Saint-Denis (2. Hälfte des 6. Jh.; Paris, Louvre)

Robert Bruce Merrifield

Merrifield, Robert Bruce [engl. ˈmerɪfiːld], * Port Worth (Tex.) 15. 7. 1921, amerikan. Chemiker. Erhielt 1984 für die Entwicklung einer Methode zur Herstellung von Peptiden und Proteinen den Nobelpreis für Chemie.

Merseburg, ehem. Bistum, 968 durch Otto I., d. Gr., errichtet.

Merseburger Zaubersprüche, zwei ahd. Zauberformeln in Stabreimen; eingetragen in einer Handschrift des 10. Jh. aus der Merseburger Dombibliothek.

Merseburg/Saale, Kreisstadt an der Saale, Sa.-Anh., 42 600 E. TH, Landesarchiv. Spätgot. Dom (im wesentlichen 1502–17), Schloß (15. und 17. Jh.), Renaissancerathaus (15. und 16. Jh.). – Burg im 9. Jh. belegt; Tagungsort von Reichstagen; kam im 15. Jh. an die Hzg. von Sachsen, 1815 an Preußen.

Mersey [engl. ˈməːzɪ], Fluß in NW-England, mündet mit einem 32 km langen, bis 5 km breiten Ästuar in die Irische See, 113 km lang.

Mersin, türk. Stadt an der südanatol. Küste, 216 300 E. Erdölraffinerie, Zementfabrik, Ölmühle; Hafen.

Meru, Vulkan mit 1 300 m tiefer Caldera sw. des Kilimandscharo, Tansania, 4 567 m hoch.

Meru-Reservat, Wildschutzgebiet in Z-Kenia am Fuß des Mount Kenya.

Merw [russ. mjerf], Ruinenstadt (auf rd. 70 km² Fläche) bei Mary in Turkmenien. Nach Ausgrabungsbefunden im 6. Jh. v. Chr. gegr., im 2. Jh. v. Chr.–3. Jh. n. Chr. parth., dann sassanid.; 651 von Arabern, 1222 durch die Mongolen erobert, 1510–24 und 1601–1747 pers.; seit dem 19. Jh. russ.; verfiel nach Gründung der neuen Stadt M. (Mary). Reste der parth. Stadtbefestigung, des Mausoleums für Sandschar (vor 1152) und timurid. Bauten des 15. Jh. freigelegt.

Merzerisieren (Mercerisieren) [nach dem brit. Chemiker und Industriellen John Mercer, * 1791, † 1866], Behandlung von Baumwollgarnen und -geweben mit Natronlauge; die Fasern quellen auf und erhalten einen hohen Glanz.

Merzig, Kreisstadt an der unteren Saar, Saarland, 30 100 E. Roman. ehem. Prämonstratenser-Stiftskirche (13. und 15. Jh.); Rathaus (1647–50 als Jagdschloß erbaut).

mes..., Mes... ↑meso..., Meso...

Mesa [lat.-span. »Tisch«], v. a. in Spanien, im spanischsprachigen Amerika und in den USA übl. Bez. für Tafelberg.

Mesalliance [frz. mezaliˈãːs], früher unstandesgemäße Ehe; heute mißl. Verbindung von ungleichen Partnern.

Mesa Verde National Park [engl. ˈmeɪsə ˈvəːd ˈnæʃənəl ˈpɑːk], unter Denkmalschutz gestelltes, 208 km² umfassendes Gebiet in SW-Colorado, USA, mit Resten zahlr. präkolumb. Siedlungen (zw. 300 und 1300).

Meschede, Kreisstadt an der oberen Ruhr, NRW, 31 700 E. Fachbereiche der Gesamthochschule Paderborn; u. a. Werkzeugfabrik. Ehem. Stiftskirche in gotisierendem Barock mit karoling. Stollenkrypta; nahebei die 1928 gegr. Benediktinerabtei Königsmünster.

Meschhed, Stadt und schiit. Wallfahrtsort in NO-Iran, am Fuß des Kopet-Dag, 1,46 Mio. E. Univ.; u. a. Zementfabrik. Grabmoschee des Imam Resa (1009 erneuert, im 15. und 16. Jh. erweitert), in der Nähe starb Harun ar-Raschid.

Mesenchym [griech. mes-en...], aus dem Mesoderm (↑Keimblatt) hervorgehendes embryonales Füllgewebe, aus dem u. a. Bindegewebe (einschließl. Knorpel und Knochen), Muskelgewebe sowie Blut entstehen.

Mesenterium [griech.], das Gekröse (↑Darm).

Meseta [lat.-span.], v. a. im span. Sprachbereich Bez. für ein Plateau oder eine Plateaulandschaft (Hochfläche).

Meskalin (Mescalin, Mezcalin) [indian.-span.], zu den biogenen Aminen zählendes Alkaloid; wird aus der mex. Kakteenart Lophophora williamsii gewonnen oder synthet. hergestellt. Seine rauscherzeugende Wirkung ist der von LSD ähnlich; sie äußert sich u. a. durch optische und akustische Visionen sowie einer Steigerung des Tastsinnes.

meso..., Meso..., mes..., Mes... [griech.], Bestimmungswort von Zusammensetzungen mit der Bedeutung »mittlere, mittel..., Mittel...«.

Mesoamerika, Bez. für den altindian. Hochkulturraum in Mexiko und im nördl. Zentralamerika; Verbreitungsgebiet der Nahua- und Mayavölker z. Z. der Eroberung durch die Spanier.

Mesoderm [griech.] (Mesoblast) ↑Keimblatt.

Mesoeuropa, in der *Geologie* Bez. für den durch die varisk. Gebirgsbildung versteiften und an Paläoeuropa angeschlossenen Bereich W- und M-Europas.

Mesolithikum [griech.] (Mittelsteinzeit), Periode der Steinzeit zwischen Paläolithikum und Neolithikum (etwa 8000–5000 v. Chr.). – Die verhältnismäßig raschen Veränderungen von Klima, Pflanzen- und Tierwelt stellten an die Anpassungsfähigkeit der Menschen hohe Ansprüche. Fischfang und Sammelwirtschaft gewannen gegenüber der Jagd wachsende Bedeutung; unter den Steinwerkzeugen herrschen Mikrolithen und verschiedene Beilformen vor; Geräte und Schäftungen aus Knochen, Geweih und Holz sind nachgewiesen.

Mespelbrunn

Mesomerie [griech.] (Strukturresonanz), bei aromat. Verbindungen oder Verbindungen mit konjugierten Doppelbindungen (bzw. Dreifachbindungen) auftretendes, bes. chem. Bindungsverhältnis, bei dem die Pi-Elektronen der Doppel- oder Dreifachbindungen delokalisiert sind, d. h. nur eine bestimmte Aufenthaltswahrscheinlichkeit im Molekül besitzen und über den gesamten Bereich der konjugierten Doppel- oder Dreifachbindungen bzw. im aromat. Ring verteilt sind. Dieser mesomere Bindungszustand kann nicht durch eine einzige Strukturformel dargestellt werden, da er zwischen den durch mehrere Strukturformeln (Grenzformeln) beschreibbaren, fiktiven Grenzzuständen liegt. Ein wichtiges Beispiel hierfür liefert das Benzolmolekül: Der mesomere Bindungszustand besitzt eine höhere Bindungsenergie als die Doppel- oder Dreifachbindungen der Grenzstrukturen, so daß mesomere Verbindungen chemisch besonders stabil sind.

Mesonen ↑Elementarteilchen.

Mesopotamien [griech.] (Zweistromland, Zwischenstromland), Großlandschaft in Vorderasien zw. den Flüssen Euphrat und Tigris südl. des anatol. Gebirgslandes, i. e. S. das *Zwischenstromland* südl. von Bagdad. – Raum der altoriental. Reiche Babylonien und Assyrien, ab 539 v. Chr. Teil des Perserreiches, wurde 635/636 arab., gehörte ab 1534 zum Osman. Reich; nach dem 1. Weltkrieg entstand hier der Irak.

Mesosphäre ↑Atmosphäre.

Mesothorium, Zeichen **MsTh,** Bez. für zwei radioaktive Nuklide der Thoriumzerfallsreihe: MsTh 1 (Radiumisotop 228) und MsTh 2 (Actiniumisotop 228).

Mesozoikum [griech.], svw. Erdmittelalter (mit den Systemen Trias, Jura, Kreide).

Mespelbrunn, Gem. im westl. Spessart, Bayern, 2 100 E. Berühmtes Wasserschloß (15. Jh.). – Abb. S. 2213.

2211

Willy Messerschmitt

Messina
Stadtwappen

Mesquitebaum

Mesquitebaum [...ˈkiːtɔ...; indian.-span./dt.] (Algarrobabaum), in den Tropen und Subtropen (v. a. in Amerika) als Viehfutter kultiviertes Mimosengewächs. – Die mex. Indianer verarbeiteten Teile der Früchte zu Mehl und einem bierähnl. Getränk.

Message [engl. ˈmesɪdʒ], in der *Kommunikationstheorie* Information, die codiert vom Sender zum Empfänger übertr. wird.

Messalina, Valeria, *um 25 n. Chr., † 48 (hingerichtet), röm. Kaiserin. 3. Frau des Claudius (39); bekannt durch ihre Intrigen, Ausschweifungen und ihre Habsucht.

Meßbildkamera (Meßkammer) ↑Photogrammetrie.

Messe [lat.-frz.-engl.], auf größeren Schiffen Speise- und Aufenthaltsraum der Offiziere und Mannschaften; auch: Tischgesellschaft von Offizieren und Mannschaften.

Messe (lat. missa), 1) *Theologie:* nach der lat. Aufforderung am Ende des Gottesdienstes »Ite, missa est«, »Geht hin, (die Versammlung) ist entlassen« seit Ende des 5. Jh. in den westl. (lat.) Kirchen die Eucharistiefeier; nach der Reformation fast ausschließlich in der röm.-kath. Kirche (für die ev. Kirchen ↑Abendmahl, für die Ostkirchen ↑Liturgie). Sie wird als Gedächtnisfeier von Tod und Auferstehung Jesu begangen, wobei das Kreuzopfer Jesu sakramental vergegenwärtigt und Christus unter den Zeichen von Brot und Wein durch die Wandlung (↑Transsubstantiation) sowie in seinem Wort in der Gemeinde gegenwärtig wird. Nach ihrem liturg. Aufbau gliedert sich heute die M. in: 1. *Eröffnung:* Introitus, Begrüßung, Schuldbekenntnis, Gloria und Tagesgebet; 2. *Wortgottesdienst:* Lesungen (aus AT und NT), Evangelium, Predigt, Credo, Fürbitten; 3. *Eucharistiefeier:* Bereitung der Gaben, Gabengebet, Präfation, Sanctus, eucharist. Hochgebet (in vier Formen zugelassen) mit den Wandlungsworten, Fürbitten für die Lebenden und Verstorbenen, Vaterunser, Friedensgruß, Kommunion; 4. *Entlassung* mit Segen. – Hinsichtlich der Texte der M. unterscheidet man zw. *Proprium missae* (die je nach Fest bzw. Festkreis unterschiedl. Texte) und *Ordinarium missae* (die im ganzen Kirchenjahr gleichbleibenden Texte).

2) *Musik:* die mehrstimmige Vertonung des Ordinarium missae, bestehend aus den fünf Ordinariumsteilen Kyrie, Gloria, Credo, Sanctus (mit Benedictus) und Agnus Dei. Die freie Komposition des M.textes begann im 14. Jh. (Guillaume de Machault). Mit den Werken von J. Dunstable und G. Dufay wurde der bis zum Barock gültige Typus der M. festgelegt, in dem eine allen Teilen (vielfach als Cantus firmus) zugrundeliegende Choral- oder Chansonmelodie den Zyklus zusammenbindet. Die klass. A-capella-M. schuf im 16. Jh. Palestrina. Im ausgehenden 16. Jh. trat die M. im »alten Stil« vor der konzertanten Gestaltung mit Soli, Chor und Orchester zurück (u. a. J. S. Bach, »h-Moll-Messe«, 1724). Hier war die liturg. Bindung weitgehend gelöst, wie auch in den Werken der Vorklassik und Klassik (Haydn, Mozart), in denen Elemente des sinfon. Stils und der Oper wirksam wurden und die die M. vielfach (z. B. Beethoven, »Missa solemnis«, 1819–23) aus der Kirche in den Konzertraum führten.

Messe [lat.-mittellat.], 1) Schauveranstaltung mit Marktcharakter, die ein umfassendes Angebot eines oder mehrerer Wirtschaftszweige (*allgemeine* oder *Fach-M.*) bietet. Die heutigen M. sind überwiegend Muster-M. mit Handelsabschlüssen zw. Herstellern und Wiederverkäufern.
2) landschaftlich, bes. in Süddeutschland, Österreich und der Schweiz für Jahrmarkt, Kirmes.

Messel, hess. Gem. nö. von Darmstadt. 3700 E. Bed. Fossilienfunde (u. a. Urpferd) in der ehem. Ölschiefergrube Messel.

Messenien [...i-ɛn], histor. Landschaft im SW der Peloponnes. In myken. Zeit dicht besiedelt; gewaltsame Angliederung an Sparta in den (drei) *Messenischen Kriegen* (letztes Drittel des 8. Jh. und Mitte des 7. Jh. v. Chr.). Der 369 mit theban. Hilfe neugegr. Staat M. mit dem Hauptort *Messene* am schwer einnehmbaren Berg Ithome (Zeusheiligtum) wurde 191 achäisch und 146 v. Chr. Teil der röm. Prov. Achaia.

Messenischer Golf, Golf des Mittelmeers zwischen der Halbinsel Mani und der westlichen Halbinsel der südlichen Peloponnes.

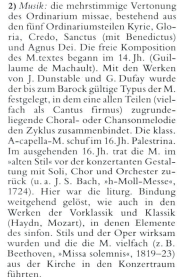

Messerfische (Notopteridae), Fam. bis etwa 80 cm langer, langgestreckter Knochenfische in Afrika und S-Asien.

Messerschmitt, Willy, *Frankfurt am Main 26. 6. 1898, † München 15. 9. 1978, dt. Flugzeugkonstrukteur. Entwickelte u. a. die einsitzige Me 109 und daraus die Me 209 (Me 109 R), mit der 1939 der (bis 1969 bestehende) Geschwindigkeitsweltrekord von 755,138 km/h für Flugzeuge mit Kolbenmotor aufgestellt wurde. M. baute ab 1944 das erste serienmäßige Düsenflugzeug (Jagdflugzeug Me 262).

Messerschmitt-Bölkow-Blohm GmbH, Abk. **MBB,** dt. Luft- und Raumfahrtunternehmen, Sitz Ottobrunn bei München; wurde 1989 von der ↑Daimler-Benz AG übernommen.

Meßgeräte, Geräte zur quantitativen Erfassung von physikal., chem. und anderen Erscheinungen und Eigenschaften. Nach ihrem Wirkungsprinzip wird v. a. zw. mechan., pneumat., elektr. und opt. M. unterschieden.

Messiaen, Olivier [frz. mɛˈsjã], *Avignon 10. 12. 1908, † Paris 27. 4. 1992, frz. Komponist und Ornithologe. 1936 Mitbegründer der Gruppe »Jeune France«, lehrte von 1942–78 am Pariser Konservatorium (Lehrer u. a. von P. Boulez, K. Stockhausen). Sein klangprächtiges Werk ist von myst. Vorstellungen, den Ergebnissen seiner ornitholog. Studien und exot. Rhythmik bestimmt. – *Werke:* »Mode de valeurs et d'intensités« (1949), »Préludes« für Klavier (1929), »La nativité du Seigneur« für Orgel (1935), »Turangalila-Sinfonie« (1944–48), »Chronochromie« für Orchester (1960), »Des canyons aux étoiles« (1970–74), »Saint François d'Asise« (Oper, UA 1983).

Messianismus [hebr.] (messian. Bewegungen), Sammel-Bez. für religiös, sozial oder politisch motivierte Erneuerungsbewegungen, die von der religiösen Erwartung eines dem ↑Messias vergleichbaren Heilbringers geprägt sind. Häufig mit der Hoffnung auf Wiederkehr des urzeitl. »Goldenen Zeitalters« (↑Chiliasmus) und mit einer Reaktion auf die Bedrohung durch eine materiell und politisch überlegene Kultur verbunden, setzten messian. Bewegungen oft erhebl. revolutionäre oder reformer. Energien frei.

Messina

Messias [hebr.], alttestamentl., Hoheitstitel (»Gesalbter«). Salbung war im alten Israel ein Rechtsakt der Bevollmächtigung und Amtseinsetzung, am bekanntesten im Zusammenhang mit dem König, der als göttl. Erwählter auch als »Gesalbter Gottes« galt. Nach dem Auseinanderfallen des david.-salomon. Reichs erhoffte man sich in der späten Königszeit (8./7. Jh.) einen Idealherrscher aus Davids Dynastie, der jedoch als königl. »Gesalbter« Gegenstand der Zukunftserwartungen blieb, allerdings in neuer endzeitl. Prägung: Man erhoffte sich eine Heilszeit als Abschluß der Geschichte und einen david. Idealkönig als Repräsentanten dieser »Gottesherrschaft«. Das Urchristentum sah in Jesus den »M.« (griech. christós), so daß sich von da an mit dem Begriff »M.« die Vorstellung vom göttl. Heilbringer und Erlöser (Heiland) verband.

Messier, Charles [frz. mɛˈsje], *Badonviller bei Baccarat 26. 6. 1730, † Paris 11. 4. 1817, frz. Astronom. Herausgeber eines Katalogs von Nebelflecken und Sternhaufen (M.-Katalog).

Messina, italien. Prov.-Hauptstadt auf Sizilien, an der Straße von Messina, 270 500 E. Univ., Nationalmuseum; Fähre zum Festland; Hafen, Werften. Aus dem 12. Jh. stammen der Dom (mehrfach zerstört) mit Kampanile sowie die Kirche Santissima Annunziata dei Catalani. – In der Antike nach der Einwanderung von Flüchtlingen aus Samos und Milet aus Messenien bed. Stadt *(Messana, Messene).* 396 v. Chr. von den Karthagern zerstört, dann von Syrakus neu besiedelt; in röm. Zeit wichtiger Flottenstützpunkt und Han-

Mespelbrunn. Wasserschloß; 15./16. Jh.

Olivier Messiaen

Reinhold Messner

Messina, Straße von

delsplatz; nach ostgot. und byzantin. Herrschaft 843–1061 im Besitz der Sarazenen, danach normann. bzw. stauf.; unter den aragones. Königen häufig Residenz; 1908 von einem Erdbeben und einer Springflut zu 90% zerstört.

Messina, Straße von, Meeresstraße zw. dem italien. Festland und Sizilien, 3–14 km breit.

Messing, Bez. für Legierungen aus Kupfer (56–90%) und Zink mit (je nach Kupfergehalt) hell- bis rotgelber Farbe. M. zeichnet sich durch hohe Festigkeit, gute Verformbarkeit und Korrosionsbeständigkeit aus. Als *Tombak* werden M.sorten mit Kupfergehalten von 70–90% bezeichnet. *Gelbguß* wurden früher für den Guß verwendete Legierungen mit 56 bis 80% Kupfer genannt.

Messingkäfer ↑Diebskäfer.
Meßkolben ↑Meßzylinder.
Messner, Reinhold, *Brixen 17. 9. 1944, italien. Bergsteiger. Bezwang 1978, zus. mit Paul Habeler (*1942), den Mount Everest ohne Sauerstoffgeräte; bestieg dann bis 1986 (teilweise zusammen mit F. Mutschlechner, H. Kammerlander) alle 14 Achttausender der Erde; 1989/90 Durchquerung der Antarktis zu Fuß (mit Arved Fuchs [*1953]); zahlr. Bücher.
Meßschieber ↑Schieblehre.
Meßschraube (Mikrometer[schraube], Schraublehre), mechan. Meßgerät zur Messung kleiner Längen bzw. Abstände, bei dem eine Gewindespindel mit genauer Steigung des Gewindes als Längennormal dient. Entsprechend Konstruktion und Verwendungszweck unterscheidet man Bügel-M. (Außenmaße), Innen-M. und Tiefenmeßschraube.
Meßtechnik, Gesamtheit der Verfahren und Geräte zur empir. Bestimmung (Messung) zahlenmäßig erfaßbarer Größen in Wiss. und Technik. Aufgaben der M. sind außerdem die Überprüfung der Einhaltung von Maßtoleranzen, Verbrauchszählung, Produktionsüberwachung sowie allg. (im Rahmen der sog. *Meß- und Regeltechnik*) die Steuerung techn. Vorgänge durch Regelung nach Meßwerten.
Meßter, Oskar, *Berlin 21. 11. 1866, † Tegernsee 7. 12. 1943, dt. Filmpionier. Baute ab 1896 Filmprojektoren mit Malteserkreuz (»dt. Schaltung«) und Filmkameras; begründete mit der *M.-Woche* die erste dt. Wochenschau. Seine M.-Filmgesellschaft wurde eine Keimzelle der Ufa (1917).
Meßtischblatt ↑Karte.
Meßuhr (Meßzeiger), Meßgerät zur Längenmessung; ein Meßbolzen wird beim Messen eingedrückt und überträgt den Meßweg auf einen Zeiger, so daß an einer Kreisskala die gemessene Größe auf 0,01 mm genau abgelesen werden kann.
Meßzylinder (Mensuren), meist zylinderförmige Glasgefäße mit Milliliterskala und Ausgießvorrichtung; zum Abmessen und Vermischen verschiedener Flüssigkeiten werden *Mischzylinder* verwendet.
Mestizen [lat.-span.], Mischlinge zw. Weißen und Indianern.
Mestre ↑Venedig.
Meštrović, Ivan [serbokroatisch 'mɛʃtrɔvitɕ], *Vrpolje (Kroatien) 15. 8. 1883, † Notre Dame bei South Bend (Ind.) 16. 1. 1962, kroatischer Bildhauer. Lehrte 1922–44 in Zagreb, ab 1947 in den USA; Plastiken, Denkmäler, u.a. Grab des unbekannten Soldaten (1934–38) bei Belgrad.
Meszöly, Miklos [ungarisch 'mɛːsøj], *Szekszárd 19. 1. 1921, ungar. Schriftsteller. Zentrales Thema seiner (parabelhaften) Erzählprosa ist die Auseinandersetzung mit extremen Situationen der menschl. Existenz im Hinblick auf die Autonomie des einzelnen; auch Bühnenstücke, Essays und Märchen. – *Werke:* Der Fensterputzer (Dr., 1957), Der Tod des Athleten (R., 1966), Rück-

Meßzylinder (links) und Mischzylinder (rechts)

Metalle

blenden (R., 1976), Hohe Schule (En., dt. Auswahl 1981).
Met (Honigwein), alkoholhaltiges (15%) Getränk aus vergorenem Honigwasser und Würzstoffen (Salbei, Lavendel, Lorbeer).
met..., **Met...** ↑meta..., Meta... **meta...**, **Meta...**, **met...**, **Met...** [griech.], Bestimmungswort von Zusammensetzungen mit der Bedeutung »zwischen, inmitten, nach, später, ver... (im Sinne der Umwandlung)«.
meta- [griech.], Abk. **m-**, in der Chemie Bez. für die Stellung zweier Substituenten am ersten und dritten C-Atom einer aromat. Verbindung. ↑ortho-, ↑para-.
Metabolie [griech.] ↑Metamorphose (Zoologie).
Metabolismus [griech.], svw. ↑Stoffwechsel.
Metaboliten [griech.], alle Substanzen, die als Glieder von Reaktionsketten im normalen Stoffwechsel eines Organismus vorkommen.
Metagenese (Ammenzeugung), Form des sekundären Generationswechsels, bei dem eine geschlechtl. und eine sekundär ungeschlechtl. Fortpflanzung *(Ammengeneration)* abwechseln.
Metageschäft [italien.], dem Konsortium ähnliches Vertragsverhältnis (i. d. R. zwei, manchmal auch mehrere Partner) zur Durchführung eines Gemeinschaftsgeschäfts.
Metalldampflampen, mit einer Edelgasfüllung und einem Belag aus niedrigschmelzendem Metall versehene Gasentladungslampen (z. B. *Natrium-* oder *Quecksilberdampflampen*), wobei die zunächst nur im Edelgas brennende Gasentladung das Metall zum Verdampfen und, nach Übergreifen der Gasentladung auf den Metalldampf, diesen zum Leuchten bringt.
Metalle [griech.], feste oder flüssige Stoffe (chem. Elemente) mit hoher Leitfähigkeit für Elektrizität und Wärme, charakterist. Glanz, Undurchsichtigkeit und Verformbarkeit (Duktilität). Von den 111 chem. Elementen zählen 81 zu den Metallen, die übrigen zu den ↑Nichtmetallen oder ↑Halbmetallen. M. bilden untereinander Legierungen und intermetall. Verbindungen, die ebenfalls als M. bezeichnet werden. Nach der Fähigkeit, mit Sauerstoff Oxide zu bilden, unterscheidet man *unedle M.* (z. B. Alkalimetalle, Aluminium), *halbedle M.* (z. B. Kupfer) und *edle M.*, die nur schwer Oxide bilden (z. B. Gold, Silber, Platin). Nach ihrer Dichte unterscheidet man *Leicht-M.* (Dichte unter 4,5 g/cm^3; Magnesium, Aluminium, Titan) und *Schwer-M.* (Dichte 4,5–22,57 g/cm^3; Eisen, Gold, Silber). Schmelz- und Siedetemperaturen der M. liegen zw. -38,84 °C bzw. 356,58 °C beim Quecksilber und 3410 °C bzw. 5660 °C beim Wolfram. In der Technik wird bes. zw. Eisen und seinen Legierungen und den Nichteisenmetallen (NE-M.), zu denen auch die Buntmetalle gehören, unterschieden. – Außer Kupfer und den Edelmetallen, die auch

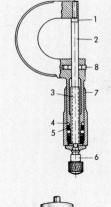

Meßschraube.
Oben: Bügelmeßschraube; 1 Amboß, 2 Meßbolzen, 3 Gewindespindel, 4 Mutter, 5 Überwurfmutter, 6 Ratsche, 7 Trommel mit Meßteilung, 8 Klemmvorrichtung ♦ Unten: Innenmeßschraube

2215

metallische Bindung

Metallschnitt. Heiliger Michael; Kölner Arbeit (um 1470)

gediegen vorkommen, kommen M. in der Natur nur in Form von Erzen (z. B. Oxide, Sulfide, Sulfate, Carbonate) vor.
metallische Bindung ↑chemische Bindung.
metallische Gläser, aus Metallen oder deren Legierungen bestehende glasartig amorphe Stoffe hoher Festigkeit und Zähigkeit; finden Verwendung für Sensoren, als Widerstandsmetalle und Lötfolien sowie auf Grund ihrer elektr. und magnet. Eigenschaften zur Herstellung von Transformatoren und modernen Tonköpfen zur magnet. Informationsspeicherung.
Metallographie [griech.], i. w. S. svw. Metallkunde; i. e. S. Arbeitsgebiet der Metallkunde, das sich mit dem Gefügeaufbau der Metalle und Legierungen befaßt und diesen durch Untersuchungen anhand angeschliffener oder angeätzter Proben bestimmt.
metallorganische Verbindungen (Metallorganyle), Sammel-Bez. für Verbindungen von Metallatomen mit organ. Resten. Wichtige Beispiele sind m. V. von Alkyl- oder Arylresten mit Alkali- oder Erdalkalimetallen, die als sehr reaktionsfähige, selbstentzündl. Substanzen in der präparativen organ. Chemie verwendet werden (z. B. Grignard-Verbindungen). Techn. bedeutend sind *Organosilane* und *Organochlorsilane* als Ausgangsstoffe für Silicone.

Metallschnitt, nach dem Verfahren des ↑Holzschnitts in eine Platte aus weichem Metall geschnittenes und abgedrucktes Bild; läßt Tonwirkungen wie beim Holzstich zu (deshalb für die Reproduktion von Gemälden geeignet). ↑Schrotblatt.
Metallseifen, Salze der höheren Fettsäuren, Harz- und Naphthensäuren mit Metallen (ausgenommen Natrium und Kalium).
Metallurgie [griech.], die Wiss. und Technologie der Gewinnung der Metalle aus Erzen und metallhaltigen Rückständen, ihrer Raffination und Weiterverarbeitung.
Metamerie [griech.], in der *Biologie* Gliederung des Tierkörpers in hintereinanderliegende gleichartige Abschnitte (Glieder, Segmente).
Metamorphose [griech. »Umwandlung«, »Verwandlung«], **1)** *allg.:* Gestaltwandel, Verwandlung.
2) *Botanik:* Umwandlung von Grundorganen unter Funktionswechsel im Lauf der Evolution.
3) *Zoologie:* (Metabolie) die indirekte Entwicklung vom Ei zum geschlechtsreifen Tier durch Einschaltung gesondert gestalteter selbständiger Larvenstadien bei vielen Tieren. Man unterscheidet verschiedene Typen der M.: Eine vollkommene Verwandlung *(Holometabolie)* kommt bei Käfern, Flöhen, Hautflüglern, Zweiflüglern und Schmetterlingen vor. Die Larvenstadien unterscheiden sich in Gestalt und Lebensweise vom vollentwickelten Insekt (Imago), wobei diesem ein Ruhestadium (die Puppe) vorausgeht. Während dieser Zeitspanne wird keine Nahrung aufgenommen, und die vollständige Verwandlung findet statt. Bei der unvollkommenen Verwandlung *(Hemimetabolie)* geht das letzte Larvenstadium ohne Puppenruhe in die Imago über. Bereits die ersten Larvenstadien ähneln weitgehend dem erwachsenen Tier.
4) *Geologie:* (Gesteinsmetamorphose) die Umbildung eines sedimentären oder magmat. Gesteins in ein metamorphes als Folge von Temperatur- und Druckveränderungen, wobei Minerale neugebildet oder umkristallisiert werden, das Gefüge verändert wird und Stoffaustausch stattfindet. Bei der *Kontakt-M.* bewirkt aufsteigendes Magma Ände-

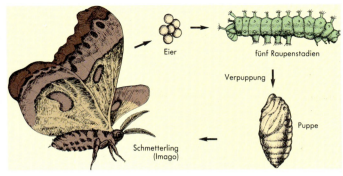

Metamorphose 3). Holometabolie am Beispiel des Schmetterlings

rungen im Nebengestein in einer Breite von wenigen cm bis mehreren km. Neben hohen Temperaturen ist gerichteter Druck entscheidend bei der *Dynamo-M.*, die im Zusammenhang mit der Gebirgsbildung steht. Bei der *Regional-M.* werden großräumige Gesteinskomplexe in die tiefere Erdkruste abgesenkt. Hier läßt sich der Grad der M. an einer Tiefenstufung erkennen: in der Epizone herrschen Temperaturen von 500 °C und stark gerichteter Druck, in der Mesozone Temperaturen bis 900 °C und überwiegend gerichteter Druck, in der Katazone Temperaturen bis 1700 °C und hoher allseitiger Druck.

Metapher [griech.], sprachl. Bild, dessen Bedeutungsübertragung auf Bedeutungsvergleich beruht: das eigentlich gemeinte Wort wird durch ein anderes ersetzt, das eine sachl. oder gedankl. Ähnlichkeit oder dieselbe Bildstruktur aufweist (z. B. »Quelle« für »Ursache«).

Metaphysik, Begriff, der in der Philosophiegeschichte alle systemat. Entwürfe bezeichnet, die sich auf die Erkenntnis der letzten bzw. ersten Gründe (Philosophia prima) konzentrieren. Die M. beansprucht gegenüber allen anderen Disziplinen (z. B. Logik, Erkenntnistheorie, Ästhetik) umfassende Universalität. So gesehen gilt die M. als Synonym für Philosophie Büe. Für Aristoteles, der in 14 Büchern (später u. d. T. »M.« hg.) erstmals den Versuch gemacht hat, die Philosophie auf allgemeingültige Prinzipien zu begründen, ist M. der Anfang aller Philosophie. In diesem Sinne wird auch im MA die M. als »Königin der Wiss.« bezeichnet. – *Metaphysisch* sind alle Erkenntnisse, die sich auf das beziehen, was jede mögl. Erfahrung überschreitet, bei Kant z. B. svw. ↑transzendental (auch ↑Transzendentalphilosophie). Im ↑deutschen Idealismus fand die M. ihre vorerst letzten großen Denker.

Metasprache, Sprachebene, auf der über sprachl. Ausdrücke der ↑Objektsprache geredet wird.

Metastase [griech.] (Absiedlung, Tochtergeschwulst), durch Verschleppung von Geschwulstkeimen auf dem Lymph- oder Blutweg an einer vom Ursprungsort entfernt gelegenen Körperstelle neuentstandene Geschwulst (↑Krebs).

Metaxas, Ioannis, *Ithaka 12. 4. 1871, † Athen 29. 1. 1941, griech. General und Politiker. 1928–36 mehrmals Min.; betrieb die Rückkehr König Georgs II.; ab April 1936 Min.-Präs., ab August mit diktator. Vollmachten, 1938 auf Lebenszeit; lehnte das italien. Ultimatum im Okt. 1940 ab, wurde Symbol des griech. Widerstands gegen den italien. Vormarsch 1940.

Metazentrum ↑Stabilität.

Metazoa (Metazoen) [griech.], svw. ↑Vielzeller.

Meteora [griech.], griech.-orth. Klöster in Thessalien, Griechenland, in fast unzugängl. Schutzlage auf Kuppen und Vorsprüngen einer Felsgruppe; entstanden unter serb. Schutzherrschaft in der 2. Hälfte des 14. Jh. aus Eremitagen; ab dem 16. Jh. fortschreitender Niedergang. – Abb. S. 2217.

Meteore

Meteora. Kloster Hagia Triada; gegründet 1438

Meteore [griech.] ↑Meteorite.
Meteoreisen ↑Meteorite.
Meteorismus [griech.] (Blähsucht), übermäßige Ansammlung von Gasen im Darm oder in der freien Bauchhöhle. Bei Haustieren ↑Trommelsucht.
Meteorite [griech.], Körper extraterrestr. Ursprungs, die beim Eindringen in die Erdatmosphäre unter teilweiser oder vollständiger Verdampfung die als *Meteore* bezeichneten Leuchterscheinungen hervorrufen. Sie sind in der Mehrzahl wahrscheinl. Überreste von Kometen oder Planetoiden. Körper, die kleiner als etwa 0,1 mm im Durchmesser sind (Masse etwa 10^{-6} g), werden als *Mikro-M.* bezeichnet, wobei Masseteilchen von nur wenigen tausendstel mm Durchmesser den kosm. oder meteorit. Staub bilden. M. mit bis zu 10^{-3} g Masse verursachen *teleskop. Meteore,* solche mit Massen bis 10 g *Sternschnuppen,* noch größere M. erzeugen *Feuerkugeln (Bolide).* Die nicht verdampften Überreste großer M. erreichen als einzelnes größeres Stück, meist aber in vielen Zerfallsstücken über weite Gebiete verstreut (M.schauer, Steinregen) die Erdoberfläche. Man hat M.krater (Impakte) mit Tiefen von über 100 m und Durchmessern bis weit über 1 km gefunden (z. B. Sithylemenkatsee, Alaska: Tiefe 500 m, Durchmesser 12,4 km); sie sind auf sehr große M. zurückzuführen, die beim Aufprall explosionsartig verdampft sind. Derartige *Riesen-M.* (Masse weit über 1 000 t) richten auch bei vorhergehendem Zerplatzen in großer Höhe noch großflächige Zerstörungen an (z. B. der 1908 an der Steinigen Tunguska niedergegangene Tunguska-M.). Der größte aufgefundene Meteorit (Grootfontain, Namibia) hat eine Masse von 60 t.
Man unterscheidet 1. *Stein-M.* (Aerolithe), die überwiegend aus Silicaten bestehen. Sind rundl., silicat. Körper *(Chondren)* in die silicat. Grundmasse eingebettet, so bezeichnet man sie als *Chondriten;* 2. *Eisen-M.* (Nickeleisen-M., Holosiderite), die überwiegend aus Meteoreisen bestehen, das bis zu 47% Nickel, bis zu 0,5% Kobalt, Edelmetalle sowie zahlr. Minerale enthält; man unterscheidet je nach Kristallstruktur zw. Hexaedriten, Oktaedriten und den sehr seltenen Ataxiten aus feinkörniger, strukturloser Meteoreisenmasse; 3. *Stein-Eisen-M.,* die in Eisen eingebettete Steine enthalten.
Meteorologie [griech.], Teilgebiet der Geophysik, das die Physik der Atmosphäre, die Lehre von den physikal. Erscheinungen und Vorgängen in der Lufthülle nebst ihren Wechselwirkungen mit der Erdoberfläche (und dem Weltraum) sowie die Lehre vom Wettergeschehen umfaßt; i. w. S. wird auch die Klimatologie zur M. gezählt. Eine der Hauptaufgaben der M. ist die Wettervorhersage. Sie beruht auf der kontinuierl. Beobachtung des Wetters bzw. der verschiedenen meteorolog. Elemente, wie z. B. Luftdruck, -dichte, -temperatur, Windstärke und -richtung, Sonnenstrahlung, Bewölkung, Luftfeuchte und Niederschlag. Die Wetterbeobachtung wird von meteorolog. Stationen bzw. Observatorien (auf Land und auf Schiffen), aerolog. Aufstiegsstationen (Beobachtungen in der freien Atmosphäre bis etwa 30 km Höhe) und durch Auswertung von Daten sog. Wettersatelliten (z. B. ↑Meteosat) vorgenommen.
Meteorotropismus [griech.], svw. ↑Wetterfühligkeit.
Meteosat [Kw. aus engl. **meteo**rological und **sat**ellite], Name von drei durch die europ. Weltraumorganisation ESA entwickelten Wettersatelliten. Der 1977 gestartete geostationäre M. 1 lieferte aus rd. 36 000 km Höhe über dem Golf von

Metöken

Guinea u. a. alle 30 Minuten Bilddaten des Wettergeschehens. Er konnte darüber hinaus die Daten von über 1 000 automatisch arbeitenden Meßstationen und -bojen empfangen und weiterleiten. 1981 übernahm M. 2 dessen Aufgaben, der bis 1988 sendete. Es folgten M. 3 und die neue Generation M. MOP (ab 1989).

Meter [griech.-lat.-frz.], Einheitenzeichen **m**, internationale (in der BR Deutschland gesetzl.) Einheit der Länge, seit 1983 definiert als die Länge der Strecke, die Licht im Vakuum während der Dauer von $1/299\,792\,458$ Sekunden durchläuft.
Wichtiges dezimales Vielfaches des M. ist *Kilometer* (km; 1 km = 1 000 m), wichtige dezimale Teile des M. sind *Dezimeter* (dm; 1 dm = 1 Zehntel m), *Zentimeter* (cm; 1 cm = 1 Hundertstel m), *Millimeter* (mm; 1 mm = 1 Tausendstel m), *Mikrometer* (μm; 1 μm = 1 Millionstel m), *Nanometer* (nm; 1 nm = 1 Milliardstel m).
...meter [griech.], Nachsilbe von Zusammensetzungen mit der Bedeutung »Meßgerät, Messer«.
Methadon, synthet. Derivat des Morphins; unterliegt dem Betäubungsmittelgesetz; wird zur Behandlung einer Morphin- oder Heroinsucht eingesetzt.
Methan [griech.], CH_4, der einfachste, gasförmige Kohlenwasserstoff (Schmelztemperatur $-182,5\,°C$; Siedetemperatur $-164,0\,°C$), der mit bläul. Flamme zu Kohlendioxid und Wasser verbrennt. Natürl. Vorkommen im Sumpf- und Biogas, im Erdgas und in Kohlelagerstätten *(Grubengas)*. Die M.-Luft-Gemische sind sehr explosiv.
Methanol [Kw. aus **Methan** und **Alkohol**] (Methylalkohol), CH_3OH, einfachster Alkohol; farblose, brennend schmeckende, giftige, unbegrenzt mit Wasser und vielen organ. Lösungsmitteln mischbare Flüssigkeit.

```
  H
  |
H-C-H    Methan
  |
  H
```

```
  H
  |
H-C-OH   Methanol
  |
  H
```

Meteorite. 1 Steinmeteorit mit Schmelzrinde (Pultusk, Polen); **2** Steinmeteorit, Chondrit (Bjurböle bei Borga, Finnland); **3** Steineisenmeteorit, Pallasit (Imilac, Atacama, Chile); **4** Eisenmeteorit, Oktaedrit, geschnittene Platte (Rietmond, Namibia) mit Widmannstättenschen Figuren

Methionin [griech.] (2-Amino-4-[methylthio]-buttersäure), Abk. **Met,** schwefelhaltige essentielle Aminosäure; Proteinbaustein; wachstumsfördernd.
Methode [griech.], ein nach Mittel und Zweck planmäßiges Verfahren, das zu techn. Fertigkeit bei der Lösung theoret. und prakt. Aufgaben führt. Die wiss. M. – mit ihren wichtigsten Teilen: Lehre von der Begriffsbildung und Lehre von den Begründungsverfahren – gelten als Kennzeichen und Unterscheidungsmerkmal der Einzelwissenschaften.
Methodik [griech.], **1)** svw. ↑Methodologie.
2) *Pädagogik:* die Lehre von den Lehr- und Unterrichtsverfahren.
Methodios ↑Kyrillos und Methodios.
Methodismus [griech.-engl.], aus der anglikan. Kirche hervorgeg. religiöse Erweckungsbewegung, die auf einen von den Brüdern ↑Wesley geführten Studentenkreis in Oxford zurückgeht; 1795 Lösung von der anglikan. Kirche. Charakteristisch sind Laienpredigertum, Feldpredigten, Einteilung der Gemeinde in kleine Seelsorgeeinheiten, Betonung eines persönl. Glaubensverhältnisses zu Jesus. – Seit 1881 bezeichn. methodist. Konferenzen (Organ seit 1951: »World Methodist Council«). In der BR Deutschland: Ev.-methodist. Kirche.
Methodologie [griech.] (Methodenlehre, Methodik), Lehre von den (wiss.) Methoden, zentraler Gegenstandsbereich der Wissenschaftstheorie.
Methusalem, im AT der Mensch mit dem höchsten Lebensalter; daher sprichwörtl. »so alt wie M.«.
Methylalkohol, svw. ↑Methanol.
Methylbutadien, svw. ↑Isopren.
Methylierung [griech.], Einführung der Methylgruppe $-CH_3$ in anorgan. und v. a. organ. Verbindungen.
Metöken [griech.-lat.], im antiken Griechenland Bez. der bes. in Handelsstädten und Wirtschaftszentren ansässigen, keine polit. Rechte besitzenden Fremden.

Metope

Metronom.
Oben: Metronom
Mälzel ◆ Unten:
elektronischer Taktmesser

Ilja Iljitsch
Metschnikow

Metope [griech.], etwa quadrat. Platte (Ton, Stein) am Gebälkfries des dor. Tempels, bemalt oder mit Reliefs verziert.
Metrik [griech.-lat.], **1)** *Literatur:* die Lehre von den Gesetzen des Versbaus. **2)** *Musik:* die Lehre vom ↑Metrum. **3)** *Mathematik* ↑metrischer Raum.
metrischer Raum, eine Menge von Elementen $x, y, z, \ldots$, in der je zwei Elementen x und y eine als *Metrik* (Entfernung, Abstand oder Distanz) bezeichnete nichtnegative reelle Zahl $d(x, y)$ zugeordnet ist, so daß gilt:
1. $d(x, y) = 0$
[genau dann, wenn $x = y$],
2. $d(x, y) = d(y, x)$,
3. $d(x, y) \leq d(x, z) + d(z, y)$
[sog. Dreiecksungleichung].
Metro-Goldwyn-Mayer/United Artists Communications Co. Inc. [engl. ˈmetrəʊ ˈɡəʊldwɪn ˈmeɪə juːˈnaɪtɪd ˈɑːtɪsts kəmjuːnɪˈkeɪʃnz ˈkʌmpəni ɪnˈkɔːpəreɪtɪd], Abk. **MGM/UA**, 1924 von S. Goldwyn und Louis Burt Mayer (* 1885, † 1957) gegr. Film- und Unterhaltungskonzern; auf Grund seiner Größe und Struktur (Produktion, Verleih, Kinotheken und -zentren) einer der einflußreichsten amerikan. Filmkonzerne; 1981 Übernahme der ↑United Artists Corporation; 1990 von Pathé Communications Inc. (Sitz New York) übernommen.
Metro-Gruppe Deutschland, größtes deutsches Großhandelsunternehmen; Sitz Düsseldorf; gegr. 1964 von Otto Beisheim (* 1924).
Metron [griech.], svw. ↑Metrum.
Metronom [griech.], von Johann Nepomuk Mälzel (* 1772, † 1838) entwickelter Taktmesser (Pendel mit regulierbaren Anschlägen pro Min.); Abk. M. M. (Mälzels M.) bei der Tempoangabe.
Metronymikon (Matronymikon) [griech.], vom Namen der Mutter abgeleiteter Name, z. B. Niobide = Sohn der Niobe.
Metropole (Metropolis) [griech. »Mutterstadt«], Hauptstadt; Zentrum.
Metropolie [griech.], svw. ↑Eparchie.
Metropolit [griech.], in der *röm.-kath. Kirche* Vorsteher einer Kirchenprovinz. – In den *Ostkirchen* urspr. Bischof der Provinzhauptstadt; heute Leiter einer unabhängig. orth. Landeskirche; auch bloßer Titel.
Metropolitan Opera [engl. metrəˈpɒlɪtən ˈɒpərə] (M. O. House), Kurzbez. Met, bedeutendstes Opernhaus der USA, 1883 in New York eröffnet, seit 1966 im ↑Lincoln Center for the Performing Arts.
Metrum (Metron) [griech.], **1)** *Literatur* ↑Vers.
2) *Musik:* die Maßeinheit mehrerer, zu einer Einheit zusammengeschlossener Zählzeiten und ihre Ordnung nach wiederkehrenden Abfolgen von betonten und unbetonten Schlägen. Grundlage einer solchen Ordnung ist der ↑Takt.
Metschnikow, Ilja Iljitsch [russ. ˈmjetʃnikəf], * Iwanowka bei Cherson 15. 4. 1845, † Paris 15. 8. 1916, russ. Biologe. Arbeitete ab 1890 am Institut Pasteur in Paris; zus. mit P. Ehrlich erhielt er für seine Arbeiten zur Immunität 1908 den Nobelpreis für Physiologie oder Medizin.
Metsu, Gabriel [niederl. ˈmɛtsyː], * Leiden Jan. 1629, □ Amsterdam 24. 10. 1667, niederl. Maler. Seit 1658 in Amsterdam, malte das holländ. Bürgerleben.

Mexikanischer Krieg

Mette [lat.], svw. Matutin (↑Stundengebet).

Metternich, im frühen 14. Jh. erstmals bezeugtes, noch heute existierendes rhein. Adelsgeschlecht (nach dem Dorf M. bei Euskirchen ben.); 1803 in den Reichsfürstenstand und 1813 in den österr. Fürstenstand erhoben. Bed. Vertreter: Metternich-Winneburg, Klemens Wenzel Graf, Fürst M. (ab 1813), Hzg. von Portella (ab 1818), *Koblenz 15. 5. 1773, † Wien 11. 6. 1859, österr. Staatsmann. 1801–03 kaiserl. Gesandter in Dresden, 1803–06 in Berlin, 1806–09 Botschafter in Paris; nach der österr. Niederlage gegen Frankreich 1809 zum österr. Außenminister ernannt. Im Sinne des europ. Gleichgewichts wirkte er im 1. Pariser Frieden (1814) auf die Schonung Frankreichs hin. Auf dem unter seinem Vorsitz tagenden ↑Wiener Kongreß betrieb er erfolgreich die Wiederherstellung der polit. und sozialen Ordnung in Europa nach den Grundsätzen der Legitimität. Die Heilige Allianz formte er zu einem Bund der Fürsten gegen die nat. und liberalen Regungen der Völker. Im Dt. Bund setzte er in Zusammenarbeit mit Preußen die rücksichtslose Unterdrückung der freiheitl. und nat. Bewegung (Karlsbader Beschlüsse 1819) sowie die Festschreibung des monarch. Prinzips (1820) durch. 1821 zum Haus-, Hof- und Staatskanzler in Österreich ernannt, mußte M. 1848 zurücktreten. – Das »Metternichsche System« war ausgerichtet auf die Erhaltung der polit. Ordnung, die auf dem Wiener Kongreß restauriert worden war. Mittel seiner Politik waren u. a. Kongreßdiplomatie und militär. Interventionen, Polizeimaßnahmen und Zensur.

Mettmann, Kreisstadt östlich von Düsseldorf, NRW, 38 900 E. Metallverarbeitung.

Metz [mɛts, frz. mɛs], frz. Stadt an der Mosel, 123 900 E. Verwaltungssitz der Region Lothringen und des Dép. Moselle. Univ., Musikhochschule; Theater, Museen; internat. Messe. Metallverarbeitende und Elektro-Ind.; Erdölraffinerie.
Stadtbild: Got. Kathedrale im 16. Jh. vollendet) mit bed. Glasgemälden (13. bis 20. Jh.), Templerkirche (12./13. Jh.),

Kirche Saint-Euchaire (12.–15. Jh.), Kirche Saint-Martin (13. Jh.; auf galloröm. Mauern).
Geschichte: Als *Divodurum* Hauptstadt der kelt. Mediomatriker; unter den Römern *Mediomatricum* (später *Mettis*) gen.; im 6. Jh. Hauptstadt eines fränk. Reichsteils (später Hauptstadt Austrasiens); 550–888 Versammlungsort vieler Konzilien der fränk. Geistlichkeit; kam 843 zu Lotharingien, 870 zum Ostfränk. Reich; wurde im 13. Jh. Reichsstadt; 1648 endgültig an Frankreich abgetreten und zur Festung ausgebaut. Als Teil dt. Elsaß-Lothringens 1871–1919 Hauptstadt des Bezirks Lothringen.

Meudon [frz. mø'dõ], frz. Ind.-Stadt im sw. Vorortbereich von Paris, Dép. Hauts-de-Seine, 48 500 E. Institut für Astronomie. Berühmt die »Terrasse de M.« mit Observatorium (1706).

Meunier, Constantin [frz. mø'nje], *Etterbeek bei Brüssel 12. 4. 1831, † Ixelles 4. 4. 1905, belg. Bildhauer. Stellte arbeitende Menschen, bes. Bergarbeiter, realistisch, aber mit einem gewissen Pathos in der Haltung, in monumentalen Einzelfiguren dar.

Meuse [frz. mø:z], frz. für ↑Maas.

Meuterei [frz.-dt.], aufständ. Verhalten einer Gruppe gegenüber einem Vorgesetzten, insbes. auf Seeschiffen. Im *Militärstrafrecht* Zusammenrottung mehrerer Soldaten, um eine Gehorsamsverweigerung, Nötigung oder einen tätl. Angriff u. ä. zu begehen; mit Freiheitsstrafe von 6 Monaten bis zu 10 Jahren bedroht.

MeV, Einheitenzeichen für Megaelektronvolt (↑Elektronvolt); 1 MeV = 10^6 eV.

Mewlewija (arab.; Mewlewi-Derwische, Mewlewi-Orden), Orden der »tanzenden Derwische«, so gen. wegen ihres rituellen, ekstat. Tanzes; um 1325 gegr.; großer Einfluß im Osman. Reich.

Mexicali [span. mɛxi'kali], Hauptstadt des mex. Staates Baja California Norte, im Coloradodelta, 602 000 E. Univ., Nahrungsmittelindustrie.

México [span. 'mexiko], Staat in Z-Mexiko, 21 355 km², 9,8 Mio. E, Hauptstadt Toluca de Lerdo. – Seit 1824 Staat.

Mexikanischer Krieg (1846–48), Krieg zw. den USA und Mexiko, ausgelöst durch die Annexion von Texas durch die USA 1845. Im Frieden von Guadalupe Hidalgo (2. 2. 1848) mußte Mexiko auf

Klemens Wenzel Fürst von Metternich (Kreidezeichnung von Anton Graff; um 1805)

Metz Stadtwappen

Mexiko

Mexiko. Freigelegte vorkolumbische Bauwerke, die Barockkirche Santiago de Tlatelolco und moderne Architektur am Platz der drei Kulturen

Mexiko Stadtwappen

Mexiko. Universitätsbibliothek mit Fassadenmosaik aus farbigem Naturstein von Juan O'Gorman (1951–53)

die heutigen Staaten der USA Texas, New Mexico, Kalifornien, Nevada, Utah sowie auf Teile Colorados und Arizonas verzichten.

Mexiko ['mɛksiko; span. 'mɛxiko] (amtl. Ciudad de México), Hauptstadt von Mexiko und des Distrito Federal, in einem Becken des zentralen Hochlands, 2240 m ü. M., 8,24 Mio. E (Agglomeration 19,4 Mio. E. Neun Univ. (älteste 1551 gegr.), TH, Nationalarchiv, -bibliothek; Philharmonie, zahlr. Museen, botan. Garten, Zoo. Bedeutendster Ind.-Standort des Landes; U-Bahn; internat. ✈.

Stadtbild: Zentrum der Stadt ist der Zócalo (Plaza de la Constitución; an der Stelle des Großen Platzes von Tenochtitlán) mit der Kathedrale (1573 ff.; an der Stelle des Quetzalcóatltempels), dem Nationalpalast (1523 ff., umgebaut; an der Stelle des Palastes von Moctezuma II.) und dem Rathaus (17./18. Jh.). Westl. vom Zócaloviertel führt die Prachtstraße Paseo de la Reforma zum Hügel Chapultepec. Hier befinden

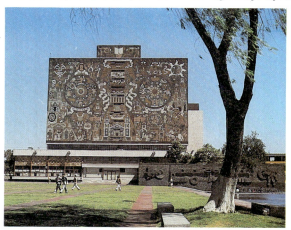

Mexiko

sich das Schloß (1785 und 1865; heute z. T. histor. Museum), Museen, die Residenz des Staats-Präs., der botan. Garten, der Zoo, künstl. Seen, Brunnen und Denkmäler. Nördl. des Zócalo Platz der Drei Kulturen mit Überresten aus aztek. Zeit, der Kirche Santiago de Tlatelolco (1609) und Hochhäusern aus den 1960er Jahren. Am N-Rand der Stadt steht die Basilika von Guadelupe, das größte mex. Heiligtum (18. Jh.; heute Museum, da vom Absinken bedroht). Der moderne Neubau (1976) faßt 20 000 Gläubige. – Im S befinden sich das Kulturhaus mit Wandgestaltung von D. Alfaro Siqueiros und Mitarbeitern, die Stierkampfarena (50 000 Plätze) und die Univ.-Stadt.
Geschichte: M. liegt an der Stelle der präkolumb., um 1370 auf einigen Inseln im W des Lago de Texcoco gegr. Stadt *Tenochtitlán,* der Hauptstadt des Aztekenreiches, die Ende des 15. Jh. zw. 60 000 und 300 000 E hatte. Der rasche Wiederaufbau der bei der span. Eroberung zerstörter. Stadt begann 1522; 1535 Hauptstadt des Vize-Kgr. Neuspanien.

Mẹxiko (spanisch México), Staat in N- und Mittelamerika, grenzt im N an die USA, im O an den Golf von Mexiko, im SO an Belize und Guatemala, im S und W an den Pazifik.
Staat und Recht: Bundesrepublikanisch organisierte Präsidialdemokratie; *Verfassung* von 1917 (zuletzt 1994 geändert). *Staatsoberhaupt* und Inhaber der *Exekutive* ist der Präs.; er wird vom Volk direkt auf 6 Jahre gewählt (keine Wiederwahl). Die *Legislative* übt der Kongreß aus (Senat: 128 auf 6 Jahre gewählte Mgl.; Abg.-Haus: 500 auf 3 Jahre gewählte Abg.). *Parteien:* Die Institutionalisierte Revolutionspartei (PRI) hat seit ihrer Gründung 1928 als Nat. Revolutionspartei alle Staats-Präs. gestellt und über die Kongreßmehrheit verfügt. Stärkste Oppositionsparteien sind die Partei der Nat. Aktion (PAN), die Partei der Demokrat. Revolution (PRD) und die Partei der Arbeit (PT).
Landesnatur: Das nordamerikan. Kordillerensystem setzt sich in M. fort: Im W liegt die bis 3 150 m hohe Sierra Madre Occidental, im O die bis 4 056 m aufragende Sierra Madre Oriental. Zw. diesen Gebirgen, die steil von den Küsten aufsteigen, liegt ein Hochland, das durch isolierte Gebirgsrücken in zahlr. Becken gegliedert ist. Die W–O verlaufende Cordillera Volcánica begrenzt das Hochland nach S. Hier liegen zahlr. Vulkane, so der 5 452 m hohe Popocatépetl und der 5 700 m hohe Citlaltépetl. An der Pazifikküste erreicht die Sierra Madre del Sur etwa 3 700 m Höhe. Die Golfküstenebene ist im S weithin versumpft. Über das Coloradodelta ist die Halbinsel Niederkalifornien mit M. verbunden. M. erstreckt sich von den Subtropen bis in die Tropen. Wichtig für die Landwirtschaft und die Besiedlung ist die Gliederung in vier Höhenzonen (heiße, gemäßigte, kühle und kalte Zone). Das Hochland hat Dornstrauch- und Grassavannen. In den Gebirgen folgt auf immergrünen Laub- und Nadelwald.
Bevölkerung: Die zu 93 % kath. Bevölkerung besteht hauptsächl. aus Mestizen; 3 % sind Indianer. Das hohe Bevölkerungswachstum hat eine starke Landflucht und Auswanderung zur Folge.
Wirtschaft, Verkehr: M. zählt heute zu den Schwellenländern. Infolge der Expansion des Erdölsektors seit den 1970er Jahren hat sich die Wirtschaftsstruktur stark verändert; M. gehört seither zu den industriell fortgeschrittensten Ländern Lateinamerikas, hat aber nach

Mexiko

Staatsflagge

Staatswappen

1970 1992 1970 1992
Bevölkerung Bruttosozial-
(in Mio.)   produkt je E
             (in US-$)

☐ Stadt   Land ☐

Bevölkerungsverteilung 1992

☐ Industrie
☐ Landwirtschaft
☐ Dienstleistung

Bruttoinlandsprodukt 1992

Mexiko

Fläche: 1 958 201 km²
Einwohner: 88,153 Mio.
Hauptstadt: Mexiko
Amtssprache: Spanisch
National-
feiertag: 16. 9.
Währung: 1 Mexikan. Neuer Peso
(mexN$) = 100 Centavos (¢)
Zeitzone: MEZ – 7 Std.

Mexiko

Brasilien die höchsten Auslandsschulden aller Entwicklungsländer. Grundnahrungsmittel sind Mais, Bohnen, Weizen, Gemüse und Obst. Exportorientiert ist der Anbau von Kaffee, Baumwolle, Tomaten, Zuckerrohr und Sisal. M. ist reich an Bodenschätzen. Abgebaut werden Flußspat, Graphit, Silber, Quecksilber, Zink, Schwefel, Antimon, Kupfer, Eisenerze und Kohle. Reiche Erdöl- und Erdgasfelder liegen im Golfküstenbereich. Die Grundstoff-Ind. ist weitgehend verstaatlicht. Der Ausbau der petrochem. Ind. spielt eine bed. Rolle. Wichtig ist auch der Fremdenverkehr. Das Eisenbahnnetz ist 20 210 km, das Straßennetz 214 073 km lang. Die wichtigsten Häfen sind Tampico, Tuxpan de Rodríguez Cano, Veracruz Llave sowie Coatzacoalcos, Guaymas und Santa Rosalía. 32 internat. ✈.

Geschichte: *Indianische Geschichte:* Auf etwa 20 000 v. Chr. werden die ältesten bisher bekannten Funde datiert. Erste Pyramiden und Zeremonialzentren, Großskulpturen aus Stein und der Beginn sozialer Schichtung kennzeichnen die Kultur der Olmeken (etwa 1200 bis nach 400 v. Chr.). Das Hochtal von M. wurde polit. und kulturelles Zentrum des Reiches von Teotihuacán; die Periode von 200–650 war Blütezeit dieses Reiches, der Mayakultur und der zapotek. Kultur (erbl. Herrscher, Adelsgesellschaft, Fernhandel und Großstädte). Zunehmendes Eindringen von nördl. Fremdgruppen (Mixteken, Tolteken, Azteken) führte zum Untergang dieser Kulturen und im 15. Jh. zum Aufbau des »aztek. Reiches«, das sich über weite Teile von M. ausdehnte.

Kolonialgeschichte: Als erster Spanier landete F. Hernández de Córdoba 1517 an der NO-Spitze der Halbinsel Yucatán. H. Cortés traf am 22. 4. 1519 bei San Juan de Ulloa ein und besetzte am 8. 11. 1519 Tenochtitlán (1521 endgültig unterworfen). Das durch die span. Eroberung der Reiche der Azteken, der Maya und angrenzender Territorien entstandene Vize-Kgr. *Neuspanien* bestand fast 300 Jahre als feudale und kath. Kolonie, in der Beamte aus dem Mutterland regierten und die indian. Bevölkerung fast völlig unterdrückt war. Unter dem Einfluß revolutionärer Ideen und unter dem Druck finanzieller Forderungen Spaniens entwickelten sich wachsende Spannungen zw. den im Mutterland geborenen Spaniern, dem besitzenden Klerus und den Kreolen. 1810 begann der Kampf um die Unabhängigkeit. 1824 gab sich M. seine erste republikan.-bundesstaatl. Verfassung. *Unabhängigkeit:* Die katastrophale wirtschaftl. Lage und die krassen sozialen Gegensätze führten in den Jahrzehnten bis 1854 zu Anarchie und Gewaltherrschaft (34 Regierungen); durch die Verwicklungen mit den USA (Mex. Krieg) verlor M. etwa die Hälfte seines Territoriums. 1855 führte B. Juárez García eine neue Verfassung ein, die neben der radikalen Trennung von Kirche und Staat auch die weitgehende Enteignung des Kirchengutes und der Latifundien beinhaltete. Seine Präsidentschaft (1858) rief den erbitterten Widerstand der Konservativen hervor und führte zu einem Bürgerkrieg, der die bewaffnete Intervention Frankreichs, Großbrit. und Spaniens nach sich zog. Die frz. Intervention gipfelte 1864 in der Krönung des österr. Erzherzogs Maximilian zum Kaiser von M., dessen Regime jedoch nach dem Abzug der frz. Truppen zusammenbrach. Ab 1876 bestimmte General P. Díaz die Geschicke Mexikos 35 Jahre lang.

Revolution und Gegenwart: In dem nach der Wiederwahl von Díaz (1910) ausbrechenden Bürgerkrieg, der wiederum eindeutig Züge sozialen Kampfes trug, spielten die legendären Führer P. Villa und E. Zapata führende Rollen. 1917 einigten sich die Revolutionäre, mit Ausnahme der Anhänger Villas und Zapatas, auf eine neue, am Vorbild von 1855 orientierte Verfassung, die, wenn auch mehrmals geändert, heute noch in Kraft ist. Insbes. die Verstaatlichung der Bodenschätze wurde zu einem beherrschenden Faktor für die Politik der nächsten Jahre. 1938 gelang Präs. L. Cárdenas die Verstaatlichung der in ausländ. Besitz befindl. Ölgesellschaften. Die Agrarreform wurde immer wieder aufgegriffen; bis 1952 wurden über 36,5 Mio. ha Land an die Bauern verteilt.
Nach dem 2. Weltkrieg, in dem M. seit 1942 auf der Seite der Alliierten stand, waren die Präs. (die alle der Institutionalisierten Revolutionspartei [PRI] ange-

Conrad Ferdinand Meyer

hörten) bestrebt, den wirtschaftl. Aufbau zu fördern und sich aus der Abhängigkeit von den USA zu lösen. Dabei entwickelte sich M. zunehmend zu einem Wortführer der Staaten der dritten Welt. Im Sept. 1982 mußte M. seine Zahlungsunfähigkeit erklären, auf Grund der schweren Wirtschaftskrise wurden die Banken verstaatlicht. Die durch den Verfall der Erdölpreise verschärfte Wirtschaftskrise führte 1986 zur Privatisierung bzw. Liquidation staatl. Unternehmen. Präs. C. Salinas de Gortari c1988–94) reformierte erstmals seit der Revolution das mex. System der Verquickung von Staat, PRI und Wirtschaft. Im Jan. 1994 trat M. der amerikan.-kanad. Freihandelszone († NAFTA) bei. Ab Jan. 1994 im S des Landes (v. a. im Gliedstaat Chiapas) Aufstand der indian. Landbevölkerung, organisiert von der Zapatist. Nat. Befreiungsarmee, der das polit. System des Landes erschütterte. Die Präsidentschafts- und Parlamentswahlen von 1994 konnte der PRI mit seinem Kandidaten E. Zedillo Ponce de León deutlich für sich entscheiden.

Mexiko, Golf von, Nebenmeer des Atlantiks zw. dem Festland der USA und Mexiko sowie Kuba; durch die Yucatánstraße mit dem Karib. Meer, durch die Floridastraße mit dem offenen Ozean verbunden, größte Tiefe 4376 m.

Meyer, 1) Conrad Ferdinand, *Zürich 11. 10. 1825, † Kilchberg (ZH) 28. 11. 1898, schweizer. Dichter. Beeinflußt vom Geschichtsbild J. Burckhardts, verkörpern die Menschen seiner Werke oft das Renaissanceideal des außergewöhnl. Helden; schrieb Romane (»Georg Jenatsch«, 1876; 1882 u. d. T. »Jürg Jenatsch«), histor. Novellen mit kunstvoll ausgeführter Rahmenhandlung (u. a. »Gustav Adolfs Page«, 1882), auch ausgefeilte bild- und symbolhafte Lyrik.
2) Eduard, *Hamburg 25. 1. 1855, † Berlin 31. 8. 1930, dt. Althistoriker. Sein bedeutendstes Werk ist die »Geschichte des Altertums« (5 Bde., 1884–1902).
3) Hans, *Hildburghausen 22. 3. 1858, † Leipzig 5. 7. 1929, dt. Geograph. Enkel von Joseph M.; unternahm Expeditionen u. a. nach O-Afrika, wobei er den Kilimandscharo 1889 zus. mit Ludwig Purtscheller erstmals erstieg.

4) Joseph, *Gotha 9. 5. 1796, † Hildburghausen 27. 6. 1856, dt. Verlagsbuchhändler. Gründete 1826 in Gotha das Bibliograph. Institut, verlegte preiswerte Klassikerausgaben, das histor.-geograph. Bildwerk »Universum«, ab 1840 das 52bändige »Große Conversations-Lexikon«, ferner geograph. Werke, Atlanten und Kunstblätter.
5) Julius Lothar, *Varel 19. 8. 1830, † Tübingen 11. 4. 1895, dt. Chemiker. Stellte 1869 (unabhängig von D. J. Mendelejew) ein Periodensystem der chem. Elemente auf.

Meyerbeer, Giacomo ['maiərbeːr, frz. mɛjɛrˈbɛːr], eigtl. Jakob Liebmann Meyer Beer, *Tasdorf bei Berlin 5. 9. 1791, † Paris 2. 5. 1864, dt. Komponist. Ging 1831 nach Paris und erlangte mit seinen frz. Opern Weltruhm; ab 1842 wieder in Berlin; u. a. »Robert der Teufel« (1831).

Meyerhof, Otto, *Hannover 12. 4. 1884, † Philadelphia 6. 10. 1951, dt. Biochemiker. Bed. Forschungen über den intermediären Kohlenhydratstoffwechsel (bes. Glykolyse, alkohol. Gärung) und über die enzymat. Vorgänge in den Muskelzellen. 1922 erhielt er für die Entdeckung gesetzmäßiger Verhältnisse zw. dem Sauerstoffverbrauch und dem Milchsäureumsatz in Muskeln den Nobelpreis für Physiologie oder Medizin (zus. mit A. V. Hill).

Meyerhold, Karl Theodor Kasimir † Mejerchold, Wsewolod Emiljewitsch.

Meyrink, Gustav ['mairɪŋk], urspr. (bis 1917) G. Meyer, *Wien 19. 1. 1868, † Starnberg 4. 12. 1932, österr. Schriftsteller. Mitarbeiter des »Simplicissimus«; in satir. Erzählungen und Romanen (»Der Golem«, 1915; »Walpurgisnacht«, 1917) Gestaltung des Groteskphantastischen.

Meysel, Inge, *Berlin 30. 5. 1910, dt. Schauspielerin. Beliebte Volksschauspielerin; zahlr. Filme und Fernsehserien.

Meysenbug, Malwida (Malvida) Freiin von (seit 1825), *Kassel 28. 10. 1816, † Rom 26. 4. 1903, dt. Schriftstellerin. Befürwortete die Revolution von 1848; 1852 aus Berlin ausgewiesen, befreundet u. a. mit R. Wagner, F. Nietzsche; schrieb u. a. die kulturgeschichtl. aufschlußreichen »Memoiren einer Idealistin« (1876).

Joseph Meyer

Otto Meyerhof

MEZ

MEZ, Abk. für **m**ittel**e**uropäische **Z**eit.
Mezzogiorno [italien. meddzo'dʒorno »Mittag«, übertragen: »Süden«], zusammenfassende Bez. für die wirtschaftlich schwächeren süditalien. Regionen Apulien, Kalabrien sowie Sizilien, Sardinien u. a.
Mezzosopran, Stimmlage zw. Sopran und Alt (Umfang etwa g–b²).
Mezzotinto [lat.-italien.], svw. ↑Schabkunst.
mf, Abk. für **m**ezzo**f**orte (↑forte, ↑mezzo).
mg, Einheitenzeichen für das Milligramm: 1 mg = 0,001 g.
Mg, chem. Symbol für ↑Magnesium.
MG, Abk. für **M**aschinen**g**ewehr.
MGH, Abk. für ↑**M**onumenta **G**ermaniae **H**istorica.
Mgr., Abk. für ↑**M**onsi**g**no**r**e.
MHD, Abk. für **M**alteser-**H**ilfs**d**ienst (↑Malteserorden).
MHD-Generator (**m**agneto**h**ydro**d**ynamischer Generator oder Umwandler), Anlage zur Umwandlung der kinet. bzw. therm. Energie eines auf Temperaturen von einigen 1 000 °C erhitzten, strömenden, elektr. leitfähigen Mediums (Gas, Flüssigkeit) in elektr. Energie. Das durch Ionisation leitfähig gemachte Gas (Plasma) wird beschleunigt und strömt mit hoher Geschwindigkeit (etwa 1 000 m/s) durch ein Magnetfeld, dessen Feldlinien senkrecht zur Strömungsrichtung verlaufen. Dabei wird eine elektr. Spannung senkrecht zur Richtung von Gasströmung und Magnetfeld induziert. Während neutrale Gasmoleküle geradeaus weiterströmen, werden die positiven und negativen Ladungsträger (Ionen und Elektronen) durch die im Magnetfeld auf sie wirkende Lorentz-Kraft nach entgegengesetzten Seiten abgelenkt. Werden Elektroden in dieser Richtung angebracht und über einen äußeren Lastwiderstand (eines Verbrauchers) verbunden, so fließt ein elektr. Strom in Richtung der induzierten Spannung durch das Plasma *(Faraday-Strom);* dem strömenden Medium wird dadurch Energie entnommen.
MHz, Einheitenzeichen für **M**ega**h**ert**z:** 1 MHz = 1 Mio. Hertz.
Miaja Menant, José [span. 'mjaxa me'nan], *Madrid 20. 4. 1878, † Mexiko 13. 1. 1958, span. General. Leitete im Span. Bürgerkrieg auf republikan. Seite 1936 die Verteidigung Madrids, wurde 1937 Oberbefehlshaber der (republikan.) Zentralarmee; emigrierte 1939.
Miami [engl. maɪˈæmɪ], Hafenstadt in Florida, USA, 359 000 E (Agglomeration 3,2 Mio. E). Institut für Meeresforschung, Meeresaquarium; Fremdenverkehr; internat. ⚓. – Entstand um 1870 als Post- und Handelsstation.
Miami [engl. maɪˈæmɪ] ↑Algonkin.
Miao, in 82 Stämme zersplittertes Volk in SW-China, N-Vietnam und N-Laos, Birma und Thailand; meist Brandrodungsbauern; v. a. Anbau von Mohn.
Micha, Prophet Israels und kanon. Buch des AT gleichen Namens. – Das Buch M. stammt in der vorliegenden Form aus nachexil. Zeit.
Michael, alttestamentl. Engelsgestalt, der »höchste der Fürsten« nach Daniel 10, 13; bekämpft als Anführer der himml. Heerscharen den Satan. In der kath. Kirche als Erzengel verehrt. – Fest: 29. September.
Michael, Name von Herrschern:
Byzanz: **1) Michael VIII. Palaiologos,** *1224, † bei Selymbria (heute Silivri) 11. 12. 1282, Kaiser (seit 1258/1259). Begründete die Paläologendynastie; zunächst Mitkaiser des Reiches von Nizäa; eroberte am 25. 7. 1261 Konstantinopel zurück; schloß die Kirchenunion mit Rom (2. Konzil von Lyon).
Rumänien: **2) Michael I.,** *Sinaia 25. 10. 1921, König (1927–30 und 1940–47). Ließ am 23. 8. 1944 Marschall Antonescu verhaften und erzwang den Übertritt Rumäniens auf die Seite der Alliierten. Dankte unter kommunist. Druck am 30. 12. 1947 ab und verließ Rumänien.
Serbien: **3) Michael Obrenović** [serbokroat. ɔbrɛːnɔvitɕ], *Kragujevac 16. 9. 1823, † Topčider 10. 6. 1868 (ermordet), Fürst (1839–42 und seit 1860). Führte innenpolit. Reformen durch (u. a. in Justiz und Heer); erreichte 1867 den Abzug der letzten osman. Truppen.
Walachei: **4) Michael der Tapfere,** *um 1550, † Cimpia Turzii bei Klausenburg 19. 8. 1601 (ermordet), Fürst (seit 1593). Konnte die Osmanen 1595 und 1598/99 aus der Walachei und Siebenbürgen verdrängen und rief sich nach der Eroberung der Moldau (1600) zum Herrscher der drei rumän. Ft. aus.

Hartmut Michel

Michelangelo

Michael, Karoline †Schlegel, Karoline.
Michaëlis, Karin [dän. mikaˈeːlis], eigtl. Katharina M., geb. Bech-Brøndum, *Randers 20. 3. 1872, † Kopenhagen 11. 1. 1950, dän. Schriftstellerin. Lebte ab 1930 auf der Insel Thurø, wo sie während des NS-Regimes dt. Flüchtlinge aufnahm (u. a. B. Brecht); 1939–46 im Exil in den USA; schrieb u. a. »Eine Frau macht sich frei« (1930); schuf mit der »Bibi«-Serie (1929–38) bekannte Kinderbücher.

Michael Kohlhaas †Kohlhase, Hans.

Michaux, Henri [frz. miˈʃo], *Namur 24. 5. 1899, † Paris 19. 10. 1984, frz.-belg. Schriftsteller und Zeichner. Reisebeschreibungen sowie Schilderungen von Reisen in imaginäre Länder; (tachist.) Zeichnungen. – *Werke:* Zwischen Tag und Traum (Prosa, 1969), Moments (Ged., 1973).

Michel, Hartmut, *Ludwigsburg 18. 7. 1948, dt. Biochemiker. Erhielt 1988 mit J. Deisenhofer und R. Huber für seine Arbeiten über die Röntgenkristallstruktur des Reaktionszentrums der Photosynthese bei Purpurbakterien den Nobelpreis für Chemie.

Michelangelo [italien. mikeˈlandʒelo], eigtl. M. (Michelagniolo) Buonarroti, *Caprese bei Arezzo 6. 3. 1475, † Rom 18. 2. 1564, italien. Bildhauer, Maler, Baumeister und Dichter. Wichtiger als die Lehrzeit bei D. Ghirlandaio in Florenz (1488) sind für seine Stilbildung das Studium Giottos und Masaccios sowie der Antike gewesen, die ihm im Hause der Medici bzw. in deren Kunstakademie erschlossen wurde. Ab 1496 arbeitete M. abwechselnd in Florenz, Rom und in Marmorbrüchen, 1534 siedelte er endgültig nach Rom über. Ab 1534 entstanden auch Sonette und Madrigale, die er ab 1538 Vittoria Colonna widmete.

Skulptur: Früheste Werke stammen aus der Zeit um 1491/92 (»Madonna an der Treppe«, »Kentaurenkampf«, beide Florenz, Casa Buonarroti). In Rom entstanden »Bacchus« (1497; Florenz, Bargello) und die »Pieta« in St. Peter (1498/99), in Florenz »David« (1501 bis 04; urspr. vor dem Palazzo Vecchio, heute Accademia) sowie »Matthäus« für den Dom (1506; Accademia). M. machte den Auftrag für die weiteren Apostel rückgängig, da er seit 1505/06 mit dem Grabmal Julius' II. beschäftigt war. Es entstanden der »Sieger« (1519 bis 25, Florenz, Palazzo Vecchio), 1513–16 »Moses« (Rom, S. Pietro in Vincoli) und die beiden Louvre-Sklaven, 1519–25 die vier unvollendeten Sklaven (Florenz, Accademia). 1521–34 schuf M. die Figuren für die Neue Sakristei von San Lorenzo, Florenz: Lorenzo und Giuliano, die Personifikationen der Tageszeiten; nicht vollendet die Mariengruppe. Die wenigen Skulpturen der Spätzeit – »Pieta« (Florenz, Dommuseum, vor 1550 begonnen, unvollendet) und »Pieta Rondanini« (Mailand, Castello Sforcesco, um 1555 begonnen) – zeigen eine Reduzierung der machtvollen körperl. Erscheinung.

Malerei: Das einzige gesicherte Tafelbild ist »Madonna Doni« (um 1504, Florenz, Uffizien), nur in Kopien überliefert ist der Karton für das Fresko der »Cascina-Schlacht« (1504–06), 1508 bis 12 entstanden die Deckenfresken der Sixtin. Kapelle des Vatikan mit 300 Gestalten. Während hier ein fester architekton. Rahmen gegeben ist und die

Michelangelo.
Die Delphische Sibylle; Detail des Deckenfreskos in der Sixtinischen Kapelle (Zustand nach der Restaurierung); um 1510

Michelangelo. David (1501–04; Florenz Galleria dell' Accademia)

Albert Abraham Michelson

Michelozzo

Grenze zw. Malerei und Skulptur verwischt, wird die Komposition des die gesamte Altarwand füllenden »Jüngsten Gerichts« (1536–41; Restaurierung 1980–94) ausschließlich von Bewegungsabläufen getragen. 1546–50 entstanden die Fresken der Cappella Paolina (Vatikan).
Baukunst: Die feste, »endliche« Raumgrenze der Hochrenaissance wird in den Entwürfen und Werken (Neue Sakristei von San Lorenzo, 1518 ff., Treppenhaus der Biblioteca Laurenziana, 1524 ff., beide Florenz) aufgehoben, die gesamte Raumummantelung wird in eine Vielzahl von Schichten ohne eine beherrschende Bezugsfläche zerlegt und so in ein Kräftefeld von Spannungen umgedeutet. 1546 übernahm M. die Vollendung des Palazzo Farnese in Rom, lieferte erste Entwürfe für die Neugestaltung des Kapitolplatzes und wurde Bauleiter von St. Peter.
Sein Werk entzieht sich einfacher stilgeschichtl. Zuordnung: Zunächst Vollender der Hochrenaissance, wird er zum Wegbereiter des Manierismus, weist aber zugleich auf den Barock voraus. Als elementarer bildhauer. Begabung legt er allen Kunstgattungen Konzepte der Skulptur zugrunde.
Michelozzo di Bartolommeo [italien. mike'lɔttso], *Florenz 1396, □7. 10. 1472, italien. Bildhauer und Baumeister der Frührenaissance. 1446–52 Dombaumeister in Florenz. Mit dem Palazzo Medici-Riccardi (1444 ff.) legte er den Typus des dreigeschossigen Renaissancepalasts fest.
Michels, Robert, *Köln 9. 1. 1876, † Rom 3. 5. 1936, dt.-italien. Soziologe. Bekannt v. a. durch seine an V. Pareto anschließende Theorie vom »ehernen Gesetz der Oligarchie« in demokrat. Massenorganisationen (»Zur Soziologie des Parteiwesens in der modernen Demokratie«, 1911).
Michelsberger Kultur, nach der befestigten Höhensiedlung auf dem Michelsberg bei Bruchsal ben. west-mitteleurop. jungneolith. Kulturgruppe des 3. Jt. v. Chr.; schlichte, nur selten verzierte Keramik.
Michelson, Albert Abraham [engl. 'maikəlsn], *Strelno (heute Strzelno, Woiwodschaft Bromberg) 19. 12. 1852, † Pasadena (Calif.) 9. 5. 1931, amerikan. Physiker. Bewies durch den sog. M.-Versuch, daß die Lichtgeschwindigkeit in einem ruhenden und in einem gleichförmig bewegten Bezugssystem nach allen Richtungen gleich ist; Nobelpreis für Physik 1907.
Michelstadt, hess. Stadt im Odenwald, 14 200 E. U. a. Elfenbeinschnitzerei; Fremdenverkehr. Erdefunkstelle für Wettersatelliten. Spätgot. Stadtkirche (1461–1537); Rathaus (1484); im Stadtteil *Steinbach* liegen Schloß Fürstenau (14., 16. und 19. Jh.) und die karoling. Einhardsbasilika.
Michener, James A(lbert) [engl. 'mɪtʃɪnə], *New York 3. 2. 1907, amerikan. Schriftsteller. Histor. und zeitgeschichtl. Romane, u. a. »Sayonara« (1954), »Die Kinder von Torremolinos« (1971).
Michigan [engl. 'mɪʃɪgən], Staat im nördl. Zentralen Tiefland der USA, 151 586 km², 9,43 Mio. E, Hauptstadt Lansing.
Geschichte: Im 17. Jh. von den Franzosen erschlossen, kam 1763 an Großbrit., 1783 an die USA. 1837 als 26. Staat in die Union aufgenommen. Die heute gültige Verfassung wurde 1908 verabschiedet.
Michigansee [engl. 'mɪʃɪgən...], einer der Großen Seen Nordamerikas, USA, 58 016 km², Zufluß durch zahlr. kleinere Flüsse, Abfluß zum Huronsee.
Michoacán [span. mitʃoa'kan], Staat im südl. Mexiko, 59 928 km², 3,38 Mio. E, Hauptstadt Morelia.
Mickey Mouse ['mɪkɪ maʊs] (dt. Micky Maus), von W. Disney (Texter) erfundene Trickfilmfigur (erstmals 1928, zugleich erster Zeichentrick-Tonfilm); seit 1930 auch Comicfigur; bis 1975 v. a. von Floyd Gottfredson (*1905, †1986) unter Mitarbeit verschiedener Zeichner und Texter gestaltet; dt. erstmals 1930.
Mickiewicz, Adam [poln. mits'kjɛvitʃ], *Zaosie (heute Nowogrudok, Weißrußland) 24. 12. 1798, † Konstantinopel 26. 11. 1855, poln. Dichter. Ging 1829 ins Ausland, ab 1832 als Emigrant in Paris; schrieb u. a. »Balladen und Romanzen« (1822), das histor. Epos »Konrad Wallenrod« (1828), das Drama »Totenfeier« (4 Teile, 1823–32) und v. a. »Die Bücher der poln. Nation und der poln. Pilgerschaft« (1832) sowie das Epos »Herr Thaddäus oder der letzte Einritt

Mies van der Rohe

in Litauen« (1834). Der Romantiker M. wurde als (einer der) bedeutendsten poln. Dichter zum Symbol des poln. Befreiungskampfes.
Micmac [engl. 'mɪkmæk] ↑Algonkin.
micro..., Micro... ↑mikro..., Mikro...
Microfiche [frz. mikrɔ'fiʃ] ↑Mikrodokumentation.
Midas, Gestalt der griech. Mythologie; phryg. König, der von Dionysos die Gabe erbittet, alles Berührte in Gold zu verwandeln. – M. wird neben Gordios auch als Gründer des phryg. Staates überliefert; möglicherweise identisch mit M. II. (738–696).
Middelburg [niederl. 'mɪdəlbyrx], niederl. Prov.-Hauptstadt im Zentrum der ehem. Insel Walcheren, 39 100 E. Museen; Handelszentrum. Spätgot. Rathaus (15./16. Jh.); bed. Kirchen sind die Korkerk (um 1300), die Nieuwe Kerk (1568) mit angrenzenden ehem. Abteigebäuden und die Oostkerk (17. Jh.).
Midgard ↑germanische Religion.
Midianiter (Vulgata: Madianiter), nur im AT bekannter nomad. Stämmeverband.
Midi-Pyrénées [frz. midipire'ne:], Region in S-Frankreich, 45 348 km², 2,43 Mio. E. Hauptstadt Toulouse.
Midlands, The [engl. ðə 'mɪdləndz], Bez. für den Teil M-Englands, der südlich von Mersey und Humber bogenförmig die südlich Pennines umschließt und im S vom südostengl. Schichtstufenland begrenzt wird.
Midler, Bette [engl. 'mɪdlə], *Pearl Harbor 1. 12. 1945, amerikan. Schauspielerin und Sängerin. Interpretiert und parodiert Popmusik; spielte u. a. in »Tommy« (1971), »The Rose« (1979), »Scenes from a mall« (1991).
Midlife-crisis [engl. 'mɪdlaɪf 'kraɪsɪs], Phase zw. dem 40. und 50. Lebensjahr, in der das bisherige Leben krit. überdacht (oft auch geändert) wird.
Midrasch [hebr.] (Mrz. Midraschim), Bez. für eine Gattung des rabbin. Schrifttums sowie für eine Methode der Schriftauslegung in der jüd. Religion.
Midway Islands [engl. 'mɪdweɪ 'aɪləndz], Atoll im nördl. Pazifik, nw. der Hawaii-Inseln, untersteht dem Marineministerium der USA; Militärstützpunkt. – In der Nähe fand vom 3./4. bis 6./7. 6. 1942 zw. den Flugzeugträgerflotten der USA und Japans die See-

Luft-Schlacht statt, in deren Folge die Amerikaner die Seeherrschaft im Pazifik erlangten.
Miegel, Agnes, *Königsberg 9. 3. 1879, † Bad Salzuflen 26. 10. 1964, dt. Schriftstellerin. Schrieb Gedichte und Erzählungen.
Mielke, Erich, *Berlin 28. 12. 1907, dt. Politiker (SED). Schloß sich 1925 der KPD an, floh 1931 nach Belgien; 1940–45 in der UdSSR; baute den Staatssicherheitsdienst (»Stasi«) in der DDR mit auf; 1957–89 Min. für Staatssicherheit; 1959–89 Mgl. des ZK, 1976–89 des Politbüros. Im Dez. 1989 v. a. wegen Machtmißbrauchs verhaftet; 1993 wegen zweier Polizistenmorden von 1931 verurteilt; im Aug. 1995 entlassen. Wegen des Verdachts der Unterstützung des Terrorismus und der Mitverantwortung für die Todesfälle an der innerdt. Grenze wird nicht mehr ermittelt.
Miere, 1) Bez. für verschiedene Nelkengewächse, z. B. Sternmiere.
2) Gatt. der Nelkengewächse mit mehr als 100 Arten in den gemäßigten und kalten Zonen der Nordhalbkugel; z. T. Zierpflanzen.
Miesmuschel (Pfahlmuschel), etwa 6–8 cm lange, eßbare Muschel in den Küstenregionen des N-Atlantiks (einschließl. Ostsee); heftet sich an Gegenständen mit Byssusfäden fest.
Mies van der Rohe, Ludwig, *Aachen 27. 3. 1886, † Chicago 17. 8. 1969, dt.-amerikan. Architekt. 1930–33 Direktor des Bauhauses; emigrierte 1937 in die USA. Er gelangte zu einer neuen kub. Auffassung des Baukörpers unter Verwendung von Stahlbeton und Glas. Beim dt. Pavillon auf der Weltausstellung in Barcelona (1929) hob er die

Miesmuschel. Eßbare Miesmuschel (Länge 6 – 10 cm) mit Byssusfäden

Michigan Flagge

Mickey Mouse

2229

Miete

Ludwig Mies van der Rohe. Stuhl »MR« (Entwurf 1927)

Grenzen zw. Innen- und Außenbau auf. 1939/40 entwarf er den Gesamtplan offener Pavillonbauten für das Illinois Institute of Technology in Chicago (Crown Hall 1952–56). Die Lake Shore Drive Apartments (1951) in Chicago sind Hochhäuser in Skelettbauweise. Mit der Neuen Nationalgalerie in Berlin (1962–68) kehrte M. zur Pavillonform zurück.

Miete, mit Stroh, Erde abgedeckte Grube, in der Feldfrüchte oder ähnl. zum Schutz gegen Frost aufbewahrt werden.

Miete (Mietverhältnis), Vertrag, durch den sich der Vermieter verpflichtet, den Gebrauch einer Sache (z. B. Wohnung, Kfz) durch den Mieter zuzulassen. Als Gegenleistung ist der Mieter verpflichtet, den vereinbarten Mietzins (umgangssprachlich als M. bezeichnet) zu bezahlen. Nach dem *Mietrecht* ist der *Vermieter* verpflichtet: 1. dem Mieter die Sache zu überlassen und sie ihm für die Mietdauer zu belassen; 2. die Sache in einem gebrauchsfähigen Zustand zu erhalten; 3. Störungen im Gebrauch vom Mieter fernzuhalten. Bei Nichterfüllung kann der Mieter: 1. auf Erfüllung klagen; 2. für die Dauer der Gebrauchsbeeinträchtigung den Mietzins mindern; 3. fristlos kündigen, wenn der vertragsmäßige Gebrauch nicht gewährleistet wird. Der *Mieter* ist verpflichtet: 1. den Mietzins zu zahlen; 2. die Sache pfleglich zu behandeln und Mängel unverzüglich dem Vermieter anzuzeigen; 3. die Sache nach Beendigung der M. zurückzugeben. Bei vertragswidrigem Gebrauch kann der Vermieter nach Abmahnung auf Unterlassung klagen, falls die Pflichtverletzung erheblich ist, fristlos kündigen und für vom Mieter verschuldete Schäden Schadenersatz verlangen. Für alle Geldforderungen aus dem Mietverhältnis hat der Vermieter kraft Gesetzes ein Pfandrecht an den eingebrachten, pfändbaren Sachen des Mieters. Das Mietverhältnis endet durch: 1. Aufhebungsvertrag, 2. Zeitablauf (bei Wohnraum gilt Kündigungsschutz), 3. Kündigung, die bei Wohnraum der Schriftform bedarf, und, falls der Vermieter kündigt, die Angabe der Gründe sowie eine Belehrung über die Widerspruchsmöglichkeit (Sozialklausel) enthalten soll. Nach der *Sozialklausel* kann der Mieter der Kündigung widersprechen und die Fortsetzung des Mietverhältnisses verlangen, wenn die Beendigung des Mietverhältnisses für ihn oder seine Familie eine unzumutbare Härte bedeuten würde.

Mietspiegel, Übersicht über die in einer Gemeinde übl. Entgelte für nicht preisgebundenen Wohnraum, die von der Gemeinde oder von Interessenvertretern der Vermieter und der Mieter gemeinsam erstellt oder anerkannt worden ist.

Mifune Toshirō, *Tsingtau 1. 4. 1920, jap. Filmschauspieler. Internat. bekannt v. a. durch Filme von Kurosawa Akira, u. a. »Rashomon« (1950), »Die sieben Samurai« (1953), »Die verborgene Festung« (1958).

MiG (MIG), Bez. für Flugzeugtypen; gebildet aus den Namen der sowjet. Konstrukteure Artjom I. **Mi**kojan und M. I. **G**urewitsch.

Migmatite [griech.] ↑Gesteine.

Migräne [griech.-frz.] (Hemikranie), anfallsw. auftr. einseitige Kopfschmerzen, die stunden- oder tagelang anhalten und häufig mit Erbrechen, Augenflimmern und Sehstörungen einhergehen. Ursache sind vermutlich neurolog. Fehlsteuerungen des Gehirns. M.anfälle können durch atmosphär. Einflüsse, Lichtreize, Menstruation oder durch psych. Belastungen ausgelöst werden.

Migration [lat.], in der *Zoologie* die dauerhafte Abwanderung *(Emigration)* oder dauerhafte Einwanderung *(Immigration)* einzelner oder vieler Individuen aus einer Population in eine andere Population der gleichen Art.
Migros-Genossenschafts-Bund ['miːgro...], Abk. **MGB**, schweizer. Verkaufsgenossenschaft, Sitz Zürich, gegr. 1925; mit zahlr. Produktions- und Dienstleistungsbetrieben (u. a. Migros-Bank).
Mihailović, Draža [serbokroat. miˌhajlɔvitɕ], *Ivanjica (Serbien) 27. 4. 1893, † Belgrad 17. 7. 1946, jugoslaw. Offizier. Baute 1941 eine nat. Widerstandsbewegung gegen die Besatzungsmächte auf (»Četnici«), geriet jedoch in Ggs. zur kommunist. Partisanenbewegung Titos; ab 1942 Kriegs-Min. der jugoslaw. Exilregierung; 1946 wegen Landesverrats hingerichtet.
Mihalovici, Marcel [frz. mialɔvi'si], *Bukarest 22. 10. 1898, † Paris 12. 8. 1985, frz. Komponist rumän. Herkunft. U. a. Opern, Ballette, Filmmusiken; Sinfonien.
Mihrab [arab. miç'raːp], Gebetsnische in der nach Mekka ausgerichteten Wand der Moschee.
MIK ↑MIK-Wert.
Mikado [jap.], früher literar. Benennung des jap. Kaisers, amtlich Tennō.
Miklas, Wilhelm, *Krems 15. 10. 1872, † Wien 20. 3. 1956, österr. Politiker (Christlichsoziale Partei). Ernannte als Bundes-Präs. unter nat.-soz. Druck Seyß-Inquart zum Bundeskanzler, lehnte aber die Unterzeichnung des Anschlußgesetzes ab und trat am 13. 3. 1938 zurück.
Mikojan [russ. mikaˈjan], **1)** Anastas Iwanowitsch, *Sanain bei Tiflis 25. 11. 1895, † Moskau 21. 10. 1978, sowjet. Politiker (KPdSU). Enger Mitarbeiter Stalins; 1935–66 als Wirtschaftsfachmann Inhaber hoher Regierungsämter; 1937–64 stellv. Vors. des Rats der Volkskommissare bzw. des Min.-Rats; 1964/65 Staatsoberhaupt.
2) Artjom Iwanowitsch, *Sanain bei Tiflis 5. 8. 1905, † Moskau 9. 12. 1970, sowjet. Flugzeugkonstrukteur. Bruder von Anastas I. M.; konstruierte mit Michail Iossifowitsch Gurewitsch (*1893, † 1976) zahlr. Jagdflugzeuge vom Typ MiG sowie Überschallflugzeuge.

Mikrokosmos

mikro..., Mikro..., mikr..., Mikr... [griech.] (micro..., Micro..., micr... Micr...), Bestimmungswort von Zusammensetzungen mit der Bedeutung »klein, fein, gering«.
Mikro... [griech.] ↑Vorsatzzeichen.
Mikroben [griech.], andere Bez. für Mikroorganismen, meist für Bakterien.
Mikrocomputer [...kɔm'pjutə], ein kleiner Computer, dessen Komponenten als integrierte Schaltungen gefertigt sind. Der M. besteht im wesentlichen aus einem ↑Mikroprozessor, der mit weiteren Halbleiterschaltkreisen (Moduln), insbes. mit einem Speicher versehen ist. M. können auch auf einem Halbleiterkristall (Chip) untergebracht sein (Ein-Chip-M.). – Einsatzmöglichkeiten z. B. als Personalcomputer oder als Bordcomputer in Flugzeugen.
Mikrodokumentation (Mikroaufzeichnung), Verfahren zur Archivierung von Dokumenten, Schrift- oder Bildvorlagen durch ihre photograph. Reproduktion in stark verkleinertem Maßstab. Die *Mikrokopien* (Mikrobilder) werden meistens in Form sog. *Mikrofilme* auf sehr feinkörnigem photograph. Material hergestellt. Außerdem werden Mikrofilmblätter *(Microfiches)* im Format DIN A6 verwendet, auf denen 60 Mikrobilder (z. B. von Buchseiten) gespeichert werden können.
Mikroelektronik (Mikrominiaturtechnik), Zweig der Elektr., der sich mit dem Entwurf und der Herstellung von *integrierten Schaltungen,* deren Bauelemente mit den sie verbind. Leitungsbahnen gemeinsam gefertigt werden, befaßt. Die ↑Miniaturisierung begann etwa 1960 mit der Integration von bis zu zehn Bauelementen auf einem Chip (engl. small scale integration; Abk. SSI) und führte ab 1966 über die Integration von 10 bis 100 Elementen pro Chip (engl. medium scale integration; Abk. MSI) sowie ab 1970 über die Hochintegration (LSI) mit 10^4 bis 10^6 Elementen pro Chip und ab 1980 zur Höchstintegration (VLSI) mit 10^6 Elementen pro Chip (Molekularelektronik).
Mikrofilm ↑Mikrodokumentation.
Mikrokopie ↑Mikrodokumentation.
Mikrokosmos, 1) *Philosophie:* Begriff, der eine Beziehung zw. der Welt als ganzer (Makrokosmos) und einem ihrer Teile, meist dem Menschen, herstellt.

Mikrolithe

2) *Physik:* die Gesamtheit der Objekte und Erscheinungen in atomaren und subatomaren Dimensionen.

Mikrolithe [griech.], kleine Feuersteingeräte des Mesolithikums.

Mikrometer, 1) Einheitenzeichen μm, ein millionstel Meter: 1 μm = 10^{-6} m. **2)** (M.schraube) svw. ↑Meßschraube.

Mikronesien (amtl. Federated States of Micronesia), Staat im pazif. Ozean zw. Äquator und 10° nördl. Breite, umfaßt die größten der mikrones. Archipele und die Karolinen.

Staat und Recht: Föderative Präsidialrepublik; *Verfassung* von 1979. *Staatsoberhaupt* und Inhaber der *Exekutivgewalt* ist der für 4 Jahre direkt gewählte Präsident. Die *Legislative* liegt beim Kongreß (Einkammerparlament mit 14 Abg., für 4 Jahre gewählt).

Landesnatur: M. umfaßt die Karolineninseln i. e. S., insgesamt mehr als 700 Inseln (vorwiegend Korallenatolle). Hauptinsel ist Ponape. Die bedeutenderen Inseln bilden die Spitze von Vulkanen (Ponape bis 865 m ü. M.), die aus der Meerestiefe aufsteigen.

Bevölkerung: Die Bevölkerung besteht überwiegend aus Mikronesiern, auf den östl. Inseln auch Polynesiern; kleine Gruppen von Weißen und Asiaten.

Wirtschaft, Verkehr: Wichtigste Anbauprodukte sind Kokosnüsse, Bananen, Zuckerrohr, Jams; es müssen zusätzlich Lebensmittel importiert werden. Bedeutend für die Versorgung ist der Fischfang. Haupthandelspartner sind die USA und Japan. Der Verkehr zw. den Inseln erfolgt mit Schiffen und Flugzeugen; internat. ✈ auf Ponape, Truk, Yap und Kosrae.

Geschichte: Die Karolineninseln wurden Anfang des 16. Jh. von Spaniern entdeckt, aber erst im 19. Jh. besiedelt. Nach dem Span.-Amerikan. Krieg 1898 wurden die Inseln an das Dt. Reich verkauft; ab 1920 standen sie als Völkerbundsmandat unter japan. Verwaltung. Die USA verwalteten die Inseln ab 1947 als Treuhandgebiet der UN. 1979 wurden die Föderierten Staaten von M. proklamiert, die 1986 eingeschränkte Souveränität erhielten und den USA assoziiert blieben. Zum 31. 12. 1990 wurde die Treuhandschaft der UN aufgehoben. 1991 wurde M. in die UN aufgenommen.

Mikroorganismen [mikro-ɔr...], mikroskopisch kleine, einzellige Organismen (Bakterien, Blaualgen, tierische Einzeller, ein Großteil der Algen und Pilze).

Mikrophon [griech.], ein elektroakust. Wandler, der über eine durch Schallwellen in mechan. Schwingungen versetzte Membran Luftschall in elektr. Wechselspannungen umwandelt (Luftschall-M.). Man unterscheidet 1. *Kontakt-M.* (Kohle-M.): Eine Membran drückt die Körnchen einer abgekapselten Kohlestaubfüllung mehr oder weniger fest zusammen, wodurch sich der Übergangswiderstand zw. den Kohleteilchen ändert und ein Gleichstrom entsprechend moduliert wird. 2. *Kondensator-M.:* Dicht vor einer festen metall. Membran schwingt eine bewegl. leitende Membran. Die Kapazität des von beiden Membranen gebildeten Kondensators ändert sich bei Beschallung. 3. *Dynamisches M.:* Eine mit der Kalottenmembran verbundene Spule »taucht« in den Luftspalt eines Topfmagnets, wobei in den Spulenwindungen tonfrequente Spannungen induziert werden (Tauchspulen-M.). Beim Bändchen-M. sind Membrane und Spule durch dünne Aluminiumbändchen ersetzt. 4. *Kristall-M.:* Hierbei nutzt man den piezoelektr. Effekt an Kristallen aus (durch den Schall-

Mikronesien

Staatsflagge

Mikronesien

Fläche:	707 km²
Einwohner:	111 000
Hauptstadt:	Kolonia (auf Ponape)
Amtssprachen:	Englisch, austrones. Sprachen
Nationalfeiertage:	10. 5., 24. 10., 3. 11.
Währung:	1 US-Dollar (US-$) = 100 Cents (c)
Zeitzone:	MEZ + 11 Std.

Mikroskop

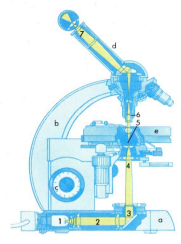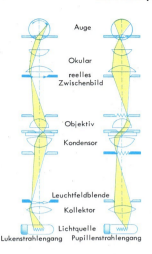

Mikroskop. Links: Strahlengang im Mikroskop bei Durchlichtbeleuchtung; a Fuß, b Stativ, c Grob- und Feineinstellung, d monokularer oder binokularer Tubus, e Objekttisch, 1 Niedervoltleuchte, 2 Kollektorlinsen, 3 Leuchtfeldblende, 4 Kondensor, 5 Aperturblende, 6 Objektiv, 7 Okular ◆ Rechts: Beim Lukenstrahlengang Abbildung der Leuchtfeldblende in die Objektebene, in die Zwischenbildebene und auf die Augennetzhaut; beim Pupillenstrahlengang Abbildung der Lichtquelle in die Aperturblende des Kondensors, in die Austrittpupille des Objektivs und in die Augenpupille

druck erhält man tonfrequente Piezospannungen). Daneben gibt es *Körperschall-M.* zur direkten Umwandlung mechan. Schwingungen, beim *Kehlkopf-M.* insbes. die vom Kehlkopf beim Sprechen ausgehenden Schwingungen.

mikrophysikalisches System, jedes physikal. System, das zu seiner Beschreibung die Quantentheorie erfordert und dessen jeweiliger physikal. Zustand durch gewisse Quantenzahlen charakterisiert wird; zw. seinen mögl. Zuständen sind nur quantenhafte Übergänge möglich. Beispiele für ein m. S. sind die Atomkerne, die Atome und Moleküle, aber auch die Leitungselektronen in einem Metall.

Mikroprozessor [griech./lat.], eine integrierte Schaltung, in der mit Hilfe der Technik der hochintegrierten Schaltungen (engl. large scale integration, Abk. LSI) die Funktionen eines Leit- und Rechenwerkes zusammengefaßt sind. Dabei wird eine Vielzahl von Bauelementen auf einem gemeinsamen Halbleiterkristall aufgebracht. Das Verhalten eines M. entspricht dem eines fest verdrahteten Logiknetzwerkes; seine Logik ist jedoch programmierbar. Verwendung finden M. z. B. in der Industrie (Werkzeugmaschinensteuerung, Produktionskontrollen, Sortierautomaten), in Konsumgütern (Senderwahl und Fernbedienung von Fernsehgeräten, Münzwechsler, Spielautomaten), in Meßgeräten (Oszilloskope, Radargeräte, medizinische Diagnosegeräte), in der Nachrichtentechnik (Fernschreiber) und v. a. in ↑Mikrocomputern.

Mikroskop [griech.], i. e. S. ein opt. Gerät zum Beobachten sehr kleiner Objekte bzw. Objekteinzelheiten (u. a. sog. mikroskop. Präparate) aus geringer Entfernung; i. w. S. auch solche Geräte, die anstelle von Lichtstrahlen Elektronenstrahlung (↑Elektronenmikroskop), Ionenstrahlung (z. B. beim Feldionen-M.) oder Röntgenstrahlung verwenden. – Ein M. besteht im wesentlichen aus zwei opt. Systemen, dem Objektiv und dem Okular, die in einem zwecks Scharfeinstellung verschiebbaren Rohr *(Tubus)* angeordnet sind: Das am betrachteten Objekt befindl. *Objektiv* erzeugt von diesem ein vergrößertes, umgekehrtes, reelles Zwischenbild, das von dem unmittelbar vor dem Auge befindl. *Okular* wie von einer Lupe nochmals vergrößert wird. Ein M. mit zwei Okularen zum Beobachten mit beiden Augen wird als Binokular-M. bezeichnet. Das Objekt auf dem sog. Objekttisch wird mit eingespiegeltem Tageslicht oder mit Hilfe eines Beleuchtungsapparates beleuchtet: Im Durchlicht-M. (Durchstrahlungs-M.) werden dünne, durchsichtige

Mikrosporie

Objekte von unten vom Licht durchstrahlt, beim Auflicht-M. hingegen undurchsichtige Objekte von oben oder von der Seite her beleuchtet. Beim Immersions-M. erreicht man ein Auflösungsvermögen von 0,2 µm, im Ultraviolett-M., bei dem die Objekte mit UV-Licht auf einen Leuchtschirm oder eine photograph. Platte abgebildet werden, kann man noch Strukturen bis zu 0,1 µm auflösen. Teilchen mit 0,001 µm Durchmesser lassen sich mit dem Ultra-M. sichtbar machen; sie erscheinen als leuchtende Punkte oder Beugungsscheibchen. Zur Untersuchung von durchsichtigen, doppelbrechenden Substanzen (Kristallen) wird polarisiertes Licht benutzt (Polarisations-M.). Mit dem Phasenkontrast-M. werden auch Objekte sichtbar, die sich nur durch geringe Brechzahlunterschiede von ihrer Umgebung unterscheiden (Phasenunterschied der Lichtwellen). Stereo-M. vermitteln einen plast. Eindruck durch beidäugige Beobachtung bei entsprechender Objektivanordnung. Zur techn. Oberflächenprüfung dienen Interferenz-M., die Strukturen der Oberfläche (bis 0,02 µm) anhand von Interferenzstreifen sichtbar machen. Eine Neuentwicklung auf diesem Gebiet ist das sog. Rastertunnel-M., mit dem Unebenheiten auf Metall- und Halbleiteroberfl. sichtbar gemacht werden können, die kleiner sind als der Durchmesser eines Atoms. Beim Fluoreszenz-M. wird das Präparat mit ultraviolettem Licht zum Fluoreszieren angeregt und in diesem Licht betrachtet. Beim Ultraschall-M. wird das Präparat unter Wasser beschallt (Frequenz bis 3 GHz, Wellenlänge rd. 500 nm). Die Schallwellen dringen teils in das Präparat ein, teils werden sie reflektiert, so daß durch Wellenübertr. Strukturen z. B. von Zellen sichtbar werden. – Das erste zusammengesetzte M. wurde vermutl. von den niederl. Brillenmachern Hans und Zacharias Janssen um 1590 gebaut. E. Abbe schuf ab 1869 die theoret. Grundlagen der mikroskop. Abbildung.

Mikrosporie [griech.], ansteckende meldepflichtige Hautpilzerkrankung und Haarkrankheit mit Haarbruch und weißlich beschuppten Hautstellen; wird durch menschen- oder tierpathogene Microsporumarten hervorgerufen.

Mikrotom [griech.], Präzisionsgerät zur Herstellung feinster Schnitte für mikroskop. Untersuchungen. Die Objekte werden zur Vermeidung von Deformationen in feste, jedoch leicht schneidbare Stoffe (z. B. Paraffin) eingebettet, gefroren oder anderen Spezialverfahren unterworfen. Die Schnittdicke liegt bei einigen µm, moderne Dünnschnitt- oder Ultra-M. liefern Schnitte bis zu 20 nm Dicke.

Mikrowellen, elektromagnet. Wellen mit Wellenlängen zw. 10–1 cm (bzw. 3–30 GHz), das sind *Zentimeterwellen*, und Wellenlängen zw. 10–1 mm (bzw. 30–300 GHz), das sind *Millimeterwellen*. Sie bilden innerhalb des Spektrums der elektromagnet. Wellen die Brücke zw. den eigtl. Radiowellen und der Infrarotstrahlung. M. werden v. a. in der Richtfunk- und Radartechnik, zur M.erwärmung sowie zur Beschleunigung von Elektronen und Protonen in Teilchenbeschleunigern eingesetzt.

Mikrowellenherd, Elektroküchengerät zum Auftauen, Erwärmen und Garen von Speisen. Die Speisen werden in den abgeschlossenen und abgeschirmten Raum des M. eingebracht; beim Einschalten des Mikrowellengenerators erfolgt die Erwärmung durch die Mikrowellen innerhalb weniger Minuten. Zur Oberflächenbräunung (Grillen) dient (bei Kombigeräten) eine zusätzl. Infrarotheizung.

Mikrowellentherapie ↑Elektrotherapie.

Mikrozensus ↑Volkszählung.

MIK-Wert (MIK, Abk. für **m**aximale **I**mmissions**k**onzentration), Bez. für diejenige Konzentration luftverunreinigender Stoffe in bodennahen Schichten der Atmosphäre, die für Mensch, Tier oder Pflanze beim Einwirken über einen bestimmten Zeitraum bei bestimmter Häufigkeit als unbedenklich gelten kann.

Mil̩an I. Obrenović [serbokroat. ɔ'brɛːnɔvitɕ], *Mărăşeşti (Moldau; Rumänien) 22. 8. 1854, † Wien 11. 2. 1901, Fürst (als M. IV. 1868–82) und König (1882–89) von Serbien. Erreichte auf dem Berliner Kongreß (1878) u. a. die Anerkennung der serb. Unabhängigkeit.

Mil̩ane [frz.] (Milvinae), mit zehn Arten v. a. in offenen Landschaften und

Milane.
Oben: Roter Milan ◆
Unten: Schwarzer Milan

Milchlinge

Wäldern weltweit verbreitete Unterfam. etwa 30–60 cm langer, dunkel- bis rostbrauner, lang- und schmalflügeliger Greifvögel; ausgezeichnete Segler mit langem Schwanz; Zugvögel. In M-Europa: *Roter Milan* (Gabelweihe, Königsweihe), etwa 60 cm lang, Schwanz tief gegabelt; *Schwarzer Milan*, bis über 50 cm groß, Schwanz schwach gegabelt.

Milano, italien. Name für ↑Mailand.

Milazzo, ital. Hafenstadt in NO-Sizilien. 31 100 E. Erdölraffinerie. In der ummauerten Altstadt ein normann. Kastell (13. Jh.; umgebaut). – Beim antiken *Mylai* (lat. *Mylae*) errangen die Römer 260 v. Chr. einen berühmten Seesieg über die Karthager. Am 20. 7. 1860 siegte hier G. Garibaldi entscheidend über die bourbon. Truppen.

Milben (Acari, Acarina), mit rd. 10 000 Arten weltweit verbreitete Ordnung etwa 0,1–30 mm langer Spinnentiere in allen Lebensräumen an Land und in Gewässern; mit vier (gelegentlich auch zwei) Beinpaaren und kauenden oder stechend-saugenden Mundwerkzeugen. – M. ernähren sich als Pflanzen- und Abfallfresser. als Säftesauger an Pflanzen oder (bei Tier und Mensch) als Blutsauger, auch Gewebe- oder Hornfresser.

Milch, Erhard, *Wilhelmshaven 30. 3. 1892, † Wuppertal 25. 1. 1972, dt. Generalfeldmarschall (ab 1940). 1938–45 Generalinspekteur der dt. Luftwaffe und 1941–44 auch Generalluftzeugmeister; in den Nürnberger Prozessen 1947 zu lebenslängl. Haft verurteilt, 1954 entlassen.

Milch, 1) in den Milchdrüsen der Frau und weibl. Säugetiere gebildete biologisch hochwertige Flüssigkeit als Nahrung für die Jungen. *Kuhmilch* besteht aus etwa 84–90% Wasser, 2,8–4,5% Milchfett (Glyceride gesättigter und ungesättigter Fettsäuren, Cholesterin), 3,3–4% Milcheiweiß (Kasein, Albumin, Globulin, essentielle Aminosäuren), 3–5,5% Milchzucker (Lactose) und enthält ferner anorgan. Salze, Mineralstoffe (Kalium-, Calciumphosphat), Spurenelemente und die Vitamine A, B_1, B_2, B_6, B_{12}, C, D, E und K. Frische Kuh-M. *(Vollmilch)* hat ein spezif. Gewicht zw. 1,029 und 1,034 g/cm^3; das spezif. Gewicht der unter der Rahmschicht verbleibenden Magermilch ist höher. Die *Magermilch* (Fettgehalt 0,3–0,5%) enthält die gleichen Substanzen im selben Verteilungszustand wie die Vollmilch. Ein kg Kuh-M. entspricht 2 848 kJ (= 678 kcal) und hat einen Ausnutzungswert von 95–99%. Vitaminreiche Kost bzw. Fütterung der M.tiere erhöht den Vitamingehalt der Milch. Kuh-M. ist eiweißreicher und zuckerärmer als die ↑Muttermilch und wird daher Säuglingen immer verdünnt unter M.zuckerzusatz gegeben.

Milchverarbeitung: Die ermolkene M. wird gekühlt unter Lichtabschluß aufbewahrt, in Spezialbehältern zur Molkerei transportiert und dort nach zugelassenen Verfahren be- und verarbeitet. Zur Abtötung etwaiger Krankheitserreger wird die M. einer Hitzebehandlung (Pasteurisierung, Uperisation) unterzogen und mit eingestelltem Fettgehalt als Konsummilch vertrieben: Vollmilch (mindestens 3,5% Fett), teilentrahmte (fettarme) Milch (1,3–1,8% Fett) und entrahmte Milch (höchstens 0,3% Fett). Dauermilch *(H-Milch)* ist ultrahocherhitzte (uperisierte) Milch. *Sterilisierte Milch* ist nach der Abfüllung in Packungen sachgemäß erhitzte M., wobei der keimdichte Verschluß unverletzt bleiben muß. Ein je nach Verarbeitungsstätte unterschiedl. Anteil der angelieferten M. wird unter laufender Kontrolle zu M.produkten weiterverarbeitet: Sahne, Butter, Butterschmalz, Käse, Quark, M.zucker, Kondens-M., Trocken-M., Joghurt, Kumys, Kefir, M.eiweiß und M.mischgetränke; ferner: Butter-M., Sauer-M. und Molke. 2) *Fischkunde:* die milchig-weiße Samenflüssigkeit geschlechtsreifer männl. Fische (Milchner).

Milchdrüsen (Mammadrüsen), Milch absondernde Hautdrüsen bei Frauen und Säugetieren, die sich stammesgeschichtlich aus Schweißdrüsen entwickelt haben. Auf der Brustwarze der Frau münden 15–20 verzweigte Einzeldrüsen aus.

Milchgebiß ↑Zähne.

Milchglas, transparentes, weißes Glas; enthält als Trübungsmittel Kaolin, Flußspat oder Kryolith.

Milchlinge (Reizker), Gatt. der Lamellenpilze, Fruchtkörper mit meist trichterförmigem, zentral gestieltem Hut, weißen Sporen und weißem, wäßrig

Milchlinge.
Oben: Brätling ◆
Unten: Edelreizker

Milchsaft

Milchstraßensystem. Seitliche Ansicht des Milchstraßensystems

L(+)-Milchsäure:
```
   COOH
    |
HO—C—H
    |
   CH₃
```

D(−)-Milchsäure:
```
   COOH
    |
 H—C—OH
    |
   CH₃
```
Milchsäure

klarem oder orangerotem Milchsaft; rd. 75 mitteleurop. giftige und eßbare Arten; u. a. Brätling, Edelreizker und Blutreizker.
Milchsaft (Latex), Zellsaftemulsion in den Milchröhren einiger Pflanzen; milchige, weiß, gelb oder rötlich gefärbte, an der Luft trocknende Flüssigkeit; enthält u. a. Salze organ. Säuren, Alkaloide, äther. Öle und Gummiharze.
Milchsäure (2-Hydroxypropionsäure), kristalline oder viskose, hygroskop., leicht wasserlös. Carbonsäure, die in zwei opt. aktiven Formen, als D(−)-M. und L(+)-M. sowie als opt. inaktives Racemat, D, L-M., vorkommt. L(+)-M. entsteht in der Natur als Endprodukt der anaeroben Glykolyse durch Reduktion von Brenztraubensäure (Pyruvat) z. B. bei starker Muskelarbeit. Ebenso bilden die Milchsäurebakterien L(+)-M. als Stoffwechselendprodukt (*M.gärung;* z. B. in saurer Milch). Technisch wird M. durch Vergären zucker- bzw. stärkehaltiger Rohstoffe (z. B. Kartoffeln, Melasse) mit Hilfe von Milchsäurebakterien, aber auch synthet. aus Acetaldehyd und Blausäure gewonnen. M. wird als Säuerungs- und Konservierungsmittel in der Nahrungsmittel-Ind. verwendet. Die Salze und Ester der M. heißen *Lactate.*
Milchsäurebakterien (Laktobakterien), anaerobe, grampositive, unbewegl. Bakterien, die aus Kohlenhydraten durch Milchsäuregärung Energie gewinnen; von großer wirtschaftl. Bedeutung bei der Konservierung von Milch- und Pflanzenprodukten durch Milchsäure und beim Backen (Sauerteig: CO_2-Bildung). Sie gehören ferner zur Darmflora des Menschen.. Einige M. sind gefährl. Krankheitserreger (Streptokokken, Pneumokokken).
Milchschorf (Milchborke, Milchgrind, Schuppengrind), krustiges, anfangs kleinschuppiges Gesichtsekzem bei Säuglingen.
Milchstern, Gatt. der Liliengewächse mit rd. 100 Arten; in Trauben stehende (meist) weiße Blüten. Zierpflanzen.
Milchstraßensystem (Galaxis), Bez. für unser Sternsystem, dem die Sonne sowie etwa 200 Milliarden weitere Sterne angehören; etwa 5000 sind mit bloßem Auge sichtbar, insbes. die Sternbilder. Der Hauptanteil bildet eine abgeflachte, linsenförmige Scheibe, die sich zum Zentrum hin zu einem Kern (galakt. Zentrum) verdickt. Das ganze M., das auch Wolken interstellarer Materie umfaßt, rotiert um den zentralen Kern. Es besitzt, wie der benachbarte Andromedanebel, vermutlich eine Spiralstruktur (Spiralnebel). Die stark abgeflachte Scheibe ist umgeben von einer fast kugelförmigen »Wolke« geringer Dichte, dem galakt. Halo.
Milchzähne. ↑Zähne.
Milchzucker, svw. ↑Lactose.
mildernde Umstände ↑Strafzumessung.
Mile [engl. maɪl], Einheitenzeichen mile nach der International Organization for Standardization (ISO) in Großbrit. oder *mi* in den USA (statute mile),

eine Längeneinheit; 1 mile = 1760 yard = 1,6093 km.

Milet (griech. Miletos), bed. antike Hafenstadt im westl. Kleinasien, an der Mündung des Mäander (heute Büyük Menderes) ins Ägäische Meer; die Ruinenstätte liegt heute 9 km vom Meer entfernt. Minoische (um 1600 v. Chr.) und myken. Siedlung (um 1450); vom 8. bis 6. Jh. größte griech. Stadt mit konkurrenzlosem Seehandel; 546 persisch. Zweite Hochblüte in der röm. Kaiserzeit; im 4. Jh. n. Chr. verlandete die Bucht. Ausgrabungen seit 1899, gut erhalten v. a. das röm. Theater.

Milhaud, Darius [frz. mi'jo], *Aix-en-Provence 4. 9. 1892, † Genf 22. 6. 1974, frz. Komponist. Mgl. der Gruppe der ↑Six. Sein Werk ist durch Polytonalität gekennzeichnet, u. a. Opern, Ballette, Orchester- und Vokalwerke.

Milieu [mil'jø:; frz.], 1) allg.: Umfeld, Umgebung.
2) Soziologie: die Gesamtheit der natürl., sozialen, kulturellen Gegebenheiten, die auf einen Menschen, eine soziale Gruppe o. ä. einwirken.

militant [lat.], kämpferisch, aggressiv, gewaltsam.

Militär, die Gesamtheit der Streitkräfte eines Staates; (eine bestimmte Anzahl von) Soldaten; hoher Offizier.

Militärausschuß, engl. **Military Committee** ['mɪlɪtərɪ kə'mɪtɪ], Abk. MC [em'si:], oberstes militär. Organ der ↑NATO.

Militärdienst, svw. ↑Wehrdienst.

Militärgerichtsbarkeit ↑Wehrdienstgerichtsbarkeit.

Militärgeschichte, nach dem 2. Weltkrieg Teildisziplin der Geschichtswiss., die sich mit der Geschichte der bewaffneten Macht als eines Instrumentes der Staatsgewalt und als Faktor des wirtschaftl., gesellschaftl. und polit. Lebens beschäftigt, nicht an Zwecke der militär. Führung gebunden; auch Bez. für die Geschichte des Militärwesens selbst.

Militaria [lat.], Bücher über das Militärwesen; Sammelobjekte aus dem militär. Bereich.

Militärischer Abschirmdienst, Abk. **MAD,** militär. Geheimdienst zur Abwehr von Spionage, Sabotage und Zersetzung in der Bundeswehr. Zentrale ist das Amt für Sicherheit der Bundeswehr in Köln.

Militarismus [lat.-frz.], militär. Grundsätze, Ziele und Wertvorstellungen in der Politik eines Staates und der Übertragung militär. Prinzipien auf alle Lebensbereiche.

Militärpolizei, militär. Verbände mit polizeil. Funktionen. Im anglo-amerikan. Bereich Military Police (Abk. MP).

Militärregierung 1) im Völkerrecht die in einem besetzten Gebiet zur Wahrnehmung der hoheitsrechtl. Befugnisse und Ausübung der gesamten Staatsgewalt von der Besatzungsmacht eingesetzte oberste militär. Behörde.
2) eine aus Militärs bestehende Regierung (Militärjunta), die meist diktatorisch regiert.

Militärseelsorge, seelsorger. Betreuung der Angehörigen des Militärs. Leiter der M. in der BR Deutschland sind ein vom Rat der EKD bzw. vom Papst ernannter Militärbischof.

Military [engl. 'mɪlɪtərɪ »Militär(wettkampf)«] ↑Reitsport.

Miliz [lat.], im 17./18. Jh. svw. Heer, dann Volksheer im Ggs. zum stehenden Heer; im 20. Jh. Streitkräfte, die in Friedenszeiten in einer zusammenhängenden [kurzen] Dienstzeit und period. Übungen für den Kriegsfall ausgebildet werden (z. B. in der Schweiz), bzw. paramilitär. Verbände (bes. in kommunist. Staaten).

Mill, John Stuart, *London 20. 5. 1806, † Avignon 8. 5. 1873, brit. Philosoph und Nationalökonom. Einer der Hauptvertreter des ↑Utilitarismus; Theoretiker des Liberalismus. Durch sein an A. Smith und D. Ricardo anknüpfendes Standardwerk »Grundsätze der polit. Ökonomie« (2 Bde., 1848) gilt er als letzter Vertreter der klass. Nationalökonomie.

Millais, Sir (seit 1885) John Everett [engl. mɪ'leɪ], *Southampton 8. 6. 1829, † London 13. 8. 1896, engl. Maler. Einer der Begründer der ↑Präraffaeliten.

Mille [lat.], Tausend (röm. Zahlzeichen: M).

Millefioriglas [italien./dt.] (Mosaikglas), in der antiken Glaskunst, dann v. a. im 15. Jh. in Venedig aus verschiedenfarbigen Glasstangen hergestelltes Glas (mit mosaikartigem Muster).

Millennium [lat.], Jahrtausend.

Miller, 1) Alice, *12. 1. 1923, schweizer. Schriftstellerin. Setzt sich in ihren

Darius Milhaud

Arthur Miller

Henry Miller

Robert Andrews Millikan

Czesław Miłosz

Millet

Werken kritisch mit der Psychoanalyse auseinander; bes. bekannt wurde »Das Drama des begabten Kindes« (1979).
2) Arthur [engl. 'mɪlə], *New York 17. 10. 1915, amerikan. Schriftsteller. 1956–60 ∞ mit M. Monroe; schrieb realist., zeit- und gesellschaftskrit. Dramen; auch Drehbücher (»Nicht gesellschaftsfähig«, 1961). – *Werke:* Alle meine Söhne (Dr., 1947), Der Tod des Handlungsreisenden (Dr., 1949), Hexenjagd (Dr., 1953), Nach dem Sündenfall (Dr., 1964), Zeitkurven (Memoiren, 1987).
3) Glenn [engl. 'mɪlə], *Clarinda (Ia.) 1. 3. 1904, † bei Flugzeugabsturz zw. England und Frankreich 16. 12. 1944, amerikan. Posaunist und Orchesterleiter. Spielte in seiner Band mit dem spezif. »G. M. Sound« (vier Saxophone und führende Klarinette) eine publikumswirksame Tanzmusik mit Jazzcharakter.
4) Henry [engl. 'mɪlə], *New York 26. 12. 1891, † Pacific Palisades (Calif.) 7. 6. 1980, amerikan. Schriftsteller. Sohn eines Schusters dt. Herkunft; lebte 1930–39 in Paris. Sein (u. a. in Auseinandersetzung mit der Philosophie Nietzsches entstandenes) Werk lebt von einem enthusiast. Bekenntnis zum intellektuellen und ästhet. Wagnis, d. h. zu den Möglichkeiten der menschl. Freiheiten. Bes. bekannt wurden die Romane, die in teils lyr., teils surrealist., teils drastisch realist. Prosa die Dimensionen des Eros und der Sexualität (im Angriff auf die Leblosigkeit puritan. Lebensweise) freilegen, u. a. »Wendekreis des Krebses« (1934), »Wendekreis des Steinbocks« (1939), »The rosy crucifixion« (Trilogie: »Sexus«, 1945; »Plexus«, 1949; »Nexus«, 1957), »Stille Tage in Clichy« (1966). M. wirkte bes. auf die Autoren der Beatgeneration und des Postmodernismus.
5) Merton Howard [engl. 'mɪlə], *Boston (Mass.) 16. 5. 1923, amerikan. Betriebswirtschaftler. Entwickelte zus. mit Franco Modigliani (*1918) Theoreme, die die Zusammenhänge von Marktwert, Kapitalstruktur und -kosten von Unternehmen beschreiben. Für seine Forschungen zur modernen Finanzierungstheorie von Unternehmen und zur Theorie der Finanzmärkte erhielt er 1990 zus. mit H. Markowitz und W. Sharpe den Nobelpreis für Wirtschaftswissenschaften.

6) Oskar von, *München 7. 5. 1855, † ebd. 9. 4. 1934, dt. Techniker. 1891 gelang ihm erstmals die Drehstromübertragung; gründete 1903 das Dt. Museum in München.
Millet, Jean-François [frz. mi'lɛ, mi'jɛ], *Gruchy bei Cherbourg 4. 10. 1814, † Barbizon 20. 1. 1875, frz. Maler und Zeichner. Malte in mattem, bräunl. Kolorit v. a. Bauerngestalten.
Milli... [lat.] ↑Vorsatzzeichen.
Milliarde [lat.-frz.], Abk. **Md., Mrd., Mia.**; tausend Millionen, 10^9; in den USA Billion genannt.
Milligramm, Einheitenzeichen **mg,** der 1000. Teil der Masseneinheit Gramm.
Millikan, Robert Andrews [engl. 'mɪlɪkən], *Morrison (Ill.) 22. 3. 1868, † Pasadena (Calif.) 19. 12. 1953, amerikan. Physiker. M. ermittelte 1909–13 erstmals genaue experimentelle Werte der Elementarladung *(M.-Versuch),* bestätigte 1912–15 die Gültigkeit der Einstein-Gleichung beim Photoeffekt; Nobelpreis für Physik 1923.
Milliliter, Einheitenzeichen **ml,** der 1000. Teil von einem Liter, entspricht 1 cm^3.
Millimeter, Einheitenzeichen **mm,** der 1000. Teil von einem Meter.
Millimeterwellen ↑Mikrowellen.
Million [lat.-italien.], Abk. **Mill.** oder **Mio.,** 1 000 000.
Millöcker, Karl, *Wien 29. 4. 1842, † Baden bei Wien 31. 12. 1899, österr. Operettenkomponist. U. a. »Gräfin Dubarry« (1879), »Der Bettelstudent« (1882).
Millowitsch, Willy, *Köln 8. 1. 1909, dt. Volksschauspieler. Direktor (seit 1940), Regisseur und Hauptdarsteller des M.-Theaters in Köln.
Millstätter See, langgestreckter See im westl. Kärnten, 13,3 km^2.
Milos, griech. Insel der Kykladen, 151 km^2, bis 773 m hoch, Hauptort Milos. – In der Antike *Melos;* Fundort der Venus von Milo.
Milošević, [serbokroat. mi'lɔʃɛvitɕ] Slobodan, *Požarevac 29. 8. 1941, serb. Politiker. Seit 1989 Präs. Serbiens (1990 und 1992 bestätigt); seit 1990 auch Vors. der Sozialist. Partei Serbiens; verfolgt seit 1991 einen großserb.-nationalist. Kurs auch unter Einsatz militär. Gewalt (Kriege in Kroatien sowie in Bosnien und Herzegowina).

Milzbrand

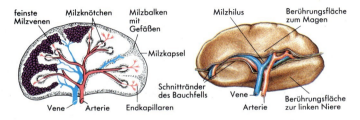

Milz. Links: Schnitt durch die Milz des Menschen ♦ Rechts: Ansicht der Milz vom Hilus aus

Miłosz, Czesław [poln. 'miuɔʃ], *Seteiniai (Litauen) 30. 6. 1911, poln. Schriftsteller. Während der dt. Okkupation in Warschau im Untergrund tätig; 1945 bis 1951 Diplomat (USA, Paris); 1951 Emigration, lebte zunächst in Paris, dann in den USA (seit 1970 amerikan. Staatsbürger). Als Lyriker, Romancier und Essayist von bed. Einfluß auf die poln. Gegenwartsliteratur; auch Übersetzer; 1980 Nobelpreis für Literatur.
Milstein [engl. 'mɪlstaɪn], **1)** César, *Bahía Blanca 8. 10. 1927, brit. Mikrobiologe argentin. Herkunft. Erhielt 1984 für die Erarbeitung der Technik zur Herstellung von monoklonalen Antikörpern zus. mit N. K. Jerne und G. Köhler den Nobelpreis für Physiologie oder Medizin.
2) Nathan, *Odessa 31. 12. 1904, † London 21. 12. 1992, amerikan. Violinist russ. Herkunft. Weltweit bekannter Violinvirtuose; auch Duopartner von W. Horowitz.
Miltenberg, Kreisstadt am Main, Bayern, 9200 E. Oberhalb der Stadt liegt die Mildenburg (13.–15. Jh.); zahlr. Fachwerkhäuser (15.–17. Jh.).
Miltiades, *um 540, † Athen um 489, griech. Staatsmann und Feldherr. Tyrann auf der Thrak. Chersones, floh M. nach dem Scheitern des Ion. Aufstandes 494 nach Athen. Als Stratege bestimmte M. den Verlauf der Schlacht von Marathon (490); starb nach einem erfolglosen Kriegszug im Gefängnis.
Milton, John [engl. 'mɪltən], *London 9. 12. 1608, † ebd. 8. 11. 1674, engl. Dichter. Während des engl. Bürgerkriegs auf seiten des Parlaments, unter Cromwell 1649–60 Staatssekretär im außenpolit. Amt; trat für die Annäherung der europ. prot. Staaten gegen Habsburg ein. Sein 10 565 Blankverse umfassendes Hauptwerk, das puritan. Menschheitsepos »Das verlorene Paradies« (10 Bücher, 1667, 1674 auf 12 Bücher erweitert) behandelt die Schöpfung des Menschen und den Sündenfall und wirkte durch seine kühnen, allegor. Bilder bes. auf Klopstock und die (engl.) Romantik; auch Dramen und Sonette.
Milvische Brücke (heute Ponte Molle), Tiberbrücke der Via Flaminia; bekannt durch den Sieg Konstantins I., d. Gr., über Maxentius (28. 10. 312).
Milwaukee [engl. mɪl'wɔːkɪ], Stadt am W-Ufer des Michigansees, Wis., USA, 628 000 E. Universität; histor.-ethnolog. Museum; Maschinen-; Geräte- und Fahrzeugbau, Brauereien; Verkehrsknotenpunkt, Hafen, internat. ✈.
Milz (Lien, Splen), hinter oder in der Nähe des Magens liegendes größtes lymphat. Organ der Wirbeltiere und des Menschen. Beim Menschen ist sie faustgroß, hat die Form einer Bohne und wiegt 150–200 g. *Funktion:* Bildung weißer Blutkörperchen, Bildung von Antikörpern bei schweren Infektionskrankheiten (durch die starke Beanspruchung ist die M. stark angeschwollen), Abbau von roten Blutkörperchen, Bildung von Blut während der Embryonalzeit. – Die M. ist nicht unbedingt lebensnotwendig. Nach ihrer operativen Entfernung übernehmen die anderen lymphat. Organe des Organismus (Leber, Knochenmark) ihre Funktion.
Milzbrand (Anthrax), gefährl., anzeigepflichtige infektiöse Tierkrankheit mit Fieber, Schüttelfrost, Koliken und Atemnot bei Warmblütern (v. a. bei Pflanzenfressern und Schweinen). Erreger ist der Milzbrandbazillus (Bacillos anthrax). M. kann auf den Menschen übertragen werden.

César Milstein

Nathan Milstein

Milzkraut.
Gegenblättriges Milzkraut (Höhe 5–10 cm)

Milzkraut

Milzkraut, Gatt. der Steinbrechgewächse mit rd. 50 Arten, v. a. in O-Asien; rasenbildende, niedrige Stauden mit kleinen, grünlichgelben Blüten; in M-Europa 2 Arten.
Mimbar ↑Minbar.
Mime [griech.-lat.], veraltet für Schauspieler.
Mimese [griech.], nicht abschreckend wirkende Nachahmung von belebten oder unbelebten Gegenständen durch Tiere (bes. Insekten), die die Tiere davor schützt, als Beute erkannt und gefressen zu werden.
Mimesis [griech. »Nachahmung«], antiker Begriff zur Charakterisierung des künstler. Schaffens als Nachahmung der Natur (d. h. als Wirklichkeit). Bei Platon und den Platonikern sind allein die Ideen im eigtl. Sinn wirkl., die Einzeldinge haben nur insofern an der Realität teil, als sie Nachahmungen, Abbilder der Ideen sind. Für Aristoteles ist M. zugleich auch antizipator. Darstellung (Präsentation) idealer Situationen, Lebensweisen und -haltungen.
Mimik [griech.], Mienen-, Gebärdenspiel.
Mimikry [...kri; griech.-engl.], 1) *Zoologie:* bei wehrlosen Tieren bes. Form der Schutzanpassung, die durch Nachahmung von auffälligen Warntrachten durch täuschende Ähnlichkeiten mit wehrhaften oder widerlich schmeckenden Tieren abschreckend auf andere Tierarten wirkt.
2) *übertragen:* svw. Anpassung.
Mimir (Mimr, Mimi), Gestalt der altnord. Mythologie; weiser Ratgeber Odins, schöpft sein Wissen aus dem Weisheitsbrunnen.
Mimose [griech.], svw. ↑Sinnpflanze.
Mimosengewächse (Mimosaceae), Fam. der Hülsenfrüchtler mit rd. 3100 Arten in den Tropen und Subtropen; Sträucher oder Bäume (u. a. Akazie).
min, Einheitenzeichen für die Zeiteinheit Minute.
Minamata-Krankheit [jap./dt.], schwere chron. Quecksilbervergiftung; trat zuerst bei Anwohnern der Minamatabucht (Kiuschu) auf.
Minamoto, eine der mächtigsten Familien des jap. MA. Bed. v. a. M. no Yoritomo, *Kyōto (?) 1147, † Kamakura 9. 2. 1199, jap. Shogun (seit 1192). Urheber des Bürgerkrieges 1180–85; errichtete in Kamakura eine Militärregierung (Kamakura-Shogunat), die dem Kaiser nurmehr Repräsentationsrechte beließ.
Minarett [arab.-türk.-frz.], Moscheeturm, auf dem der Muezzin die Gebetszeit ausruft.
Minas Gerais [brasilian. 'minaʒ ʒeˈrais], brasilian. Gliedstaat im O des Brasilian. Berglands, 587 172 km², 15,746 Mio. E, Hauptstadt Belo Horizonte.
Minbar (Mimbar) [arab.], Kanzel der Freitagsmoschee (Jami), auf der der Kultleiter (Chatib) steht. Rechts vom M. befindet sich der ↑Mihrab.
Mindanao, zweitgrößte der philippin. Inseln, zw. Pazifik, Celebessee und Sulusee, 94 630 km², bis 2 954 m hoch, rd. 8 Mio. E, größte Stadt Zamboanga.
Mindanaosee, Teil des Australasiat. Mittelmeers zw. den philippin. Inseln Mindanao, Negros, Cebu, Bohol und Leyte.
Mindel, rechter Nebenfluß der Donau, in Bayern, 75 km lang.
Mindeleiszeit [nach dem Fluß Mindel] ↑Eiszeit.
Mindelheim, Kreisstadt auf der Iller-Lech-Platte, Bayern, 12 000 E. Barocke Jesuitenkirche (17. Jh.); Reste des Mauergürtels mit Obertor (14. Jh.); wurde 1046 erstmals erwähnt; südlich von M. die Mindelburg (14. Jh.).
Minden, Kreisstadt am Kreuzungspunkt von Weser und Mittellandkanal, NRW, 78 000 E. Bundesanstalt Techn. Hilfswerk, Wasser- und Schiffahrtsamt;

Mimikry. Der wie eine Hornisse aussehende Hornissenschwärmer, ein Beispiel für die Batessche Mimikry

Mindszenty

Minbar und Mihrab (links) in der Freitagsmoschee in Mandu (15. Jh.)

Häfen. Roman.-frühgot. Dom (13. Jh.) mit spätkaroling.-otton. Westwerk, got. Sankt-Marien-Kirche und Sankt-Martini-Kirche; Rathaus (Erdgeschoß mit Laubengang 13. Jh.; Obergeschoß 17. Jh.); Bauten der Weserrenaissance. – 798 erstmals erwähnt, nach 800 Bischofssitz. Stadt und Bistum kamen 1648 an Brandenburg. Ab dem 16./17. Jh. war M. eine bed. Festung.

Mindere Brüder ↑Franziskaner.

Minderheit (Minorität), Bevölkerungsgruppe, die sich von der Mehrheit des Staatsvolks durch Rasse, Sprache, Religion, Moral, soziale Funktion u. a. unterscheidet (nationale M.) und deshalb oft durch die Mehrheit diskriminiert wird. Zum Schutz der M. sind oft bes. rechtl. Maßnahmen (u. a. Einrichtung von Minderheitenschulen, Anerkennung der Sprache als zweite Amtssprache) notwendig. Das M.problem taucht im Völkerrecht mit dem Aufkommen des Nationalstaatsgedankens und der Herausbildung des Selbstbestimmungsrechts der Völker auf. Angehörige von M. werden in zahlr. Staaten verfassungs- und völkerrechtlich geschützt. In der BR Deutschland begründet sich der Minderheitenschutz aus dem Gleichheitsgrundsatz (Art. 3, Abs. 1 GG) und dem Diskriminierungsverbot (Art. 3, Abs. 3 GG).

Minderjährigkeit ↑Volljährigkeit.
Minderkaufmann ↑Kaufmann.
Minderung, die Herabsetzung des Kaufpreises, des Mietzinses oder des Werklohns. Sie ist möglich wegen eines vom Verkäufer zu vertretenden Sachmangels, bei Miete wegen eines Sach- oder Rechtsmangels.

Minderwertigkeitsgefühl, Gefühl eigener (körperl. oder geistiger, auch materieller bzw. sozialer) Unzulänglichkeit gegenüber den Anforderungen der Umwelt, das, unbewältigt, zu gestörtem Gesamtverhalten *(Minderwertigkeitskomplex)* führen kann.

Mindestgebot, bei der öffentl. Versteigerung das Gebot, auf das der Zuschlag erteilt werden darf, wenn es mindestens die Hälfte des gewöhnl. Verkaufswerts der Sache erreicht.

Mindestkapital, gesetzlich festgelegter Mindestbetrag des Aktienkapitals bzw. des Stammkapitals, der bei der Gründung einer AG oder einer GmbH gezeichnet sein muß.

Mindestreserven, auf Grund gesetzl. Bestimmungen von den Kreditinstituten bei den Zentralbanken im Verhältnis zu ihren kurzfristigen Verbindlichkeiten zu unterhaltende unverzinsl. Guthaben; v. a. ein Instrument der Notenbankpolitik zur Beeinflussung der Kreditschöpfungsmöglichkeiten durch die Kreditinstitute.

Mindoro, philippin. Insel zw. Luzon und Palawan, 9735 km², bis 2585 m hoch, größte Stadt Calapan.

Mindszenty, József [ungar. 'mindsenti], eigtl. Joseph Pehm, *Csehimindszent bei Szombathely 29. 3. 1892, †Wien 6. 5. 1975, ungar. Kardinal (ab 1946).

József Mindszenty

Mine

Charles Mingus

1945 Erzbischof von Esztergom und Primas von Ungarn; 1949 als Gegner des Kommunismus wegen Hochverrats zu lebenslängl. Haft verurteilt; lebte nach seiner Befreiung während des ungar. Volksaufstandes (1956) bis 1971 im Asyl in der amerikan. Botschaft in Budapest, dann in Wien; im Zuge der »Normalisierung« des Vatikans zu den Ländern des Ostblocks 1974 vom Vatikan amtsenthoben; 1990 durch die ungarische Regierung rehabilitiert; 1991 Überführung seiner sterbl. Überreste nach Esztergom.

Mine [frz.], 1) Bergwerk; Erzgang, Erzlager.
2) Einlage der Schreibstifte.
3) *Waffentechnik:* Sprengkörper verschiedenster Bauweise. *Land-M.* werden im Boden verlegt (z. B. *Spreng-M., Splitter-M*). Die Zündung erfolgt mechanisch durch Druck *(Kontakt-M.,* z. B. *Tret-M.)* oder fernbedient mittels elektr. Zündvorrichtung. Die Sprengwirkung von *See-M.* ist durch die Verdämmung des umgebenden Wassers bes. groß. *Grund-M.* müssen durch ihr Eigengewicht an der gewählten Stelle des Meeresbodens verbleiben; Auslösung durch eine magnet. Schalteinrichtung *(Magnet-M., Induktions-M.),* eine druckempfindl. Einrichtung *(Druck-M., hydrostat. M.),* eine elektroakust. Einrichtung *(Geräusch-M., akust. M.)* oder Fernauslösung. *Ankertau-M.* mit einer speziellen Ankereinrichtung werden durch direkten Kontakt eines Schiffes ausgelöst. M., die in eingestellter Tiefe driften, werden als *Treib-M.* bezeichnet.

Minen [frz.], durch Fraßtätigkeit *(Minierfraß)* an Tieren (v. a. Insektenlarven) entstehende kleine Hohlräume im Innern meist lebender Pflanzenteile.

Mineralböden, Böden, die überwiegend aus anorgan. Substanz bestehen.

Minerale [kelt.-mittellat.] (Mineralien), anorgan., selten organ., meist kristalline Verbindungen (auch chem. Elemente), die natürlich vorkommen oder sich bei techn. Schmelz- und Kristallisationsvorgängen bilden. M. bauen als Gemenge die Gesteine der Erdkruste auf oder entstehen innerhalb des Gesteins bzw. kommen als Ausblühungen an der Erdoberfläche vor. Es sind etwa 2 000 M. bekannt. Zahlr. M. (bes. Sulfide und Oxide) haben Bedeutung als Erze zur Gewinnung von Metallen. Schön gefärbte M. werden als Schmucksteine verwendet. Elementar kommen in der Natur vor: Schwefel, Kohlenstoff (als ↑Diamant und ↑Graphit), Arsen, Antimon, Selen, Tellur. Die metall. Elemente Kupfer, Silber, Gold, Quecksilber, Blei, Wismut, Eisen, Nickel und die Platinmetalle kommen gediegen oder in Form von Legierungen vor. Einteilung in folgende *Mineralklassen* (Abteilungen): I. Elemente, II. Sulfide und verwandte Verbindungen, III. Halogenide, IV. Oxide und Hydroxide, V. Nitrate, Carbonate und Borate, VI. Sulfate, Chromate, Molybdate und Wolframate, VII. Phosphate, Arsenate und Vanadate, VIII. Silicate, IX. organ. Verbindungen.

Mineralfasern (mineralische Fasern), natürl. vorkommende anorgan. Fasersubstanzen, z. B. Asbeste.

Mineralisation (Mineralisierung), Umwandlung organ. Substanzen in anorgan. durch Mikroorganismen oder durch die Einwirkung von Druck und Temperatur im Erdinneren.

Mineralogie [mittellat./griech.], Wiss., die die Minerale untersucht; umfaßt die *Kristallkunde* (Kristallographie), die Struktur und Form der Minerale untersucht, die *Mineralkunde,* die die Entstehung, Eigenschaften und Vorkommen der Minerale beschreibt, und die *Gesteinskunde* (Petrographie, Petrologie), die sich mit dem Aufbau der Gesteine aus den Mineralen beschäftigt.

Mineralöle, v. a. aus aliphat. Kohlenwasserstoffen bestehende, ölartige Substanzen, bes. das Erdöl.

Mineralquelle, Quelle, deren Wasser pro kg mindestens 1 000 mg gelöste Stoffe oder 1 000 mg freies Kohlendioxid enthält.

Mineralsalze (Mineralstoffe), natürlich vorkommende oder künstlich hergestellte anorgan. Salze.

Mineralsäuren, Sammelbez. für anorgan. Säuren, z. B. Schwefel-, Salzsäure.

Mineralwasser, Wasser aus Mineralquellen oder künstl. mit Mineralsalzen und/oder Kohlendioxid versetztes Wasser.

Minerva, bei den Römern die der griech. Athena entsprechende Göttin des Handwerks, der Weisheit und der schönen Künste.

Ministerialsystem

Minette [kelt.-mittellat.-frz.], **1)** dunkelgraues Ganggestein, das v. a. Kalifeldspat, Hornblende, Biotit und Pyroxen enthält.
2) oolith. Eisenerz des unteren Dogger, Grundlage u. a. der lothring. Hüttenindustrie.

Minetti, Bernhard, *Kiel 26. 1. 1905, dt. Schauspieler. Bed. Charakterdarsteller; 1930–45 am Berliner Staatstheater, 1951–60 am Schauspielhaus Frankfurt am Main, seit 1959 in Berlin; ab 1974 bevorzugter Schauspieler in Stücken von T. Bernhard.

Mingus, Charles (gen. Charlie) [engl. 'mɪŋgəs], *Nogales (Ariz.) 22. 4. 1922, †Cuernavaca (Mexiko) 5. 1. 1979, amerikan. Jazzmusiker (Bassist, Komponist, Orchesterleiter). Widmete sich ab 1953 v. a. experimentellen Formen des Jazz (mit seinen Jazz-Workshop-Gruppen), die ihn als Wegbereiter des Free Jazz ausweisen.

Minho [portugies. 'miɲu], **1)** histor. Prov. im westl. Hochportugal, am Atlantik, zw. der span. Grenze und dem unteren Douro.
2) Fluß, ↑Miño.

mini..., **Mini...** [lat.-italien.], Bestimmungswort von Zusammensetzungen mit der Bedeutung »sehr kurz, klein...«.

Miniatur [italien.], Bildschmuck in Handschriften; davon abgeleitet auch kleines (medaillonförm.) Bild, auch Gebrauchs- und Ziergegenständen.

Miniaturisierung [italien.], Entwicklung im Bereich der Elektronik mit dem Ziel, kleinste elektron. Geräte möglichst hoher Zuverlässigkeit und Lebensdauer herzustellen. Der erste Schritt zur M. war die *Miniatur-* und *Subminiaturtechnik,* gekennzeichnet durch aktive (Miniaturröhren und -transistoren) oder passive Bauelemente auf Leiterkarten, in Kompakt- oder Blockbauweise oder nach der Modul- bzw. Mikromodulbauweise (Packungsdichten bis zehn Bauelemente pro cm³). Die weitere Entwicklung führte zur ↑Mikroelektronik.

Minicomputer (Kleinrechner), komplette elektron. Rechenanlage (zu verarbeitende Wortlängen i. d. R. 32 Bit), die in Struktur und Funktion einem ↑Mikrocomputer ähnlich ist.

Minimal art [engl. 'mɪnɪməl 'ɑːt], Richtung in der zeitgenöss. Plastik v. a. in den USA, die sich auf einfachste, meist vorgefertigte Teile beschränkt (»primary structures«); entstand als Reaktion auf den abstrakten Expressionismus; Vertreter: Donald Judd (*1928), R. Morris, Dan Flavin (*1933), Sol LeWitt (*1928).

Minimum [lat.], kleinster Wert; Mindestmaß.

Minister [lat.-frz.], Mgl. einer (Bundes-, Landes-, Staats-) Regierung und Leiter eines Ministeriums, mit Ausnahme der M. ohne Geschäftsbereich (ohne Portefeuille) und der M. für bes. Aufgaben (SonderMin.) mit (begrenztem) ministeriellem Sachauftrag. In Staaten mit Präsidialsystem (z. B. den USA) sind die – oft als Staatssekretäre bezeichneten – M. nur Gehilfen des Präs., dem allein sie verantwortlich sind. In Staaten mit parlamentar. Regierungssystem genießen die M. in ihrer Amtsführung i. d. R. ein größeres Maß an Unabhängigkeit vom Regierungschef, sind jedoch andererseits dem Parlament verantwortlich *(Ministerverantwortlichkeit).* In der *BR Deutschland* sind die M. nicht unmittelbar gegenüber dem Bundestag verantwortlich, sondern gegenüber dem Bundeskanzler, da nur diesem der Bundestag das Mißtrauen aussprechen kann. Im allg. werden die M. vom Staatsoberhaupt auf Vorschlag des Regierungschefs ernannt und entlassen, wobei die Ernennung z. T. der Bestätigung durch das Parlament bedarf. Die M. sind keine Beamten, sondern stehen in einem bes. öffentl.-rechtl. Amtsverhältnis. – In der *Schweiz* führen die Mgl. der Regierung des Bundes den Titel Bundesrat.

Ministerialen [lat.], im MA ab dem 11. Jh. bes. Geburtsstand der *Dienstmannen (Dienstleute),* die gegen Gewährung eines »Dienstlehens« ritterl. Dienste leisteten und schließl. die Erblichkeit ihrer Lehen gewannen. Im Königsdienst *(Reichs-M.)* wurden sie zu »Reichsbeamten«, die wegen ihrer unfreien Herkunft zu Diensten aller Art verwendbar waren (u. a. Verwaltung des Reichsgutes). Im 13./14. Jh. im niederen Adel aufgegangen.

Ministerialsystem (monokrat. System), Form der Verwaltungsorganisation, in der die oberste Verwaltungsinstanz nicht die Regierung als Kollegial-

Bernhard Minetti

2243

Hermann Minkowski

Liza Minnelli

Minnesota
Flagge

Ministerium

behörde, sondern der einzelne Fach-Min. ist.
Ministerium, oberste für einen bestimmten Geschäftsbereich zuständige Staatsbehörde, gegliedert i. d. R. in Abteilungen und Referate. Zu den fünf »klass.« Ministerien (Auswärtiges, Inneres, Justiz, Finanzen und Krieg) treten meist weitere hinzu. Die im Range eines Ministeriums stehende Behörde des Regierungschefs heißt in der BR Deutschland auf Bundesebene Bundeskanzleramt, in den Ländern Staats- oder Senatskanzlei.
Ministerpräsident, in vielen Staaten Bez. für den Regierungschef, in der BR Deutschland für den Leiter einer Landesregierung (mit Ausnahme der Stadtstaaten). Chef der Bundesregierung ist in der BR Deutschland und auch in Österreich der Bundeskanzler.
Ministerrat, 1) in einzelnen Staaten Bez. für die Regierung (z. B. Frankreich); auch ein engerer Ministerausschuß für bes. Aufgaben.
2) in der EU der aus je einem Minister der Mitgliedsstaaten bestehende Rat. †Europäische Union.
Ministranten [lat.] (Meßdiener), in der kath. Kirche die Gehilfen des Priesters, die liturg. Hilfsfunktionen wahrnehmen; heute gibt es auch weibl. Ministranten (1994 vom Vatikan bestätigt).
Mink [engl.] (Amerikan. Nerz), etwa 30 (♀) bis 45 cm (♂) langer, meist tief dunkelbrauner Marder, v. a. an Gewässern großer Teile N-Amerikas; wegen seines Pelzes oft in Farmen (Farmnerze) gezüchtet.
Minkowski, Hermann, *Aleksota (heute zu Kaunas) 22. 6. 1864, † Göttingen 12. 1. 1909, dt. Mathematiker. Entwickelte die »Geometrie der Zahlen« (1910) und beschäftigte sich mit den mathemat. Grundlagen der speziellen Relativitätstheorie.
Minne, George Baron (seit 1930), *Gent 30. 8. 1866, † Sint-Martens-Latem 18. 2. 1941, belg. Bildhauer und Graphiker. Hauptvertreter des Jugendstilplastik.
Minne, in der ritterlich-höf. Dichtung des 12. und 13. Jh. zentrales Motiv der mit der höf. Kultur sich neu gestaltenden Beziehung zw. Mann und Frau, namentlich dem Ritter und der Dame (vrouwe). †Minnesang.

Minneapolis, Stadt beiderseits des Mississippi, Minn., USA, 371 000 E. Univ., Kunsthochschule; Theater, Kunstmuseen. Mühlen-Ind., Maschinenbau, Papierherstellung, Verlage, Computer-Ind.; Endpunkt der Schiffahrt auf den Mississippi, internat. ✈. − Entstanden aus den Siedlungen Saint Anthony (1838) und M. (1855).
Minnelli, 1) Liza, *Los Angeles-Hollywood 12. 3. 1946, amerikan. Schauspielerin und Sängerin. Tochter von J. Garland und Vincente M.; internat. bekannt durch Shows und Filmmusicals, z. B. »Cabaret« (1971).
2) Vincente, *Chicago 28. 2. 1910 (oder 1913), † Los Angeles 25. 7. 1986, amerikan. Filmregisseur. ∞ mit J. Garland; Musicals, z. B. »Ein Amerikaner in Paris« (1951), »Gigi« (1958); auch Filmkomödien.
Minnesang, i. e. S. die verschiedenen Formen mhd. Liebeslyrik; oft jedoch als zusammenfassende Bez. aller Arten mhd. Lyrik gebraucht. Als höf. Gesellschaftsdichtung wurde er bes. an kulturellen Zentren vorgetragen, i. d. R. von den Minnesängern selbst, die auch die Dichter und Komponisten waren. Seine Geschichte beginnt um 1150 mit dem sog. *Donauländ. M.* (u. a. Der Kürenberger, Dietmar von Aist); der Einfluß der Troubadours setzte sich von 1190 im M. Heinrichs von Veldeke und Friedrichs von Hausen im westdt. Raum durch. Für der eigtl. hohen M. typisch ist der höf. Frauendienst, der die Frau zu einem für den Ritter unerreichbaren Ideal stilisierte. Höhepunkt sind um 1190 die Lieder Reinmars des Alten und Heinrichs von Morungen. Walther von der Vogelweide stellt das idealisierte Frauenbild in Frage und preist auch die nichtadlige Frau als Partnerin (»niedere Minne«); Wolfram von Eschenbach preist die ehel. Liebe. Mit dem Niedergang der höf. Ritterkultur (als einer der letzten Minnesänger gilt Oswald von Wolkenstein) ging auch die Zeit des M. zu Ende. Im 15. Jh. wurde der M. durch den Meistersang abgelöst.
Minnesota [mɪneˈzoːta, engl. mɪnɪ-ˈsoʊtə], nördl. Mittelstaat der USA, 218 600 km², 4,48 Mio. E, Hauptstadt Saint Paul.
Geschichte: Der östlich des Mississippi gelegene, seit 1763 zu Großbrit. gehö-

rende Teil von M. gehörte seit 1783 formell zu den USA. Der westlich gelegene Teil wurde durch den Kauf Louisianas 1803 amerikan. Besitz. 1849 schuf der amerikan. Kongreß M. als eigenständiges Territorium. 1858 wurde M. als 32. Staat in die Union aufgenommen.

Mino da Fiesole ['miːno dafˈfi̯eːzole], *Poppi bei Arezzo 1430 oder 1431, †Florenz 11. 7. 1484, italien. Bildhauer. Renaissancegrabmäler, Büsten.

Miño [span. 'mi̯ɲo] (portugies. Minho), Fluß auf der Iber. Halbinsel, entspringt in Galicien, mündet in den Atlantik, 310 km lang; z. T. Grenze zw. Portugal und Spanien.

minoische Kultur, vorgriech. Kultur Kretas (3. Jt. bis etwa 1200 v. Chr.). Schon in der frühminoischen Phase (bis 2000) trieb Kreta Handel mit dem gesamten Ägäisraum und Ägypten. Die mittelminoische Phase (2000–1400) ist die Zeit der fürstl. Stadtpaläste (Knossos, Phaistos, Malia), Sitz kult. Oberherrschaft und zentralist. Verwaltung (Bilder- und Linearschrift). Nach schweren Zerstörungen zw. 1500 und 1450 (Erdbeben?) setzten sich die Mykener auf Kreta fest (spätminoische Periode, 1400–1200). Bes. seit mittelminoischer Zeit gibt es in der Kunst hervorragende Statuetten und Reliefs, geschnittene Siegelsteine, Gefäße mit feinsten figürl. Reliefs, goldene Siegelringe, Becher und Geräte; farbenfrohe Freskomalerei und bemalte Stuckreliefs schmückten die Paläste; Keramik von reichem Formenbestand im mittelminoischen *Kamaresstil* mit bunter Ornamentik, danach schwarze Musterung auf hellem Tongrund.

minore [italien.], in der Musik ↑Moll, Mollakkord, Molltonart.

Minorität [lat.-frz.], Minderheit.

Minoritätsrechte (Minderheitsrechte), im Gesellschaftsrecht die Rechte, die eine Minderheit der Gesellschafter einer GmbH bzw. der Aktionäre einer AG auf der Gesellschafter- bzw. Hauptversammlung gegen die Mehrheit durchsetzen kann.

Minoriten (Konventualen, Ordo Fratrum Minorum Conventualium, Abk. OFM-Conv; wegen des Ordenskleides auch »schwarze Franziskaner« gen.), selbständiger Zweig des Franziskanerordens.

Minstrel

minoische Kultur. Wandmalerei im Thronsaal des spätminoischen Palastes in Knossos (1600–1500 v. Chr.)

Minos, Gestalt der griech. Mythologie; Sohn des Zeus und der Europa, Vater der Ariadne, König in Knossos auf Kreta. Die Frucht der Verbindung zw. einem Stier und der Gemahlin des M. ist der mischgestaltige *Minotauros,* für den M. das Labyrinth erbauen und jährlich aus dem tributpflichtigen Athen Menschenopfer herbeischaffen läßt, bis es Theseus mit Hilfe der Ariadne gelingt, den Minotauros zu töten.

Minot, George [engl. 'maɪnət], *Boston 2. 12. 1885, †ebd. 25. 2. 1950, amerikan. Mediziner. Führte zus. mit W. P. Murphy und G. H. Whipple die Leberdiät in die Behandlung der perniziösen Anämie ein, wofür sie gemeinsam 1934 den Nobelpreis für Physiologie oder Medizin erhielten.

Minsk, Hauptstadt Weißrußlands und des Gebiets Minsk, im mittleren Westruss. Landrücken, 1,61 Mio. E. Univ., mehrere Hochschulen, Museen, Theater. Bahnknotenpunkt, ✈. – 1129 dem Kiewer Reich angegliedert; im 14. Jh. Polen-Litauen unterstellt; 1793 russisch. Im *Vertrag von M.* (8. 12. 1991) stellten Rußland, Weißrußland und die Ukraine fest, daß M. Standort der Koordinierungsorgane der von diesen drei Staaten gegründeten Gemeinschaft (↑Gemeinschaft Unabhängiger Staaten) ist.

Minstrel [lat.-engl.], berufsmäßiger Rezitator und Sänger im mittelalterl.

minoische Kultur. Stierkopfrhyton aus Knossos; Steatit, Goldblech und andere Materialien, (um 1500 v. Chr.; Iraklion, Archäologisches Museum)

Minze.
Pfefferminze

Minuend

England; in der amerikan. Pionierzeit fahrende Musiker und Spielleute.
Minuẹnd [lat.], diejenige Zahl, von der bei der Subtraktion eine andere (der Subtrahend) abgezogen wird.
Mịnus [lat.], Verlust, Fehlbetrag. ↑Minuszeichen.
Mịnusglas ↑Brille.
Minụskel [lat.], Kleinbuchstabe (Gemeine) der Schriften des lat. Alphabets. Im Ggs. zu Majuskeln haben viele M. Ober- und Unterlängen.
Mịnuszeichen, Zeichen – (gesprochen: minus); in der *Mathematik:* 1. Rechenzeichen für die Subtraktion; 2. Vorzeichen für negative Zahlen.
Minụte [lat.], **1)** Zeiteinheit, Einheitenzeichen **min,** bei Angabe des Zeitpunktes (Uhrzeit) hochgesetzt, ^{min} oder ^{m}; 1 min = $^1/_{60}$ h = 60 s.
2) Winkeleinheit, Einheitenzeichen ′; 1′ = $^1/_{60}$°.
minuziọ̈s [lat.-frz.], peinlich genau, sorgsam.
Minze (Mentha) [lat.], Gatt. der Lippenblütler mit rd. 20 Arten, v. a. im Mittelmeergebiet und in Vorderasien; Blätter und Stengel enthalten äther. Öl (Menthol). In M-Europa kommen fünf Arten wild vor, u. a. die 15–30 cm hohe *Acker-M.,* die 20–80 cm hohe *Wasser-M.* und die 10–30 cm hohe *Polei-M.* Angebaut werden die *Pfeffer-M.* (Hausminze; Kreuzung zw. Grüner M. und Wasser-M.; aus ihr wird das *Pfefferminzöl* gewonnen, das als Aromastoff für Genußmittel und Arzneien verwendet wird; aus den Blättern wird Tee hergestellt) und die bis 90 cm hohe *Grüne M.* (Küchengewürz).
Mio., Abk. für Million[en].
Miozän [griech.], zweitjüngste Abteilung des Tertiärs.
mips [Abk. für engl. **m**illion **i**nstructions **p**er **s**econd], Einheit für die Rechengeschwindigkeit von Computern; 1 mips sind 1 Mio. Anweisungen pro Sekunde.
Miquel, Johannes von (seit 1897) [ˈmiːkɛl], *Neuenhaus 19. 2. 1828, † Frankfurt am Main 8. 9. 1901, dt. Politiker, Jurist; zunächst radikaler Demokrat und Marx-Anhänger: Mitbegr. des Nationalvereins und der Nationalliberalen Partei, 1879 Oberbürgermeister von Frankfurt am Main. Staatsmänn. Wirkung entfaltete M. als Preuß. Finanzmin. (1890) und als Vizepräs. des Staatsministeriums (1897), als er die Reform der preuß. Staatsfinanzen und die »Sammlung« von Schwerindustrie und Landwirtschaft für die Reichstagswahlen 1897 zuwege brachte; 1901 Rücktritt.
Miquelon [frz. miˈklõ] ↑Saint-Pierre-et-Miquelon.
Mịr [russ.], **1)** 1. Dorf- bzw. Landgemeinde in Rußland; 2. bes. Form der Gemeindebesitzverfassung (Gemeinschaftsbesitz einer Dorfgemeinde). 1917 abgeschafft.
2) sowjet. ↑Raumstation.
Mirabeau, Honoré Gabriel Riqueti, Graf von [frz. miraˈbo], *Le Bignon (heute Le Bignon-Mirabeau bei Montargis) 9. 3. 1749, † Paris 2. 4. 1791, frz. Publizist und Politiker. 1791 Präs. der Nationalversammlung; strebte liberale Reformen an und suchte die Monarchie zu erhalten. Sein plötzl. Tod begünstigte die radikale Entwicklung der Frz. Revolution. Schrieb u. a. »Essai sur le despotisme« (»Abhandlung über die Gewaltherrschaft«, 1775).
Mirabẹlle ↑Pflaumenbaum.
Mirage [frz. miˈraːʒ], Name einer Reihe frz. Kampfflugzeuge.
Mirakelspiel (Mirakel), im MA dramatisierte Marien- und Heiligenlegenden.
Mirạnda [lat.], einer der 15 Uranusmonde.
Mirandola, Giovanni Pico della ↑Pico della Mirandola, Giovanni.
Mirbeau, Octave [frz. mirˈbo], *Trévières bei Bayeux 16. 2. 1850, † Paris 16. 2. 1917, frz. Schriftsteller. Satir. Romane und Bühnenstücke, u. a. »Tagebuch einer Kammerzofe« (R., 1900).
Miró, Joan, *Montroig bei Barcelona 20. 4. 1893, † Palma 25. 12. 1983, span. Maler, Graphiker und Bildhauer. Vertreter einer frei assoziierenden Traummalerei mit phantast. Szenerien aus biomorphen Formen und Strichfiguren; auch Collagen, Reliefs, Skulpturen (z. T. bemalt, ab 1966 Großplastiken in Bronze), Objektmontagen, Arbeiten aus Keramik (u. a. Wanddekoration für das Wilhelm-Hack-Museum in Ludwigshafen, 1978–79) sowie Bildteppiche.
mis..., Mis... ↑miso..., Miso...
Misanthropie̱ [griech.], Abneigung gegen andere Menschen.

Mißbildung

Mischehe (konfessionsverschiedene Ehe), Ehe zw. Ehepartnern mit unterschiedl. Bekenntnis oder mit unterschiedl. Religionszugehörigkeit; setzt nach *röm.-kath. Kirchenrecht* die kirchliche Erlaubnis, die kanon. Eheschließungsform (↑Eherecht) und die Verpflichtung beider Partner, die Kinder in der kath. Kirche zu taufen und erziehen zu lassen, voraus. Die Ehe zw. einem kath. und einem ungetauften Partner stellt ein Ehehindernis dar, von dem nur der zuständige Bischof ↑Dispens erteilen kann. In den *ev. Kirchen* gibt es i. allg. keine rechtl. Beschränkungen für die M. mehr. – In der Zeit des *Nationalsozialismus* wurde mit M. eine »Ehe zw. einem Angehörigen dt. oder artverwandten Blutes und einer Person anderer rass. Zugehörigkeit« bezeichnet.

Mischkristalle, Festkörper, die aus chem. verschiedenen Substanzen zusammengesetzte, kristallographisch gleiche Kristallgitter bilden.

Mischling, im völkerkundlichen Sprachgebrauch Mensch, dessen Eltern oder Vorfahren verschiedenen Rassen angehören.

Mischna [hebr.], Teil des ↑Talmud.

Mischnick, Wolfgang, *Dresden 29. 9. 1921, dt. Politiker (FDP). 1957–90 MdB, 1961–63 Bundesvertriebenen-Min.; 1963–68 stellv. Vors., 1968–90 Vors. der FDP-Bundestagsfraktion, 1964 bis 91 einer der stellv. Parteivorsitzenden.

Mischpult, pultartige Schaltanlage, die alle Einrichtungen zur Auswahl, Mischung und Beeinflussung sowie zur Überwachung und Weiterleitung der tonfrequenten Signale bei Tonaufnahmen oder -wiedergaben *(Ton-M.)* bzw. der Videosignale bei Fernsehaufnahmen oder -übertragungen *(Bild-M.)* enthält.

Misere [lat.], Elend, Notlage.

Misereor [lat. »ich erbarme mich (des Volkes)«], 1959 gegr. Hilfswerk der dt. Katholiken gegen Hunger und Krankheit in der Welt.

Miserikordie [lat.] ↑Chorgestühl.

Mishima Yukio, eigtl. Hiraoka Kimitake, *Tokio 14. 1. 1925, † ebd. 25. 11. 1970 (Selbstmord), jap. Schriftsteller. In seinen Romanen (u. a. »Geständnis einer Maske«, 1949; »Die Brandung«, 1954; »Der Seemann, der die See verriet«, 1963 [danach Oper von H. W.

Joan Miró. Holländisches Interieur (1928; New York, Museum of Modern Art)

Henze, 1990]), Novellen und Dramen verbindet sich jap. Tradition mit europ. Moderne.

Miskolc [ungar. 'miʃkolts], ungar. Bez.-Hauptstadt am O-Rand des Bükkgebirges, 210 000 E.

miso..., Miso..., mis..., Mis... [griech.], Bestimmungswort von Zusammensetzungen mit der Bedeutung »Feindschaft, Haß, Verachtung«.

Mispel [griech.-lat.], Gatt. der Rosengewächse mit einer einzigen Art; Strauch oder kleiner Baum; heimisch in Vorderasien, in Europa fast nur verwildert vorkommend.

Miß (engl. Miss) [Kurzform von Mistress], engl. Anrede für eine unverheiratete Frau.

Missale [lat.], in den lat. Liturgien (seit dem 8. Jh.) das Meßbuch mit den Gebetstexten, Lesungen und Gesängen für die Eucharistiefeier.

Missa solemnis [lat.], Titel großangelegter Meßkompositionen, u. a. Beethoven, Messe D-Dur op. 123 (1823).

Mißbildung, Fehlgestaltung eines oder mehrerer Körperorgane und/oder -teile

Mispel. Echte Mispel (Höhe bis 3 m)

Mississippi Flagge

Missouri Flagge

Mistkäfer. Geotrupes stercorarius (Größe 16–25 mm)

Mißhandlung

als Folge einer Störung der frühkindl. Entwicklung im Mutterleib. Ursachen sind Defekte der Erbsubstanz *(Genopathien* bzw. *Gametopathien)* oder exogene Noxen (z. B. Infektionskrankheiten der Mutter).
Mißhandlung ↑Körperverletzung.
Mißheirat, in einer ständisch organisierten Gesellschaft die Ehe zw. Menschen ungleichen Standes; berührte nicht die Gültigkeit der Ehe, hatte aber nachteilige Rechtsfolgen für den unebenbürtigen Partner und die Kinder.
Missile [engl. ˈmɪsaɪl], ↑Flugkörper.
Missing link [engl. »fehlendes Glied«], Bez. für eine noch fehlende (gesuchte) Übergangs- oder Zwischenform (bes. in der Biologie und Anthropologie).
Missingsch, mecklenburg. Umgangssprache, Mischung aus dt. Hochsprache und niederdt. Mundart.
Missio canonica [lat.], die bes. kirchenamtl. Beauftragung zur Wortverkündigung (in Predigt, Katechese, Religionsunterricht).
Mission [lat.], 1) *Diplomatie, Politik:* Person[engruppe] mit bes. Auftrag; diplomat. Vertretung eines Staates im Ausland.
2) *Religionswissenschaft:* Sendung, Auftrag, Gesandtschaft; insbes. die Sendung der Kirche zur Verkündigung der christl. Botschaft unter Nichtchristen; auch Bez. für M.gesellschaften und -gebiete. – Alle Religionen mit universalem Anspruch sind missionarische. Darüber hinaus folgt das Christentum einem ausdrückl. M.befehl Christi. Die M. begann im Urchristentum. Seit der Völkerwanderung kam es zur Bekehrung der german. Stämme (Bonifatius, iroschott. Mönche). Im Zeitalter der Entdeckungen war die oft gewaltsame Missionierung überseeischer Kolonialgebiete (Lateinamerika, Afrika, S- und O-Asien) Sache der span. und portugies. Patronatsmächte; das trug z. T. erheblich zur Unterdrückung von Kultur und Bevölkerung bei. – Die *ev. M.* organisierte sich in Form freier M.gesellschaften aus dem Geist des Pietismus und der Erweckung (v. a. im 19. Jh.). Die Zersplitterung wurde durch Zusammenschlüsse von M.gesellschaften in größeren Verbänden und regional gegliederten M.werken zunehmend überwunden.

Mississippi, 1) Staat im S der USA, 123 514 km², 2,66 Mio. E, Hauptstadt Jackson.
Geschichte: 1682 wurde das ganze Mississippital für die frz. Krone in Besitz genommen (↑Louisiane). Nach Anerkennung des 31.° n. Br. als Grenze durch Spanien und die USA (1795) schuf der Kongreß 1798 das Territorium M., das 1812 das Gebiet des heutigen Staates Alabama und M. umfaßte; unter Abtrennung von Alabama 1817 20. Staat der Union.
2) (M. River) größter Strom Nordamerikas (USA), tritt aus dem Lake Itasca im nw. Minnesota aus, mündet mit einem sich ständig vergrößernden Delta in den Golf von Mexiko, 3778 km lang; bildet die Grenze der Bundesstaaten Iowa, Missouri, Arkansas und Louisiana im W, zu Wisconsin, Illinois, Kentucky, Tennessee und Mississippi im O. Nebenflüsse sind u. a. der Missouri, Illinois, Ohio, Arkansas und Red River.
Mississippialligator ↑Alligatoren.
Missouri [mɪˈsuːri], 1) Staat im zentralen Teil der USA, 180 516 km², 5,19 Mio. E, Hauptstadt Jefferson City.
Geschichte: Das Gebiet des heutigen M. gehörte ab 1682 zu Louisiane. Der amerikan. Kongreß unterstellte M. nach 1803 verschiedenen Territorialverwaltungen; Beitritt zur Union 1821 als 24. Staat.
2) (M. River) größter, rechter Nebenfluß des Mississippi, USA, entsteht in den nördl. Rocky Mountains (3 Quellflüsse), mündet nördl. von Saint Louis, 3725 km lang.
Mißtrauensvotum, in parlamentar. Regierungssystemen Mehrheitsbeschluß des Parlaments, der der Regierung das Vertrauen entzieht und damit deren Rücktritt erzwingt. In der *BR Deutschland* kann der Bundestag dem Bundeskanzler nur dadurch das Mißtrauen aussprechen, daß er einen Nachfolger wählt *(konstruktives M.).* Ein M. gegen einzelne Min. ist unstatthaft. Das *österr. Verfassungsrecht* kennt ein M. sowohl der Bundesregierung wie einzelner ihrer Mgl. gegenüber, während die *schweizer. Bundesverfassung* keine Bestimmungen über ein M. enthält.
Mißweisung, svw. ↑Deklination.
Mistel (Hexenkraut, Donnerbesen, Kreuzholz), Gatt. der Mistelgewächse

Mitbestimmung

mit über 60 vorwiegend trop. Arten; in Deutschland nur drei wirtsspezif. Unterarten (Laubholz-, Tannen- und Kiefern-M.); immergrüne Halbschmarotzer.

Mistelgewächse (Loranthaceae), Pflanzen-Fam. mit rd. 1 400 meist trop. Arten; Halbparasiten (v. a. auf Bäumen).

Mister [engl., Nebenform von Master], Abk.: **Mr.**, engl. Anrede: Herr (stets mit dem Familiennamen).

Mistkäfer, weltweit verbreitete Unterfam. 7–25 mm großer, oft metallischblau, -grün oder -violett glänzender Blatthornkäfer; Käfer und Larven leben von Exkrementen pflanzenfressender Säugetiere.

Mistra (griech. Mistras), wichtigste mittelalterl. griech. Stadt auf der Peloponnes, 5 km westl. von Sparta; 1248 gegr.; 1259–1460 byzantinisch; heute Ruinenstätte mit bed. Resten spätbyzantin. Kultur.

Mistral [provenzal.-frz.], rauher, meist trockener und kalter, aus nördl. Richtungen wehender Fallwind in S-Frankreich.

Mistral, 1) Frédéric, * Maillane bei Arles 8. 9. 1830, † ebd. 25. 3. 1914, neuprovenzal. Dichter. Lyriker und Epiker, neuprovenzal. Wörterbuch; Nobelpreis für Literatur 1904 (zus. mit J. Echegaray y Eizaguirre).
2) Gabriela, eigtl. Lucila Godoy Alcayaga, * Vicuña (Chile) 7. 4. 1889, † Hempstead (N. Y.) 10. 1. 1957, chilen. Lyrikerin. Lehrerin; ab 1932 im diplomat. Dienst; schrieb sehnsuchtsvoll-melanchol., nach metaphys. Trost strebende Liebeslyrik (»Trostlosigkeit«, 1922; »Zärtlichkeit«, 1924). 1945 Nobelpreis für Literatur.

Mistras ↑Mistra.

Mistress [engl. 'mɪsɪz, zu Mätresse], Abk. **Mrs.**, engl. Anrede: Frau (stets mit dem Familiennamen).

Mitanni, Reich der ↑Hurriter.

Mitau ↑Jelgava.

Mitbestimmung, Mitwirkung von Arbeitnehmern in Gremien, die sie betreffende wirtschaftl., soziale und personelle Entscheidungen treffen. – Bei der M. sind drei Ebenen zu unterscheiden: 1. M. an die gesamte Wirtschaft oder zumindest ganze Wirtschaftszweige betreffenden Entscheidungen (überbetriebl. M.); 2. M. an Entscheidungen der Unternehmenspolitik; 3. M. an den Entscheidungen innerhalb eines Betriebes (betriebl. M.).

Erster Ansatz zu einer *überbetriebl. M.* war der 1920–34 bestehende, zu etwa 40 % mit Arbeitnehmervertretern besetzte Reichswirtschaftsrat. Nach 1945 wurden die Grundsätze der *betriebl. M.* umfassend im Betriebsverfassungsgesetz (↑Betriebsverfassung) niedergelegt. Neu hinzu kam die *M. auf Unternehmensebene,* wie sie durch das Mitbestimmungsgesetz vom 25. 5. 1951 in der *Montanindustrie* eingeführt wurde. Nach diesem Gesetz ist in Unternehmen der Montan-Ind. mit i. d. R. mehr als 1 000 Arbeitnehmern eine *parität. M.* anzuwenden. Der Aufsichtsrat besteht aus elf (bei größeren Gesellschaften auch 15 oder 21) Mgl. und setzt sich zusammen aus vier Vertretern der Anteilseigner und einem weiteren (neutralen) Mgl., vier Vertretern der Arbeitnehmer und einem weiteren Mgl. sowie noch einem Mgl. (sog. »elften Mann«). Die weiteren Mgl. dürfen weder Repräsentanten noch Angestellte einer Gewerkschaft oder einer Vereinigung der Arbeitgeber, weder in dem Unternehmen als Arbeitnehmer oder Arbeitgeber tätig noch an dem Unternehmen wirtschaftl. interessiert sein. Außerdem muß mindestens ein Mgl. des Aufsichtsrats Arbeiter oder Angestellter in einem Betrieb des Unternehmens sein. Zwei der Arbeitnehmervertreter werden von den Spitzenorganisationen der Gewerkschaften vorgeschlagen. Das weitere Mgl., der »elfte Mann«, wird auf Vorschlag der übrigen Aufsichtsratsmitglieder gewählt. Für den Vorstand wird als gleichberechtigtes Mgl. ein ↑Arbeitsdirektor bestellt.

Außerhalb der Montan-Ind. gilt das Gesetz über die M. der Arbeitnehmer (M.gesetz; in Kraft seit 1. 7. 1976). Es gilt in allen Unternehmen (mit Ausnahme der Montan-Ind. und der Tendenzunternehmen) mit mehr als 2 000 Beschäftigten. Der Aufsichtsrats-Vors. und sein Stellvertreter werden vom Aufsichtsrat mit $2/3$-Mehrheit gewählt. Für den Fall einer Stimmengleichheit im Aufsichtsrat erhält der Aufsichtsrats-Vors. in einer neuen Abstimmung zwei Stimmen, mit denen er den Ausschlag geben kann. Dies gilt auch für die Wahl der Vorstandsmitglieder.

Mistel.
Laubholzmistel; blühender und fruchtender Zweig

Frédéric Mistral

Gabriela Mistral

Peter Dennis Mitchell

Alexander Mitscherlich

Margarete Mitscherlich

Mit brennender Sorge

Mit brennender Sorge, nach ihren Anfangsworten ben. (einzige deutschsprachige) Enzyklika Papst Pius' XI. vom 14. 3. 1937, in der er gegen die Behinderung der Kirche in Deutschland durch den Nat.-Soz. protestierte.
Mitchell [engl. 'mɪtʃəl], **1)** Margaret, *Atlanta (Ga.) 8. 11. 1900, † ebd. 16. 8. 1949 (Autounfall), amerikan. Schriftstellerin. Ihr 1926–36 entstandener Roman »Vom Winde verweht« schildert den amerikan. Sezessionskrieg.
2) Peter Dennis, *Mitcham (heute zu London) 29. 9. 1920, brit. Biochemiker. Grundlegende Arbeiten zur Bioenergetik, insbes. über die zur Energieübertragung und -versorgung von lebenden Zellen dienenden chem. Prozesse; 1978 Nobelpreis für Chemie.
Mitchell, Mount [engl. maʊnt 'mɪtʃəl], mit 2037 m höchste Erhebung der Appalachen, N. C., USA.
Mitchum, Robert [engl. 'mɪtʃəm], *Bridgeport (Conn.) 6. 8. 1917, amerikan. Filmschauspieler. Internat. bekannt durch Filme wie »Schlachtgewitter am Monte Cassino« (1945), »Die Nacht des Jägers« (1955), »El Dorado« (1967).
Mitesser (Komedonen), in den Ausführungsgängen der Haarbalgdrüsen entstehende Talganhäufungen.
Mitgift, svw. ↑Aussteuer.
Mithras, indoiran. Gott des Rechts und der staatl. Ordnung, dessen Name »Vertrag« bedeutet (im 14. Jh. v. Chr. erstmals erwähnt). In Indien stand er als *Mitra* in enger Beziehung zu Varuna. Im alten Iran war er als *Mithra* der göttl. Herr von Männerbünden, von Zarathustra bekämpft. Seit dem 1. Jh. n. Chr. im Röm. Reich als ein mit der Sonne in Verbindung stehender Erlösergott v. a. von Soldaten verehrt. Daher entstanden seine Heiligtümer, die *Mithräen*, vornehmlich in Garnisonsorten. Im Mittelpunkt des Kults stand die Tötung eines Stiers.
Mithridates VI. Eupator, eigtl. Mithradates, *Sinope (heute Sinop) um 130 v. Chr., † Pantikapaion (heute Kertsch) 63 v. Chr., König von Pontus. 112 Alleinherrscher; dehnte seine Herrschaft bis zur Krim aus (Bosporan. Reich). In den drei *Mithridatischen Kriegen* (89–84, 83–81, 74–63) gegen Rom eroberte er die röm. Prov. Asia und Kappadokien, wurde aber von Lucullus und Pompejus geschlagen.
Mitilini, griech. Stadt auf Lesbos, 24 100 E. – Das antike *Mytilene* war im 7./6. Jh. und um die Zeitenwende ein Zentrum des Geisteslebens.
Mitla, Ruinenstätte in der Sierra Madre del Sur, 1 650 m ü. M., osö. von Oaxaca de Juárez, Mexiko. Alte zapotek. Stadt, Gebäudekomplexe im S (älteres Kultzentrum, vor 1000), Zitadelle im W (um 1000), Palastanlagen im N nach 1200.
Mitlaut, svw. ↑Konsonant.
Mitochondrien [griech.-nlat.], 0,2 bis 8 µm große, längl. oder rundl. Organellen in allen eukaryont. Zellen. Die M. sind von zwei Membranen umhüllt, enthalten eigene DNS und vermehren sich durch Teilung. In den M. sind die Enzyme der ↑Atmungskette, des Zitronensäurezyklus und der oxidativen Decarboxylierung lokalisiert.
Mitose [griech.-nlat.] (indirekte Kernteilung, Äquationsteilung), Kernteilungsvorgang, bei dem aus einem Zellkern zwei Tochterkerne gebildet werden, die gleiches (mit dem Ausgangsmaterial ident.) Genmaterial und die gleiche Chromosomenzahl haben. Die Chromosomen werden während der zw. zwei Mitosen liegenden Interphase verdoppelt. Während einer M. werden folgende Phasen durchlaufen: 1. *Prophase:* Die Chromosomen werden als fadenförmige Gebilde im Zellkern sichtbar. Die Kernspindel formt sich, die Kernmembran und der Nukleolus (Kernkörperchen) werden aufgelöst. 2. *Metaphase:* Die Spindelfasern zw. den vorgebildeten Zentromeren (Einschnürung, die jedes Chromosom in zwei Schenkel teilt) und den Polen sind gebildet; Chromosomen ordnen sich in einer Ebene zw. den Polen an. 3. *Anaphase:* Die Zentromeren verdoppeln sich, und die Chromatiden (Chromosomenspalthälften) wandern entlang den Spindelfasern zu den Polen. 4. *Telophase:* Die Chromosomen an den beiden Polen entfalten (entspiralisieren) sich, der Spindelapparat wird abgebaut, es werden neue Kernmembranen und Nukleoli gebildet.
Mitra [griech.], **1)** *Geschichte:* Kopfbinde altoriental. Herrscher; in der Antike bei Griechen und Römern Stirnband der Frauen.

Mittelamerika

2) *christl. Liturgie.* (Inful, Bischofsmütze) Kopfbedeckung von Bischöfen und höheren Prälaten bei liturg. Amtshandlungen.

Mitraschnecken (Mitridae), Fam. etwa 1–17 cm großer Schnecken, v. a. in trop. und subtrop. Meeren; Gehäuse bei manchen Arten einer Mitra ähnelnd, wie z. B. bei der *Bischofsmütze.*

MITROPA, Abk. für **Mitt**eleu**rop**äische Schlafwagen- und Speisewagen **AG,** Gastronomieunternehmen; gegr. 1917; Sitz Berlin. In der BR Deutschland bestand seit 1950 die Dt. Schlafwagen- und Speisewagengesellschaft mbH (DSG), in der DDR wurde die M. unter der alten Bez. als zentral geleitete Institution weitergeführt (1990 AG).

Mitscherlich, 1) Alexander, * München 20. 9. 1908, † Frankfurt am Main 26. 6. 1982, dt. Psychoanalytiker. 1960–76 Leiter des von ihm begründeten Sigmund-Freud-Instituts in Frankfurt am Main; in der BR Deutschland Wegbereiter der psychosomat. Medizin; wandte die Erkenntnisse der Psychoanalyse v. a. auf sozialpsycholog. Phänomene an. 1969 Friedenspreis des Börsenvereins des Dt. Buchhandels. – *Weitere Werke:* Medizin ohne Menschlichkeit (1960), Auf dem Weg zur vaterlosen Gesellschaft (1963), Die Unfähigkeit zu trauern (zus. mit Margarete M., 1967), Die Idee des Friedens und die menschl. Aggressivität (1969).

2) Margarete, * Graasten (Dänemark) 17. 7. 1917, dt. Psychoanalytikerin. Neben der Zusammenarbeit mit ihrem Mann Alexander M. steht in ihrem Werk das traditionelle Frauenbild in seinen Auswirkungen auf das gesellschaftl. Verhalten im Mittelpunkt. – *Werke:* Die friedfertige Frau (1985), Die Zukunft ist weiblich (1987), Über die Mühsal der Emanzipation (1990).

Mitsubishi-Gruppe [mɪtsʊbɪʃɪ...], jap. Unternehmensgruppe mit über 30 Unternehmen, tätig v. a. in den Bereichen Elektrotechnik, Automobil-, Flugzeug-, Schiffbau, Handel, Versicherungen, Banken.

Mittagsblume, Gatt. der Eiskrautgewächse mit etwa 70 Arten, v. a. in S-Afrika; eine häufig als Zierpflanze kultivierte Art ist das *Eiskraut.*

Mittäterschaft, Beteiligung mehrerer an einer Straftat in der Weise, daß sie bewußt und gewollt zusammenwirken. Jeder Mittäter wird als Täter bestraft.

Mittel, svw. ↑Mittelwert.

Mittelalter, Abk. **MA,** Zeitabschnitt in der europ. Geschichte zwischen Altertum und Neuzeit. Ein eindeutiger Beginn läßt sich nicht festlegen; als Übergangszeit von der Antike zum M. gilt die Völkerwanderungszeit (4.–6. Jh.), andere Datierungen gehen vom Ende des Weström. Reiches (476) aus. Als Ende des M. rechnet man die Entdeckung Amerikas (1492) oder den Beginn der Reformation (1517). Teilabschnitte des M. sind *Früh-M.* (6. Jh. bis etwa 1000), *Hoch-M.* (1000 bis etwa Ende 13. Jh.), *Spät-M.* (13. Jh. bis etwa 1500). Kulturgeschichtlich geprägt wird das Früh-M. von der karoling. und sal. Kunst (Romanik), das Hoch-M. von der Gotik, das Spät-M. von der Spätgotik und der (v. a. in Italien) einsetzenden Renaissance.

Mittelamerika, zusammenfassende Bez. für die *Westind. Inseln* und *Zentralamerika* (Landbrücke zw. N- und S-Amerika).

Gliederung: Z-Amerika reicht von der Landenge von Tehuantepec (andere Ansichten schließen ganz Mexiko ein) bis zur Atratosenke. Bes. landschaftsprägend ist die von Guatemala bis Costa Rica reichende Vulkanachse im pazif. Bereich mit häufigen Erdbeben und Vulkanausbrüchen. Die Halbinsel Yucatán besteht aus weiten Ebenen. Die Westind. Inseln ziehen in einem etwa 4 000 km langen Bogen von den Bahamas und Kuba bis Trinidad, geprägt von Bruchfalten- und Vulkangebirgen sowie niedrigen Kalktafeln. Korallenriffe sind weit verbreitet.

Mitra 2). Drei Mitren aus den Beständen der Hofburgkapelle in Wien; deutsche und österreichische Arbeiten (16.–18. Jh.; Wien, Kunsthistorisches Museum)

Mittagsblume. Mesembryanthemum grandifolium

Mittelamerika

Mittelamerika. Staatliche Gliederung (Stand 1992)

Land	km²	E (in 1 000)	E/km²	Hauptstadt
Antigua und Barbuda	442	66	150	Saint John's
Bahamas	13 878	264	19	Nassau
Barbados	430	259	602	Bridgetown
Belize	22 965	198	9	Belmopan
Costa Rica	51 100	3 192	62	San José
Dominica	751	72	96	Roseau
Dominikan. Republik	48 442	7 471	153	Santo Domingo
El Salvador	21 041	5 396	256	San Salvador
Grenada	344	91	265	Saint George's
Guatemala	108 889	9 745	89	Guatemala
Haiti	27 750	6 755	243	Port-au-Prince
Honduras	112 088	5 462	49	Tegucigalpa
Jamaika	10 990	2 469	225	Kingston
Kuba	110 861	10 811	98	Havanna
Nicaragua	120 254	3 955	30	Managua
Panama	77 082	2 515	33	Panama
Saint Kitts and Nevis	267	42	161	Basseterre
Saint Lucia	616	137	220	Castries
Saint Vincent and the Grenadines	389	109	281	Kingstown
abhängige Gebiete				
von Frankreich				
Guadeloupe	1 780	400	235	Basse-Terre
Martinique	1 080	368	334	Fort-de-France
von Großbritannien				
Anguilla	96	8	83	The Valley
British Virgin Islands	153	17	111	Road Town
Cayman Islands	259	29	112	Georgetown
Montserrat	102	11	108	Plymouth
Turks- und Caicosinseln	430	13	30	Cockburn Town
von den Niederlanden				
Aruba	193	62	321	Oranjestad
Niederl. Antillen	800	175	219	Willemstad
von den USA				
Puerto Rico	8 897	3 594	404	San Juan
Virgin Islands of the United States	344	107	313	Charlotte Amalie

Klima: M. hat trop. Klima, differenziert durch das Relief und die Lage zu den Hauptwindrichtungen. Hurrikane sind im nördl. Teil der Inselreihe häufig. **Vegetation:** Auf dem Festland finden sich Regenwald, Savanne sowie Trockenwald und Strauchformationen, in den Gebirgen Nadel- und Hartlaubwald, auf den Inseln z. T. immergrüner Bergregenwald, auch Monsunwald und Savanne. **Tierwelt:** Auf den Inseln sind nur Vögel und Meeresfauna artenreich, auf dem Festland mischen sich nord- (Hochland, offene Landschaften) und südamerikan. Arten (trop. Tieflandregenwälder). **Bevölkerung:** In Z-Amerika überwiegen die Mestizen. Die indian. Urbevölkerung tritt nur in Guatemala zahlenmäßig stärker hervor. Auf den Inseln ist die Zusammensetzung bestimmt durch die fast völlige Ausrottung der Indianer und die jahrhundertelange Zuwanderung von Europäern und Schwarzafrikanern.

Zur *Geschichte* ↑Südamerika.

Mittelasien, das Territorium Turkmeniens, Usbekistans, Tadschikistans und Kirgistans sowie der S Kasachstans.
Mittelatlantischer Rücken ↑Atlantischer Ozean.
mittelbare Staatsverwaltung, Wahrnehmung staatl. Aufgaben durch selbständige Verwaltungsträger, z. B. durch Körperschaften des öffentl. Rechts.
mittelbare Täterschaft, eine Form strafrechtl. Täterschaft, bei der sich der Täter zur Ausführung der Tat einer Mittelsperson (Tatmittler, Tatwerkzeug) bedient, die selbst nicht mit Täterwillen (also rechtswidrig, vorsätzlich und schuldhaft) handelt und deshalb strafrechtlich nicht verantwortlich ist.
Mitteldeutschland, 1) Bez. für die Mittelgebirgsschwelle vom Rhein. Schiefergebirge im W bis zur Mähr. Pforte im O.
2) Bez. für den thüring.-obersächs. Raum im Flußgebiet der Elbe, der Mulde, der unteren Saale und der Unstrut.
Mitteleuropa, Teil Europas, umfaßt etwa das Gebiet der Staaten Niederlande, Belgien, Luxemburg, Deutschland, Polen, Schweiz, Österreich, Tschech. Rep., Slowak. Rep., Ungarn, Rumänien, daneben die nördl. Randlandschaften Italiens, Sloweniens sowie die nö. Randgebiete Frankreichs.
mitteleuropäische Zeit ↑Zeitmessung.
Mittelfränkisches Becken, Beckenlandschaft zw. Fränk. Alb, Frankenhöhe und Steigerwald.
Mittelhandknochen, die fünf längl., zw. Handwurzel und Finger gelegenen Knochen der Vorderextremitäten bzw. der Hand der Wirbeltiere (einschließlich Mensch).
Mittelhochdeutsch, die dt. (Literatur)sprache des 12.–14. Jh. (↑deutsche Sprache, ↑deutsche Literatur).
Mittelländisches Meer, svw. ↑Mittelmeer.
Mittellandkanal, Kanal am S-Rand des Norddt. Tieflands, führt von seiner Abzweigung vom Dortmund-Ems-Kanal in Hörstel bis zur Elbe nördl. von Magdeburg, 321,3 km lang.
mittellateinische Literatur, in Europa die lat. Literatur des MA (etwa 500–1500), v. a. theolog. Literatur, histor. Schrifttum, Briefliteratur und christl. Hymnik.

Mittelozeanischer Rücken

Mittelmächte (Zentralmächte), Bez. für die im 1. Weltkrieg verbündeten Staaten Dt. Reich und Österreich-Ungarn (wegen ihrer Mittellage zw. den Gegnern in W- und O-Europa), später auch für ihre Bündnispartner Osman. Reich und Bulgarien.
Mittelmeer (Mittelländisches Meer), Nebenmeer des Atlant. Ozeans, mit dem es über die Straße von Gibraltar verbunden ist, rd. 3 Mio. km^2, größte Tiefe 5 092 m. Es trennt Afrika von Europa und Asien und steht über Dardanellen, Marmarameer und Bosporus mit dem Schwarzen Meer in Verbindung, über den Suezkanal mit dem Roten Meer. Durch den zerlappten Verlauf der Küsten sowie einige der großen Inseln wird das M. in mehrere Becken mit eigenen Namen gegliedert (z. B. Tyrrhenisches, Adriatisches Meer). Niederschläge und Süßwasserzufuhr sind geringer als die Verdunstung; das M. würde allmählich austrocknen, wenn der Wasserverlust nicht durch einströmendes, salzärmeres Oberflächenwasser aus dem Atlantik ausgeglichen würde. Die Gezeiten spielen eine untergeordnete Rolle.
Mittelmeerfieber, svw. ↑Maltafieber.
Mittelmeer-Mjösen-Zone, N–S orientierte Bruchzone, erstreckt sich von S-Norwegen bis zum Rhonedelta.
Mittelmoräne ↑Gletscher.
Mittelohr ↑Gehörorgan.
Mittelohrentzündung (Otitis media), Entzündung der gesamten Schleimhaut des Mittelohrs, meist als aufsteigende Infektion aus dem Nasen-Rachen-Raum über die Ohrtrompete als Folge eines Schnupfens; beginnt plötzlich mit starken, pochenden Ohrenschmerzen, Schwerhörigkeit und Fieber; das Trommelfell ist stark gerötet und vorgewölbt. Nach zwei bis drei Tagen erfolgt oft Trommelfelldurchbruch; es entleert sich eitriges Sekret. Bei Ausbleiben des Durchbruchs und zunehmenden Schmerzen wird vom Arzt das Trommelfell durchstochen.
Mittelozeanischer Rücken, untermeer. Gebirgssystem, das sich über 60 000 km als längstes Gebirge der Erde durch die Ozeane zieht. Am Fuß erreicht der M. R. eine Breite bis zu 4 000 km. Die Spitzen erheben sich 1 000–3 000 m über die Tiefseebecken, teilweise durchsto-

2253

François Mitterrand

Mittelpunktswinkel

ßen sie die Meeresoberfläche und bilden Inseln. Auf dem Kamm öffnet sich eine 20–50 km breite *Zentralspalte*. Der M.R. stellt Spreizungszonen der Erdkruste dar, an denen die Platten der Erdkruste auseinanderdriften; die tekton. Aktivität führt zu Erdbeben und Vulkanen.

Mittelpunktswinkel, bei einem Kreis ein von zwei Radien gebildeter Winkel.

Mittelrheinisches Becken, vom Rhein durchflossenes Senkungsgebiet zw. Koblenz und Andernach.

Mittelrussische Platte, Plateaulandschaft zw. der Oka im N und dem Donez im S, durch 100–150 m tiefe Flußtäler und Erosionsschluchten gegliedert.

Mittelsächsisches Hügelland, nördl. Vorland des Erzgebirges zw. Zwickauer und Freiberger Mulde.

Mittelsenkrechte (Mittellot), die im Mittelpunkt einer Strecke errichtete Senkrechte; geometr. Ort für alle Punkte, die von den Endpunkten der Strecke den gleichen Abstand haben.

Mittelsibirisches Bergland, flachgewelltes Plateau von durchschnittlich 500–700 m, maximal 1701 m Höhe, zw. dem Jenissei im W, der Lena im O, dem Aldan im SO, dem Nordsibir. Tiefland im N sowie dem Östl. Sajan, den Gebirgen nördlich des Baikalsees und des nördl. Transbaikalien im Süden.

Mittelstadt, in der Gemeindestatistik eine Stadt mit 20000–100000 E.

Mittelstand, Bez. für die »Mittelklasse« einer Gesellschaft, die je nach der zugrunde liegenden Gesellschaftstheorie oder nach der polit. Perspektive anders umschrieben wird. Gewöhnlich wird zw. »altem« M. (Handwerker, Einzelhändler, Bauern, kleinere Gewerbetreibende) und »neuem« M. (Beamte, Angestellte) unterschieden.

Mittelsteinzeit, svw. ↑Mesolithikum.

Mittelstreckenlauf, Disziplin der Leichtathletik; umfaßt die Strecken zw. 800 m und einer englischen Meile (1609,30 m). Die Läufe beginnen aus dem Hochstart.

Mittelwellen (Hektometerwellen), Abk. **MW** (internat. Abk. MF), in der Funktechnik Bez. für elektromagnet. Wellen mit Wellenlängen zw. 182 m und 1000 m, d. h. mit Frequenzen zw. 1650 kHz und 300 kHz.

Mittelwert (Mittel), Bez. für einen Wert $\bar{x}$, den man n vorgegebenen Werten $x_1, x_2, ..., x_n$ zuordnet. Man unterscheidet den *arithmet. M.* (arithmet. Mittel, Durchschnitt)

$$\bar{x}_a = \frac{1}{n}(x_1 + x_2 + ... + x_n),$$

den *geometr. M.* (geometr. Mittel)

$$\bar{x}_g = \sqrt[n]{x_1 \cdot x_2 ... x_n},$$

den *harmon. M.* (harmon. Mittel)

$$\bar{x}_h = n \bigg/ \left(\frac{1}{x_1} + \frac{1}{x_2} + ... + \frac{1}{x_n} \right)$$

und den *quadrat. M.* (quadrat. Mittel)

$$\bar{x}_q = +\sqrt{\frac{1}{n}(x_1^2 + x_2^2 + ... + x_n^2)}.$$

Mittelwort, svw. ↑Partizip.

Mittenwald, bayr. Marktgemeinde im Tal der Isar zw. Karwendel- und Wettersteingebirge, 8600 E. Geigenbaumuseum; Musikinstrumentenbau. Luftkurort. Spätbarocke Pfarrkirche (18. Jh.); reiche Bemalung vieler Hausfassaden (Lüftelmalerei).

Mitternachtssonne, die zw. den Polarkreisen und den Erdpolen im Sommer stets sichtbare Sonne (bedingt durch die Achsenstellung der Erde zur Ekliptik).

Mitterrand, François [frz. mitɛˈrɑ̃], *Jarnac bei Cognac 26. 10. 1916, † Paris 8. 1. 1996, frz. Politiker (Parti Socialiste). Jurist; 1946–58 und 1962–81 Abg. in der Nationalversammlung; 1950–57 mehrfach Min.; 1965–68 Vors. des v. a. gegen die Verfassungs- und Innenpolitik de Gaulles gerichteten, unter wesentl. Anteil M. zustandegekommenen Bündnisses aller nichtkommunist. Linksparteien, der »Fédération de la Gauche Démocrate et Socialiste«, als deren Präsidentschaftskandidat er 1965 de Gaulle unterlag; 1971–81 Vors. des aus der Verschmelzung mit der von M. 1970 gegr. »Convention des Institutions Républicains« hervorgegangenen ↑Parti Socialiste; bildete 1972 mit den Kommunisten die »Union de la Gauche«, unter alleiniger 1974 als deren Präsidentschaftskandidat gegen V. Giscard d'Estaing; erwarb sich als Staats-Präs. 1981–95 bes. Verdienste bei der Fortentwicklung der europ. Integration.

Mittersill, österr. Marktgemeinde im Bundesland Salzburg, zentraler Ort des Oberpinzgaus, 5000 E. Skifabrik; Wolframerzabbau. Schloß (16. Jh.), barocke Dekanats- und Annakirche (beide 18. Jh.).

Mittfasten ↑Lätare.

mittlerer Bildungsabschluß, Abschluß, der zum Besuch einer auf Klasse 10 aufbauenden weiterführenden Schule oder der gymnasialen Oberstufe berechtigt; kann auch in Abendschulen sowie im berufl. Bildungswesen erworben werden; früher: *mittlere Reife.*

Mittlerer Osten, nicht eindeutig festgelegter Begriff für den östl. Teil der islam. Welt. Als Länder des M. O. gelten (in Abgrenzung zum Nahen und Fernen Osten) Afghanistan, Pakistan, Indien, Nepal, Bhutan, Bangladesh und Sri Lanka. Im Ggs. dazu bezeichnet der engl. Ausdruck *Middle East* die Länder des Vorderen Orients, d. h. den ↑Nahen Osten.

Mittlerer Westen, Gebiet der USA zw. dem oberen Missouri, dem Ostsaum der Great Plains, dem Gebiet der Großen Seen und dem Ozark Plateau im Süden.

Mittwoch, seit dem 10. Jh. bekannte, urspr. oberdt. Bez. des 3. Wochentags.

Mitverschulden, der rechtlich zurechenbare Anteil des Geschädigten an der Entstehung und Entwicklung des Schadens. Um diesen Anteil verkürzt sich der Anspruch auf Schadenersatz gegen den Schädiger.

Mixteken, Indianerstamm in den mex. Staaten Oaxaca und Puebla. Schufen um 800 die »Mixteca-Puebla-Kultur« in Z-Mexiko. In präkolumb. Zeit berühmt durch ihr Kunsthandwerk (Goldschmiedearbeiten, Mosaike aus farbigen Steinen und Federn, Keramik).

Mixtur [lat.], 1) *Arzneilehre:* flüssige Arzneimischung.
2) *Musik:* Orgelregister, ↑gemischte Stimme.

Mizar (Misar) [arab.], der mittlere der drei Deichselsterne des Sternbilds Großer Wagen (Großer Bär, Ursa Maior), dem der Stern Alkor (Reiterlein, Augenprüfer) »aufsitzt«.

Mizellen [lat.], Aggregate aus Einzelmolekülen, die durch Nebenvalenzen oder Molekularkräfte zusammengehalten werden.

Mnouchkine

Mixteken. Brustschmuck aus Goldguß (um 1200 bis 1520; Oaxaca, Museo Regional)

Mizoram [mɪˈzɔːræm], Unionsterritorium in NO-Indien, 21 081 km², 690 000 E, Hauptstadt Aizawl.

Mjøsensee [norweg. ˈmjøsən], langgestreckter See im südl. Norwegen, 365 km².

MKS-System, Einheitensystem, bei dem sich alle Einheiten auf drei Grundeinheiten (**M**eter, **K**ilogramm, **S**ekunde) zurückführen lassen.

ml, Einheitenzeichen für ↑Milliliter.

Mlle, Abk. für ↑Mademoiselle.

M. M., Abk. für **M**etronom **M**älzel (↑Metronom).

Mme, Abk. für ↑Madame.

Mn, chem. Symbol für ↑Mangan.

Mňačko, Ladislav [slowak. ˈmnjatʃkɔ], *Valašské Klobouky bei Gottwaldov 29. 1. 1919, slowak. Schriftsteller. Zunächst überzeugter Kommunist; ab 1968 Emigration (Wien), schreibt seitdem in dt. Sprache. – *Werke:* »Der Tod heißt Engelchen« (R., 1959), Wie die Macht schmeckt (R., 1968), Die siebente Nacht (R., 1968), Die Aggressoren (Reportage, 1968), Der Gigant (R., 1978).

Mneme [griech.], Gedächtnis.

Mnemotaxis [griech.], gerichtete, durch Erinnerung an eine bestimmte Erfahrung gelenkte Fortbewegung eines Tiers, z. B. das Aufsuchen einer Wasserstelle.

Mnouchkine, Ariane [frz. mnuʃˈkin], *Boulogne-Billancourt 3. 3. 1938, frz. Regisseurin. Gründete 1964 das »Théatre du Soleil«, ein Theaterkollektiv, das

2255

Mo

Möbel.
Links: Stuhl der ägyptischen Prinzessin Sitamun, einer Tochter Amenophis' III. (14. Jh. v. Chr.) ♦ Rechts: Gerrit Thomas Rieveld »Rot-Blau-Stuhl« (1918; München, Die Neue Sammlung)

in der Tradition des Volkstheaters steht; bes. bekannt wurde der mit den Mitteln des jap. und ind. Theaters inszenierte Shakespeare-Zyklus.

Mo, chem. Symbol für ↑Molybdän.

Moabiter, ein den israelit. Stämmen ethn. verwandtes Volk, urspr. im Ostjordanland *(Moab)*. David unterwarf die M. und machte Moab zu einem Vasallenstaat.

Moawija (Muawija), * Mekka um 605, † Damaskus im April 680, Kalif (661–680) und Begründer der Dynastie der Omaijaden.

Mob [lat.-engl.] (Pöbel), unorganisierte soziale Massengruppierung mit aggressiver, zumeist zerstörerisch wirkender Verhaltenspotenz.

Mobbing [engl.], einen Arbeitskollegen ständig schikanieren, quälen, verletzen (mit der Absicht, ihn von seiner Arbeitsstelle zu vertreiben).

Möbel [lat.-frz.], bewegl. Einrichtungsgegenstände von Wohnungen oder Geschäftsräumen. Je nach Aufgabe unterscheidet man Aufbewahrungs- oder Kastenmöbel (Truhe, Schrank, Kommode, heute Wandregal-Schranksysteme), Tafelmöbel (Tisch, Pult), Sitzmöbel (Bank, Stuhl, Sofa), Liegemöbel (Bett). M. sind überwiegend aus Holz gefertigt, man verwendete im Altertum auch Stein und Bronze, seit dem 19. Jh. auch Stahlrohr, Weiden- und Rohrgeflecht, im 20. Jh. auch Kunststoff.

Mobilfunk, allg. gebräuchl. Bez. für die Gesamtheit aller bewegl. Landfunkdienste. Der M. ermöglicht drahtlose Ferngespräche (Übertragung mittels elektromagnet. Wellen) von jedem Ort aus (u. a. Autotelefon). Unterschieden wird v. a. zw. M.-Diensten in nichtöffentl. (Betriebsfunk u. a. bei Taxiunternehmen) und öffentl. (Eurosignal, Cityruf, schnurlose Telefone) Funknetzen. Auf das ab 1986 von der Dt. Bundespost betriebene *C-Netz* für M.-Telefone verteilten sich 1992 rd. 700 000 Anschlüsse. Einen europaweiten Einsatz erlauben die seit 1991 aufgebauten digitalen Funknetze der Telekom-Tochter DeTeMobil *(D1-Netz),* das von Mannesmann betriebene *(D2-Netz)* und das von Veba/Thyssen betriebene *E-Plus-Netz.*

Mobilien [lat.], im *Recht* bewegl. Besitz (im Unterschied zu den Immobilien).

Mobilisierung [lat.], **1)** die Einbeziehung in soziale Aktionen oder polit. Bewegungen.
2) svw. ↑Mobilmachung.

Mobilität [lat.], Beweglichkeit in bezug auf den Beruf, die soziale Stellung, den Wohnsitz. Positionenwechsel, die keine Statusänderung einschließen, werden als *horizontale M.,* soziale Auf- und Abstiegsprozesse als *vertikale M.* bezeichnet.

Mobilmachung (Mobilisierung), die Überführung der Streitkräfte eines Landes in den Kriegszustand. – Ggs. Demobilisierung.

Mobutu Sese-Seko (bis 1972 Joseph Désiré M.), * Lisala bei Mbandaka 14. 10. 1930, zair. Politiker. Regierte

Mobutu Sese-Seko

Moçambique

nach einem Putsch im Sept. 1960 bis zur Wiedereinsetzung von Staats-Präs. Kasawubu (Frühjahr 1961) mit Hilfe der Armee; ernannte sich nach einem zweiten Putsch im Nov. 1965 zum Staats-Präs. (1966–91 auch Min.-Präs.); verstaatlichte 1973 alle ausländ. Farmen und die Kupferindustrie.

Moçambique [mosam'bik; portugies. musɐm'bikɐ], Stadt in NO-Moçambique, auf der gleichnamigen Insel im Ind. Ozean, 12 500 E – Vom 16. Jh. bis 1897 Hauptstadt von Portugies.-Ostafrika.

Moçambique [mosam'bik, portugies. musɐm'bikɐ] (Mozambique, Mosambik), Staat in Afrika, grenzt im N an Tansania, im O an den Ind. Ozean, im S und SW an Swasiland und die Südafrikan. Republik, im W an Simbabwe, im NW an Sambia und Malawi.

Staat und Recht: Präsidiale Republik; *Verfassung* von 1990. *Staatsoberhaupt* und Inhaber der *Exekutivgewalt* ist der Präs., er wird direkt für 5 Jahre gewählt. Oberstes Verfassungsorgan und *Legislative* ist die Versammlung der Republik (250 Abg., für 5 Jahre gewählt). *Parteien:* u. a. Frente da Libertação de Moçambique (FRELIMO), Resistência Nacional Moçambicana (RENAMO).

Landesnatur: M. ist überwiegend ein Tafelland, dem zahlr. Inselberge aufsitzen. Höchste Erhebung ist der Monte Binga (2436 m) an der Grenze nach Simbabwe. Das Küstentiefland ist im N bis 200 km, im S 300–400 km breit. M. liegt im Bereich der wechselfeuchten Tropen. Überwiegend findet sich Trokkensavanne.

Bevölkerung: 95% der E sind Bantu, 2% Weiße, der Rest Asiaten und Mischlinge. Etwa 60% sind Anhänger von Naturreligionen, 18% Christen, 16% Muslime.

Wirtschaft, Verkehr: Für die Eigenversorgung werden Mais, Hülsenfrüchte, Hirse, Maniok, Reis, Weizen und Obst angebaut. Exportiert werden Cashewnüsse, Baumwolle, Zuckerrohr und Tee. An Bodenschätzen gibt es Steinkohle, Salz, Montmorillonit, Bauxit, Kupfer-, Tantal- und Nioberze. Textil- und Zement-Ind. sind die wichtigsten Ind.-Zweige. M. exportiert Strom vom Cabora-Bassa-Staudamm nach Südafrika. Das Eisenbahnnetz ist 3 131 km lang (wichtige Transitfunktion), das Straßennetz rd. 39 200 km. Wichtigste Häfen und intern. ⚓ sind Maputo und Beira.

Geschichte: Ab 1508 besetzten die Portugiesen die arab. Handelsplätze an der Küste und drangen im Sambesital ins Landesinnere vor. M. erhielt 1609 einen eigenen Gouverneur. Anfang des 20. Jh. unterwarfen die Portugiesen M. vollständig; es wurde 1951 Überseeprovinz. 1962 entstand die Befreiungsorganisation FRELIMO (Frente de Libertação de Moçambique), die seit 1964 den Kampf um die völlige Unabhängigkeit von M. führte. M. erhielt 1973 innere Autonomie und 1975 die völlige Unabhängigkeit; die marxistisch orientierte FRELIMO wurde Staatspartei in der Volksrepublik M. unter Präs. S. Machel. Südafrika unterstützte den bewaffneten Kampf der antimarxist. Gruppierung RENAMO, was einen Bürgerkrieg (über 700 000 Tote und über 1 Mio. Flüchtlinge) auslöste. Nach dem Tod Machels im Okt. 1986 wurde J. A. Chissano neuer Präsident. Seine Versuche, durch weitgehende Zugeständnisse an die RENAMO den Bürgerkrieg zu beenden, blieben zunächst erfolglos. 1990 verlor die Regierungspartei FRELIMO ihren verfassungsmäßigen Vorrang, im Zuge der Einführung einer neuen Verfassung wurde der Staatsname

Moçambique

Staatsflagge

Moçambique

Fläche:	799 380 km²
Einwohner:	14,872 Mio.
Hauptstadt:	Maputo
Amtssprache:	Portugiesisch
Nationalfeiertag:	25. 6.
Währung:	1 Metical (MT) = 100 Centavos (CT)
Zeitzone:	MEZ + 1 Std.

Staatswappen

1970 1992 1970 1992
Bevölkerung Bruttosozial-
(in Mio.)   produkt je E
             (in US-$)

Bevölkerungsverteilung 1992

Bruttoinlandsprodukt 1992

2257

Mock

VR M. in Republik M. abgeändert. Im Okt. 1992 unterzeichneten die Reg. und die RENAMO nach 16 Jahren Bürgerkrieg einen Friedensvertrag. Im Juni 1993 wurde die RENAMO als polit. Partei zugelassen und eine Demobilisierung der Bürgerkriegsparteien eingeleitet.

Mock, Alois, *Euratsfeld (Niederösterreich) 10. 6. 1934, österr. Politiker (ÖVP). Jurist; 1979–89 Vors. (Obmann) der ÖVP; 1987–95 Außenminister.

Moctezuma II. eigtl. M. **Xocoyotzin** [span. mɔktoˈsuːma; sokoˈjɔtsɪn] (Montezuma), *Tenochtitlán 1467, † ebd. 29. (30. ?) 6. 1520, neunter Herrscher der traditionellen aztek. Herrscherliste. Bei dem Versuch, den Vormarsch der Spanier nach Z-Mexiko zu verhindern, wurde M. am 14. 11. 1519 von H. Cortés gefangengenommen; starb in Gefangenschaft.

mod., Abk. für ↑moderato.

modal [lat.], den ↑Modus betreffend, die Art und Weise bezeichnend.

Modalität [lat.], **1)** *allg.:* näherer Umstand, Einzelheit des Ablaufs oder der Ausführung eines Geschehens (meist in der Mrz.).
2) *Philosophie:* in der Logik der Grad der Bestimmtheit einer Aussage bzw. der Gültigkeit von Urteilen. In der Kantschen Philosophie die Modalität der Wirklichkeit, Notwendigkeit, Möglichkeit.

Modalnotation, musikal. Notenschrift der mehrstimmigen Musik des 12. und frühen 13. Jh.; Vorform der Mensuralnotation.

Modalsatz, ↑Adverbialsatz, der die Art und Weise angibt, wie sich ein Geschehen vollzieht.

Mode [lat.-frz.], der sich wandelnde Geschmack (in den verschiedensten Lebensbereichen); Zeitgeschmack (bes. im Hinblick auf die Art, sich zu kleiden).

Model [lat.], aus Holz geschnitzte Hohlform zum Prägen (u. a. von Backwerk, Butter, Wachs) und als Druckform für Textil- und Papierdruck.

Modell [lat.], **1)** *allg.:* Vorbild, Muster, Entwurf von Gegenständen, auch gedankl. Konstruktionen.
2) *Architektur:* plast. Darstellung eines Bauwerks in kleinem Maßstab.
3) *Bildhauerkunst:* in Ton, Gips o. ä. gefertigter Entwurf für ein Bildwerk.
4) *Logik und Mathematik:* ein Bereich (meist eine Menge), dessen Elemente und deren Verknüpfungen eine durch Axiome beschriebene abstrakte Struktur besitzen.
5) *Malerei und Bildhauerkunst:* dem Maler, Bildhauer bes. bei Menschendarstellungen dienendes Vorbild; auch Fotomodell.
6) *Mathematik und Naturwissenschaften:* vereinfachende bildl. oder mathemat. Darstellung von Strukturen, Funktionsweisen oder Verlaufsformen, z. B. Atom-M., Weltmodell.
7) *Mode:* der als Einzelstück ausgeführte Entwurf eines Modeschaffenden; abgewandelt auch Vorlage für die serienweise Herstellung (Konfektion).

Modelleisenbahn, verkleinerte, gleichstrom- oder wechselstrombetriebene Nachbildung von Eisenbahnfahrzeugen und –anlagen. Übl. Verkleinerungsmaßstäbe sind 1:220 (Spur Z; Spurweite 6,5 mm), 1:160 (Spur N; 9 mm), 1:120 (Spur TT; 12 mm), 1:87 (Spur H0; 16,5 mm), 1:45 (Spur 0; 32 mm), 1:32 (Spur I; 45 mm).

Modem [Kw. aus **Mo**dulator und **De**modulator], Gerät zur Umwandlung digitaler Gleichstromsignale eines Rechners in digitale Wechselstromsignale und umgekehrt. Ein M. verwendet man meist zur Übertragung von Daten oder zur Kommunikation mit einem Rechner über das Telefonnetz; eine wichtige Anwendung ist bei ↑Bildschirmtext gegeben.

Modena, Tommaso da, italien. Maler, ↑Tommaso da Modena.

Modena, italien. Prov.-Hauptstadt in der Emilia-Romagna, 176 600 E. Univ. (gegr. 1175), PH, Museen. U. a. Kfz- und Schuhindustrie. Zahlr. Kirchen (u. a. roman. Dom [1099 ff.] mit bed. Ausstattung) und Paläste (u. a. Palazzo Ducale [1634 ff.]). – Die röm. Kolonie *Mutina* wurde 183 v. Chr. angelegt; verfiel in der Spätantike; stand 1288–1796 (ausgenommen 1306 bis 1336) unter der Herrschaft der Este (ab 1452 Hzgt.).

Moder, durch Fäulnis und Verwesung entstandene Stoffe.

Moderamen [lat.], gewähltes Vorstandskollegium einer ref. Synode (in Deutschland des Ref. Bundes).

Modena
Stadtwappen

moderato [italien.], Abk. **mod.**, musikal. Tempo-Bez.: gemäßigt, mäßig, zu verstehen als *allegro moderato*.
Moderator [lat.], **1)** *allg.*: Redakteur in Hörfunk und Fernsehen, der die Verbindung (»Moderation«) zw. den einzelnen Teilen einer Sendung herstellt. **2)** *Kerntechnik:* in Kernreaktoren ein Material (z. B. schweres Wasser, Graphit), mit dem schnelle Spaltneutronen »abgebremst« (thermalisiert) werden, dadurch wächst die Wahrscheinlichkeit, weitere Kernspaltungen auszulösen.
moderne Architektur, die Baukunst des 20. Jh., die den Traditionsbruch endgültig und demonstrativ vollzogen hat. Der Protest gegen Stilnachahmung und Historismus sowie die Veränderung der sozialen Strukturen der Gesellschaft am Ende des 19. Jh. waren in Europa und Amerika die auslösenden Faktoren für die experimentelle m. A. Durch die neuen gesellschaftl. Bedingungen für den Wohn- und Siedlungsbau, für Ind.-Bauten, Kulturzentren und Sporthallen, Verkehrs- und Stadtplanung wurden mit der Verwendung von Stahl und Beton (Stahlbeton), von großen Glas- (Glasbau) und Aluminiumflächen, von Kunststoffen sowie von serienmäßig konstruierten Fertigteilen aus allen Materialbereichen die Auffassung von Architektur und ihre Formensprache im Sinne des ↑Funktionalismus revolutioniert. Das kub., horizontale, sachlich-nüchterne Prinzip setzte sich Mitte der 1920er Jahre gegenüber gegenläufigen Tendenzen (etwa dem Expressionismus) durch. Desweiteren kann der Begriff des »organ. Bauens«, wie er von F. L. Wright in Amerika konzipiert wurde, als Maxime für alle bedeutenden Schulen und Architekten des 20. Jh. gelten. In den 50er Jahren wurden innerhalb der m. A. neue Impulse wirksam, die unter dem Namen ↑Brutalismus zusammengefaßt werden und eine Reaktion auf die glatte und geometr. Formenwelt sowie die Routine des Internat. Stils, eine Erneuerung der experimentellen m. A. und ihres funktionalen und organ. Denkens darstellen. Eine Abkehr vom Funktionalismus einschließlich Brutalismus vollzog sich v. a. in den USA durch den Formalismus mit einer neoklassizist. Formsprache und durch die Architektur des ↑Postmodernismus.

Modersohn-Becker

moderne Kunst, die Kunst des 20. Jh., die sich seit der Jahrhundertwende von der im 19. Jh. vorherrschenden Auffassung, die Natur »objektiv« abbilden zu wollen (Realismus), abwendet. Dies vollzog sich in verschiedenen Stilrichtungen (Impressionismus, Jugendstil, Expressionismus, Fauvismus, Kubismus, Futurismus, Konstruktivismus, Bauhaus, Stijl-Gruppe, abstrakte Kunst, Dada, Surrealismus, Neue Sachlichkeit). Ab den 1940er Jahren entstanden der abstrakte Expressionismus, Farbfeldmalerei, Minimal art, kinetische Kunst, Konzeptkunst, Op-art, Happening, Fluxus, Concept-art, Pop-art, Environment, Photorealismus, Aktionskunst, Performance, figurativer und krit. Realismus, Rauminstallationen, Neue Wilde.
moderner Fünfkampf ↑Fünfkampf.
Modernismo [lat.-span.], lateinamerikan. und span. literar. Strömung, etwa 1890–1910, begründet von R. Darío; propagierte eine poet. Erneuerung durch eine Kunst des L'art pour l'art.
Modernismus [lat.-frz.], aus der Begegnung mit den modernen Wiss. um 1900 entstandene Richtung in der kath. Theologie mit bes. Auswirkungen auf den Gebieten der Philosophie und Soziallehre. Die geistige Orientierung auf eine innerweltl. Gotteserfahrung führte zur Aufhebung des übernatürl. Charakters von Glaube, Dogma und Kirche und zur Forderung der Trennung von Glaube und Wissen sowie von Kirche und Staat. Papst Pius X. verurteilte 1907 den M. und schrieb 1910 für den gesamten Klerus den sog. Antimodernisteneid vor (1967 abgeschafft).
Modern Jazz [engl. 'mɔdən 'dʒæs], Begriff für die Stilbereiche des Jazz zw. 1940 und 1960; u. a. Bebop, Cool Jazz.
Modersohn, Otto, *Soest 22. 2. 1865, † Rotenburg (Wümme) 10. 3. 1943, dt. Landschaftsmaler. Mitbegründer der Worpsweder Künstlerkolonie. 1901 ⚭ mit P. Modersohn-Becker.
Modersohn-Becker, Paula, *Dresden 8. 2. 1876, † Worpswede 20. 11. 1907, dt. Malerin. 1901 ⚭ mit O. Modersohn; schuf Stilleben und Bildnisse (bäuerl. Frauen und Kinder) in einer zu großen Flächen verdichteten Formensprache, u. a. »Selbstbildnis mit Kamelienzweig« (1907).

2259

Modifikation

Paula Modersohn-Becker. Bauernkind (um 1904/05; Bremen, Kunsthalle)

Modifikation [lat.], **1)** *allg.:* Abwandlung, Abänderung.
2) *Biologie:* umweltbedingte, nicht erbl. Abänderung des Phänotyps eines Lebewesens im Unterschied zur ↑Mutation.
3) *Kristallographie:* eine von mehreren mögl. kristallinen Zustandsformen einer Substanz.
modifizieren [lat.], in Einzelheiten ändern.
Modigliani, Amedeo [italien. modiʎˈʎaːni, frz. mɔdiljaˈni], *Livorno 12. 7. 1884, † Paris 25. 1. 1920, italien. Maler und Bildhauer. Lebte ab 1906 vorwiegend in Paris; (zunächst fauvist.) Bildnisse und weibl. Aktfiguren in zarter Farbskala und mit überlängten, stilisierten Formen; Sandsteinplastiken unter dem Einfluß afrikan. Kunst.
Mödling, niederösterr. Bez.-Hauptstadt, am Wienerwald, 20 000 E. Pfarrkirche (1523 und 17. Jh.), roman. Karner (12. Jh. ff.).
Modrow, Hans [...dro], *Jasenitz (Kreis Ueckermünde) 27. 1. 1928, dt. Politiker (PDS). Gesellschafts- und Wirtschaftswissenschaftler; ab 1949 Mgl. der SED bzw. der PDS (ab 1989); 1958–90 Abg. der Volkskammer, 1973–89 Bezirkssekretär der SED in Dresden, 1967–89 Mgl. des ZK der SED, 1989 Mgl. des Politbüros; Nov. 1989 bis April 1990 Vors. des Ministerrats der DDR; 1990–94 MdB.
Modul [lat.], **1)** *Elektronik:* eine zu einer Schaltungseinheit zusammengefaßte Gruppe von miniaturisierten Bauelementen, die zusätzlich mit Kunstharz vergossen werden.
2) *Datenverarbeitung:* ein in sich abgeschl. Unterprogramm, das eine Teilfunktion des Hauptprogramms erfüllt.
Modulation [lat.], **1)** *Musik:* das Überleiten (Modulieren) von einer Tonart in eine andere.
2) *Technik:* jede Art der Beeinflussung einer charakterist. Größe (Amplitude, Frequenz, Phase) von period. Vorgängen, i. e. S. von elektromagnet. Wellen bzw. Schwingungen, Lichtstrahlen (z. B. Laser) oder Impulsfolgen zum Zwecke der Übertragung von Signalen oder Nachrichten (z. B. bei Hörfunk und Fernsehen). Die beeinflußte Schwingung bzw. Welle wird als *Trägerschwingung* bzw. *Trägerwelle,* ihre Frequenz als *Trägerfrequenz* bezeichnet, die Frequenz des modulierenden Signals als *M.frequenz.* Eine Trennung von Träger- und M.schwingung, die sog. *Demodulation,* geschieht im Empfänger. Man unterscheidet bei der M. einer Sinusschwingung (Sinusträger) die *Amplituden-M. (AM),* bei der die Amplitude der Trägerschwingung entsprechend der modulierenden Schwingung verändert wird, und die *Frequenz-M. (FM),* bei der die Änderung durch M. der Frequenz selbst erfolgt.
Modus [lat.], grammat. Kategorie des Verbs, die dessen *Aussageweise* festlegt; in den indogerman. Sprachen: Indikativ, Konjunktiv, Optativ und Imperativ.
Modus procedendi [lat.], Verfahrensweise.
Modus vivendi [lat., eigtl. »Art zu leben«], Form eines erträgl. Zusammenlebens. Im *Völkerrecht* ausdrückl. oder stillschweigende Einigung zw. Völkerrechtssubjekten, durch die eine fakt. notwendige Regelung vorläufig getroffen wird.
Moeller van den Bruck, Arthur [ˈmœlər - - -], *Solingen 23. 4. 1876, † Berlin 30. 5. 1925 (Selbstmord), dt. Publizist. Der Titel seines Buches »Das dritte Reich« (1923) wurde zum nat.-soz. Schlagwort.

Anna Moffo

Moers [møːrs], Stadt im Niederrhein. Tiefland, NRW, 100 500 E. Schloß (12.–16. Jh.).

Mofa [Kurzwort für **Mo**torfa**hr**r**a**d] ↑Kraftrad.

Moffo, Anna, * Wayne (Pa.) 27. 6. 1932, amerikan. Sängerin (Sopran) italien. Herkunft. Internat. Karriere; u. a. Mailänder Scala, Metropolitan Opera in New York; auch Musikfilme.

Mogadischu (italien. Mogadiscio), Hauptstadt von Somalia, an der Küste des Ind. Ozeans, rd. 1 Mio. E. Univ.; Wirtschaftszentrum des Landes; Hafen, internat. ✈.

Mogul, arab.-pers. Bez. der im Mogulreich (↑Indien, Geschichte) herrschenden Dynastie mongol. Abstammung.

Mohács [ungar. 'moha:tʃ], ungar. Stadt an der Donau, 21 000 E. – In der *Schlacht bei M.* (29. 8. 1526) fiel König Ludwig II. von Ungarn und Böhmen im Kampf gegen die Osmanen. – Am 12. 8. 1687 wurden bei M. die Osmanen von den Kaiserlichen unter Herzog Karl V. von Lothringen geschlagen.

Mohair [mo'hɛːr; arab.-italien.-engl.] (Mohairwolle, Mohär), von Angoraziegen gewonnene Wolle zur Herstellung von Kamm- und Streichgarnen.

Mohammed (Muhammad, arab. »der Gepriesene«), * Mekka um 570, † Medina 8. 6. 632, Stifter des Islam. M. gehörte der führenden Sippe des in Mekka herrschenden Stammes der Koraisch, den Haschimiten, an. Von den Kindern aus der Ehe mit Chadidja blieb nur Fatima am Leben. Auf seinen Handelsreisen als Kaufmann kam er mit den Lehren der jüd. und christl. Religion in Berührung. Seine Andachtsübungen verdichteten sich in seinem 40. Lebensjahr zu visionären Offenbarungserlebnissen, die im ↑Koran ihren Niederschlag fanden. M. fühlte sich zum gottgesandten Propheten erwählt, mit dem die mit Adam beginnende Reihe der Propheten und die Offenbarung des wahren Glaubens abgeschlossen ist, um die Araber zum ↑Islam zu führen. Nach Auseinandersetzungen um seine, die Religion und Struktur der altarab. Gesellschaft in Frage stellende Predigt suchte er neue Wirkungsmöglichkeiten in Medina, wohin er 622 auswanderte (Hidjra). Aus seinen Mitauswanderern und neuen medinens. Anhängern formte M. eine Gemeinschaft, die den Islam in Arabien durchzusetzen begann. Er selbst wurde geistl. und polit. Oberhaupt mit absoluter Autorität. Die arab. Stämme (auch in Mekka) schlossen sich ihm an. 630 konnte M. in Mekka einziehen und den Kult des Wallfahrers (Hadjdj) im hl. Bezirk vollziehen. – Seinen Nachfolgern, den Kalifen, hinterließ M. ein politisch und religiös geeintes Arabien.

Mohammed, Name von Herrschern:
Iran: **1) Mohammed Resa Pahlewi** ↑Resa Pahlewi, Mohammed.
Marokko: **2) Mohammed V.** (M. ben Youssef), * Fes 10. 8. 1909, † Rabat 26. 2. 1961, König (seit 1957), vorher Sultan (1927–53 und 1955–57). Erreichte 1956 die Unabhängigkeit Marokkos von Frankreich und Spanien.
Osman. Reich: **3) Mohammed II. Fatih** (»der Eroberer«) (türk. Mehmet Fâtih), * Adrianopel (heute Edirne) 30. 3. 1432, † bei Gebze 3. 5. 1481, Sultan (seit 1451). Vollendete mit der Eroberung Konstantinopels (1453), der Besetzung Serbiens (1454/55), der Peloponnes (1460), Trapezunts (1461) und Bosniens (1463) die Großmachtstellung des Osman. Reiches.

Mohéli [frz. mɔe'li], früherer Name der Komoreninsel Mwali.

Mohenjo Daro [mo'hɛnʒo -] Ruinenstadt der Harappakultur am Indus, sw.

Mohenjo Daro. Tänzerin; Bronze, Höhe 10,5 cm (Neu-Delhi, Nationalmuseum)

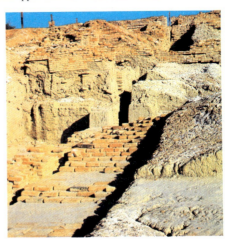

Mohenjo Daro. Teilansicht des »Großen Bades«, das kultischen Zwecken diente

Daniel Moi

Mohn.
Oben: Klatschmohn
(Höhe bis 90 cm) ♦
Unten: Schlafmohn
(Höhe 0,5 – 1,5 m)

Mohikaner

von Sukkur, Pakistan; planmäßig angelegte Stadt des 3./2. Jt.; mehrstöckige Bauten aus gebrannten Ziegeln, Abwässersystem, Zitadelle; reiche Kleinfunde.
Mohikaner ↑Mahican.
Mohn (Papaver), Gatt. der Mohngewächse mit rd. 100 Arten in den gemäßigten Gebieten der Nordhalbkugel; einjährige, milchsaftführende Kräuter mit kugeligen, eiförmigen oder länglichen Kapselfrüchten; z. T. Nutz- und Zierpflanzen. Bekannte Arten: *Klatsch-M.* (Feuer-M., Feld-M.), bis 90 cm hoch; *Island-M.*, 30–40 cm hoch, Blüte gelb (als Schnittblume in verschiedenfarbigen Sorten kultiviert); *Schlaf-M.* (Magsamen), 0,5–1,5 m hoch; aus den unreifen Fruchtkapseln wird Opium gewonnen. Das durch kaltes Pressen der Samen gewonnene *Mohnöl* wird als Speiseöl sowie industriell als trocknendes Öl verwendet. Blaue Samen werden auch in der Küche und in der Bäckerei verwendet.
Möhne, rechter Nebenfluß der Ruhr, 57 km lang; Stausee.
Mohngewächse (Papaveraceae), zweikeimblättrige Pflanzenfam. mit 40 Gatt. und rd. 700 Arten; v. a. in temperierten und subtrop. Gebieten der N-Halbkugel.
Moholy-Nagy, László [ungar. 'mohoj'nɔdj], *Bácsborsod bei Miskolc 20. 7. 1895, † Chicago 24. 11. 1946, ungar. Künstler. 1923–28 am Bauhaus, emigrierte 1934 über Amsterdam und London in die USA; Vertreter des Konstruktivismus, befaßte sich mit Licht- bzw. Transparenzphänomenen in der Malerei, Objekten aus Plexiglas ® und Metall (Vorläufer der Objektkunst und der kinet. Lichtkunst), Photographie und Film; auch Industriedesign.
Möhre, Gatt. der Doldengewächse mit rd. 60 Arten im Mittelmeergebiet. In M-Europa kommt die *Wilde M.* vor; meist zweijährige Kräuter mit weißen Doldenblüten und spindelförmiger, verholzter Pfahlwurzel; eine Kulturform ist die *Karotte* (Gelbe Rübe, Garten-M., Mohrrübe).
Mohrenhirse, svw. ↑Sorghumhirse.
Mohrrübe ↑Möhre.
Mohs, Friedrich, *Gernrode 29. 1. 1773, † Agordo bei Belluno 29. 9. 1839, dt. Mineraloge. Führte eine Mineralklassifikation ein und entwickelte 1812

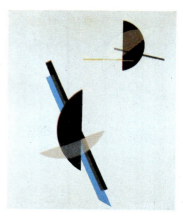

László Moholy-Nagy. Auf weißem Grund (1923; Köln, Museum Ludwig)

die nach ihm ben. Härteskala *(Mohshärte).*
Moi, Daniel, eigtl. Toroitich arap M., *Sacho (Distrikt Baringo) 1924, kenian. Politiker, Lehrer; seit 1961 Mgl. des Repräsentantenhauses; 1961–78 verschiedene Min.ämter, u. a. 1964–78 Innen-Min.; seit 1964 Mgl. der Kenya African National Union (KANU), seit 1978 deren Vors. und Staatspräsident.
Moiré [moa're:; frz.], 1) *Drucktechnik:* störende Musterbildung durch falsche Rastereinstellung.
2) *Textiltechnik:* ein mattschimmerndes Muster, das feinen Wellen oder einer Holzmaserung ähnelt.
3) *Fernsehtechnik:* Fernsehbildstörung (u.a. durch Reflexion der Wellen an hohen Gebäuden).
Moiren, Schicksalsgöttinnen der griech. Mythologie; Töchter des Zeus und der Themis: *Klotho* (die »Spinnerin« des Lebensfadens), *Lachesis* (die »Zuteilerin« des Lebensloses) und *Atropos* (die »Unabwendbare«, die den Faden durchschneidet).
Moissan, Henri [frz. mwa'sã], *Paris 28. 9. 1852, † ebd. 20. 2. 1907, frz. Chemiker. Arbeiten über Fluor- und Cyanverbindungen und Diamantensynthese; 1906 Nobelpreis für Chemie.
Mojave Desert [engl. məʊ'ha:vi 'dezət], Wüste in S-Kalifornien mit ausgetrockneten Salzseen.

Moldawien

Mokassin [indian.-engl.], buntbestickter, absatzloser Wildlederschuh der nordamerikan. Indianer.

Mokassinschlangen (Dreieckskopfottern), Gatt. bis über 1,5 m langer, meist lebendgebärender Grubenottern mit rd. zehn Arten, v. a. in Steppen, Halbwüsten, Wäldern und Feldern Amerikas und Asiens; Giftwirkung des Bisses selten tödlich.

Mokick [Kurzwort aus **Mo**ped und **Kick**starter] ↑Kraftrad.

Mokka, Hafenort am Roten Meer, Arab. Republik Jemen, 6000 E. Ehem. bed. Kaffee-Export.

Mokka [nach dem gleichnamigen Ort], bes. starker aromat. Kaffee.

Mol [gekürzt aus **Mol**ekulargewicht], Einheitenzeichen mol, diejenige Stoffmenge einer Substanz, die aus ebenso vielen Teilchen besteht, wie Atome in 12 Gramm des Kohlenstoffnuklids ^{12}C enthalten sind (das sind $6,022045 \cdot 10^{23}$ Atome; ↑Avogadro-Konstante).

Molalität [lat.], Konzentrationsangabe für Lösungen; Angabe in Mol gelöster Stoff pro Kilogramm Lösungsmittel (mol/kg).

molare Größen [lat./dt.], auf die Stoffmenge 1 mol bezogene Größen; z. B. das *Molvolumen* (molares Volumen), Einheit m^3/mol. Das *Molnormvolumen* (molares Normvolumen) eines idealen Gases, das Molvolumen im Normzustand (0 °C, 1,01325 bar), beträgt 22,414 l/mol.

Molarität [lat.], Konzentrationsangabe für Lösungen; wird in Mol gelöster Stoff pro m^3 bzw. l Lösung (mol/m^3 bzw. mol/l) angegeben. Eine einmolare (1 M)-Lösung enthält 1 mol eines gelösten Stoffes in 1 Liter.

Molasse [lat.-frz.], in der nördl. Randsenke der Alpen im Tertiär abgelagerte Schichten (Sandsteine, Konglomerate); Pechkohlen- und Erdölvorkommen.

Molche, Bez. für zahlr. fast stets im Wasser lebende Schwanzlurche.

Molchfische (Lepidosirenidae), Fam. aalförmiger, kleinschuppiger Lungenfische mit fünf Arten in stehenden Süßgewässern Afrikas und S-Amerikas; *Schuppenmolch* und *Leopardlungenfisch* überleben Trockenperioden durch Eingraben im Schlamm.

Moldau, 1) [rumän. Moldova], histor. Gebiet zw. den Ostkarpaten im W, der ukrain. Grenze im N, dem Dnjestr im O und der Walachei sowie der Dobrudscha im S, größte Stadt Iași.

Geschichte: Um 1353 entstand am Oberlauf des Sereth der spätere Feudalstaat M. als Grenzmark. Lehen des ungar. Königs (bis 1359). Seit seiner Unabhängigkeit Ausdehnung der Grenzen bis zum Dnjestr, zu Beginn des 15. Jh. bis zum Schwarzen Meer. 1504 dem Osman. Reich tributpflichtig. Bis 1711 unter einheim. Fürsten, dann unter den griech. Phanarioten. Ab dem frühen 18. Jh. eines der wichtigsten Objekte in der osman.-russ. Auseinandersetzung. 1775 mußte das Osman. Reich die ↑Bukowina an Österreich, 1792 das Küstenland bis zum Dnjestr und 1812 ↑Bessarabien an Rußland abtreten. 1859/62 Vereinigung der Fürstentümer M. und Walachei zum Staat Rumänien. ↑Moldawien.

2) (tschech. Vltava), linker und längster Nebenfluß der Elbe in der Tschech. Rep., 440 km lang.

Moldawien (rumänisch Moldova), Staat in Osteuropa, grenzt im N, O und S an die Ukraine und im W an Rumänien.

Staat und Recht: Präsidialrepublik; *Verfassung* von 1994. *Staatsoberhaupt* ist der direkt gewählte Präs. Die *Exekutive* liegt bei der Regierung unter dem Vorsitz des Min.-Präs. Die *Legislative* liegt beim Einkammerparlament (104 Abg., alle 4 Jahre gewählt). Mehr*parteien*system.

Landesnatur: M. umfaßt das wellige, von Flüssen und Schluchten zertalte Flachland zw. Pruth im W und Dnjestr im O sowie einen schmalen Landstreifen links des Dnjestr, der die Gebietsfläche Transnistriens bildet. Das Klima ist gemäßigt kontinental.

Bevölkerung: Die Bev. setzt sich 1989 aus 64,5 % Rumänen, hier Moldauer genannt, 13,8 % Ukrainern, 13 % Russen, 3,5 % Gagausen, 2 % Bulgaren zusammen. Die Gläubigen gehören v. a. zur orthodoxen, eine Minderheit zur röm.-kath. Kirche.

Wirtschaft, Verkehr: Die durch Böden und Klima begünstigte Landwirtschaft ist Hauptwirtschaftszweig, in dem genossenschaftlich wirtschaftende Betriebe bestimmend sind. Die große Abhängigkeit von Rohstofflieferungen aus Rußland und die Abspaltung von Trans-

Henri Moissan

Moldoveanu

Moldawien

Staatsflagge

Staatswappen

Moldawien
Fläche: 33 700 km²
Einwohner: 4,362 Mio.
Hauptstadt: Chișinău
Amtssprachen: Rumänisch, regional auch Türkisch, Russisch und Ukrainisch
Nationalfeiertag: 27. 8.
Währung: 1 Leu (MDL) = 100 Bani
Zeitzone: MEZ + 1 Std.

4,36 1300
1970 1992 1970 1992
Bevölkerung (in Mio.) Bruttosozialprodukt je E (in US-$)
☐ Stadt Land ☐
47% 53%
Bevölkerungsverteilung 1992

☐ Industrie
☐ Landwirtschaft
☐ Dienstleistung
37% 29%
34%
Bruttoinlandsprodukt 1992

nistrien, wo sich etwa 40% der Ind.-Kapazitäten befinden, wirken sich hemmend auf die ökonom. Entwicklung aus. Landwirtschaft ist vielfach nur mit Bewässerung ertragreich; größte Bedeutung haben Wein- und Obstbau. Vorherrschender Ind.-Zweig ist die Nahrungsmittel-Ind. Das Verkehrsnetz (1 150 km Eisenbahnlinien und 20 100 km Straßen, davon 14 000 km mit fester Decke) spielt im Transitverkehr zw. der Ukraine und den Balkanstaaten eine große Rolle. Flußschiffahrt wird auf Dnjestr und Pruth betrieben; internat. ✈ in Chișinău.
Geschichte: 1924 als Moldauische ASSR gegr. zur Demonstration sowjet. Ansprüche auf Bessarabien; 1940 mit den nach ultimativer Forderung von Rumänien abgetretenen Gebieten Bessarabiens und nördl. Bukowina zur Moldauischen SSR vereinigt; letztere erklärte im August 1991 ihre Unabhängigkeit. Im Dez. 1991 wurde M. Snegur in ersten freien Wahlen als Staats-Präs. bestätigt. 1991/92 kam es zu heftigen Kämpfen zw. der russ. Minderheit, die im Gebiet östlich des Dnjestr eine eigene Rep. ausgerufen hat, und der moldauischen Armee. Ende Juli 1992 wurden diese durch Stationierung einer Friedenstruppe beigelegt, ohne daß der Konflikt jedoch politisch bereinigt werden konnte. Bei den Parlamentswahlen im Febr. 1994 setzte sich die regierende Demokrat. Agrarpartei durch. Im März 1994 stimmten in einem Referendum 90% der Bev. gegen einen Anschluß an Rumänien und für die weitere Unabhängigkeit. Im April 1994 trat M. der GUS bei, der es bereits 1991–93 angehört hatte.
Moldoveanu, mit 2 543 m höchster Berg Rumäniens, in den Südkarpaten.
Mole, 1) [griech.] (Molenei, Fehlei, Abortivei), *Medizin:* durch genet. Schäden oder äußere Einwirkungen (Sauerstoffmangel, Strahlungsschäden u. a.) fehlentwickeltes Ei, das schon während der ersten Schwangerschaftswochen zugrunde geht.
2) [lat.-italien.], *Schiffahrtswesen:* Uferbauwerk zum Schutz eines Hafens; auch Anlegeplatz.
Molekül [lat.-frz.] (Molekel), aus mindestens zwei Atomen zusammengesetztes, nach außen neutrales (als $M.ion$ elektr. geladenes) kleinstes Teilchen eines Stoffes. M. sind entweder aus gleichartigen Atomen aufgebaut, z. B. Wasserstoff (H_2), Sauerstoff (O_2), Phosphor (P_4) und Schwefel (S_8), oder sie bestehen aus verschiedenartigen Atomen, z. B. die organ. chem. Verbindungen. Die Atome im M. werden durch die starken Kräfte der †chemischen Bindung (Atombindung, Koordinationsbindung) zusammengehalten, während zw. den M. die schwächeren †Molekularkräfte wirken, die auch den Zusammenhalt der *M.kristalle*, in deren Kristallgitter die Gitterpunkte von valenzmäßig abgesättigten M. besetzt sind, bewirken.
molekular [lat.], in Form von Molekülen vorliegend.
Molekularbewegung †Brownsche Molekularbewegung.
Molekulargewicht †Molekülmasse.
Molekularkräfte (zwischenmolekulare Kräfte), den Zusammenhalt (Kohäsion) von Atomen oder Molekülen eines flüssigen oder festen Stoffs bewirkende (elektr.) Kräfte (Kohäsionskräfte), die dem Zerreißen, Zerschneiden oder Zerbrechen Widerstand entgegensetzen.
Molekularpumpe †Vakuumtechnik.
Molekularstrahlung (Molekülstrahlung), Strom von aus neutralen Molekü-

len bzw. Atomen *(Atomstrahlung)* bestehenden Gasteilchen im Vakuum.
Molekülkristalle ↑Molekül.
Molekülmasse, 1) (absolute M.) die Summe der absoluten Atommassen der Atome des Moleküls in Gramm. **2)** (relative M.) die Summe der relativen Atommassen der ein Molekül aufbauenden Atome. Gemäß internat. Empfehlung soll M. anstelle der Bez. *relatives Molekulargewicht* verwendet werden, wenn die Angaben sich auf das Kohlenstoffnuklid ^{12}C und dessen relative Atommasse 12,0000 beziehen.
Molekülluhr ↑Atomuhr.
Moleskin ['moːlskın, engl. 'məʊlskın »Maulwurfsfell«], **1)** (Deutschleder, Englischleder, Pilot) schwerer Stoff für Berufskleidung aus Baumwolle (oder Chemiefaser) mit hoher Schuß- und geringer Kettdichte. **2)** (Taschenatlas) glatter Taschenfutterstoff aus Baumwolle (oder Chemiefaser) in Atlasbindung.
Molière [frz. mo'ljɛːr], eigtl. Jean-Baptiste Poquelin, ≈ Paris 15. 1. 1622, † ebd. 17. 2. 1673, frz. Dramatiker und Schauspieler. Bereiste ab 1643 mit einer Schauspielertruppe die frz. Provinz; ab 1658 mit seiner Truppe, die 1665–73 als »Troupe du roi« unter königl. Schutz stand, ständig in Paris. Seine Situations- und Charakterkomödien, die über die Zeitkritik hinaus auf das Menschliche an sich zielen, knüpfen an die spätmittelalterl. Farce und die Commedia dell'arte an; sie verarbeiten theaterwirksam zahlr. satir. Zeitbezüge. – *Werke:* Die köstl. Lächerlichkeit, auch u. d. T. Die lächerl. Preziösen (1659), Der Menschenfeind (1667), Der Arzt wider Willen (1667), Der Geizige (1668), George Dandin (1669), Tartuffe (1669), Der Bürger als Edelmann (1672), Der eingebildete Kranke (1673).
Molina, Mario José, *Mexiko 19. 3. 1943, mex. Physikochemiker. Erhielt für seine Untersuchungen über die Einwirkung von Fluorchlorkohlenwasserstoffen auf die Ozonschicht 1995 zus. mit S. F. Rowland und P. Crutzen den Nobelpreis für Chemie.
Molinismus, die Gnadenlehre des span. Jesuiten Luis de Molina (*1535, † 1600), nach der die Freiheit des Menschen seine volle souveräne Entscheidungskraft einschließt.

Molise, mittelitalien. Region, 4 438 km², 321 000 E, Hauptstadt Campobasso.
Molke, bei der Käserei nach Ausfällen des Kaseins zurückbleibende grünl. Flüssigkeit mit einem hohen Gehalt an Milchzucker, der aus M. gewonnen wird.
Moll [lat.], Bez. des sog. »weichen« oder »weibl.« Tongeschlechts im Bereich der tonalen Musik. Gegenüber dem ↑Dur ist die *Molltonart* (ausgehend vom Grundton) grundsätzlich durch die kleine Terz bestimmt. Der auf dem Grundton einer M.tonart stehende Dreiklang (z. B. c–es–g in c-Moll) heißt M.dreiklang.
Molla (Mullah) [türk.-arab.-pers.], Titel der untersten Stufe der schiit. Geistlichen (Iran, Irak); von Sunniten als Ehrenbez. für islam. Würdenträger und Gelehrte gebraucht (Türkei, Irak).
Mollet, Guy [frz. mɔ'lɛ], *Flers bei Caen 31. 12. 1905, † Paris 3. 10. 1975, frz. sozialist. Politiker. 1923 Mgl. der SFIO (1946–69 Generalsekretär) und der C.G.T., seit 1942 in der Widerstandsbewegung; 1946/47 Staats-Min.; 1954–56 Präs. der Beratenden Versammlung des Europarates; 1956/57 Ministerpräsident.
Mölln, Stadt im Naturpark Lauenburgische Seen, Schlesw.-Holst., 15 900 E. Museum, Kneippkurort. Spätroman. Nikolaikirche (13. Jh.) mit Grabstein Till Eulenspiegels; altes Stadtbild mit Giebelhäusern.
Mollusken [lat.], svw. ↑Weichtiere.
Molnár, Ferenc (Franz) [ungar. 'molnaːr], *Budapest 12. 1. 1878, † New York 1. 4. 1952, ungar. Schriftsteller. 1940 Emigration in die USA; als Dramatiker von Weltruhm, u. a. »Liliom« (1909), »Spiel im Schloß (1926), »Panoptikum« (1944); auch Erzähler.
Molnormvolumen ↑molare Größen.
Moloch [griech.], in der Bibel ein heidn. Gott, dem Kinder durch Feuertod geopfert wurden; übertragen: grausame Macht, die immer neue Opfer fordert.
Molotow, Wjatscheslaw Michailowitsch [russ. 'mɔlətəf], eigtl. W. M. Skrjabin, *Kukarka (heute Sowetsk, Gebiet Kirow) 9. 3. 1890, † Moskau 8. 11. 1986, sowjet. Politiker. Bolschewik; enger Mitarbeiter Stalins; 1921–57

Guy Mollet

Wjatscheslaw Michailowitsch Molotow

Theodor Mommsen

Molotowcocktail

Mgl. des ZK der KPdSU, 1926–57 des Politbüros bzw. des Präsidiums des ZK; 1930–41 Vors. des Rates der Volkskommissare; 1939–49 und 1953–56 Außen-Min.; 1957 aller Führungsämter enthoben, 1962–84 aus der KPdSU ausgeschlossen.

Molotowcocktail [...tɔfˈkɔkteɪl; nach W. M. Molotow], Brandflasche mit Benzin-Phosphor-Füllung; behelfsmäßig zur Panzernahbekämpfung erstmals von sowjet. Truppen im 2. Weltkrieg benutzt.

Molprozent ↑Konzentration.

Moltebeere (Multebeere, Torfbeere), auf der Nordhalbkugel vorkommendes, krautiges Rosengewächs ohne Stacheln; die orangegelben Sammelfrüchte (mit großen Samen) werden wie Obst verwendet.

Moltke, seit der Mitte des 13. Jh. nachweisbares, weitverzweigtes mecklenburg. Uradelsgeschlecht. Bed. Vertreter:
1) Helmuth Graf von (seit 1870), * Parchim 26. 10. 1800, † Berlin 24. 4. 1891, preuß. Generalfeldmarschall (ab 1871). 1822 in der preuß., 1835–39 in der osman. Armee als Ausbilder und Berater. 1857 Chef des Großen Generalstabes (bis 1888). Ab 1864 Einfluß auf die militär. Operationen (1866 Dt. Krieg, 1870/71 Dt.-Frz. Krieg); 1867–91 MdR (Konservativer).
2) Helmuth von, * Gersdorf bei Bad Doberan 25. 5. 1848, † Berlin 18. 6. 1916, preuß. General. Neffe von Helmuth Graf von M.; ab 1906 Chef des Generalstabes der Armee; nach der Marneschlacht durch E. von Falkenhayn ersetzt.
3) Helmuth James Graf von, * Gut Kreisau (Schlesien) 11. 3. 1907, † Berlin-Plötzensee 23. 1. 1945 (hingerichtet), deutscher Jurist und Widerstandskämpfer. Großneffe von Helmuth Graf von Moltke; Mittelpunkt des Kreisauer Kreises; nach dem 20. 7. 1944 zum Tode verurteilt.

Moltmann, Jürgen, * Hamburg 8. 4. 1926, dt. ev. Theologe. Vertritt eine Theologie der Hoffnung, die auf gesellschaftl. Veränderungen im Sinne einer Friedens- und Befreiungstheologie hinwirkt.

Molton [lat.-frz.], meist beidseitig gerauhtes Gewebe aus Baumwolle.

Molukken (Maluku), gebirgige Inselgruppe im O des Malaiischen Archipels, zw. Celebes und Neuguinea, indones. Prov., 74 505 km², 1,41 Mio. E, Verwaltungssitz Ambon (auf Ambon).
Geschichte: Schon seit dem 11. Jh. Gewürzhandel (deshalb auch *Gewürzinseln*); 1511 portugies. besetzt; ab 1599 Stützpunkte der Niederländer, die seit 1667 die M. vollständig beherrschten (bis 1863 Gewürzmonopol); 1942–45 jap. besetzt. Die Ausrufung der zentralist. Republik Indonesien 1950 veranlaßte die christl. ↑Ambonese zu einem Aufstand, doch konnte sich die Republik der ↑Süd-Molukken nur bis Jahresende halten.

Molukkensee, Teil des Australasiat. Mittelmeers zw. Celebes, den N-Molukken und den Talaudinseln, bis 4810 m tief.

Molvolumen ↑molare Größen.
Molwärme ↑spezifische Wärme.
Molybdän [griech.-lat.], chem. Symbol **Mo,** metall. chem. Element aus der VI. Nebengruppe des Periodensystems der chem. Elemente; Ordnungszahl 42; relative Atommasse 95,94; Dichte 10,2 g/cm³; Schmelztemperatur 2617 °C; Siedetemperatur 4612 °C. M. ist ein silberweißes bis graues, chemisch beständiges Schwermetall, löst sich nur in oxidierenden Säuren; in seinen Verbindungen zwei- bis sechswertig; in der Natur v. a. in Form des Disulfids (M.glanz) sowie als Bleimolybdat *(Wulfenit);* wichtiger Legierungsbestandteil v. a. in hochwertigen Stählen.

Mombasa, Prov.-Hauptstadt am Ind. Ozean, Kenia, 500 000 E. Kaffeehandel, Zement-, Stahl- und Aluminiumwerk, Erdölraffinerie; Seebad. Außenhandelshafen für Uganda und Ruanda, internat. ✈.

Mombert, Alfred, * Karlsruhe 6. 2. 1872, † Winterthur 8. 4. 1942, dt. Dichter. Kam 1940 in das KZ Gurs (S-Frankreich); dann in der Schweiz, wo er an den Folgen der Haft starb; gestaltete in Lyrik, Epen und Dramen eine myth. Kosmologie.

Moment [lat.], 1) *allg.:* Augenblick, Zeitpunkt; kurze Zeitspanne.
2) *Physik:* allg. das Produkt zweier physikal. Größen, von denen eine die Dimension einer Länge (bzw. der Potenz einer Länge) hat, z. B. Drehmoment,

Monarchie

Drehimpuls, elektr. bzw. magnet. Moment.

Mommsen, Theodor, *Garding 30. 11. 1817, † Charlottenburg (heute zu Berlin) 1. 11. 1903, dt. Historiker. Ab 1858 Prof. für alte Geschichte in Berlin; grundlegende Arbeiten zur Epigraphik, Numismatik und Rechtsgeschichte; im Preuß. Abg.-Haus (1863–66, 1873–79) und im Reichstag (1881–84) als liberaler Abg. Gegner Bismarcks. – *Werke:* Röm. Geschichte (Bd. 1–3, 1854–56, Bd. 5, 1885; dafür 1902 als erster Deutscher Nobelpreis für Literatur; 1980 Entdeckung der Vorlesungsnachschriften des Stoffes des nicht erschienenen Bandes 4, hg. 1992), Röm. Staatsrecht (1871–88), Röm. Strafrecht (1899).

Mömpelgard, dt. Name der Gft. ↑Montbéliard.

Møn [dän. mø:'n], dän. Ostseeinsel sö. von Seeland, 237 km², Hauptort Stege; an der O-Küste das 128 m hohe Kliff Møns Klint.

mon..., Mon... ⁻mono..., Mono...

Monaco, Staat in Europa, an der Mittelmeerküste, landseitig vom frz. Dép. Alpes-Maritimes umschlossen.
Staat und Recht: Konstitutionelle Erbmonarchie; *Verfassung* von 1962. Staatsoberhaupt und oberster Inhaber der Exekutivgewalt ist der Fürst. Die *Legislativgewalt* liegt bei ihm zus. mit dem Parlament (18 Abg., für 5 Jahre gewählt). Der Kronrat (7 Mgl. auf 3 Jahre berufen) berät in wichtigen Angelegenheiten. Wichtigste *Partei:* Liste Campora.
Landesnatur: M. besteht aus den zu einer Gemeinde vereinigten Siedlungen *Monaco, La Condamine* (mit Handels- und Yachthafen) und *Monte Carlo* (mit Spielkasino und Kongreßzentrum). Das Gebiet ist rd. 3 km lang und zw. 200 und 500 m breit.
Bevölkerung: Nur ein kleiner Teil der Wohnbevölkerung sind echte Monegassen (rd. 20%); 47% sind Franzosen, 16% Italiener. Über 90% der Bev. sind katholisch.
Wirtschaft, Verkehr: Grundlage der Wirtschaft ist der ganzjährige Fremdenverkehr (Spielkasino), außerdem Parfüm-, Nahrungs- und Genußmittelindustrie sowie ein ausgedehnter Dienstleistungssektor. M. ging 1865 mit Frankreich eine Zoll- und 1925 eine Währungsunion ein.

Staatsflagge

Monaco
Fläche:	1,95 km²
Einwohner:	31 000
Hauptstadt:	Monaco
Amtssprache:	Französisch
Nationalfeiertag:	19. 11.
Währung:	1 Frz. Franc (FF) = 100 Centimes (c)
Zeitzone:	MEZ

Staatswappen

Geschichte: Im 5. Jh. v. Chr. von Massalia (heute Marseille) aus gegr.; den Römern als *Monoeca Herculis portus* bekannt; seit 1454 unter der Herrschaft der genues. Familie Grimaldi; 1793–1814 frz.; 1865 Zollunion mit Frankreich. Nach dem Vertrag mit Frankreich vom 17. 7. 1918 kommt M. beim Aussterben der Grimaldi unter frz. Protektorat. Staatsoberhaupt ist seit 1949 Fürst Rainier III.

Monade [griech.], die Einheit, das Einfache, Unteilbare. – Bei ↑Leibniz (in seiner *Monadenlehre*) die einfachen, unbeseelten letzten Einheiten (Substanzen), aus denen sich die Weltsubstanz zusammensetzt. Sie sind in ihren inneren Bewegung (in ihren Vorstellungen) vom Schöpfer (»göttl. M.«) aufeinander abgestimmt (↑prästabilierte Harmonie).

Mona Lisa, Gemälde von ↑Leonardo da Vinci.

Monarchie [griech.], im Unterschied zu Aristokratie und Demokratie diejenige Staatsform, in der ein einzelner, der *Monarch,* die Herrschaft ausübt. Von anderen Formen der Alleinherrschaft (Tyrannis, Diktatur) unterscheidet sich die M. durch ihre im religiösen Bereich verankerte Legitimation, entweder verbunden mit göttl. Verehrung des Monarchen (Altägypten, Hellenismus, China bis 1911) oder als Gottesgnadentum (Europa). Die Nachfolge in der M. wird

Monarchomachen

durch Wahl oder durch Erbnachfolge geregelt. Nach dem Kriterium der Machtbefugnis wird in der Neuzeit zw. absoluter, konstitutioneller und parlamentar. M. unterschieden. Die *absolute M.* (↑Absolutismus) wurde zur vorherrschenden Staatsform in den kontinentaleurop. Staaten des 16. bis 18. Jahrhunderts. Die *konstitutionelle M.* nahm unter Weiterführung vorabsolutist. Traditionen (Mitentscheidungsrecht der Stände) seit dem 17. Jh. von England ihren Ausgang und wurde im 19. Jh., als Großbrit. zur *parlamentar. M.* mit fast nur noch repräsentativen Funktionen des Monarchen überging, die vorherrschende Staatsform auf dem Kontinent. In den dt. Ländern sicherte bis 1918 das monarch. Prinzip den Vorrang des Monarchen vor der Volksvertretung: Der Herrscher blieb alleiniger Inhaber der Staatsgewalt und gewährte aus souveränem Entschluß eine Verfassung.

Monarchomạchen [griech.], seit Beginn des 17. Jh. eine Gruppe von Staatstheoretikern und polit. Publizisten, die in Frankreich während der Hugenottenkriege für eine Einschränkung der fürstl. Gewalt zugunsten der Stände durch Herrschaftsverträge und für das ↑Widerstandsrecht eintraten. Dominierendes Thema war dabei das Problem der Absetzung und Tötung tyrann. Herrscher.

Monastẹrium [griech.-lat.], Kloster.

Monastịr, tunes. Gouvernements-Hauptstadt am Mittelmeer, 35 600 E. Hafenstadt, Badeort; Fischfang und -verarbeitung, Textilindustrie; internat. ⚒. Islam. Klosterburg (heute Museum; älteste Teile um 795).

Monat, ein durch den Umlauf des Mondes um die Erde definiertes Zeitintervall. Im *Kalenderwesen* verstand man unter M. früher stets den synod. M. (29 d [= Tage], 12 h 44 min 2,9 s), wobei 12 synod. M. das Mondjahr bildeten. In dem heute durch ein festes Sonnenjahr gekennzeichneten Kalender sind die M. zu 28 d (Febr.; in Schaltjahren 29 d), zu 30 d (April, Juni, Sept., Nov.) bzw. zu 31 d (Jan., März, Mai, Juli, Aug., Okt., Dez.) festgelegt.

Geschichte: Der synod. M. wurde urspr. von allen Völkern der Zeitrechnung zugrundegelegt. Als M. begynn galt das Neulicht nach dem Neumond; der M. begann also mit der Abenddämmerung des ersten Tages des Neulichtes. Bereits von den Sumerern wurden schon im 3. Jt. v. Chr. feste M. längen von 29 und 30 Tagen verwendet. Die Griechen nahmen einen regelmäßigen Wechsel von 29 und 30 Tagen vor (»hohler« bzw. »voller« M.) und unterschieden zw. kalendar. und tatsächl. Neumond. Bei den Römern erfolgte eine Zählung in den (urspr. durch die Mondphasen gegebenen) Abschnitten: Kalenden, Nonen, Iden. Bei allen indogerman. Völkern war die Zweiteilung des M. durch den Vollmond üblich. Die M.namen beziehen sich auf bestimmte Tätigkeiten, Witterungsverhältnisse oder kult. Feste (und die darin verehrten Gottheiten) oder werden fortlaufend gezählt (wie der fünfte bis zehnte Monat des altröm. Kalenders).

Monatsblutung, svw. ↑Menstruation.

monaural [griech./lat.], **1)** *medizin. Technik:* ein Ohr bzw. das Gehör auf einer Seite betreffend.

2) *Elektronik:* Aufnahme bzw. Wiedergabe (z. B. auf Schallplatten [Mono] oder Tonband) über nur einen Kanal, im Ggs. zur Stereophonie.

Mönch ↑Berner Alpen.

Mönch [griech.], Angehöriger des ↑Mönchtums.

Mönche (Mönchseulen), weltweit verbreitete Schmetterlings-Gatt. der Eulenfalter; Raupen meist bunt, fressen an Kräutern und Stauden.

Mönchengladbach (früher München-Gladbach), Stadt im Niederrhein. Tiefland, NRW, 260 700 E. Theater, Museen, botan. Garten, Tierpark. U. a. Fabrikation und Verarbeitung von Seide, Kunstfasern und Wollstoffen; Maschinenbau. Roman.-got. Münster (1228 bis 1300), ehem. Abteigebäude (17. Jh.; heute Rathaus). Im Stadtteil *Neuwerk* ehem. Stift mit roman. Kirche (12. Jh.), im Stadtteil *Rheydt* Renaissanceschloß (15./16. Jh.; heute Museum). – Stadtrecht wohl um 1365. – 1975 Eingemeindung von *Rheydt* und *Wickrath.*

Mönchtum, in der *Religionsgeschichte* weit verbreitete Erscheinung einer zunächst von Männern, seltener von Frauen gewählten besitz- und ehelosen Existenzweise rein religiöser Zielsetzung, die im Eremitentum, in Wander-

Mond

askese oder in klösterl. Gemeinschaft realisiert wird. – Im *Christentum* verbreitete sich das M. rasch in Ägypten, Palästina und Syrien. Durch Basilius d. Gr. († 379) wurde das Koinobitentum in die hellenist. Welt eingeführt; die auf ihn zurückgehenden Regeln sind im griech. M. allein maßgebend. – Im Abendland faßte das M. seit etwa 370 Fuß. Die spezif. abendländ. Gestalt gab Benedikt von Nursia dem M. mit der ↑Benediktregel (↑Orden).
Mond, 1) allg. Bez. für einen Trabanten oder Satelliten eines Planeten.
2) (Erdmond, Erdtrabant, lat. Luna) der natürl. Satellit der Erde. Der M. bewegt sich auf einer nahezu kreisförmigen Ellipsenbahn um die Erde. Dadurch schwankt die Bahngeschwindigkeit period. um eine mittlere Geschwindigkeit (sog. *große Ungleichheit*). Die Entfernung zw. Erd- und M.mittelpunkt schwankt während eines Umlaufs zw. 406 700 km *(Apogäum)* und 356 400 km *(Perigäum)*. Der M. führt außerdem eine Rotationsbewegung aus. Er wendet der Erde immer dieselbe Seite zu *(gebundene Rotation;* Rotationszeit 27,32 Tage). Da die Bewegung des M. in seiner ellipt. Bahn ungleichmäßig ist, die Rotation aber gleichmäßig erfolgt, kann ein Beobachter auf der Erde, wenn der M. im Perigäum steht, mehr von der rechten M.seite, wenn er im Apogäum steht, mehr von der linken Seite erblicken *(Libration in Länge).* Eine *Libration in Breite* kommt dadurch zustande, daß die Rotationsachse des M. nicht senkrecht auf seiner Bahnebene steht; dadurch kann man im Laufe eines Monats zeitweilig über den Nordpol bzw. über den Südpol hinwegsehen. Durch diese Librationseffekte kann man etwa 59% der Oberfläche des M. einsehen. Zu den auffälligsten Erscheinungen gehören die *Lichtphasen* des Mondes, insbes. *Vollmond, Halbmond* und *Neumond*. Da der M. kein selbstleuchtender Himmelskörper ist, sondern von der Sonne angestrahlt wird, sind die M.phasen von der Stellung dieser beiden Himmelskörper abhängig. Ein vollständiger Ablauf aller Lichtphasen wird *Lunation* genannt. Die Trennlinie zw. beleuchtetem und unbeleuchtetem Teil der M.scheibe bezeichnet man als *Terminator*. Zu den *Großformen* des M. zählen die schon mit bloßem

Mond. Charakteristische Daten

mittlere Entfernung von der Erde	384 405 km
größte Entfernung von der Erde	406 700 km
kleinste Entfernung von der Erde	356 400 km
Neigung der Bahn gegen die Ekliptik	5° 8′ 43,4″
Neigung des Mondäquators gegen die Ekliptik	1° 31′ 22″
siderische Umlaufzeit	27,32166 mittlere Tage
mittlerer scheinbarer Durchmesser	31′ 5″
Halbmesser	1 738,0 km
Umfang	10 920 km
Oberfläche	$3{,}796 \cdot 10^7$ km^2
Volumen	$2{,}199 \cdot 10^{10}$ km^3
Masse	$7{,}350 \cdot 10^{25}$ g
mittlere Dichte	3,341 g/cm^3
Schwerebeschleunigung an der Oberfläche	1,62 m/s^2
mittlere Bahngeschwindigkeit	1,02 km/s
Oberflächentemperatur, Tagseite	ca. +130 °C
Oberflächentemperatur, Nachtseite	ca. −160 °C

Auge wahrnehmbaren dunklen Flecken, die je nach Größe als Meer (lat. *Mare* [Mrz. Maria]; auch *Oceanus*), Meerbusen *(Sinus)*, Sumpf *(Palus)* oder See *(Lacus)* bezeichnet wurden, sowie die als *Terrae* (Einz. Terra) bezeichneten, relativ hellen Flächen oder inselartigen Strukturen mit deutl. Relief. Zu den *Kleinstrukturen* zählen die *Rillen,* grabenförmige schmale Rinnen mit glatten Rändern; ihre Breite liegt bei 1 km, ihre Länge kann mehrere Kilometer erreichen. *Spalten* und *Klüfte* deuten auf Spannungen im Gestein hin. Häufig sind *ringförmige* und *polygonale M.formen,* die je nach Größe als *Krater, Ringgebirge* oder *Wallebene* bezeichnet werden. Die M.oberfläche besteht (an den bisher von Menschen aufgesuchten Landestellen) aus regellos verteilten Gesteinsbruchstücken, die von mikroskop. Korngröße bis zur Größe von Felsbrocken mit 0,8 m Durchmesser variieren. Bei den zur Erde gebrachten Gesteinsproben wurden neue, auf der Erde unbekannte Minerale gefunden, die Kombinationen von Titan, Magnesium, Eisen, Aluminium und einigen anderen Elementen darstellen. Insgesamt konnten in den Bodenproben 68 Elemente nachgewiesen werden. Es wurden keine Spuren von Leben oder organ. Verbindungen entdeckt. Auch konnte kein Wasser nachgewiesen werden. – Die Gesteinsbrocken zeigen millimetergroße Auf-

Monde, Le

Mond. Mondgesteinsproben; Oben: Bruchstück feinkörnigen Basalts (2,9 x 1,9 mm) ♦ Mitte: Dünnschliff grobkörnigen Basalts im polariserten Licht (Plagioklas weiß bis dunkelgrau, Pyroxen rot bis gelb, Cristobalit schuppig grau) ♦ Unten: Körner des Mondsediments (2,9 x 1,9 mm)

schlagsstellen von Mikrometeoriten. Der M.staub zeigt Alterswerte zw. 1,6 und 4,5 Mrd. Jahren. – Die erste Aufnahme der Rückseite des M. lieferte 1959 die sowjet. M.sonde Lunik 3. Die erste Landung von Menschen auf dem M. erfolgte am 20. 7. 1969 durch die Amerikaner N. A. Armstrong und Edwin Eugene Aldrin (*1930).
Monde, Le [frz. lə'mõ:d »Die Welt«], liberale frz. Tageszeitung, erscheint in Paris.
Mondfinsternis ↑Finsternis.
Mondfische (Klumpfische, Molidae), Fam. 0,8–3 m langer Knochenfische in warmen und gemäßigten Meeren; am bekanntesten der *Sonnenfisch (Meermond)*.
Mondjahr ↑Jahr.
Mondkalb, volkstüml. Bez. für eine Mißgeburt bei Rindern.
Mondrian, Piet [niederl. 'mɔndri:a:n], *Amersfoort 7. 3. 1872, †New York 1. 2. 1944, niederl. Maler. Gründete 1917 mit van Doesburg die ↑Stijl-Gruppe. M. baute seine Kompositionen auf einem System horizontaler und vertikaler Linien und dem Gleichgewicht reiner Flächenbeziehungen auf, wobei auch Tiefenwirkung einkalkuliert ist (diese beruht auf ↑Farbenperspektive).
Mondsee, langgestreckter See im oberösterr. Salzkammergut, 14,2 km².
Mondsonde ↑Raumsonden.
Mondstein ↑Feldspäte.
Mondsucht ↑Schlafwandeln.
Mondvogel (Mondfleck), 5–6 cm spannender Nachtschmetterling in Auwäldern, Heiden und Parklandschaften Europas.
Monegassen, die Einwohner Monacos.
Monet, Claude [frz. mɔ'nɛ], *Paris 14. 11. 1840, †Giverny bei Rouen 6. 12. 1926, frz. Maler. 1874 wurde von seinem Bild »Impression, soleil levant« (1872, Paris, Musée Marmottan) der Name Impressionisten abgeleitet. Unter Auflösen der Konturen läßt er das Flimmern von Luft und Licht erstehen, registrierte in zykl. Wiederholungen eines einzigen Motivs die Veränderungen der Tageszeiten; seine Bilder von Seerosen- und Lilienteichen bewegen sich auf der Grenze der Auflösung des Gegenständlichen.

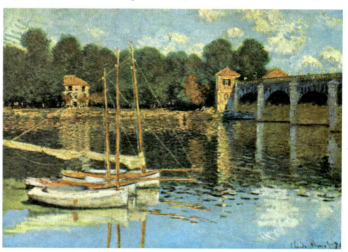

Claude Monet. Die Brücke von Argenteuil (1874; Paris Museée d'Orsay)

Moneta, Ernesto Teodoro, *Mailand 20. 9. 1833, † ebd. 10. 2. 1918, italien. Journalist und Politiker. Begründete die Friedensorganisation »Unione lombarda per la pace e l'arbitrato«; 1907 Friedensnobelpreis (mit L. Renault).

Mongolei, zentralasiat. Gebiet, politisch in die M. (bis 1991: Mongol. VR; Äußere M.) und die chin. Autonome Region Innere M. gegliedert. Steppenreiche nomad. Völker; im frühen 13. Jh. unter Dschingis-Khan Zentrum für die Bildung eines mongol. Großreichs, in der Folge in Teilreiche unter einem Großkhan aufgegliedert; seit dem 17. Jh. Teil des chin. Mandschureiches. 1911 löste sich die Äußere M. von China, 1947 wurde die Innere M. eine der fünf Autonomen Regionen Chinas.

Mongolei (amtlich mongolisch Mongol Uls), Staat in Asien, grenzt im N an Rußland, im O, S und W an China.

Staat und Recht: Parlamentar. Republik; *Verfassung* von 1992. *Staatsoberhaupt* und Inhaber der *Exekutivgewalt* ist der Präs., er wird für 4 Jahre direkt gewählt. *Legislativorgan* ist das Parlament (76 auf 4 Jahre gewählte Abg.). *Parteien:* Mongol. Revolutionäre Volkspartei (MRVP), Mongol. Nationaldemokrat. Partei.

Landesnatur: Die M. nimmt das Hochland ein, das sich zw. Sibirien und der Gobi (1250 km N–S-Erstreckung) sowie Großem Chingan und Mongol. Altai (O–W-Erstreckung 2400 km) erstreckt. Der O des Landes wird von flachwelligen Rumpfflächen eingenommen, der W ist überwiegend gebirgig. Die höchsten Erhebungen liegen im Mongol. Altai (bis 4356 m). Die M. hat extrem kontinentales, winterkaltes Trockenklima. Von der nördl. Taiga geht die Vegetation in Waldsteppe, Steppe und Wüste über.

Bevölkerung: 85% sind Mongolen. Ethn. Minderheiten sind Turkvölker, Chinesen, Russen. Traditionell vorherrschend ist der lamaist. Buddhismus (seit 1994 Staatsreligion).

Wirtschaft, Verkehr: Wichtigster Wirtschaftszweig ist die Viehzucht (Rinder, Schafe, Ziegen, Kamele, Jaks). Intensiver Ackerbau ist nur in den terrassierten Flußtälern möglich. Die reichen Bodenschätze sind teilweise erschlossen: Braun- und Steinkohle, Kupfer-, Molybdän-, Wolfram-, Zink-, Mangan- und Eisenerz. Die wichtigsten Ind.-Zweige sind Nahrungsmittel-, Textil-, Leder- und Baustoffindustrie. Das Eisenbahnnetz ist 1423 km, das Straßennetz 75000 km lang (davon 10000 km ganzjährig befahrbar). Internat. ✈ ist Ulan Bator.

Geschichte: Die Äußere Mongolei erklärte sich 1911 für unabhängig von China. Ab 1920 kämpfte eine revolutionäre Bewegung unter Führung von S. Bator mit sowjetruss. Hilfe das Land von chin. und weißruss. Truppen frei. Unter Einfluß der UdSSR wurde die Mongol. VR am 26. 11. 1924 ausgerufen; allein bestimmende polit. Kraft wurde die kommunistisch orientierte MRVP, geführt von C. Tschoibalsan. Im Okt. 1945 stellte ein Volksentscheid die völlige Unabhängigkeit her (im Jan. 1946 von China anerkannt). 1962 Beitritt zum RGW. Seit den 1960er Jahren vertieften sich die Spannungen mit China. Langjähriger Staats- und Parteichef war bis 1984 J. Zedenbal. Anfang 1990 kam es unter dem Eindruck der Veränderungen in der UdSSR zu Demonstrationen gegen die Alleinherrschaft der MRVP, im Febr. 1990 wurden erste Oppositionsparteien gegründet. Im März traten das Politbüro der MRVP und der Vors. des Präsidiums des Großen Volkschurals, S. Batmunch, sowie Regierungschef D. Sodnom zu-

Mongolei

Mongolei

Staatsflagge

Mongolei

Fläche:	1,56 Mio km²
Einwohner:	2,31 Mio.
Hauptstadt:	Ulan Bator
Amtssprache:	Mongolisch
Nationalfeiertag:	11. 7.
Währung:	1 Tugrik (Tug.) = 100 Mongo
Zeitzone:	MEZ + 6 Std.

Staatswappen

1970 1992 1970 1991
Bevölkerung (in Mio.) Bruttosozialprodukt je E (in US-$)

Bevölkerungsverteilung 1992

Bruttoinlandsprodukt 1992

Mongolen

António Caetano Moniz

Jean Monnet

Jacques Monod

rück. Nachdem im Febr. 1990 der Führungsanspruch der MRVP aus der Verfassung gestrichen und weitere Parteien zugelassen worden waren, fanden im Juli erstmals freie Parlamentswahlen statt, die die MRVP gewinnen konnte. Mit dem Inkrafttreten der neuen Verfassung von 1992 wurde der Staatsname Mongol. VR in M. geändert. Im Juni 1992 fanden Parlamentswahlen statt, die abermals die MRVP gewann, die jedoch nach dem Sieg des von der Opposition unterstützten, seit 1990 amtierenden Präs. P. Otschirbat bei den Präsidentenwahlen im Juni 1993 durch Austritte und Flügelkämpfe geschwächt wurde.

Mongolen, zum tungiden Zweig der mongoliden Rasse gehörende Völkergruppe mit mongol. Sprache in Zentralasien; in der Mongolei Staatsvolk. Die durch die Viehzucht bedingte nomadisierende Lebensweise wurde nach Durchsetzung sozialist. Staatsordnungen stark eingeschränkt. Altüberlieferte Bräuche wie Reiterspiele, Ringkämpfe und Bogenschießen werden weiterhin gepflegt. Der urspr. Schamanismus wurde seit dem 13. Jh. zunehmend durch den Islam und dieser seit dem 16. Jh. durch den lamaist. Buddhismus verdrängt. – Die M. schufen zw. 1211/20 ein Weltreich, das ab 1260 nach der Eroberung ganz Chinas unter Kubilai in drei Teilreiche zerfiel: das der ↑Goldenen Horde, das der Ilkhane und die Mongolei mit China.

Mongolenfalte (Indianerfalte), Hautfalte bes. bei Mongoliden, die den inneren Augenwinkel vom Oberlid her überlagert.

Mongolenfleck (blauer Fleck, Steißfleck), pigmentreicher Fleck über der unteren Lendenwirbelsäule oder dem Kreuzbein bei Neugeborenen; häufig bei Mongoliden.

Mongolide ↑Menschenrassen.

mongolische Sprachen, zu den altaischen Sprachen gehörende Gruppe von agglutinierenden Sprachen und Dialekten (Bildung von Wörtern und Formen durch Hinzufügen von Nachsilben). Die klass. *Schriftsprache* entstand zw. dem 17. und dem 20. Jahrhundert. – Zum *Westmongolischen* zählt das Kalmückische und das Oiratische der westl. Mongolei und Sinkiangs. Mit *Ostmongolisch* bezeichnet man die südmongol. Dialekte der in China lebenden Stämme, das Khalkha der Mongolei und die nordmongol. Dialekte der Burjaten.

Mongolische Volksrepublik, bis 1991 Name der Republik ↑Mongolei.

Mongolismus ↑Down-Syndrom.

Monheim, Stadt am rechten Rheinufer, gegenüber von Dormagen, NRW, 42 800 E. U. a. chem. und Papier-Ind., Erdölraffinerie. Die Pfarrkirche Sankt Gereon ist bis auf den Westturm (Ende 12. Jh.) ein Neubau von 1951–53; sog. Schelmenturm (15. Jh.).

monieren [lat.], mahnen, beanstanden.

Moniliakrankheit [lat./dt.], durch Schlauchpilze hervorgerufene häufigste Krankheit des Kern- und Steinobstes mit zwei Erscheinungsformen: als Blütenfäule mit Eintrocknen der Blütenblätter, der grünen Blätter *(Blattdürre),* der Triebspitzen *(Spitzendürre)* und ganzer Zweige sowie als Fruchtfäule.

Monismus [griech.-nlat.] (Alleinheitslehre), im Ggs. zum ↑Dualismus jede philos. oder religiöse Auffassung, die Bestand oder Entstehung der Welt aus einem Stoff, einer Substanz oder einem Prinzip erklärt.

Monitor [lat.], **1)** *Datenverarbeitung:* ein Peripheriegerät (↑Datensichtgerät). **2)** *Elektro- und Nachrichtentechnik:* (Bildkontrollempfänger) allg. eine Kontroll- oder Prüfeinrichtung. I. e. S. im Fernsehstudio ein Kontrollempfänger, auf dem das gerade abgestrahlte Bild zu sehen ist.

Moniuszko, Stanislaw [poln. mɔˈnjuʃkɔ], *Ubiel (heute Ubel bei Minsk) 5. 5. 1819, † Warschau 4. 6. 1872, poln. Komponist. Opern und etwa 300 Lieder.

Moniz, António Caetano de Abreu Freire Egas [portugies. muˈniʃ], *Avanca bei Aveiro 29. 11. 1874, † Lissabon 13. 12. 1955, portugies. Neurologe und Politiker. 1918 Außen-Min.; 1935 führte er die erste Leukotomie durch; 1949 (zus. mit W. R. Hess) Nobelpreis für Physiologie oder Medizin.

Monk, Thelonius [engl. mʌŋk], *Rocky Mount (N. C.) 10. 10. 1920, † Englewood (N. J.) 17. 2. 1982, amerikan. Jazzmusiker (Pianist und Komponist). Einer der Wegbereiter des Bebop; brachte harmon. Neuerungen in den Modern Jazz ein; spielte u. a. mit C. Parker und J. Coltrane.

Mon-Khmer-Sprachen, zu den austroasiatischen Sprachen gehörende Sprachgruppe in Hinterindien; 1. Khmer-Gruppe: Khmer (Kambodschanisch) u. a.; 2. Mon (Talaing, Peguanisch).
Monmouth, James Scott [engl. 'mʌnməθ], Hzg. von (seit 1663), *Rotterdam 9. 4. 1649, † London 15. 7. 1685 (hingerichtet), engl. General. Illegitimer Sohn Karls II.; nach seiner Beteiligung an einer Verschwörung (Rye House Plot) im Exil; versuchte 1685 vergeblich, den engl. Thron zu erobern.
Monnet, Jean [frz. mɔ'ne], *Cognac 9. 11. 1888, † Montfort-l'Amaury bei Paris 16. 3. 1979, frz. Wirtschaftspolitiker. 1919–23 stellv. Generalsekretär des Völkerbundes, 1946–50 als Leiter des Amtes für wirtschaftl. Planung maßgeblich an der Ausarbeitung eines Modernisierungsprogramms für die Wirtschaft Frankreichs und der frz. überseeischen Gebiete und am Entwurf des Schumanplanes beteiligt; 1952–55 Vors. der Hohen Behörde der Montanunion; gründete 1955 das bis 1975 bestehende »Aktionskomitee für die Vereinigten Staaten von Europa«, dessen Vors. er war.
Monnier [frz. mɔ'nje:], **1)** Henri, *Paris 6. 6. 1799, † ebd. 3. 1. 1877, frz. Schriftsteller und Zeichner. Schöpfer der Kunstfigur Joseph Prudhomme, des Typs des beschränkten, großtuer. Spießbürgers.
2) Thyde, eigtl. Mathilde M., *Marseille 23. 6. 1887, † Nizza 18. 1. 1967, frz. Schriftstellerin. V. a. naturalist. Romane. R.zyklus »Les Desmichels« (7 Bde., 1937–48), z. T. dt., u. a. Bd. 1 (1937) und 2 (1938) u. d. T. »Liebe, Brot der Armen«.
mono..., Mono..., mon..., Mon... [griech.], Bestimmungswort von Zusammensetzungen mit der Bedeutung »ein, allein, einzeln«.
Monoaminooxidase, Abk. **MAO,** u. a. in den Mitochondrien der Gehirnzellen lokalisiertes Enzym, das die Konzentration der Neurotransmitter Adrenalin, Noradrenalin und Dopamin reguliert; die sog. *MAO-Hemmer* sind bed. Psychopharmaka.
Monocarbonsäuren, organ. Verbindungen mit nur einer Carboxylgruppe (-COOH), z. B. die Fettsäuren.
Monochord [...'kɔrd; griech.-lat.], antik-mittelalterl. Instrument zur Bestimmung der Intervalle anhand der Saitenteilung, bestehend aus einem längl. Resonanzkasten, über den eine Saite gespannt ist.
monochrom [...'kroːm; griech.], in einer Farbe (unter Abstufung der Tonwerte) gemalt oder photographiert. †Grisaille.
Monochromasie [...kroː...; griech.] †Farbenfehlsichtigkeit.
monochromatisch [...kro...; griech.], einfarbig; Licht oder allg. elektromagnet. Strahlung einer bestimmten Wellenlänge (eines sehr engen Wellenlängenbereichs) enthaltend.
Monod, Jacques [frz. mɔ'no], *Paris 9. 2. 1910, † Cannes 31. 5. 1976, frz. Biochemiker. Erhielt 1965 mit A. Lwoff und F. Jacob den Nobelpreis für Physiologie oder Medizin für die Entdeckung der genet. Steuerung der Enzym- und Virussynthese. In seinem Werk »Zufall und Notwendigkeit« (1970) befaßte sich M. mit philosoph. Fragen der modernen Biologie.
Monodie [griech.-lat.], in der altgriech. Lyrik das zur Instrumentalbegleitung vorgetragene Sololied, später auch der instrumental begleitete Sologesang, wie er Ende des 16.Jh. in Italien entstand.
Monogamie [griech.], **1)** Fortpflanzungssystem, bei dem sich stets dieselben beiden Geschlechtspartner paaren (z. B. bei Vögeln).
2) svw. Einehe, †Ehe.
Monogenismus [griech.], bis zum 2. Vatikan. Konzil (1962–65) geltende kath. Lehrmeinung, nach der alle Menschen von einem Urelternpaar (Adam und Eva) abstammen.
Monogramm [griech.], Namenszeichen (Initialen), insbes. eines Künstlers zur Kennzeichnung seiner Arbeiten.
Monographie [griech.], wiss. Darstellung eines bestimmten Problems oder einer einzelnen Person.
Monokel [lat.-frz.] (Einglas), Korrekturlinse für ein Auge; monokularer Feldstecher.

Monogramm. 1 Meister E. S. (mit Jahreszahl 1467); **2** Martin Schongauer; **3** Hans Sebald Beham; **4** Hans Baldung, genannt Grien; **5** Albrecht Altdorfer; **6** Albrecht Dürer; **7** Matthias Grünewald (eigentlich Mathis Gothart Nithart); **8** Urs Graf; **9** Lucas van Leyden; **10** Lucas Cranach d. Ä.

Monoklinie

Monoklinie [griech.], Gemischtgeschlechtigkeit bei Blüten, die gleichzeitig Staub- und Fruchtblätter tragen, d. h. zwittrig sind.
monoklonale Antikörper [griech.; dt.], von einem einzelnen Zellklon produzierte ↑Antikörper. Mit neuen bio- und gentechn. Verfahren gelang es, entartete Lymphozyten mit antikörperbildenden Lymphozyten zu verschmelzen. Diese sog. Hybridome sind fast unbegrenzt lebensfähig und bilden große Mengen des Antikörpers, auf den die Lymphozyten »programmiert« werden. M. A. werden inzwischen in der Medizin u. a. zum Nachweis von Tumorzellresten eingesetzt.
Monokotyledonen, svw. ↑Einkeimblättrige.
Monokratie [griech.], Alleinherrschaft, Herrschaft eines einzelnen.
monokratisches System, svw. ↑Ministerialsystem.
Monokultur, Form landwirtschaftl. Bodennutzung; jährlich wiederkehrender Reinanbau derselben einjährigen Nutzpflanzenart auf der gleichen Fläche oder langjähriger Reinanbau von Dauerkulturen (z. B. Wein, Obst, Kaffee, Fichten). Vorteile: Erzeugung großer Mengen und arbeitssparende Bodenbearbeitung mit Maschinen. Nachteile: leichte und schnelle Ausbreitung von Pflanzenkrankheiten und Schädlingen, Verbrauch des natürl. Mineralgehalts des Bodens durch einseitige Beanspruchung.
monolithisch, aus einem Stück *(Monolith)* hergestellt (v. a. bei Bauwerken).
Monolog [griech.-frz.], Rede einer einzelnen Person (im Unterschied zum ↑Dialog).
Monomanie (Partialwahn, Einzelwahn), Bezeichnung für die in eine bestimmte Richtung gelenkte oder gesteigerte und isolierte Manie (z. B. Kleptomanie).
Monomere [griech.], niedermolekulare Verbindungen, die sich zu hochmolekularen Verbindungen (↑Polymere) umsetzen lassen.
Monomotapa, ehem. Bantureich zw. Sambesi und Limpopo; bekannt durch seine Goldbergwerke und die Ruinen von Simbabwe; Blütezeit 14.–16. Jh.; im 17. Jh. unter portugies. Einfluß; Verfall ab Ende des 17. Jahrhunderts.

Mononukleose [griech./lat.] (infektiöse M., Pfeiffer-Drüsenfieber, Monozytenangina) gutartige, mit allg. Lymphknotenschwellung und Angina, auch mit Milz- oder Lebervergrößerung einhergehende Viruserkrankung des lymphat. Systems (v. a. des Jugendalters).
Monophonie [griech.] ↑Stereophonie.
Monophthong [griech.-nlat.], im Ggs. zum ↑Diphthong ein einfacher Vokal.
Monophysitismus [griech.-lat.], theolog. Position innerhalb der christolog. Streitigkeiten des 5. Jh., nach der es in der Person Jesu Christi nur eine (göttl.) Natur gebe.
Monopol [griech.-lat.], Marktform, bei der nur ein Anbieter *(Monopolist)* auf einem bestimmten Markt auftritt. Man unterscheidet *natürl. M.* (z. B. bestimmte Mineralquellen), *wirtschaftl. M.* (z. B. regionale Energieversorgungsunternehmen) und *staatl. M.* (Branntwein-M.).
Monopolkapitalismus, in der *marxist. Theorie* das höchste Stadium des Kapitalismus und Wirtschaftsform des Imperialismus. Wirtschaftl. Konzentrationsprozesse führen zur Ausschaltung der internat. Konkurrenz und zur Ansammlung von Kapital in den Händen weniger Wirtschaftseinheiten. Damit bilden sich internat. [Angebots]-Monopole aus, die in der Lage sind, ihre Ziele auch mit aggressiven Mitteln zu verfolgen. Außerhalb der marxist. Theorie Bez. für eine Marktwirtschaft, deren Regelungsmechanismen durch eine Häufung von Monopolen gefährdet bzw. außer Kraft gesetzt sind.
Monopteros [griech.], kleiner Rundtempel ohne Cella.
Monosaccharide, einfach gebaute Zucker, Grundbausteine der ↑Kohlenhydrate; meist süß schmeckende, farblose, kristalline, leicht wasserlösl., stets optisch aktive Substanzen. Nach der Anzahl der Kohlenstoffatome unterscheidet man *Triosen, Tetrosen, Pentosen, Hexosen* und *Heptosen* sowie *Aldosen* und *Ketosen* nach Vorhandensein einer Aldehyd- bzw. Ketogruppe (*Aldohexose* ist z. B. die Glucose). Durch Zusammenschluß von zwei oder mehr M. entstehen *Disaccharide* und *Polysaccharide*.
Monotheismus [griech.-lat.], Bekenntnis und Verehrung nur eines ein-

zigen Gottes, der als Schöpfer und Erhalter der Welt gilt. Monotheist. Religionen sind Judentum, Christentum, Islam.

Monotheletismus [griech.-nlat.], theolog. Theorie, im 7. Jh. im Byzantin. Reich entwickelt: In Christus gibt es zwei Naturen (göttl. und menschl.), aber nur eine Wirkweise und einen Willen.

Monotonie [griech.-lat.-frz.], Gleichförmigkeit, Eintönigkeit.

Monözie [griech.] (Synözie, Einhäusigkeit), Form der Getrenntgeschlechtigkeit (Diklinie) bei [Blüten]pflanzen: ♂ und ♀ Blüten treten stets auf der gleichen Pflanze auf (die Pflanzen sind *monözisch* oder einhäusig), z. B. bei Eiche, Buche, Kastanie.

monozygot [griech.], eineiig, von einer einzigen befruchteten Eizelle (Zygote) herkommend.

Monozyten [griech.] ↑Blut.

Monreale, italien. Stadt auf Sizilien, 24 000 E. Wohnvorort von Palermo. Normann. Dom (12. Jh.) mit zwei bed. Bronzetüren und berühmtem roman. Kreuzgang des benachbarten Klosters (12. Jh.).

Monroe [engl. mənˈrəʊ, ˈmʌnrəʊ], **1)** James, *Monroe's Creek (Va.) 28. 4. 1758, † New York 4. 7. 1831, 5. Präs. der USA (1817–25). 1811–17 Außen-Min., 1814/15 auch Kriegs-Min. unter J. Madison, dem er im Amt des Präs. folgte. Wichtig v. a. die Gründung Liberias, der Erwerb Floridas (1819), die Begrenzung der Sklaverei auf die Südstaaten (1820), die Anerkennung der neuen lateinamerikan. Staaten (1822) und v. a. die ↑Monroedoktrin. **2)** Marilyn, eigtl. Norma Jean Baker, *Los Angeles 1. 6. 1926, † ebd. 4. 8. 1962 (Selbstmord?), amerikan. Filmschauspielerin. In den 1950er Jahren auf das Bild des amerikan. Sexidols reduziert, u. a. »Blondinen bevorzugt« (1953); zeigte ihre Fähigkeit als Komikerin v. a. in »Manche mögens heiß« (1959), »Nicht gesellschaftsfähig« (1961); 1956–60 ∞ mit A. Miller.

Monroedoktrin [engl. mənˈrəʊ, ˈmʌnrəʊ], Bez. für die am 2. 12. 1823 von Präs. J. Monroe in einer Kongreßbotschaft dargelegten Prinzipien der amerikan. Außenpolitik. Monroe forderte 1. keine weitere Kolonisation der europ. Mächte auf dem amerikan. Kontinent; 2. Nichteinmischung der USA in die inneren Angelegenheiten Europas. Die urspr. defensiv gemeinte M. wurde im Zuge der zunehmend imperialist. Außenpolitik der USA schließlich von T. Roosevelt im Sinne einer internat. Polizeifunktion der USA in der westl. Hemisphäre interpretiert. Die hegemoniale Haltung wurde nach 1930 allmählich revidiert und gleichzeitig die isolationist. Politik gegenüber Europa aufgegeben.

Monrovia, Hauptstadt der Republik Liberia, an der Mündung des Saint Paul River in den Atlantik, 465 000 E. Univ., Nationalmuseum; Handels- und Ind.-Zentrum, größter Hafen des Landes; ✈. – Gegr. 1822 (1824) ben. nach J. Monroe.

Mons [frz. mõːs] (niederl. Bergen), belg. Prov.-Hauptstadt im Borinage, 92 200 E. Univ., Bergbauakademie, Museen; Handels- und Versorgungszentrum des Borinage; Binnenhafen. Spätgot. Kollegiatskirche Sainte-Waudru (1450–1621) mit bed. Glasfenstern (16. Jh.), spätgot. Rathaus (1458) mit barockem Belfried (17. Jh.).

Monseigneur [mõsɛnˈjœːr; frz.], Abk. **Mgr.,** Titel [und Anrede] hoher Geistlicher und Adeliger [in Frankreich].

Monsieur [məsiˈø:, frz. məˈsjø »mein Herr«], Abk. **M.,** frz. Anrede: Herr. Im 17./18. Jh. Prädikat für den ältesten Bruder des frz. Königs.

Monsignore [mɔnziŋˈjoːre; italien.], eigtl. »mein Herr«, Abk. **Mgr.,** Titel höherer und niederer Prälaten der kath. Kirche.

Monstera (Philodendron), Gatt. der Aronstabgewächse mit über 20 Arten im trop. Amerika; bekannt u. a. das Fensterblatt.

Monstranz [lat.], in der *kath. Kirche* das liturg. Gefäß für die Darbietung der konsekrierten Hostie zur eucharist. Verehrung.

Monstrosität (Monstrum) [lat.], Mißgeburt, bei der Körperteile oder -organe fehlen, in Überzahl oder an verkehrter Stelle auftreten.

Monsun [arab.-portugies.-engl.], in den Tropen beständig wehende Luftströmung großer Ausdehnung mit halbjährl. Richtungswechsel. Hervorgerufen durch die jahreszeitl. Verlagerung

Marilyn Monroe

Monstranz. Sonnenmonstranz (18. Jh.; Bamberg, Diözesanmuseum)

2275

Monsunwald

Montblanc. Teil der Montblancgruppe mit dem Hauptgipfel in der Mitte

Michel Eyquem de Montaicne

Eugenio Montale

der Zone der äquatorialen Tiefdruckrinne (innertrop. Konvergenz, Abk. ITC) auf Grund der unterschiedl. Erwärmung von Meer und Landmassen; bes. ausgeprägt im süd- und südostasiat. Raum (trockener, kühler *Winter-M.*; feuchtwarmer, mit starken Niederschlägen verbundener *Sommer-M.*).

Monsunwald, überwiegend regengrüner trop. Wald mit zwei Baumschichten; oberes Stockwerk (25–35 m hoch) in der Trockenzeit völlig, unteres z. T. entlaubt; immergrüne Strauchschicht.

Montabaur [...bauɐr], Stadt im Westerwald, Rheinl.-Pf., 10 700 E. Verwaltungssitz des Westerwaldkreises; Luftkurort.

Montafon, Talschaft der oberen Ill in Vorarlberg, Österreich, Hauptort Schruns.

Montag, 1. Tag der Woche.

Montage [mɔn'taːʒə; frz.], **1)** *allg.:* Aufstellen, Anschließen (einer Maschine); Zusammenbau vorgefertigter Teile (techn. Anlage, Fertigbauweise). **2)** ↑Photomontage. **3)** *Filmtechnik:* erstmals von D. W. Griffith und S. Eisenstein entwickelte Aneinanderfügung von Einstellungen verschiedenen Inhalts im Schnitt, oft (rhythmisch) wiederholt (z. B. Assoziationsmontage).
4) *Literatur:* das Zusammenfügen sprachl., stilist., inhaltl. Teile oft heterogener Herkunft. ↑Collage.
5) *zeitgenöss. Kunst:* Werk, das aus heterogenen Bestandteilen zusammengesetzt ist; ↑Collage und ↑Assemblage bedienen sich der M.technik.

Montagnards [frz. mɔ̃taˈɲaːr] ↑Bergpartei.

Montaigne, Michel Eyquem de [frz. mõˈtɛɲ], * Schloß Montaigne bei Bergerac 28. 2. 1533, † ebd. 13. 9. 1592, frz. Schriftsteller und Philosoph. War mit seinem Hauptwerk »Les essais« (1580–88, dt. 1908–11 u. d. T. »Essays«) der Begründer des Essays als literar. Form. Mit der vorurteilsfreien Menschen- und Selbstbetrachtung leitete M. die Tradition der frz. Moralisten ein.

Montale, Eugenio, * Genua 12. 10. 1896, † Mailand 12. 9. 1981, italien. Lyriker. Hauptvertreter des Hermetismus, z. B. »Nach Finisterre« (1943), »Satura« (1971). 1975 Nobelpreis für Literatur.

montan [lat.], das Gebirge, den Bergbau oder das Hüttenwesen betreffend.

Montana [mɔn'taːna, engl. mɔn'tænə], Staat im NW der USA, in den Great Plains und den Rocky Mountains gelegen, bis 3900 m hoch, 380 848 km², 824 000 E, Hauptstadt Helena.

Montecuccoli

Geschichte: Das Gebiet des heutigen M. kam als Teil von Louisiane 1803 zu den USA. 1864 wurde das Territorium M. geschaffen, 1889 41. Staat der Union.

Montaña [span. mɔn'taɲa], die von Flüssen tief zerschnittene O-Abdachung der Anden in Peru.

Montand, Yves [frz. mõ'tã], eigtl. Ivo Livi, *Monsummano Terme bei Pistoia 13. 10. 1921, † Senlis 9. 11. 1991, frz. Schauspieler und Sänger italien. Herkunft. 1951–85 ⚭ mit S. Signoret; von E. Piaf entdeckter Chansonsänger der 1950er und 1960er Jahre. – *Filme:* Lohn der Angst (1952), Der Krieg ist vorbei (1965), Z (1969), Jean Florette (1986).

montane Stufe ↑Vegetationsstufen.

Montanunion ↑Europäische Gemeinschaft für Kohle und Stahl.

Montauban [frz. mõto'bã], frz. Stadt am Tarn, 50 700 E. Verwaltungssitz des Dép. Tarn-et-Garonne. Barocke Kathedrale (17./18. Jh.), got. Kirche Saint-Jacques (14. und 15. Jh.), Bischofspalast (heute Museum, u. a. Musée Ingres).

Montbéliard [frz. mõbe'lja:r], frz. Stadt in der Burgund. Pforte, Dép. Doubs, 31 800 E. Wichtiges Ind.-Zentrum; Hafen am Rhein-Rhône-Kanal. Schloß (15.–18. Jh.; heute Museum), Markthallen (16. Jh.). – Ab dem 10. Jh. Hauptort der gleichnamigen Gft., die 1397/1409–1801 württemberg. war (dt. *Mömpelgard*).

Montblanc [frz. mõ'blã] (italien. *Monte Bianco*), höchster Gipfel der Alpen und Europas, in der Montblancgruppe der Westalpen, an der frz.-italien. Grenze, 4 807 m hoch. ↑Alpenpässe (Übersicht).

Montbretie [...'bre:tsiə; nach dem frz. Naturforscher A. F. E. Coquebert de Montbret, *1805, † 1837], Schwertlilengewächs mit meist orangeroten Blüten; Zierpflanze.

Mont Cenis [frz. mõs'ni] ↑Alpenpässe (Übersicht).

Monte Albán [span. 'mɔnte al'βan], auf einem Berg gelegene Ruinenstätte in Mexiko bei Oaxaca de Juárez, 1 950 m ü. M.; Hauptort der Zapoteken (700 v. Chr. bis 1025 n. Chr.). Nach 300 n. Chr. Anlage eines Zentralplatzes mit Tempelanlagen. An den Hängen Wohnbauten sowie Grabkammern mit zahlr. Tonfiguren aus der klass. Epoche (500–1000); auch Grabfunde aus der darauf folgenden mixtek. Zeit.

Monte Carlo ↑Monaco.

Montecassino, Benediktinerabtei in Latium, Italien, auf einem Berg (519 m) über der Stadt Cassino; gegr. wohl 529 von Benedikt von Nursia; 1866 zum Nationaldenkmal erklärt. Im Febr. 1944 durch Bombardements der Alliierten völlig zerstört, nach dem Krieg wieder aufgebaut.

Montecristo, italien. Insel südlich von Elba, 10,4 km², bis 645 m hoch.

Montecuccoli, Raimondo (Raimund) Graf von [italien. monte'kukkoli], *Schloß Montecuccolo bei Pavullo nel Frignano 21. 2. 1609, † Linz 16. 10. 1680, kaiserl. Feldherr. Errang u. a. im Türkenkrieg 1664 den Sieg bei Sankt Gotthard (Bezirk Vas, Ungarn).

Montana Flagge

Monte Albán. Tempelplattformen auf der Südseite des nach 300 n. Chr. angelegten Zentralplatzes

Montenegro

Claudio Monteverdi. Beginn der Einleitungssinfonia aus »L'incoronazione di Poppea« in eigenhändiger Niederschrift

Charles de Secondat, Baron de la Brède et de Montesquieu

Maria Montessori

Montenegro, Republik innerhalb der Bundesrepublik †Jugoslawien, 13 812 km², 616 300 E. Hauptstadt ist Podgorica.
Geschichte: In der Antike Teil des Röm. Reiches; 7.–11. Jh. unter byzant. Einfluß; 12.–14. Jh. als Fürstentum Teil des altserb. Reiches. Im 14. Jh. bildete sich im heutigen M. das unabhängige Ft. Zeta; 1528 dem Osman. Reich einverleibt. Der Vladika (Metropolit) Danilo Petrović Njegoš (⚭ 1697–1735) erreichte für M. eine relative Unabhängigkeit und machte die Würde des Vladika in seinem Hause erblich; 1852 erbl. Fürstentitel. Auf dem Berliner Kongreß (1878) als unabhängiger Staat mit erweitertem Staatsgebiet anerkannt; 1910 Kgr.; ab 1918 Teil des späteren Jugoslawien (im 2. Weltkrieg italien. Protektorat). Nach dem Zerfall des jugoslaw. Bundesstaates hielt M. mit Serbien an einem gemeinsamen Bundesstaat fest, der im April 1992 gebildet wurde.
Montepulciano [italien. montepul-'tʃa:no], italien. Stadt in der Toskana, 14 200 E. Jährl. Kunstfestival; Weinbau. Dom (1570–1680), zahlr. Paläste (14. bis 16. Jh.); nahebei die Wallfahrtskirche Madonna di San Biagio (16. Jh.).
Monte Rosa, Gebirgsmassiv in den Walliser Alpen, mit der Dufourspitze (4634 m ü. M.).
Monterrey [span. mɔnteˈrrɛi], Hauptstadt des mex. Staates Nuevo León, 1,06 Mio. E. Vier Univ., TU. Zentrum der mex. Eisen- und Stahlindustrie. Kathedrale (1603 ff.).
Montespan, Françoise Athénaïs de Rochechouart, Marquise de [frz. mõtɛsˈpã], *Schloß Tonnay-Charente bei Rochefort 5. 10. 1641, † Bourbon-Archambault bei Moulins 27. 5. 1707, seit 1668 Geliebte Ludwigs XIV. Ab 1660 Hofdame der Königin.
Montesquieu, Charles de Secondat, Baron de La Brède et de [frz. mõtɛsˈkjø], *Schloß La Brède bei Bordeaux 18. 1. 1689, † Paris 10. 2. 1755, frz. Schriftsteller und Staatstheoretiker. Gilt als Vorläufer für die wiss. Begründung fast aller sozialwiss. Disziplinen. Seine Bedeutung im Rahmen der Aufklärungsliteratur beruht insbes. auf den 1721 erschienenen »Persischen Briefen«, die Kritik der gesellschaftl. und polit. Zustände unter Ludwig XIV. enthielten. In seinem 1748 veröffentlichten Hauptwerk »Vom Geist der Gesetze« versuchte M. die Gesetzmäßigkeiten der Geschichte zu analysieren. Als Gegner des Absolutismus entwickelte er seine Lehre von der †Gewaltentrennung.
Montessori, Maria, *Chiaravalle bei Ancona 31. 8. 1870, † Nordwijk aan Zee (Niederlande) 6. 5. 1952, italien. Ärztin und Pädagogin. Ihre Methode geht aus von der Selbsttätigkeit des Kindes, das in einer didakt. vorbereiteten Umgebung zur Konzentration und

Selbstentfaltung geführt wird. *M.-Kindergärten* und *M.-Schulen* fanden internat. Verbreitung.

Monteux, Pierre [frz. mõ'tø], *Paris 4. 4. 1875, † Hancock (Maine) 1. 7. 1964, frz. Dirigent. Bed. Interpret der Wiener Klassik, der Werke Debussys und Ravels und der Neuen Musik.

Monteverdi, Claudio [italien. monte-'verdi], = Cremona 15. 5. 1567, † Venedig 29. 11. 1643, italien. Komponist. Seit 1613 Kapellmeister an San Marco in Venedig. Ausgehend von der polyphonen A-cappella-Technik, übernahm M. das monod. Prinzip. Grundlage seines neuen Stils war eine bis dahin nicht bekannte Affektdarstellung, die einen Wandel der kompositor. Mittel in Melodik, Harmonik, Verwendung des »stile recitativo«, Chorbehandlung und Einsatz der Instrumente herbeiführte. – *Werke:* u. a. Opern: »L'Orfeo« (1607), »L'Arianna« (1608; erhalten nur das Lamento d'Arianna), »Il ritorno d'Ulisse in patria« (1640), »L'incoronazione di Poppea« (1642); Madrigale, Kanzonetten, Messen, Psalmen.

Montevideo, Hauptstadt Uruguays, am Río de la Plata, 1,25 Mio. E. Zwei Univ., Theater; Nationalarchiv, -bibliothek, Museen; botan. Garten. Bedeutendster Ind.-Standort und wichtigster Hafen des Landes; Transitverkehr nach Buenos Aires, internat. ✈. – 1724 gegr.; Hauptstadt Uruguays seit 1830.

Montez, Lola ['mɔntes], eigtl. Maria Dolores Gilbert, *Limerick 25. 8. 1818, † New York 17. 1. 1861, Tänzerin. Geliebte König Ludwig I. von Bayern (1847 zur Gräfin von Landsfeld erhoben), zunehmender Einfluß von M. auf Ludwig I. und daraufhin erfolgende Unruhen führten 1848 zum Thronverzicht von Ludwig I.; lebte seitdem in England, Spanien und Nordamerika.

Montezuma ↑Moctezuma.

Montfort (M. L'Amaury) [frz. mõ'fɔːr], frz. Adelsgeschlecht mit Stammsitz M. (heute Montfort-l'Amaury bei Rambouillet); spielte eine bed. Rolle in der frz. und engl. Geschichte v. a. des 11. bis 13. Jahrhunderts. Bed. waren v. a. Simon IV., Graf von M. (*um 1160, † 1218), als Führer des Albigenserkreuzzugs und sein Sohn Simon de Montfort, Earl of Leicester (*um 1208, ⚔ 1265), der an der Spitze der Adelsopposition gegen den engl. König stand.

Montgelas, Maximilian Joseph de Garnerin, Graf von (seit 1809) [mõʒəˈla], *München 12. 9. 1759, † ebd. 14. 6. 1838, bayr. Minister. 1799–1817 leitender Min.; erreichte durch Annäherung an Frankreich eine bed. Vergrößerung des bayr. Staatsgebiets; reorganisierte und zentralisierte das Staatswesen; wurde 1817 gestürzt.

Mont Genèvre [frz. mõʒˈnɛːvr] ↑Alpenpässe (Übersicht).

Claudio Monteverdi

Montevideo
Stadtwappen

Étienne Jacques de Montgolfier.
Aufstieg einer Montgolfiere im Jahre 1783 in Saint-Antoine bei Paris

Montgolfier

Montreal. Blick auf die City mit dem Sankt-Lorenz-Strom im Vordergrund

Montgolfier, Jacques Étienne de [frz. mõgɔl'fje], *Vidalon-lès-Annonay (heute Annonay) 7. 1. 1745, † Serrières bei Vienne 2. 8. 1799, und sein Bruder Joseph Michel de M., *Vidalon-lès-Annonay 26. 8. 1740, † Balaruc-les-Bains bei Sète 26. 6. 1810, frz. Erfinder. Nach Experimenten ab 1782 ließen die Brüder M. 1783 den ersten unbemannten Heißluftballon *(Montgolfiere)* bis auf 1 800 m Höhe steigen. – Abb. S. 2279.

Montgomery, Bernard Law, Viscount M. of Alamein and Hindhead (seit 1946) [engl. mənt'gʌməri, mənt'gɔməri], *Kensington (heute zu London) 17. 11. 1887, † Isington Mill bei Alton 24. 3. 1976, brit. Feldmarschall (seit 1944). Besiegte im 2. Weltkrieg die dt. Truppen bei El-Alamein und die italien. Verbände bei Tunis und leitete die Landung der Alliierten auf Sizilien; 1945/46 Oberbefehlshaber der brit. Besatzungstruppen in Deutschland und Mgl. des Alliierten Kontrollrats, 1946–48 Chef des Empire-Generalstabs, 1951–58 Stellvertreter des Oberbefehlshabers der NATO-Streitkräfte.

Montgomery [engl. mənt'gʌməri], Hauptstadt des Staats Alabama, USA, am Alabama River, 178 000 E. Kunstmuseum, Staatsarchiv; Vieh- und Baumwollhandel.

Montherlant, Henry [Millon] de [frz. mõtɛr'lã], Graf von Gimart, *Neuilly-sur-Seine 21. 4. 1896, † Paris 21. 9. 1972 (Selbstmord), frz. Schriftsteller. Romane (u. a. »Die Tiermenschen«, 1926; R.zyklus »Erbarmen mit den Frauen«, 4 Teile, 1936–39); auch Dramen (u. a. »Port Royal«, 1956).

Montmartre [frz. mõ'martr], Stadtviertel von Paris mit der Basilika Sacré-Cœur (geweiht 1919).

Montmorency, Anne, Hzg. von (seit 1551) [frz. mõmɔrã'si], *Chantilly 15. 3. 1493, † Paris 11. 11. 1567, Marschall (1522), Konnetabel (1538) von Frankreich. Bestimmte ab 1526 entscheidend die frz. Politik; 1541–47 vom Hof verbannt; 1557 von den Spaniern gefangengenommen, drängte er auf den ungünstigen Frieden von Cateau-Cambrésis; bildete ab 1561 mit dem Hzg. von Guise und dem Marschall de Saint-André die Spitze der kath. Partei.

Montmorillonit [mõmorijo'niːt; nach der frz. Stadt Montmorillon bei Poitiers], Mineral von grauweißer oder gelbl. Farbe; Schichtsilikat; quillt bei Wasseraufnahme. Infolge seines hohen Adsorptionsvermögens steuert M. Wassergehalt und Basenaustausch in Böden.

Montparnasse [frz. mõpar'nas], Künstlerviertel in Paris.

Montpelier [engl. mənt'piːljə], Hauptstadt des Staates Vermont, USA, in den Green Mountains, 8 200 E.

Montpellier [frz. mõpə'lje, mõpɛ'lje], südfrz. Stadt, 211 000 E. Hauptstadt der Region Languedoc-Roussillon und des Dép. Hérault; drei Univ.; mehrere Museen, u. a. Musée Fabre; Theater; botan. Garten; ⚛ Kathedrale (ehem. Abteikirche, urspr. 14. Jh.), zahlr. Patrizierhäu-

Montpellier Stadtwappen

ser (17. und 18. Jh.); Promenade du Peyrou (1689–1776). – Kam 1204 unter aragones. Lehnshoheit, 1276 an das Kgr. Mallorca, 1349 an den frz. König; 1577 hugenott. Sicherheitsplatz, 1622 rekatholisiert.

Montreal [engl. mɔntrɪˈɔːl] (frz. Montréal [frz. mõreˈal]), größte Stadt Kanadas, auf einer Insel im Sankt-Lorenz-Strom, 1,15 Mio. E. Vier Univ.; Museen, Konzert- und Opernhaus, mehrere Theater; botan. Garten, Zoo, Kultur-, Handels-, Ind.-, Finanzzentrum; Hafen, U-Bahn, internat. ✈.
Stadtbild: Château Ramezay (1705; heute Histor. Museum), Seemannskirche Notre-Dame-de-Bonsecours (1771). Sw. des die Stadt beherrschenden Mont Royal (234 m ü. M.) liegt die Wallfahrtskirche Saint-Joseph (1924–67). Aus dem 20. Jh. stammen u. a. die Bauten für die Weltausstellung 1967 und für die Olympischen Sommerspiele 1976.
Geschichte: Erste Siedlung 1611 angelegt, 1623 von Irokesen zerstört, 1642 neugegr.; kapitulierte im Siebenjährigen Krieg als letzte frz. Bastion am 8. 9. 1760; 1844–49 Hauptstadt von Kanada.
Montreux [frz. mõˈtrø], Stadt am Genfer See, im schweizer. Kt. Waadt, 22 900 E. Internat. Musik- und Fernsehfestspiele; Kongreßzentrum; Spielcasino.
Mont-Saint-Michel [frz. mõsɛ̃miˈʃɛl], 78 m hohe frz. Granitinsel vor der Normandieküste, durch einen Damm mit dem Festland verbunden, mit dem Wallfahrtsort Le Mont-Saint-Michel (80 E). Ehem. Benediktinerabtei (gegr. 996) mit roman.-got. Abteikirche (11. bis 16. Jh.). – 708 (?) baute der Bischof von Avranches nach einer Michaelserscheinung dort eine Kapelle, die sich zu einem der meistbesuchten franz. Wallfahrtsorte entwickelte.

Montserrat [span. mɔnsɛˈrrat], **1)** steil aufragender Berg nw. von Barcelona, Spanien, 1 224 m ü. M. mit Benediktinerkloster (gegr. 1023); Wallfahrt zu dessen Gnadenbild, einer Schwarzen Madonna (12. Jh.).
2) [engl. mɔnsɛˈræt], Insel der Kleinen Antillen, britische Kronkolonie, 102 km², bis 917 m hoch, 11 900 E, Hauptstadt Plymouth. – 1493 von Kolumbus entdeckt; 1783 endgültig britisch, gehörte ab 1871 zum Verband der Leeward Islands.

Monument [lat.], Bau- oder Kulturdenkmal.

Monumenta Germaniae Historica [lat. »histor. Denkmäler Deutschlands«], Abk. **MGH, MG**, zentrale Quellenausgabe der dt. Mediävistik, urspr. bearbeitet von der 1819 gegr. »Gesellschaft für ältere dt. Geschichtskunde«. 1826 erschien der 1. Bd. der MGH; 1935 Umwandlung in das »Reichsinstitut für ältere dt. Geschichtskunde«; Neugründung nach dem 2. Weltkrieg unter dem

Montreal
Stadtwappen

Mont-Saint-Michel
mit der ehemaligen, 966 gegründeten Benediktinerabtei

Monza

Henry Moore. Sitzende Figur (Privatbesitz)

Namen »MGH (Dt. Institut für Erforschung des MA)«, Sitz München.
Monza, italien. Stadt in der Lombardei, 122400 E. Ind.- und Handelszentrum; Autorennstrecke. Roman.-gotischer Dom (13. Jh.), im Kirchenschatz u. a. die eiserne Krone der Langobarden (9. Jh.).
Moor [niederdt.], Bez. für ein dauernd feuchtes, schwammiges, tierarmes Gelände mit charakterist. Pflanzengesellschaften auf einer mindestens 30 cm

Henry Moore. Large Two Forms (1966; Bonn, Bundeskanzleramt)

mächtigen Torfdecke. *Flachmoore* (Nieder-M., Riede) bildeten sich nach der letzten Eiszeit in den Schmelz- und Stauwasserseen, die zw. den Moränen zurückgeblieben waren. Typ. Pflanzen der Flach-M. sind Rohrkolben, Seggen, Schilf, Schwarzerle und Weide. *Hochmoore* (Torf-M., Heide-M.) entstehen in Gebieten mit hohen Niederschlägen. Torfmoose bilden geschlossene Polster und ersticken das Wurzelgeflecht der Bäume. Typ. Pflanzen sind weiterhin Wollgras, Glockenheide, Binse und Haarsimse. Bei wechselnder Ausbildung beider Typen liegen *Übergangsmoore* vor. Durch Aufreißen der M.decke können sich *Mooraugen (Kolke)* bzw. *Moorseen* bilden. *Schlenken* sind die zw. den hohen Moospolstern *(Bülten)* liegenden wassergefüllten Senken.

Moorbad, therapeut. Anwendung von breiig aufgeschwemmten Torf-Wasser-Mischungen. Der erhitzte Moorbrei gibt seine Wärme kontinuierlich für längere Zeit ab. Die kreislaufbelastenden *Moorvollbäder* werden v. a. bei chron. Gelenk- bzw. Wirbelsäulenleiden, *Moorteilbäder* bes. bei chron. Unterleibserkrankungen der Frau, *Moorpackungen* bei isolierten chronisch-entzündl. oder rheumat. Prozessen einzelner Gelenke oder Gliedmaßen angewandt.

Moorbeere, svw. ↑Rauschbeere.
Moore [engl. muːə], **1)** George Edward, *London 4. 11. 1873, † Cambridge 24. 10. 1958, engl. Philosoph. Schuf neben B. Russell und G. Frege die Grundlagen der ↑analytischen Philosophie.

Moostierchen

2) Henry, *Castleford bei Leeds 30. 7. 1898, † Much Hadham 31. 8. 1986, engl. Bildhauer und Graphiker. Zentrales Thema seiner Skulpturen ist der Mensch als Einzelfigur, oft liegend oder auch als Gruppe gestaltet. Seine meist stark abstrahierende plast. Gestaltung ist durch Abschleifungen vereinfacht, Durchbrechungen und Aushöhlungen sind für sein Werk bezeichnend. Die archetyp. Formen verleihen den Figuren monumentalen Charakter (Freiluftplastiken).
3) Stanford, *Chicago 4. 9. 1913, † New York 23. 8. 1982, amerikan. Biochemiker. Trug wesentlich zur Aufklärung der Struktur des Enzyms Ribonuklease bei und erhielt hierfür mit C. B. Anfinsen und W. Stein 1972 den Nobelpreis für Chemie.
Moorfunde, in der Vorgeschichtsforschung Bez. für in Mooren oder in später vermoorten Seen deponierte Opfer- und Votivgaben; große Fundplätze in S-Skandinavien und Norddeutschland (v. a. Gundestrup, Hjortspring, Nydam, Thorsberg, Vimose).
Moorheide ↑Glockenheide.
Moorleichen (Torfleichen), in Mooren entdeckte, konservierte Menschenfunde, v. a. aus der jüngeren Eisenzeit. Fundplätze überwiegend in Norddeutschland und S-Skandinavien.
Moos, 1) ↑Moose.
2) südd. für Moor.
Moosbeere ↑Heidelbeere.
Moosbrugger (Mosbrugger), Kaspar, eigtl. Andreas M., *Au (Bregenzerwald) 22. 7. 1656, † Einsiedeln 26. 8. 1723, österr.-schweizer. Baumeister. Bereicherte das Vorarlberger Langhausschema: Stiftskirche in Einsiedeln (1719 ff.).
Moosburg a. d. Isar, Stadt am N-Rand des Erdinger Mooses, Bayern, 13600 E. Roman. Münster mit spätgot. Chor (1468) und spätgot. Schnitzaltar.
Moose (Bryophyten, Moospflanzen), Abteilung der Sporenpflanzen mit rd. 25 000 Arten und den drei Klassen *Hornmoose, Lebermoose* und *Laubmoose.* Die überwiegend auf dem Land an feuchten Standorten vorkommenden M. besitzen analog zu Blatt, Sproßachse und Wurzel *Phylloide* (Blättchen), *Cauloide* (Stämmchen) und *Rhizoide* (wurzelähnliche Strukturen). Die beblätterte

Moose.
Oben: Laubmoos ♦
Unten: Lebermoos

Moospflanze ist der haploide Gametophyt. Auf ihm befinden sich die mit einer sterilen Hülle umgebenen ♀ (Archegonien) und ♂ (Antheridien) Sexualorgane. Der völlig anders gestaltete diploide Sporophyt entsteht aus der befruchteten Eizelle und bleibt zeitlebens mit dem Gametophyten verbunden, von dem er auch ernährt wird. In der Kapsel der Sporophyten *(Mooskapsel, Sporogon)* erfolgt unter Reduktionsteilung die Bildung der Moossporen, die der Verbreitung dienen.
Moostierchen (Bryozoen, Bryozoa), seit dem Kambrium bekannte Klasse der Tentakelträger, heute mit rd. 4 000 Arten v. a. im Meer verbreitet. Die M. bilden durch Knospung entstehende, festsitzende, bäumchen- oder moosförmige Kolonien *(Zoarien).* Die Einzelindivi-

Moosbeere

Moped

Moostierchen. Moosartige Kolonie

Alberto Moravia

duen *(Zoide)* sind etwa 1–4,5 mm groß und von einer Kutikula umgeben, aus der das Vorderteil mit einem Kranz von Fangarmen herausragt. M. haben kein Blutgefäßsystem.

Moped [Kurzwort aus **Mo**tor und **Pe**dal] ↑Kraftrad.

Mops, zu den Doggen zählende Rasse kurzhaariger, bis 32 cm schulterhoher Kleinhunde.

Moral [lat.], Gesamtheit von verbindlichen sittlichen und ethischen Normen, die das zwischenmenschliche Verhalten einer Gesellschaft regulieren; Bereitschaft, sich einzusetzen; lehrreiche Nutzanwendung (z. B. einer Geschichte).

Morales, Cristóbal, *Sevilla um 1500, † Málaga oder Marchena bei Sevilla zw. 4. 9. und 7. 10. 1553, span. Komponist. Vertreter der polyphon. Kirchenmusik in Spanien.

Moralische Aufrüstung (Moral Rearmament; Abk. MRA), seit 1938 Name der 1921 in Oxford unter der Bez. *Oxfordgruppenbewegung* gegr. Vereinigung zur sozialen und polit. Erneuerung im Geiste des Christentums.

moralische Wochenschriften, Zeitungstypus der Aufklärung, entstanden in England; wegweisend für ganz Europa wurden die von den Essayisten R. Steele und Joseph Addison (*1672, †1719) hg. Zeitschriften »The Tatler« (1709–11), »The Spectator« (1711/12 und 1714) und »The Guardian« (1713). Die m. W. verbreiteten die Ideen der Aufklärung, sie enthielten neben polit., religiösen sowie ästhet. Fragen Beiträge zur Jugenderziehung und gesellschaftl. Anerkennung der Frau. In Deutschland sind für das 18. Jh. über 500 Titel nachgewiesen, u. a. »Discourse der Mahlern« (1721–23) von J. J. Bodmer und J. J. Breitinger, »Die vernünftigen Tadlerinnen« (1725/26) von J. C. Gottsched, »Der Wandsbecker Bote« (1771–76) von M. Claudius.

Moralisten [lat.], Sammel-Begriff für philosoph. Schriftsteller des 17. und 18. Jh. in Frankreich, z. B. F. de La Rochefoucauld, Saint-Évremond (eigtl. Charles de Marguetel de Saint-Denis; *1610 †1703), J. de La Bruyère, die sich im Anschluß an Montaigne (16. Jh.) bes. der Analyse der menschl. Psyche widmeten. Bevorzugte literar. Formen waren Maximen oder Aphorismen, Essays und Briefe.

Moralitäten [lat.], mittelalterl. Schauspiele (etwa ab 1400), in denen Verkörperungen von Tugenden oder Lastern auftreten (↑Jedermann).

Moraltheologie, Disziplin der kath. systemat. Theologie, die menschl. Handeln angesichts der in der Bibel bezeugten Offenbarung erforscht und beurteilt.

Morandi, Giorgio, *Bologna 20. 7. 1890, † ebd. 18. 6. 1964, italien. Maler und Graphiker. Entwickelte eine auf Stilleben und Landschaften konzentrierte nuancenreiche Tonmalerei.

Moräne [frz.] ↑Gletscher.

Morante, Elsa, *Rom 18. 8. 1912, † ebd. 25. 11. 1985, italien. Schriftstellerin. ⚭ mit A. Moravia; schrieb psycholog. [Familien]romane, u. a. »Lüge und Zauberei« (1948), »La Storia« (1974).

Moratorium [lat.], vertraglich vereinbarter oder hoheitlich angeordneter Aufschub der Erfüllung fälliger Verbindlichkeiten im zwischenstaatl. Verkehr. Im allg. Sprachgebrauch svw. Aufschub, [Denk]pause.

Morava, rechter Nebenfluß der Donau, entsteht nördl. von Kruševac (zwei Quellflüsse), mündet östl. von Belgrad, 221 km lang; bed. Verkehrsleitlinie S-Serbiens infolge der niedrig liegenden Talwasserscheide zum Vardar *(Morava-Vardar-Furche).*

Moravia, Alberto, eigtl. A. Pincherle, *Rom 28. 11. 1907, † ebd. 26. 9. 1990, italien. Schriftsteller. ⚭ mit Elsa Morante; als Romancier und Erzähler wichtiger Vertreter des psycholog. Realismus. – *Werke:* Die Gleichgültigen (1929), Der Konformist (R., 1951), Die Mädchen vom Tiber (En., 1954, dt. 1962 auch u. d. T. Röm. Erzählungen), La Noia (R., 1960), Der Zuschauer (R., 1985).

Morbidität [lat.], Erkrankungsrate, das zahlenmäßige Verhältnis zw. Kranken und Gesunden in einer Bevölkerung.

Morbilli [lat.], svw. ↑Masern.

Morbus [lat.], svw. Krankheit.

Morchel, Gatt. der Schlauchpilze mit 15 Arten; Hut 4–12 cm groß, kegel- bis birnenförmig, mit wabenartig gefelder-

Morchel.
Spitzmorchel

ter Oberfläche; z. T. Speisepilze, z. B. die bis 25 cm hoch werdende *Speisemorchel* und die bis 10 cm hohe *Spitzmorchel.*

Mord ↑Tötung.

Mordent [italien.], musikal. Verzierung, die im Wechsel zw. Hauptnote und unterer Sekunde besteht; Zeichen ⁕ bzw. ⁕.

Mörderwal ↑Delphine.

Mordwinien (Mordowien), autonome Republik in Rußland, 26 200 km^2, 964 000 E, Hauptstadt Saransk. – 1934–91 ASSR.

More, Sir Thomas [engl. mɔ:], hl., latinisiert Morus, *London 7. 2. 1478 (?), † ebd. 6. 7. 1535 (enthauptet), engl. Staatsmann und Humanist. 1529 Nachfolger T. Wolseys als Lordkanzler. Er unterstützte die Kirchenpolitik des Königs, soweit sie sich gegen den Protestantismus richtete, lehnte aber die Errichtung einer Staatskirche ab und trat 1532, als Heinrich VIII. die Unterwerfung der engl. Priesterschaft forderte, zurück. Seine Weigerung, dem König als dem Oberhaupt der anglikan. Kirche

Giorgio Morandi.
Stilleben (1942; Privatbesitz)

Morea

Gustave Moreau.
Die Geburt der Venus
(Paris, Musée Gustave
Moreau)

den Suprematseid zu leisten, bestimmte Heinrich VIII. ihn auf Grund eines Hochverratsprozesses zum Tode verurteilen und enthaupten zu lassen. – Auf der Suche nach der besten Staatsform entstand sein Hauptwerk »De optimo reipublicae statu deque nova insula Utopia« (1516; Begründung der Utopie als literar. Gattung).

Morea ↑Peloponnes.

Moreau [mɔ'ro], **1)** Gustave, * Paris 6. 4. 1826, † ebd. 18. 4. 1898, frz. Maler. Prunkvolle symbolist. Szenen in unnatürl. Beleuchtung. Lehrmeister der Generation von Surrealismus bis Fauvismus. **2)** Jeanne, * Paris 23. 1. 1928, frz. Schauspielerin und Regisseurin. 1948 bis 1953 an der Comédie-Française; bed. Charakterdarstellerin, u. a. in »Die Liebenden« (1958), »Die Nacht« (1960), »Jules und Jim« (1961), »Die Braut trug Schwarz« (1967), »Querelle« (1982).

Morelia, Hauptstadt des mex. Staates Michoacán, in der Cordillera Volcánica, 353 100 E. Univ., Museen; Kathedrale (um 1640 begonnen; mit Azulejos verkleidete Vierungskuppel). – 1540 gegründet.

morendo [italien.], musikal. Vortrags-Bez.: ersterbend, verhauchend.

Moreto y Cavana, Don Agustín [span. mo'reto i ka'βana] (Don A. M. y Cabaña), ≈ Madrid 9. 4. 1618, † Toledo 27. 10. 1669, span. Dramatiker. Schrieb in der Nachfolge Calderóns Comedias, u. a. »Donna Diana« (1654).

Moretus, Johann ↑Plantin, Christophe.
Morgan [engl. 'mɔ:gən, frz. mɔr'gã], **1)** Charles, * Kent 22. 1. 1894, † London 6. 2. 1958, engl. Schriftsteller. Schrieb psycholog. Romane, u. a. »Das Bildnis« (1929), »Herausforderung an Venus« (1957).
2) John Pierpont, d. Ä., * Hartford (Conn.) 17. 4. 1837, † Rom 31. 3. 1913, amerikan. Bankier. Gründete 1895 das Bankhaus J. P. Morgan & Co. (heute Morgan Guaranty Trust Co. of New York), das unter seiner Leitung eines der mächtigsten der Welt wurde.
3) John Pierpont, d. J., * Irvington (N. Y.) 7. 9. 1867, † Boca Grande (Fla.) 13. 3. 1943, amerikan. Bankier. Finanzierte im beträchtl. Umfang die Alliierten im 1. Weltkrieg und den Wiederaufbau Europas.
4) Thomas, * Lexington (Ky.) 25. 9. 1866, † Pasadena (Calif.) 4. 12. 1945, amerikan. Genetiker. M. führte die Taufliege (Drosophila) als Versuchstier in die Genetik ein und entdeckte die geschlechtsgebundene Vererbung, die ↑Faktorenkopplung sowie den ↑Faktorenaustausch, wofür er 1933 den Nobelpreis für Physiologie oder Medizin erhielt.

Morgen, altes dt. Feldmaß; landschaftlich verschieden zw. 0,255 und 0,388 ha.

Morgengabe, im german. und älteren dt. Ehegüterrecht (bis ins 19. Jh.) Geschenk des Mannes an die Ehefrau am

Thomas Morgan

Morgen nach der Hochzeitsnacht, auf das die Frau einen Rechtsanspruch hatte; in islam. Ländern noch üblich.
Morgenland, poet., sonst veraltete Bez. für ↑Orient.
Morgenländisches Schisma, Trennung der morgen- und abendländ. Kirche, ausgelöst 1054 durch die Bannung des Patriarchen Michael Kerullarios (*um 1000, † 1058) durch Kardinal Humbert von Silva Candida (*Ende des 10. Jh., † 1061). Die gegenseitige Bannung wurde zwar am 7. 12. 1965 formell aufgehoben, das Schisma dauert aber noch an.
Morgenrot ↑Abendrot.
Morgenstern, Christian, *München 6. 5. 1871, † Meran 31. 3. 1914, dt. Schriftsteller. Schuf witzige Sprachgrotesken, die u. a. in den »Galgenliedern« (1905) und in »Palmström« (1910) gesammelt sind; auch Gedankenlyrik, Aphorismen, Übersetzungen.
Morgenstern, 1) *Astronomie:* ↑Abendstern.
2) *Waffenwesen:* mittelalterl. Schlagwaffe; Keule mit eisernen Stacheln oder eine mit einer Kette an einem Stock befestigte Stachelkugel.
Morgenthau, Henry jr. ['mɔrgəntaʊ, engl. 'mɔːgənθɔː], *New York 11. 5. 1891, † Poughkeepsie (N. Y.) 6. 2. 1967, amerikan. Politiker dt. Herkunft. 1934–45 Finanz-Min.; entwarf als enger Mitarbeiter Roosevelts 1944 den die unmittelbare Nachkriegspolitik der USA wesentlich beeinflussenden sog. *Morgenthau-Plan* (u. a. Umwandlung Deutschlands in ein Agrarland, Entmilitarisierung, Internationalisierung einiger Gebiete).
Morgner, Irmtraud, *Chemnitz 22. 8. 1933, † Berlin 6. 5. 1990, dt. Schriftstellerin. Wurde bes. bekannt durch die Romane »Leben und Abenteuer der Trobadora Beatriz ...« (1974) und »Amanda« (1983), die Teile der »Laura-Salman-Trilogie« sind, deren dritter Teil unvollendet blieb.
moribund [lat.], im Sterben liegend.
Móricz, Zsigmond [ungar. 'moːrits], *Tiszacsécse 2. 7. 1879, † Budapest 4. 9. 1942, ungar. Schriftsteller. Zunächst naturalist. Romane und Erzählungen; später großangelegte histor. und sozialkrit. Gesellschaftsromane, u. a. »Siebenbürgen« (R.trilogie, 1922–34).

Moriskentanz

Eduard Mörike. Titelblatt der Erstausgabe seines Märchens »Das Stuttgarter Hutzelmännlein«, 1853

Mörike, Eduard, *Ludwigsburg 8. 9. 1804, † Stuttgart 4. 6. 1875, dt. Lyriker und Erzähler. 1834–43 Pfarrer, später Literaturlehrer. Seine bedeutsame, rhythmisch und formal vollendete Lyrik, die Volksliedhaftes, Balladeskes, Idyllisches und strenggefügte antikisierende Formen umfaßt, ist Bindeglied zwischen Goethe und der modernen Dichtung; in der Novelle »Mozart auf der Reise nach Prag« (1856) wie im Künstlerroman »Maler Nolten« (1. Fassung 1832, 2. Fassung unvollendet hg. 1887/88) Auseinandersetzung mit der künstlerischen Existenz; Märchen (»Das Stuttgarter Hutzelmännlein«, 1853), Versidyllen u. a.; Übersetzer griech. und röm. Lyrik.
Morio-Muskat-Rebe [nach dem dt. Züchter Peter Morio, *1887, † 1960], Kreuzung aus den Rebsorten Silvaner und Weißer Burgunder; die Weine haben ein intensives Muskatbukett.
Morisca [span. »Maurentanz«] (Moriskentanz), ein vom 15.–17. Jh. in Europa verbreiteter pantomim. Tanz. Der engl. *Morris dance,* der im 19. Jh. wiederbelebt wurde, wird teils als Schwerttanz, teils mit Tüchern und Schellenbändern getanzt.
Morisken [span.], die nach der Reconquista in Spanien zurückgebliebenen Mauren, die zum Christentum bekehrt, von der Inquisition verfolgt und in den Jahren 1609–14 ausgewiesen wurden.
Moriskentanz, svw. ↑Morisca.

Christian Morgenstern

Eduard Mörike

Moritat

Karl Philipp Moritz. Titelseite des 4. Teils seines Romans »Anton Reiser«, 1786

Aldo Moro

Moritat, auf bekannte Melodien gesungenes und mit der Drehorgel begleitetes Lied des ↑Bänkelsangs, das eine sensationelle, schauerl. oder rührselige Geschichte zum Inhalt hat.

Moritz, Name von Herrschern:
Hessen-Kassel: **1) Moritz der Gelehrte**, *Kassel 25. 5. 1572, † Eschwege 15. 3. 1632, Landgraf (1592–1627). Machte den Kasseler Hof zu einem kulturellen Zentrum, führte 1605 den Kalvinismus ein, verlor 1623 die Herrschaft über Oberhessen durch kaiserl. Schiedsspruch. *Niederlande:* **2) Moritz**, Prinz von Oranien, *Dillenburg 13. 11. 1567, † Den Haag 23. 4. 1625, Statthalter der Niederlande (seit 1585). Sohn Wilhelms I. von Oranien; 1590 Generalkapitän und Admiral der Utrechter Union; konnte 1591–98 die niederländ. Nordprovinzen von den Spaniern zurückerobern. *Sachsen:* **3) Moritz**, *Freiberg 21. 3. 1521, † bei Sievershausen (heute zu Lehrte) 11. 7. 1553, Hzg. (ab 1541), Kurfürst (seit 1547). Trat, obwohl Protestant, 1546 auf seiten Karls V. in den Schmalkald. Krieg ein und erhielt die Kurwürde; betrieb 1551 die erfolgreiche Fürstenverschwörung gegen Karl V. (1552 religionspolit. Zugeständnisse des Kaisers im Passauer Vertrag); ordnete die Landeskirche.

Moritz, Karl Philipp, *Hameln 15. 9. 1756, † Berlin 26. 6. 1793, dt. Schriftsteller. 1789 Prof. für Altertumskunde in Berlin. Der autobiograph. Roman »Anton Reiser« (4 Bde., 1785–90, Bd. 5 postum 1794) schildert die psych. Entwicklung eines pietistisch erzogenen jungen Menschen in der Sturm-und-Drang-Zeit.

Mormon (Buch M.), hl. Schrift der ↑Mormonen, angeblich eine Übersetzung eines in »reformägypt.« Sprache und Schrift auf Goldplatten verzeichneten Textes, den J. Smith von einem Engel namens Moroni erhalten zu haben behauptete. Das Buch M. ist an bibl. Vorbildern orientiert.

Mormonen, die Mgl. der »Kirche Jesu Christi der Heiligen der letzten Tage« (engl. »Church of Jesus Christ of Latter-Day-Saints«), ben. nach dem Buch Mormon. Die M.kirche wurde am 6. 4. 1830 von Joseph Smith (*1805, † 1844) begründet. Nach dessen Ermordung wurde Brigham Young (*1801, † 1877) Präs. der M.kirche, der 1846/47 in der Nähe des Großen Salzsees ein eigenes Territorium, ↑Utah, als theokrat. verfaßtes Gemeinwesen errichtete. Das Zentrum der Hauptstadt Salt Lake City ist der M.tempel, von dem aus nach mormon. Glauben Christus das Jüngste Gericht halten wird.

Moro, Aldo, *Maglie bei Lecce 23. 9. 1916, † 9. 5. 1978 (ermordet), italien. Politiker (DC). 1963–68 und 1974–76 Min.-Präs.; am 16. 3. 1978 von Mgl. der »Roten Brigaden« entführt und ermordet.

Moroni, Hauptstadt der Republik Komoren, an der SW-Küste von Njazidja, 20100 E. Handelszentrum für Vanille, Kaffee und Kakao; Hafen, ✈.

Moronobu Hishikawa, *Hota (Präfektur Chiba) 1618 oder 1625, † Edo (heute Tokio) 1694, jap. Maler und Holzschnittmeister. Begründete den Holzschnitt als Kunstgattung (Genredarstellungen).

Moro-Reaktion [nach dem dt. Kinderarzt Ernst Moro, *1874, † 1951] ↑Tuberkulinreaktion.

morph..., Morph... ↑morpho..., Morpho...

Morphem [griech.-frz.], in der *Sprachwiss.* kleinste bedeutungstragende Einheit im Sprachsystem.

Morphin. Kristallnadeln in polarisiertem Licht; Mikrophotographie; etwa 100fach vergrößert

Morphin [griech.] (Morphium), neben Noscapin das Hauptalkaloid des Opiums; kristalline, stark basisch reagierende Substanz, die in der Medizin als starkes schmerzlinderndes Mittel eingesetzt wird; wirkt zusätzlich beruhigend und häufig euphorisierend sowie angstlösend. M. unterliegt ebenso wie die halbsynthet. M.derivate Heroin, Oxycodon, Hydromorphon, Hydrocodon und die synthet. Substanzen Methadon, Levorphanol u. a. dem Betäubungsmittelgesetz.
Die *Morphinsucht* (Morphinismus, chron. M.vergiftung) beruht nicht nur auf einer psych. Abhängigkeit vom M., sondern hauptsächlich auf einer Gewöhnung und schließlich körperl. Abhängigkeit von der Droge. Heilung kann gewöhnlich nur eine Entziehungskur in einer geschlossenen Anstalt mit intensiver ärztl. Betreuung bringen. – Durch hohe Dosen von M. kommt es zur akuten *Morphinvergiftung*. Die Symptome sind Pupillenverengung, Koma, extreme Reduzierung der Atmung (bis auf 2–4 Atemzüge pro Minute), u. U. Tod durch Atemlähmung.
Morphium, svw. ↑Morphin.
morpho..., **Morpho...,** **morph...,** **Morph...** [griech.], Bestimmungswort von Zusammensetzungen mit der Bedeutung »Gestalt«; auch als Endsilbe ...morph.
Morphogenese, individuelle (ontogenetische) und stammesgeschichtl. (phylogenetische) Entwicklung der Gestalt der Organismen und ihrer Organe.
Morphologie (Formenlehre), Lehre oder Wiss. von den Gestalten, Formen, den Organisationsprinzipien von Lebewesen sowie von histor., sozialen, sprachl., ästhet. Erscheinungen und Gegenständen.

Morris, 1) Robert, *Kansas City (Mo.) 9. 2. 1931, amerikan. Künstler der Minimal art.
2) William, *Walthamstow (heute zu London) 24. 3. 1834, † Hammersmith (heute zu London) 3. 10. 1896, engl. Kunsthandwerker und [Kunst]schriftsteller. Gründete Werkstätten für Möbel, Gläser, Kacheln und v. a. Bildteppiche und Tapeten, auch die Kelmscott Press (Chaucerausgabe, 1896); beschrieb seine sozialist. Utopien in »Eine königl. Lektion. – Ein Traum von John Ball« (E., 1888) und »Kunde von Nirgendwo« (1890).
Morrison, ['mɔrɪsn], Toni, eigtl. Chloe Anthony Wofford, *Lorain (Ohio) 18. 2. 1931, amerikan. Schriftstellerin. Entwirft in ihren Romanen – u. a. »Sehr blaue Augen« (1970), »Sula« (1974), »Salomons Lied« (1977), »Teerbaby« (1981), »Menschenkind« (1987) und »Jazz« (1992) – ein komplexes Bild tiefer Entfremdung und der Identitätssuche der schwarzen Frau sowie gestörter familiärer Beziehungen. 1993 Nobelpreis für Literatur.
Morse, Samuel [engl. mɔːs], *Charlestown (Mass.) 27. 4. 1791, † Poughkeepsie bei New York 2. 4. 1872, amerikan. Maler und Erfinder. M. war bed. als Porträtist. Auf ihn gehen Initiative und Namen des von seinem Mitarbeiter A. Vail entwickelten elektr. Telegrafen

Toni Morrison

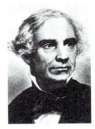

Samuel Morse

William Morris. Dessin »Myrthe« (um 1880–90; Kassel, Deutsches Tapetenmuseum)

2289

Moschuskraut
(Höhe bis 15 cm)

Mörser

(Morsetelegraf) und des dabei später verwendeten, aus Strich-Punkt-Kombinationen bestehenden Codes *(Morsecode, Morsealphabet)* zurück.
Mörser [lat.], **1)** *allg.:* Gefäß mit gerundetem Innenboden zum Zerstoßen körnigen Materials (mit Hilfe des keulenförmigen *Pistills*).
2) *Waffentechnik* ↑Geschütz; ↑Granatwerfer.
Mortalität [lat.], Sterblichkeitsrate, Verhältnis der Zahl der Todesfälle innerhalb eines bestimmten Zeitraums zur Gesamtheit der berücksichtigten Personen.
Mörtel [lat.] (Speis), Gemisch zum Verbinden von Mauersteinen oder zum Verputzen. M. besteht aus Bindemitteln (gebrannter Kalk, Gips, Zement) sowie Sand und wird mit Wasser »angemacht«. Der M. erhärtet zu einer steinartigen Masse.
Mörtelbienen (Maurerbienen), Gatt. pelzig behaarter Bienen mit zahlr. Arten, u. a. in trockenen, felsigen Landschaften Eurasiens und Afrikas; bauen an Mauern und Steinen steinharte Nester aus Sand und Speichel.
Mortimer, John Clifford [engl. 'mɔːtɪmə], *London 21. 4. 1923, engl. Dramatiker. Schrieb Dramen v. a. aus dem Milieu der bürgerl. Mittelklasse (u. a. »Das Pflichtmandat«, Kom., 1958).
Morula [lat.] (Maulbeerkeim), frühes Stadium der Keimesentwicklung, in dem sich die Eizelle durch zahlr. totale Furchungsteilungen zu einem kompakten Zellhaufen entwickelt hat.
Morus, Thomas ↑More, Sir Thomas.
Mosaik [griech.-italien.-frz.], Flächendekoration aus kleinen, unregelmäßig würfelförmigen Stückchen, auch aus Kieselsteinen (griech.-röm.), Tonstiften (Uruk, 4. Jt.) oder Platten. – Die M.steinchen werden nach einer Vorzeichnung dicht in ein feuchtes Mörtelbett gesetzt und später poliert. Die ältesten Würfel-M. sind in Ur (Mitte 3. Jt.) bezeugt. Blüte des farbigen M. in der hellenist. und provinzialröm. Kunst (Wand-M., Delos, 2. Jh. v. Chr.; Alexander-M. aus Pompeji, um 100 v. Chr.; Tunesien, Sizilien [Piazza Armerina], Rheinland [Köln], Syrien [Antiochia] 2.–6. Jh.). Die frühchristl. Wand-M. verwenden zunehmend Glassteine (Glasflüsse) und Goldplättchen (Santa Maria Maggiore, Rom, 2. Viertel des 5. Jh.), bewahrte aber die Technik der byzantin. Kunst: Ravenna (San Vitale, Sant' Apollinare Nuovo, 6. Jh.); Aachen (um 800); Kiew (Mitte 11. Jh.); Hosios Lukas (bei Delphi), Dafni (11. Jh.); Ce-

Mosaik. Medaillons mit figürlichen und floralen Darstellungen; Ausschnitt aus einem Gewölbemosaik im Chorumgang von Santa Costanza in Rom (um 340)

falù, Palermo, Monreale in Sizilien (12. Jh.); Venedig (San Marco), Murano, Torcello in Venetien (12. Jh.); Baptisterium von Florenz, Deesis der Hagia Sophia in Istanbul (13. Jh.) und Chorakloster in Istanbul (Anfang 14. Jh.). Der Islam übernahm im 7.–10. Jh. das spätantike bzw. byzantin. Wand-M. (Felsendom Jerusalem, Große Moschee von Damaskus, Moschee von Córdoba). Im 13./14. Jh. kam das Fayence-M. auf (Blütezeit im 15./16. Jh. in Persien, im 17. Jh. in Indien). In Italien war seit dem 11. Jh. und bes. in der Renaissance das Platten-M. verbreitet. Erst der Jugendstil brachte wieder eine bed. M.kunst aus M.steinchen hervor; Spitzenleistungen des 20. Jh. sind die M. in Mexiko (Univ.bibliothek; 1951–53).

Mosaikglas, svw. ↑Millefioriglas.

Mosaikkrankheiten, durch Viren verursachte Krankheiten bes. bei Kulturpflanzen; Kennzeichen: mosaikartige Helldunkelscheckung der Blätter, verbunden mit Mißbildungen von Blüten und Früchten.

mosaisch [nach Moses], svw. jüd., israelit., auf die Religion des AT bezogen.

Mosbach, Stadt sö. von Eberbach, Bad.-Württ., 24 800 E. Verwaltungssitz des Neckar-Odenwald-Kreises. U. a. Schuhfabrik. Spätgot. sind die Stadtkirche und die Friedhofskapelle; Rathaus (16. Jh.).

Mosbrugger ↑Moosbrugger.

Moschee [arab.], Sakralgebäude des Islams, Versammlungsort bei den Gebetsgottesdienst der Gläubigen; auch Stätte der Gemeindeversammlungen, der Andacht und des theolog. Unterrichts. Bestandteile der M. sind ein ummauerter Hof mit Brunnen für die rituellen Waschungen (Wudu), ein überdachter Betsaal mit der Gebetsnische (Mihrab), welche die Richtung (Kibla) nach Mekka angibt, ein oder mehrere Minaretts, eine Predigtkanzel (Minbar), die Estrade (Dikke) für den Vorbeter und ein abgesonderter Raum für den Herrscher (Maksura). Der Raumschmuck beschränkt sich auf Kalligraphie und Ornament. Die *Hof-M.* ist urspr. der von überdachten Galerien (Riwaks) umgebene rechteckige Hof (Sahn); der Betsaal (Haram) entwickelt sich zur Stützenhalle. Die im 11. Jh. entwickelte *Vier-Iwan-Hofmoschee* besteht aus einem von Galerien umgebenen Hof, auf den sich vier große, tonnengewölbte Hallen (Iwane) öffnen. Dieser M.typ dient häufig als Schul-M. (Medrese) oder Kloster (Zawija). Die *Kuppel-M.* entstand im 14. Jh.; ihre Mittelkuppel wird von einem System aus Halb- und Nebenkuppeln getragen.

Moscherosch, Johann Michael, Pseud. Philander von Sittewald, * Willstätt bei Kehl 5. 3. 1601, † Worms 4. 4. 1669, dt. Satiriker. Mgl. der ↑Fruchtbringenden Gesellschaft; »Visiones de Don de Quevedo, Wunderliche und wahrhaftige Gesichte Philanders von Sittewald« (1642/43).

Moschus [Sanskrit-pers.-griech.] (Bisam), das ein bes. Riechstoffgemisch enthaltende, auch heute noch in Asien stark begehrte Sekret aus dem M.beutel der männl. Moschustiere; z. T. noch bei der Parfümherstellung verwendet.

Moschuskraut (Bisamkraut), Gatt. der *Moschuskrautgewächse* (Adoxaceae) mit einer Art auf der Nordhalbkugel.

Moschusochse (Schafochse), etwa 1,8–2,5 m langes (bis 1,4 m schulterho-

Moschee. Kuppel und Minarett der 1361 geweihten Sultan-Hasan-Moschee in Kairo

Moschustiere

Moschusochse (Körperlänge 1,8–2,5 m; Schulterhöhe bis 1,4 m)

Moskau Historisches Stadtwappen

hes) Horntier, v. a. in arkt. Tundren Alaskas, N-Kanadas und N-Grönlands. – Die Männchen riechen während der Brunstzeit stark nach Moschus.
Moschustiere (Moschushirsche, Moschinae), Unter-Fam. etwa 0,8–1 m langer, geweihloser Hirsche, v. a. in feuchten Bergwäldern Z- und O-Asiens; die Männchen besitzen einen Moschus enthaltenden Moschusbeutel zw. Nabel und Penis.
Mosel (frz. Moselle), größter linker Nebenfluß des Rheins, in Frankreich, Luxemburg und Deutschland, entspringt in den S-Vogesen, mündet bei Koblenz, 545 km lang. Bed., z. T. kanalisierte Wasserstraße. Im Tal der luxemburg. und der dt. M. Weinbau.
Moseley, Henry [engl. ˈmoʊzlɪ], *Weymouth bei Dorchester 23. 11. 1887, ✕ auf der Halbinsel Gelibolu (Türkei) 10. 8. 1915, brit. Physiker. Fand 1913/14 das nach ihm ben. *Moseleysche Gesetz,* eine Beziehung zw. der Wellenlänge der charakterist. Röntgenstrahlung und der Ordnungszahl des emittierenden Elements.
Moselfränkisch, mitteldt. Mundart, †deutsche Mundarten.
Moser, 1) Edda Elisabeth, *Berlin 27. 10. 1941, dt. Sängerin. Bed. Mozartinterpretin; seit 1971 Mgl. der Wiener Staatsoper.
2) Hans, eigtl. Hans Julier, *Wien 6. 8. 1880, †ebd. 19. 6. 1964, österr. Schauspieler. Meist Dialektrollen in Filmkomödien, z. B. »Das Ekel« (1939), »Opernball« (1939), »Wiener Blut« (1942), »Ober, zahlen!« (1957); beliebter Volksschauspieler; ab 1954 am Wiener Burgtheater.

3) Lucas, *Ulm (?) um 1390, †nach 1434, dt. Maler. Schöpfer des Magdalenenaltars (1432) der Pfarrkirche in Tiefenbronn.
Möser, Justus, *Osnabrück 14. 12. 1720, †ebd. 8. 1. 1794, dt. Schriftsteller, Historiker und Staatsmann. Vertreter einer konservativen, nat. orientierten Geschichtsauffassung; Gegner der Frz. Revolution.
Moses (Mose), im AT Führer, Prophet und Gesetzgeber der Israeliten. In der Forschungsgeschichte kam es immer wieder zu Zweifeln an der Historizität des Moses. Er war jedenfalls eine zentrale Figur für mehrere israelit. Stämme und scheint bed. zum israelit. Recht beigetragen zu haben, wie auch zur Ausprägung des monotheist. Jahweglaubens.
MOSFET, svw. **MOS**-Feldeffekttransistor (↑MOS-Technologie).
Moshav [moˈʃaːf; hebr.] (Mrz. Moshavim), landwirtschaftl. Gruppensiedlung in Israel; im Ggs. zum Kibbuz wirtschaftet jeder Siedler selbständig auf staatseigenem Boden.
Mösien […i-ən] (lat. Moesia), ab 29 v. Chr. röm. Prov., urspr. südlich der Donau von Drina und Save bis zum Schwarzen Meer, im 4. Jh. von Goten besetzt.
Moskau (russ. Moskwa), Hauptstadt Rußlands und des Gebiets Moskau, an der Moskwa, 8,8 Mio. E. Polit., kulturelles und wirtschaftl. Zentrum Rußlands; Lomonossow-Univ., zahlr. Hochschulen, Russ. Akademie der Wiss., Museen (u. a. Tretjakow-Galerie), Theater, Philharmonie, zwei Zirkusse, Planetarium, botanischer Garten, Zoo. Bed. als Ind.-Standort und Verkehrszentrum; U-Bahn; Häfen, fünf ✈, u. a. der internat. ✈ Scheremetjewo.
Stadtbild: Architektonischer Mittelpunkt ist der ummauerte Kreml (15. und 16. Jh.). Seine wichtigsten Bauwerke gruppieren sich auf und um den Kathedralenplatz: Glockenturm Iwan Weliki (1505–08), Uspenski-Kathedrale (1474–79), Großer Kremlpalast (1838–49) mit sog. Facettenpalast (1487–91), Terempalast (16. und 17. Jh.), Rispoloschenski-Kathedrale (1484 bis 1486), Blagoweschtschenski-Kathedrale (1484–89; bed. Ikonostase), Erzengel-Michael-Kathedrale (1505 bis

2292

Moskauer Künstlertheater

Moskau. Roter Platz; im Hintergrund die Basiliuskathedrale (1555–60), rechts die Kremlmauer mit dem Erlösertor, davor das Leninmausoleum

1509; Grablege der russ. Herrscher). Der östl. Kremlmauer folgt im mittleren Abschnitt der Rote Platz (ein ehemaliger Marktplatz). Direkt an der Kremlmauer steht das Leninmausoleum (1930). Den südl. Abschluß des Roten Platzes bildet die vielkuppelige Basiliuskathedrale (16. und 17. Jh.). Charakterist. Bauten der Barockzeit sind die Maria-Geburt-Kirche in Putinki und die Kirche Mariä Fürbitte in Fili (beide 17. Jh.). M. ist von einem Ring von Klosterfestungen umgeben, u. a. das Nowodewitschi-Kloster (gegr. 1524) und das Don-Kloster (gegr. 1591). In *Kolomenskoje*, ehem. Sommerresidenz der Zaren, ist u. a. die Himmelfahrts-Kathedrale (1533 geweiht) erhalten. Nach dem 2. Weltkrieg wurden u. a. die Univ., Hochhäuser am Sadowaja und große Wohnsiedlungen gebaut; auch anläßlich der Olympischen Sommerspiele 1980 zahlr. Neubauten.

Geschichte: Erstmals 1147 erwähnt, 1156 als Stadt bezeichnet. 1237 Zerstörung durch die Mongolen; 1263 Sitz eines kleinen Teil-Ft., seit 1326 Sitz des russ. Metropoliten. Mitte des 14. Jh. als Hauptstadt des Groß-Ft. Moskau bereits Zentrum des zentralruss. Handels. 1571 und 1591/92 Überfälle durch die Krimtataren. Bis zum 17. Jh. blieb M. eine aus Holz gebaute Stadt mit wenigen, meist im Kreml konzentrierten weltl. und kirchl. Steinbauten. Der große Stadtbrand zwischen dem 15. 9. und 20. 9. 1812 (Einmarsch Napoleons I.) vernichtete mehr als $^2/_3$ der Stadt. Am 14. 3. 1918 wurde M. de facto Hauptstadt Sowjetrußlands; offiziell 1923–91 Hauptstadt der UdSSR.

Moskauer Konferenzen, 1) Konferenz der Außen-Min. der USA, Großbrit. und der UdSSR unter Teilnahme Chinas im Okt./Nov. 1943; beschlossen wurde u. a., den Krieg gegen die Achsenmächte bis zu deren bedingungsloser Kapitulation fortzusetzen.
2) Zusammenkunft zw. Stalin und Churchill 1944, bei der die Einflußsphären auf dem Balkan festgelegt wurden.
3) Konferenz der Außen-Min. der USA, Großbrit., Frankreichs und der UdSSR im März/April 1947; erfolglos erörtert wurde die dt. Frage.

Moskauer Künstlertheater, 1898 von K. S. Stanislawski und Wladimir Iwanowitsch Nemirowitsch-Dantschenko (*1858, †1943) gegr. Avantgarde-

Moskauer Vertrag

Bühne. Als Konzeption galt: realist. Theaterstil, Werktreue, intensives Ensemblespiel. Das M. K. war lange Jahre einflußreiches Zentrum der Theateravantgarde in Europa.
Moskauer Vertrag ↑Deutsch-Sowjetischer Vertrag.
Moskitogras, Gatt. der Süßgräser im sw. N-Amerika bis Argentinien; z. T. Charakterpflanze der Weiden der Great Plains.
Moskitos [lat.-span.], svw. ↑Stechmücken.
Moskwa [russ. mas'kva], 1) ↑Moskau. 2) linker Nebenfluß der Oka, entspringt in den Smolensk-Moskauer Höhen, mündet bei Kolomna, 502 km lang.
Moslembruderschaft ↑Muslimbruderschaft.
Moslem-Liga ↑Muslim-Liga.
Mosley, Sir Oswald Ernald, Baronet [engl. 'mɔzlɪ, 'moʊzlɪ], *London 16. 11. 1896, † Paris 3. 12. 1980, brit. Politiker. 1918–31 Abg., zuerst als Konservativer, ab 1926 für die Labour Party; gründete 1932 die »British Union of Fascists« (1940 verboten).
Mossadegh, Mohammed [...'dɛk], *Teheran um 1881, † ebd. 5. 3. 1967, iran. Politiker. 1920 Justiz-, 1921 Finanz-, 1922 Außen-Min.; Führer der Parlamentsfraktion der »Nat. Front« (ab 1939); ab 1951 Min.-Präs.; verstaatlichte die Erdölvorkommen des Landes und der Anglo-Iranian Oil Company; nach Machtkämpfen mit Schah Mohammed Resa Pahlewi 1953 durch die Armee gestürzt.
Mößbauer, Rudolf, *München 31. 1. 1929, dt. Physiker. Entdeckte 1957 die rückstoßfreie Kernresonanzabsorption von Gammastrahlung (↑Mößbauer-Effekt) und gab eine quantenmechan. Erklärung dieses Effekts an; Nobelpreis für Physik 1961 (zus. mit R. Hofstadter).
Mößbauer-Effekt, die von R. Mößbauer entdeckte physikal. Erscheinung, daß in ein Kristallgitter eingebaute Atomkerne bestimmter Elemente rückstoßfrei Gammaquanten emittieren und absorbieren können, wobei die zugehörigen Spektrallinien (Gammalinien) nur die natürl. Linienbreite besitzen. – Die Bedeutung des M.-E. liegt v. a. in der Tatsache, daß er Energie- und Frequenzmessungen mit bislang unerreichter Genauigkeit gestattet; damit konnten wichtige Forderungen der allg. Relativitätstheorie experimentell bestätigt werden.
Mossi, Volk der Sudaniden in Burkina Faso.
Most [lat.], gärfähiger Traubensaft (↑Wein).
Mostar, Gerhart Herrmann, eigtl. G. Herrmann, *Gerbitz bei Bernburg/ Saale 8. 9. 1901, † München 8. 9. 1973, dt. Schriftsteller. 1933 Emigration; 1945–48 Kabarettist, 1948–54 Prozeßberichterstatter.
Mostar, Stadt in Bosnien und Herzegowina, an der unteren Neretva, 110 400 E. Verwaltungs-, Wirtschafts- und Kulturzentrum der Herzegowina. Altes Stadtbild, Brücke (1566). 1993 im Bürgerkrieg schwer zerstört.
MOS-Technologie [Abk. für engl. metal oxide semiconductor »Metalloxidhalbleiter«], zusammenfassende Bez. für Verfahren zur Herstellung von MOS-*Feldeffekttransistoren (MOS-FET)* sowie deren Anwendung in integrierten Schaltungen. Beim MOS-FET ist die Steuerelektrode durch eine Metalloxidschicht vom Halbleiterkristall isoliert, so daß der Steuerstrom extrem klein gehalten werden kann (↑Transistor). In M.-T. gearbeitete Transistoren haben geringen Raum- und Leistungsbedarf und sind daher für hochintegrierte Schaltungen bes. geeignet.
Mostrich [lat.], svw. ↑Senf.
Mostwaage, Form der Senkwaage (↑Aräometer) speziell zur Bestimmung des Zuckergehalts von Trauben- u. a. Obstsäften; Eichung in Öchslegraden *(Öchslewaage).* Der angezeigte Wert *(Mostgewicht)* gibt an, um wieviel Gramm 1 Liter Most schwerer ist als 1 Liter Wasser.
Mosul, irak. Stadt am Tigris, 570 900 E. Hauptstadt des Verw.-Geb. Ninive; Univ.; archäolog. Museum; Handelszentrum eines Agrargebiets. – Bei und in M. zahlr. Ruinenstädte (u. a. Ninive, Kalach).
Motel [amerikan.], Abk. für **mo**torists' ho**tel,** Hotelbetrieb, v. a. für die Unterbringung von motorisierten Reisenden.
Motette [mittelal.], seit dem 13. Jh. eine der wichtigsten Gattungen mehrstimmiger Musik, oft mit verschiedener Textierung der Stimmen, die über einem langen Noten verlaufenden Te-

nor geführt sind. Durch die von Philippe de Vitry (*1291, †1361) ausgebildete Isorhythmie (die Zubereitung der einzelnen Stimmen in melodisch und rhythmisch gleiche Teile, die sich überschneiden) wurde sie zu einer der kunstvollsten Kompositionen der Zeit (Guillaume de Machault, G. Dufay). Im 15./16. Jh. war sie neben der Messe eine der bedeutendsten Formen der Vokalpolyphonie (Josquin Desprez, Palestrina, Orlando di Lasso) und ist seither an die Kirchenmusik gebunden. Neben der Solo-M. und der mehrchörigen M. italien. Prägung entstand im dt. prot. Bereich die Kirchenlied-M.; Höhepunkte der Chor-M. finden sich bei H. Schütz und J. S. Bach.

Motherwell, Robert [engl. ˈmʌðəwəl], *Aberdeen (Wash.) 24. 1. 1915, † Provincetown (Mass.) 16. 7. 1991, amerikan. Maler. Bed. Vertreter des ↑abstrakten Expressionismus (Action painting).

Motilität [lat.], **1)** *Biologie:* Beweglichkeit, Bewegungsvermögen von Organismen.

2) *Physiologie:* Gesamtheit der nicht bewußt gesteuerten Bewegungsvorgänge des menschl. Körpers und seiner Organe.

Motion [lat.]. im schweizer. Verfassungsrecht Antrag der Mehrheit von Stände- und Nationalrat, der die Regierung mit der Vorlage bestimmter Gesetze oder Beschlußentwürfe beauftragt.

Motiv [lat.], **1)** *allg.:* Beweggrund.

2) *bildende Kunst:* ein Element eines künstler. Werkes, das bedeutungsvermittelnde Eigenschaften besitzt.

3) *Literatur:* ein stofflich-themat., situationsgebundenes Element.

4) *Musik:* die kleinste gestaltbildende Einheit innerhalb einer Komposition, v. a. im Thema. ↑Leitmotiv.

5) *Psychologie:* svw. Bestimmungsgrund des menschl. (und tier.) Verhaltens.

Motivation [lat.], die Summe jener Beweggründe, die bestimmten Verhaltensweisen oder Handlungen vorausgehen und sie leitend beeinflussen.

Moto-Cross [engl.], Motorradrennen auf einem geschlossenen Geländerundkurs mit durchschnittlich 1,5–2,5 km Länge.

Motodrom [lat./griech.], einem Stadion ähnlich, meist ovale Rennstrecke, die ganz oder zum Großteil eingesehen werden kann.

Motor [lat.], eine Kraftmaschine, die eine gegebene Energieform in nutzbare Bewegungsenergie (mechan. Antriebskraft) umwandelt (z. B. Otto-, Dieselmotor).

Motorbootsport ↑Motorsport.

Motorenöle ↑Schmieröle.

Motorgenerator, Maschinenaggregat zum Umformen einer gegebenen Stromart bestimmter Spannung und Frequenz in eine andere, z. B. Drehstrom in Gleichstrom, Wechselstrom von 50 Hz in Wechselstrom von $16^{2}/_{3}$ Hz *(Frequenzwandler, Frequenzumformer).* Der M. besteht aus einem Elektromotor für die vorhandene Stromart und einem von ihm angetriebenen, mechanisch mit ihm gekoppelten Generator für die gewünschte Stromart.

Motorik [lat.], Gesamtheit der willkürlich gesteuerten Bewegungsvorgänge.

Motorleistung, die von einem Verbrennungsmotor abgegebene nutzbare Leistung in kW (früher: PS). *Innenleistung:* Die an die Kolben abgegebene Leistung; *Motornutzleistung:* Leistung an der Schwungscheibe, Angabe stets mit der zugehörigen Drehzahl. Das *Leistungsgewicht* ist das Verhältnis aus Höchstleistung und Gewicht des Motors bzw. des betriebsfertigen Kfz.

Motorrad ↑Kraftrad.

Motorroller ↑Kraftrad.

Motorschiff, Abk. **MS,** Schiff jegl. Art, das durch Verbrennungsmotoren angetrieben wird.

Motorsport, Bez. für sportl. Wettbewerbe mit motorgetriebenen Fahrzeugen.

Im *Motorradsport* werden jährlich Weltmeisterschaften für folgende Sportarten ausgetragen: *Straßenrennen* (Klassen 80, 125, 250, 500 cm³ und Seitenwagen), *Moto-Cross* (Klassen 125, 250 und 500 cm³), *Trial, Speedway* (Einzel, Paar und Mannschaft), *Langstreckenrennen, Eisrennen* und *Sandbahnrennen.*

Für den gesamten *Automobilsport* bestehen internat. festgelegte Formelvorschriften (Rennformel), nach denen die Fahrzeuge in Klassen eingeteilt und die jeweiligen Meisterschaften ausgetragen werden. Die Weltmeisterschaften der einsitzigen Rennwagen der Formel 1 ermitteln bei den sich jährlich wieder-

Mott

holenden Grand-Prix-Rennen den weltbesten Fahrer; daneben die sog. Firmenweltmeisterschaft mit Wertungsrennen für die Fabrikate der Hersteller, für Formel-2-Rennwagen eine jährlich ausgefahrene Europameisterschaft, die auch im Bergfahren und in Rennen für Spezialtourenwagen ausgetragen wird. Außer der Rallye-Weltmeisterschaft wird eine Rallye-Europameisterschaft ausgetragen.
Im *Motorbootsport* werden Wettbewerbe (Regatten) mit Renn- und Sportbooten, mit Innen- oder Außenbordmotoren, in Klassen eingeteilt, durchgeführt. Wettbewerbsarten sind Kurz- und Langstreckenrennen, Küstenrennen (Offshore) und Rallyes.

Mott, Sir (seit 1962) Nevill Francis, *Leeds 30. 9. 1905, britischer Physiker. Arbeiten v. a. über die elektrischen und mechanischen Eigenschaften der Metalle und Halbleiter; 1977 Nobelpreis für Physik (mit P. W. Anderson und J. H. Van Vleck).

Nevill Francis Mott

Motta, Giuseppe, * Airolo 29. 12. 1871, † Bern 23. 1. 1940, schweizer. Politiker (Konservativer). 1920–40 Leiter des polit. Departements; vollzog 1920 den Beitritt der Schweiz zum Völkerbund unter Übergang zu einer differenzierten Neutralität, erreichte aber 1938 die Rückkehr zur unbedingten Neutralität; mehrfach Bundespräsident.

Motte Fouqué, Friedrich Baron de la ['mɔt fu'ke:] ↑Fouqué, Friedrich Baron de la Motte.

Mottelson, Benjamin (Ben) [engl. 'mɔtəlsn], *Chicago (Ill.) 9. 7. 1926, dän. Physiker amerikan. Herkunft. Erhielt (mit A. Bohr und J. Rainwater) für die Entdeckung des Zusammenhangs zw. Kollektiv- und Partikelbewegungen in Atomkernen sowie für die darauf basierende Entwicklung einer Theorie der Kernstruktur 1975 den Nobelpreis für Physik.

Motten (Echte Motten, Tineidae), mit rd. 2000 Arten weltweit verbreitete Fam. bis 2,5 cm spannender Kleinschmetterlinge; Kopf dicht behaart, Rüssel kurz und häufig zurückgebildet; Flügel schmal mit langen Fransen. Viele Arten werden schädlich durch Fraß an Filz, Pelzen und Wollstoffen (z. B. *Fellmotte, Kleidermotte, Pelzmotte, Tapetenmotte*).

Mottenschildläuse (Mottenläuse, Schmetterlingsläuse, Schildmotten, Weiße Fliegen, Aleyrodidae, Aleurodidae), mit rd. 200 Arten weltweit verbreitete Fam. etwa 1–3 mm großer Insekten; von Wachsstaub weiß bepuderte, an Pflanzen saugende Tiere (z. T. gefährl. Schädlinge).

Motto [italien.], Wahl-, Leitspruch; Kennwort.

Motz, Friedrich von, *Kassel 18. 11. 1775, † Berlin 30. 6. 1830, preuß. Politiker. Schuf als preuß. Finanz-Min. (1825–30) die Voraussetzung für den Dt. Zollverein.

Moulay-Idriss [frz. mulɛi'dris], marokkan. Stadt nördlich von Meknès, 10000 E. Den Muslimen hl. Stadt mit dem Grabmal von Idris I. († 792). Nö. von M.-I. die Ruinen des röm. *Volubilis.*

Moulin-Rouge [frz. mulɛ̃'ru:ʒ »rote Mühle«], Pariser Nachtlokal am Boulevard de Clichy (1889 eröffnet).

Moulins [frz. mu'lɛ̃], frz. Stadt im Bourbonnais, 27000 E. Verwaltungssitz des Dép. Allier. Kathedrale mit got. Chor.

Mounds [engl. maʊndz], große künstl. Erdhügel aus vorkolumb. Zeit am Mississippi sowie in M- und S-Amerika. Bestattungsanlagen, Tempelplattformen.

Mount [engl. maʊnt], Berg; Namensbestandteil vieler Berge, z. B. M. ↑Everest.

Mountains [engl. 'maʊntɪnz; lat.], engl. svw. Gebirge, Bergland.

Mountbatten [engl. maʊnt'bætn], seit 1917 anglisierter Name des Hauses Battenberg; bed.: **1)** *Louis,* 1. Earl M. of Burma (seit 1947), *Windsor (heute New Windsor) 25. 6. 1900, † Mullaghmore bei Sligo 27. 8. 1979 (Attentat), brit. Großadmiral (seit 1956). Sohn des Prinzen Ludwig Alexander von Battenberg; 1943–46 Oberbefehlshaber der alliierten Streitkräfte in SO-Asien; 1947/48 letzter Vizekönig bzw. Generalgouverneur von Indien; 1955–59 1. Seelord der brit. Flotte, 1959–65 Chef des brit. Verteidigungsstabes; ab 1965 Gouverneur der Isle of Wight.
2) *Philip* ↑Philip, Herzog von Edinburgh.

Louis, 1. Earl Mountbatten of Burma

Mount Isa [engl. 'maʊnt 'aɪzə], austral. Bergbaustadt in NW-Queensland, 25000 E. Abbau und Verhüttung von Kupfererzen.

Mozart

Mount Rushmore National Memorial [engl. 'maʊnt 'rʌʃmɔː 'næʃənəl mɪ'mɔːrɪəl], Erinnerungsstätte mit aus dem Fels gehauenen Büsten der Präs. Washington, Jefferson, Lincoln und T. Roosevelt in den Black Hills, 30 km sw. von Rapid City (S. Dak.).

Mount Vernon [engl. 'maʊnt 'vəːnən], nat. Gedenkstätte am Potomac River (Va.), USA, 20 km südlich von Alexandria; ehem. Landgut mit dem Wohnhaus und der Grabstätte von G. Washington.

moussieren [mu...; frz.], perlen, in Bläschen schäumen (z. B. Sekt oder Wein).

Moustérien [mʊsteri'ɛ̃ː; frz.], nach Funden (seit 1863) in Höhlen und Felsnischen von Le Moustier (Gem. Peyzacle-Moustier bei Périgueux) ben. mittelpaläolith. Formengruppe.

Mouvement République Populaire [frz. muv'mã repybli'kɛ̃ pɔpy'lɛːr »republikan. Volksbewegung«], Abk. **MRP**, 1944–67 frz. christl.-soziale Partei; spielte in der 4. Republik eine bed. Rolle (Min.-Präs.: G. Bidault, R. Schuman, P. Pflimlin).

Möwen [niederdt.] (Larinae), weltweit verbreitete Unter-Fam. geselliger Vögel mit über 40 Arten; gewandt fliegende Koloniebrüter mit leicht hakigem Schnabel, zugespitzten Flügeln und Schwimmhäuten zw. den Vorderzehen; ernähren sich v. a. von Wirbellosen, z. T. auch von Fischen, Eiern und Jungen anderer Küstenvögel; teils Zugvögel. – Zu den M. gehören u. a.: *Lach-M.*, etwa 40 cm groß; *Mantel-M.*, bis 76 cm groß; *Silber-M.*, fast 60 cm groß; *Sturm-M.*, etwa 40 cm groß; *Herings-M.*, rd. 50 cm groß; *Dreizehen-M.*, etwa 40 cm groß; *Elfenbein-M.*, etwa 45 cm groß; *Eis-M.*, bis 80 cm groß; *Polar-M.*, etwa 65 cm groß.

MOZ, Abk. für **M**otor**o**ktan**z**ahl (↑Oktanzahl).

Mozabiten ↑Mzabiten.

mozarabischer Gesang [arab.-span./dt.], der Kirchengesang der altspan. Christen mit röm., griech. und oriental. Elementen, der wohl schon im 6. Jh. ein festgefügtes Repertoire besaß; wurde im 11. Jh. durch den Gregorian. Gesang verdrängt.

mozarabischer Stil [arab.-span./dt.], kunstwiss. Bez. einer im 10.–12. Jh. in den ehem. arab. Gebieten im S Spaniens zu beobachtenden Tendenz der Durchdringung maur. (Hufeisenbogen) mit roman. Elementen.

Mozart, 1) **Leopold**, * Augsburg 14. 11. 1719, † Salzburg 28. 5. 1787, österr. Komponist. Vater von Wolfgang Amadeus M.; trat 1743 in den Dienst des Erzbischofs von Salzburg; komponierte Sinfonien, Konzerte, Divertimenti, Messen, Oratorien, Kantaten, Lieder; schrieb »Versuch einer gründl. Violinschule« (1756).

2) **Wolfgang Amadeus**, * Salzburg 27. 1. 1756, † Wien 5. 12. 1791, österr. Komponist. Wurde von seinem Vater Leopold M. früh in Klavier- und Violinspiel sowie in Komposition unterrichtet. Konzertierte bereits sechsjährig mit seiner Schwester Maria Anna (»Nannerl«, * 1751, † 1829) u. a. in München, später auch in Wien und Paris. 1769 wurde M. in Salzburg unbesoldeter Hofkonzertmeister. Er unternahm drei Reisen nach Italien (1769–71; 1771; 1772/73), wo u. a. mehrere seiner Opern uraufgeführt wurden. Reisen nach München, Mannheim und Paris (1777–79) brachten nicht die erhoffte Anstellung bei Hofe. Nach dem Bruch mit dem Erzbischof von Salzburg (1781) lebte M. als freier Künstler in Wien und scheiterte letztlich trotz der Protektion Josephs II. – Sein Gesamtwerk umfaßt alle Stile und Gattungen der Zeit: Werke für Theater, Kirche, Konzert, aristokrat. »Kammer« und bürgerl. Haus. Das erstmals 1862 von L. von Köchel erstellte Verzeichnis (Abk. KV) nennt neben vielen Einzelstücken (jeweils etwa) 90 liturg. oder sonstige geistl. Werke (Messen, Requiem), 20 Bühnenwerke (Opern, Singspiele, Ballette, Schauspielmusi-

Möwen. Heringsmöwe

Wolfgang Amadeus Mozart

Mozarteum

Wolfgang Amadeus Mozart. Beginn der Arie des Cherubin aus dem 1. Akt der Oper »Die Hochzeit des Figaro« in eigenhändiger Niederschrift (1785/86)

ken), 60 dramat. Szenen und Arien, 50 Sinfonien (u. a. D-Dur »Prager«, KV 504, 1786; Es-Dur KV 543, 1788; g-Moll KV 550, 1788; C-Dur, »Jupiter«, KV 551, 1788), 30 Konzerte für Klavier und 20 für andere Soloinstrumente, 50 Serenaden (u. a. KV 525 »Eine kleine Nachtmusik«, 1787) und Divertimenti, 60 Quintette, Quartette, Trios, Duos (jeweils für Streicher, Bläser oder eine Kombination beider), 40 Sonaten oder Variationen für Violine und Klavier, 40 für Klavier, zahlr. mehrstimmige Gesänge, Lieder, Kanons, Tänze und Märsche. – Sein persönl. Stil bildete sich in steter Auseinandersetzung mit der zeitgenöss. europ. Musik. In der Klaviermusik verarbeitete er Einflüsse J. Schoberts, J. C. Bachs mit seiner kantablen Melodik und ausgewogenen Form, der Mannheimer und der Wiener Schule mit ihrer Kontrastthematik und Affektdynamik. Diese prägen auch die Sinfonien; M. ging von der dreisätzigen Ouvertüre der italien. Opera buffa aus, erweiterte sie meist durch ein Menuett auf vier Sätze und verstärkte (wie auch in den Streichquartetten) motiv.-themat.

Arbeit und zykl. Verknüpfung. In den dramat. Werken, denen seine bes. Vorliebe galt, bearbeitete er die typisierende Formen-, Stimm-, Orchester- und Charakterbehandlung der italien. trag. Opera seria und der heiteren Opera buffa, individualisierte die Gattungsnormen aber spätestens seit dem »Idomeneo« (1781), vertiefte den dramat. Ausdruck und erreichte in »Entführung aus dem Serail« (1782), »Figaros Hochzeit« (1786), »Don Giovanni« (1787) und »Così fan tutte« (1790) einen Höhepunkt musikal.-theatral. Gestaltung; die »Zauberflöte« (1791), eine Mischung aus volkstüml. Zauberposse und Humanitätsdrama, ist eine Synthese seines Opernschaffens.

Mozarteum, 1841 in Salzburg gegr. Institut zur Pflege und Erforschung der Musik W. A. Mozarts, seit 1880 »Internat. Stiftung M.« mit angeschlossener Musik[hoch]schule.

MP, 1) Abk. für **M**aschinen**p**istole.
2) [engl. ˈɛmˈpiː] Abk. für engl. **M**ilitary **P**olice (↑Militärpolizei).
M. P. [engl. ˈɛmˈpiː], Abk. für engl. ↑**M**ember of **P**arliament.

Mpc, Einheitenzeichen für Megaparsec (↑Parsec).

mph [engl. 'ɛmpi:'eɪtʃ], Einheitenzeichen für die Geschwindigkeitseinheit Miles per hour (Meilen pro Stunde); Großbrit., USA.

Mphahlele, Es'kia [əmpaxlɛlɛ], früher Ezekiel M., *Pretoria 17. 12. 1919, südafrikan. Schriftsteller. Ging 1957 freiwillig ins Exil; lebt seit 1977 wieder in Südafrika; schreibt v. a. Essays, Kurzgeschichten und Romane, u. a.»Pretoria, Zweite Avenue« (1959).

Mr. [engl. 'mɪstə], Abk. für engl. ↑Mister.

MRBM [engl. 'ɛm-ɑ:bi:'ɛm], Abk. für engl. **m**edium **r**ange **b**allistic **m**issile, militär. Mittelstreckenrakete (↑Raketen).

Mrożek, Sławomir [poln. 'mrɔʒɛk], *Borzęcin bei Krakau 26. 6. 1930, poln. Schriftsteller. Seit 1968 in Paris; stellt in oft gespenst., surrealist. Satiren unter – meist polit. – Terror und Totalität Leidende dar. – *Werke:* Die Polizei (Dr., 1958), Auf hoher See (Dr., 1961), Tango (Dr., 1964), Emigranten (Dr., 1974), Der Botschafter (Dr., 1981), Porträt (Dr., 1987).

MRP, Abk. für frz. ↑**M**ouvement **R**épublicain **P**opulaire.

Mrs. [engl. 'mɪsɪz], Abk. für engl. ↑Mistress.

MS-DOS, Abk. für engl. **M**icrosoft **D**isc **O**perating **S**ystem (Microsoft-Plattenbetriebssystem), ein von der Firma Microsoft entwickeltes Betriebssystem für Mikrocomputer.

MsTh, chem. Symbol für ↑Mesothorium.

Mt, 1) *Physik:* (MT) Einheitenzeichen für Megatonne; 1 Mt = 1 000 000 t.
2) *Chemie:* chem. Symbol für ↑Meitnerium.

Muawija ↑Moawija.

Mubarak, Mohammed Hosni, *Kafr Al Musaihila bei Kairo 4. 5. 1928, ägypt. General und Politiker. 1969 zum General und Chef der ägypt. Luftwaffe ernannt (seit 1972 Marschall), 1975–81 Vize-Präs.; seit Okt. 1981 Staatspräsident.

Muche, Georg, *Querfurt 8. 5. 1895, †Lindau 26. 3. 1987, dt. Maler. Leitete die Webereiklasse am Bauhaus; abstrakte Kompositionen, Architekturentwürfe.

Mucine ↑Muzine.

Mucius (Gaius M. Cordus Scaevola), Held der röm. Sage. Verbrannte als Beweis seiner Furchtlosigkeit seine rechte Hand, weswegen er Scaevola (»Linkshand«) gen. wurde und womit er den Abbruch der Belagerung Roms durch den Etruskerkönig Porsenna (507 v. Chr.) erreicht haben soll.

Mücken (Nematocera), mit rd. 35 000 Arten weltweit verbreitete Unterordnung meist schlanker, langbeiniger, 0,5–50 mm langer (bis 10 cm spannender) Zweiflügler; mit langen, fadenförmigen Fühlern. Die erwachsenen Insekten ernähren sich teils von Pflanzensäften, teils räuberisch, bes. aber blutsaugend.

Mückensehen (Mouches volantes), im Gesichtsfeld umherschwirrende Pünktchen und Figuren (»fliegende Mücken«) als Folgen kleiner Glaskörpertrübungen.

Mudd [niederdt.], dunkler, kalkarmer Halbfaulschlamm, reich an organ. Stoffen.

Mudejarstil [mu'dɛxar...; span.], nach den *Mudejaren* (arabische Künstler und Handwerker) benannter Bau- und Dekorationsstil in Spanien (13.–15. Jh.), maurische und gotische Formengut vereint.

Mueller-Stahl, Armin ['mʏlər...], *Tilsit 17. 12. 1930, dt. Schauspieler. Charakterdarsteller, u. a. in den Filmen »Nackt unter Wölfen« (1963), »Jakob der Lügner« (1975), »Oberst Redl« (1985), »Night on Earth« (1991).

Muezzin [arab.], der Gebetsrufer, der fünfmal täglich vom Minarett der Moschee herab die Gebetszeit ankündigt.

Muff [mittellat.-frz.-niederl.], Pelzhülle zum Schutz der Hände.

Muffe, Rohrverbindungselement.

Muffel, Reaktionsgefäß aus feuerfestem Material zum Glühen, Brennen, Schmelzen oder Härten von Substanzen.

Mufflon [italien.-frz.] ↑Schafe.

Mufti [arab.], islam. Rechtsgelehrter, der Gutachten (Fetwa) zu einzelnen Rechtsfällen erstellt; im Osman. Reich einem *Großmufti* unterstellt.

Mugabe, Robert Gabriel, *Kutoma (bei Harare) 21. 2. 1924, simbabw. Politiker. 1964–74 in Haft; seit 1974 Präs. der Zimbabwe African National Union

Mohammed Hosni Mubarak

Armin Mueller-Stahl

Robert Gabriel Mugabe

(ŽANU); gründete mit J. Nkomo die Patriot. Front (PF); seit 1980 Min.- Präs. und Verteidigungs-Min.; nach Verfassungsänderung seit 1987 Staatspräsident.
Muhammad Ali [engl. məˈhæməd ˈælı], eigtl. Cassius Marcellus Clay, *Louisville (Ky.) 17. 1. 1942, amerikan. Boxer. 1964–67 und 1974–79 Weltmeister der Berufsboxer im Schwergewicht.
Muhammara (Khorramshar), iran. Hafenstadt am Schatt el-Arab, 88500 E.
Mühlberg/Elbe, Stadt an der Elbe, Brandenburg, 3600 E. Steingut-Ind., Hafen. Schloß (nach 1545), ehem. Klosterkirche Güldenstern (v. a. 14. Jh.), Neustädter Kirche (nach 1535); Renaissancerathaus (1543). – In der *Schlacht bei Mühlberg* wurde am 24. 4. 1547 der sächs. Kurfürst Johann Friedrich I., der Großmütige, im Schmalkald. Krieg von Karl V. gefangengenommen.
Mühldorf a. Inn, Stadt am unteren Inn, Bayern, 14 600 E. Stadtpfarrkirche (18. Jh.) mit spätgot. Chor (15. Jh.) und roman. Turm (1285), spätgot. Rathaus, Häuser des 15. und 16. Jh. mit Lauben. – In der *Schlacht bei Mühldorf* (Schlacht bei Ampfing) besiegte am 28. 9. 1322 Kaiser Ludwig IV., der Bayer, den Gegenkönig Friedrich den Schönen.
Mühle, 1) *Brettspiel* zw. zwei Spielern. **2)** *Technik:* Maschine zum Mittel- (Gries-) und Feinmahlen, bei der das Mahlgut durch Druck-, Schlag-, Pralloder Scherbeanspruchung zerkleinert wird. Die *Walzen-M.* arbeitet mit zwei gegenläufigen Walzen; das Mahlgut wird zw. den glatten (bei Feinmahlung) oder geriffelten oder mit Nocken oder Zähnen (bei Grobmahlung) versehenen Walzen zerkleinert. – I. w. S. versteht man unter einer M. auch die gesamte Anlage einschließl. des Antriebs und umschließender Gebäude. Nach der Antriebsart unterscheidet man dabei *Wasser-M., Wind-M.* und sog. *Kunst-M.* (mit elektr. Antrieb). Darüber hinaus wird die Bez. auch für Anlagen verwendet, die allg. zum Zerkleinern, Auspressen oder zu anderen Bearbeitungsvorgängen dienen, z. B. *Öl-, Papier-, Walk-* oder *Sägemühlen.*
Mühlhausen (amtl. Zusatz: Thomas-Müntzer-Stadt), Kreisstadt an der Unstrut, Thüringen, 40 500 E. Textilindustrie. Mittelalterl. Stadtbild; got. Pfarrkirchen Sankt Blasius und Sankt Marien (heute Konzerthalle); Rathaus (v. a. 16. Jh.); Wohnhaus von T. Müntzer (jetziger Bau von 1697). – Wurde 1180 Reichsstadt. Zw. 1224/30 entstand mit dem *Mühlhausener Reichsrechtsbuch* die älteste erhaltene dt.sprachige Rechtssammlung. Ab 1408 war M. Hansestadt.
Mühlviertel [nach der Großen Mühl, einem linken Nebenfluß der Donau], der nördlich der Donau liegende Teil von Oberösterreich, im äußersten NW bis 1 378 m hoch (Plöckenstein).
Mühsam, Erich, *Berlin 6. 4. 1878, †KZ Oranienburg 10. oder 11. 7. 1934 (ermordet), dt. Schriftsteller. 1919 Mgl. des Zentralrats der bayr. Räterepublik; nach deren Sturz zu 15 Jahren Festungshaft verurteilt, von denen er sechs Jahre verbüßte; 1933 erneut verhaftet; verfaßte satir., von radikalanarchist. Gesinnung erfüllte Balladen, Dramen und Essays.
Muiscakultur [span. ˈmuiska...], Kultur der Muisca in Z-Kolumbien (etwa 1200–1540); Feldbau, Kleinstädte und Dörfer mit Rundhäusern, Palästen, Tempeln und Palisaden aus Holz; Kunsthandwerk (Keramik, Goldarbeiten).
Mujibur Rahman [muˈdʒibur raxˈman], *Tungipura 17. 3. 1920, †Dacca 15. 8. 1975 (ermordet), pakistan.-bengales. Politiker. Scheich; ab 1966 Präs. der Awami-Liga, die für die Unabhängigkeit O-Pakistans eintrat; ab 1972 Premier-Min. von Bangladesh; 1975 Staats-Präs. (mit diktator. Vollmachten), durch einen Militärputsch gestürzt.
Mukden, chin. Stadt, ↑Shenyang.
mukös [lat.], schleimig, von schleimartiger Beschaffenheit; schleimabsondernd.
Mukoviszidose [lat.] (zystische Fibrose), autosomal-rezessiv erbliche Stoffwechselkrankheit. Ursache ist ein Gendefekt am Chromosom 7, der zur Störung der Absonderung von Drüsensekreten der Bauchspeicheldrüse, der Darm- und Bronchialschleimhaut führt. Durch Befall der Bauchspeicheldrüse kommt es zu chron. Entzündung (zyst. Pankreasfibrose) mit Verdauungsstörungen (Fettstuhl); schwerwiegend ist auch die Schädigung des Bronchialsy-

stems (chron. Bronchitis, Lungenentzündung). Die M. tritt in unterschiedl. Schweregraden auf und äußert sich z. T. schon im Neugeborenenalter. Bei Früherkennung und Langzeitbehandlung ist eine Verbesserung der Lebenssituation möglich. Die Behandlung umfaßt v. a. den Ersatz der fehlenden Bauchspeicheldrüsenenzyme, den Ausgleich der Elektrolytverluste, hochkalor., eiweißreiche Diät, Lösung des Bronchialsekrets, Klopfdrainage der betroffenen Lungenabschnitte und Antibiotikagaben zur Verhütung von Atemwegsinfektionen.
Mulatte [lat.-span.], Mischling mit europidem und negridem Elternteil.
Mulch [engl.], Bodenbedeckung aus Stroh, Gras oder synthet. Schaumstoffen; v. a. zur Förderung der Bodengare.
Mulde, linker Nebenfluß der Elbe, mündet bei Dessau, 124 km lang.
Mulhacén [span. mula'θen], mit 3478 m höchster Berg der span. Sierra Nevada.
Mülhausen (amtl. frz. Mulhouse), frz. Stadt im Elsaß, Dép. Haut-Rhin, 112200 E. Univ., Museen (u. a. Automobilmuseum, Stoffdruckmuseum), botan. Garten, Zoo. Textil-Ind., Maschinenbau-, Auto- und chem. Industrie. Neugot. Kirche Sankt Stephan (19. Jh.) mit Glasmalereien (gegen 1340), Renaissancerathaus (1552). – Galt im 13. Jh. als Reichsstadt; wurde 1515 zugewandter Ort der Eidgenossenschaft; seit Ende des 16. Jh. streng ref. Stadtrepublik; schloß sich 1798 Frankreich an.
Mülheim a. d. Ruhr, Stadt im westl. Ruhrgebiet, NRW, 177200 E. Max-Planck-Institut für Kohlenforschung und Strahlenchemie, Kunstmuseum, Theater. Kraftwerk-, Röhren- und Maschinenbau; Hafen.
Mulisch, Harry Kurt Victor [niederl. 'myːliːʃ], *Haarlem 29. 7. 1927, niederländ. Schriftsteller. Schreibt v. a. Romane, u. a. »Das steinerne Brautbett« (1956), »Das Attentat« (1982), »Die Elemente« (1989), »Die Entdeckung des Himmels« (1992).
Mull [engl. mʌl], zweitgrößte Insel der Inneren Hebriden, 910 km^2, bis 966 m hoch, Hauptort Tobermory.
Mull [Hindi-engl.], leichtes Baumoder Zellwollgewebe in Leinwandbindung; z. B. als Verbandsstoff.

Müll, vorwiegend feste Abfallstoffe aus Haushalten (kommunale Abfälle) und Ind.- bzw. Gewerbebetrieben (gewerbl. Abfälle), die meist in speziellen Behältern gesammelt, von der M.abfuhr abtransportiert und nach verschied. Methoden der M.-Beseitigung oder -Rückführung abgelagert oder weiterverarbeitet werden. Eine Reduzierung der M.menge (in Deutschland im Durchschnitt 31 Mill. t Haus-M. und hausmüllähnl. Gewerbeabfall jährlich) wird durch gesetzl. Regelungen und Maßnahmen der Abfallvermeidung (Veränderung des Verbrauchs- und Wegwerfverhaltens der Käufer) angestrebt.
Methoden der Müllentsorgung: Eine gebräuchl. Form der Entsorgung ist die Ablagerung auf *geordneten Deponien*: wannenförmige Senken oder Geländeeinschnitte mit wasserundurchlässigem Untergrund, der ein Versickern flüssiger Abfälle verhindert. Der M. wird zerstampft oder niedergewalzt *(M.verdichtung)* und mit Isolierschichten, z. B. aus Bauschutt (sog. *Inertmaterial*), überdeckt; anschließend werden die bisweilen 100 m hohen Müll- oder Schuttberge mit Erde überdeckt und bepflanzt *(Rekultivierung)*. Als *Untertagedeponien* dienen ehemalige Bergwerke. *Offene Deponien* sind z. B. Müllkippen, auf denen Abfälle unbehandelt und unkontrolliert gelagert häufig unter Geruchsentwicklung verrotten oder sich selbst entzünden. Von *wilden Deponien* spricht man bei heiml. Ablagern von M. in Wald und Flur. – Durch *Müllkompostierung* oder *Müllverrerdung* werden abgestorbene organ. Stoffe durch Mikroorganismen in Komposterde überführt. – Bei der *Müllverbrennung* wird M. in Müllverbrennungsanlagen bei 800 bis 1000 °C unter Ausnutzung der darin enthaltenen Energie (z. B. zur Dampf- und Heißwassererzeugung) zu gasförmigen Produkten und festen Rückständen in Form von Schlacke oder Asche verbrannt. ↑Recycling.
Mullah ↑Molla.
Muller, Hermann Joseph [engl. 'mʌlə], *New York 21. 12. 1890, † Indianapolis 5. 4. 1967, amerikan. Biologe. Erhielt für die bei genet. Versuchen an Taufliegen (Drosophila) gemachte Entdeckung der Möglichkeit künstl. Mutationsauslösung durch Röntgenbestrahlung 1946

Müller

den Nobelpreis für Physiologie oder Medizin.
Müller, 1) Friedrich, gen. Maler Müller, *Bad Kreuznach 13. 1. 1749, † Rom 23. 4. 1825, dt. Dichter und Maler. Als Dichter dem Sturm und Drang nahestehend; Idyllen (u. a. »Die Schafschur«, 1775) und Gedichte (u. a. »Das Nußkernen«, 1811); Dramen; Zeichnungen und Radierungen in realist. Stil.
2) Gebhard, *Füramoos (heute zu Eberhardzell bei Biberach an der Riß) 17. 4. 1900, † Stuttgart 7. 8. 1990, dt. Politiker (CDU). Jurist; 1948–52 Staats-Präs. in Württemberg-Hohenzollern (maßgebl. Verfechter der Bildung eines Südweststaates); 1953–58 Min.-Präs. in Bad.-Württ.; 1958–71 Präs. des Bundesverfassungsgerichts.
3) Heiner, *Eppendorf bei Chemnitz 9. 1. 1929, † Berlin 30. 12. 1995, dt. Dramatiker. 1970–76 Dramaturg am Berliner Ensemble; 1990–93 Präs. der Akademie der Künste in Berlin (Ost); seit 1995 alleiniger künstler. Leiter des Berliner Ensembles. M. schrieb zunächst (z. T. mit seiner Frau Inge M. [*1925, † 1966]) an den Lehrstücken B. Brechts orientierte Produktionsstücke (u. a. »Der Lohndrücker«, 1957; »Der Bau«, 1975), in denen er sich kritisch mit Problemen der sozialist. Entwicklung in der DDR auseinandersetzte (1961–88 Ausschluß aus dem Schriftstellerverband); danach griff er klass. Stoffe und Shakespearesche Dramen auf (»Philoktet«, 1965; »Macbeth«, 1972). Das Verhältnis von Staat und Revolution behandelten »Die Schlacht« (1975) und »Germania Tod in Berlin« (1977). M. entwickelte eine auf traditionelle Ausdrucksmittel verzichtende Dramaturgie und eine schockierende Bilderwelt, die seiner Absage an jedes vernunftorientierte Geschichtsmodell entspricht (»Hamletmaschine«, 1977; danach Oper von W. Rihm). M. verfaßte auch Gedichte und autobiograph. Schriften (»Krieg ohne Schlacht. Leben in zwei Diktaturen«, 1992). 1985 Georg-Büchner-Preis.
4) Hermann, *Mannheim 18. 5. 1876, † Berlin 20. 3. 1931, dt. Politiker. 1916–18 und ab 1920 MdR (nach seinem Wahlkreis *Müller-Franken* gen.); 1920–28 Vors. der Reichstagsfraktion der SPD; unterzeichnete als Reichsaußen-Min. (Juni 1919–März 1920) den Versailler Vertrag; März–Juni 1920 und 1928–30 Reichskanzler.
5) Herta, *Nitzkydorf (Banat) 17. 8. 1953, rumäniendt. Schriftstellerin. Lebt seit 1987 mit ihrem Mann, dem Schriftsteller Richard Wagner (*1952; u. a. »Die Muren von Wien«, R., 1990), in Berlin; setzte sich in ihren Prosawerken mit dem dörfl. Leben in den dt.sprachigen Enklaven Rumäniens, u. a. »Niederungen« (1982) und »Barfüßiger Februar« (1987), später mit der Wirklichkeit in Deutschland, u. a. »Reisende auf einem Bein« (1989) und »Der Fuchs war damals schon der Jäger« (1992), auseinander.
6) Johannes, dt. Mathematiker und Astronom, ↑Regiomontanus.
7) Johannes Peter, *Koblenz 14. 7. 1801, † Berlin 28. 4. 1858, dt. Physiologe, Pathologe und Anatom. Einer der bedeutendsten medizin. Wissenschaftler seiner Zeit; schrieb u. a. »Physiologie des Menschen« (2 Bde., 1833–40).
8) Josef, *Steinwiesen (Oberfranken) 27. 3. 1898, † München 12. 9. 1979, dt. Jurist und Politiker. 1945 Mitbegründer der CSU, 1947–49 stellv. Min.-Präs., 1947–49 und 1950–52 bayr. Justizminister.
9) Karl Alex, *Basel 20. 4. 1927, schweizer. Physiker. Erhielt mit J. G. Bednorz für die Erforschung der Hochtemperatur-Supraleitung den Nobelpreis für Physik 1987.
10) Paul Hermann, *Olten 12. 1. 1899, † Basel 13. 10. 1965, schweizer. Chemiker. M. entwickelte 1939 das ↑DDT und erhielt hierfür 1948 den Nobelpreis für Physiologie oder Medizin.
11) Wilhelm, *Dessau 7. 10. 1794, † ebd. 30. 9. 1827, dt. Dichter. M. schrieb sangbare, meist in leichtem Volksliedton gehaltene Lieder (»Im Krug zum grünen Kranze«, »Am Brunnen vor dem Tore«, »Das Wandern ist des Müllers Lust«); von seinen Liederzyklen wurden »Die schöne Müllerin« und »Die Winterreise« von F. Schubert vertont. Den griech. Freiheitskampf verherrlichte er (daher »Griechen-Müller« gen.) in seinen »Liedern der Griechen« (1821–24).
Müller-Armack, Alfred, *Essen 28. 6. 1901, † Köln 16. 3. 1978, dt. Volkswirtschaftler und Soziologe. 1958–63 Staatssekretär im Bundeswirtschaftsmi-

multiple Sklerose

nisterium; prägte den Begriff der »sozialen Marktwirtschaft«, deren theoret. Grundlagen er mitformulierte.
Müller-Thurgau-Rebe [nach dem schweizer. Pflanzenphysiologen Hermann Müller, *1850, †1927] ↑Rebe (Rebsorten, Übersicht).
Müller-Westernhagen, Marius, *Düsseldorf 6. 12. 1948, dt. Schauspieler und Rockmusiker. Zunächst Filmrollen, u. a. »Theo gegen den Rest der Welt« (1980); seit 1980 mit kritisch-rauhen Liedern erfolgreich als Rocksänger.
Mulliken, Robert Sanderson [engl. ˈmʌlɪkən], *Newburyport (Mass.) 7. 6. 1896, †Arlington (Va.) 31. 10. 1986, amerikan. Physiker. Entwickelte die Theorie der Molekülorbitale zur Berechnung der Elektronenkonfigurationen von Molekülen und erklärte die Erscheinung der Hyperkonjugation; 1966 Nobelpreis für Chemie.
Mullis, Kary Banks [engl. ˈmʌlɪs], *Lenoir (N. C.) 28. 12. 1944, amerikan. Chemiker. Erhielt 1993 für die von ihm 1983 entwickelten Verfahrensgrundlagen der PCR-Analytik den Nobelpreis für Chemie.
Mulm [niederdt.] ↑Humus.
Mulroney, Martin Brian [engl. mʌlˈruːnɪ], *Baie Comeau (Prov. Quebec) 20. 3. 1939, kanad. Politiker. Rechtsanwalt; 1984–93 Premierminister.
Multan, pakistan. Stadt am Trinab, 730 000 E. Wichtigster Ind.-Standort im unteren Industal.
Multatuli [niederl. mʏltaːˈtyːliː], eigtl. Eduard Douwes Dekker, *Amsterdam 2. 3. 1820, †Nieder-Ingelheim (heute zu Ingelheim am Rhein) 19. 2. 1887, niederl. Schriftsteller. Übte mit seinem autobiograph. Roman »Max Havelaar oder die Holländer auf Java« (1860) scharfe Kritik an der Ausbeutung der Eingeborenen in den niederl. Kolonien.
multi..., Multi... [lat.], Bestimmungswort von Zusammensetzungen mit der Bedeutung »viel, vielfach«.
multikulturelle Gesellschaft, Begriff aus der politisch-sozialen Sprache, der Bezug darauf nimmt, daß in jeder Gesellschaft Menschen unterschiedl. Sprachen, Traditionen, religiöser Bekenntnisse, Wertvorstellungen, Erziehung und Lebensstile zusammenleben. M. G. hat als Ziel das Gesellschaftsmodell einer Sozialordnung, die auf Toleranz und wechselseitiger Anerkennung der verschiedenen kulturellen Erfahrungen beruht.
multilateral [lat.], mehrseitig.
Multimedia [lat.], 1) *allg.:* die aufeinander abgestimmte Verwendung verschiedener Medien, Medienverbund, bes. in der Unterhaltungsbranche (M.-Show). 2) *Informatik:* das Zusammenwirken verschiedener Medientypen (Texte, Bilder, Graphiken, Tonsequenzen, Animationen, Videosequenzen) in einem Multimedia-System, in dem multimediale Informationen empfangen, gespeichert, präsentiert und manipuliert werden können. Eine erste Stufe besteht im Vernetzen von Texten in einem Hypertext; normalem sequentiellem Text ist dabei eine Verweisstruktur überlagert. Aus der Sicht des Benutzers ist der Text aus einem Stapel von Karteikarten (Hypercards) aufgebaut, in dem man nicht nur vor- und rückwärts blättern kann, sondern über markierte Wörter oder Bildelemente durch Hyperlinks zu neuen Karten gelangt, die weitere Aspekte des angesprochenen Sachverhalts erläutern. 3) *Kunst:* (Mixed media) die zeitgenöss. Äußerungsformen, die eine Verbindung mehrerer Kunstbereiche zu einer neuen Einheit im Sinne eines Gesamtkunstwerks anstreben, unter Einbeziehung verschiedenster techn. Medien. Dabei liegt der besondere Akzent nicht nur auf der Aufhebung der Kunstgattungen, sondern auch auf der Aufhebung der Diskrepanz von Leben und Kunst (↑Happening, ↑Performance).
multinationale Unternehmen, in mehreren Staaten (meist weltweit) operierende (und auch produzierende) Konzerne, wobei die in einem Staat angesiedelte Muttergesellschaft Einfluß auf die Tochtergesellschaften in anderen Staaten ausübt.
multipel [lat.], vielfältig, vielfach.
Multiple-choice-Verfahren [engl. ˈmʌltɪpl ˈtʃɔɪs-; engl.; dt.], Fragebogen- und Testtechnik, bei der unter mehreren vorgegebenen Antworten eine oder mehrere als richtig angekreuzt werden müssen.
multiple Sklerose (Encephalomyelitis disseminata, Polysklerose), Abk. **MS,** organ. Erkrankung des Rückenmarks und Gehirns, bei der scharf abgegrenzte

Robert Sanderson Mulliken

Kary Banks Mullis

Multiplexsignal

Mumie. Kopf der Mumie des ägyptischen Königs Ramses II. nach dem Entfernen der Mumienumhüllung (Kairo, Ägyptisches Museum)

Entzündungsherde (mit Zerfall von Markscheidengewebe und nachfolgender Gewebsverhärtung) entstehen. Bevorzugt zw. dem 20. und 40. Lebensjahr auftretend, verläuft die MS meist in Schüben, oft von langen beschwerdefreien Intervallen unterbrochen. Zu den häufigsten, unterschiedlich stark ausgeprägten Symptomen zählen (zunächst) reversible Lähmungserscheinungen an den Gliedmaßen, Gefühlsstörungen (v. a. Mißempfindungen), Zittererscheinungen bei beabsichtigten Bewegungen sowie Sehstörungen (Sehnerventzündungen). Unter den zahlr. Theorien der Entstehung finden v. a. Virusinfektion und Autoimmunkrankheit Beachtung.
Multiplexsignal [lat.] ↑Stereophonie.
Multiplier [engl. 'mʌltɪplaɪə], svw. ↑Photomultiplier.
Multiplikation [lat.], eine der vier Grundrechenarten; die M. ist eine durch das Zeichen · oder × symbolisierte Verknüpfung zweier Zahlen a und b, der *Faktoren*, denen eine bestimmte Zahl c, das *Produkt*, zugeordnet wird: $a \cdot b = c$; der erste Faktor ist der *Multiplikand*, der zweite der *Multiplikator*. Die M. genügt den Regeln: $a \cdot b = b \cdot a$ (*Kommutativgesetz*), $(a \cdot b) \cdot c = a \cdot (b \cdot c)$ (*Assoziativgesetz*), $a \cdot (b \pm c) = a \cdot b \pm a \cdot c$ (*Distributivgesetz*). Die M. läßt sich auch auf andere mathemat. Objekte (Vektoren, Matrizen u. a.) übertragen.
Multivibrator [lat.], elektron. Schaltung mit zwei steuerbaren Schaltelementen (z. B. Transistoren), von denen sich jeweils das eine im Durchlaß-, das andere im Sperrzustand befindet; der M. entspricht einem mit definierter Frequenz schwingendem ↑Flip-Flop; Verwendung z. B. als *Rechteckgenerator* zur Erzeugung von Rechteckspannungen.
Multivision [lat.], gleichzeitige Darbietung von Ton und mehreren, nebeneinander oder zu einer ganzen Schauwand aufgebauten und aufeinander bezogenen Bildern; erfolgt mit Hilfe mehrerer Dia- und/oder Filmprojektoren oder mit Hilfe mehrerer Fernseh- und/oder Videogeräte.
Multscher, Hans, *Reichenhofen (heute zu Leutkirch im Allgäu) um 1400, †Ulm 1467, dt. Bildhauer. Seit 1427 Bürger in Ulm; Vertreter des spätgot. Realismus: Schmerzensmann am Ulmer Münsterportal (vor 1430), Landsberger Madonna aus dem Wurzacher Altar (1437), Sterzinger Altar (1456–59).
Mumie [...iə; pers.-arab.-italien.], eine durch bes. natürl. Umstände (Trockenheit, Kälte, Luftabschluß in Mooren, Pech- und Asphaltsümpfen, Harzen) oder durch künstl. Austrocknung der Gewebe vor dem natürl. Zerfall geschützte Leiche. Die älteste künstl. Herstellung von M. ist bezeugt in Ägypten zu Beginn des 3. Jt. (bis zu 70 Tage langes Einlegen des Körpers in Natronsalz u. a. Chemikalien). ↑Einbalsamieren.
Mumienporträts, in Unterägypten in hellenist. Friedhöfen gefundene Bildnisse des 1. bis 4. Jh., die über dem Kopf der Mumien in die Binden gewickelt waren; v. a. Wachsfarben auf Holz.
Mummelsee ↑Hornisgrinde.
Mumps [engl.] (Parotitis epidemica, Ziegenpeter), weltweit verbreitete, hochinfektiöse Viruserkrankung der Ohrspeicheldrüsen mit sehr schmerzhafter Anschwellung der Ohrspeicheldrüsen, meist auch der Unterzungen- und Unterkieferspeicheldrüsen, sowie Schwellung und Rötung des Wangenbereichs.